17 · 18세기 조선의 외국서적 수용과 독서실태–목록과 해제

이화한국문화연구총서 4
17 · 18세기 조선의 외국서적 수용과 독서실태-목록과 해제
홍선표 외 지음

2006년 2월 20일 초판 1쇄 인쇄
2006년 2월 25일 초판 1쇄 발행

펴낸이 · 오일주
펴낸곳 · 도서출판 혜안
등록번호 · 제22-471호
등록일자 · 1993년 7월 30일

㊝ 121-836 서울시 마포구 서교동 326-26번지 102호
전화 · 3141-3711～2 / 팩시밀리 · 3141-3710
E-Mail hyeanpub@hanmail.net

ISBN 89-8494-267-7 93910
값 32,000 원

이화한국문화연구총서 4

17 · 18세기 조선의 외국서적 수용과 독서실태－목록과 해제

홍선표 외 지음

혜안

이 책은 2003년도 한국학술진흥재단의 지원에 의해 연구되었음
(KRF-2003-074-AM0017)

차 례

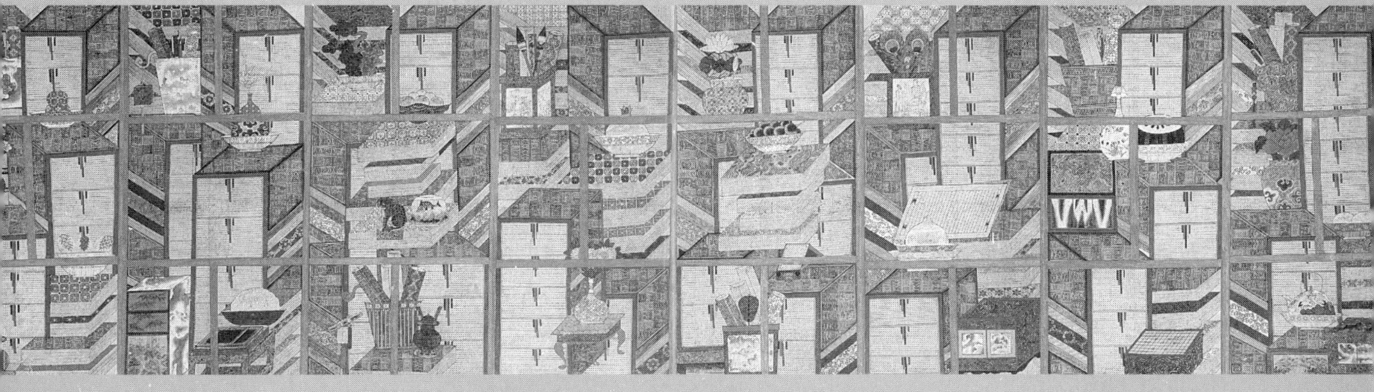

Ⅰ. 머리글

1. 서 론

본 연구는 17·18세기의 역사적 변동기를 살았던 조선 지식인의 외국서적에 대한 독서체험과 독서문화를 살피고자 시작되었다. 17·18세기 조선의 지식인과 예술인들은 다수의 외국서적을 수용하여 새로운 독서문화를 형성하였다. 즉 이들은 체제 외부로부터 문화적 요소를 주체적인 입장에서 흡수 종합하여 독특한 문인문화를 구축한 것이다.

따라서 본 연구를 수행함에 있어서 반드시 선행되어야 하는 과제가 17·18세기 조선 지식인이 읽었던 외국서적을 조사 발굴하는 작업이다. 그리하여 본 연구진들은 조선후기의 문집을 정독하면서 당시 문인들이 수집한 외국서적 가운데 중국서적을 목록화하고, 목록화된 서적 중에서 서지사항이 파악되는 도서의 해제 작업을 시도하였다. 독서목록화 및 해제 작업은 17·18세기의 역사적 변동기를 살았던 조선 지식인의 외국서적에 대한 독서체험을 그 시대의 문헌자료에서 찾아 정리하는 작업이다. 당시 어떤 외국서적이 도입되었으며 주로 읽힌 책은 무엇인지를 살핌으로써, 정권을 담당한 지배세력과 주변부를 형성한 지식인들의 독서 범위 선정에 어떠한 차이가 있었는지를 파악하고자 하였다. 이는 17·18세기 조선에 유입되었던 외국서적의 실상을 구체적으로 밝힘과 동시에 당시 지식인이 접한 외래사상과 외래문화의 구체적인 윤곽을 검토하는 작업이라는 점에서 의의를 찾을 수 있다.

2. 국내에 유입된 외국서적의 목록화 작업

1) 목록화 작업의 대상

17·18세기 조선의 지식인이 읽었던 서적은 조선시대 이전에 전해져 학자들이 즐겨 읽던 책들과, 조선후기에 외국, 주로 중국으로부터 전해진 서적들로 구분된다. 본 연구를 위하여 조사된 도서목록은 당시 정계와 학계를 이끌었던 조선의 지식인들이 읽은 책의 목록이다. 당시 조선의 중심적인 지식인들이 어떠한 서적을 통해 지식정보를 수용하였으며, 그 지식이 각자의 학문체계에 어떠한 영향을 주었는지를 분석하기 위한 하나의 방법으로서 이 목록을 작성한 것이다. 목록화 작업의 대상인 서적의 선택은 다음과 같은 기준에 따랐다.

(1) 본 연구와 관련된 목록화 작업은 17·18세기에 해당하는 조선왕조의 공식적인 기록서와 왕실 관련 도서를 대상으로 하였다. 그리하여 편년체 형식의 역사서인 조선왕조실록 중에서 『숙종실록』(肅宗實錄), 『영조실록』(英祖實錄), 『정조실록』(正祖實錄)과 정조의 시문집인 『홍재전서』(弘齋全書)를 조사하였다.

(2) 17·18세기 지식인의 개인문집을 대상으로 하되 외국서적에 관한 정보가 많은 문헌을 우

선적으로 조사, 채집하였다. 예를 들어 외국서적의 소개를 주로 한 유만주(兪晩柱 : 1755～1788)의 『흠영』(欽英)은 개인의 독서기록으로서, 당시 문인들의 독서경향까지 알려주는 서적이다. 또한 잘 알려진 허균(許筠 : 1569～1618)의 시문집인 『성소부부고』(惺所覆瓿稿)에는 수입한 중국서적의 목록이 나와 있으며, 1766년에 편집된 이의현(李宜顯)의 시문집 『도곡집』(陶谷集)에도 그가 연행을 통해 경험한 도서목록이 기록되어 있다. 이렇게 당시 외국서적의 목록에 대한 주요한 정보를 가지고 있는 서적을 먼저 조사하여 수입도서의 이름을 입력하고 정리하였다.

(3) 각 연구자들이 관심을 갖고 있는 분야에서 당시 서적에 등장하는 외국서적을 물색하여 자료를 보고하였다. 이는 각 연구자들이 연구를 위하여 자료들 속에서 외래서적의 기록을 보고하는 방식으로서, 연구자 개인의 논문과 함께 자료가 축적되게 함으로써 다른 연구자에게도 유용한 자료가 되도록 하는 방볍이다.

(4) 이 밖에, 각 연구원과 연구보조원들의 역량에 맞추어 조사자료를 확대하였고 이미 국역된 문적은 빠뜨림 없이 포함하고자 하였으며 각 분야의 연구논문에 흩어져 소개되어 있는 수입도서 자료도 수합하였다. 목록화 작업을 행한 문헌 가운데 외국서적의 유입에 관한 기록이 발견되는 도서는 다음과 같다.

김려(金鑢 : 1777～1821), 『담정유고』(潭庭遺藁), 한국문집총간 289권, 민족문화추진회
남공철(南公轍 : 1760～1840), 『금릉집』(金陵集), 한국문집총간 272권
박제가(朴齊家 : 1750～1805), 『정유각집』(貞甤閣集), 한국문집총간 261권
박지원(朴趾源 : 1737～1805), 『연암집』(燕巖集), 한국문집총간 252권
서명응(徐命膺 : 1716～1787), 『보만재집』(保晩齋集), 한국문집총간 233권
성대중(成大中 : 1732～1812), 『청성집』(靑城集), 한국문집총간 248권
송능상(宋能相 : 1710～1758), 『운평집』(雲坪集), 한국문집총간 225권
송문흠(宋文欽 : 1710～1751), 『한정당집』(閒靜堂集), 한국문집총간 225권
안정복(安鼎福 : 1712～1791), 『잡동산이』(雜同散異), 『순암집』(順菴集), 한국문집총간 229～230권
오재순(吳載純 : 1727～1792), 『순암집』(醇庵集), 한국문집총간 242권
위백규(魏伯珪 : 1727～1798), 『존재집』(存齋集), 한국문집총간 243권
유득공(柳得恭 : 1749～1807), 『냉재집』(冷齋集) 한국문집총간 260권
유만주(兪晩柱 : 1755～1788), 『흠영』(欽英), 서울대 규장각
이광사(李匡師 : 1705～1777), 『원교집』(圓嶠集), 한국문집총간 221권
이긍익(李肯翊 : 1736～1806), 『연려실기술』(燃藜室記述), 민족문화추진위원회 고전국역총서
이덕무(李德懋 : 1741～1793), 『청장관전서』(靑莊館全書), 민족문화추진회 고전국역총서
이만수(李晩秀 : 1752～1820), 『극원유고』(屐園遺稿), 한국문집총간 268권
이상정(李象靖 : 1711～1781), 『대산집』(大山集), 한국문집총간 226～227권
이상황(李相璜 : 1763～1841), 『동어유집』(桐漁遺輯), 고려대 소장본
이서구(李書九 : 1754～1825), 『척재집』(惕齋集), 한국문집총간 270권

이옥(李鈺 : 1760~1813), 『이옥전집』(李鈺全集), 실시학사연구회편
이용휴(李用休 : 1708~1780), 『탄만집』(歎數集), 한국문집총간 223권
이의현(李宜顯 : 1669~1745), 『도곡집』(陶谷集), 한국문집총간 180~181권.
이하곤(李夏坤 : 1677~1724), 『두타초』(頭陀草), 한국문집총간 191권.
장혼(張混 : 1759~1828), 『이이엄집』(而已广集), 한국문집총간 270권.
정약용(丁若庸 : 1762~1836), 『다산시문집』(茶山詩文集), 민족문화추진위원회 고전국역총서
조성기(趙聖期 : 1638~1689), 『졸수재집』(拙修齋集), 한국문집총간 147권
조수삼(趙秀三 : 1762~1849), 『추재집』(秋齋集), 한국문집총간 271권
조엄(趙曮 : 1719~1777), 『해행총재』(海行摠載), 민족문화추진회 고전국역총서
채제공(蔡濟恭 : 1720~1799), 『번암집』(樊巖集), 한국문집총간 235~236권
최석정(崔錫鼎 : 1646~1715), 『명곡집』(明谷集), 한국문집총간 153~154권
한치윤(韓致奫 : 1765~1814), 『예문지』(藝文志), 『해동역사』(海東繹史), 민족문화추진회 고전국역총서
허균(許筠 : 1569~1618), 『성소부부고』(惺所覆瓿稿), 민족문화추진회 고전국역총서
허목(許穆 : 1595~1682), 『미수기언』(眉叟記言), 민족문화추진회 고전국역총서
홍대용(洪大容 : 1731~1783), 『담헌서』(湛軒書), 한국문집총간 248권
홍양한(洪良漢 : 1719~1763), 『이계집』(耳溪集), 한국문집총간 241권
황경원(黃景源 : 1709~1787), 『강한집』(江漢集), 한국문집총간 224~225권
황윤석(黃胤錫 : 1729~1791), 『이재유고』(頤齋遺藁), 한국문집총간 246권
『조선왕조실록』(朝鮮王朝實錄), 세종대왕기념사업회, 민족문화추진위원회 번역본
『홍재전서』(弘齋全書), 민족문화추진위원회 고전국역총서

2) 목록화 작업의 원칙

17・18세기에 활동한 문인의 문헌에서 정리한 외국도서의 서지 사항을 연구자들에게 가장 명료하고 효과적으로 알려주기 위하여 다음과 같은 순서로 정리하였다.

우리나라 독서자명→ 수입한 외국도서명→ 외국도서의 편저자명→ 경・사・자・집 분류→ 간략해제→ 출전

이러한 기준 하에 외국도서 가나나순, 우리나라 독서자 가나다순, 그리고 문집 분류의 가나다순으로 정리하여 조사된 내용을 연구자와 일반인이 쉽게 알아볼 수 있게 하였다. 수입도서가 문집의 어느 부분에서 인용된 것인지를 출전에 표기하여(예 : 『弘齋全書』 5권 5쪽), 문집에서 수입도서를 재확인해 볼 수 있도록 하였다. 국역본이 있을 경우에는 국역본의 권수와 쪽수를 적어주는 것을 원칙으로 하였다. 또한 한국문집총간본의 경우 그 권수가 한 권일 때에는 따로 표시하지

않고, 두 권 이상일 경우에만 Ⅰ, Ⅱ로 표기하였다. 아울러 서적 중에서 보다 상세한 해제가 가능한 경우에는 목록의 서명에 '*' 표시를 해두었음도 밝혀 둔다.

3. 국내에 유입된 외국서적의 해제작업

앞서 언급한 목록화 작업으로 정리된 외국서적 가운데 해제가 가능한 도서를 선정하여 간단한 서지사항과 저자에 대한 조사를 행하였다. 해제작업에 사용된 참고문헌은 다음과 같다.

(姜義華) 主編, 「歷史卷」, 『中國學術名著提要』, 復旦大學出版社, 1994.
金鎗源 編, 『續修 四庫全書 한글索引集』, 新星出版社, 2003.
閔寬東 外, 『中國古典小說 批評資料叢考』, 學古房, 2003.
閔寬東, 『中國古典小說史料叢考』, 아세아문화사, 2000.
徐余麟 主編, 「科技卷」, 『中國學術名著提要』, 復旦大學出版社, 1994.
葉世昌 主編, 「經濟卷」, 『中國學術名著提要』, 復旦大學出版社, 1994.
永瑢等 著, 『四庫全書 簡明目錄』, 上海古籍出版社 1963.
李春植 主編, 『中國學資料解題』, 도서출판 신서원, 2003.
蔣孔陽 高若海 主編, 「藝術卷」, 『中國學術名著提要』, 復旦大學出版社, 1994.
張瑞幡 金一鳴 主編, 「敎育卷」, 『中國學術名著提要』, 復旦大學出版社, 1994.
周谷城 主編, 『中國學術名著提要』, 復旦大學出版社, 1994.
陳士强 主編, 「宗教卷」, 『中國學術名著提要』, 復旦大學出版社, 1994.
한국정신문화연구원 편, 『민족문화대백과사전』, 한국정신문화연구원, 1991.
『欽定 四庫全書 總目 四庫全書』, 臺北 : 臺灣商務印書館, 1983.
서울대학교 규장각 사이트 http://kyujanggak.snu.ac.kr/

위에서 제시된 참고문헌에서 확인되지 않은 도서의 간략해제는 다음 전문가의 자문을 받았다.

임상범 : 성신여자대학교 교수, 고려대학교 박사, 중국근현대사 전공
成一農 : 중국사회과학원 연구원, 북경대학교 박사, 역사지리 전공

4. 목록화 · 해제를 통해 본 분야별 독서경향

목록화와 해제작업은 조선후기의 외국서적 독서를 통한 문화변동을 조사하는 연구자들에게

전체적인 유입서적의 실태를 통해 확대된 안목을 제공해줄 수 있을 것이라는 기대에서 시작되었다. 본 연구팀은 문학, 사학, 철학, 미술사학, 정치학 등의 다양한 전공으로 구성되어 있다. 각 분야별로 접하는 서적이 다르기 때문에 타 분야의 관심사에서 다룬 서적들 및 그 중요성을 접하기 어려운 경우가 발생한다. 수용 양상 자체를 연구하는 각 세부주제별 연구는 당시 지식인들의 독서대상이 어떠했는가의 문제와 필연적으로 부딪히게 되는 부분이다. 이에 전체적으로 목록화된 자료를 연구의 토대자료로 삼아 연구자들의 안목을 넓히고 실제 연구에서 자연스러우면서도 집약적인 학제적(inter disciplinary) 연구의 효과를 기대한 것이다. 이렇게 목록화 및 해제 작업을 행한 결과 각 분야에 따른 유입서적의 특징을 도출할 수 있었다.

1) 문학(文學)

조선후기 문인들의 장서열(藏書熱)과 중국서적 독서 열풍은 실로 대단하였다. 당시 서울지역에 거주했던 사족 유만주(兪晩柱 : 1755~1788)의 독서일기 『흠영』(欽英)에는 외국서적에 대한 17·18세기 문인의 관심이 드러나 있다. 어떤 이는 장서의 목록만 해도 네 책이나 되었으며, 특히 중국서적에 대한 관심이 많아서 그 곳으로 사신 가는 사람은 책을 배 하나 가득 사와서 본인도 읽고 주위 사람들에게도 공개하여 읽혔다는 일화가 있다. 이렇듯 중국서적의 독서는 당시 하나의 문화로 자리잡아 가고 있었던 것이다.

중국서적을 다독한 조선후기 문인들은 약 30여 명에 이른다. 이들을 열거하면, 허균(許筠 : 1569~1618), 이의현(李宜顯 : 1669~1745), 이하곤(李夏坤 : 1677~1724), 이광사(李匡師 : 1705~1777), 이용휴(李用休 : 1708~1780), 안정복(安鼎福 : 1712~1791), 홍양호(洪良浩 : 1724~1802), 위백규(魏伯珪 : 1727~1798), 홍대용(洪大容 : 1731~1783), 이긍익(李肯翊 : 1736~1806), 박지원(朴趾源 : 1737~1805), 이덕무(李德懋 : 1741~1793), 유득공(柳得恭 : 1749~1807), 박제가(朴齊家 : 1750~1805), 이만수(李晩秀 : 1752~1820), 이서구(李書九 : 1754~1825), 유만주(兪晩柱 : 1755~1788), 장혼(張混 : 1759~1828), 이옥(李鈺 : 1760~1813), 김려(金鑢 : 1777~1821), 남공철(南公轍 : 1760~1840) 등이다. 이들은 적게는 4권에서 많게는 500여 권에 이르는 중국서적을 접했으며, 평균적으로 30여 권 정도의 중국서적을 읽었던 것으로 파악된다. 종류는 경전류나 철학, 사상서, 역사서, 개인문집을 다독하였다.

이들이 접한 서적들의 저자는 모두 명(明 : 1368~1644), 청(淸 : 1636~1912)의 이름난 문인들이었다. 사대부 독서자들은 명대에 전칠자, 후칠자로서 이름을 날린 문인들의 개인문집과 각종 시선집류, 명 말에 새로운 문풍을 선도한 이지(李贄 : 1527~1602), 서위(徐渭 : 1521~1593) 초횡(焦竑 : 1541~1621)의 서적들, 그리고 공안파(公安派), 경릉파(竟陵派) 시인의 작품들을 즐겨 읽었다. 청대에 들어서면 전겸익(全謙益), 오위업(吳偉業 : 1609~1670)을 위시하여, 종당시파(宗唐詩派)로 분류되는 고염무(雇炎武), 왕사정(王士楨), 주이존(朱彛尊 : 1629~1709), 심덕잠(沈德

潛 : 1673~1769) 그리고 종송시파(宗宋詩派)로 분류되는 여악(厲鶚), 조위의 작품과 저서에 대해 관심을 나타내고 있다.

또한 다양한 필기류 및 잡서에 포함된 문학작품들 및 『수호지』, 『삼국지』, 『금병매』, 『서유기』의 4대기서(四大奇書)로 대표되는 소설들에 대한 독서도 꾸준히 이루어졌다. 특히 이 시기에 사대부 독서자들이 보인 소설에 대한 관심은 독서물의 변화를 가장 여실히 보여주는 증거가 된다.

문학과 관련된 명 · 청의 서적들은 사고전서의 분류에 따른다면 대부분 자부(子部)와 집부(集部)에 속한 것이라고 할 수 있다. 이 시기의 두드러진 문학서적 독서의 특징은 전대로부터 사대부 일상의 필수적인 요소로서 존재해 왔던 시문집에 대한 탐독과 더불어 다양한 잡기류 및 소설에 대한 독서가 이루어졌다는 사실이다. 특히 소설의 경우에는 다양한 형태의 서적류 및 개인 문집, 혹은 심지어 지리서 등에도 나타나고 있어서 꼼꼼하게 살펴볼 필요가 있다. 문학작품을 포함한 서적들은 크게 세 부류로 구분할 수 있는바, 문집류, 시선집류, 소설을 포함하는 잡기류, 소설작품으로 구분할 수 있다. 전통적인 문학장르의 구분을 적용하여 산문과 시로 나누어보았을 때, 산문에는 지괴, 전기, 필기, 야사, 유기, 청언, 소품, 쇄언, 소화, 소설 등 다양한 양식의 저술이 다속하는데, 이러한 양식의 다양한 산문들은 자부와 집부에서 이야기의 의미를 포함하는 다양한 제목을 가진 책들로 남아 있다.

자부에 속하며 산문 양식의 문학작품을 포함하는 대표적인 책들은 다음과 같다.

『단기총서』(檀幾叢書) · 『유몽영』(幽夢影)[청, 장조(張潮)], 『동야전기』(冬夜箋記)[청, 왕숭간(王崇簡)], 『매화도이림』(梅花渡異林)[명, 지윤견(支允堅)], 『서당잡조』(西堂雜俎)[청, 우동(尤侗)], 『심락편』(尋洛篇)[명, 모원순(毛元淳)], 『장설』(蔣說)[청, 장초(蔣超)], 『군쇄록』(群碎錄)[명, 진계유(陳繼儒)], 『숙원잡기』(菽園雜記)[명, 육용(陸容)], 『이견정지이』(夷堅丁志夷)[명, 축윤명(祝允明)], 『이담』(耳譚)[명, 왕동집(王同軌)], 『장악위담』(莊岳委譚)[명, 호응린(胡應麟)], 『철경록』(輟耕錄)[명, 도종의(陶宗儀)], 『한위총서』(漢魏叢書)[명, 정영(程榮)], 『완위여편』(宛委餘篇)[명, 왕세정(王世貞)], 『태평청화』(太平清話)[명, 진계유(陳繼儒)], 『거이록』(居易錄)[청, 왕사정(王士禎)], 『명보록』(冥報錄)[청, 육기(陸圻)], 『분감여화』(分柑餘話)[청, 왕사정(王士禎)], 『석림연어』(石林燕語)[청, 섭몽득(葉夢得)], 『오잡조』(五雜俎)[청, 사조제(謝肇淛)], 『우항잡록』(雨航雜錄)[청, 풍시가(馮時可)], 『지북우담』(池北偶談)[청, 왕사정(王士禎)], 『춘명몽여록』(春明夢餘錄)[청, 손승택(孫承澤)], 『향조필기』(香祖筆記)[청, 왕사정(王士禎)], 『노학암필기』(老學庵筆記)[청, 왕사정(王士禎)], 『서하객유기』(徐霞客遊記)[명, 서굉조(徐宏祖)], 『서호유람지』(西湖遊覽志)[명, 전여성(田汝成)]. 그리고 소품집인 『보안당비급』(寶顏堂秘笈)[명, 진계유(陳繼儒)]은 집부로 분류되지만 명대까지의 대표적인 청언소품을 모은 산문집이다.

중국서적에 대한 독서 붐으로 조선후기 문학에서는 새로운 시각과 글쓰기 기법이 도입되며 이는 소설 분야에도 그대로 적용되었다. 조선후기에 소설 인식이 변화하였고 나아가 소설 창작기술이 발전하였으며 소설비평의 분위기가 무르익게 된 것이다. 기존 고전소설 학계에서는 중국 소설이 우리나라 소설에 어떤 영향을 미쳤는지를 주로 화소의 측면에서 살펴 왔다. 그러나 목록화 작업을 통하여 작품의 구절이나 화소의 부분적 모방 같은 현상적인 측면보다는 중국소설의 독서를 통한 소설 인식의 변화, 소설 비평 지식 습득이라는 면을 추적할 수 있었다. 소설분야의 경우, 유만주와 이덕무 등의 몇몇 저서에서 상당량의 소설을 독서한 흔적을 볼 수 있었으며, 자신의 독서평만이 아니라 교유한 인물이나 당대 유명 문사들의 일화와 글에 대한 평도 들어 있기에 당시의 문단 상황에 대한 정확한 정보를 얻을 수 있었다.

18세기까지만 해도 소설에 대해서는 부정적인 시선이 많았다. 특히 정조(正祖 : 1752~1800)는 문체반정의 기치를 높이 들고 명말청초의 문집이나 패사소품류, 소설류의 수입을 금지하였다. 그러나 명말청초의 유명한 소설비평가인 김성탄(金聖嘆 : 1610~1661)의 소설 평비본을 통하여 중국소설의 유입경로와 다독된 집단, 중국서적의 읽기방식을 파악할 수 있었다. 김성탄의 평비본을 독서한 후의 기록이나 당대의 문단 상황을 기록한 것들에는 그 평비의 섬세함과 전문성에 대한 감탄이 주를 이룬다. 이렇듯 당대에 많이 읽혔던 김성탄의 평비본을 통하여 조선후기 소설읽기에 미친 그의 영향력이 매우 컸음을 알 수 있었다.

이 시기 독서자들이 즐겨 읽었던 소설과 소설작품이 포함된 저서들을 거론하면 다음과 같다. 4대기서와 같은 장회소설 및 문언소설류를 포함하여 다종의 중국소설들이 소개된 것으로 보인다.

> 『무성희』(無聲戲)[청, 이어(李漁)], 『손방연의』(孫龐衍義)[청, 오문소객(吳門嘯客)], 『삼국연의』(三國演義), 『서유기』(西遊記)[오승은(吳承恩)], 『삼국연의』(三國演義)[김성탄(金聖嘆)평비], 『우초신지』(虞初新志), 『수호후전』(水滸後傳), 『옥합기』(玉閤記)[명, 연희본(演戲本)], 『한위총서』(漢魏叢書), 『서상기』(西廂記), 『석주연의』(石珠演義)[일명 『삼국후전』(三國後傳)], 『수호전』(水滸傳), 『서상기』(西廂記), 『고사기염』(古史奇艷), 『산보문원사귤』(刪補文苑楂橘), 『수호전』(水滸傳), 『비파기』(琵琶記)[명, 고명(高明)], 『소창자기』(小窓自紀)·『소창별기』(小窓別紀)·『소창염기』(小窓艶紀)·『소창청기』(小窓淸紀)[명, 오종선(吳從先)], 『정사』(情史)[명, 풍몽룡(馮夢龍)편], 『전등신화』(剪燈新話), 『신전농정소부』(新鐫濃情小部)[찬화주인(餐花主人) 편], 『각세명언』(覺世名言)[명, 이어(李漁)], 『최효몽』(催曉夢), 『황량전기』(黃粱傳奇), 『육포단』(肉蒲團), 『목천자전』(穆天子傳), 『서호가화』(西湖佳話), 『녹금쇄옥』(綠錦碎玉), 『문오이집』(文娛二集), 『곽분양전기』(郭汾陽傳奇), 『소소소외전』(蘇小小外傳), 『관화당수호전』(貫華堂水滸傳), 『서상기』(西廂記)[이탁오(李卓吾) 평], 『영현외전』(伶玄外傳)[또는 『비연외전』(飛燕外傳)], 『합금회문전』(合錦回文傳)[명, 이어(李漁)], 『수호외서』(水滸外書), 『요재지이』(聊齋志異)

시에 해당하는 것들은 각 작가의 개인문집 및 시선집, 시문초 등의 형태를 취한 서적들이다. 명·청대의 유명 문인들의 문집과 그들이 편찬한 시선집 역시 즐겨 읽는 독서물이었다. 좋은 시와 문장에 대한 사대부 독자들의 관심과 욕망은 전대로부터 이어져 온 것으로, 이 시기에도 계속되고 있었다. 이러한 전통적인 문학서적들에 대한 독서를 통해 새로운 문학적 담론을 접하고, 시를 평하고, 새로운 기법을 익히는 기회로 삼았다. 집부에 속하는 유명 문학작가의 문집과 시선집으로서 대표적인 것들은 다음과 같다.

『대아당집』(大雅堂集)[명, 이지(李贄)], 『목당고』(穆堂稿)[청, 이불(李紱)], 『백경집』(伯敬集)[청, 종성(鍾惺)], 『사고당집』(思古堂集)[청, 모선서(毛先舒)], 『여만촌집』(呂晩村集)[명, 유량(留良)], 『우서당집』(尤西堂集)[청, 우동(尤侗)], 『우하집』(友夏集)[명, 담원춘(譚元春)], 『엄주별집』(弇州別集)[명, 왕세정(王世貞)], 『고자유서』(高子遺書)[명, 고반용(高攀龍)], 『엄주집』(弇州集)[명, 왕세정(王世貞)], 『광문선』(廣文選)[명, 유절(劉節)], 『구양남야집』(歐陽南野集)[명, 구양덕(歐陽德)], 『엄주사부고』(弇州四部稿)[명, 왕세정(王世貞)], 『대복집』(大復集)[명, 하경명(何景明)], 『고금시화』(古今詩話)[명, 고도홍(顧道洪)], 『백사집』(白沙集)[명, 진헌장(陳獻章)], 『봉사록』(奉使錄)[명, 장녕(張寧)], 『부명집』(缶鳴集)[명, 고계(高啓)], 『서문장일고』(徐文長逸稿)[명, 서위(徐渭)], 『승암외집』(升菴外集)[명, 양신(楊愼)], 『승암집』(升菴集)[명, 양신(楊愼)], 『양명집』(陽明集)[명, 왕양명(王陽明)], 『원궁사』(元宮詞)[명, 주헌왕(周憲王)], 『위백자집』(魏伯子集)[명, 위윤정(魏允貞)], 『창명집』(滄溟集)[명, 이반룡(李攀龍)], 『정단간공집』(鄭端簡公集)[명, 정효(鄭曉)], 『원중랑집』(袁中郎集)[명, 원굉도(袁宏道)], 『청계집』(靑溪集)[명, 정정조(程廷祚)], 『태악집』(太岳集)[명, 장거정(張居正)], 『회록당집』(懷麓堂集)[명, 이동양(李東陽)], 『설부』(說郛)[명, 도종의(陶宗儀)], 『용대집』(容臺集)[명, 동기창(董其昌)], 『국조시별재집』(國朝詩別裁集)[청, 심덕잠(沈德潛)], 『대경당전집』(帶經堂全集)[청, 왕사정(王士禎)], 『명시종』(明詩綜)[청, 주이존(朱彝尊)], 『명시종소전』(明詩綜小傳)[청, 주이존(朱彝尊)], 『삼어당집』(三漁堂集)[청, 육롱기(陸隴其)], 『서하전집』(西河全集)[청, 모기령(毛奇齡)], 『성재집』(誠齋集)[청, 양만리(楊萬里)], 『소음재고』(篠飮齋稿)[청, 육비(陸飛)], 『송시기사』(宋詩紀事)[청, 여악(厲鶚)], 『송시초』(宋詩鈔)[청, 오지진(吳之振)], 『별조시집』(列朝詩集)[청, 전겸익(錢謙益)], 『명시별재집』(明詩別裁集)[청, 심덕잠(沈德潛)], 『용촌집』(榕村集)[청, 이광지(李光地)], 『원백가시선』(元百家詩選)[청, 고사립(顧嗣立)], 『위숙자집』(魏叔子集)[청, 위희(魏禧)], 『유학집』(有學集)[청, 전겸익(錢謙益)], 『정림집』(亭林集)[청, 고염무(顧炎武)], 『정지거시화』(靜志居詩話)[청, 주이존(朱彝尊)], 『해속집』(海粟集)[청, 고문연(顧文淵)], 『감구집』(感舊集)[청, 왕사정(王士禎)], 『회성원시집』(繪聲園詩集)[청, 곽집환(郭執桓)], 『유권집』(由拳集)[명, 도융(屠隆)], 『진천문집』(震川文集)[명, 귀유광(歸有光)], 『고시귀』(古詩歸)·『명시귀』(明詩歸)[명, 종성·담원춘(鍾惺·譚元春)], 『송백가시존』(宋百家詩存)[청, 조정동(曹庭棟)], 『송예포집』(宋藝圃集)[명, 이곤(李袞)]

2) 사학(史學)

본 연구에서 조사된 도서목록 중 역사 관련 책은 사마천(司馬遷 : BC 145~86)의 『사기』(史記)를 비롯하여 『당서』(唐書), 『송사』(宋史), 『명사』(明史) 등의 기전체 정사류(正史類), 북송(1096~1279) 사마광(司馬光 : 1019~1086)의 『계고록』(稽古錄), 주희(朱熹 : 1130~1200)의 『자치통감강목』(資治通鑑綱目) 등의 편년체 역사서, 『계한서』(季漢書), 『송사기사본말』(宋史紀事本末), 『명사기사본말』(明史紀事本末) 등의 기사본말 사서류, 명대에 편찬된 『역대통감찬요』(歷代通鑑纂要) 등의 강목체 역사서, 청대 강희(康熙 : 재위 1661~1722)·옹정(雍正 : 재위 1722~1735) 연간에 완성된 종합인문지리서인 『대청일통지』(大淸一統志), 『고금군국지』(古今郡國志) 같은 지리서 등으로 나누어 볼 수 있는데, 각 서지에 대한 자세한 해제를 소개하고 있어 서적의 영향을 가늠하는 데 유익할 것이다. 그 밖에 원 초의 마단림(馬端臨 : 13세기)이 편찬한 『문헌통고』(文獻通考)나 『명회전』(明會典)과 같이 해당 시기의 전장제도에 대한 사서들도 독서목록에 포함되어 있다. 명 말의 특별한 인물에 대한 열전 형식으로 서술된 『계정야승』(啓禎野乘) 및 『고금열녀전』(古今列女傳), 『고사전』(古士傳) 등의 열전류의 해제도 정리하였다.

이렇듯 중국에서 유입된 중국의 전통 역사서들과는 달리 17·18세기 조선의 지식인에게 새로운 세계를 보여준 것은 다름 아닌 이 시기에 전래된 서양 관련 한역서적들이었다. 이 책들은 명 말부터 예수회 선교사들이 중국에 정착하면서 선교를 목적으로 하여 번역 저술한 서양학술서적들이었다. 이 서적들 가운데에는 천주교 교리를 한역한 서교 및 서양철학서적류-『천주실의』와 서양과학사상을 다룬 서적류, 그 밖에 인문지리류들로 나누어 볼 수 있다. 서양의 자연철학서로서 마테오 리치(利瑪竇 : 1552~1610)가 중국에 처음 들여온 서적이 바로 『건곤체의』(乾坤體義)였다. 이후 중국으로 전해진 수많은 서양서적들 가운데 중국중심적 세계관에 젖어 있던 조선 지식인들에게 신선한 충격을 준 서적은 마테오 리치가 제작한 『곤여만국전도』(坤輿萬國全圖)를 비롯한 세계전도류와, 중세서양의 우주구조론인 프톨레마이오스의 우주구조인 십이총두설(十二蔥頭說)을 처음 소개한 디아즈(陽瑪諾 : 1574~1659)의 『천문략』(天文略)이다. 이는 조선에 소개된 후 기존의 혼천설을 대신하고 영조(1694~1776) 때에는 문헌비고(文獻備考) 상위고(象緯考)에 12중천설로 공인된 우주관이 될 만큼 지대한 영향을 끼쳤다. 그 밖에 조선 지식인들에게 지구는 둥글며 우주의 중심이 아니라는 설을 소개한 천문서적들-『오위역지』(五緯曆指), 서양 수학자인 클라비우스의 실용산술개요를 한역찬한 『동문산지』(同文算指), 서양중세 유클리드 기하학을 한역한 『기하원본』(幾何原本), 새로운 수학공식을 담은 서양수학서, 실제 태양의 운동을 중심으로 역법을 체계화한 서양역법서적-『서양신법역서』(西洋新法曆書), 『시헌역서』(時憲曆書) 등은 조선 지식인의 자연과학 지식의 폭을 확대시키고 세계관, 우주관에 변화를 가져온 지적 자극이 되었다.

3) 철학(哲學)

조선후기 지식인들이 중국에서 수입하여 읽은 서적의 양은 실로 방대했다. 그 중 철학 분야에서 보이는 몇 가지 특징을 정리해 보면 다음과 같다.

먼저, 전통유가에 대한 독서는 여전히 그들에게 기본 소양이었다. 사서오경 등의 경전에 대한 연구는 여전히 많았으며 이에 따른 수많은 주석서에 대한 독서가 꾸준히 진행되었다. 공맹정주학(孔孟程朱學)에 관한 독서 기록은 여러 문집이나 실록에서 이루 언급할 수 없을 만큼 빈번하게 등장한다. 또 중국의 명말청초 시기에 사상적·정치적으로 가장 중요하게 활동했던 황종희(黃宗

羲 : 1610~1695), 고염무(顧炎武 : 1613~1711), 왕부지(王夫之 : 1619~1692)의 저술에 관한 독서는 조선의 지식인 계층에게 필독서와도 같았다. 특히 그들의 정치적 · 사회적 개혁방안이 정약용(丁若鏞 : 1762~1836), 이익(李瀷 : 1681~1763) 등의 조선 실학자들의 사상에 반영되었다. 반면 왕양명(王陽明 : 1472~1529), 왕용계(王龍溪 : 1498~1583), 왕심재(王心齋 : 1483~1540) 등의 양명학 관련 서적도 적지않게 읽히기는 했어도 주자학 관련 기록만큼 빈번하게 등장하지 않으니 당시의 여전하였던 조선의 학풍을 엿볼 수 있겠다.

그렇다고 그들의 독서 경향이 여기에 머물렀던 것은 결코 아니다. 즉, 허균(許筠 : 1569~1618), 박지원(朴趾源 : 1737~1805) 등의 진보적 지식인에게서 보이는 양명학 좌파 관련 독서 문화는 간과할 수 없다. 여기에서 가장 주목되는 서적으로 이지(李贄 : 1527~1602)의 『분서』(焚書)와 『장서』(藏書)를 꼽을 수 있다. 모든 봉건적 권위와 도덕을 철저하게 거부하고 역사적 인물에 대한 평가까지 자기 내부에 있는 동심(童心)을 발현하도록 한 이지의 이단적인 주장은 중국 본토에서뿐만 아니라 조선의 지식인을 매료시키기에 충분한 것이었다. 겉으로 내놓고 인용하거나 드러내지 못했을 뿐, 허균이나 박지원의 저술 곳곳에서 이지의 사상과 유사하거나 완전히 동일한 주장을 발견할 수 있다. 이지의 영향을 받아 실재 삶에 바탕한 현실을 중시하며 자신의 감성의 발현을 중시하고 개성의 해방을 강조한 원종도(袁宗道 : 1568~1610) · 원굉도(袁宏道 : 1569~1610) · 원중도(袁中道 : 1570~1623) 3형제로 대표되는 공안파(公安派) 문학이나 이지의 절친한 친구 초횡(焦竑 : 1541~1621)의 저술이 조선에서 널리 유행한 것도 이 시기의 큰 특징이라고 할 수 있다.

한편 이 시기에는 유가뿐만 아니라 도가나 불가 서적, 그리고 주역 관련 서적에 관한 독서도 병행되었다. 『도덕경』(道德經), 『장자』(莊子), 『열자』(列子), 『회남자』(淮南子) 등의 노장계열 서적과 『금강경』(金剛經), 『법화경』(法華經), 『능엄경』(楞嚴經), 『아함경』(阿含經), 『대승기신론』(大乘起信論) 등의 불경, 또한 주역에 관련된 여러 주석서들, 심지어 법가인 『한비자』(韓非子)에 대한 독서 기록까지 광범위하게 찾아진다. 그러나 사실 이는 중국의 성리학이나 양명학 자체의 복합적 사상체계를 염두에 둔다면 그리 특이한 사항은 아니라고 볼 수 있다.

마지막으로 주목할 사항은 중국에 유입된 서양사상 및 종교 관련 서적에 대한 조선인들의 주목이다. 서양 선교사 마테오 리치의 『천주실의』(天主實義)는 유학사상에 기반을 둔 조선인에게 인간관과 세계관의 차이와 갈등을 보여주었을 것이다. 그 와중에 정조(正祖 : 1752~1800)와 정약용(丁若鏞 : 1762~1836) 등의 많은 지식인들은 전통적인 유학사상과 외래의 서학사상의 갈등 속에서도 주체적이고 비판적인 수용태도로 어떤 방식의 융합을 꾀하였다.

4) 미술사학(美術史學)

한국 회화사에서 조선후기는 새롭고도 다양한 예술적 창작이 이루어진 변화의 시기였다. 17 ·

18세기에는 명・청대의 문물이 적극 수용됨으로써 회화 분야 전반에 신선한 창작이 시도된 것이다. 특히 중국 명대의 만력 연간 이후에는 출판문화가 급속하게 발달하였고 이와 더불어 세련된 판화서적이 등장하였다. 문인들의 새로운 독서생활과 판화를 통한 시각적 향유의 변화는 문인들의 중요한 문화생활이었던 회화의 창작에도 영향을 끼치게 되었다. 특히 17세기부터 본격화된 중국화보(中國畵譜)의 유입은 조선후기의 산수화뿐만 아니라 인물화・화조화 등 회화의 전 영역에 남종화법이 정착되는 계기를 마련하였다. 목록화 작업으로 이 시기에 유입된 중국화보집을 구체적으로 파악할 수 있었는데, 대표적인 서적으로는 왕기(王圻 : 1498～1583)의 『삼재도회』(三才圖會), 고병(顧炳)의 『고씨화보』(顧氏畵譜), 『당시화보』(唐詩畵譜), 『해내기관』(海內奇觀, 1609), 『명산승개기』(名山勝槪記), 이어(李漁 : 1611～1680)의 『개자원화전』(芥子園畵傳)이 있었다.

또한 한치윤(韓致奫 : 1765～1814)은 한국 및 중국, 일본의 역사서를 총망라한 『해동역사』(海東歷史)의 「예문지」(藝文志)에서 이 시기 문인들이 접한 중국화론서를 다음과 같이 기록하였다.

> 『선화화보』(宣和畵譜), 『당조명화록』(唐朝名畵錄)[주경현(朱景玄 : 9세기 활동)], 곽사(郭思 : 11세기에 활동), 『도화견문지』(圖畵見聞志), 『몽계필담』(夢溪筆談)[심괄(沈括 : 1031～1095)], 『익주명화록』(益洲名畵錄)[황휴복(黃休夏 : 12세기 활동)], 『화계』(畵繼)[등춘(鄧椿)], 『화감』(畵鑑)[탕후(湯垕)], 『패문재서화보』(佩文齋書畵譜).

한편 17・18세기에는 서양미술의 과학적=인공적 원근법과 명암법 등에 관한 서양적 시학(視學) 지식이 명・청대의 서학서에 수록된 상태로 전래되어 이 시기의 회화론 변동에 영향을 미쳤을 것으로 추정된다. 즉 앞서 사학(史學) 부분에서 언급하였듯이 예수회 선교사들에 의해 간행된 한역본 서양서인 서학서가 17・18세기에 유입되어 당시 화가들에게 신선한 충격을 준 것이다. 이는 사실적 기법에 대한 과학적 이론이며 근대적인 '보는 틀', 혹은 '보는 방식'과 결부된 새로운 시각이론이었다.

명・청대의 문인이 새로운 시학(視學)이론에 대하여 서술한 서적 가운데 조선후기의 지식인이 읽은 도서에는 위희(魏禧 : 1624～1680)의 『위숙자집발』(魏叔子集跋), 장조(張潮 : 1676 전후)의 『우초신지』(虞初新志, 1700), 왕사정(王士禎 : 1638～1711)의 『지북우담』(池北偶談), 장경(張庚)의 『국조화징록』(國朝畵徵錄, 1739), 추일계(鄒一桂 : 1686～1772)의 『소산화보』(小山畵譜), 『고금도서집성』(古今圖書集成) 등이 있다.

5) 정치학(政治學)

17세기는 동아시아 질서의 전환기로 이해할 수 있다. 왜냐하면 동아시아 질서의 중심축이었던 중국에서 정치적 변동이 일어나고 이로 인해 사대와 조공 관계로 유지되던 동아시아 질서의 재정립이 요구되었기 때문이다. 특히 명왕조에서 청왕조로의 정권교체는 중국인들에게 이민족 지배라는 충격을 안겨주었고, 때문에 중국 지식인들은 왕조의 멸망 원인을 규명하고 정치적 이상향을 회복하려 하였다. 이러한 시도를 위해 제기된 새로운 방법론 중 하나가 서학(西學)으로 명명된 서구의 과학적 방법론이었다. 서구의 과학기술서적이 한역(漢譯)되어 중국 지식인들에게 소개되었고, 이는 새로운 지적 경향을 형성하게 되었다. 그 결과 경세치용학과 고증적인 학문태도가 출현하였다. 『일지록』(日知錄)은 바로 이러한 경향을 대표하는 지식인이었던 고염무(顧炎武 : 1613~1682)의 저작이다. 『일지록』은 유가적 통치기제의 무력화로 인해서 멸망한 명왕조의 문제점을 분석하고 과거 성공적이었던 통치기제를 회복하기 위해 무엇을 어떻게 해야 할지 고민한 정치적 사유의 결과물이었다. 즉 이 저서는 고염무 자신의 정치적 성찰이자 동시에 무력화된 유가적 통치기제의 회복을 위한 구체적인 대안이기도 하였던 것이다.

한편 중국의 왕조교체는 단순히 중국 내부의 문제로 국한된 것이 아니라 주변국에도 직접적·간접적인 영향을 미칠 수밖에 없었다. 조선왕조의 경우, 17세기는 내부적으로 왜란과 호란을 겪은 이후 통치기제의 이완이 발생한 시기였다. 동시에 불가피하게 중국의 변동이라는 외부적 요인으로 동아시아 질서에 대한 새로운 인식이 요구되는 시기이기도 하였다. 그럼에도 불구하고 기존 통치기제는 내부적인 모순의 심화에 적절히 대응하지 못할 정도로 무력화되었고, 이로 인해서 조선 지식인들은 당시의 상황을 위기로 인식하였다.

이렇듯 17·18세기 조선의 실학자들 역시 중국의 지식인들과 동일한 조건에 놓여 있었으며, 그들과 동일한 문제의식을 느끼고 성찰을 시도했다. 이로부터 조선의 실학자들은 중국 지식인들-그들도 실학자로 명명되는-과 동일한 정치적 이상상과 청사진을 제시한다. 그 형식은 왕정(王政)으로 표현되며, 그 내용은 군주를 정점으로 하고 사회적 직분에 기초한 질서정연한 공동체의 회복이었다. 어떻게 이런 현상이 발생한 것일까? 그 해답은 동아시아 질서구조 속에서의 정치적·학문적 수평이동이라는 현상에서 찾을 수 있다. 중국으로부터 유입된 서구의 문물과 중국 지식인들의 사유의 결정물들은 조선 실학자들의 정치적 이상향을 정제하고 확인하는 데 적지않은 영향을 주었을 것이다. 이익과 정약용의 진술에서도 드러나듯이, 선진시대의 고대 경전과 한역서학서, 그리고 고염무·왕부지·황종희·염약거 등으로 대표되는 청대 지식인의 전적이 수입되어 널리 읽혔다. 중국-조선의 정치적·학술적 교류와 문화의 이동이라는 전제를 고려할 때, 『일지록』이 담고 있는 정치적 함의는 조선 실학자들이 꿈꾸었던 정치적 이상향을 이해하는 단서로 기능하였을 것이다.

5. 결 론

정보의 대부분이 서적으로 전달되던 시기에 '독서행위'는 새로운 문물을 접하고 수용할 수 있는 가장 보편적이고도 적절한 방법이었다. 따라서 본 연구에서 수행한 외국도서의 목록화·해제 작업은 당시 지식인들의 독서경향을 파악하고 이를 문학·사학·철학·미술사학·정치학으로 분류함과 동시에 학제간의 연결고리를 마련한다는 데 큰 의의가 있다고 본다. 또한 많은 연구자들과 전통문화에 관심을 갖고 있는 일반인에게 구체적인 자료를 제공하다는 점에서 큰 효과를 기대하고 있다.

첫째, 본서에 다양하게 목록화된 도서들은 각 연구원들이 당시 수입된 도서의 전반적 상황을 파악하는 데 도움을 준다. 특히 과학이나 천문학 및 예술 관련 도서목록은 당시 문인들의 박학다식하고 폭넓은 사유체제를 알려준다. 즉 본서의 도서목록은 조선후기 지식인들의 관심분야가 다양했다는 막연한 추론을 실증적으로 뒷받침하여 주고 지금까지 알려지지 않은 도서를 발굴, 해제하여 당시의 독서경향을 구체적으로 알게 해주었던 것이다. 이러한 전적의 존재는 조선 지식인들이 보여준 문화활동 및 사유체계를 심도 있게 연구할 수 있는 근거를 마련해 줄 것이다.

둘째, 조선후기 지식인들이 보여준 방대한 도서에 대한 신속한 수입은, 그들이 궁극적으로 동아시아의 사유와 가치관을 공유했다는 사실에 실증적으로 접근하게 하여 준다. 즉 이 자료를 바탕으로 우리는 동아시아의 문화 이동경로와 지식의 수평적 전개를 논증할 수 있으며 동일한 문화적 경계 내에서의 분화의 결과로 변용과 차별성이 진행되었음을 확인할 수 있을 것이다.

셋째, 새로운 문화가 유입되는 와중에 고전적 서적들이 지속적으로 유입되었다는 상황은, 당시의 문화양상을 이해하는 데 중요한 부분이다. 말하자면 새로운 사상과 문학형식을 보여주는 서적과 함께 경서류(經書類) 서적이 끊임없이 수입되고 중시되며 거듭 연구되었다는 점이다. 따라서 경전 연구와 그 해석의 중요성은 조선후기 지식인들의 사유체계와 인식론을 이해하는 중요한 단서를 제공할 것으로 판단된다.

이와 관련하여 조선후기 문인들의 도서기록 태도에 숨어 있는 진실성 문제도 진지하게 생각해 볼 기회를 가질 수 있었다. 많은 서적이 경전류의 철학·사상·역사서 등에 편중되어 있고 막상 그 시대에 널리 유행한 소설 및 패사소품류·소설평비본 같은 독서기록은 예상처럼 등장하지 않았기 때문이다. 이는 18세기까지 팽배해 있던 소설을 부정적으로 보는 가치관과 정조대의 강력한 문체반정 등의 영향을 받았을 것으로 보인다. 기록을 통하여 사실이 밝혀진 목록화와 해제작업은 이러한 측면에서 연구자들에게 흥미롭고 중요한 연구거리를 제공할 것이라 본다.

총해제 서술 참여연구원 : 강영심 남정희 송희경 윤대식 정선희 정재현

대표 정리자 : 송희경

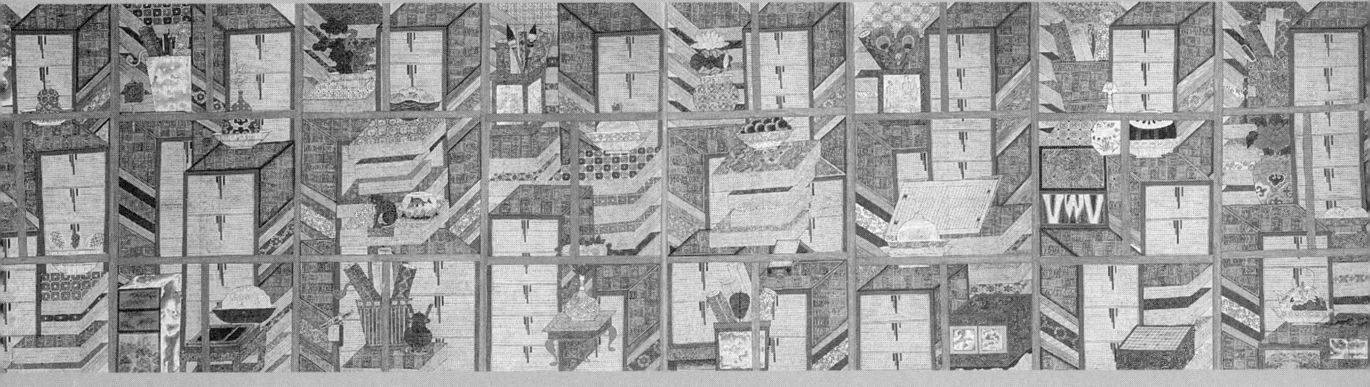

Ⅱ. 독서목록

독서자	서명	저자	분류	간략 해제	출전
朴趾源(1737-1805)	가례(家禮)*	朱熹(1130-1200)	經	주희가 지은 『朱子家禮』	燕巖集 76쪽
宋寅明(1689-1746)	가례(家禮)*	朱熹(1130-1200)	經	주희가 지은 『朱子家禮』	英祖實錄 19권 220쪽
尹鳳九(1681-1767)	가례(家禮)*	朱熹(1130-1200)	經	주희가 지은 『朱子家禮』	英祖實錄 19권 221쪽
丁若鏞(1762-1836)	가례(家禮)*	朱熹(1130-1200)	經	주희가 지은 『朱子家禮』	茶山詩文集 8권 103쪽
正祖(1752-1800)	가례(家禮)*	朱熹(1130-1200)	經	주희가 지은 『朱子家禮』	弘齋全書 4권 31쪽
黃胤錫(1729-1791)	가례(家禮)*	朱熹(1130-1200)	經	주희가 지은 『朱子家禮』	頤齋遺藁 301쪽
英祖(1694-1776)	가례(家禮)*	朱熹(1130-1200)	經	주희가 지은 『朱子家禮』	英祖實錄 24권 184쪽
正祖(1752-1800)	가례의절(家禮儀節)*	丘濬(1420-1495)	經	『家禮』의 절차·복장에 관한 그림을 수록	弘齋全書 4권 20쪽
宋文欽(1710-1751)	가서(可書)	張知甫(宋)	子	북송 말기의 雜事들을 기재한 책	閒靜堂集 338쪽
吳載純(1727-1792)	가서(可書)	張知甫(宋)	子	북송 말기의 雜事들을 기재한 책	醇庵集 499쪽
丁若鏞(1762-1836)	가서(可書)	張知甫(宋)	子	북송 말기의 雜事들을 기재한 책	與猶堂全書 2권 324쪽
李宜顯(1669-1745)	가서집(稼書集)	陸隴其(1630-1692)	集	육롱기의 문집, 별칭 『陸稼書集』	陶谷集 Ⅱ 502쪽
李德懋(1741-1793)	가세구문(家世舊聞)	陸游(1125-1210)	子	훗날까지 사람들에 의해 회자되는 재미있는 이야기를 기록	靑莊館全書 10권 61쪽
李德懋(1741-1793)	가어(家語)*	王肅(195-256)	子	공자의 언행과 문인과의 문답을 적은 책. 왕숙의 위작	靑莊館全書 9권 121쪽
張混(1759-1828)	가어(家語)*	王肅(195-256)	子	공자의 언행과 문인과의 문답을 적은 책. 왕숙의 위작	而已广集 579쪽
丁若鏞(1762-1836)	가어(家語)*	王肅(195-256)	子	공자의 언행과 문인과의 문답을 적은 책. 왕숙의 위작	茶山詩文集 4권 66쪽
正祖(1752-1800)	가어(家語)*	王肅(195-256)	子	공자의 언행과 문인과의 문답을 적은 책. 왕숙의 위작	弘齋全書 6권 197쪽
韓商新(1758-?)	가어(家語)*	王肅(195-256)	子	공자의 언행과 문인과의 문답을 적은 책. 왕숙의 위작	弘齋全書 10권 115쪽
朴世采(1631-1695)	가어외편(家語外編)	沈越(明)	子	유가의 저작으로 『孔子家語』의 속편일 가능성이 있음	肅宗實錄 31권 43쪽
兪晩柱(1755-1788)	가요별본(歌謠別本)				欽英 5권 137쪽
英祖(1694-1776)	가융문견록(嘉隆聞見錄)	沈越(明)	史	명대 嘉靖, 隆慶 시대의 일을 기록한 『嘉隆兩朝聞見紀』일 가능성이 있음	英祖實錄 8권 110쪽
丁若鏞(1762-1836)	가의신서(賈誼新書)	賈誼(B.C.200-168)	集	漢初의 사상가인 가의의 政論으로 정치사상과 경제사상이 집중적으로 나타남	與猶堂全書 3권 29쪽
兪晩柱(1755-1788)	가의전(賈誼傳)	司馬遷(B.C.145-86)	史	출전은 『사기』 혹은 『漢書』, 賈誼의 전기	欽英 2권 582쪽
兪晩柱(1755-1788)	가자전서(賈子全書)*	賈誼(B.C.200-168)	集	『賈子新書』 또는 가의의 문집으로 추측	欽英 2권 582쪽
正祖(1752-1800)	가전(家傳)			책 이름이 완전하지 않은데 의학서적일 가능성이 있음	弘齋全書 6권 334쪽
兪晩柱(1755-1788)	가전(家典)				欽英 3권 95쪽
兪晩柱(1755-1788)	각몽뇌(覺夢雷)	木鐸道人(?)			欽英 4권 46쪽
兪晩柱(1755-1788)	각미록(覺迷錄)*	雍正帝(1678-1735)	集	淸의 옹정제가 士人들을 청조에 귀순하도록 회유하기 위해서 편찬한 책. 별칭 『大義覺迷錄』	欽英 6권 11쪽

독서자	서명	저자	분류	간략 해제	출전
兪晩柱(1755-1788)	각미록인본(覺迷錄印本)*	雍正帝(1678-1735)	集	淸의 옹정제가 士人들을 청조에 귀순하도록 회유하기 위해서 편찬함. 별칭『大義覺迷錄』	欽英 6권 313쪽
兪晩柱(1755-1788)	각세명언(覺世名言)*	李漁(1611-1685)	子	12권으로 구성된 명말 청초의 문인 이어의 단편소설집	欽英 4권 520쪽
許筠(1569-1618)	각야시(閣夜時)	李攀龍(1514-1570)			惺所覆瓿藁 1권 42쪽
韓致奫(1765-1814)	간재잡설(艮齋雜說)	尤侗(1618-1704)	子	잡다한 종류의 일을 기록한 저작일 가능성이 있음	海東繹史 5권 174쪽
李德懋(1741-1793)	간재집(簡齋集)*	陳與義(1090-1139)	集	宋의 진여의가 편찬한 문집	靑莊館全書 5권158쪽
黃胤錫(1729-1791)	간평의설(簡平儀說)*	徐光啓(1562-1633) 등	子	明의 서광계, 선교사 우르시스(熊三拔)가 지은 천문서	頤齋遺藁
許筠(1569-1618)	갈고보(羯鼓譜)				惺所覆瓿藁 3권 69쪽
金在行(?)	감구집(感舊集)	王士禎(1634-1711)	集	淸代 왕사정이 친구들의 시문을 모은 책	靑莊館全書 7권 162쪽
李德懋(1741-1793)	감구집(感舊集)	王士禎(1634-1711)	集	淸代 왕사정이 친구들의 시문을 모은 책	靑莊館全書 9권 131쪽
韓致奫(1765-1814)	감구집(感舊集)	王士禎(1634-1711)	集	淸代 왕사정이 친구들의 시문을 모은 책	海東繹史 5권 296쪽
洪大容(1731-1783)	감구집(感舊集)	王士禎(1634-1711)	集	淸代 왕사정이 친구들의 시문을 모은 책	湛軒書 2권 142쪽
兪晩柱(1755-1788)	감람(橄欖)				欽英 3권 196쪽
許筠(1569-1618)	감로경(甘露經)		子	불교 경전	惺所覆瓿藁 4권 308쪽
李德懋(1741-1793)	감우전(感遇傳)	杜光庭(850-933)	子	별칭『神仙感遇傳』, 신선을 만난 사정들을 기록	靑莊館全書 8권 224쪽
正祖(1752-1800)	감우집(感遇集)	平剛(?)	集	평강의 문집	弘齋全書 6권 216쪽
李德懋(1741-1793)	감응경(感應經)		子	각종 동식물을 기록	靑莊館全書 10권 87쪽
韓致奫(1765-1814)	갑을잉언(甲乙剩言)*	胡應麟(1551-1602)	子	호응린이 엮은 소설총서에 속한 책으로 袁昌今이 교열한 것	海東繹史 5권 6쪽
正祖(1752-1800)	갑자회기(甲子會記)*	薛應旗(明)	史	설응기가 지은 편년체 역사서	弘齋全書 18권 23쪽
英祖(1694-1776)	강감(綱鑑)	王世貞(1526-1590)	史	『鳳洲綱鑒』이라고도 하는데, 민간에서 왕세정의 이름을 빌어 쓴 역사서	英祖實錄 21권 116쪽
兪晩柱(1755-1788)	강목속편(綱目續編)	商輅(明)	史	주희의 『통감강목』 체제에 따라 송·원의 역사를 기록한 사서로 착오가 많음	欽英 1권 357쪽
正祖(1752-1800)	강목속편(綱目續編)	商輅(明)	史	주희의 『통감강목』 체제에 따라 송·원의 역사를 기록한 사서로 착오가 많음	弘齋全書 1권 171쪽
韓致應(1765-1814)	강희실록(康熙實錄)		史	강희제 시기의 역사를 기록한 문헌자료	正祖實錄 26권 127쪽
兪晩柱(1755-1788)	강희자전(康熙字典)*	張玉書(1642-1711) 등	經	강희 시기에 편찬한 자전	欽英 1권 473쪽
李肯翊(1736-1806)	강희자전(康熙字典)*	張玉書(1642-1711) 등	經	강희 시기에 편찬한 자전	燃藜室記述 9권 414쪽

독서자	서명	저자	분류	간략 해제	출전
李德懋(1741-1793)	강희자전(康熙字典)*	張玉書(1642-1711) 등	經	강희 시기에 편찬한 자전	靑莊館全書 9권 106쪽
李鈺(1760-1813)	강희자전(康熙字典)*	張玉書(1642-1711) 등	經	강희 시기에 편찬한 자전	李鈺全集 2권 305쪽
丁若鏞(1762-1836)	강희자전(康熙字典)*	張玉書(1642-1711) 등	經	강희 시기에 편찬한 자전	茶山詩文集 5권 26쪽
韓致奫(1765-1814)	강희자전(康熙字典)*	張玉書(1642-1711) 등	經	강희 시기에 편찬한 자전	海東繹史 5권 8쪽
丁若鏞(1762-1836)	개국방략(開國方略)*	阿桂(1717-1797)	史	청나라 개국에 대한 기록	茶山詩文集 7권25쪽
韓致奫(1765-1814)	개보정례(開寶正禮)		經	唐代의 禮儀 제도 방면의 저작일 가능성이 있음	海東繹史 5권 72쪽
李德懋(1741-1793)	개보통례(開寶通禮)		經	宋 開寶연간 조정의 예의를 기록	靑莊館全書 5권 30쪽
韓致奫(1765-1814)	개보통례(開寶通禮)		經	宋 開寶연간 조정의 예의를 기록	海東繹史 5권 72쪽
權韠(1574-1650)	개원례(開元禮)	蕭嵩(唐)	史	당나라 현종이 제정, 시행한 관복제도『大唐開元禮』, 『唐開元禮』라고도 함	弘齋全書 13권 423쪽
正祖(1752-1800)	개원례(開元禮)	蕭嵩(唐)	史	당나라 현종이 제정, 시행한 관복제도『大唐開元禮』, 『唐開元禮』라고도 함	正祖實錄 23권 139쪽
正祖(1752-1800)	개원례(開元禮)	蕭嵩(唐)	史	당나라 현종이 제정, 시행한 관복제도『大唐開元禮』, 『唐開元禮』라고도 함	弘齋全書 5권 207쪽
正祖(1752-1800)	개원천보유사(開元天寶遺事)*	王仁裕(880-956)	集	당대 궁중의 잡다한 일을 기록	弘齋全書 6권 103쪽
李德懋(1741-1793)	개자원화전(芥子園畵傳)*	王槪 등(淸)	子	중국의 전통 회화 기법에 관한 책	靑莊館全書 10권 119쪽
兪晩柱(1755-1788)	개자원화전(芥子園畵傳)*	王槪 등(淸)	子	중국의 전통 회화 기법에 관한 책	欽英 2권 554쪽
李德懋(1741-1793)	개황삼보기(開皇三寶記)*	費長房(隋)	子	北周・隋代 비장방의 『歷代三寶記』	靑莊館全書 10권 95쪽
韓致奫(1765-1814)	객관필담(客館筆談)				海東繹史 6권 73쪽
李德懋(1741-1793)	객중한집(客中閒集)				靑莊館全書 8권 238쪽
李德懋(1741-1793)	거란국지(契丹國志)*	葉隆禮(宋)	史	남송 말 섭융례가 편찬한 거란국 사서	靑莊館全書 10권 112쪽
丁若鏞(1762-1836)	거란국지(契丹國志)*	葉隆禮(宋)	史	남송 말 섭융례가 편찬한 거란국 사서	與猶堂全書 6권 310쪽
李德懋(1741-1793)	거이록(居易錄)*	王士禎(1634-1711)	子	청 왕사정이 편찬한 강희 연간 13년에 대한 기록	靑莊館全書 9권 61쪽
丁若鏞(1762-1836)	거정(擧正)	郭京(唐)	經	곽경이『주역』에 대해 고증한 저작	與猶堂全書 3권 621쪽
張混(1759-1828)	건곤체의(乾坤體義)*	마테오리치(利瑪竇:1552-1610)	子	명대에 서양인 마테오리치가 편찬・번역한 서양 자연철학서	李瀷 열람서목

독서자	서명	저자	분류	간략 해제	출전
李德懋(1741-1793)	건륭어제집(乾隆御製集)	乾隆(1711-1799)	集	淸代 건륭재의 문집	靑莊館全書 10권 63쪽
洪國榮(1748-1781)	건륭전운시(乾隆全韻詩)	乾隆(1711-1799)	集	淸代 건륭제가 쓴 시문을 모음	正祖實錄 5권 51쪽
韓致奫(1765-1814)	건염가도고려록(建炎假道高麗錄)	楊應誠(宋)	史	양응성이 金朝로 가는 사신이 되었을 때의 경험을 기록한 여행기	海東繹史 5권 116쪽
正祖(1752-1800)	건염이래계년요록(建炎以來繫年要錄)	李心傳(宋) 등	史	중국 남송시대에 편년체로 쓰여진 역사책	弘齋全書 5권 198쪽
韓致奫(1765-1814)	건흥력(乾興曆)	張奎(北宋)	子	역법서	海東繹史 5권 84쪽
李鈺(1760-1813)	검남시초(劍南詩抄)*	陸游(1125-1210)	集	청의 楊大鶴이 편찬한 남송의 애국시인 육유의 시집	李鈺全集 1권 206쪽
李德懋(1741-1793)	검남집(劍南集)	陸游(1125-1210)	集	육유의 시집. 이 외에 唐代 嚴武의 『검남집』도 있음	靑莊館全書 10권 61쪽
許筠(1569-1618)	검루자(黔婁子)	黔婁子(周)	子	검루자의 문집	惺所覆瓿藁 4권 31쪽
李德懋(1741-1793)	격양시집(擊壤詩集)	邵雍(1011-1077)	集	20권으로 구성된 송대 성리학자 소옹의 시집	靑莊館全書 5권156쪽
許筠(1569-1618)	격양시집(擊壤詩集)	邵雍(1011-1077)	集	20권으로 구성된 송대 성리학자 소옹의 시집	惺所覆瓿藁 4권 83쪽
李德懋(1741-1793)	격양집(擊壤集)*	邵雍(1011-1077)	集	20권으로 구성된 송대 성리학자 소옹의 시집	靑莊館全書 6권 47쪽
趙聖期(1637-1689)	격양집(擊壤集)*	邵雍(1011-1077)	集	20권으로 구성된 송대 성리학자 소옹의 시집	拙修齋 319쪽
韓致奫(1765-1814)	격양집(擊壤集)*	邵雍(1011-1077)	集	20권으로 구성된 송대 성리학자 소옹의 시집	海東繹史 5권 63쪽
徐命膺(1716-1787)	격치총서(格致叢書)*	胡文煥(明)		호문환이 편찬한 168종이 수록된 총서	保晩齋集 243쪽
李德懋(1741-1793)	견문록(見聞錄)	徐岳(?)	子	괴이한 이야기를 기록	靑莊館全書 9권 32쪽
許筠(1569-1618)	견문수옥(見聞搜玉)	高鶴(明)	子	고학의 견문을 수록한 것으로 보임	惺所覆瓿藁 4권 146쪽
李德懋(1741-1793)	겸명서(兼明書)	丘光庭(?)	子	유가 경전에 대한 고증	靑莊館全書 9권 134쪽
兪晩柱(1755-1788)	겸헌만필(謙軒漫筆)				欽英 1권 286쪽
韓致奫(1765-1814)	경략복국요편(經略復國要編)	宋應昌(明)	史	송응창이 조선을 도와 일본의 침략을 격퇴한 뒤에 편찬한 저서로 『朝鮮復國經畧要編』이라고도 함	海東繹史 5권 123쪽
李晩秀(1752-1820)	경례(經禮)	吳澄(1249-1333)	史		屐園遺稿 99쪽
許筠(1569-1618)	경문(經文)	魏伯陽(後漢)			惺所覆瓿藁 2권 235쪽
韓致奫(1765-1814)	경배음집(鯨背吟集)	朱晞顔(元)	集	저자가 至元 연간에 해로로 연경에 가면서 쓴 시문	海東繹史 5권 117쪽
李德懋(1741-1793)	경사변의(經史辨意)	黃庭堅(1045-1105)	史		靑莊館全書 4권 160쪽
李德懋(1741-1793)	경사요지(經史要旨)	葉蒙得(宋)	史		靑莊館全書 4권 161쪽

독서자	서명	저자	분류	간략 해제	출전
李岬(1737-1795)	경서강의(經書講義)	呂留良(明末淸初)	子	유가 경전에 대한 해석. 四書講義	燕行錄選集 6권 284쪽
許筠(1569-1618)	경서당잡지(經鋤堂雜志)	倪思(宋)	子	예사가 만년에 지은 札記	惺所覆瓿藁 4권 94쪽
正祖(1752-1800)	경설(經說)	毛奇齡(1623-1716)	經	모기령이 평상시에 유가 경전을 해석한 말들을 그 문인이 편집해서 기록	弘齋全書 6권 211쪽
兪晚柱(1755-1788)	경세굉사(經世宏辭)*	沈一貫(明)	集	심일관이 과거시험을 준비하는 선비를 위해 관리들의 글을 모아 편찬한 책	欽英 6권 48쪽
韓致奫(1765-1814)	경세굉사(經世宏辭)*	沈一貫(明)	集	심일관이 과거시험을 준비하는 선비를 위해 관리들의 글을 모아 편찬한 책	海東繹史 5권 358쪽
李德懋(1741-1793)	경세보유(經世補遺)	丘富國(宋)	子	유가경전에 대한 해석, 이 외에 송대 朱中도 『경세보유』를 지음	靑莊館全書 4권 164쪽
宋能相(1710-1758)	경세서(經世書)	邵雍(1011-1077)	子	『皇極經世書』라고도 하며, 曆法, 八卦, 術數와 관련된 저작	雲坪集 244쪽
黃胤錫(1729-1791)	경씨역전(京氏易傳)*	京房(B.C.77-37)		西漢의 경방이 지은 經書注疏	頤齋遺藁 577쪽
韓致奫(1765-1814)	경씨주역점(京氏周易占)	京房(B.C.77-37)			海東繹史 5권 71쪽
韓致奫(1765-1814)	경의고(經義考)	朱彝尊(1629-1709)	史	유가의 경전 가운데의 사실과 문구에 대한 고증	海東繹史 5권 3쪽
李德懋(1741-1793)	경적고(經籍考)	馬端臨(1254?-1323)	史	마단림의 『文獻通考』에 수록되어 있음	靑莊館全書 5권 11쪽
李德懋(1741-1793)	경전석문(經典釋文)	陸德明(550-630)	經	유가 경전에 대한 고증서	靑莊館全書 10권 166쪽
丁若鏞(1762-1836)	경전석문(經典釋文)	陸德明(550-630)	經		與猶堂全書 3권 193쪽
金集(1574-1656)	경전통해(經傳通解)	朱熹(1130-1200)	經	『儀禮經傳通解』라고도 했으며, 송대 주희가 각종 역사서를 이용해 『儀禮』에 대해 주석한 것	肅宗實錄 32권 174쪽
李德懋(1741-1793)	경제유고(經濟類考)	顧九錫(明)	子		靑莊館全書 10권 25쪽
許筠(1569-1618)	경중편(輕重篇)	管仲(?-B.C.645)	子	출전 『관자』, 위작으로 보임	惺所覆瓿藁 2권 245쪽
李德懋(1741-1793)	경해(經解)	徐乾學(1631-1694)	經	유가 경전에 대한 해설서	靑莊館全書 9권 191쪽
文仁邦(?)	경험록(經驗錄)			도교서적인 듯함	正祖實錄 8권 71쪽
英祖(1694-1776)	계고록(稽古錄)*	司馬光(1019-1086)	史	북송 사마광이 伏羲氏부터 송 英宗 말까지 다룬 편년체사서	英祖實錄 23권 287쪽
李德懋(1741-1793)	계고운존(稽古韻存)	李旬金(宋)			靑莊館全書 4권 167쪽
李德懋(1741-1793)	계림유사(鷄林類事)*	孫穆(宋)	史	손목이 지은 백과서	靑莊館全書 10권 124쪽
韓致奫(1765-1814)	계림유사(鷄林類事)*	孫穆(宋)	史	손목이 지은 백과서	海東繹史 5권 104쪽

독서자	서명	저자	분류	간략 해제	출전
李德懋(1741-1793)	계림지(鷄林志)	王雲(?-1126)	史	宋代에 고려의 사정을 기록	靑莊館全書 10권 124쪽
韓致奫(1765-1814)	계림지(鷄林志)	王雲(?-1126)	史	宋代에 고려의 사정을 기록	海東繹史 5권 104쪽
韓致奫(1765-1814)	계림지(鷄林志)	王雲(?-1126)	史	宋代에 고려의 사정을 기록	海東繹史 5권 104쪽
韓致奫(1765-1814)	계림지(鷄林志)	王雲(?-1126)	史	宋代에 고려의 사정을 기록	海東繹史 5권 41쪽
金長生(1548-1631)	계몽(啓蒙)	朱熹(1130-1200)	經	초학자를 위한 『주역』의 해설서	肅宗實錄 10권 49쪽
宋時烈(1607-1689)	계몽(啓蒙)	朱熹(1130-1200)	經	초학자를 위한 『주역』의 해설서	肅宗實錄 6권 156쪽
肅宗(1661-1720)	계몽(啓蒙)	朱熹(1130-1200)	經	초학자를 위한 『주역』의 해설서	肅宗實錄 10권 40쪽
崔錫鼎(1646-1715)	계몽(啓蒙)	朱熹(1130-1200)	經	초학자를 위한 『주역』의 해설서	明谷集 I 80쪽
黃胤錫(1729-1791)	계몽(啓蒙)	朱熹(1130-1200)	經	초학자를 위한 『주역』의 해설서	頤齋遺藁 106쪽
正祖(1752-1800)	계몽부주(啓蒙附註)	永樂帝(1360-1424)	經	『계몽』의 주석서	弘齋全書 1권 169쪽
正祖(1752-1800)	계몽익전(啓蒙翼傳)	胡一桂(元)	經	『주역』에 대한 해석으로 『易學啓蒙翼傳』이라고도 함	弘齋全書 12권 242쪽
丁若鏞(1762-1836)	계민집(戒民集)	張詠(宋)	子	장영이 자신의 판결문을 모은 것	茶山詩文集 6권 30쪽
李德懋(1741-1793)	계신록(稽神錄)	徐鉉(宋)	子	당송 오대의 奇文을 기록. 총 6권	靑莊館全書 8권 221쪽
李德懋(1741-1793)	계신잡식(癸辛雜識)*	周密(1232-1298)	子	남송말 원초 주밀이 지은 남송과 원초의 일상잡록	靑莊館全書 9권 56쪽
兪晩柱(1755-1788)	계정야승(啓禎野乘)*	錢謙益(1582-1664)	史	天啓, 崇禎 연간의 특필할 만한 인물을 列傳 형식으로 서술한 책	欽英 2권 82쪽
正祖(1752-1800)	계한서(季漢書)*	謝陛(明)	史	謝陛가 후한의 정통을 劉備의 蜀漢에 연결시킨 삼국의 기전체사서	弘齋全書 16권 75쪽
正祖(1752-1800)	고가집(古哥集)	遠山伊淸(?)		일본의 원산이청이 편찬한 『七夕古歌集』일 것임	正祖實錄 15권 198쪽
丁若鏞(1762-1836)	고공기(考工記)*			춘추 말 齊 사람이 수공업 생산 기술을 기록한 관찬서로 짐작됨. 중국의 가장 오래된 공예기술서	與猶堂全書 4권 52쪽
	고금교식고(古今交食考)*	아담샬(湯若望: 1591-1666)	子	명말 崇禎 연간에 편찬한 時憲曆法書 중 하나	奎章總目
李肯翊(1736-1806)	고금군국지(古今郡國志)	賈眈(730-805)	史	역사 지리에 관한 서적, 地理沿革	燃藜室記述 11권 466쪽
李德懋(1741-1793)	고금도서집성(古今圖書集成)*	陳夢雷(淸) 등	子	총목 40권, 고증 24권. 중국 최대의 類書	靑莊館全書 10권 34쪽
李德懋(1741-1793)	고금도서집성(古今圖書集成)*	陳夢雷(淸) 등	子	총목 40권, 고증 24권. 중국 최대의 類書	靑莊館全書 10권 54쪽
兪晩柱(1755-1788)	고금법서원(古今法書苑)	王世貞(1526-1590)	子	명대의 서예 작품을 모아 수록하고 비평을 가함	欽英 3권 107쪽
朴趾源(1737-1805)	고금서자변와(古今書字辨訛)	余懷(明末)	經	字典과 비슷한 성질을 갖는 저작일 것임	燕巖集 158쪽
李德懋(1741-1793)	고금시화(古今詩話)	顧道洪(明)	集	唐至明의 시문을 수록, 이 외에 王圻 또한 『고금시화』를 편찬함	靑莊館全書 9권 8쪽
李肯翊(1736-1806)	고금열녀전(古今烈女傳)*	解縉(1369-1415)	史	명 해진 등이 찬한 원·명대까지의 열녀전기	燃藜室記述 9권 327쪽
韓致奫(1765-1814)	고금열녀전(古今列女傳)*	解縉(1369-1415)	史	명 해진 등이 찬한 원·명대까지의 열녀전기	海東繹史 5권 7쪽

독서자	서명	저자	분류	간략 해제	출전
韓致奫(1765-1814)	고금의감(古今醫鑑)	龔信(明)	子	의학 서적	海東繹史 5권 49쪽
李德懋(1741-1793)	고금주(古今注)*	崔豹(晉)		최표가 편찬한 고대의 제도·名物 해설서	靑莊館全書 9권 174쪽
正祖(1752-1800)	고금지(古今志)	彭門(?)	史		弘齋全書 2권 4쪽
李德懋(1741-1793)	고금통론(古今通論)	王嬰(唐)	子	고대의 사물에 대한 기록과 고증	靑莊館全書 8권 203쪽
李德懋(1741-1793)	고금험록(古今驗錄)	葛洪(283-343?)			靑莊館全書 8권 223쪽
李德懋(1741-1793)	고도(古圖)				靑莊館全書 9권 59쪽
李德懋(1741-1793)	고려도경(高麗圖經)	徐兢(宋)	史	별칭『宣和奉使高麗圖經』, 고려에 사신으로 갔을 때의 견문을 기록	靑莊館全書 10권 124쪽
丁若鏞(1762-1836)	고려도경(高麗圖經)	徐兢(宋)	史	별칭『宣和奉使高麗圖經』, 고려에 사신으로 갔을 때의 견문을 기록	與猶堂全書 6권 319쪽
韓致奫(1765-1814)	고려도기(高麗圖記)	宋球(宋)	史	송구가 송대에 사신으로 고려에 갔다가 귀국한 뒤에 편찬한 여행기로 추정	海東繹史 5권 103쪽
韓致奫(1765-1814)	고려도기(高麗圖記)	鄧鍾(明)	史	등종의『籌海重編』에서 나온 것으로 당시 고려의 사정들을 기재함	海東繹史 5권 117쪽
李德懋(1741-1793)	고려세기(高麗世紀)	吳明濟(明)			靑莊館全書 10권 125쪽
韓致奫(1765-1814)	고려세기(高麗世紀)	吳明濟(明)			海東繹史 5권 126쪽
韓致奫(1765-1814)	고려여탁배변식(高麗女卓排辨式)	孫穆(唐)	經	『高麗女眞排辨式』으로 고려와 여진이 入貢할 때의 예의와 관련된 내용으로 추정	海東繹史 5권 104쪽
韓致奫(1765-1814)	고려입공의식조령(高麗入貢儀式條令)	李士京(宋)	經	고려와 여진이 入貢할 때의 예의와 관련된 내용으로 추측	海東繹史 5권 103쪽
韓致奫(1765-1814)	고려지(高麗志)	王約(元)	史	고려의 史實을 기록	海東繹史 5권 116쪽
韓致奫(1765-1814)	고려표장(高麗表章)		集	고려의 奏章 문서들을 수록	海東繹史 5권 115쪽
李德懋(1741-1793)	고려풍속(高麗風俗)	裵矩(557-627)	史	당시 고려의 풍속을 기록	靑莊館全書 10권 124쪽
韓致奫(1765-1814)	고려풍속기(高麗風俗記)	裵矩(557-627)	史	당시 고려의 풍속을 기록	海東繹史 5권 100쪽
韓致奫(1765-1814)	고려행정록(高麗行程錄)		史	송대의 저작으로, 고려로 가는 여행길을 기록했을 것으로 추정	海東繹史 5권 115쪽
兪晩柱(1755-1788)	고록잡사(故錄雜事)				欽英 6권 509쪽
正祖(1752-1800)	고론(古論)*	孔丘(B.C.552-477)		古文本『論語』	弘齋全書 6권 207쪽
張混(1759-1828)	고문가칙(古文柯則)				而已广集 547쪽
李宜顯(1669-1745)	고문각사(古文覺斯)	過珙評(淸)	集	고대의 문헌을 수록한 것으로 보임	陶谷集Ⅰ 502쪽

독서자	서명	저자	분류	간략 해제	출전
李書九(1754-1825)	고문상서(古文尙書)	閻若璩(1636-1704)	經	염약거의 상서에 대한 주석, 별칭 『尙書古文書證』	惕齋集 216쪽
丁若鏞(1762-1836)	고문상서(古文尙書)	閻若璩(1636-1704)	經	염약거의 상서에 대한 주석, 별칭 『尙書古文書證』	茶山詩文集 6권 10쪽
李肯翊(1736-1806)	고문연감(古文淵鑑)	徐乾學(1631-1694) 등	集	左傳에서 宋代까지의 교화와 관련한 문장을 수록	燃藜室記述 9권 412쪽
李晩秀(1752-1820)	고문연감(古文淵鑑)	徐乾學(1631-1694) 등	集	左傳에서 宋代까지의 교화와 관련한 문장을 수록	屐園遺稿 66쪽
正祖(1752-1800)	고문연감(古文淵鑑)	徐乾學(1631-1694) 등	集	左傳에서 宋代까지의 교화와 관련한 문장을 수록	弘齋全書 17권 25쪽
韓致奫(1765-1814)	고문연감(古文淵鑑)	徐乾學(1631-1694) 등	集	左傳에서 宋代까지의 교화와 관련한 문장을 수록	海東繹史 5권 8쪽
正祖(1752-1800)	고문진보(古文眞寶)	黃堅(明)	集	周에서 宋대까지의 시와 산문을 모아 엮은 것	弘齋全書 10권 258쪽
許筠(1569-1618)	고문진보(古文眞寶)	黃堅(明)	集	周에서 宋대까지의 시와 산문을 모아 엮은 것	惺所覆瓿藁 2권 76쪽
許筠(1569-1618)	고문진보(古文眞寶)	黃堅(明)	集	周에서 宋대까지의 시와 산문을 모아 엮은 것	惺所覆瓿藁 3권 174쪽
韓致奫(1765-1814)	고반여사(考槃餘事)	屠隆(1542-1605)	子	書畵紙硯 등에 대한 서술	藝文志
韓致奫(1765-1814)	고보(考補)	豐道生(明)			海東繹史 5권 12쪽
兪晩柱(1755-1788)	고사기염(古事奇艶)				欽英 2권 336쪽
許筠(1569-1618)	고사전(高士傳)*	皇甫謐(215-282)	史	西晉의 황보밀이 편찬한 태고부터 魏까지의 隱逸之士 전기	惺所覆瓿藁 4권 31쪽
正祖(1752-1800)	고사전(高士傳)*	皇甫謐(215-282)	史	西晉의 황보밀이 편찬한 태고부터 魏까지의 隱逸之士 전기	弘齋全書 3권 415쪽
李書九(1754-1825)	고서(槀書)				惕齋集 160쪽
韓致奫(1765-1814)	고서세본(古書世本)	豊坊(明)	經	先秦 시대의 사정들을 기록	海東繹史 5권 9쪽
韓致奫(1765-1814)	고서세학(古書世學)	豊坊(明)	經	『尙書』에 대한 고증	海東繹史 5권 8쪽
丁若鏞(1762-1836)	고승전(高僧傳)*	慧皎(497-554)	子	남조 梁 승려 혜교가 편찬한 전기로 일명 『梁高僧傳』, 『高僧傳初集』	茶山詩文集 1권 29쪽
韓致奫(1765-1814)	고시기(古詩紀)*	馮惟訥(明)	集	역대의 시문을 수록	海東繹史 5권 164쪽
許筠(1569-1618)	고시산(古詩刪)	李攀龍(1514-1570)	集	역대 시선집	惺所覆瓿藁 2권 239쪽
正祖(1752-1800)	고시상석(古詩賞析)	張玉穀(淸)	集	고대의 저명한 시문들을 선택해서 모아놓음	弘齋全書 10권 255쪽
英祖(1694-1776)	고시전(古詩箋)*	聞人倓(淸)	集	문인담이 주해한 시집 평전	英祖實錄 29권 197쪽
許筠(1569-1618)	고악부(古樂府)*	左克明(元)	集	좌극명이 수나라까지의 악부를 모아 편찬한 시집	惺所覆瓿藁 2권 52쪽
黃胤錫(1729-1791)	고야왕여지지(顧野王輿地志)	顧野王(南朝陳)	史	당시의 지리 상황을 기록	頤齋遺藁 546쪽
正祖(1752-1800)	고잉(觚賸)	紐琇(?)			弘齋全書 6권 211쪽
李德懋(1741-1793)	고자유서(高子遺書)*	高攀龍(1562-1626)	集	고반룡의 문인 陳龍正이 고반룡 死後 편찬한 유작집	靑莊館全書 9권 59쪽

독서자	서명	저자	분류	간략 해제	출전
李德懋(1741-1793)	고적기(古迹記)	徐浩(唐)	子	서예에 관한 서적	青莊館全書 9권 107쪽
兪晩柱(1755-1788)	고적집(高適集)	高適(707-765)	集	고적의 문집	欽英 2권 486쪽
李德懋(1741-1793)	고정자편(古正字編)	李旬金(宋)	子	고대의 서예에 관한 서적	青莊館全書 4권 167쪽
兪晩柱(1755-1788)	고죽지(孤竹志)				欽英 4권 401쪽
許筠(1569-1618)	고척독(古尺牘)	張潤(明)		楊愼과 王世貞의 尺牘선집 중 우수한 것을 뽑아 실은 책	惺所覆瓿藁 2권 238쪽
兪晩柱(1755-1788)	고항문헌(古杭文獻)	嚴誠 등(淸)	集		欽英 1권 157쪽
李德懋(1741-1793)	고화품록(古畵品錄)*	謝赫(南齊)		화가의 우열을 품평하여 등급을 매긴 책	青莊館全書 9권 59쪽
韓致奫(1765-1814)	고황제어제시권(高皇帝御製詩卷)	乾隆帝(淸)	集	건륭 황제의 시집	海東繹史 5권 93쪽
徐命膺(1716-1787)	곡량전(穀梁傳)*	穀梁俶(戰國)	史	12권으로 이루어진『춘추』3전 중의 하나. 晉 范寧이 集解	正祖實錄 6권 78쪽
丁若鏞(1762-1836)	곡량전(穀梁傳)*	穀梁俶(戰國)	史	12권으로 이루어진『춘추』3전 중의 하나. 晉 范寧이 集解	與猶堂全書 2권 258쪽
正祖(1752-1800)	곡량전(穀梁傳)*	穀梁俶(戰國)	史	12권으로 이루어진『춘추』3전 중의 하나. 晉 范寧이 集解	弘齋全書 8권 334쪽
許霖(?)	곡량전(穀梁傳)*	穀梁俶(戰國)	史	12권으로 이루어진『춘추』3전 중의 하나. 晉 范寧이 集解	弘齋全書 13권 66쪽
黃胤錫(1729-1791)	곡량전(穀梁傳)*	穀梁俶(戰國)	史	12권으로 이루어진『춘추』3전 중의 하나. 晉 范寧이 集解	頤齋遺藁 552쪽
李晩秀(1752-1820)	곡례(曲禮)		經	『예기』중의 한 편	屐園遺稿 99쪽
洪良浩(1724-1802)	곡례(曲禮)		經	『예기』중의 한 편	耳溪集 286쪽
兪晩柱(1755-1788)	곡원인보(谷園印譜)	許默(?)	子	각종 인장을 수집한 책	欽英 1권 409쪽
兪晩柱(1755-1788)	곡유구문(曲洧舊聞)*	朱弁(?-1144)	子	송 주변이 금에서 포로생활하면서 기록한 것	欽英 6권 343쪽
正祖(1752-1800)	곤면록(困勉錄)	陸隴其(淸)	經	일명 『四書講義困勉錄』, 『사서강의』에 대한 고증과 주석을 인용한 책	弘齋全書 8권 186쪽
兪晩柱(1755-1788)	곤명연의(昆明演義)				欽英 3권 404쪽
兪晩柱(1755-1788)	곤여도(坤輿圖)	아담샬(湯若望: 1591-1666)	史	아담샬이 편찬한 세계지도	欽英 2권 364쪽
李瀷(1681-1763)	곤여도설(坤輿圖說)*	베르비스트(南懷仁:1623-1688)	史	인문지리서『坤與全圖』의 해설서	李瀷 열람서목
李德懋(1741-1793)	곤여외기(坤輿外記)	베르비스트(南懷仁:1623-1688)	史	서양의 지리 상황을 수록	青莊館全書 9권 173쪽
許筠(1569-1618)	공동집(崆峒集)	李夢陽(1475-1531)	集	이몽양의 문집	惺所覆瓿藁 1권 135쪽
李德懋(1741-1793)	공맹연어(孔孟衍語)	張慶之(宋)	子	유가 경전에 대한 해석	青莊館全書 4권 143쪽
丁若鏞(1762-1836)	공벽상서(孔壁尙書)		經	『고문상서』일 것임. 공자의 고벽에서 나왔다는 상서	茶山詩文集 8권 197쪽

독서자	서명	저자	분류	간략 해제	출전
正祖(1752-1800)	공씨담원(孔氏談苑)	孔平仲(宋)	子	『談苑』이라고도 하는데, 송대의 雜事를 기록	弘齋全書 6권 88쪽
徐命膺(1716-1787)	공양전(公羊傳)*	公羊高(戰國・齊)	經	『춘추』 삼전 중 하나	正祖實錄 6권 78쪽
柳得恭(1749-1807)	공양전(公羊傳)*	公羊高(戰國・齊)	經	『춘추』 삼전 중 하나	燕行錄選集 7권 433쪽
丁若鏞(1762-1836)	공양전(公羊傳)*	公羊高(戰國・齊)	經	『춘추』 삼전 중 하나	茶山詩文集 4권 38쪽
丁若鏞(1762-1836)	공양전(公羊傳)*	公羊高(戰國・齊)	經	『춘추』 삼전 중 하나	與猶堂全書 2권 144쪽
正祖(1752-1800)	공양전(公羊傳)*	公羊高(戰國・齊)	經	『춘추』 삼전 중 하나	正祖實錄 15권 124쪽
正祖(1752-1800)	공양전(公羊傳)*	公羊高(戰國・齊)	經	『춘추』 삼전 중 하나	弘齋全書 10권 373쪽
黃胤錫(1729-1791)	공양전(公羊傳)*	公羊高(戰國・齊)	經	『춘추』 삼전 중 하나	頤齋遺藁 552쪽
丁若鏞(1762-1836)	공양전주(公羊傳注)	何休(129-182)	經	『춘추공양전』의 주해	與猶堂全書 3권 45쪽
許筠(1569-1618)	공여일록(公餘日錄)	湯沐(明)			惺所覆瓿藁 4권 116쪽
金壽恒(1629-1689)	공자가어(孔子家語)*	王肅(195-256)	子	10권으로 구성된 공자설화집. 공자의 언행 및 문인과의 논의를 수록	肅宗實錄 6권 112쪽
金照(?)	공자가어(孔子家語)*	王肅(195-256)	子	10권으로 구성된 공자설화집. 공자의 언행 및 문인과의 논의를 수록	弘齋全書 13권 489쪽
肅宗(1661-1720)	공자가어(孔子家語)*	王肅(195-256)	子	10권으로 구성된 공자설화집. 공자의 언행 및 문인과의 논의를 수록	肅宗實錄 6권 112, 113, 192쪽
丁若鏞(1762-1836)	공자가어(孔子家語)*	王肅(195-256)	子	10권으로 구성된 공자설화집. 공자의 언행 및 문인과의 논의를 수록	與猶堂全書 2권 56쪽
正祖(1752-1800)	공자가어(孔子家語)*	王肅(195-256)	子	10권으로 구성된 공자설화집. 공자의 언행 및 문인과의 논의를 수록	弘齋全書 9권 263쪽
韓商新(1758-?)	공자가어(孔子家語)*	王肅(195-256)	子	10권으로 구성된 공자설화집. 공자의 언행 및 문인과의 논의를 수록	弘齋全書 10권 115쪽
肅宗(1661-1720)	공자통기(孔子通紀)*	潘府(明)	經	논어・맹자를 중심으로, 춘추 삼전・전국책・예기 등을 참고하여 고증함	肅宗實錄 6권 192쪽
兪晩柱(1755-1788)	공자통기(孔子通紀)*	潘府(明)	經	명대의 학자관료 潘府가 편찬한 공자에 대한 기록물	欽英 1권 472쪽
李書九(1754-1825)	공전(孔傳)	孔安國(前漢)	經	공안국의 『상서』에 대한 주석, 별칭 『尙書注疏』	愓齋集 240쪽
安鼎福(1712-1791)	공제격치(空際格致)	高一志(1566-1640)	子	서양인 고일지가 서양 역법을 제창하고 중국 전통 역법을 부정함	而已广集
兪晩柱(1755-1788)	공총자(孔叢子)*	孔鮒(秦末漢初)	子	공자 후손들의 언행록	欽英 6권 507쪽
李德懋(1741-1793)	공총자(孔叢子)*	孔鮒(秦末漢初)	子	공자 후손들의 언행록	靑莊館全書 2권 30쪽
丁若鏞(1762-1836)	공총자(孔叢子)*	孔鮒(秦末漢初)	子	공자 후손들의 언행록	與猶堂全書 3권 6쪽
正祖(1752-1800)	공총자(孔叢子)*	孔鮒(秦末漢初)	子	공자 후손들의 언행록	弘齋全書 14권 2쪽
趙持謙(1639-1685)	공총자(孔叢子)*	孔鮒(秦末漢初)	子	공자 후손들의 언행록	肅宗實錄 7권 79쪽
徐有聞(1762-1822)	과사록(科事錄)				燕行錄選集 7권 136쪽
李德懋(1741-1793)	과소주소(瓜蔬注疎)	王世懋(1536-1588)		왕세무의 문집인 『奉常集』에 있을 듯함	靑莊館全書 10권 28쪽
正祖(1752-1800)	과암집(果菴集)	謝汝儀(明)	集	사여의의 문집으로 추정	弘齋全書 3권 66쪽
兪晩柱(1755-1788)	곽무천락부시집(郭茂倩樂府詩集)	郭茂倩(宋)	集	先秦부터 五代에 이르기까지 樂府의 시를 수록	欽英 5권 447쪽

독서자	서명	저자	분류	간략 해제	출전
正祖(1752-1800)	관개도보(灌漑圖譜)				正祖實錄 21권 86쪽
李德懋(1741-1793)	관령내전(關令內傳)	尹喜(周)	子	함곡관의 관령이었던 윤희의 저작. 老子에 대한 기록이 있음	青莊館全書 8권 202쪽
正祖(1752-1800)	관윤자(關尹子)*	尹喜(周) 혹은 杜光庭(唐)	子	도가서	弘齋全書 6권 239쪽
韓致奫(1765-1814)	관윤자(關尹子)*	尹喜(周) 혹은 杜光庭(唐)	子	도가서	海東繹史 5권 82쪽
李德懋(1741-1793)	관음원기(觀音院記)	趙孟頫(1254-1322)	子	管子의 언행을 기록, 일반적으로 후대 사람의 위작으로 간주됨	青莊館全書 10권 148쪽
徐命膺(1716-1787)	관자(管子)*	管仲(?-B.C.645)	子	전국시대부터 漢代에 걸쳐 지어졌다는 諸子書	保晩齋集 199쪽
成大中(1732-1809)	관자(管子)*	管仲(?-B.C.645)	子	전국시대부터 漢代에 걸쳐 지어졌다는 諸子書	青城集 497쪽
李德懋(1741-1793)	관자(管子)*	管仲(?-B.C.645)	子	전국시대부터 漢代에 걸쳐 지어졌다는 諸子書	青莊館全書 8권 202쪽
丁若鏞(1762-1836)	관자(管子)*	管仲(?-B.C.645)	子	전국시대부터 漢代에 걸쳐 지어졌다는 諸子書	與猶堂全書 5권 360쪽
正祖(1752-1800)	관자(管子)*	管仲(?-B.C.645)	子	전국시대부터 漢代에 걸쳐 지어졌다는 諸子書	弘齋全書 6권 284쪽
許筠(1569-1618)	관자(管子)*	管仲(?-B.C.645)	子	전국시대부터 漢代에 걸쳐 지어졌다는 諸子書	惺所覆瓿藁 2권 245쪽
張混(1759-1828)	관자(管子)*	管仲(?-B.C.645)	子	전국시대부터 漢代에 걸쳐 지어졌다는 諸子書	而已广集 580쪽
丁若鏞(1762-1836)	관자오행편(管子五行篇)	管仲(?-B.C.645)	子	『管子』 가운데의 한 편	與猶堂全書 3권 31쪽
朴趾源(1737-1805)	관해기행(觀海紀行)	施閏章(淸)	史	여행기로 추측	燕巖集 158쪽
兪晩柱(1755-1788)	관화당시(貫華唐詩)				欽英 5권 503쪽
丁若鏞(1762-1836)	괄지지(括地志)*	李泰(唐)	史	당대 지리총서	與猶堂全書 6권 235쪽
正祖(1752-1800)	괄지지(括地志)*	李泰(唐)	史	당대 지리총서	弘齋全書 8권 174쪽
李德懋(1741-1793)	광문선(廣文選)	劉節(明)	集	역대의 문장을 수록	青莊館全書 9권 152쪽
正祖(1752-1800)	광아(廣雅)*	張揖(魏)	經	장읍이 편찬한 10권짜리 訓詁書	弘齋全書 3권 274쪽
兪晩柱(1755-1788)	광여기(廣輿記)	陸應陽(明)	史	명대의 전국 總志	欽英 1권 313쪽
李德懋(1741-1793)	광운(廣韻)*	陳彭年(961-1017) 등	經	북송 진팽년이 편찬한 음운서로 일명 『大宋重修廣韻』	青莊館全書 9권 159쪽
李書九(1754-1827)	광운(廣韻)*	陳彭年(961-1017) 등	經	북송 진팽년이 편찬한 음운서로 일명 『大宋重修廣韻』	弘齋全書 11권 410쪽
李德懋(1741-1793)	광원잡지(廣園雜志)	陳琰(吳)	子	작자의 견문을 기록, 대부분이 황당무계한 사건임	青莊館全書 9권 129쪽
李德懋(1741-1793)	광유민록(廣遺民錄)	李小有(明)			青莊館全書 5권 12쪽
李德懋(1741-1793)	광제방(廣濟方)		子	당 玄宗의 改元 시기에 천하에 반포한 의학서	青莊館全書 8권 222쪽
丁若鏞(1762-1836)	광지(廣志)	郭義恭(西晉)			茶山詩文集 4권 120쪽

독서자	서명	저자	분류	간략 해제	출전
丁若鏞(1762-1836)	광지(廣志)	郭義恭(西晉)			與猶堂全書 3권 86쪽
兪晩柱(1755-1788)	광회록초본(曠懷錄草本)				欽英 6권 265쪽
崔錫鼎(1646-1715)	괘변도설(卦變圖說)	宋祖駿(淸)	經	송조준이 편찬한 『周易卦變圖說』과 청대 佚名의 『易卦變圖』 두 가지로, 모두 주역에 대한 해석	明谷集 I 556쪽
朴世采(1631-1695)	교법요지(敎法要旨)				肅宗實錄 31권 42쪽
	교식역지(交食曆指)*	아담샬(湯若望:1591-1666)	子	명말 時憲曆法에 의거하여 交食의 원리, 계측법 등을 정리한 천문서	奎章總目
許遠(?)	교식증보(交食證補)		子	천문에 관한 서적	肅宗實錄 28권 245쪽
	교식표(交食表)		子	천문 서적	奎章總目
兪晩柱(1755-1788)	교우론(交友論)	마테오리치(利瑪竇:1552-1610)	子	친구를 사귀는 도리를 말함	欽英 2권 446쪽
李睟光(1563-1628)	교우론(交友論)	마테오리치(利瑪竇:1552-1610)	子	친구를 사귀는 도리를 말함	李睟光 열람서적
黃胤錫(1729-1791)	교우론(交友論)	마테오리치(利瑪竇:1552-1610)	子	친구를 사귀는 도리를 말함	頤齋遺藁
李鈺(1760-1813)	구가(九歌)	屈原(B.C.343-277)	集	굴원이 지은 시가 중의 하나	李鈺全集 2권 82쪽
尹行恁(1762-1801)	구가역(九家易)	荀爽(128-190) 등	經	荀爽, 景房, 馬融, 鄭玄, 宋裏, 虞翻, 陸績, 姚信, 翟子元 9명이 주역에 대한 주석을 기록한 것인데, 편집한 사람은 명확하지 않음	弘齋全書 12권 92, 102쪽
丁若鏞(1762-1836)	구가역(九家易)	荀爽(128-190) 등	經	荀爽, 景房, 馬融, 鄭玄, 宋裏, 虞翻, 陸績, 姚信, 翟子元 9명이 주역에 대한 주석을 기록한 것인데, 편집한 사람은 명확하지 않음	與猶堂全書 3권 538쪽
黃胤錫(1729-1791)	구고의(句股義)	徐光啓(1562-1633)	子	천문, 측량에 관한 서적.	頤齋遺藁 106쪽
許筠(1569-1618)	구구(九丘)		子	중국 九州의 토산품이나 기후조건 등을 모아 기록한 책	惺所覆瓿藁 2권 39쪽
李德懋(1741-1793)	구당서(舊唐書)*	劉昫(後晉) 등	史	유구 등이 편찬한 당에 관한 기전체 사서	靑莊館全書 9권 181쪽
李書九(1754-1825)	구당서(舊唐書)*	劉昫(後晉) 등	史	유구 등이 편찬한 당에 관한 기전체 사서	惕齋集 179쪽
丁若鏞(1762-1836)	구당서(舊唐書)*	劉昫(後晉) 등	史	유구 등이 편찬한 당에 관한 기전체 사서	與猶堂全書 6권 294쪽
正祖(1752-1800)	구당서(舊唐書)*	劉昫(後晉) 등	史	유구 등이 편찬한 당에 관한 기전체 사서	弘齋全書 6권 1쪽
韓容晃(?)	구당서(舊唐書)*	劉昫(後晉) 등	史	유구 등이 편찬한 당에 관한 기전체 사서	弘齋全書 13권 454쪽
韓致奫(1765-1814)	구당서(舊唐書)*	劉昫(後晉) 등	史	유구 등이 편찬한 당에 관한 기전체 사서	海東繹史 5권 1쪽
許筠(1569-1618)	구당서(舊唐書)*	劉昫(後晉) 등	史	유구 등이 편찬한 당에 관한 기전체 사서	惺所覆瓿藁 4권 51쪽

독서자	서명	저자	분류	간략 해제	출전
李光庭(1552-1627)	도구라파국여지도(圖歐羅巴國輿地圖)	마테오리치(利瑪竇:1552-1610)	史	유럽 지도	坤與萬國全圖
韓致奫(1765-1814)	구양공거사집(歐陽公居士集)*	歐陽修(1007-1072)	集	구양수의 문집	海東繹史 5권 93쪽
李宜顯(1669-1745)	구양공집(歐陽公集)*	歐陽修(1007-1072)	集	구양수의 문집	陶谷集 502쪽
李肯翊(1736-1806)	구양공집(歐陽公集)*	歐陽修(1007-1072)	集	구양수의 문집	燃藜室記述 11권 36쪽
李德懋(1741-1793)	구양남야집(歐陽南野集)	歐陽德(明)	集	구양수의 문집	靑莊館全書 9권 11쪽
徐命膺(1716-1787)	구준연의(丘濬衍義)	邱濬(明)	經	『대학』에 대한 주석인 『大學衍義補』인데, 왕이 강론했다고 함	保晩齋集 336쪽
李德懋(1741-1793)	구지필기(仇池筆記)	蘇軾(1036-1101)	子	소식의 雜記를 수록	靑莊館全書 2권 27쪽
韓致奫(1765-1814)	구집력(九執曆)*	瞿曇悉達(인도)		『大唐開元占經』 중의 일부로 전해지고 있음	海東繹史 5권 83쪽
許筠(1569-1618)	구천뢰부령부(九天槶府靈符)		子	도가에 관한 내용으로 보임	惺所覆瓿藁 3권 52쪽
許筠(1569-1618)	구황곡(求凰曲)	司馬相如(B.C.179-117)	子	사마상여가 지은 노래	惺所覆瓿藁 1권 265쪽
兪晩柱(1755-1788)	국보(菊譜)	周履靖(明)	子	국화의 품종을 분류 수록한 것으로 範成大(宋)·史正志(宋)·劉蒙所(宋) 등이 각기 편찬한 세 종류의 서적이 있음	欽英 1권 376쪽
許筠(1569-1618)	국아(國雅)	顧起淹(明)	史	명대 洪武에서 隆慶 연간의 시를 수록	惺所覆瓿藁 2권 240쪽
金萬謹(?)	국어(國語)*	左丘明(春秋)	史	『春秋外傳』이라 하는 춘추시대 각 국가별 역사의 기록서	肅宗實錄 21권 300쪽
安鼎福(1712-1791)	국어(國語)*	左丘明(春秋)	史	『春秋外傳』이라 하는 춘추시대 각 국가별 역사의 기록서	雜同散異 2권 42쪽
李健命(1663-1722)	국어(國語)*	左丘明(春秋)	史	『春秋外傳』이라 하는 춘추시대 각 국가별 역사의 기록서	肅宗實錄 27권 50쪽
張混(1759-1828)	국어(國語)*	左丘明(春秋)	史	『春秋外傳』이라 하는 춘추시대 각 국가별 역사의 기록서	而已广集 580쪽
丁若鏞(1762-1836)	국어(國語)*	左丘明(春秋)	史	『春秋外傳』이라 하는 춘추시대 각 국가별 역사의 기록서	茶山詩文集 1권 236쪽
丁若鏞(1762-1836)	국어(國語)*	左丘明(春秋)	史	『春秋外傳』이라 하는 춘추시대 각 국가별 역사의 기록서	與猶堂全書 2권 24쪽
正祖(1752-1800)	국어(國語)*	左丘明(春秋)	史	『春秋外傳』이라 하는 춘추시대 각 국가별 역사의 기록서	正祖實錄 8권 207쪽
正祖(1752-1800)	국어(國語)*	左丘明(春秋)	史	『春秋外傳』이라 하는 춘추시대 각 국가별 역사의 기록서	弘齋全書 10권 155쪽
崔錫鼎(1646-1715)	국어(國語)*	左丘明(春秋)	史	『春秋外傳』이라 하는 춘추시대 각 국가별 역사의 기록서	明谷集Ⅱ 405쪽

독서자	서명	저자	분류	간략 해제	출전
許筠(1569-1618)	국어(國語)*	左丘明(春秋)	史	『春秋外傳』이라 하는 춘추시대 각 국가별 역사의 기록서	惺所覆瓿藁 2권 76쪽
韓致奫(1765-1814)	국장사(菊莊詞)	徐釚(淸)	集	서궤의 시집	海東繹史 5권 97쪽
韓致奫(1765-1814)	국장악부(菊莊樂府)	徐釚(淸)	集	서궤의 시집	海東繹史 5권 97쪽
韓致奫(1765-1814)	국조등과기(國朝登科記)		史	과거 시험의 합격자 이름을 기록한 것으로 당대 이후 역대에 모두 수찬했음	海東繹史 5권 80쪽
李德懋(1741-1793)	국조시별재집(國朝詩別裁集)*	沈德潛(1673-1769)	集	청대의 시문을 수록	靑莊館全書 7권 39쪽
韓致奫(1765-1814)	국조헌징록(國朝獻徵錄)*	焦竑(1541-1602)	集	명의 초횡이 편찬한 명나라 사람의 전기 120권	海東繹史 5권 96쪽
李德懋(1741-1793)	국파총화(菊坡叢話)	單宇(明)	集	고대의 시문을 수록	靑莊館全書 8권 242쪽
李德懋(1741-1793)	군경별해(群經別解)		經		靑莊館全書 9권 124쪽
丁若鏞(1762-1836)	군국지(郡國志)	梁劉昭(南朝)	史	『續漢書·郡國志』로 양유소가 서술한 『후한서』에 들어있음	茶山詩文集 2권 432쪽
李德懋(1741-1793)	군방보(群芳譜)	王象晉(?)	子	각종 꽃과 식물을 기록	靑莊館全書 8권 218쪽
正祖(1752-1800)	군서(軍書)	張錫綸(淸) 輯	子	군사 방면의 저작일 것임	弘齋全書 13권 420쪽
正祖(1752-1800)	군서고색(群書考索)*	章如愚(南宋)	子	『山堂考索』과 같은 책	弘齋全書 13권 23쪽
朴趾源(1737-1805)	군서두설(群書頭屑)	王士祿(淸)	子		燕巖集 158쪽
李德懋(1741-1793)	군쇄록(群碎錄)	陳繼儒(1557-1639)	子	독서를 하면서 기록한 글	靑莊館全書 8권 241쪽
李德懋(1741-1793)	군신도상(君臣圖像)				靑莊館全書 10권 64쪽
禮曹	군신복의(君臣服議)	朱熹(1130-1200)	經	주희가 君臣喪禮에 관해 토론한 문장	肅宗實錄 32권 151쪽
朴趾源(1737-1805)	궁규소명록(宮閨小名錄)	尤侗(1618-1704)	子	漢부터 明대까지 여성의 전기를 수록했으며 6장으로 나뉘어 있음	燕巖集 158쪽
許筠(1569-1618)	권계총서(勸誡叢書)				惺所覆瓿藁 4권 155쪽
英祖(1694-1776)	귀감(龜鑑)				英祖實錄 30권 226쪽
徐命膺(1716-1787)	귀거래사(歸去來辭)	陶淵明(365-427)	集	시문집	保晩齋集 71쪽
許筠(1569-1618)	귀거래사(歸去來辭)	陶淵明(365-427)	集	시문집	惺所覆瓿藁 1권 287쪽
正祖(1752-1800)	귀우집(歸愚集)	葛立方(宋)	集	문집	弘齋全書 6권 211쪽
韓致奫(1765-1814)	귀이록(貴耳錄)	張端義(宋)	子	저자가 평상시에 모아놓은 잡다한 일들과 이상한 이야기들을 기록	海東繹史 5권 2쪽
韓致奫(1765-1814)	귀잠지(歸潛志)*	劉祁(1203-1250)	集	金의 유기가 찬한 金末의 견문을 기록한 책	海東繹史 6권 392쪽
正祖(1752-1800)	귀장(歸藏)*		經	『주역』 이전의 『易』으로 黃帝가 지었다고 전함	弘齋全書 6권 192쪽

독서자	서명	저자	분류	간략 해제	출전
正祖(1752-1800)	귀장역(歸藏易)		經	3역중 하나. 夏의 역은 連山, 殷의 역은 歸藏, 周의 역은 周易으로서 이것을 3역이라 함	正祖實錄 7권 304쪽
李德懋(1741-1793)	귀전록(歸田錄)*	歐陽修(1007-1072)	子	朝廷 故事와 사대부의 잡담·해학·농담 등을 기록한 책	靑莊館全書 9권 74쪽
許筠(1569-1618)	귀전록(歸田錄)*	歐陽修(1007-1072)	子	朝廷 故事와 사대부의 잡담·해학·농담 등을 기록한 책	惺所覆瓿藁 2권 60쪽
李德懋(1741-1793)	귀전집(歸田集)	吳思齊(?)	集		靑莊館全書 4권 130쪽
許筠(1569-1618)	규거지(睽車志)	郭彖(宋)	子	신기하고 특이한 일을 기록	惺所覆瓿藁 4권 222쪽
許筠(1569-1618)	규중지남(規中指南)	陳虛白(元)	子	도가에 관한 서적	惺所覆瓿藁 3권 83쪽
朴趾源(1737-1805)	규합어림(閨閤語林)	王士祿(淸)	集	왕사록이 수집한 각종 시문의 시집	燕巖集 158쪽
朴趾源(1737-1805)	균랑우필(筠廊偶筆)	宋犖(淸)	子	저자가 수집한 잡다한 내용을 기록	燕巖集 158쪽
李德懋(1741-1793)	균랑우필(筠廊偶筆)	宋犖(淸)	子	저자가 수집한 잡다한 내용을 기록	靑莊館全書 9권 134쪽
韓致奫(1765-1814)	균랑우필(筠廊偶筆)	宋犖(淸)	子	저자가 수집한 잡다한 내용을 기록	海東繹史 6권 123쪽
朴趾源(1737-1805)	귤보(橘譜)	韓彦直(宋)	子	한언직이 편집한 귤 종류에 관한 서작.	燕巖集 158쪽
兪晩柱(1755-1788)	근명시집(近鳴詩集)		集		欽英 1권 302쪽
李德懋(1741-1793)	근봉문략(近峯聞略)	皇甫錄(明)		저자의 잡기	靑莊館全書 8권 241쪽
權尙夏(1641-1721)	근사록(近思錄)*	朱熹(1130-1200) 등	子	남송 철학자 주희와 呂祖謙(1137-1181)이 공동 편찬한 성리학 해설서	肅宗實錄 29권 12쪽
金堉(1580-1658)	근사록(近思錄)*	朱熹(1130-1200) 등	子	남송 철학자 주희와 呂祖謙(1137-1181)이 공동 편찬한 성리학 해설서	燕行錄選集 2권 339쪽
宋能相(1710-1758)	근사록(近思錄)*	朱熹(1130-1200) 등	子	남송 철학자 주희와 呂祖謙(1137-1181)이 공동 편찬한 성리학 해설서	雲坪集 148쪽
宋時烈(1607-1689)	근사록(近思錄)*	朱熹(1130-1200) 등	子	남송 철학자 주희와 呂祖謙(1137-1181)이 공동 편찬한 성리학 해설서	肅宗實錄 12권 18-1쪽
肅宗(1661-1720)	근사록(近思錄)*	朱熹(1130-1200) 등	子	남송 철학자 주희와 呂祖謙(1137-1181)이 공동 편찬한 성리학 해설서	肅宗實錄 6권 51쪽
沈壽賢(1663-1736)	근사록(近思錄)*	朱熹(1130-1200) 등	子	남송 철학자 주희와 呂祖謙(1137-1181)이 공동 편찬한 성리학 해설서	肅宗實錄 8권 235쪽
英祖(1694-1776)	근사록(近思錄)*	朱熹(1130-1200) 등	子	남송 철학자 주희와 呂祖謙(1137-1181)이 공동 편찬한 성리학 해설서	英祖實錄 17, 154쪽
魏伯珪(1727-1798)	근사록(近思錄)*	朱熹(1130-1200) 등	子	남송 철학자 주희와 呂祖謙(1137-1181)이 공동 편찬한 성리학 해설서	存齋集 218쪽
李德懋(1741-1793)	근사록(近思錄)*	朱熹(1130-1200) 등	子	남송 철학자 주희와 呂祖謙(1137-1181)이 공동 편찬한 성리학 해설서	靑莊館全書 4권 81쪽
李英發(1768-1849)	근사록(近思錄)*	朱熹(1130-1200) 등	子	남송 철학자 주희와 呂祖謙(1137-1181)이 공동 편찬한 성리학 해설서	弘齋全書 15권 294쪽

독서자	서명	저자	분류	간략 해제	출전
張混(1759-1828)	근사록(近思錄)*	朱熹(1130-1200) 등	子	남송 철학자 주희와 呂祖謙(1137-1181)이 공동 편찬한 성리학 해설서	而已广集 579쪽
丁若鏞(1762-1836)	근사록(近思錄)*	朱熹(1130-1200) 등	子	남송 철학자 주희와 呂祖謙(1137-1181)이 공동 편찬한 성리학 해설서	茶山詩文集 8권 103쪽
正祖(1752-1800)	근사록(近思錄)*	朱熹(1130-1200) 등	子	남송 철학자 주희와 呂祖謙(1137-1181)이 공동 편찬한 성리학 해설서	弘齋全書 3권 354쪽
趙聖期(1637-1689)	근사록(近思錄)*	朱熹(1130-1200) 등	子	남송 철학자 주희와 呂祖謙(1137-1181)이 공동 편찬한 성리학 해설서	拙修齋集 225쪽
蔡濟恭(1720-1799)	근사록(近思錄)*	朱熹(1130-1200) 등	子	남송 철학자 주희와 呂祖謙(1137-1181)이 공동 편찬한 성리학 해설서	樊巖集Ⅱ 89쪽
崔錫鼎(1646-1715)	근사록(近思錄)*	朱熹(1130-1200) 등	子	남송 철학자 주희와 呂祖謙(1137-1181)이 공동 편찬한 성리학 해설서	明谷集Ⅰ 566쪽
涵仁亭(?)	근사록(近思錄)*	朱熹(1130-1200) 등	子	남송 철학자 주희와 呂祖謙(1137-1181)이 공동 편찬한 성리학 해설서	英祖實錄 28권 147쪽
洪明周(1770-?)	근사록(近思錄)*	朱熹(1130-1200) 등	子	남송 철학자 주희와 呂祖謙(1137-1181)이 공동 편찬한 성리학 해설서	弘齋全書 15권 269쪽
黃胤錫(1729-1791)	근사록(近思錄)*	朱熹(1130-1200) 등	子	남송 철학자 주희와 呂祖謙(1137-1181)이 공동 편찬한 성리학 해설서	頤齋遺藁 304쪽
丁若鏞(1762-1836)	금강경(金剛經)		子	인도에서 2세기에 성립된 空 사상의 기초가 되는 반야경전	茶山詩文集 2권 332쪽
正祖(1752-1800)	금경(禽經)*	師曠(晉)		춘추시대 사광이 지은 鳥類書	弘齋全書 10권 121쪽
兪晩柱(1755-1788)	금고기관(今古奇觀)*	抱甕老人(明)	子	포옹노인이 『三言二拍』에서 40편을 뽑아 단편소설집	欽英 1권 359쪽
張混(1759-1828)	금고기관(今古奇觀)*	抱甕老人(明)	子	포옹노인이 『三言二拍』에서 40편을 뽑아 단편소설집	而已广集 580쪽
李德懋(1741-1793)	금관지(金官志)				青莊館全書 9권 148쪽
文仁邦(?)	금구서(金龜書)			도가서적으로 추정	正祖實錄 8권 71쪽
任天常(1754-?)	금낭(錦囊)	郭撲(276-324)	子	역서, 지리서	弘齋全書 13권 418쪽
正祖(1752-1800)	금낭경(錦囊經)	郭撲(276-324)	子	역서, 지리서	正祖實錄 16권 297쪽
許筠(1569-1618)	금단정리대전(金丹正理大全)		子	도가에 관한 서적	惺所覆瓿藁 4권 252쪽
許筠(1569-1618)	금뢰자(金罍子)	陳絳(明)	子	본명『名山堂隨鈔』, 陶望齡을 발췌함	惺所覆瓿藁 4권 54쪽
兪晩柱(1755-1788)	금문강의(擒文講義)				欽英
許筠(1569-1618)	금벽용호경(金碧龍虎經)		子	도가의 저작	惺所覆瓿藁 2권
兪晩柱(1755-1788)	금병매(金瓶梅)*		子	水滸傳 중 西門慶과 潘金蓮의 관계를 소재로 한 소설	欽英 1권 304쪽
李鈺(1760-1813)	금병매(金瓶梅)*		子	水滸傳 중 西門慶과 潘金蓮의 관계를 소재로 한 소설	李鈺全集 2권 298쪽
丁若鏞(1762-1836)	금병매(金瓶梅)*		子	水滸傳 중 西門慶과 潘金蓮의 관계를 소재로 한 소설	茶山詩文集 6권 179쪽
許筠(1569-1618)	김병매(金瓶梅)*		子	水滸傳 중 西門慶과 潘金蓮의 관계를 소재로 한 소설	惺所覆瓿藁 4권 308쪽

독서자	서명	저자	분류	간략 해제	출전
朴趾源(1737-1805)	금사(金史)*	토크토(脫脫:1314-1388) 등	史	금의 기전체사서	燕巖集 154쪽
安鼎福(1712-1791)	금사(金史)*	토크토(脫脫:1314-1388) 등	史	금의 기전체사서	雜同散異 2권 38쪽
李德懋(1741-1793)	금사(金史)*	토크토(脫脫:1314-1388) 등	史	금의 기전체사서	靑莊館全書 10권 112쪽
李德懋(1741-1793)	금사(金史)*	토크토(脫脫:1314-1388) 등	史	금의 기전체사서	靑莊館全書 10권 127쪽
李德懋(1741-1793)	금사(金史)*	토크토(脫脫:1314-1388) 등	史	금의 기전체사서	靑莊館全書 10권 73쪽
李德懋(1741-1793)	금사(金史)*	토크토(脫脫:1314-1388) 등	史	금의 기전체사서	靑莊館全書 9권 82쪽
丁若鏞(1762-1836)	금사(金史)*	토크토(脫脫:1314-1388) 등	史	금의 기전체사서	與猶堂全書 4권 308쪽
丁若鏞(1762-1836)	금사(金史)*	토크토(脫脫:1314-1388) 등	史	금의 기전체사서	與猶堂全書 6권 304쪽
李德懋(1741-1793)	금석기(金石記)	洪亮吉(1746-1809)	史	『涇縣志・金石』,『淳化縣志・金石略』,『登封縣志・金石錄』의 세 종류가 있음. 비문 석각 재료를 수집	靑莊館全書 10권 142쪽
李德懋(1741-1793)	금석문자기(金石文字記)	顧炎武(1613-1711)	史	각종 碑閣과 器物 상의 문자를 수록	靑莊館全書 9권 80쪽
丁若鏞(1762-1836)	금지(金志)	宇文懋昭(宋)	史	金朝의 역사, 풍속과 제도를 기록한 것으로 『大金國志』라고도 함	與猶堂全書 6권 330쪽
兪晩柱(1755-1788)	금향정(錦香亭)*	古吳素菴主人	子	당나라 天寶 연간을 배경으로 종경기와 갈어사의 딸 갈명화의 인연을 주축으로 한 소설	欽英 6권 129쪽
丁若鏞(1762-1836)	급총서(汲冢書)		史	唐 이래 『逸周書』의 잘못된 이름	與猶堂全書 3권 14쪽
丁若鏞(1762-1836)	급총주서(汲冢周書)*		史	唐 이래 『逸周書』의 잘못된 이름	與猶堂全書 5권 360쪽
李德懋(1741-1793)	급취(急就)*	史游(漢)	經	중국 前漢 말기의 사유가 편찬한 문자 교본	靑莊館全書 4권 202쪽
李德懋(1741-1793)	급취장(急就章)*	史游(漢)	經	중국 前漢 말기의 사유가 편찬한 문자 교본	靑莊館全書 6권 173쪽
丁若鏞(1762-1836)	급취장(急就章)*	史游(漢)	經	중국 前漢 말기의 사유가 편찬한 문자 교본	茶山詩文集 9권 145쪽
李德懋(1741-1793)	급취편(急就篇)*	史游(漢)	經	일명 『急就』, 『急就章』	靑莊館全書 9권 58쪽
丁若鏞(1762-1836)	급취편(急就篇)*	史游(漢)	經	일명 『急就』, 『急就章』	與猶堂全書 5권 261쪽
兪晩柱(1755-1788)	기금련율사(記金鍊律事)				欽英 5권 335쪽
丁若鏞(1762-1836)	기기도설(奇器圖說)*	테렌츠(鄧玉函:1576-1630) 등	子	명말청초 테렌츠와 王徵이 직접 찬술한 과학기술서적	茶山詩文集 5권 37쪽
	기기도설(奇器圖說)*	테렌츠(鄧玉函:1576-1630) 등	子	명말청초 테렌츠와 王徵이 직접 찬술한 과학기술서적	古今圖書集成
	기법(記法)	마테오리치(利瑪竇:1552-1610)			奎章總目
金錫冑(1634-1684)	기사(記事)				肅宗實錄 6권 112쪽

독서자	서명	저자	분류	간략 해제	출전
肅宗(1661-1720)	기사(記事)				肅宗實錄 6권 112쪽
兪晩柱(1755-1788)	기원(奇園)				欽英 5권 243쪽
李德懋(1741-1793)	기원기(寄園記)	錢晉錫(?)	集	전진석의 문집	靑莊館全書 8권 262쪽
朴趾源(1737-1805)	기원기소기(寄園寄所寄)*	趙吉士(1628-1706)	子	청 조길사가 편찬한 雜錄 소설집	燕巖集 158쪽
許筠(1569-1618)	기주(箕疇)		集	『箕疇五福』이라고 생각됨. 극본	惺所覆瓿藁 2권 39쪽
正祖(1752-1800)	기주(記注)		集		正祖實錄 10권 185쪽
正祖(1752-1800)	기진재총서(奇晉齋叢書)	陸烜(淸)	子	각종 저작을 모아놓은 유서	弘齋全書 6권 211쪽
兪晩柱(1755-1788)	기하원본(幾何原本)*	마테오리치(利瑪竇:1552-1610) 등	子	중세 서양 유클리드의 기하학을 한역한 책	欽英 1권 278쪽
李瀷(1681-1763)	기하원본(幾何原本)*	마테오리치(利瑪竇:1552-1610) 등	子	중세 서양 유클리드의 기하학을 한역한 책	李瀷 열람서목
黃胤錫(1729-1791)	기하원본(幾何原本)*	마테오리치(利瑪竇:1552-1610) 등	子	중세 서양 유클리드의 기하학을 한역한 책	頤齋遺藁
申一淸(?)	기효신서(紀效新書)*	戚繼光(1528-1587)	子	명 척계광이 지은 병서	英祖實錄 33권 238쪽
丁若鏞(1762-1836)	기효신서(紀效新書)*	戚繼光(1528-1587)	子	명 척계광이 지은 병서	與猶堂全書 5권 495쪽
正祖(1752-1800)	기효신서(紀效新書)*	戚繼光(1528-1587)	子	명 척계광이 지은 병서	正祖實錄 11권 75쪽
正祖(1752-1800)	기효신서(紀效新書)*	戚繼光(1528-1587)	子	명 척계광이 지은 병서	弘齋全書 2권 36, 38쪽
韓致奫(1765-1814)	길흉요례(吉凶要禮)				海東繹史 5권 72쪽
李德懋(1741-1793)	낙교사어(樂交私語)	姚桐壽(?)	子	雜文逸事	靑莊館全書 10권 22쪽
崔錫鼎(1646-1715)	낙민지서(洛閩之書)				明谷集 I 577쪽
兪晩柱(1755-1788)	낙빈왕문집(駱賓王文集)*	駱賓王(640?-684)	集	唐 낙빈왕이 편찬한 문집으로『駱丞集』·『駱臨海全集』이라 함	欽英 2권 486쪽
李德懋(1741-1793)	낙선당집(樂善堂集)	乾隆(1711-1799)	集	淸代 건륭제의 문집	靑莊館全書 10권 63쪽
許筠(1569-1618)	낙수당기(樂壽堂記)	葉夢得(1077-1148)	集		惺所覆瓿藁 4권 204쪽
許筠(1569-1618)	낙신부(洛神賦)	曹植(三國)	集	조식이 洛河의 水神을 위해 지은 부	惺所覆瓿藁 3권 73쪽
正祖(1752-1800)	낙양가람기(洛陽伽藍記)*	楊衒之(?-555)		北魏 양현지가 지은 불교 史蹟記	弘齋全書 6권 284쪽
李鈺(1760-1813)	낙화기(洛花記)	歐陽修(1007-1072)		작품명『낙양목단기』를 지칭	李鈺全集 1권 205쪽
李德懋(1741-1793)	난매유필(暖姝由筆)	徐充(?)		씨족과 성씨에 관한 책	靑莊館全書 9권 78쪽
柳得恭(1749-1807)	난양소하록(灤陽銷夏錄)	紀昀(淸)	集	출전은『閱微草堂』으로 견문을 회상하면서 기록한 잡기	燕行錄選集 7권 412쪽
徐有聞(1762-1822)	난양속록(灤陽續錄)	紀昀(淸)	集	『閱微草堂』중 권19에 해당. 기균이 황제를 수행하면서 쓴 글	燕行錄選集 7권 310쪽

독서자	서명	저자	분류	간략 해제	출전
兪晩柱(1755-1788)	난저오록(蘭儲五錄)				欽英 5권 318쪽
李德懋(1741-1793)	남강군지(南講郡志)	黃鑫(?)	史		靑莊館全書 9권 61쪽
正祖(1752-1800)	남강북조(南腔北調)				正祖實錄 24권 25쪽
李德懋(1741-1793)	남기치림집(南紀緇林集)	張山翁(宋)	集		靑莊館全書 4권 153쪽
韓致奫(1765-1814)	남당서(南唐書)*	陸游(1125-1210)	史	五代十國 중 南唐에 관한 기전체 사서로 『新修南唐書』라고도 함	海東繹史 6권 86쪽
安鼎福(1712-1791)	남사(南史)*	李延壽(唐)	史	중국 南朝 宋・齊・梁・陳 4조 170년간의 기전체사서	雜同散異 2권 31쪽
李德懋(1741-1793)	남사(南史)*	李延壽(唐)	史	중국 南朝 宋・齊・梁・陳 4조 170년간의 기전체사서	靑莊館全書 8권 90쪽
丁若鏞(1762-1836)	남사(南史)*	李延壽(唐)	史	중국 南朝 宋・齊・梁・陳 4조 170년간의 기전체사서	與猶堂全書 2권 132쪽
正祖(1752-1800)	남사(南史)*	李延壽(唐)	史	중국 南朝 宋・齊・梁・陳 4조 170년간의 기전체사서	弘齋全書 5권 43쪽
韓致奫(1765-1814)	남사(南史)*	李延壽(唐)	史	중국 南朝 宋・齊・梁・陳 4조 170년간의 기전체사서	海東繹史 5권 136쪽
正祖(1752-1800)	남사(南史)*	李延壽(唐)	史	중국 南朝 宋・齊・梁・陳 4조 170년간의 기전체사서	弘齋全書 6권 55쪽
李德懋(1741-1793)	남사찬(南史贊)	謝翶(1249-1295)	史	南史에 대한 고증	靑莊館全書 4권 129쪽
丁若鏞(1762-1836)	남전여씨향약(藍田呂氏鄕約)*	呂大忠(1031-1082)		北宋 여대충이 지은 향약 관련 서적	與猶堂全書 5권 260쪽
丁若鏞(1762-1836)	남제서(南齊書)*	蕭子顯(梁)	史	南朝 齊와 梁에 대한 正史	與猶堂全書 6권 254쪽
韓致奫(1765-1814)	남제서(南齊書)*	蕭子顯(梁)	史	南朝 齊와 梁에 대한 正史	海東繹史 6권 81쪽
許筠(1569-1618)	남천록(南遷錄)	張舜民(宋)		金말 汴京으로의 천도 과정을 기록	惺所覆瓿藁 4권 80쪽
韓致奫(1765-1814)	남풍집(南豐集)	曾鞏(宋)	集	증공의 문집	海東繹史 6권 243쪽
李德懋(1741-1793)	납대집(蠟臺集)	汪灝(?)	集	왕호의 문집으로 보임	靑莊館全書 4권 156쪽
李匡師(1705-1777)	내서(來書)				圓嶠集 484쪽
兪晩柱(1755-1788)	내전(內典)			불경	欽英 1권 12쪽
洪良浩(1724-1802)	노사(魯史)			『춘추』의 내용인 듯함	耳溪集 287쪽
黃胤錫(1729-1791)	노사(魯史)			『춘추』의 내용인 듯함	頤齋遺藁 313쪽
韓致奫(1765-1814)	노사(路史)	徐渭(1521-1593)	史	上古의 역사를 기록 고증함	藝文志
正祖(1752-1800)	노시(魯詩)	申培(前漢)	經	魯人 신배가 『시경』에 가한 주석	弘齋全書 6권 235쪽
安鼎福(1712-1791)	노자(老子)*	老聃(春秋)	子	일명 『道德經』 혹은 『道德眞經』으로 도교경전	雜同散異 2권
李鈺(1760-1813)	노자(老子)*	老聃(春秋)	子	일명 『道德經』 혹은 『道德眞經』으로 도교경전	李鈺全集 1권 210쪽
丁若鏞(1762-1836)	노자(老子)*	老聃(春秋)	子	일명 『道德經』 혹은 『道德眞經』으로 도교경전	茶山詩文集 3권 32쪽
正祖(1752-1800)	노자(老子)*	老聃(春秋)	子	일명 『道德經』 혹은 『道德眞經』으로 도교경전	弘齋全書 4권 483쪽
韓致奫(1765-1814)	노자(老子)*	老聃(春秋)	子	일명 『道德經』 혹은 『道德眞經』으로 도교경전	海東繹史 5권 83쪽

독서자	서명	저자	분류	간략 해제	출전
許筠(1569-1618)	노자(老子)*	老聃(春秋)	子	일명 『道德經』 혹은 『道德眞經』으로 도교경전	惺所覆瓿藁 2권 243쪽
徐命膺(1716-1787)	노자(老子)*	老聃(春秋)	子	일명 『道德經』 혹은 『道德眞經』으로 도교경전	保晩齋集 96쪽
英祖(1694-1776)	노중련전(魯仲連傳)	司馬遷(B.C.145-86)	史	노중련의 전기로 『史記』에 있음	英祖實錄 35권 56쪽
蔡濟恭(1720-1799)	노중련전(魯仲連傳)	司馬遷(B.C.145-86)	史	노중련의 전기로 『史記』에 있음	樊巖集Ⅱ 582쪽
兪晩柱(1755-1788)	노학암필기(老學庵筆記)*	陸游(1125-1210)	子	남송의 문인 육유가 전해오던 구문을 모아 편찬한 구문기록서	欽英 1권 479쪽
李德懋(1741-1793)	노학암필기(老學庵筆記)*	陸游(1125-1210)	子	남송의 문인 육유가 전해오던 구문을 모아 편찬한 구문기록서	靑莊館全書 8권 231쪽
李德懋(1741-1793)	노학총담(老學叢談)	王士禎(1634-1711)		陸游의 견문을 기록	靑莊館全書 10권 164쪽
兪晩柱(1755-1788)	녹문은서(鹿門隱書)	皮日休(唐)	子	관리의 도리를 서술한 것으로 『說郛』 권9에 수록됨	欽英 3권 90쪽
許筠(1569-1618)	녹설정잡언(綠雪亭雜言)	敖英(明)	子	잡기 성격의 책	惺所覆瓿藁 4권 190쪽
朴世采(1631-1695)	논경요지(論敬要旨)	游定夫(宋)	經	논어에 대한 해석집인 『論語要旨』일 가능성이 있음	肅宗實錄 31권 43쪽
正祖(1752-1800)	논어(論語)*	孔丘(B.C.552-479)	經	공자의 제자와 후학이 그의 언행과 사상을 기록한 유가경전	正祖實錄 11권 321쪽
趙明鼎(1709-1779)	논어(論語)*	孔丘(B.C.552-479)	經	공자의 제자와 후학이 그의 언행과 사상을 기록한 유가경전	英祖實錄 21권 50쪽
姜浚欽(1768-?)	논어(論語)*	孔丘(B.C.552-479)	經	공자의 제자와 후학이 그의 언행과 사상을 기록한 유가경전	弘齋全書 15권 260쪽
金相肅(1717-1792)	논어(論語)*	孔丘(B.C.552-479)	經	공자의 제자와 후학이 그의 언행과 사상을 기록한 유가경전	靑城集 509쪽
金錫胄(1634-1684)	논어(論語)*	孔丘(B.C.552-479)	經	공자의 제자와 후학이 그의 언행과 사상을 기록한 유가경전	肅宗實錄 6권 112쪽
金龍翰(?)	논어(論語)*	孔丘(B.C.552-479)	經	공자의 제자와 후학이 그의 언행과 사상을 기록한 유가경전	弘齋全書 13권 283쪽
南公轍(1760-1840)	논어(論語)*	孔丘(B.C.552-479)	經	공자의 제자와 후학이 그의 언행과 사상을 기록한 유가경전	金陵集 406쪽
朴泰輔(1654-1689)	논어(論語)*	孔丘(B.C.552-479)	經	공자의 제자와 후학이 그의 언행과 사상을 기록한 유가경전	肅宗實錄 6권 165쪽
成大中(1732-1809)	논어(論語)*	孔丘(B.C.552-479)	經	공자의 제자와 후학이 그의 언행과 사상을 기록한 유가경전	靑城集 517쪽
宋能相(1710-1758)	논어(論語)*	孔丘(B.C.552-479)	經	공자의 제자와 후학이 그의 언행과 사상을 기록한 유가경전	雲坪集 276쪽
宋文欽(1710-1751)	논어(論語)*	孔丘(B.C.552-479)	經	공자의 제자와 후학이 그의 언행과 사상을 기록한 유가경전	閒靜堂集 313쪽
肅宗(1661-1720)	논어(論語)*	孔丘(B.C.552-479)	經	공자의 제자와 후학이 그의 언행과 사상을 기록한 유가경전	肅宗實錄 29권 71쪽
金錫胄(1634-1684)	논어(論語)*	孔丘(B.C.552-479)	經	공자의 제자와 후학이 그의 언행과 사상을 기록한 유가경전	肅宗實錄 6권 112쪽

독서자	서명	저자	분류	간략 해제	출전
吳載純(1727-1792)	논어(論語)*	孔丘(B.C.552-479)	經	공자의 제자와 후학이 그의 언행과 사상을 기록한 유가경전	醇庵集 559쪽
魏伯珪(1727-1798)	논어(論語)*	孔丘(B.C.552-479)	經	공자의 제자와 후학이 그의 언행과 사상을 기록한 유가경전	存齋集 179쪽
柳台佐(1763-1837)	논어(論語)*	孔丘(B.C.552-479)	經	공자의 제자와 후학이 그의 언행과 사상을 기록한 유가경전	弘齋全書 15권 223쪽
尹光顔(1757-1815)	논어(論語)*	孔丘(B.C.552-479)	經	공자의 제자와 후학이 그의 언행과 사상을 기록한 유가경전	弘齋全書 15권 127쪽
尹鳳九(1681-1767)	논어(論語)*	孔丘(B.C.552-479)	經	공자의 제자와 후학이 그의 언행과 사상을 기록한 유가경전	英祖實錄 27권 180쪽
尹鑴(1617-1680)	논어(論語)*	孔丘(B.C.552-479)	經	공자의 제자와 후학이 그의 언행과 사상을 기록한 유가경전	肅宗實錄 1권 175쪽
李光迪(1628-1717)	논어(論語)*	孔丘(B.C.552-479)	經	공자의 제자와 후학이 그의 언행과 사상을 기록한 유가경전	肅宗實錄 27권 290쪽
李德懋(1741-1793)	논어(論語)*	孔丘(B.C.552-479)	經	공자의 제자와 후학이 그의 언행과 사상을 기록한 유가경전	靑莊館全書 10권 23쪽
李相歸(?)	논어(論語)*	孔丘(B.C.552-479)	經	공자의 제자와 후학이 그의 언행과 사상을 기록한 유가경전	弘齋全書 13권 261쪽
李象靖(1711-1781)	논어(論語)*	孔丘(B.C.552-479)	經	공자의 제자와 후학이 그의 언행과 사상을 기록한 유가경전	大山集 40쪽
李書九(1754-1825)	논어(論語)*	孔丘(B.C.552-479)	經	공자의 제자와 후학이 그의 언행과 사상을 기록한 유가경전	惕齋集 155쪽
李鈺(1760-1813)	논어(論語)*	孔丘(B.C.552-479)	經	공자의 제자와 후학이 그의 언행과 사상을 기록한 유가경전	李鈺全集 1권 314쪽
張混(1759-1828)	논어(論語)*	孔丘(B.C.552-479)	經	공자의 제자와 후학이 그의 언행과 사상을 기록한 유가경전	而已广集 579쪽
丁若鏞(1762-1836)	논어(論語)*	孔丘(B.C.552-479)	經	공자의 제자와 후학이 그의 언행과 사상을 기록한 유가경전	茶山詩文集 1권 2쪽
丁若鏞(1762-1836)	논어(論語)*	孔丘(B.C.552-479)	經	공자의 제자와 후학이 그의 언행과 사상을 기록한 유가경전	與猶堂全書 2권 29쪽
正祖(1752-1800)	논어(論語)*	孔丘(B.C.552-479)	經	공자의 제자와 후학이 그의 언행과 사상을 기록한 유가경전	正祖實錄 1권 27쪽
正祖(1752-1800)	논어(論語)*	孔丘(B.C.552-479)	經	공자의 제자와 후학이 그의 언행과 사상을 기록한 유가경전	弘齋全書 6권 88쪽
趙德鄰(1658-1737)	논어(論語)*	孔丘(B.C.552-479)	經	공자의 제자와 후학이 그의 언행과 사상을 기록한 유가경전	英祖實錄 14, 155쪽
趙憲(1544-1592)	논어(論語)*	孔丘(B.C.552-479)	經	공자의 제자와 후학이 그의 언행과 사상을 기록한 유가경전	燕行錄選集 2권 88쪽
崔錫鼎(1646-1715)	논어(論語)*	孔丘(B.C.552-479)	經	공자의 제자와 후학이 그의 언행과 사상을 기록한 유가경전	明谷集 I 565쪽
韓致奫(1765-1814)	논어(論語)*	孔丘(B.C.552-479)	經	공자의 제자와 후학이 그의 언행과 사상을 기록한 유가경전	海東繹史 5권 3쪽
許筠(1569-1618)	논어(論語)*	孔丘(B.C.552-479)	經	공자의 제자와 후학이 그의 언행과 사상을 기록한 유가경전	惺所覆瓿藁 4권 쪽
洪大容(1731-1783)	논어(論語)*	孔丘(B.C.552-479)	經	공자의 제자와 후학이 그의 언행과 사상을 기록한 유가경전	湛軒書 72쪽

독서자	서명	저자	분류	간략 해제	출전
洪良漢(?)	논어(論語)*	孔丘(B.C.552-479)	經	공자의 제자와 후학이 그의 언행과 사상을 기록한 유가경전	耳溪外集 1권 157쪽
黃胤錫(1729-1791)	논어(論語)*	孔丘(B.C.552-479)	經	공자의 제자와 후학이 그의 언행과 사상을 기록한 유가경전	頤齋遺藁 347쪽
正祖(1752-1800)	논어(論語)*	孔丘(B.C.552-479)	經	공자의 제자와 후학이 그의 언행과 사상을 기록한 유가경전	弘齋全書 9권 75쪽
李德懋(1741-1793)	논어계구록(論語稽求錄)	毛奇齡(1623-1716)	經	논어에 대한 고증	靑莊館全書 9권 192쪽
柳得恭(1749-1807)	논어고훈(論語古訓)	陳鱣(淸)	經	논어에 대한 해석	燕行錄選集 7권 437쪽
韓致奫(1765-1814)	논어고훈(論語古訓)	陳鱣(淸)	經	논어에 대한 해석	海東繹史 5권 74쪽
李德懋(1741-1793)	논어위찬고(論語緯撰考)		經	논어에 대한 고증	靑莊館全書 9권 122쪽
具得魯(?)	논어집주(論語集註)	朱熹(1130-1200)	經	송대 주희가 『논어』에 대해 주석을 한 책	弘齋全書 15권 253쪽
李畬(1645-1718)	논어집주(論語集註)	朱熹(1130-1200)	經	송대 주희가 『논어』에 대해 주석을 한 책	肅宗實錄 21권 307쪽
李英發(1768-1849)	논어집주(論語集註)	朱熹(1130-1200)	經	송대 주희가 『논어』에 대해 주석을 한 책	弘齋全書 15권 294쪽
丁若鏞(1762-1836)	논어집주(論語集註)	朱熹(1130-1200)	經	송대 주희가 『논어』에 대해 주석을 한 책	茶山詩文集 5권 119쪽
正祖(1752-1800)	논어집주(論語集註)	朱熹(1130-1200)	經	송대 주희가 『논어』에 대해 주석을 한 책	弘齋全書 8권 250쪽
黃胤錫(1729-1791)	논어집주(論語集註)	朱熹(1130-1200)	經	송대 주희가 『논어』에 대해 주석을 한 책	頤齋遺藁 553쪽
李德懋(1741-1793)	논형(論衡)*	王充(27-97)	子	후한대 왕충이 지은 철학서	靑莊館全書 8권 201쪽
丁若鏞(1762-1836)	논형(論衡)*	王充(27-97)	子	후한대 왕충이 지은 철학서	茶山詩文集 2권 141쪽
正祖(1752-1800)	논형(論衡)*	王充(27-97)	子	후한대 왕충이 지은 철학서	弘齋全書 6권 167쪽
許筠(1569-1618)	논형(論衡)*	王充(27-97)	子	후한대 왕충이 지은 철학서	惺所覆瓿藁 2권 240쪽
李德懋(1741-1793)	농서(農書)*	王禎(元)	子	元 왕정이 기존농서를 고찰 정리해 편찬한 농업기술서	靑莊館全書 10권 51쪽
李德懋(1741-1793)	농정전서(農政全書)*	徐光啓(1562-1633)	子	중국의 전통 농업 기술과 서양의 과학을 접목해 편찬한 농서	靑莊館全書 10권 50쪽
丁若鏞(1762-1836)	농정전서(農政全書)*	徐光啓(1562-1633)	子	중국의 전통 농업 기술과 서양의 과학을 접목해 편찬한 농서	茶山詩文集 8권 34쪽
正祖(1752-1800)	농정전서(農政全書)*	徐光啓(1562-1633)	子	중국의 전통 농업 기술과 서양의 과학을 접목해 편찬한 농서	弘齋全書 4권 159쪽
李德懋(1741-1793)	능양집(陵陽集)	牟巘(南宋)	集	모헌의 문집	靑莊館全書 4권 154쪽
宋時烈(1607-1689)	능엄경(楞嚴經)*		子	원제 『大佛頂如來密因修證了義諸菩薩萬行首楞嚴經』. 8세기 초 인도 출신의 학승 般剌蜜帝에 의해 한역된 경전	肅宗實錄 9권 244쪽

독서자	서명	저자	분류	간략 해제	출전
兪晩柱(1755-1788)	능엄경(楞嚴經)*		子	원제『大佛頂如來密因修證了義諸菩薩萬行首楞嚴經』. 8세기 초 인도 출신의 학승 般刺蜜帝에 의해 한역된 경전	欽英 2권 317쪽
李德懋(1741-1793)	능엄경(楞嚴經)*		子	원제『大佛頂如來密因修證了義諸菩薩萬行首楞嚴經』. 8세기 초 인도 출신의 학승 般刺蜜帝에 의해 한역된 경전	靑莊館全書 9권 24쪽
李珥(1536-1584)	능엄경(楞嚴經)*		子	원제『大佛頂如來密因修證了義諸菩薩萬行首楞嚴經』. 8세기 초 인도 출신의 학승 般刺蜜帝에 의해 한역된 경전	肅宗實錄 9권 244쪽
丁若鏞(1762-1836)	능엄경(楞嚴經)*		子	원제『大佛頂如來密因修證了義諸菩薩萬行首楞嚴經』. 8세기 초 인도 출신의 학승 般刺蜜帝에 의해 한역된 경전	與猶堂全書 6권 45쪽
許筠(1569-1618)	능엄경(楞嚴經)*		子	원제『大佛頂如來密因修證了義諸菩薩萬行首楞嚴經』. 8세기 초 인도 출신의 학승 般刺蜜帝에 의해 한역된 경전	惺所覆瓿藁 2권 41쪽
李德懋(1741-1793)	능엄경요해(楞嚴經要解)	戒環(宋)	子	불경. 『楞嚴經』에 대한 해석	靑莊館全書 10권 107쪽
李德懋(1741-1793)	능엄경요해(楞嚴經要解)	戒環(宋)	子	불경. 『楞嚴經』에 대한 해석	靑莊館全書 9권 196쪽
韓致奫(1765-1814)	니고록(妮古錄)	陳繼儒(1557-1639)	子	서화와 골동품에 대한 평론	藝文志
李德懋(1741-1793)	다경(茶經)*	陸羽(733-804)	子	당 육우가 편찬한 차 백과전서	靑莊館全書 8권 79쪽
丁若鏞(1762-1836)	다경(茶經)*	陸羽(733-804)	子	당 육우가 편찬한 차 백과전서	與猶堂全書 5권 215쪽
許筠(1569-1618)	단궁(檀弓)		經	출전은『禮記・檀弓』으로 보임	惺所覆瓿藁 3권 259쪽
朴趾源(1737-1805)	단궤총서(檀几叢書)*	王晫(淸) 등	集	諸家들의 雜著 157종류를 모아서 편찬한 총서	燕巖集 158쪽
正祖(1752-1800)	단궤총서(檀几叢書)*	王晫(淸) 등	集	諸家들의 雜著 157종류를 모아서 편찬한 총서	弘齋全書 6권 211쪽
兪晩柱(1755-1788)	단금록(斷金錄)				欽英 3권 13쪽
吳載純(1727-1792)	단사(彖辭)				醇庵集 471쪽
李德懋(1741-1793)	단연록(丹鉛錄)	楊愼(1488-1559)	子	고대의 사물에 대한 고증서	靑莊館全書 7권 97쪽
韓致奫(1765-1814)	단연록(丹鉛錄)	楊愼(1488-1559)	子	고대의 사물에 대한 고증서	海東繹史 5권 75쪽
許筠(1569-1618)	단연록(丹鉛錄)	楊愼(1488-1559)	子	고대의 사물에 대한 고증서	惺所覆瓿藁 4권 82쪽
李德懋(1741-1793)	단연여록(丹鉛餘錄)	楊愼(1488-1559)	子	고대의 사물에 대한 고증서	靑莊館全書 9권56쪽
李德懋(1741-1793)	단청기(丹靑記)	朱景玄(唐)	子	서화류의 저작	靑莊館全書 9권 147쪽
韓致奫(1765-1814)	단청기(丹靑記)	朱景玄(唐)	子	서화류의 저작	海東繹史 5권 161쪽
李德懋(1741-1793)	단청지(丹靑志)	王稚登(1585-1612)	集	서화류의 저작	靑莊館全書 9권 11쪽
李書九(1754-1825)	단화서(端華書)	武帝(齊)			惕齋集 160쪽
兪晩柱(1755-1788)	담어류해(譚語類解)				欽英 4권 5쪽

독서자	서명	저자	분류	간략 해제	출전
韓致奫(1765-1814)	담연거사집(湛然居士集)	耶律楚材(1190-1244)	集	몽고인 야율초재의 문집	海東繹史 5권 46쪽
李德懋(1741-1793)	담원(談苑)	孔平仲(宋)	子	별칭『孔氏談苑』, 송대의 雜事를 기록	靑莊館全書 10권 96쪽
韓致奫(1765-1814)	담원집(儋園集)	徐乾學(1631-1694)	集	서건학이 考據한 내용을 저술	海東繹史 6권 69쪽
正祖(1752-1800)	담정준(蟫精雋)	徐伯齡(明)	子	주로 詩詞에 대한 평론	弘齋全書 6권 211쪽
李德懋(1741-1793)	담추동고(甔甀洞稿)*	吳國倫(1524-1593)	集	명 오국륜이 편찬한 54권의 시와 산문의 합집	靑莊館全書 5권 167쪽
李德懋(1741-1793)	담포(談圃)	劉延世(宋)	子	별칭『孫公談圃』, 孫升之의 담화를 기록	靑莊館全書 8권 219쪽
肅宗(1661-1720)	당감(唐鑑)*	範祖禹(1041-1098)	史	북송 범조우가 편찬한 당왕조 300년간 흥망성쇠의 편년체사서	肅宗實錄 25권 18쪽
英祖(1694-1776)	당감(唐鑑)*	範祖禹(1041-1098)	史	북송 범조우가 편찬한 당왕조 300년간 흥망성쇠의 편년체사서	英祖實錄 29권 47쪽
張混(1759-1828)	당감(唐鑑)*	範祖禹(1041-1098)	史	북송 범조우가 편찬한 당왕조 300년간 흥망성쇠의 편년체사서	而已广集 580쪽
正祖(1752-1800)	당감(唐鑑)*	範祖禹(1041-1098)	史	북송 범조우가 편찬한 당왕조 300년간 흥망성쇠의 편년체사서	正祖實錄 25권 335쪽
黃胤錫(1729-1791)	당경교비부(唐景教碑附)	李之藻(1565-1631)			頤齋遺藁
丁若鏞(1762-1836)	당고사(堂告祀)			일본 작품으로 추정	茶山詩文集 2권 20쪽
金夏材(?)	당기(唐紀)	孫慤(明)	史	唐代의 역사를 기록	正祖實錄 6권 77쪽
韓致奫(1765-1814)	당례(唐禮)			唐代 改元 연간의 예의·제도를 기록한『大唐開元禮』일 가능성이 있음	海東繹史 5권 72쪽
丁若鏞(1762-1836)	당률석문(唐律石文)		經		與猶堂全書 3권 179쪽
肅宗(1661-1720)	당률소의(唐律疏議)*	李林甫(唐) 등	經	원명은『律疏』로, 당대 형법인 唐律의 관찬 주석서. 현존하는 동아시아 최고의 법전	肅宗實錄 8권 121쪽
李德懋(1741-1793)	당문수(唐文粹)*	姚鉉(北宋)	集	唐代의 시문 선집	靑莊館全書 3권 194쪽
李德懋(1741-1793)	당보전(唐補傳)	謝翶(1249-1295)	史	唐史에 대한 고증	靑莊館全書 4권 129쪽
李德懋(1741-1793)	당본설문(唐本說文)		經	唐代에 발행한『說文解字』로 보임	靑莊館全書 9권 16쪽
李德懋(1741-1793)	당본초(唐本草)		子	唐代의 의학 서적	靑莊館全書 10권 176쪽
朴基宏(?)	당사(唐史)		史	『新唐書』나『舊唐書』일 것임	弘齋全書 13권 448쪽
正祖(1752-1800)	당사(唐史)		史	『新唐書』나『舊唐書』일 것임	弘齋全書 13권 447쪽
韓在洙	당사(唐史)		史	『新唐書』나『舊唐書』일 것임	弘齋全書 13권 461쪽
徐命膺(1716-1787)	당사전(唐史傳)		史		保晩齋集 110쪽
金履實(?)	당서(唐書)*	趙瑩(後晉) 등	史	중국 正史인 25史의 하나. 기전체사서	弘齋全書 13권 427쪽
朴趾源(1737-1805)	당서(唐書)*	趙瑩(後晉) 등	史	중국 正史인 25史의 하나. 기전체사서	燕巖集 146쪽
徐瀅修(1749-1824)	당서(唐書)*	趙瑩(後晉) 등	史	중국 正史인 25史의 하나. 기전체사서	弘齋全書 15권 42쪽

독서자	서명	저자	분류	간략 해제	출전
李德懋(1741-1793)	당서(唐書)*	趙瑩(後晉) 등	史	중국 正史인 25史의 하나. 기전체사서	青莊館全書 10권 124쪽
李德懋(1741-1793)	당서(唐書)*	趙瑩(後晉) 등	史	중국 正史인 25史의 하나. 기전체사서	青莊館全書 2권 35쪽
丁若鏞(1762-1836)	당서(唐書)*	趙瑩(後晉) 등	史	중국 正史인 25史의 하나. 기전체사서	茶山詩文集 1권 96쪽
丁若鏞(1762-1836)	당서(唐書)*	趙瑩(後晉) 등	史	중국 正史인 25史의 하나. 기전체사서	與猶堂全書 6권 233쪽
正祖(1752-1800)	당서(唐書)*	趙瑩(後晉) 등	史	중국 正史인 25史의 하나. 기전체사서	正祖實錄 6권 84쪽
正祖(1752-1800)	당서(唐書)*	趙瑩(後晉) 등	史	중국 正史인 25史의 하나. 기전체사서	弘齋全書 5권 197쪽
趙秀三(1762-1849)	당서(唐書)*	趙瑩(後晉) 등	史	중국 正史인 25史의 하나. 기전체사서	秋齋集 8권 524쪽
韓致奫(1765-1814)	당서(唐書)*	趙瑩(後晉) 등	史	중국 正史인 25史의 하나. 기전체사서	海東繹史 5권 4쪽
朴趾源(1737-1805)	당서(唐書)*	趙瑩(後晉) 등	史	중국 正史인 25史의 하나. 기전체사서	燕巖集 102쪽
李德懋(1741-1793)	당서연의(唐書演義)	熊鐘谷(明)	史	唐史와 관련한 소설	青莊館全書 7권 48쪽
韓致奫(1765-1814)	당송시본(唐宋詩本)	戴第元(淸)	集	당송의 시문을 모았음	海東繹史 5권 160쪽
徐命膺(1716-1787)	당송총서(唐宋叢書)*	種人傑(明) 등	集	당송인의 수필 집성집	保晩齋集 243쪽
丁若鏞(1762-1836)	당송팔가문(唐宋八家文)*	沈德潛(1673-1769)	集	중국 당·송대의 古文 名文集	茶山詩文集 2권 101쪽
正祖(1752-1800)	당송팔가문(唐宋八家文)	沈德潛(1673-1769)	集	중국 당·송대의 古文 名文集	正祖實錄 27권 243쪽
正祖(1752-1800)	당송팔가문(唐宋八家文)*	沈德潛(1673-1769)	集	중국 당·송대의 古文 名文集	弘齋全書 6권 335쪽
正祖(1752-1800)	당송팔가문초(唐宋八家文鈔)*	茅坤(明)	集	당송팔대가의 문장 선집으로 『唐宋八大家文抄』라고 함	弘齋全書 7권 66쪽
兪晩柱(1755-1788)	당송팔대가문초(唐宋八代家文抄)*	茅坤(明)	集	당송 시기 8명의 유명 문인의 문장을 수록	欽英 2권 207쪽
正祖(1752-1800)	당송팔대가문초(唐宋八大家文鈔)*	茅坤(明)	集	당송 시기 8명의 유명 문인의 문장을 수록	弘齋全書 6권 213쪽
丁若鏞(1762-1836)	당시기사(唐詩紀事)*	計有功(南宋)	集	계유공이 편찬한 81권의 당 詩總集	茶山詩文集 3권 197쪽
兪晩柱(1755-1788)	당시류원(唐詩類苑)	張之象(明)	集	200권, 당시를 36부분으로 분류 수록함	欽英 2권 554쪽
兪晩柱(1755-1788)	당시별재집(唐詩別裁集)*	沈德潛(1673-1769)	集	청 심덕잠이 편찬한 唐詩 선집	欽英 2권 28쪽
許筠(1569-1618)	당시산(唐詩刪)	李攀龍(1514-1570)	集	당시 모음	惺所覆瓿藁 2권 49쪽
李宜顯(1669-1745)	당시선(唐詩選)		集	당시 모음	陶谷集Ⅱ 502쪽

독서자	서명	저자	분류	간략 해제	출전
李宜顯(1669-1745)	당시정성(唐詩正聲)*	高棅(1350-1425)	集	명대 고병이 『唐詩品彙』 중 聲律이 純正한 시들을 정선하여 편찬한 당시 선집	陶谷集Ⅱ 502쪽
李宜顯(1669-1745)	당시직해(唐詩直解)	蔣葵(明)	集	당시에 대한 해석	陶谷集Ⅱ 502쪽
徐有聞(1762-1822)	당시품휘(唐詩品彙)*	高棅(1350-1413)	集	명 고병이 편찬한 90권, 拾遺 10권으로 이루어진 당시선집	燕行錄選集 7권 136쪽
許筠(1569-1618)	당시품휘(唐詩品彙)*	高棅(1350-1413)	集	명 고병이 편찬한 90권, 拾遺 10권으로 이루어진 당시선집	惺所覆瓿藁 2권 49쪽
李德懋(1741-1793)	당운(唐韻)	孫愐(唐)	經	당대의 자전과 음운에 관련한 서적	青莊館全書 9권 18쪽
李德懋(1741-1793)	당운정(唐韻正)*	顧炎武(1613-1711)	經	청 고염무가 편찬한 『音學五書』중 4번째 책	青莊館全書 234쪽
丁若鏞(1762-1836)	당운정(唐韻正)*	顧炎武(1613-1711)	經	청 고염무가 편찬한 『音學五書』중 4번째 책	與猶堂全書 3권 114쪽
正祖(1752-1800)	당음(唐音)*	楊士弘(元)	集	14권의 당시 선집	正祖實錄 21권 193쪽
許筠(1569-1618)	당음(唐音)*	楊士弘(元)	集	14권의 당시 선집	惺所覆瓿藁 2권 72쪽
李夏坤(1677-1724)	당자외시(唐子畏詩)		集		頭陀草 349쪽
英祖(1694-1776)	당전(唐典)	玄宗(唐)	史	당대의 典章 제도를 기록한 『大唐六典』일 가능성이 있음	英祖實錄 20권 67쪽
韓致奫(1765-1814)	당조명화록(唐朝名畵錄)*	朱景玄(唐)	子	중국 당대의 회화사·화론서로, 일명 『唐賢名畵錄』	海東繹史 5권 161쪽
韓致奫(1765-1814)	당조명화록(唐朝名畵錄)*	朱景玄(唐)	子	중국 당대의 회화사·화론서로, 일명 『唐賢名畵錄』	藝文志 5권 161쪽
崔錫鼎(1646-1715)	당태종기(唐太宗紀)		史	『新唐書·太宗本紀』이거나 『舊唐書·太宗本紀』일 것임	明谷集Ⅱ 493쪽
李夏坤(1677-1724)	당형천문(唐荊川文)	唐順之(1507-1560)	集	당순지의 문집	頭陀草 521쪽
李夏坤(1677-1724)	당형천문(唐荊川文)	唐順之(1507-1560)	集	당순지의 문집	頭陀草 523쪽
李德懋(1741-1793)	당환왕전(唐環王傳)				青莊館全書 9권 159쪽
正祖(1752-1800)	당회요(唐會要)*	王溥(宋)		唐代의 제도와 故事에 대한 政書	弘齋全書 13권 478쪽
黃景源(1709-1787)	대경(大徑)	康僧鎧(인도)	子	불교 경전으로 『佛說無量壽經』이나 『量壽經』임	江漢集 86쪽
李得履(?)	대경(大經)	康僧鎧(인도)	子	불교 경전으로 『佛說無量壽經』이나 『量壽經』임	英祖實錄 34권 59쪽
李德懋(1741-1793)	대경당집(帶經堂集)*	王士禛(1634-1711)	集	청 왕사정의 『漁洋集』과 『蠶尾集』을 하나로 묶은 시문 총집	青莊館全書 9권 32쪽
丁若鏞(1762-1836)	대금국지(大金國志)*	宇文懋昭(元)	史	40권으로 이루어진 금나라 역사서	與猶堂全書 6권 310쪽
金在魯(1682-1759)	대기(戴記)*	戴德(前漢)	經	13권 85편으로 이루어진 경서로 『大戴禮』 혹은 『大戴記』라 함	肅宗實錄 28권 151쪽
徐浩修(1736-1799)	대기(戴記)*	戴德(前漢)	經	13권 85편으로 이루어진 경서로 『大戴禮』 혹은 『大戴記』라 함	正祖實錄 5권 298쪽

독서자	서명	저자	분류	간략 해제	출전
正祖(1752-1800)	대기(戴記)*	戴德(前漢)	經	13권 85편으로 이루어진 경서로 『大戴禮』 혹은 『大戴記』라 함	弘齋全書 6권 102쪽
韓致奫(1765-1814)	대기(戴記)*	戴德(前漢)	經	13권 85편으로 이루어진 경서로 『大戴禮』 혹은 『大戴記』라 함	弘齋全書 13권 94쪽
正祖(1752-1800)	대대례(大戴禮)*	戴德(前漢)	經	13권 85편으로 이루어진 경서로 『大戴禮』 혹은 『大戴記』라 함	弘齋全書 7권 21쪽
韓商新(1758-?)	대대례(大戴禮)*	戴德(前漢)	經	13권 85편으로 이루어진 경서로 『大戴禮』 혹은 『大戴記』라 함	弘齋全書 10권 115쪽
兪晩柱(1755-1788)	대대례기(大戴禮記)*	戴德(前漢)	經	13권 85편으로 이루어진 경서로 『大戴禮』 혹은 『大戴記』라 함	欽英 6권 490쪽
李德懋(1741-1793)	대대례기(大戴禮記)*	戴德(前漢)	經	13권 85편으로 이루어진 경서로 『大戴禮』 혹은 『大戴記』라 함	青莊館全書 4권 56쪽
正祖(1752-1800)	대대례기(大戴禮記)*	戴德(前漢)	經	13권 85편으로 이루어진 경서로 『大戴禮』 혹은 『大戴記』라 함	正祖實錄 19쪽 152쪽
李德懋(1741-1793)	대도삼장직지(大道三章直指)		子	도가의 서적	青莊館全書 10권 16쪽
觀像鑑	대명력(大明曆)	祖沖之(429-500)		劉宋의 孝武帝의 大明年號를 따서 463년에 조충지가 만든 것	英祖實錄 25권 142쪽
金在魯(1682-1759)	대명률(大明律)*	洪武帝(1328-1398)	史	명의 기본 법률서	英祖實錄 17권 83쪽
南九萬(1629-1711)	대명률(大明律)*	洪武帝(1328-1398)	史	명의 기본 법률서	肅宗實錄 10권 65쪽
宋時烈(1607-1689)	대명률(大明律)*	洪武帝(1328-1398)	史	명의 기본 법률서	肅宗實錄 1권 107쪽
肅宗(1661-1720)	대명률(大明律)*	洪武帝(1328-1398)	史	명의 기본 법률서	肅宗實錄 26권 158쪽
李晩秀(1752-1820)	대명률(大明律)*	洪武帝(1328-1398)	史	명의 기본 법률서	屐園遺稿 190
李尙眞(1614-1690)	대명률(大明律)*	洪武帝(1328-1398)	史	명의 기본 법률서	肅宗實錄 7권 46쪽
丁若鏞(1762-1836)	대명률(大明律)*	洪武帝(1328-1398)	史	명의 기본 법률서	與猶堂全書 5권 260쪽
正祖(1752-1800)	대명률(大明律)*	洪武帝(1328-1398)	史	명의 기본 법률서	正祖實錄 3권 197쪽
趙明履(1697-1756)	대명률(大明律)*	洪武帝(1328-1398)	史	명의 기본 법률서	英祖實錄 13권 200쪽
英祖(1694-1776)	대명률(大明律)*	洪武帝(1328-1398)	史	명의 기본 법률서	英祖實錄 20권 184쪽
徐瀅修(1749-1824)	대명일통지(大明一統志)*	李賢(明) 등	史	명대 英宗 시기에 편찬한 全國地理總志	弘齋全書 15권 104쪽
尹光顔(1757-1815)	대명일통지(大明一統志)*	李賢(明) 등	史	명대 英宗 시기에 편찬한 全國地理總志	弘齋全書 15권 104쪽
李德懋(1741-1793)	대명일통지(大明一統志)*	李賢(明) 등	史	명대 英宗 시기에 편찬한 全國地理總志	青莊館全書 10권 82쪽
丁若鏞(1762-1836)	대명일통지(大明一統志)*	李賢(明) 등	史	명대 英宗 시기에 편찬한 全國地理總志	茶山詩文集 6권 205쪽
丁若鏞(1762-1836)	대명일통지(大明一統志)*	李賢(明) 등	史	명대 英宗 시기에 편찬한 全國地理總志	與猶堂全書 6권 230쪽
黃胤錫(1729-1791)	대명일통지(大明一統志)*	李賢(明) 등	史	명대 英宗 시기에 편찬한 全國地理總志	頤齋遺藁 546쪽
申思喆(1671-1759)	대명집례(大明集禮)*	徐一夔(明) 등	史	서일기 등이 편찬한 명대의 禮典集書	英祖實錄 16권 79쪽
英祖(1694-1776)	대명집례(大明集禮)*	徐一夔(明) 등	史	서일기 등이 편찬한 명대의 禮典集書	英祖實錄 19권 116쪽
尹淳(1680-1741)	대명집례(大明集禮)*	徐一夔(明) 등	史	서일기 등이 편찬한 명대의 禮典集書	英祖實錄 16권 20쪽

독서자	서명	저자	분류	간략 해제	출전
正祖(1752-1800)	대명집례(大明集禮)*	徐一夔(明) 등	史	서일기 등이 편찬한 명대의 禮典集書	正祖實錄 22권 50쪽
趙明履(1697-1756)	대명집례(大明集禮)*	徐一夔(明) 등	史	서일기 등이 편찬한 명대의 禮典集書	英祖實錄 17권 160쪽
金錫冑(1634-1684)	대명회전(大明會典)*	徐溥(明) 등	史	명대의 典章制度를 기록	肅宗實錄 6권 83쪽
徐命膺(1716-1787)	대명회전(大明會典)*	徐溥(明) 등	史	명대의 典章制度를 기록	保晩齋集 330쪽
徐有良(?)	대명회전(大明會典)*	徐溥(明) 등	史	명대의 典章制度를 기록	英祖實錄 29권 175쪽
宋德相(?-1783)	대명회전(大明會典)*	徐溥(明) 등	史	명대의 典章制度를 기록	正祖實錄 1권 239쪽
肅宗(1661-1720)	대명회전(大明會典)*	徐溥(明) 등	史	명대의 典章制度를 기록	肅宗實錄 6권 82쪽
呂聖齊(1625-1691)	대명회전(大明會典)*	徐溥(明) 등	史	명대의 典章制度를 기록	肅宗實錄 6권 94쪽
英祖(1694-1776)	대명회전(大明會典)*	徐溥(明) 등	史	명대의 典章制度를 기록	英祖實錄 18권 57쪽
李德懋(1741-1793)	대명회전(大明會典)*	徐溥(明) 등	史	명대의 典章制度를 기록	靑莊館全書 9권 105쪽
韓致奫(1765-1814)	대명회전(大明會典)*	徐溥(明) 등	史	명대의 典章制度를 기록	海東繹史 5권 8쪽
李肯翊(1736-1806)	대명회전(大明會典)*	徐溥(明) 등	史	명대의 典章制度를 기록	燃藜室記述 9권 423쪽
趙明履(1697-1756)	대명회전(大明會典)*	徐溥(明) 등	史	명대의 典章制度를 기록	英祖實錄 25권 28쪽 170쪽
李德懋(1741-1793)	대복집(大復集)*	何景明(1483-1521)	集	명 하경명이 편찬한 문집	靑莊館全書 5권 165쪽
李宜顯(1669-1745)	대복집(大復集)*	何景明(1483-1521)	集	명 하경명이 편찬한 문집	陶谷集 2권 502쪽
許筠(1569-1618)	대복집(大復集)*	何景明(1483-1521)	集	명 하경명이 편찬한 문집	惺所覆瓿藁 1권 135쪽
兪晩柱(1755-1788)	대본삼국지연의(大本三國志演義)	羅貫中(1330-1400)	子		欽英 4권 207쪽
正祖(1752-1800)	대사기(大事記)	呂祖謙(1137-1181)	史		弘齋全書 13권 4쪽
安國麟(1709-?)	대수천징표(對數闡徵表)	沈德潛(1673-1769)	子	청대의 시문집	
丁若鏞(1762-1836)	대승기신론(大乘起信論)*	아쉬바고샤(馬鳴, 100-160)	子	대승불교의 철학과 믿음의 기초에 대한 인도인 아쉬바고샤의 해설서	茶山詩文集 7권220쪽
正祖(1752-1800)	대아당집(大雅堂集)	李贄(1527-1602)		『大雅堂訂正枕中十書』나 『大雅堂訂正精騎錄』으로 類書일 것임	弘齋全書 6권 211쪽
宋時烈(1607-1689)	대역(大易)		經	『周易』의 다른 이름	肅宗實錄 6권 156쪽
肅宗(1661-1720)	대역(大易)		經	『周易』의 다른 이름	肅宗實錄 6권 156쪽
韓致奫(1765-1814)	대역(大易)		經	『周易』의 다른 이름	海東繹史 5권 50쪽
崔錫鼎(1646-1715)	대역구심상수도(大易鉤深象數圖)	鄭少梅(?)	經		明谷集 I 80쪽

독서자	서명	저자	분류	간략 해제	출전
丁若鏞(1762-1836)	대연역의(大衍曆議)			역법에 관한 일본 작품으로 唐代의『大衍曆』을 기초로 해서 조정한 것임	與猶堂全書 3권 7쪽
正祖(1752-1800)	대전(大全)	胡廣(明) 등	經	주역에 대한 해석인『周易傳義大全』으로 추정	正祖實錄 24권 119쪽
正祖(1752-1800)	대전(大全)	胡廣(明) 등	經	주역에 대한 해석인『周易傳義大全』으로 추정	弘齋全書 6권 194쪽
正祖(1752-1800)	대전운편(大全韻編)	朱熹(1130-1200)		별칭『朱子大全集』, 주희의 사상을 수록	正祖實錄 26권 121쪽
李德懋(1741-1793)	대전집(大全集)	朱熹(1130-1200)	子	별칭『朱子大全集』, 주희의 사상을 수록	靑莊館全書 5권 159쪽
正祖(1752-1800)	대절용집(大節用集)				正祖實錄 15권 198쪽
兪晩柱(1755-1788)	대정전도(大政全度)				欽英 2권 9쪽
丁若鏞(1762-1836)	대청일통지(大淸一統志)*	徐乾學(1631-1694) 등	史	乾隆부터 道光 연간까지 편찬한 全國地理總志	與猶堂全書 6권 309쪽
黃胤錫(1729-1791)	대청일통지(大淸一統志)*	徐乾學(1631-1694) 등	史	乾隆부터 道光 연간까지 편찬한 全國地理總志	頤齋遺藁 546쪽
正祖(1752-1800)	대청회전(大淸會典)		史	淸의 기본법전 중 하나	正祖實錄 12권 171쪽
	대측(大測)*	테렌츠(鄧玉函: 1576-1630)	集	예수회 선교사 테렌츠가 편찬한 서양기하학서	奎章總目
許筠(1569-1618)	대통청정(大通淸淨)		經	도가의 경전 중 하나	惺所覆瓿藁 2권 136쪽
韓致奫(1765-1814)	대필산방집(大泌山房集)	李維禎(明)	集	이유정의 문집	藝文志 5권 138쪽
姜浚欽(1768-?)	대학(大學)*	孔丘(B.C.552-479)	經	유가경전으로 본래는『예기』의 한 편	弘齋全書 15권 135쪽
具得魯(?)	대학(大學)*	孔丘(B.C.552-479)	經	유가경전으로 본래는『예기』의 한 편	弘齋全書 15권 135쪽
金啓溫(?)	대학(大學)*	孔丘(B.C.552-479)	經	유가경전으로 본래는『예기』의 한 편	弘齋全書 15권 322쪽
金近淳(1772-?)	대학(大學)*	孔丘(B.C.552-479)	經	유가경전으로 본래는『예기』의 한 편	弘齋全書 15권 135쪽
金純行(1683-1721)	대학(大學)*	孔丘(B.C.552-479)	經	유가경전으로 본래는『예기』의 한 편	肅宗實錄 29권 55쪽
金亮行(1715-1779)	대학(大學)*	孔丘(B.C.552-479)	經	유가경전으로 본래는『예기』의 한 편	正祖實錄 1권 43쪽
金履載(1767-1847)	대학(大學)*	孔丘(B.C.552-479)	經	유가경전으로 본래는『예기』의 한 편	弘齋全書 15권 274쪽
金熙洛(1761-1803)	대학(大學)*	孔丘(B.C.552-479)	經	유가경전으로 본래는『예기』의 한 편	弘齋全書 15권 135쪽
朴世采(1631-1695)	대학(大學)*	孔丘(B.C.552-479)	經	유가경전으로 본래는『예기』의 한 편	肅宗實錄 7권 159쪽

독서자	서명	저자	분류	간략 해제	출전
朴弼周(1665-1748)	대학(大學)*	孔丘(B.C.552-479)	經	유가경전으로 본래는 『예기』의 한편	英祖實錄 18권 268쪽
成大中(1732-1809)	대학(大學)*	孔丘(B.C.552-479)	經	유가경전으로 본래는 『예기』의 한편	靑城集 9권 517쪽
宋能相(1710-1758)	대학(大學)*	孔丘(B.C.552-479)	經	유가경전으로 본래는 『예기』의 한편	雲坪集 132쪽
宋文欽(1710-1751)	대학(大學)*	孔丘(B.C.552-479)	經	유가경전으로 본래는 『예기』의 한편	閒靜堂集 322쪽
肅宗(1661-1720)	대학(大學)*	孔丘(B.C.552-479)	經	유가경전으로 본래는 『예기』의 한편	肅宗實錄 21권 56쪽
申頤朝(?)	대학(大學)*	孔丘(B.C.552-479)	經	유가경전으로 본래는 『예기』의 한편	弘齋全書 13권 421쪽
梁性默(?)	대학(大學)*	孔丘(B.C.552-479)	經	유가경전으로 본래는 『예기』의 한편	弘齋全書 13권 107쪽
英祖(1694-1776)	대학(大學)*	孔丘(B.C.552-479)	經	유가경전으로 본래는 『예기』의 한편	英祖實錄 18권 42쪽
魏伯珪(1727-1798)	대학(大學)*	孔丘(B.C.552-479)	經	유가경전으로 본래는 『예기』의 한편	存齊集 72쪽
柳台佐(1763-1837)	대학(大學)*	孔丘(B.C.552-479)	經	유가경전으로 본래는 『예기』의 한편	弘齋全書 15권 173쪽
尹鳳九(1681-1767)	대학(大學)*	孔丘(B.C.552-479)	經	유가경전으로 본래는 『예기』의 한편	英祖實錄 27권 180쪽
李觀命(1661-1733)	대학(大學)*	孔丘(B.C.552-479)	經	유가경전으로 본래는 『예기』의 한편	肅宗實錄 25권 173쪽
李光佐(1674-1740)	대학(大學)*	孔丘(B.C.552-479)	經	유가경전으로 본래는 『예기』의 한편	英祖實錄 14권 26쪽
李晩秀(1752-1820)	대학(大學)*	孔丘(B.C.552-479)	經	유가경전으로 본래는 『예기』의 한편	屐園遺稿 264쪽
李象靖(1711-1781)	대학(大學)*	孔丘(B.C.552-479)	經	유가경전으로 본래는 『예기』의 한편	大山集 90쪽
李書九(1754-1825)	대학(大學)*	孔丘(B.C.552-479)	經	유가경전으로 본래는 『예기』의 한편	惕齋集 160쪽
李英發(1768-1849)	대학(大學)*	孔丘(B.C.552-479)	經	유가경전으로 본래는 『예기』의 한편	弘齋全書 15권 173쪽
李存秀(1772-1829)	대학(大學)*	孔丘(B.C.552-479)	經	유가경전으로 본래는 『예기』의 한편	弘齋全書 15권 173쪽
李弘謙(?)	대학(大學)*	孔丘(B.C.552-479)	經	유가경전으로 본래는 『예기』의 한편	弘齋全書 15권 173쪽
張混(1759-1828)	대학(大學)*	孔丘(B.C.552-479)	經	유가경전으로 본래는 『예기』의 한편	而已广集 579쪽
丁若鏞(1762-1836)	대학(大學)*	孔丘(B.C.552-479)	經	유가경전으로 본래는 『예기』의 한편	與猶堂全書 5권 139쪽
正祖(1752-1800)	대학(大學)*	孔丘(B.C.552-479)	經	유가경전으로 본래는 『예기』의 한편	正祖實錄 11권 321쪽
正祖(1752-1800)	대학(大學)*	孔丘(B.C.552-479)	經	유가경전으로 본래는 『예기』의 한편	弘齋全書 6권 120쪽

독서자	서명	저자	분류	간략 해제	출전
趙德隣(1658-1737)	대학(大學)*	孔丘(B.C.552-479)	經	유가경전으로 본래는 『예기』의 한 편	英祖實錄 14권 155쪽
趙憲(1544-1592)	대학(大學)*	孔丘(B.C.552-479)	經	유가경전으로 본래는 『예기』의 한 편	燕行錄選集 2권 90쪽
蔡濟恭(1720-1799)	대학(大學)*	孔丘(B.C.552-479)	經	유가경전으로 본래는 『예기』의 한 편	樊巖集 407쪽
崔錫鼎(1646-1715)	대학(大學)*	孔丘(B.C.552-479)	經	유가경전으로 본래는 『예기』의 한 편	明谷集Ⅰ 563쪽
崔愼(1642-1708)	대학(大學)*	孔丘(B.C.552-479)	經	유가경전으로 본래는 『예기』의 한 편	肅宗實錄 8권 230쪽
韓汝愈(?)	대학(大學)*	孔丘(B.C.552-479)	經	유가경전으로 본래는 『예기』의 한 편	英祖實錄 14권 292쪽
洪大容(1731-1783)	대학(大學)*	孔丘(B.C.552-479)	經	유가경전으로 본래는 『예기』의 한 편	湛軒書 68쪽
洪明周(1770-?)	대학(大學)*	孔丘(B.C.552-479)	經	유가경전으로 본래는 『예기』의 한 편	弘齋全書 15권 173쪽
黃胤錫(1729-1791)	대학(大學)*	孔丘(B.C.552-479)	經	유가경전으로 본래는 『예기』의 한 편	頤齋遺藁 126쪽
正祖(1752-1800)	대학강고(大學講稿)	黃必昌(宋)	經	『中庸大學講稿』로 중용과 대학에 대한 해석	弘齋全書 7권 76쪽
正祖(1752-1800)	대학강설(大學講說)	曾景修(明)	經	중용과 대학에 대한 해석인『大學中庸詳說』일 것임	弘齋全書 7권 77쪽
正祖(1752-1800)	대학강의(大學講義)	楊名時(淸)	經	『대학』에 대한 주석	弘齋全書 7권 76쪽
正祖(1752-1800)	대학강장(大學講章)	鄭守道(明)	經	『대학』에 대한 주석으로 주로 송대 周, 程의 관점에 따름	弘齋全書 7권 77쪽
正祖(1752-1800)	대학격물치지전(大學格物致知傳)	蘇烈(明)	經	『대학』에 대한 주석	弘齋全書 7권 77쪽
正祖(1752-1800)	대학경전정본(大學經傳正本)	眞德秀(1178-1235)	經	『대학』에 관련된 서적으로 추정	弘齋全書 7권 77쪽
正祖(1752-1800)	대학구의광의(大學口義廣義)	熊禾(宋)	經	『대학』에 대한 주석	弘齋全書 7권 76쪽
正祖(1752-1800)	대학대지(大學大旨)	吳中立(明)	經	『대학』에 대한 주석	弘齋全書 7권 77쪽
正祖(1752-1800)	대학서언(大學緖言)	熊慶胄(宋)	經	『대학』에 대한 주석	弘齋全書 7권 76쪽
正祖(1752-1800)	대학석의(大學釋義)	熊以寧(宋)	經	『대학』에 대한 주석	弘齋全書 7권 76쪽
正祖(1752-1800)	대학설림(大學說林)	趙建郁(宋)	經	『대학』에 대한 주석	弘齋全書 7권 77쪽
正祖(1752-1800)	대학연론(大學衍論)	蔡模(宋)	經	『대학』에 대한 해석	弘齋全書 7권 76쪽
金壽恒(1629-1689)	대학연의(大學衍義)*	眞德秀(1178-1235)	經	『대학』의 주석서	肅宗實錄 6권 59쪽

독서자	서명	저자	분류	간략 해제	출전
朴世采(1631-1695)	대학연의(大學衍義)*	眞德秀(1178-1235)	經	『대학』의 주석서	肅宗實錄 9권 176쪽
徐命膺(1716-1787)	대학연의(大學衍義)*	眞德秀(1178-1235)	經	『대학』의 주석서	保晩齋集 342쪽
徐瀅修(1749-1824)	대학연의(大學衍義)*	眞德秀(1178-1235)	經	『대학』의 주석서	弘齋全書 15권 1-134쪽
宋時烈(1607-1689)	대학연의(大學衍義)*	眞德秀(1178-1235)	經	『대학』의 주석서	肅宗實錄 9권 175쪽
肅宗(1661-1720)	대학연의(大學衍義*)	眞德秀(1178-1235)	經	『대학』의 주석서	肅宗實錄 32권 207쪽
英祖(1694-1776)	대학연의(大學衍義)*	眞德秀(1178-1235)	經	『대학』의 주석서	英祖實錄 6권 349쪽
吳道一(1645-1703)	대학연의(大學衍義)*	眞德秀(1178-1235)	經	『대학』의 주석서	肅宗實錄 5권 14쪽
吳遂采(1692-1759)	대학연의(大學衍義)*	眞德秀(1178-1235)	經	『대학』의 주석서	英祖實錄 16권 8쪽
兪晩柱(1755-1788)	대학연의(大學衍義)*	眞德秀(1178-1235)	經	『대학』의 주석서	欽英 1권 394쪽
尹光顔(1757-1815)	대학연의(大學衍義)*	眞德秀(1178-1235)	經	『대학』의 주석서	弘齋全書 15권 1-134쪽
李德懋(1741-1793)	대학연의(大學衍義)*	眞德秀(1178-1235)	經	『대학』의 주석서	靑莊館全書 9권 105쪽
李鼎臣(1792-1858)	대학연의(大學衍義)*	眞德秀(1178-1235)	經	『대학』의 주석서	肅宗實錄 25권 62쪽
正祖(1752-1800)	대학연의(大學衍義)*	眞德秀(1178-1235)	經	『대학』의 주석서	正祖實錄 12권 190쪽
韓致奫(1765-1814)	대학연의(大學衍義)*	眞德秀(1178-1235)	經	『대학』의 주석서	海東繹史 5권 7쪽
李肯翊(1736-1806)	대학연의(大學衍義)*	眞德秀(1178-1235)	經	『대학』의 주석서	燃藜室記述 9권 326쪽
高廷鳳(1743-?)	대학연의보(大學衍義補)*	丘濬(1420-1495)	經	명 구준이 지은『대학』주석서	弘齋全書 12권 346쪽
金漢喆(1701-1759)	대학연의보(大學衍義補)*	丘濬(1420-1495)	經	명 구준이 지은『대학』주석서	英祖實錄 17권 19쪽
徐瀅修(1749-1824)	대학연의보(大學衍義補)*	丘濬(1420-1495)	經	명 구준이 지은『대학』주석서	弘齋全書 15권 1-134쪽
英祖(1694-1776)	대학연의보(大學衍義補)*	丘濬(1420-1495)	經	명 구준이 지은『대학』주석서	英祖實錄 15권 169쪽
尹光顔(1757-1815)	대학연의보(大學衍義補)*	丘濬(1420-1495)	經	명 구준이 지은『대학』주석서	弘齋全書 15권 1-134
正祖(1752-1800)	대학연의보(大學衍義補)*	丘濬(1420-1495)	經	명 구준이 지은『대학』주석서	正祖實錄 27권 183쪽
正祖(1752-1800)	대학연의보(大學衍義補)*	丘濬(1420-1495)	經	명 구준이 지은『대학』주석서	弘齋全書 6권 138쪽
正祖(1752-1800)	대학유행편(大學儒行編)	葉味道(宋)	經	『대학』주석서	弘齋全書 7권 76쪽

독서자	서명	저자	분류	간략 해제	출전
姜浚欽(1768-?)	대학장구(大學章句)*	朱熹(1130-1200)	經	『대학』 주석서	弘齋全書 15권 252쪽
徐瀅修(1749-1824)	대학장구(大學章句)*	朱熹(1130-1200)	經	『대학』 주석서	弘齋全書 15권 1-134쪽
尹光顔(1757-1815)	대학장구(大學章句)*	朱熹(1130-1200)	經	『대학』 주석서	弘齋全書 15권 1-134쪽
李存秀(1772-1829)	대학장구(大學章句)*	朱熹(1130-1200)	經	『대학』 주석서	弘齋全書 15권 148쪽
丁若鏞(1762-1836)	대학장구(大學章句)*	朱熹(1130-1200)	經	『대학』 주석서	茶山詩文集 5권 119쪽
正祖(1752-1800)	대학장구(大學章句)*	朱熹(1130-1200)	經	『대학』 주석서	弘齋全書 4권 486쪽
正祖(1752-1800)	대학지요(大學指要)	陳普(宋)	經	『대학』 주석서	弘齋全書 7권 76쪽
正祖(1752-1800)	대학해(大學解)	郝京山(明)	經	『대학』에 대한 해석	弘齋全書 18권 144쪽
正祖(1752-1800)	대학혹문(大學或問)*	朱熹(1130-1200)	經	주희가 편찬한 『대학』의 주석서	正祖實錄 2권 207쪽
姜浚欽(1768-?)	대학혹문(大學或問)*	朱熹(1130-1200)	經	주희가 편찬한 『대학』의 주석서	弘齋全書 15권 145쪽
具得魯(?)	대학혹문(大學或問)*	朱熹(1130-1200)	經	주희가 편찬한 『대학』의 주석서	弘齋全書 15권 135쪽
金熙洛(1761-1803)	대학혹문(大學或問)*	朱熹(1130-1200)	經	주희가 편찬한 『대학』의 주석서	弘齋全書 15권 139쪽
洪奭周(1774-1842)	대학혹문(大學或問)*	朱熹(1130-1200)	經	주희가 편찬한 『대학』의 주석서	弘齋全書 15권 147쪽
黃胤錫(1729-1791)	대학혹문(大學或問)*	朱熹(1130-1200)	經	주희가 편찬한 『대학』의 주석서	頤齋遺藁 126쪽
徐有聞(1762-1822)	대흥현지(大興縣志)*	張茂節(淸)	史	順天府 大興縣의 지방지	燕行錄選集 7권 314쪽
李德懋(1741-1793)	덕우재화품(德隅齋畵品)	李廌(宋)	子	圖畵에 대한 평가서	靑莊館全書 8권 78쪽
正祖(1752-1800)	덕원집(德園集)	虞淳熙(明)	集	우순희의 문집	弘齋全書 6권 211쪽
徐命膺(1716-1787)	도경(道經)	老聃(春秋)	子	『도덕경』의 일부분	保晩齋集 106쪽
丁若鏞(1762-1836)	도경(道經)	老聃(春秋)	子	『도덕경』의 일부분	茶山詩文集 7권 142쪽
正祖(1752-1800)	도경(道經)	老聃(春秋)	子	『도덕경』의 일부분	弘齋全書 6권 180쪽
正祖(1752-1800)	도당문형록(都堂文衡錄)				正祖實錄 7권 77쪽
金相肅(1717-1792)	도덕경(道德經)*	老聃(春秋)	子	고대 중국의 도가 철학서	靑城集 6권 456쪽
成大中(1732-1809)	도덕경(道德經)*	老聃(春秋)	子	고대 중국의 도가 철학서	靑城集 5권 442쪽
李德壽(1673-1744)	도덕경(道德經)*	老聃(春秋)	子	고대 중국의 도가 철학서	英祖實錄 14권 209쪽
張混(1759-1828)	도덕경(道德經)*	老聃(春秋)	子	고대 중국의 도가 철학서	而已广集 580쪽
丁若鏞(1762-1836)	도덕경(道德經)*	老聃(春秋)	子	고대 중국의 도가 철학서	與猶堂全書 6권 38쪽
正祖(1752-1800)	도덕경(道德經)*	老聃(春秋)	子	고대 중국의 도가 철학서	弘齋全書 6권 121쪽
蔡濟恭(1720-1799)	도덕경(道德經)*	老聃(春秋)	子	고대 중국의 도가 철학서	樊巖集Ⅱ 105쪽
許筠(1569-1618)	도덕경(道德經)*	老聃(春秋)	子	고대 중국의 도가 철학서	惺所覆瓿藁 2권 244쪽

독서자	서명	저자	분류	간략 해제	출전
兪晩柱(1755-1788)	도덕경원익(道德經元翼)	焦竑(1541-1602)	子	『도덕경』에 대한 주석	欽英 1권 341쪽
李德懋(1741-1793)	도산청화(道山淸話)	王暐(宋)	子	북송에 대한 역사적 사실을 다수 수록하고 있음	靑莊館全書 7권 109쪽
兪晩柱(1755-1788)	도서전집(道書全集)		子	각종 도가의 경전을 모음	欽英 6권 42쪽
許筠(1569-1618)	도서전집(道書全集)		子	각종 도가의 경전을 모음	惺所覆瓿藁 4권 251쪽
正祖(1752-1800)	도서집성(圖書集成)*	陳夢雷(淸) 등	子	雍正 시기에 편한 類書, 별칭『고금도서집성』	弘齋全書 17권 25쪽
韓致奫(1765-1814)	도서집성(圖書集成)*	陳夢雷(淸) 등	子	雍正 시기에 편한 類書, 별칭『고금도서집성』	海東繹史 5권 8쪽
李德懋(1741-1793)	도서편(圖書篇)*	張潢(1527-1608)	子	명 장황이 편집한 類書	靑莊館全書 10권 16쪽
正祖(1752-1800)	도서편(圖書篇)*	張潢(1527-1608)	子	명 장황이 편집한 類書	正祖實錄 1권 242쪽
李德懋(1741-1793)	도서편(圖書編)*	張潢(1527-1608)	子	명 장황이 편집한 類書	靑莊館全書 6권 168쪽
李宜顯(1669-1745)	도서편(圖書編)*	張潢(1527-1608)	子	명 장황이 편집한 類書	陶谷集Ⅱ 502쪽
正祖(1752-1800)	도서편(圖書編)*	張潢(1527-1608)	子	명 장황이 편집한 類書	弘齋全書 4권 20쪽
韓致奫(1765-1814)	도서편(圖書編)*	張潢(1527-1608)	子	명 장황이 편집한 類書	海東繹史 6권 261쪽
丁若鏞(1762-1836)	도연명집(陶淵明集)*	陶淵明(365-427)	集	도연명의 문집	茶山詩文集 3권 318쪽
蔡濟恭(1720-1799)	도연명집(陶淵明集)*	陶淵明(365-427)	集	도연명의 문집	樊巖集 565쪽
韓致奫(1765-1814)	도원학고록(道園學古錄)*	虞集(1272-1348)		원 우집이 지은 50권으로 구성된 책	海東繹史 5권 355쪽
金堉(1580-1658)	도위집(陶韋集)	陶潛(365-427) 등	集	시문 선집	燕行錄選集 2권 358쪽
許筠(1569-1618)	도인경(度人經)		子	도가의 저작	惺所覆瓿藁 2권 140쪽
李德懋(1741-1793)	도통록(道統錄)	張伯行(1652-1725)	史	유가 선현의 전기와 사상의 전승에 관한 서적	靑莊館全書 3권 201쪽
韓致奫(1765-1814)	도화견문지(圖畵見聞志)*	郭思(北宋)		6권으로 이루어진 북송 곽약허의 회화 관련 저서	海東繹史 5권 159쪽
兪晩柱(1755-1788)	도화선(桃花扇)*	孔尙任(1648-1718)	集	1700년에 완성한 청대의 傳奇劇本	欽英 4권 426쪽
兪晩柱(1755-1788)	도화영(桃花影)	煙水山人(?)	子	중국 고대의 연애 소설	欽英 3권 381쪽
丁若鏞(1762-1836)	독단(獨斷)*	蔡邕(132-192)		후한 채옹이 지은 한대의 제도·사물의 해설서	與猶堂全書 5권 221쪽
李德懋(1741-1793)	독례통고(讀禮通考)*	徐乾學(1631-1694)	經	淸 서건학이 편찬한 역대 喪葬制度 경전 및 제설 모음집	靑莊館全書 3권 159쪽
丁若鏞(1762-1836)	독례통고(讀禮通考)*	徐建學(1631-1694)	經	淸 서건학이 편찬한 역대 喪葬制度 경전 및 제설 모음집	茶山詩文集 3권 121쪽
正祖(1752-1800)	독례통고(讀禮通考)*	徐建學(1631-1694)	經	淸 서건학이 편찬한 역대 喪葬制度 경전 및 제설 모음집	弘齋全書 16권 98쪽
洪大容(1731-1783)	독례통고속편(讀禮通攷續篇)	徐乾學(1631-1694)	經	『讀禮通考』의 속편, 고대의 예의제도를 고증	湛軒書 201쪽
丁若鏞(1762-1836)	독사방여기요(讀史方輿紀要)*	顧祖禹(1631-1692)	史	청대 역사지리서	茶山詩文集 2권 10쪽
正祖(1752-1800)	독사방여기요(讀史方輿紀要)*	顧祖禹(1631-1692)	史	청대 역사지리서	弘齋全書 6권 35쪽

독서자	서명	저자	분류	간략 해제	출전
許筠(1569-1618)	독서경(讀書鏡)	陳繼儒(1557-1639)	史	史學評論 저작	惺所覆瓿藁 4권 108쪽
李德懋(1741-1793)	독서설(讀書說)	徐緘(淸)		독서에 관한 논의를 폄	靑莊館全書 9권 87쪽
許筠(1569-1618)	독서십륙관(讀書十六觀)	陳繼儒(1557-1639)	子	독서의 방법을 소개	惺所覆瓿藁 4권 218쪽
丁若鏞(1762-1836)	독서지(讀書志)	晁公武(?-1171)	史	송대의 조공무가 편찬한 목록학 저작으로 일명『郡齋讀書志』	與猶堂全書 3권 562쪽
正祖(1752-1800)	독서지(讀書志)	晁公武(?-1171)	史	송대의 조공무가 편찬한 목록학 저작으로 일명『郡齋讀書志』	弘齋全書 16권 33쪽
李德懋(1741-1793)	독시편(讀詩編)	陳深(宋)	經	시경에 관한 저술	靑莊館全書 4권 149쪽
李德懋(1741-1793)	독역편(讀易編)	陳深(宋)	經	주역에 관한 저술	靑莊館全書 4권 149쪽
李德懋(1741-1793)	독춘추편(讀春秋編)	陳深(宋)	經	춘추에 관한 저술	靑莊館全書 4권 149쪽
李匡師(1705-1777)	독평회서비(讀平淮西碑)	胡應麟(1551-1602)	集	출전은 호응린의 문집『少室山房集』	圓嶠集 535쪽
李德懋(1741-1793)	독행전(獨行傳)	謝翶(1249-1295)	史		靑莊館全書 4권 129쪽
李德懋(1741-1793)	돈재한람(遯齋閑覽)	陳正敏(宋)	子	저자의 견문을 수록	靑莊館全書 8권 237쪽
李德懋(1741-1793)	돈황실록(焞煌實錄)	劉昞(北魏)	史	돈황 지역의 역사적 사실을 수록	靑莊館全書 10권 140쪽
李德懋(1741-1793)	동계섬지(峒谿纖志)	陸次雲(淸)		苗族 지역의 풍속을 수록	靑莊館全書 10권 10쪽
正祖(1752-1800)	동관한기(東觀漢紀)*	班固(32-92)	史	후한 광무제에서 영제까지의 시대를 기전체로 기술한 역사서	正祖實錄 24권 298쪽
正祖(1752-1800)	동관한기(東觀漢紀)*	班固(32-92)	史	후한 광무제에서 영제까지의 시대를 기전체로 기술한 역사서	弘齋全書 4권 167쪽
韓致奫(1765-1814)	동관한기(東觀漢記)*	班固(32-92)	史	후한 광무제에서 영제까지의 시대를 기전체로 기술한 역사서	海東繹史 5권 78쪽
洪大容(1731-1783)	동극경(洞極經)	阮逸(?)	子		湛軒書 154쪽
兪晩柱(1755-1788)	동남문헌(東南文獻)				欽英 3권 301쪽
李德懋(1741-1793)	동둔고재기(東屯高齋記)	陸游(1125-1210)		출전『杜詩詳注』25권, 寄主 高齋의 풍경을 기재	靑莊館全書 10권 18쪽
閔鎭遠(1664-1736)	동래박의(東萊博議)*	呂祖謙(1137-1181)	經	『春秋左氏傳』의 기사 가운데 치란과 득실의 자취를 남긴 사건을 선택하여 설명한 역사평론서	肅宗實錄 22권 250쪽
李書九(1754-1825)	동래시집(東萊詩集)*	呂本中(1084-1145)	集	宋 여본중이 지은 시집	惕齋集 181쪽
兪晩柱(1755-1788)	동림열전(東林列傳)*	陳鼎(淸)	史	東林 관계의 인물 180명의 열전	欽英 5권 514쪽
崔錫鼎(1646-1715)	동몽수지(童蒙須知)*	朱熹(1130-1200)	子	주희가 초학 아동이 학문에 들어가기에 앞서 기본적으로 갖추어야 할 자세를 기록한 책	明谷集 I 71쪽
黃胤錫(1729-1791)	동문산지(同文算指)*	李之藻(1565-1631) 등	子	클라비우스의 『實用算術槪要』를 한역한 책	頤齋遺藁
李德懋(1741-1793)	동방설원(東方說苑)				靑莊館全書 10권 48쪽

독서자	서명	저자	분류	간략 해제	출전
李德懋(1741-1793)	동사습유(彤史拾遺)	毛奇齡(1623-1716)	史	明代 后妃의 列傳	青莊館全書 10권 102쪽
朴趾源(1737-1805)	동산담원(東山談苑)	余懷(明末)	子	여희가 기이한 이야기들을 기재한 잡서일 가능성이 있음	燕巖集 158쪽
朴趾源(1737-1805)	동서자(同書字)	周亮工(1612-1672)	子	類書의 성격을 갖는 것으로 각종 문헌자료를 분류·수집	燕巖集 158쪽
朴趾源(1737-1805)	동야전기(冬夜箋記)	王崇簡(清)	子	왕숭간의 수필을 수록한 책	燕巖集 158쪽
正祖(1752-1800)	동유기(冬遊記)	羅洪先(1504-1564)		元好問(金), 楊奐(元), 吳鍾史(清) 등의 여행기임. 이밖에 吳元泰(明)의 『동유기』는 소설임	弘齋全書 6권 211쪽
李德懋(1741-1793)	동자문(童子問)	伊維禎(日本)			青莊館全書 9권 26쪽
韓致奫(1765-1814)	동정고려기(東征高麗記)	崔頤(魏)			海東繹史 5권 99쪽
韓致奫(1765-1814)	동천청록(洞天淸錄)	趙希鵠(南宋)	子	고대의 書畵와 골동품 감별법을 기록	藝文志
李宜顯(1669-1745)	동파시집주(東坡詩集註)*	王十朋(宋)	集	32권으로 구성된 宋 蘇軾의 시집에 대한 주석본	陶谷集Ⅱ 502쪽
丁若鏞(1762-1836)	동파지림(東坡志林)	蘇軾(1036-1101)	集	소식의 시문집	茶山詩文集 1권 233쪽
李德懋(1741-1793)	동파집(東坡集)*	蘇軾(1036-1101)	集	일명 『蘇文忠公全集』으로 소식의 문집	青莊館全書 3권 113쪽
張混(1759-1828)	동파집(東坡集)*	蘇軾(1036-1101)	集	일명 『蘇文忠公全集』으로 소식의 문집	而已广集 580쪽
韓致奫(1765-1814)	동파집(東坡集)*	蘇軾(1036-1101)	集	일명 『蘇文忠公全集』으로 소식의 문집	海東繹史 5권 78쪽
兪晩柱(1755-1788)	동헌술이기(東軒述異記)*	梁任昉(南朝)	子	별칭 『述異記』, 괴이한 이야기를 기술	欽英 6권 438쪽
韓致奫(1765-1814)	두가신서(杜家新書)	杜正藏(隋)	子	문장 저술 방법 이론에 관한 논저작으로 『文章体式』일 것임	海東繹史 5권 90쪽
蔡濟恭(1720-1799)	두보시(杜甫詩)	杜甫(712-770)	子	두보의 시집	樊巖集Ⅰ 227쪽
英祖(1694-1776)	두시(杜詩)	杜甫(712-770)	子	두보의 시집	英祖實錄 28권 59쪽
兪晩柱(1755-1788)	두시분류집주(杜詩分類集註)	邵寶(明)	集	두보의 시사를 분류하여 배열함	欽英 1권 444쪽
李書九(1754-1825)	두해보정(杜解補正)	顧炎武(1613-1682)	經	『左傳杜解補正』이라고도 하는데, 고염무가 杜預가 만든 『左傳集解』를 고증한 것	弘齋全書 11권 415쪽
兪晩柱(1755-1788)	둔암소재잡식(屯菴少宰雜識)				欽英 5권 422쪽
徐命膺(1716-1787)	등단필구(登壇必究)*	王鳴鶴(明)	子	명말 백과사전식의 병서	英祖實錄 25권 229쪽
兪晩柱(1755-1788)	등월록(燈月錄)	徐震(?)	子	중국 고대의 연애 소설	欽英 3권 250쪽
李德懋(1741-1793)	마경(馬經)			말에 관한 수의학서. 저자와 편찬연대는 미상. 相馬經이라고 하기도 함	青莊館全書 10권 91쪽
兪晩柱(1755-1788)	마의상(麻衣相)		子	도가의 점치는 것에 관한 책	欽英 2권 507쪽
正祖(1752-1800)	마의역(麻衣易)	戴師愈(明)	子	算命과 관련된 서적	弘齋全書 6권 239쪽

독서자	서명	저자	분류	간략 해제	출전
李德懋(1741-1793)	막씨팔림(莫氏八林)				青莊館全書 8권 238쪽
韓致奫(1765-1814)	만력삼대정고(萬曆三大征考)*	茅瑞徵(明)	史	명말 哱拜의 난, 倭亂, 楊應龍의 난에 대해 서술한 책	海東繹史 5권 123쪽
兪晩柱(1755-1788)	만록(慢錄)	文谷手筆(?)	集		欽英 2권 333쪽
兪晩柱(1755-1788)	만보전서(萬寶全書)	毛煥文(淸)	子	역법 절기에 관한 책	欽英 2권 129쪽
李宜顯(1669-1745)	만보전서(萬寶全書)	毛煥文(淸)	子	역법 절기에 관한 책	陶谷集Ⅱ 502쪽
李德懋(1741-1793)	만성통보(萬姓統譜)*	凌迪知(明)	子	별칭『古今萬姓統譜』, 각종 성씨를 기록	青莊館全書 10권 21쪽
肅宗(1661-1720)	만성통보(萬姓統譜)*	凌迪知(明)	子	고금의 성씨를 운에 따라 분류하고 정리한 일종의 고금인명사전	肅宗實錄 6권 192쪽
李德懋(1741-1793)	만성통보(萬姓統譜)*	凌迪知(明)	子	고금의 성씨를 운에 따라 분류하고 정리한 일종의 고금인명사전	青莊館全書 9권 11쪽
李書九(1754-1828)	만성통보(萬姓統譜)*	凌迪知(明)	子	고금의 성씨를 운에 따라 분류하고 정리한 일종의 고금인명사전	弘齋全書 11권 410쪽
韓致奫(1765-1814)	만성통보(萬姓統譜)*	凌迪知(明)	子	고금의 성씨를 운에 따라 분류하고 정리한 일종의 고금인명사전	海東繹史 5권 116쪽
兪晩柱(1755-1788)	만한진신전서(滿漢縉紳全書)	葉一棟(?)			欽英 2권 86쪽
許筠(1569-1618)	매계집(梅溪集)	王十朋(1112-1171)	集	왕십붕이 편찬한 총54권의 시집	惺所覆瓿藁 3권 209쪽
李德懋(1741-1793)	매변집(梅邊集)	王炎午(?)	集	왕염오의 문집	青莊館全書 4권 142쪽
丁若鏞(1762-1836)	매씨상서(梅氏尙書)	梅賾(東陳)	經	매색이『尙書』를 편집한 것	與猶堂全書 3권 3쪽
兪晩柱(1755-1788)	매옥전기(梅玉傳奇)		子		欽英 5권 236쪽
許筠(1569-1618)	매품(梅品)	張功甫(宋)	子	각종 매화를 기록	惺所覆瓿藁 4권 300쪽
李德懋(1741-1793)	매학집(梅壑集)	鄭君老(?)	集	정군로의 문집	青莊館全書 4권 151쪽
正祖(1752-1800)	매화도이림(梅花渡異林)	支允堅(明)	子	괴이한 일들을 기록한 것으로『異林』이라고도 함	弘齋全書 6권 211쪽
丁若鏞(1762-1836)	매화역수(梅畵易數)	邵雍(1011-1077)	子	占卜에 관한 저작	茶山詩文集 2권 422쪽
蔡濟恭(1720-1799)	맹가전(孟嘉傳)	房玄齡(578?-648) 등	史	진서 열전	樊巖集 565쪽
李晩秀(1752-1820)	맹용학대전(孟庸學大全)		經		屐園遺稿 66쪽
金箕殷(?)	맹자(孟子)*	孟軻(B.C.372?-289?)	經	전국시대 사상가 맹가의 저술. 유가 경전의 하나	弘齋全書 13권 158쪽
徐命膺(1716-1787)	맹자(孟子)*	孟軻(B.C.372?-289?)	經	전국시대 사상가 맹가의 저술. 유가 경전의 하나	保晩齋集 116쪽
成大中(1732-1809)	맹자(孟子)*	孟軻(B.C.372?-289?)	經	전국시대 사상가 맹가의 저술. 유가 경전의 하나	青城集 469쪽
宋能相(1710-1758)	맹자(孟子)*	孟軻(B.C.372?-289?)	經	전국시대 사상가 맹가의 저술. 유가 경전의 하나	雲坪集 134쪽
宋文欽(1710-1751)	맹자(孟子)*	孟軻(B.C.372?-289?)	經	전국시대 사상가 맹가의 저술. 유가 경전의 하나	閒靜堂集 312쪽

독서자	서명	저자	분류	간략 해제	출전
肅宗(1661-1720)	맹자(孟子)*	孟軻(B.C.372?-289?)	經	전국시대 사상가 맹가의 저술. 유가 경전의 하나	肅宗實錄 2권 277쪽
純祖(1790-1834)	맹자(孟子)*	孟軻(B.C.372?-289?)	經	전국시대 사상가 맹가의 저술. 유가 경전의 하나	弘齋全書 15권 312쪽
申晩(1703-1765)	맹자(孟子)*	孟軻(B.C.372?-289?)	經	전국시대 사상가 맹가의 저술. 유가 경전의 하나	英祖實錄 27권 7쪽
吳載純(1727-1792)	맹자(孟子)*	孟軻(B.C.372?-289?)	經	전국시대 사상가 맹가의 저술. 유가 경전의 하나	醇庵集 445쪽
魏伯珪(1727-1798)	맹자(孟子)*	孟軻(B.C.372?-289?)	經	전국시대 사상가 맹가의 저술. 유가 경전의 하나	存齋集 182쪽
兪啓煥(?)	맹자(孟子)*	孟軻(B.C.372?-289?)	經	전국시대 사상가 맹가의 저술. 유가 경전의 하나	弘齋全書 13권 28쪽
尹光顔(1757-1815)	맹자(孟子)*	孟軻(B.C.372?-289?)	經	전국시대 사상가 맹가의 저술. 유가 경전의 하나	弘齋全書 15권 67쪽, 127쪽
李光迪(1628-1717)	맹자(孟子)*	孟軻(B.C.372?-289?)	經	전국시대 사상가 맹가의 저술. 유가 경전의 하나	肅宗實錄 27권 290쪽
李德懋(1741-1793)	맹자(孟子)*	孟軻(B.C.372?-289?)	經	전국시대 사상가 맹가의 저술. 유가 경전의 하나	靑莊館全書 9권 64쪽
李晩膺(?)	맹자(孟子)*	孟軻(B.C.372?-289?)	經	전국시대 사상가 맹가의 저술. 유가 경전의 하나	弘齋全書 13권 352쪽
李象靖(1711-1781)	맹자(孟子)*	孟軻(B.C.372?-289?)	經	전국시대 사상가 맹가의 저술. 유가 경전의 하나	大山集 219쪽
李英發(1768-1849)	맹자(孟子)*	孟軻(B.C.372?-289?)	經	전국시대 사상가 맹가의 저술. 유가 경전의 하나	弘齋全書 15권 292쪽
李鈺(1760-1813)	맹자(孟子)*	孟軻(B.C.372?-289?)	經	전국시대 사상가 맹가의 저술. 유가 경전의 하나	李鈺全集 319쪽
李元一(?)	맹자(孟子)*	孟軻(B.C.372?-289?)	經	전국시대 사상가 맹가의 저술. 유가 경전의 하나	弘齋全書 13권 441쪽
李麟祥(1710-1760)	맹자(孟子)*	孟軻(B.C.372?-289?)	經	전국시대 사상가 맹가의 저술. 유가 경전의 하나	凌壺集 517쪽
張混(1759-1828)	맹자(孟子)*	孟軻(B.C.372?-289?)	經	전국시대 사상가 맹가의 저술. 유가 경전의 하나	而已广集 579쪽
丁若鏞(1762-1836)	맹자(孟子)*	孟軻(B.C.372?-289?)	經	전국시대 사상가 맹가의 저술. 유가 경전의 하나	與猶堂全書 3권 5쪽
正祖(1752-1800)	맹자(孟子)*	孟軻(B.C.372?-289?)	經	전국시대 사상가 맹가의 저술. 유가 경전의 하나	正祖實錄 11권 321쪽
趙憲(1544-1592)	맹자(孟子)*	孟軻(B.C.372?-289?)	經	전국시대 사상가 맹가의 저술. 유가 경전의 하나	燕行錄選集 2권 87쪽
趙顯命(1690-1752)	맹자(孟子)*	孟軻(B.C.372?-289?)	經	전국시대 사상가 맹가의 저술. 유가 경전의 하나	英祖實錄 17권 365쪽
蔡濟恭(1720-1799)	맹자(孟子)*	孟軻(B.C.372?-289?)	經	전국시대 사상가 맹가의 저술. 유가 경전의 하나	樊巖集 285쪽
崔錫鼎(1646-1715)	맹자(孟子)*	孟軻(B.C.372?-289?)	經	전국시대 사상가 맹가의 저술. 유가 경전의 하나	明谷集 I 565쪽
許筠(1569-1618)	맹자(孟子)*	孟軻(B.C.372?-289?)	經	전국시대 사상가 맹가의 저술. 유가 경전의 하나	惺所覆瓿藁 3권 226쪽

독서자	서명	저자	분류	간략 해제	출전
洪大容(1731-1783)	맹자(孟子)*	孟軻(B.C.372?-289?)	經	전국시대 사상가 맹가의 저술. 유가 경전의 하나	湛軒書 98쪽
洪良漢(?)	맹자(孟子)*	孟軻(B.C.372?-289?)	經	전국시대 사상가 맹가의 저술. 유가 경전의 하나	耳溪外集 1권 143쪽
黃胤錫(1729-1791)	맹자(孟子)*	孟軻(B.C.372?-289?)	經	전국시대 사상가 맹가의 저술. 유가 경전의 하나	頤齋遺藁 141쪽
李德懋(1741-1793)	맹자보(孟子譜)		經	편찬자 미상. 맹자의 연보를 다룬 듯함	靑莊館全書 10권 115쪽
正祖(1752-1800)	맹자절문(孟子節文)	錢唐(明)	經	과거 시험의 편리를 위해 『맹자』를 요약해 만든 책	弘齋全書 6권 178쪽
丁若鏞(1762-1836)	맹자집주(孟子集註)	朱熹(1130-1200)	經	『맹자』 주석서	茶山詩文集 5권 119쪽
正祖(1752-1800)	맹자집주(孟子集註)	朱熹(1130-1200)	經	『맹자』 주석서	弘齋全書 6권 236쪽
兪晩柱(1755-1788)	맹자혹문(孟子或問)	朱熹(1130-1200)	經	출전은 주희의 『四書或問』. 문답형식으로 四書에 관해 해석함	欽英 4권 54쪽
兪晩柱(1755-1788)	명계유문(明季遺聞)*	鄒漪(淸)	史	명말 官報에 근거하고 견문을 채택하여 만든 잡사	欽英 2권 110쪽
鄭光漢(1720-1780)	명고승전(明高僧傳)	釋如惺(明)	史	명대 고승의 전기	英祖實錄 28권 69쪽
李德懋(1741-1793)	명기사본말(明紀事本末)	谷應泰(1620-1690)	史	기사본말체의 명사	靑莊館全書 10권 170쪽
李德懋(1741-1793)	명기유문(明紀遺聞)	鄒漪(明)	史	기사본말체의 명사	靑莊館全書 9권 83쪽
英祖(1694-1776)	명기집략(明紀輯略)	朱璘(淸)	史	명대 역사에 대한 내용	英祖實錄 33권 393쪽
洪大容(1731-1783)	명기집략(明記輯略)	朱璘(淸)	史	명대 역사에 대한 내용	湛軒書 43쪽
英祖(1694-1776)	명기편년(明紀編年)*	鍾惺(1574-1624)	史	종성이 저술하고 王汝南이 보정한 明 일대의 편년체 역사책	英祖實錄 6권 68쪽
兪拓基(1691-1767)	명률(明律)	薛瑄(1389-1464)	史	명 초기의 律法을 기록한 『大明律』일 가능성이 있음	英祖實錄 16권 260쪽
尹善道(1587-1671)	명률(明律)	薛瑄(1389-1464)	史	명 초기의 律法을 기록한 『大明律』일 가능성이 있음	肅宗實錄 1권 145쪽
兪晩柱(1755-1788)	명문기상(明文奇賞)	陳仁錫(明)	集	명대 180 여명의 문장을 수록	欽英 3권 20쪽
李宜顯(1669-1745)	명문기상(明文奇賞)	陳仁錫(明)	集	명대 180 여명의 문장을 수록	陶谷集Ⅱ 502쪽
韓致奫(1765-1814)	명문기상(明文奇賞)	陳仁錫(明)	集	명대 180 여명의 문장을 수록	海東繹史 6권 112쪽
李德懋(1741-1793)	명보록(冥報錄)	陸圻(淸)	子	인과응보에 관한 기록	靑莊館全書 9권 11쪽
金錫胄(1634-1684)	명사(明史)*	張廷玉(1672-1755) 등	史	332권으로 구성된 중국 역대 정사 중 하나인 명대에 관한 기전체사서	肅宗實錄 6권 112쪽
閔鎭厚(1659-1720)	명사(明史)*	張廷玉(1672-1755) 등	史	332권으로 구성된 중국 역대 정사 중 명대에 관한 기전체사서	肅宗實錄 28권 190쪽

독서자	서명	저자	분류	간략 해제	출전
徐有聞(1762-1822)	명사(明史)*	張廷玉(1672-1755) 등	史	332권으로 구성된 중국 역대 정사 중 명대에 관한 기전체사서	燕行錄選集 7권 365쪽
肅宗(1661-1720)	명사(明史)*	張廷玉(1672-1755) 등	史	332권으로 구성된 중국 역대 정사 중 명대에 관한 기전체사서	肅宗實錄 8권 111쪽
英祖(1694-1776)	명사(明史)*	張廷玉(1672-1755) 등	史	332권으로 구성된 중국 역대 정사 중 명대에 관한 기전체사서	英祖實錄 16권 31쪽
元景夏(1698-1761)	명사(明史)*	張廷玉(1672-1755) 등	史	332권으로 구성된 중국 역대 정사 중 명대에 관한 기전체사서	英祖實錄 19권 15쪽
兪晩柱(1755-1788)	명사(明史)*	張廷玉(1672-1755) 등	史	332권으로 구성된 중국 역대 정사 중 명대에 관한 기전체사서	欽英 6권 345쪽
李德懋(1741-1793)	명사(明史)*	張廷玉(1672-1755) 등	史	332권으로 구성된 중국 역대 정사 중 명대에 관한 기전체사서	青莊館全書 9권 11쪽
李用休(1708-1780)	명사(明史)*	張廷玉(1672-1755) 등	史	332권으로 구성된 중국 역대 정사 중 명대에 관한 기전체사서	㪅數集 40쪽
李麟祥(1710-1760)	명사(明史)*	張廷玉(1672-1755) 등	史	332권으로 구성된 중국 역대 정사 중 명대에 관한 기전체사서	凌壺集 533쪽
張混(1759-1828)	명사(明史)*	張廷玉(1672-1755) 등	史	332권으로 구성된 중국 역대 정사 중 명대에 관한 기전체사서	而已广集 580쪽
丁若鏞(1762-1836)	명사(明史)*	張廷玉(1672-1755) 등	史	332권으로 구성된 중국 역대 정사 중 명대에 관한 기전체사서	與猶堂全書 4권 440쪽
正祖(1752-1800)	명사(明史)*	張廷玉(1672-1755) 등	史	332권으로 구성된 중국 역대 정사 중 명대에 관한 기전체사서	正祖實錄 2권 117쪽
正祖(1752-1800)	명사(明史)*	張廷玉(1672-1755) 등	史	332권으로 구성된 중국 역대 정사 중 명대에 관한 기전체사서	弘齋全書 16권 101쪽
韓致奫(1765-1814)	명사(明史)*	張廷玉(1672-1755) 등	史	332권으로 구성된 중국 역대 정사 중 명대에 관한 기전체사서	海東繹史 5권 6쪽
許穆(1595-1682)	명사(明史)*	張廷玉(1672-1755) 등	史	332권으로 구성된 중국 역대 정사 중 명대에 관한 기전체사서	肅宗實錄 2권 234쪽
兪晩柱(1755-1788)	명사강목(明史綱目)	吳麟(淸)	史	강목에 따라 편찬한 명사	欽英 2권 575쪽
李德懋(1741-1793)	명사고(明史稿)*	王鴻緖(1645-1723)	史	명대에 관한 기전체사서	青莊館全書 9권 74쪽
徐有聞(1762-1822)	명사기사본말(明史記事本末)*	谷應泰(1620-1690)	史	1352년 朱元璋의 起兵부터 1644년 李自成이 北京 함락까지를 기술한 기사본말체사서	燕行錄選集 7권 344쪽
李德懋(1741-1793)	명사기사본말(明史記事本末)*	谷應泰(1620-1690)	史	1352년 朱元璋의 起兵부터 1644년 李自成이 北京 함락까지를 기술한 기사본말체사서	青莊館全書 10권 16쪽
兪晩柱(1755-1788)	명사속강(明事續綱)				欽英 6권 442쪽
李德懋(1741-1793)	명산기(名山記)	何鏜(?)	史	별칭『古今遊名山記』, 각지 명산을 돌아본 여행기 모음집	青莊館全書 2권 30쪽
李宜顯(1669-1745)	명산장(名山藏)*	何喬遠(明)	史	明 13朝의 遺事를 본문 없이 紀·志·傳 3體를 사용해 기록한 기전체사서	陶谷集Ⅱ 502쪽
韓致奫(1765-1814)	명산장(名山藏)*	何喬遠(明)	史	明 13朝의 遺事를 본문없이 紀·志·傳 3體를 사용해 기록한 기전체사서	海東繹史 5권 3쪽

독서자	서명	저자	분류	간략 해제	출전
許筠(1569-1618)	명세설신어(明世說新語)	李紹文(明)	子	『세설신어』를 모방하여 명대의 각종 逸事를 수집함	惺所覆瓿藁 4권 63쪽
兪晩柱(1755-1788)	명시귀(明詩歸)	鍾惺(1574-1625) 등	集	명시를 수록	欽英 2권 63쪽
李宜顯(1669-1745)	명시귀(明詩歸)	鍾惺(1574-1625) 등	集	명시를 수록	陶谷集Ⅱ 502쪽
韓致奫(1765-1814)	명시별재집(明詩別裁集)*	沈德潛(1673-1769) 등	集	淸 심덕잠이 주준과 함께 명대의 시들을 모아놓은 책	海東繹史 5권 243쪽
許筠(1569-1618)	명시산보(明詩刪補)		集	명대의 시선집	惺所覆瓿藁 2권 239쪽
李宜顯(1669-1745)	명시선(明詩選)	陳子龍(1608-1647)	集	명대 쓰여진 시들을 모은 것	陶谷集Ⅱ 502쪽
韓致奫(1765-1814)	명시선(明詩選)	陳子龍(1608-1647)	集	명대 쓰여진 시들을 모은 것	海東繹史 6권 53쪽
兪晩柱(1755-1788)	명시종(明詩綜)*	朱彛尊(1629-1709)	集	명대 270여년에 걸쳐 약 3,400명의 시를 수록한 시가총집	欽英 5권 185쪽
李德懋(1741-1793)	명시종(明詩綜)*	朱彛尊(1629-1709)	集	명대 270여년에 걸쳐 약 3,400명의 시를 수록한 시가총집	青莊館全書 3권 229쪽
李宜顯(1669-1745)	명시종(明詩綜)*	朱彛尊(1629-1709)	集	명대 270여년에 걸쳐 약 3,400명의 시를 수록한 시가총집	陶谷集Ⅱ 502쪽
韓致奫(1765-1814)	명시종(明詩綜)*	朱彛尊(1629-1709)	集	명대 270여년에 걸쳐 약 3,400명의 시를 수록한 시가총집	海東繹史 5권 53쪽
李德懋(1741-1793)	명시종소전(明詩綜小傳)	朱彛尊(1629-1709)	集	명대 시인의 전기	青莊館全書 10권 18쪽
金若魯(1694-1753)	명신록(名臣錄)		史	역대 명신의 언행과 행실을 기록한 책	英祖實錄 14권 175쪽
英祖(1694-1776)	명신록(名臣錄)		史	역대 명신의 언행과 행실을 기록한 책	英祖實錄 14권 144쪽
兪健基(1682-?)	명신록(名臣錄)		史	역대 명신의 언행과 행실을 기록한 책	英祖實錄 14권 137쪽
李德懋(1741-1793)	명신록(名臣錄)		史	역대 명신의 언행과 행실을 기록한 책	青莊館全書 3권 112쪽
李用休(1708-1780)	명신록(名臣錄)		史	역대 명신의 언행과 행실을 기록한 책	㷸數集 40쪽
趙明臣(1684-?)	명신록(名臣錄)		史	역대 명신의 언행과 행실을 기록한 책	英祖實錄 14권 117쪽
許筠(1569-1618)	명신언행록(名臣言行錄)	朱熹(1130-1200)	史	名臣의 言行을 수록	惺所覆瓿藁 4권 87쪽
許筠(1569-1618)	명야사휘(明野史彙)	王世貞(1526-1590)	史		惺所覆瓿藁 4권 75쪽
李德懋(1741-1793)	명유학안(明儒學案)*	黃宗羲(1610-1695)	史	중국 최초로 시간순으로 학술의 유파를 분류하여 학술의 연원과 요지를 서술한 학술사상서	青莊館全書 9권 183쪽
兪晩柱(1755-1788)	명의록(明義錄)	金致仁(1716-1790)	子		欽英 1권 341쪽
李德懋(1741-1793)	명일통지(明一統志)*	李賢(明) 등	史	90권의 명대 종합지리서.『大明一統志』,『天下一統志』라고도 함	青莊館全書 10권 16쪽
張混(1759-1828)	명일통지(明一統志)*	李賢(明) 등	史	90권의 명대 종합지리서.『大明一統志』,『天下一統志』라고도 함	而已广集 580쪽
李德懋(1741-1793)	명조운기(明肇運紀)			명대의 사적에 관한 기록, 편찬자·연대 미상	青莊館全書 9권 149쪽

독서자	서명	저자	분류	간략 해제	출전
許筠(1569-1618)	명퇴조록(明退朝錄)	虞初春(明)			惺所覆瓿藁 3권 175쪽
丁若鏞(1762-1836)	명회전(明會典)*	李東陽(1447-1516) 등	史	원명『대명회전』. 명대 전장제도에 관해 쓴 것임	與猶堂全書 4권 162쪽
朴趾源(1737-1805)	모각양추(毛角陽秋)	王士祿(清)			燕巖集 158쪽
英祖(1694-1776)	모시(毛詩)*	毛亨(漢)	經	『시경』. 西周부터 春秋까지 각 나라의 가요 350편을 모은 시집	英祖實錄 32권 88쪽
英祖(1694-1776)	모시(毛詩)*	毛亨(漢)	經	『시경』. 西周부터 春秋까지 각 나라의 가요 350편을 모은 시집	英祖實錄 13권 78쪽
李德懋(1741-1793)	모시(毛詩)*	毛亨(漢)	經	『시경』. 西周부터 春秋까지 각 나라의 가요 350편을 모은 시집	青莊館全書 4권 54쪽
丁若鏞(1762-1836)	모시(毛詩)*	毛亨(漢)	經	『시경』. 西周부터 春秋까지 각 나라의 가요 350편을 모은 시집	茶山詩文集 4권 54쪽
正祖(1752-1800)	모시(毛詩)*	毛亨(漢)	經	『시경』. 西周부터 春秋까지 각 나라의 가요 350편을 모은 시집	弘齋全書 6권 192쪽
韓致奫(1765-1814)	모시(毛詩)*	毛亨(漢)	經	『시경』. 西周부터 春秋까지 각 나라의 가요 350편을 모은 시집	海東繹史 5권 72쪽
丁若鏞(1762-1836)	모시소의(毛詩疏義)	陸璣(260-303)	經	육기가『모시』가운데의 각종 동물에 대해 해석한 것으로『毛詩草木鳥獸蟲魚疏』라고도 함	茶山詩文集 6권 225쪽
正祖(1752-1800)	목당고(穆堂稿)	李紱(清)	集	이불의 문집	弘齋全書 6권 211쪽
英祖(1694-1776)	목민심감(牧民心鑑)*	朱逢吉(明)	史	지방관의 정신자세와 목민활동의 원칙을 제시한 책	英祖實錄 27권 36쪽
李夏坤(1677-1724)	목왕전기(穆王傳記)				頭陀草 554쪽
許穆(1595-1682)	목장도기(牧場圖記)				肅宗實錄 4권 248쪽
洪大容(1731-1783)	목재속집(牧齋續集)	錢謙益(1582-1664)	集	전겸익의 문집『牧齋文集』의 속편	湛軒書 31쪽
兪晩柱(1755-1788)	목천자전(穆天子傳)*	郭撲(276-324)	子	전국시대 魏襄王의 묘 안에서 출토된 죽간『汲塚書』중 하나	欽英 6권 505쪽
李德懋(1741-1793)	목천자전(穆天子傳)*	郭撲(276-324)	子	전국시대 魏襄王의 묘 안에서 출토된 죽간『汲塚書』중 하나	青莊館全書 2권 149쪽
丁若鏞(1762-1836)	몽계필담(夢溪筆談)*	沈括(1031-1095)	子	총 609조목으로 이루어진 수필집	茶山詩文集 5권 23쪽
韓致奫(1765-1814)	몽계필담(夢溪筆談)*	沈括(1031-1095)	子	총 609조목으로 이루어진 수필집	藝文志
許筠(1569-1618)	몽구(蒙求)*	李瀚(唐)	子	역사 인물의 언행과 일화를 모은 아동 교과서	惺所覆瓿藁 3권 185쪽
正祖(1752-1800)	몽인(蒙引)*	蔡淸(1453-1508)	經	과거 시험을 대비하기 위해『四書』의 義理를 강해	弘齋全書 8권 294쪽
兪晩柱(1755-1788)	묘법연화경(妙法蓮華經)*	鳩摩羅什(342-413)	子	8권의 불경. 그 이름은 교법이 미묘하고 經義가 潔白美麗하다는 뜻	欽英 2권 199쪽
金錫胄(1634-1684)	무경칠서(武經七書)*	何去非(北宋)	子	7종 25권의 병법총서. 무관을 위한 경전	肅宗實錄 4권 31쪽

독서자	서명	저자	분류	간략 해제	출전
肅宗(1661-1720)	무경칠서(武經七書)*	何去非(北宋)	子	7종 25권의 병법총서. 무관을 위한 경전	肅宗實錄 9권 132쪽
正祖(1752-1800)	무경칠서(武經七書)*	何去非(北宋)	子	7종 25권의 병법총서. 무관을 위한 경전	正祖實錄 18권 31쪽
丁若鏞(1762-1836)	무릉서(茂陵書)	洪頤(淸)	史	漢初의 역사 기록	與猶堂全書 6권 231쪽
李德懋(1741-1793)	무릉서회시(武陵書懷詩)	劉禹錫(772-842)		『武陵書懷五十韻』으로 추정. 『劉賓客文集』에 수록. 유우석이 武陵에서 지은 시	靑莊館全書 9권 74쪽
李德懋(1741-1793)	무림전(武林傳)			일본책	靑莊館全書 10권 60쪽
李德懋(1741-1793)	무비지(武備志)*	茅元儀(1594-1640)	子	고래의 병서와 전술의 변천, 그리고 병참에 대한 내용으로 이루어진 병서	靑莊館全書 10권 172쪽
丁若鏞(1762-1836)	무비지(武備志)*	茅元儀(1594-1640)	子	고래의 병서와 전술의 변천, 그리고 병참에 대한 내용으로 이루어진 병서	茶山詩文集 5권 36쪽
正祖(1752-1800)	무비지(武備志)*	茅元儀(1594-1640)	子	고래의 병서와 전술의 변천, 그리고 병참에 대한 내용으로 이루어진 병서	弘齋全書 7권 210쪽
韓致奫(1765-1814)	무비지(武備志)*	茅元儀(1594-1640)	子	고래의 병서와 전술의 변천, 그리고 병참에 대한 내용으로 이루어진 병서	海東繹史 5권 79쪽
李德懋(1741-1793)	무산고(巫山高)	劉基(1311-1375)	集	출전은 유기의 문집『誠意伯文集』1권, 巫山을 주제로 한 시	靑莊館全書 10권 100쪽
朴趾源(1737-1805)	무성희(無聲戱)	李漁(1611-1685)	子	色情소설. 口語 단편소설	燕巖集 158쪽
英祖(1694-1776)	무원록(無寃錄)*	王與(1261-1346)	子	법의학서. 검시에 대한 의론과 방법 소개	英祖實錄 22권
朴右源(1736-1804)	무원록(無寃錄)*	王與(1261-1346)	子	법의학서. 검시에 대한 의론과 방법 소개	正祖實錄 2권 300쪽
正祖(1752-1800)	무원록(無寃錄)*	王與(1261-1346)	子	법의학서. 검시에 대한 의론과 방법 소개	弘齋全書 4권 214쪽
正祖(1752-1800)	무편(武編)	唐順之(1597-1560)	子	병법서	弘齋全書 18권 85쪽
李德懋(1741-1793)	묵객휘서(墨客揮犀)	彭乘(宋)	子	송대의 逸事와 詩文에 대한 평론	靑莊館全書 8권 228쪽
韓致奫(1765-1814)	묵객휘서(墨客揮犀)	彭乘(宋)	子	송대의 逸事와 詩文에 대한 평론	海東繹史 5권 93쪽
李德懋(1741-1793)	묵자(墨子)*	墨翟(B.C.480-390)	子	전국시대 초 묵적을 祖宗으로 하는 묵가의 학설을 모은 책	靑莊館全書 9권 214쪽
丁若鏞(1762-1836)	묵자(墨子)*	墨翟(B.C.480-390)	子	15권의 諸子書로서 전국시대 초 묵적을 祖宗으로 하는 묵가의 학설을 모은 책	與猶堂全書 3권 9쪽
許筠(1569-1618)	묵자(墨子)*	墨翟(B.C.480-390)	子	15권의 諸子書로서 전국시대 초 묵적을 祖宗으로 하는 묵가의 학설을 모은 책	惺所覆瓿藁 2권 247쪽
李德懋(1741-1793)	묵장만록(墨藏漫錄)	張邦基(宋)			靑莊館全書 8권 226쪽

독서자	서명	저자	분류	간략 해제	출전
韓致奫(1765-1814)	문견후록(聞見後錄)	邵博(宋)	子	저자가 보고 들었던 것을 기록한 백과전서	海東繹史 5권 78쪽
韓致奫(1765-1814)	문관사림(文館詞林)	許敬宗(唐) 등	集	문인들의 전기로 일명『文館詞林文人傳』	海東繹史 5권 90쪽
許筠(1569-1618)	문기유림(問奇類林)	郭良翰(明)	子	類書.『續問奇類林』	惺所覆瓿藁 4권 55쪽
許筠(1569-1618)	문산집(文山集)*	文天祥(1236-1282)	集	문천상의 시문 17권, 指南前錄 1권, 後錄 2권, 紀年錄 1권으로 이루어진 책	惺所覆瓿藁 4권 146쪽
安鼎福(1712-1791)	문선(文選)*	蕭統(501-531)	集	남북조 시대 이전의 詩詞歌賦를 선별하여 모은 책	雜同散異 2권 27쪽
李德懋(1741-1793)	문선(文選)*	蕭統(501-531)	集	남북조 시대 이전의 詩詞歌賦를 선별하여 모은 책	靑莊館全書 8권 270쪽
李鈺(1760-1813)	문선(文選)*	蕭統(501-531)	集	남북조 시대 이전의 詩詞歌賦를 선별하여 모은 책	李鈺全集 1권 328쪽
張混(1759-1828)	문선(文選)*	蕭統(501-531)	集	남북조 시대 이전의 詩詞歌賦를 선별하여 모은 책	而已广集 580쪽
丁若鏞(1762-1836)	문선(文選)*	蕭統(501-531)	集	남북조 시대 이전의 詩詞歌賦를 선별하여 모은 책	與猶堂全書 2권 149쪽
正祖(1752-1800)	문선(文選)*	蕭統(501-531)	集	남북조 시대 이전의 詩詞歌賦를 선별하여 모은 책	弘齋全書 3권 476쪽
崔錫鼎(1646-1715)	문선(文選)*	蕭統(501-531)	集	남북조 시대 이전의 詩詞歌賦를 선별하여 모은 책	明谷集 82쪽
韓致奫(1765-1814)	문선(文選)*	蕭統(501-531)	集	남북조 시대 이전의 詩詞歌賦를 선별하여 모은 책	海東繹史 5권 89쪽
許筠(1569-1618)	문선(文選)*	蕭統(501-531)	集	남북조 시대 이전의 詩詞歌賦를 선별하여 모은 책	惺所覆瓿藁 2권 122쪽
李德懋(1741-1793)	문선보유(文選補遺)*	陳仁子(宋)	集	『문선』을 보완하기 위해서 엮은 책	靑莊館全書 4권 167쪽
李德懋(1741-1793)	문심조룡(文心雕龍)*	劉勰(465-532)	集	10권의 문학비평 이론서로서 문학의 원리와 장르적 특성 및 창작론과 시대적 의미 서술	靑莊館全書 4권 54쪽
正祖(1752-1800)	문연각서목(文淵閣書目)	楊士奇(1365-1444)	史	文淵閣에 소장한 서적 목록	弘齋全書 16권 46쪽
李德懋(1741-1793)	문원영화(文苑英華)*	李昉(宋) 등	集	南朝 梁부터 唐末 五代까지 역대 작가의 작품을 수록한 문학총서	靑莊館全書 5권 30쪽
韓致奫(1765-1814)	문원영화(文苑英華)*	李昉(宋) 등	集	南朝 梁부터 唐末 五代까지 역대 작가의 작품을 수록한 문학총서	海東繹史 5권 85쪽
正祖(1752-1800)	문원제명록(文苑題名錄)				正祖實錄 7권 77쪽
正祖(1752-1800)	문자(文子)*		子	일명『通玄眞經』. 2권 12편의 도가서	弘齋全書 6권 239쪽
李德懋(1741-1793)	문장연기(文章緣起)*	任昉(460-508)	集	상고시대부터 南朝 梁에 이르기까지의 문선집	靑莊館全書 3권 194쪽
正祖(1752-1800)	문장집(文長集)	徐渭(1521-1593)	集	서위의 문집	弘齋全書 6권 211쪽
韓致奫(1765-1814)	문장체식(文章體式)	杜正藏(隋)	子	문장을 쓰는 이론에 관한 저작.『杜家新書』로 추정	海東繹史 5권 90쪽

독서자	서명	저자	분류	간략 해제	출전
李德懋(1741-1793)	문창잡록(文昌雜錄)	龐元英(宋)	子	관제를 중심으로 당시의 견문을 기록	靑莊館全書 8권 234쪽
韓致奫(1765-1814)	문창잡록(文昌雜錄)	龐元英(宋)	子	관제를 중심으로 당시의 견문을 기록	海東繹史 5권 2쪽
兪晩柱(1755-1788)	문한류선대성(文翰類選大成)	李伯璵(明) 등	集	각종 문장을 분류 수록	欽英 4권 79쪽
正祖(1752-1800)	문헌통고(文獻通考)*	馬端臨(1254?-1323)	史	348권의 典制文獻	弘齋全書 12권 318쪽
金在魯(1682-1759)	문헌통고(文獻通考)*	馬端臨(1254?-1323)	史	348권의 典制文獻	英祖實錄 20권 105쪽
朴趾源(1737-1805)	문헌통고(文獻通考)*	馬端臨(1254?-1323)	史	348권의 典制文獻	燕巖集 154쪽
徐命膺(1716-1787)	문헌통고(文獻通考)*	馬端臨(1254?-1323)	史	348권의 典制文獻	正祖實錄 4권 180쪽
徐瀅修(1749-1824)	문헌통고(文獻通考)*	馬端臨(1254?-1323)	史	348권의 典制文獻	弘齋全書 15권 65쪽
肅宗(1661-1720)	문헌통고(文獻通考)*	馬端臨(1254?-1323)	史	348권의 典制文獻	肅宗實錄 12권 184쪽
英祖(1694-1776)	문헌통고(文獻通考)*	馬端臨(1254?-1323)	史	348권의 典制文獻	英祖實錄 33권 88쪽
兪晩柱(1755-1788)	문헌통고(文獻通考)*	馬端臨(1254?-1323)	史	348권의 典制文獻	欽英 1권 265쪽
李德懋(1741-1793)	문헌통고(文獻通考)*	馬端臨(1254?-1323)	史	348권의 典制文獻	靑莊館全書 4권 196쪽
丁若鏞(1762-1836)	문헌통고(文獻通考)*	馬端臨(1254?-1323)	史	348권의 典制文獻	與猶堂全書 5권 200쪽
正祖(1752-1800)	문헌통고(文獻通考)*	馬端臨(1254?-1323)	史	348권의 典制文獻	弘齋全書 16권 33쪽
韓致奫(1765-1814)	문헌통고(文獻通考)*	馬端臨(1254?-1323)	史	348권의 典制文獻	海東繹史 5권 7쪽
正祖(1752-1800)	문화보훈(文華寶訓)	太祖(1328-1398)	史	대신들을 告誡한 것들을 모아놓은『明太祖寶訓』.	弘齋全書 2권 7쪽
李德懋(1741-1793)	물리소식(物理小識)*	方以智(1611-1671)	子	중국 고대의 과학 기술을 종합하고 서양의 선진 기술도 채용한 책	靑莊館全書 8권 238쪽
李德懋(1741-1793)	물리소식(物理小識)*	方以智(1611-1671)	子	중국 고대의 과학 기술을 종합하고 서양의 선진 기술도 채용한 책	靑莊館全書 9권 129쪽
許筠(1569-1618)	미공다동(眉公茶董)	陳繼儒(1557-1639)		차 끓이는 법에 대한 기술	惺所覆瓿藁 4권 246쪽
韓致奫(1765-1814)	미공비급(眉公秘笈)	陳繼儒(1557-1639)	集	별칭『寶顔堂秘笈』, 寶顔堂이 출판한 각종 도서 모음	海東繹史 5권 119쪽
許筠(1569-1618)	미공비급(眉公秘笈)	陳繼儒(1557-1639)	集	별칭『寶顔堂秘笈』, 寶顔堂이 출판한 각종 도서 모음	惺所覆瓿藁 4권 63쪽
許筠(1569-1618)	미공십부집(眉公十部集)	陳繼儒(1557-1639)			惺所覆瓿藁 4권 76쪽
英祖(1694-1776)	미신편(未信編)	潘月山(淸)	史	정치 사상 방면에 관한 저작	英祖實錄 22권 46쪽

독서자	서명	저자	분류	간략 해제	출전
兪晩柱(1755-1788)	미양양지림(米襄陽志林)	范明泰(明)	子	江東地區의 수집가가 모은 襄陽地區의 서화를 수록	欽英 3권 116쪽
正祖(1752-1800)	미언(微言)	詹在泮(明)	子	명대 유학자들의 어록 모음	弘齋全書 6권 211쪽
兪晩柱(1755-1788)	미인서(美人書)	周公輔(明)	子	단편 소설집. 명청시기 미녀와 재능이 뛰어난 10여명 여자들의 이야기를 수록	欽英 1권 141쪽
韓致奫(1765-1814)	민대기(閩大紀)	王應山(明)	史	福建 지방의 지방지	海東繹史 6권 391쪽
李德懋(1741-1793)	민수연담(澠水燕談)	王辟之(宋)	子	宋代 紹聖 이전의 역사적 사실을 기록	青莊館全書 8권 228쪽
韓致奫(1765-1814)	민수연담(澠水燕談)	王辟之(宋)	子	宋代 紹聖 이전의 역사적 사실을 기록	海東繹史 5권 171쪽
李德懋(1741-1793)	민효자전(閔孝子傳)	吳介玆(晉)	史	민효자의 전기	青莊館全書 9권 52쪽
朴趾源(1737-1805)	박물전휘(博物典彙)	黃道周(1585-1646)	子	황도주가 각종 잡다한 이야기를 모은 책	燕巖集 158쪽
丁若鏞(1762-1836)	박물지(博物志)*	張華(232-300)	子	세계의 풍물과 신기한 이야기 등을 기록함	茶山詩文集 4권 12쪽
正祖(1752-1800)	박물지(博物志)*	張華(232-300)	子	세계의 풍물과 신기한 이야기 등을 기록함	弘齋全書 3권 139쪽
許筠(1569-1618)	박물지(博物志)*	張華(232-300)	子	세계의 풍물과 신기한 이야기 등을 기록함	惺所覆瓿藁 4권 243쪽
兪晩柱(1755-1788)	박식(博識)				欽英 3권 164쪽
徐有榘(1764-1845)	박아(博雅)	張揖(魏)		음운학 관련서로 추정	弘齋全書 10권 309쪽
李德懋(1741-1793)	박아(博雅)	張揖(魏)		음운학 관련서로 추정	青莊館全書 10권 21쪽
正祖(1752-1800)	박학칠장(博學七章)	胡毋敬(秦)	子	字典이거나 書法 관련 서적	弘齋全書 6권 221쪽
韓致奫(1765-1814)	반야경(般若經)		子	불경. 唐 玄奘 번역이 가장 대표적	海東繹史 5권 88쪽
許筠(1569-1618)	반야심경(般若心經)		子	불교 경전. 반야경의 일종. 唐 玄奘의 번역이 대표적	惺所覆瓿藁 2권 270쪽
丁若鏞(1762-1836)	반지만록(盤池漫錄)				茶山詩文集 9권 8쪽
正祖(1752-1800)	발명(發明)	陳定宇(元)	經	사서에 대해 주석을 단 『四書發明』일 것으로 추정	弘齋全書 2권 82쪽
正祖(1752-1800)	발묵수(發墨守)	鄭玄(127-200)	經	정현의 『春秋』에 대한 해석서	弘齋全書 6권 166쪽
李宜顯(1669-1745)	발미통서(發微通書)		子	점술서 성격의 책	陶谷集Ⅱ 502쪽
李德懋(1741-1793)	발해국기(渤海國記)	張建章(806-866)	史	발해국의 역사적 사실을 기록	青莊館全書 10권 124쪽
韓致奫(1765-1814)	발해국기(渤海國記)	張建章(806-866)	史	발해국의 역사적 사실을 기록	海東繹史 5권 101쪽
李德懋(1741-1793)	발해행년기(渤海行年記)	僧顔(五代)	史	발해국의 역사에 관한 저작으로 추정	青莊館全書 10권 124쪽
韓致奫(1765-1814)	발해행년기(渤海行年記)	僧顔(五代)	史	발해국의 역사에 관한 저작으로 추정	海東繹史 5권 101쪽

독서자	서명	저자	분류	간략 해제	출전
正祖(1752-1800)	방서록(訪書錄)		史	楊守敬의 『日本訪書錄』이거나 일본의 和田維四郎의 『重刊訪書餘錄』으로 추정	正祖實錄 6권 408쪽
李瀷(1681-1763)	방성도(方星圖)	그리말디(閔明我: 1639-1712)	子	서방의 기하학에 대한 소개서. 『方星圖解』로 추정	李瀷 열람서목
兪晩柱(1755-1788)	방언(方言)*	楊雄(B.C.53-A.D.18)		訓詁書. 각지의 사물명을 일일이 조사하여 편찬한 것으로 방언에 관해서는 중국에서 가장 오래된 책	欽英 6권 497쪽
李肯翊(1736-1806)	방언(方言)*	楊雄(B.C.53-A.D.18)		訓詁書. 각지의 사물명을 일일이 조사하여 편찬한 것으로 방언에 관해서는 중국에서 가장 오래된 책	燃藜室記述 11권 452쪽
黃胤錫(1729-1791)	방여승람(方輿勝覽)*	祝穆(南宋)		70권의 地理總志	頤齋遺藁 546쪽
兪晩柱(1755-1788)	백가류찬(百家類纂)*	沈津(明)	子	유가의 正系 이외 一家의 說을 세운 학자들의 말을 類別로 나누어 엮은 책	欽英 1권 387쪽
許筠(1569-1618)	백가선(百家選)	徐子充(?)	集	시선집	惺所覆瓿藁 2권 72쪽
徐有聞(1762-1822)	백가성(百家姓)*		子	서당용 교과서의 하나. 四字一句로 되어 있어 암송하기 편리함	燕行錄選集 7권 342쪽
宋能相(1710-1758)	백가자집(百家子集)				雲坪集 245쪽
蔡濟恭(1720-1799)	백거이문고(白居易文藁)	白居易(772-846)	文	백거이의 문집	樊巖集 I 482쪽
正祖(1752-1800)	백경집(伯敬集)*	鍾惺(1574-1625)	集	明 종성의 시문집	弘齋全書 6권 211쪽
李德懋(1741-1793)	백공육첩(白孔六帖)*	白居易(772-846)	子	典故詞語와 시문의 佳句를 사물의 명칭에 따라 분류한 類書	靑莊館全書 9권 153쪽
丁若鏞(1762-1836)	백공육첩(白孔六帖)*	白居易(772-846)	子	典故詞語와 시문의 佳句를 사물의 명칭에 따라 분류한 類書	茶山詩文集 3권 201쪽
許筠(1569-1618)	백락천집(白樂天集)	白居易(772-846)	集	시문집으로 추정	惺所覆瓿藁 3권 46쪽
李宜顯(1669-1745)	백명가시(百名家詩)	魏憲(淸)	集	明代 天啓부터 淸 康熙 연간까지의 시인의 시문을 모음	陶谷集II 502쪽
李宜顯(1669-1745)	백미고사(白眉故事)	許以忠(淸)			陶谷集II 502쪽
許筠(1569-1618)	백부소시(白傅蘇詩)	蘇軾(1036-1101)			惺所覆瓿藁 3권 32쪽
李德懋(1741-1793)	백사집(白沙集)*	陳獻章(1428-1500)	集	진헌장의 문집. 禪에 근본을 두기 때문에 시문 역시 고승이 지은 偈와 유사함	靑莊館全書 5권 164쪽
李德懋(1741-1793)	백석초창집시(白石樵唱集詩)	林德陽(宋)	集	임덕양의 시집	靑莊館全書 4권 138쪽
正祖(1752-1800)	백소중랑가설집(白蘇中郎珂雪集)	曹貞吉(淸)	集	조정길의 문집인 『珂雪集』으로 추정	弘齋全書 6권 211쪽
許筠(1569-1618)	백씨장경집(白氏長慶集)*	白居易(772-846)	集	唐 백거이의 문집	惺所覆瓿藁 4권 85쪽

독서자	서명	저자	분류	간략 해제	출전
兪晩柱(1755-1788)	백이십국총서(百二十國叢書)				欽英 6권 394쪽
魏伯珪(1727-1798)	백이전(伯夷傳)	司馬遷(B.C.145-86)	史	『사기』 권61인 『백이전』으로 추정	存齋集 232쪽
韓致奫(1765-1814)	백자집(伯子集)	魏際瑞(明)			海東繹史 5권 97쪽
柳得恭(1749-1807)	백전잡저(白田雜著)	王懋竑(淸)	子	중국 초기, 일반적으로 春秋戰國시기의 지리서	燕行錄選集 7권 409쪽
兪晩柱(1755-1788)	백집록(白集錄)				欽英 6권 353쪽
兪晩柱(1755-1788)	백천집(百千集)	趙亞興(?)	集	조아흥의 문집	欽英 6권 462쪽
許筠(1569-1618)	백천학해(百川學海)*	左圭(宋)	集	남송대에 조판되어 현존하는 중국 최고의 刻印叢書로 대부분 당의 野史雜說. 晉代 및 六朝의 저작으로 구성	惺所覆瓿藁 4권 233쪽
兪晩柱(1755-1788)	백향산시집(白香山詩集)*	汪立名(淸)	集	고래의 문헌을 상고하여 백거이의 시문을 가려 뽑고 주석을 단 시집	欽英 1권 56쪽
丁若鏞(1762-1836)	백호통(白虎通)*	班固(32-92)	子	五經에 나오는 爵·號·謚·五祀 등을 해설한 책	與猶堂全書 4권 611쪽
正祖(1752-1800)	백호통(白虎通)*	班固(32-92)	子	五經에 나오는 爵·號·謚·五祀 등을 해설한 책	弘齋全書 8권 107쪽
韓商新(1758-?)	백호통(白虎通)*	班固(32-92)	子	五經에 나오는 爵·號·謚·五祀 등을 해설한 책	弘齋全書 10권 115쪽
安鼎福(1712-1791)	백호통의(白虎通義)*	班固(32-92)	子	五經에 나오는 爵·號·謚·五祀 등을 해설한 책	雜同散異 2권 102쪽
李德懋(1741-1793)	백호통의(白虎通義)*	班固(32-92)	子	五經에 나오는 爵·號·謚·五祀 등을 해설한 책	靑莊館全書 6권 74쪽
丁若鏞(1762-1836)	백호통의(白虎通義)*	班固(32-92)	子	五經에 나오는 爵·號·謚·五祀 등을 해설한 책	與猶堂全書 3권 30쪽
禮曹	백호통의(白虎通義)*	班固(32-92)	子	五經에 나오는 爵·號·謚·五祀 등을 해설한 책	英祖實錄 23권 169쪽
李德懋(1741-1793)	백화고(白華藁)	吳省欽(淸)	集		靑莊館全書 10권 160쪽
正祖(1752-1800)	번로(繁露)	董仲舒(B.C.170?-120?)	經	유가의 경전으로 天人合一을 강조한 책으로, 일명 『春秋繁露』	弘齋全書 13권 103쪽
許筠(1569-1618)	번천문집(樊川文集)*	杜牧(803-852)	集	전체 20권에 외집 1권, 별집 1권으로 이루어진 만당의 대표적 시인인 두목의 시문집	惺所覆瓿藁 2권 341쪽
韓致奫(1765-1814)	범씨국보(范氏菊譜)	范成大(1126-1193)	子	각종 국화의 품종을 분류하여 수록	藝文志
丁若鏞(1762-1836)	법경륙편(法經六篇)	李悝(戰國)	史	B.C.4세기 초에 이회가 편찬한 중국 고대 형법전	茶山詩文集 6권 33쪽
丁若鏞(1762-1836)	법범(法範)	傅琰(南齊)			茶山詩文集 6권 30쪽
李德懋(1741-1793)	법언(法言)*	楊雄(B.C.53-A.D.18)	子	일명 『揚子法言』. 『論語』의 체제를 본떠 유가사상을 선전한 책	靑莊館全書 9권 124쪽
丁若鏞(1762-1836)	법언(法言)*	楊雄(B.C.53-A.D.18)	子	일명 『揚子法言』. 『論語』의 체제를 본떠 유가사상을 선전한 책	茶山詩文集 2권 219쪽
正祖(1752-1800)	법언(法言)*	楊雄(B.C.53-A.D.18)	子	일명 『揚子法言』. 『논어』의 체제를 본떠 유가사상을 선전한 책	弘齋全書 6권 209쪽

독서자	서명	저자	분류	간략 해제	출전
許筠(1569-1618)	법언(法言)*	楊雄(B.C.53-A.D.18)	子	일명『揚子法言』.『논어』의 체제를 본떠 유가사상을 선전한 책	惺所覆瓿藁 1권 21쪽
李德懋(1741-1793)	법원주림(法苑珠林)*	道世(唐)	子	불교 관련 역사 사실을 劫量・三界에서 法滅・傳記 등에 이르는 100편으로 분류한 책	靑莊館全書 9권 195쪽
許筠(1569-1618)	법장쇄김록(法藏碎金錄)	晁迥(宋)	子	조형이 편집한 불교의 어록	惺所覆瓿藁 4권 256쪽
李匡師(1705-1777)	법화경(法華經)*		子	천태종을 비롯한 여러 불교 종파에서 불교의 정수를 담고 있는 경전	圓嶠集 487쪽
李鈺(1760-1813)	법화경(法華經)*		子	천태종을 비롯한 여러 불교 종파에서 불교의 정수를 담고 있는 경전	李鈺全集 1권 293쪽
韓致奫(1765-1814)	법화경(法華經)*		子	천태종을 비롯한 여러 불교 종파에서 불교의 정수를 담고 있는 경전	海東繹史 5권 86쪽
兪晩柱(1755-1788)	벽매원소품(碧梅園小品)				欽英 6권 75쪽
兪晩柱(1755-1788)	벽한부(辟寒部)	陳繼儒(1557-1639)	經	字典	欽英 6권 365쪽
尹鑴(1617-1680)	변간록(辨奸錄)	宋濂(1310-1381)	史	송렴이 황제의 조칙을 받들어 편찬한 역대 간신의 전기	肅宗實錄 2권 205쪽
黃胤錫(1729-1791)	변학유독(辯學遺牘)	마테오리치(利瑪竇:1552-1610)	子	서양의 지식을 소개한 서적	頤齋遺藁
李德懋(1741-1793)	병아(騈雅)*	朱謀瑋(明)	經	고서의 문구에서 취해 爾雅體의 체례를 좇아 訓釋한 20편의 책	靑莊館全書 9권 175쪽
兪晩柱(1755-1788)	병옥시말(丙獄始末)				欽英 4권 95쪽
李德懋(1741-1793)	병정귀감(丙丁龜鑑)	柴望(宋)	子	시망이 쓴 奏摺, 讖緯적인 내용이 많음	靑莊館全書 10권 40쪽
許筠(1569-1618)	병탑유언(病榻遺言)	高中玄(明)	子	高拱이 임종 전에 張居正과의 불화와 받은 박해를 서술함	惺所覆瓿藁 3권 60쪽
英祖(1694-1776)	병학지남(兵學指南)	戚繼光(1528-1587)	子	군대 조련법에 관한 병서	英祖實錄 7권 244쪽
李鈺(1760-1813)	병학지남(兵學指南)	戚繼光(1528-1587)	子	군대 조련법에 관한 병서	李鈺全集 1권 291쪽
丁若鏞(1762-1836)	병학지남(兵學指南)	戚繼光(1528-1587)	子	군대 조련법에 관한 병서	與猶堂全書 5권 495쪽
許筠(1569-1618)	병화사(甁花史)	袁宏道(1568-1610)	子	花卉와 관련한 기록으로 보임	惺所覆瓿藁 4권 27쪽
兪晩柱(1755-1788)	보색당한거우록(寶穡堂閑居偶錄)	曹學佺(明)			欽英 4권 274쪽
兪晩柱(1755-1788)	보안당비급(寶顔堂秘笈)*	陳繼儒(1557-1639)	史	시대적으로는 晉・唐・宋・元・明에 걸쳐서 수많은 名篇・秘冊을 수록한 총서	欽英 6권 330쪽
李德懋(1741-1793)	보천가(步天歌)*	丹元子(隋) 혹은 王希明(唐)	子	七字歌訣로 283官 1464星을 소개했고, 星官의 명칭・위치・수에 대해 설명한 천문서	靑莊館全書 9권 44권
正祖(1752-1800)	보편(補篇)	丘琼山(明)	經	『大學衍義補贊英華』로 보임	弘齋全書 6권 207쪽
李秉模(1742-1806)	보편(補編)	丘琼山(明)	經	『大學衍義補贊英華』로 보임	正祖實錄 1권 99쪽

독서자	서명	저자	분류	간략 해제	출전
韓致奫(1765-1814)	보필담(補筆談)	沈括(1031-1095)	子	심괄이 평상시에 수집한 遺文, 舊典, 技術 등을 기록한 雜書	海東繹史 5권 171쪽
李宜顯(1669-1745)	복수전서(福壽全書)	秦觀(1049-1100)	子	宋 진관이 편찬한 책을 闞應析이 증보해 엮은 책	陶谷集Ⅱ 502쪽
丁若鏞(1762-1836)	복수전서(福壽全書)	秦觀(1049-1100)	子	宋 진관이 편찬한 책을 闞應析이 증보해 엮은 책	茶山詩文集 6권 217쪽
韓致奫(1765-1814)	복숙산방집(復宿山房集)	王家屏(明)	集	왕가병의 문집	海東繹史 5권 70쪽
丁若鏞(1762-1836)	본사시(本事詩)*	孟棨(唐)	集	唐代를 중심으로 시에 관한 일화를 기록한 詩話	茶山詩文集 2권 400쪽
丁若鏞(1762-1836)	본초(本草)		子	『본초강목』으로 여겨짐	與猶堂全書 3권 82쪽
正祖(1752-1800)	본초(本草)		子	『본초강목』으로 여겨짐	弘齋全書 6권 238쪽
柳得恭(1749-1807)	본초강목(本草綱目)*	李時珍(1518-1593)	子	약학서로서 중국의 가장 대표적인 의서	冷齋集 125쪽
李德懋(1741-1793)	본초강목(本草綱目)*	李時珍(1518-1593)	子	약학서로서 중국의 가장 대표적인 의서	青莊館全書 9권 174쪽
張混(1759-1828)	본초강목(本草綱目)*	李時珍(1518-1593)	子	약학서로서 중국의 가장 대표적인 의서	而已广集 580쪽
丁若鏞(1762-1836)	본초강목(本草綱目)*	李時珍(1518-1593)	子	약학서로서 중국의 가장 대표적인 의서	茶山詩文集 5권 25쪽
徐有聞(1762-1822)	본초경(本草經)*		子	3권의 약물학 저작으로 대략 진한시대에 완성. 神農의 저작으로 알려져 있음	燕行錄選集 7권 330쪽
丁若鏞(1762-1836)	본초습유(本草拾遺)	陳藏器(唐)	子	약학서	茶山詩文集 5권 153쪽
李德懋(1741-1793)	불법금탕편(佛法金湯篇)		子	저자 미상. 불교에 얽힌 일화를 수록한 듯함	青莊館全書 10권 75쪽
韓致奫(1765-1814)	봉공기략(封貢記略)	王士琦(明)	史	왕사기가 군대를 이끌고 조선을 지원해 왜구와 싸운 과정의 기록	海東繹史 5권 124쪽
韓致奫(1765-1814)	봉도유주(蓬島遺珠)			일본의 저작인 듯	海東繹史 6권 74쪽
許筠(1569-1618)	봉사고(奉使稿)	朱之蕃(明)	集	저자가 萬歷 연간 조선에 사신으로 가면서 지은 시문	惺所覆瓿藁 2권 46쪽
韓致奫(1765-1814)	봉사고려고실(奉使高麗故實)		史	고려에 사신으로 간 기록	海東繹史 5권 103쪽
李德懋(1741-1793)	봉사고려기(奉使高麗記)		史	고려에 사신으로 간 여행기	青莊館全書 10권 124쪽
韓致奫(1765-1814)	봉사고려기(奉使高麗記)		史	고려에 사신으로 간 여행기	海東繹史 5권 100쪽
韓致奫(1765-1814)	봉사고려기사시(奉使高麗紀事詩)	張廷枚(?)	集		海東繹史 5권 131쪽
李德懋(1741-1793)	봉사록(奉使錄)	張寧(明)	集	장녕이 조선에 사신으로 간 과정의 기록	青莊館全書 10권 124쪽
韓致奫(1765-1814)	봉사록(奉使錄)	張寧(明)	集	장녕이 조선에 사신으로 간 과정의 기록	海東繹史 5권 59쪽

독서자	서명	저자	분류	간략 해제	출전
李德懋(1741-1793)	봉사록(奉使錄)	張寧(明)	集	장녕이 조선에 사신으로 간 과정의 기록	青莊館全書 10권 87쪽
韓致奫(1765-1814)	봉사시초(奉使詩草)	鄧少卿(?)			海東繹史 5권 127쪽
韓致奫(1765-1814)	봉사조선고(奉使朝鮮藁)	朱之蕃(明)	集	주지번이 조선으로 사신을 떠났을 때 쓴 시문들을 수록	海東繹史 5권 126쪽
兪晩柱(1755-1788)	봉의정(鳳儀亭)		子	삼국시대 여포와 貂蟬의 애정 및 董卓의 살해에 관한 이야기를 묘사	欽英 4권 421쪽
許筠(1569-1618)	봉주집(鳳洲集)	王世貞(1526-1590)	集	왕세정의 시집으로 보임	惺所覆瓿藁 3권 270쪽
韓致奫(1765-1814)	봉창일록(蓬窓日錄)	陳全之(明)	子	작자가 평상시에 수집한 자료를 모은 雜著	海東繹史 5권 170쪽
正祖(1752-1800)	부록(附錄)	祝宗道(宋)			弘齋全書 2권 82쪽
李德懋(1741-1793)	부명집(缶鳴集)	高啓(明)	集	고계의 문집	青莊館全書 5권 163쪽
朴趾源(1737-1805)	부지성명록(不知姓名錄)	李淸(明)	史	각종 서적에서 사건과 무명씨의 전기를 모아서 만든 책	燕巖集 158쪽
兪晩柱(1755-1788)	북곡보(北曲譜)	王奕淸(淸)	集	출전은 『欽定曲譜』	欽英 3권 280쪽
許筠(1569-1618)	북귀부(北歸賦)	江淹(444-505)		출전은 강엄의 문집 『江文通集』으로 보임	惺所覆瓿藁 3권 104쪽
李德懋(1741-1793)	북당서초(北堂書鈔)*	虞世南(558-638)	子	현존하는 중국 최초의 類書	青莊館全書 9권 152쪽
丁若鏞(1762-1836)	북당서초(北堂書鈔)*	虞世南(558-638)	子	현존하는 중국 최초의 類書	茶山詩文集 8권 70쪽
許筠(1569-1618)	북리지(北里誌)*	孫棨(唐)	子	1권의 필기로서 晩唐시에 平康里의 名妓와 文士·遊客들 사이에 일어난 일화를 15조로 기록	惺所覆瓿藁 3권 109쪽
李德懋(1741-1793)	북몽쇄언(北夢瑣言)*	孫光憲(宋:900-968)	子	20권으로 이루어지고 일문 4권인 필기로서 唐末五代의 雜事를 기록	青莊館全書 10권 18쪽
李德懋(1741-1793)	북사(北史)*	李延壽(唐)	史	100권의 기전체사서로서 北魏로터 北齊·北周와 隋의 역사를 기술	青莊館全書 10권 22쪽
丁若鏞(1762-1836)	북사(北史)*	李延壽(唐)	史	100권의 기전체사서로서 北魏로터 北齊·北周와 隋의 역사를 기술	與猶堂全書 2권 217쪽
正祖(1752-1800)	북사(北史)*	李延壽(唐)	史	100권의 기전체사서로서 北魏로터 北齊·北周와 隋의 역사를 기술	弘齋全書 6권 79쪽
韓致奫(1765-1814)	북사(北史)*	李延壽(唐)	史	100권의 기전체사서로서 北魏로터 北齊·北周와 隋의 역사를 기술	海東繹史 5권 79쪽
許筠(1569-1618)	북산주경(北山酒經)	朱翼中(北宋)	子	술을 빚는 법을 기록	惺所覆瓿藁 4권 308쪽
丁若鏞(1762-1836)	북제서(北齊書)*	李百藥(565-648)	史	50권의 기전체사서로서 북제의 기초를 구축한 高歡의 연대기와 북제 여섯 황제의 사적을 기재	茶山詩文集 2권 41쪽
朴趾源(1737-1805)	북평고금기(北平古今記)	顧炎武(1613-1682)	史	북경의 역사적 사실들을 기록한 책	燕巖集 158쪽
韓致奫(1765-1814)	북해집(北海集)*	馮琦(1559-1603)	集	明 풍기의 시문집	海東繹史 6권 257쪽
李德懋(1741-1793)	분감여화(分柑餘話)	王士禎(1634-1711)	子	雜事를 기록	青莊館全書 10권 167쪽

독서자	서명	저자	분류	간략 해제	출전
朴趾源(1737-1805)	분흑춘추(粉黑春秋)	朱彛尊(1629-1709)	史	『춘추』에 관한 주석서로 추정	燕巖集 158쪽
朴趾源(1737-1805)	분서(焚書)*	李贄(1527-1602)	集	明 이지의 시문집으로 그의 서신, 잡저, 사론, 시가 등을 수록	燕巖集 158쪽
兪晩柱(1755-1788)	분서(焚書)*	李贄(1527-1602)	集	明 이지의 시문집으로 그의 서신, 잡저, 사론, 시가 등을 수록	欽英 2권 452쪽
韓致奫(1765-1814)	불조통기(佛祖統記)*	志磐(宋)	史	불교사서로 석가로부터 송대까지 고승의 사적을 정사의 체제를 모방하여 기전체로 기술한 것	海東繹史 5권 89쪽
李德懋(1741-1793)	비설록(霏雪錄)	齊已(唐)	集	제이의 시집	靑莊館全書 8권 240쪽
丁若鏞(1762-1836)	비설록(霏雪錄)	齊已(唐)	集	제이의 시집	茶山詩文集 2권 155쪽
李德懋(1741-1793)	비아(埤雅)*	陸佃(1042-1102)	經	20권의 訓詁書로서 『爾雅』를 증보하였고 동식물과 천문 기상에 대한 용어를 전문적으로 해석한 책	靑莊館全書 10권 49쪽
韓致奫(1765-1814)	비장전(秘藏詮)	太宗(北宋)	子	도가에 관한 저작으로 추정	海東繹史 5권 88쪽
許筠(1569-1618)	비점당음(批點唐音)	顧璘(1476-1545)	子	『唐音』에 대한 주석	惺所覆瓿藁 2권 237쪽
許筠(1569-1618)	빈사전(貧士傳)	黃姬水(明)	史	周에서 明代까지의 75명 貧士의 전기	惺所覆瓿藁 4권 49쪽
兪晩柱(1755-1788)	사강(史綱)		史		欽英 1권 70쪽
許筠(1569-1618)	사강(史綱)		史		惺所覆瓿藁 3권 73쪽
正祖(1752-1800)	사고당집(思古堂集)	毛先舒(淸)	集	모선서의 문집	弘齋全書 6권 211쪽
丁若鏞(1762-1836)	사고제요(四庫提要)	紀昀(淸)	史	사고전서에 수록된 각종 서적을 소개한 책	茶山詩文集 2권 240쪽
正祖(1752-1800)	사기(史記)*	司馬遷(B.C.145-86)	史	130권의 기전체사서로서 黃帝로부터 漢武帝에까지의 역사를 기록한 책	弘齋全書 3권141쪽
金光仲(?)	사기(史記)*	司馬遷(B.C.145-86)	史	130권의 기전체사서로서 黃帝로부터 漢武帝에까지의 역사를 기록한 책	燕行錄選集 6권 402쪽
金錫胄(1634-1684)	사기(史記)*	司馬遷(B.C.145-86)	史	130권의 기전체사서로서 黃帝로부터 漢武帝에까지의 역사를 기록한 책	肅宗實錄 6권 112쪽
朴趾源(1737-1805)	사기(史記)*	司馬遷(B.C.145-86)	史	130권의 기전체사서로서 黃帝로부터 漢武帝에까지의 역사를 기록한 책	燕巖集 27쪽
朴泰輔(1654-1689)	사기(史記)*	司馬遷(B.C.145-86)	史	130권의 기전체사서로서 黃帝로부터 漢武帝에까지의 역사를 기록한 책	肅宗實錄 6권 165쪽
宋時烈(1607-1689)	사기(史記)*	司馬遷(B.C.145-86)	史	130권의 기전체사서로서 黃帝로부터 漢武帝에까지의 역사를 기록한 책	肅宗實錄 9권 112쪽
肅宗(1661-1720)	사기(史記)*	司馬遷(B.C.145-86)	史	130권의 기전체사서로서 黃帝로부터 漢武帝에까지의 역사를 기록한 책	肅宗實錄 10권 158쪽

독서자	서명	저자	분류	간략 해제	출전
兪晩柱(1755-1788)	사기(史記)*	司馬遷(B.C.145-86)	史	130권의 기전체사서로서 黃帝로부터 漢武帝에까지의 역사를 기록한 책	欽英 1권 10쪽
尹命鉉(?)	사기(史記)*	司馬遷(B.C.145-86)	史	130권의 기전체사서로서 黃帝로부터 漢武帝에까지의 역사를 기록한 책	弘齋全書 13권 14쪽
李健命(1663-1722)	사기(史記)*	司馬遷(B.C.145-86)	史	130권의 기전체사서로서 黃帝로부터 漢武帝에까지의 역사를 기록한 책	肅宗實錄 27권 50쪽
李匡師(1705-1777)	사기(史記)*	司馬遷(B.C.145-86)	史	130권의 기전체사서로서 黃帝로부터 漢武帝에까지의 역사를 기록한 책	圓嶠集 493쪽
李德懋(1741-1793)	사기(史記)*	司馬遷(B.C.145-86)	史	130권의 기전체사서로서 黃帝로부터 漢武帝에까지의 역사를 기록한 책	靑莊館全書 5권 13쪽
李書九(1754-1825)	사기(史記)*	司馬遷(B.C.145-86)	史	130권의 기전체사서로서 黃帝로부터 漢武帝에까지의 역사를 기록한 책	惕齋集 216쪽
李重庚(1680-?)	사기(史記)*	司馬遷(B.C.145-86)	史	130권의 기전체사서로서 黃帝로부터 漢武帝에까지의 역사를 기록한 책	英祖實錄 14권 122쪽
張混(1759-1828)	사기(史記)*	司馬遷(B.C.145-86)	史	130권의 기전체사서로서 黃帝로부터 漢武帝에까지의 역사를 기록한 책	而已广集 580쪽
丁若鏞(1762-1836)	사기(史記)*	司馬遷(B.C.145-86)	史	130권의 기전체사서로서 黃帝로부터 漢武帝에까지의 역사를 기록한 책	與猶堂全書 2권 97쪽
正祖(1752-1800)	사기(史記)*	司馬遷(B.C.145-86)	史	130권의 기전체사서로서 黃帝로부터 漢武帝에까지의 역사를 기록한 책	正祖實錄 8권 207쪽
正祖(1752-1800)	사기(史記)*	司馬遷(B.C.145-86)	史	130권의 기전체사서로서 黃帝로부터 漢武帝에까지의 역사를 기록한 책	弘齋全書 6권 10쪽
崔錫鼎(1646-1715)	사기(史記)*	司馬遷(B.C.145-86)	史	130권의 기전체사서로서 黃帝로부터 漢武帝에까지의 역사를 기록한 책	明谷集 I 56쪽
韓致奫(1765-1814)	사기(史記)*	司馬遷(B.C.145-86)	史	130권의 기전체사서로서 黃帝로부터 漢武帝에까지의 역사를 기록한 책	海東繹史 5권 78쪽
許筠(1569-1618)	사기(史記)*	司馬遷(B.C.145-86)	史	130권의 기전체사서로서 黃帝로부터 漢武帝에까지의 역사를 기록한 책	惺所覆瓿藁 3권 38쪽
洪樂泳(?)	사기(史記)*	司馬遷(B.C.145-86)	史	130권의 기전체사서로서 黃帝로부터 漢武帝에까지의 역사를 기록한 책	英祖實錄 30권 197쪽

독서자	서명	저자	분류	간략 해제	출전
黃胤錫(1729-1791)	사기(史記)*	司馬遷(B.C.145-86)	史	130권의 기전체사서로서 黃帝로부터 漢武帝에까지의 역사를 기록한 책	頤齋遺藁 552쪽
金照(?)	사기색은(史記索隱)*	司馬貞(唐)	史	30권으로 이루어진 『사기』 주석서	弘齋全書 13권 489쪽
正祖(1752-1800)	사기색은(史記索隱)*	司馬貞(唐)	史	30권으로 이루어진 『사기』 주석서	弘齋全書 13권 489쪽, 14권 2쪽
李德懋(1741-1793)	사기집해(史記集解)	裴駰(宋)	史	『사기』에 대한 주석	靑莊館全書 9권 74쪽
金尙喆(1712-1791)	사기평림(史記評林)*	凌稚隆(明)	史	『사기』에 대한 諸家의 설을 모두 輯錄한 것	正祖實錄 2권 263쪽
丁若鏞(1762-1836)	사기평림(史記評林)*	凌稚隆(明)	史	『사기』에 대한 諸家의 설을 모두 輯錄한 것	茶山詩文集 8권 64쪽
朴世采(1631-1695)	사도고증(師道考證)				肅宗實錄 31권 43쪽
許筠(1569-1618)	사동방록(使東方錄)	梁有年(明)	子	양유년이 奉使時에 저술한 글과 조선사람이 화답한 글 수록	惺所覆瓿藁 2권 241쪽
李德懋(1741-1793)	사동일록(使東日錄)	董越(1431-1502)	子	동월이 조선을 왕래하면서 여정을 기록한 시문	靑莊館全書 10권 125쪽
韓致奫(1765-1814)	사동일록(使東日錄)	董越(1431-1502)	子	동월이 조선을 왕래하면서 여정을 기록한 시문	海東繹史 5권 121쪽
金允昌(?)	사략(史略)*	高似孫(宋)	史	사서에 관한 역대 논의를 수집・채록한 책	肅宗實錄 18권 65쪽
純祖(1790-1834)	사략(史略)*	高似孫(宋)	史	사서에 관한 역대 논의를 수집・채록한 책	弘齋全書 15권 312쪽
李光運(?)	사략(史略)*	高似孫(宋)	史	사서에 관한 역대 논의를 수집・채록한 책	英祖實錄 19권 58쪽
正祖(1752-1800)	사략(史略)*	高似孫(宋)	史	사서에 관한 역대 논의를 수집・채록한 책	正祖實錄 23권 31쪽
正祖(1752-1800)	사략(史略)*	高似孫(宋)	史	사서에 관한 역대 논의를 수집・채록한 책	弘齋全書 15권 312쪽
朴趾源(1737-1805)	사례촬요(四禮撮要)	甘京(淸)	經	예의에 관한 서적의 주석	燕巖集 158쪽
韓致奫(1765-1814)	사론(史論)	孫甫(宋)	史	『舊唐書』에 대한 평론으로 『唐史論』으로 추정	海東繹史 5권 116쪽
韓致奫(1765-1814)	사릉한묵지(思陵翰墨志)	宋高宗(南)	子	書法에 관한 저작	海東繹史 5권 112쪽
朴宗珩(?)	사마법(司馬法)*	司馬穰苴(戰國)	子	병법을 기술한 3권의 병서	弘齋全書 13권 467쪽
徐命膺(1716-1787)	사마법(司馬法)*	司馬穰苴(戰國)	子	병법을 기술한 3권의 병서	英祖實錄 25권 229쪽
丁若鏞(1762-1836)	사마법(司馬法)*	司馬穰苴(戰國)	子	병법을 기술한 3권의 병서	與猶堂全書 3권 106쪽
正祖(1752-1800)	사마법(司馬法)*	司馬穰苴(戰國)	子	병법을 기술한 3권의 병서	正祖實錄 22권 305쪽
許筠(1569-1618)	사마병법(司馬兵法)	司馬穰苴(戰國)	子	병서	惺所覆瓿藁 2권 250쪽
李宜顯(1669-1745)	사마온공집(司馬溫公集)	司馬光(1019-1086)	集	사마광의 문집	陶谷集Ⅱ 502쪽
許筠(1569-1618)	사명집(四溟集)*	謝榛(1495-1575)	集	10권으로 되어 있음	惺所覆瓿藁 3권 328쪽

독서자	서명	저자	분류	간략 해제	출전
兪晩柱(1755-1788)	사문문방부태평어람(事文文房部太平御覽)	李昉(北宋)	史	『太平御覽』의 일부분으로 보임	欽英 4권 397쪽
丁若鏞(1762-1836)	사문유취(事文類聚)*	祝穆(南宋) 등	子	남송 축목, 元 富大用과 祝淵이 지은 유서. 일명 『古今事文類聚』	茶山詩文集 2권 47쪽
許筠(1569-1618)	사문유취(事文類聚)*	祝穆(南宋) 등	子	남송 축목, 元 富大用과 祝淵이 지은 유서. 일명 『古今事文類聚』	惺所覆瓿藁 4권 36쪽
英祖(1694-1776)	사문유취(事文類聚)*	祝穆(南宋) 등	子	남송 축목, 元 富大用과 祝淵이 지은 유서. 일명 『古今事文類聚』	英祖實錄 34권 110쪽
張混(1759-1828)	사문유취(事文類聚)*	祝穆(南宋) 등	子	남송 축목, 元 富大用과 祝淵이 지은 유서. 일명 『古今事文類聚』	而已广集 580쪽
兪晩柱(1755-1788)	사부고(四部藁)	王世貞(1526-1590)	集	원명 『弇州四部稿』인 王世貞의 문집	欽英 4권 101쪽
李德懋(1741-1793)	사부고(四部藁)	王世貞(1526-1590)	集	원명 『弇州四部稿』인 王世貞의 문집	靑莊館全書 7권 15쪽
兪晩柱(1755-1788)	사부고선(四部稿選)	王世貞(1526-1590)	集	沈一貫이 선별하여 편찬한 왕세정의 문집, 출전은 왕세정의 『弇州山人四部稿』	欽英 6권 59쪽
兪晩柱(1755-1788)	사부선(四部選)	王世貞(1526-1590)	集	沈一貫이 선별하여 편찬한 왕세정의 문집, 출전은 왕세정의 『弇州山人四部稿』	欽英 6권 163쪽
許筠(1569-1618)	사산인집(謝山人集)		集		惺所覆瓿藁 1권 172쪽
丁若鏞(1762-1836)	사서개착(四書改錯)	毛奇齡(1623-1716)	經	사서에 대한 고증	與猶堂全書 3권 5쪽
正祖(1752-1800)	사서대전(四書大全)	胡廣(明) 등	經	호광이 조칙을 받들어 편집한 사서에 대한 해석서	弘齋全書 18권 140쪽
韓致奫(1765-1814)	사서대전(四書大全)	胡廣(明) 등	經	호광이 조칙을 받들어 편집한 사서에 대한 해석서	海東繹史 5권 7쪽
正祖(1752-1800)	사서몽인(四書蒙引)*	蔡淸(1453-1508)	經	과거 시험에 대비한 『사서』 의리 강해	弘齋全書 8권 112쪽
正祖(1752-1800)	사서발명(四書發明)	陳櫟(元)	經	『사서』에 대한 해석	弘齋全書8권 108쪽
李德懋(1741-1793)	사서색해(四書索解)	毛奇齡(1623-1716)	經	『사서』에 대한 문답식 해석서	靑莊館全書 10권 65쪽
李德懋(1741-1793)	사서연의(四書衍義)	周焱(宋)	經	『사서』에 대한 해석	靑莊館全書 9권 105쪽
韓致奫(1765-1814)	사서연의(四書衍義)	周焱(宋)	經	『사서』에 대한 해석	海東繹史 5권 7쪽
李肯翊(1736-1806)	사서연의(四書衍義)	周焱(宋)	經	『사서』에 대한 해석	燃藜室記述 9권 327쪽
兪晩柱(1755-1788)	사서의(四書疑)		經	『사서』에 대한 주석서	欽英 4권 471쪽
李德懋(1741-1793)	사서인물고(四書人物考)	陳仁錫(明)	經	『사서』에 나오는 인물의 전기	靑莊館全書 10권 23쪽
李宜顯(1669-1745)	사서인물고(四書人物考)	薛應旂(明)	經	『사서』에 나오는 인물의 전기	陶谷集Ⅱ 502쪽

독서자	서명	저자	분류	간략 해제	출전
李德懋(1741-1793)	사서잉언(四書賸言)	毛奇齡(1623-1716)	經	『사서』에 대한 고증	靑莊館全書 10권 67쪽
李德懋(1741-1793)	사서잉언보(四書賸言補)	毛奇齡(1623-1716)	經	『사서』에 대한 고증	靑莊館全書 10권 69-70쪽
正祖(1752-1800)	사서장구집주(四書章句集註)*	朱熹(1130-1200)	經	공자, 맹자 사상에 이학적인 색채를 부여한 19권의 경전해석서	弘齋全書 7권 62쪽
金在魯(1682-1759)	사서주자동이조변(四書朱子同異條辨)	李沛霖(淸)	經	주희가 주석한 『사서』에 대한 고증 분석	肅宗實錄 25권 199쪽
肅宗(1661-1720)	사서주자동이조변(四書朱子同異條辨)	李沛霖(淸)	經	주희가 주석한 『사서』에 대한 고증 분석	肅宗實錄 25권 176쪽
徐命膺(1716-1787)	사서집석(四書輯釋)	倪士毅(元)	經	당시 희귀본이던 것을 서명응이 재출간함	保晩齋集 201쪽
丁若鏞(1762-1836)	사서집주(四書集注)*	朱熹(1130-1200)	經	공자, 맹자 사상에 이학적인 색채를 부여한 19권의 경전해석서	茶山詩文集 9권 27쪽
李德懋(1741-1793)	사서총설(四書叢說)	許謙(宋)	經	『사서』에 대한 해석과 고증	靑莊館全書 4권 162쪽
李德懋(1741-1793)	사서표제(四書標題)	熊禾(宋)	經	『사서』에 대한 해석	靑莊館全書 4권 164쪽
朴趾源(1737-1805)	사성원(四聲猿)	徐渭(1521-1593)	子	明代 서위가 편찬한 희곡집	燕巖集 156쪽
李德懋(1741-1793)	사여강고(四如講稿)	黃庭堅(1045-1105)	經	유가 경전에 대한 해석	靑莊館全書 4권 160쪽
兪晩柱(1755-1788)	사염(史艶)				欽英 3권 331쪽
兪晩柱(1755-1788)	사옹복사부(槎翁覆槎瓿)		經	『사서』에 대한 해석	欽英 3권 331쪽
許筠(1569-1618)	사우재기(四友齋記)	茅溱(明)	集	모진의 문집	惺所覆瓿藁 2권 95쪽
許筠(1569-1618)	사우재총설(四友齋叢說)	何良俊(明)	子	類書, 經史子集 佛道와 詩文을 모음	惺所覆瓿藁 4권 168쪽
許筠(1569-1618)	사우총설(四友叢說)	何良俊(明)	子	類書, 經史子集 佛道와 詩文을 모음	惺所覆瓿藁 3권 240쪽
韓致奫(1765-1814)	사륙담진(四六談塵)	謝伋(宋)	集	시문에 대판 평론서	海東繹史 6권 391쪽
兪晩柱(1755-1788)	사이고(四夷考)	葉氏(?)	史	변방 지역의 역사 지리서	欽英 6권 336쪽
許筠(1569-1618)	사자수언(四子粹言)				惺所覆瓿藁 4권 206쪽
張混(1759-1828)	사절(史竊)	尹守衡(明)	史	명대의 역사 기록	而已广集 554쪽
金集(1574-1656)	사정전훈의자치통감(思政殿訓義資治通鑑)		史	『자치통감』에 대한 해석서	肅宗實錄 26권 227쪽
李德懋(1741-1793)	사조선록(使朝鮮錄)	龔用卿(明)	史	조선에 사신으로 간 기록	靑莊館全書 10권 124쪽
韓致奫(1765-1814)	사조선록(使朝鮮錄)	龔用卿(明)	史	조선에 사신으로 간 기록	海東繹史 5권 122쪽
魏伯珪(1727-1798)	사차록(史箚錄)				存齋集 536쪽

독서자	서명	저자	분류	간략 해제	출전
崔錫鼎(1646-1715)	사한(史漢)		史	사마천의 사기와 반고의 한서	明谷集 111쪽
兪晚柱(1755-1788)	사황시부록(思皇詩賦錄)				欽英 5권 140쪽
許筠(1569-1618)	산가청사(山家淸事)	林洪(宋)	子	잡사를 기록함	惺所覆瓿藁 4권 196쪽
韓致奫(1765-1814)	산거부(山居賦)	謝靈運(東晋)	集	사영운이 쓴 賦	海東繹史 5권 120쪽
李德懋(1741-1793)	산곡집(山谷集)*	黃庭堅(1045-1105)	集	宋 황정견의 문집	靑莊館全書 5권 157쪽
韓致奫(1765-1814)	산곡집(山谷集)*	黃庭堅(1045-1105)	集	宋 황정견의 문집	海東繹史 6권 58쪽
李肯翊(1736-1806)	산당고색(山堂考索)*	章如愚(南宋)	子	經史百家의 말을 넓게 취해 정치제도를 논한 저서	燃藜室記述 9권 326쪽
李德懋(1741-1793)	산당고색(山堂考索)*	章如愚(南宋)	子	經史百家의 말을 넓게 취해 정치제도를 논한 저서	靑莊館全書 9권 105쪽
韓致奫(1765-1814)	산당고색(山堂考索)*	章如愚(南宋)	子	經史百家의 말을 넓게 취해 정치제도를 논한 저서	海東繹史 5권 7쪽
李德懋(1741-1793)	산당사고(山堂肆考)	彭大翼(明)	子		靑莊館全書 2권 30쪽
正祖(1752-1800)	산당사고(山堂肆考)	彭大翼(明)	子		弘齋全書 6권 105쪽
李德懋(1741-1793)	산방수필(山房隨筆)	莊子正(元)	子		靑莊館全書 8권 135쪽
李德懋(1741-1793)	산하한만집(山河汗漫集)	趙孟僩(宋)	子		靑莊館全書 4권 159쪽
朴趾源(1737-1805)	산해경(山海經)*	傳 禹王(夏)	子	30편의 半소설적인 지리서	燕巖集 146쪽
柳得恭(1749-1807)	산해경(山海經)*	傳 禹王(夏)	子	30편의 半소설적인 지리서	冷齋集 119쪽
柳得恭(1749-1807)	산해경(山海經)*	傳 禹王(夏)	子	30편의 半소설적인 지리서	燕行錄選集 7권 432쪽
李德懋(1741-1793)	산해경(山海經)*	傳 禹王(夏)	子	30편의 半소설적인 지리서	靑莊館全書 4권 194쪽
李宜顯(1669-1745)	산해경(山海經)*	傳 禹王(夏)	子	30편의 半소설적인 지리서	陶谷集Ⅱ 502쪽
李夏坤(1677-1724)	산해경(山海經)*	傳 禹王(夏)	子	30편의 半소설적인 지리서	頭陀草 554쪽
張混(1759-1828)	산해경(山海經)*	傳 禹王(夏)	子	30편의 半소설적인 지리서	而已广集 580쪽
丁若鏞(1762-1836)	산해경(山海經)*	傳 禹王(夏)	子	30편의 半소설적인 지리서	與猶堂全書 2권 487쪽
正祖(1752-1800)	산해경(山海經)*	傳 禹王(夏)	子	30편의 半소설적인 지리서	弘齋全書 7권 57쪽
韓致奫(1765-1814)	산해경(山海經)*	傳 禹王(夏)	子	30편의 半소설적인 지리서	海東繹史 5권 82쪽
許筠(1569-1618)	산해경(山海經)*	傳 禹王(夏)	子	30편의 半소설적인 지리서	惺所覆瓿藁 4권 226쪽
李肯翊(1736-1806)	산해경(山海經)*	傳 禹王(夏)	子	30편의 半소설적인 지리서	燃藜室記述 11권 452쪽
兪晚柱(1755-1788)	삼강혹문(三綱或文)				欽英 6권 86쪽
韓致奫(1765-1814)	삼경신의(三經新義)	王安石(1021-1086)	經	『주례』, 『상서』, 『시경』에 대해 해석서	海東繹史 5권 76쪽
李德懋(1741-1793)	삼국연의(三國演義)*	羅貫中(1330?-1440)	集	章會小設로 後漢 말년과 위·촉·오 삼국의 쟁패전과 당시 혼란한 사회 현실을 묘사한 책	靑莊館全書 3권 136쪽
李德懋(1741-1793)	삼국지(三國志)*	陳壽(233-297)	史	65권의 기전체정사. 위·촉·오 3국의 사적을 기록	靑莊館全書 5권 7쪽
張混(1759-1828)	삼국지(三國志)*	陳壽(233-297)	史	65권의 기전체정사로 위·촉·오 3국의 사적을 기록	而已广集 580쪽

독서자	서명	저자	분류	간략 해제	출전
丁若鏞(1762-1836)	삼국지(三國志)*	陳壽(233-297)	史	65권의 기전체정사로 위・촉・오 3국의 사적을 기록	與猶堂全書 2권 14쪽
正祖(1752-1800)	삼국지(三國志)*	陳壽(233-297)	史	65권의 기전체정사로 위・촉・오 3국의 사적을 기록	正祖實錄 15권 198쪽
正祖(1752-1800)	삼국지(三國志)*	陳壽(233-297)	史	65권의 기전체정사로 위・촉・오 3국의 사적을 기록	弘齋全書 16권 88쪽
崔重泰(?)	삼국지(三國志)*	陳壽(233-297)	史	65권의 기전체정사로 위・촉・오 3국의 사적을 기록	肅宗實錄 20권 8쪽
韓致奫(1765-1814)	삼국지(三國志)*	陳壽(233-297)	史	65권의 기전체정사로 위・촉・오 3국의 사적을 기록	海東繹史 5권 78쪽
許筠(1569-1618)	삼국지(三國志)*	陳壽(233-297)	史	65권의 기전체정사로 위・촉・오 3국의 사적을 기록	惺所覆瓿藁 3권 197쪽
李珥(1536-1584)	삼략(三略)*	傳 太公望(周)	子	상략, 중략, 하략 3권으로 이루어진 병서	肅宗實錄 21권 105쪽
張混(1759-1828)	삼략(三略)*	傳 太公望(周)	子	상략, 중략, 하략 3권으로 이루어진 병서	而已广集 580쪽
丁若鏞(1762-1836)	삼략(三略)*	傳 太公望(周)	子	상략, 중략, 하략 3권으로 이루어진 병서	與猶堂全書 5권 290쪽
李德懋(1741-1793)	삼례(三禮)		經	예기・주례・의례의 통칭	靑莊館全書 9권 194쪽
正祖(1752-1800)	삼례도(三禮圖)	阮諶(漢)	經	삼례 가운데의 기물 등을 그림의 형식으로 표시한 책	弘齋全書 7권 322쪽
韓致奫(1765-1814)	삼례도(三禮圖)	阮諶(漢)	經	삼례 가운데의 기물 등을 그림의 형식으로 표시한 책	海東繹史 5권 73쪽
丁若鏞(1762-1836)	삼례원위(三禮源委)		經		茶山詩文集 6권 225쪽
韓致奫(1765-1814)	삼례의종(三禮義宗)	崔靈恩(南朝梁)	經	『周禮』,『儀禮』,『二戴禮記』에 대한 주석과 고증	海東繹史 5권 2쪽
正祖(1752-1800)	삼분(三墳)	張天覺(宋)	經	상고시대 점복이거나 숙명론의 저작으로 추정. 五行과 비슷	弘齋全書 6권 238쪽
李德懋(1741-1793)	삼소자(三疏子)				靑莊館全書 3권 178쪽
韓致奫(1765-1814)	삼속고문기상(三續古文奇賞)	陳仁錫(明)	集	각 시대의 저명한 문장을 수록	海東繹史 6권 168쪽
韓致奫(1765-1814)	삼십육국춘추(三十六國春秋)	崔鴻(北朝魏)	史	16국의 역사를 기록. 『十六國春秋』로 추정	海東繹史 5권 79쪽
李德懋(1741-1793)	삼어당문집(三漁堂文集)*	陸隴其(1630-1692)	集	淸 육농기의 문집	靑莊館全書 9권 11쪽
朴趾源(1737-1805)	삼어당일기(三魚堂日記)	陸隴其(1630-1692)	史	육농기의 일기	燕巖集 158쪽
李宜顯(1669-1745)	삼이인집(三異人集)	李贄(1527-1602)	集	方孝孺・于謙 등 시인의 시문에 대한 이지의 평가	陶谷集Ⅱ 502쪽
李德懋(1741-1793)	삼재도회(三才圖會)*	王圻(1498-1583)	子	天・地・人 3才의 만물에 그림을 붙여서 해설한 일종의 백과사전	靑莊館全書 8권 149쪽
李宜顯(1669-1745)	삼재도회(三才圖會)*	王圻(1498-1583)	子	天・地・人 3才의 만물에 그림을 붙여서 해설한 일종의 백과사전	陶谷集Ⅱ 502쪽
張混(1759-1828)	삼재도회(三才圖會)*	王圻(1498-1583)	子	天・地・人 3才의 만물에 그림을 붙여서 해설한 일종의 백과사전	而已广集 580쪽

독서자	서명	저자	분류	간략 해제	출전
丁若鏞(1762-1836)	삼재도회(三才圖會)*	王圻(1498-1583)	子	天·地·人 3才의 만물에 그림을 붙여서 해설한 일종의 백과사전	與猶堂全書 6권 327쪽
韓致奫(1765-1814)	삼재도회(三才圖會)*	王圻(1498-1583)	子	天·地·人 3才의 만물에 그림을 붙여서 해설한 일종의 백과사전	藝文志
韓致奫(1765-1814)	삼재도회속집(三才圖會續集)	王思義(明)	子		藝文志
正祖(1752-1800)	삼조보훈(三朝寶訓)	呂夷簡(宋)	史	북송 초기 황제 3명의 詔令을 기록한 책	正祖實錄 8권 74쪽
兪晩柱(1755-1788)	삼조요전(三朝要典)*	顧秉謙(明) 등	史	명대 말기 발생했던 三案—梃擊案·移宮案·紅丸案—과 관련된 공문서를 편찬한 정서	欽英 5권 432쪽
李德懋(1741-1793)	삼존보록(三尊譜錄)	彭定求(淸)	子	별칭 『上淸三尊譜錄』, 도가 경전	靑莊館全書 9권 203쪽
李德懋(1741-1793)	삼천지(三遷志)*	呂元善(明)	史	맹자, 맹모의 事蹟을 기록하고 이들 모자 사당의 그림 및 관련사항을 기록한 책	靑莊館全書 10권 115쪽
李晩秀(1752-1820)	삼한서(三漢書)		史		屐園遺稿 66쪽
李德懋(1741-1793)	상례오설편(喪禮吾說篇)	毛奇齡(1623-1716)	經	상례에 대한 고증서	靑莊館全書 9권 117쪽
魏伯珪(1727-1798)	상마경(相馬經)		子	좋은 말을 선택하는 相馬法 등을 기록한 책. 저자와 편찬연대 미상	存齋集 352쪽
丁若鏞(1762-1836)	상산야녹(湘山野錄)	釋文瑩(宋)	子	북송 때의 사실을 기록	茶山詩文集 2권 391쪽
徐命膺(1716-1787)	상서(尙書)*	孔丘(B.C.552-479)	經	『서경』	保晩齋集 198쪽
李德懋(1741-1793)	상서(尙書)*	孔丘(B.C.552-479)	經	『서경』	靑莊館全書 9권 67쪽
南鶴聞(?)	상서(尙書)*	孔丘(B.C.552-479)	經	『서경』	正祖實錄 3권 125쪽
宋文欽(1710-1751)	상서(尙書)*	孔丘(B.C.552-479)	經	『서경』	閒靜堂集 339쪽
李德懋(1741-1793)	상서(尙書)*	孔丘(B.C.552-479)	經	『서경』	靑莊館全書 3권 207쪽
李書九(1754-1825)	상서(尙書)*	孔丘(B.C.552-479)	經	『서경』	惕齋集 226쪽
張混(1759-1828)	상서(尙書)*	孔丘(B.C.552-479)	經	『서경』	而已广集 574쪽
丁若鏞(1762-1836)	상서(尙書)*	孔丘(B.C.552-479)	經	『서경』	與猶堂全書 3권 3쪽
正祖(1752-1800)	상서(尙書)*	孔丘(B.C.552-479)	經	『서경』	正祖實錄 27권 215쪽
崔錫鼎(1646-1715)	상서(尙書)*	孔丘(B.C.552-479)	經	『서경』	明谷集Ⅰ 71쪽
韓致奫(1765-1814)	상서(尙書)*	孔丘(B.C.552-479)	經	『서경』	海東繹史 5권 72쪽
黃胤錫(1729-1791)	상서(尙書)*	孔丘(B.C.552-479)	經	『서경』	頤齋遺藁 347쪽
英祖(1694-1776)	상서(尙書)*	孔丘(B.C.552-479)	經	『서경』	英祖實錄 20권 135쪽
李書九(1754-1825)	상서고문(尙書古文)*	閻若璩(1636-1704)	經	염약거의 『古文尙書』에 대한 주석, 별칭 『尙書古文疎證』	惕齋集 216쪽
丁若鏞(1762-1836)	상서고문소증(尙書古文疏證)*	閻若璩(1636-1704)	經	경서를 고증한 8권의 책.	與猶堂全書 3권 7쪽
李晩秀(1752-1820)	상서공씨전(尙書孔氏傳)*	孔安國(前漢)	經	원래 漢 孔安國이 편찬한 책으로 『古文尙書』를 今文으로 정리한 책	屐園遺稿 270쪽
정조, 성종인	상서광청록(尙書廣聽錄)*	毛奇齡(1623-1716)	經	경서를 고증 해석한 5권의 책으로 三代의 사실을 많이 바로 잡음	弘齋全書 11권 203쪽
正祖(1752-1800)	상서대전(尙書大傳)	伏勝(漢)	經	『서경』에 대한 해석서	弘齋全書 8권 107쪽

독서자	서명	저자	분류	간략 해제	출전
正祖(1752-1800)	상서상해(尙書詳解)	胡士行(宋)	經	『상서』에 대한 해석서	弘齋全書 11권 201쪽
李德懋(1741-1793)	상서정의(尙書正義)*	孔安國(前漢) 등	經	『孔傳古文尙書』를 저본으로 삼아 南北朝 후기에 나타났던 諸家의 『義疏』를 수록하고 의견을 표명한 책	靑莊館全書 10권 165쪽
丁若鏞(1762-1836)	상서주(尙書注)	馬融(79-166)	經	『상서』의 주석	與猶堂全書 3권 4쪽
韓致奫(1765-1814)	상서집전(尙書集傳)	孫承澤(淸)	經	『상서』의 주석. 『尙書集解』로 추정	海東繹史 5권 16쪽
韓致奫(1765-1814)	상서표주(尙書表注)	金履祥(宋)	經	『상서』의 주석	海東繹史 5권 17쪽
許筠(1569-1618)	상자(商子)	商鞅(?-B.C.338)	子	상앙의 언행을 기록, 법가의 저작, 위서로 보임	惺所覆瓿藁 2권 246쪽
許筠(1569-1618)	상정(觴政)	袁宏道(1568-1610)	子	음주에 관한 내용	惺所覆瓿藁 4권 27쪽
兪晩柱(1755-1788)	상진전(尙震傳)				欽英 3권 366쪽
李德懋(1741-1793)	상해록(桑海錄)	吳萊(元)			靑莊館全書 5권 12쪽
姜浚欽(1768-?)	서경(書經)*	孔丘(B.C.552-479)	經	唐虞때부터 춘추때 秦穆公까지 여러 왕조와 제후들의 행적과 글을 모은 경전	弘齋全書 15권 260쪽
姜趾煥(?)	서경(書經)*	孔丘(B.C.552-479)	經	唐虞때부터 춘추때 秦穆公까지 여러 왕조와 제후들의 행적과 글을 모은 경전	英祖實錄 32권 98쪽
權丕應(?)	서경(書經)*	孔丘(B.C.552-479)	經	唐虞때부터 춘추때 秦穆公까지 여러 왕조와 제후들의 행적과 글을 모은 경전	弘齋全書 13권 128쪽
權尙夏(1641-1721)	서경(書經)*	孔丘(B.C.552-479)	經	唐虞때부터 춘추때 秦穆公까지 여러 왕조와 제후들의 행적과 글을 모은 경전	肅宗實錄 28권 74쪽
金履載(1767-1847)	서경(書經)*	孔丘(B.C.552-479)	經	唐虞때부터 춘추때 秦穆公까지 여러 왕조와 제후들의 행적과 글을 모은 경전	弘齋全書 15권 283쪽
金昌協(1651-1708)	서경(書經)*	孔丘(B.C.552-479)	經	唐虞때부터 춘추때 秦穆公까지 여러 왕조와 제후들의 행적과 글을 모은 경전	肅宗實錄 25권 51쪽
南公轍(1760-1840)	서경(書經)*	孔丘(B.C.552-479)	經	唐虞때부터 춘추때 秦穆公까지 여러 왕조와 제후들의 행적과 글을 모은 경전	金陵集 256쪽
南九萬(1629-1711)	서경(書經)*	孔丘(B.C.552-479)	經	唐虞때부터 춘추때 秦穆公까지 여러 왕조와 제후들의 행적과 글을 모은 경전	肅宗實錄 6권 80쪽
南泰齊(1699-1776)	서경(書經)*	孔丘(B.C.552-479)	經	唐虞때부터 춘추때 秦穆公까지 여러 왕조와 제후들의 행적과 글을 모은 경전	英祖實錄 17권 57쪽
閔鎭厚(1659-1720)	서경(書經)*	孔丘(B.C.552-479)	經	唐虞때부터 춘추때 秦穆公까지 여러 왕조와 제후들의 행적과 글을 모은 경전	肅宗實錄 30권 221쪽

독서자	서명	저자	분류	간략 해제	출전
朴弼周(1665-1748)	서경(書經)*	孔丘(B.C.552-479)	經	唐虞때부터 춘추때 秦穆公까지 여러 왕조와 제후들의 행적과 글을 모은 경전	英祖實錄 18권 288쪽
成大中(1732-1809)	서경(書經)*	孔丘(B.C.552-479)	經	唐虞때부터 춘추때 秦穆公까지 여러 왕조와 제후들의 행적과 글을 모은 경전	靑城集 517쪽
宋時烈(1607-1689)	서경(書經)*	孔丘(B.C.552-479)	經	唐虞때부터 춘추때 秦穆公까지 여러 왕조와 제후들의 행적과 글을 모은 경전	肅宗實錄 7권 164쪽
宋寅明(1689-1746)	서경(書經)*	孔丘(B.C.552-479)	經	唐虞때부터 춘추때 秦穆公까지 여러 왕조와 제후들의 행적과 글을 모은 경전	英祖實錄 14권 39쪽
宋寅明(1689-1746)	서경(書經)*	孔丘(B.C.552-479)	經	唐虞때부터 춘추때 秦穆公까지 여러 왕조와 제후들의 행적과 글을 모은 경전	英祖實錄 19권 60쪽
肅宗(1661-1720)	서경(書經)*	孔丘(B.C.552-479)	經	唐虞때부터 춘추때 秦穆公까지 여러 왕조와 제후들의 행적과 글을 모은 경전	肅宗實錄 32권 214쪽
申在陽(?)	서경(書經)*	孔丘(B.C.552-479)	經	唐虞때부터 춘추때 秦穆公까지 여러 왕조와 제후들의 행적과 글을 모은 경전	弘齋全書 13권 378쪽
安光集(?)	서경(書經)*	孔丘(B.C.552-479)	經	唐虞때부터 춘추때 秦穆公까지 여러 왕조와 제후들의 행적과 글을 모은 경전	弘齋全書 13권 376쪽
英祖(1694-1776)	서경(書經)*	孔丘(B.C.552-479)	經	唐虞때부터 춘추때 秦穆公까지 여러 왕조와 제후들의 행적과 글을 모은 경전	英祖實錄 14권 201쪽
吳光運(1689-1745)	서경(書經)*	孔丘(B.C.552-479)	經	唐虞때부터 춘추때 秦穆公까지 여러 왕조와 제후들의 행적과 글을 모은 경전	英祖實錄 17권 34쪽
魏伯珪(1727-1798)	서경(書經)*	孔丘(B.C.552-479)	經	唐虞때부터 춘추때 秦穆公까지 여러 왕조와 제후들의 행적과 글을 모은 경전	存齋集 230쪽
魏伯珪(1727-1798)	서경(書經)*	孔丘(B.C.552-479)	經	唐虞때부터 춘추때 秦穆公까지 여러 왕조와 제후들의 행적과 글을 모은 경전	存齊集 100쪽
兪晩柱(1755-1788)	서경(書經)*	孔丘(B.C.552-479)	經	唐虞때부터 춘추때 秦穆公까지 여러 왕조와 제후들의 행적과 글을 모은 경전	欽英 1권 11쪽
柳復明(1685-1760)	서경(書經)*	孔丘(B.C.552-479)	經	唐虞때부터 춘추때 秦穆公까지 여러 왕조와 제후들의 행적과 글을 모은 경전	英祖實錄 18권 271쪽
尹光顔(1757-1815)	서경(書經)*	孔丘(B.C.552-479)	經	唐虞때부터 춘추때 秦穆公까지 여러 왕조와 제후들의 행적과 글을 모은 경전	弘齋全書 15권 60쪽, 66쪽

독서자	서명	저자	분류	간략 해제	출전
李箕鎭(1687-1755)	서경(書經)*	孔丘(B.C.552-479)	經	唐虞때부터 춘추때 秦穆公까지 여러 왕조와 제후들의 행적과 글을 모은 경전	英祖實錄 20권 14쪽, 98쪽
李德懋(1741-1793)	서경(書經)*	孔丘(B.C.552-479)	經	唐虞때부터 춘추때 秦穆公까지 여러 왕조와 제후들의 행적과 글을 모은 경전	靑莊館全書 6권 160쪽
李德壽(1673-1744)	서경(書經)*	孔丘(B.C.552-479)	經	唐虞때부터 춘추때 秦穆公까지 여러 왕조와 제후들의 행적과 글을 모은 경전	英祖實錄 14권 208쪽
李德重(1702-?)	서경(書經)*	孔丘(B.C.552-479)	經	唐虞때부터 춘추때 秦穆公까지 여러 왕조와 제후들의 행적과 글을 모은 경전	英祖實錄 16권 202쪽
李晩秀(1752-1820)	서경(書經)*	孔丘(B.C.552-479)	經	唐虞때부터 춘추때 秦穆公까지 여러 왕조와 제후들의 행적과 글을 모은 경전	屐園遺稿 78쪽
李鈺(1760-1813)	서경(書經)*	孔丘(B.C.552-479)	經	唐虞때부터 춘추때 秦穆公까지 여러 왕조와 제후들의 행적과 글을 모은 경전	李鈺全集 1권 300쪽
林星鎭(?)	서경(書經)*	孔丘(B.C.552-479)	經	唐虞때부터 춘추때 秦穆公까지 여러 왕조와 제후들의 행적과 글을 모은 경전	弘齋全書 13권 137쪽
鄭淳弘(?)	서경(書經)*	孔丘(B.C.552-479)	經	唐虞때부터 춘추때 秦穆公까지 여러 왕조와 제후들의 행적과 글을 모은 경전	弘齋全書 13권 20쪽
丁若鏞(1762-1836)	서경(書經)*	孔丘(B.C.552-479)	經	唐虞때부터 춘추때 秦穆公까지 여러 왕조와 제후들의 행적과 글을 모은 경전	與猶堂全書 2권 67쪽
正祖(1752-1800)	서경(書經)*	孔丘(B.C.552-479)	經	唐虞때부터 춘추때 秦穆公까지 여러 왕조와 제후들의 행적과 글을 모은 경전	正祖實錄 1권 14쪽
正祖(1752-1800)	서경(書經)*	孔丘(B.C.552-479)	經	唐虞때부터 춘추때 秦穆公까지 여러 왕조와 제후들의 행적과 글을 모은 경전	弘齋全書 6권 116쪽
趙秀三(1762-1849)	서경(書經)*	孔丘(B.C.552-479)	經	唐虞때부터 춘추때 秦穆公까지 여러 왕조와 제후들의 행적과 글을 모은 경전	秋齋集 531쪽
趙憲(1544-1592)	서경(書經)*	孔丘(B.C.552-479)	經	唐虞때부터 춘추때 秦穆公까지 여러 왕조와 제후들의 행적과 글을 모은 경전	燕行錄選集 2권 67쪽
蔡濟恭(1720-1799)	서경(書經)*	孔丘(B.C.552-479)	經	唐虞때부터 춘추때 秦穆公까지 여러 왕조와 제후들의 행적과 글을 모은 경전	樊巖集 578쪽
蔡濟恭(1720-1799)	서경(書經)*	孔丘(B.C.552-479)	經	唐虞때부터 춘추때 秦穆公까지 여러 왕조와 제후들의 행적과 글을 모은 경전	樊巖集 428쪽

독서자	서명	저자	분류	간략 해제	출전
崔錫鼎(1646-1715)	서경(書經)*	孔丘(B.C.552-479)	經	唐虞때부터 춘추때 秦穆公까지 여러 왕조와 제후들의 행적과 글을 모은 경전	明谷集Ⅰ 563쪽
洪大容(1731-1783)	서경(書經)*	孔丘(B.C.552-479)	經	唐虞때부터 춘추때 秦穆公까지 여러 왕조와 제후들의 행적과 글을 모은 경전	湛軒書 1권 119쪽
洪翼漢(1586-1637)	서경(書經)*	孔丘(B.C.552-479)	經	唐虞때부터 춘추때 秦穆公까지 여러 왕조와 제후들의 행적과 글을 모은 경전	燕行錄選集 2권 191쪽
黃胤錫(1729-1791)	서경(書經)*	孔丘(B.C.552-479)	經	唐虞때부터 춘추때 秦穆公까지 여러 왕조와 제후들의 행적과 글을 모은 경전	頤齋遺藁 139쪽
徐命膺(1716-1787)	서경(書經)*	孔丘(B.C.552-479)	經	唐虞때부터 춘추때 秦穆公까지 여러 왕조와 제후들의 행적과 글을 모은 경전	保晩齋集 185쪽
正祖(1752-1800)	서경고이(書經考異)	王應麟(1223-1296)	經	상서에 대한 고증. 『尙書考異』로 추정	弘齋全書 11권 437쪽
兪晩柱(1755-1788)	서경잡기(西京雜記)*	葛洪(晉)	集	西漢의 遺事·掌故, 장안의 궁실과 苑, 고사, 황제의 出行 등을 기록	欽英 6권 505쪽
正祖(1752-1800)	서경잡기(西京雜記)*	葛洪(晉)	集	西漢의 遺事·掌故, 장안의 궁실과 苑, 고사, 황제의 出行 등을 기록	弘齋全書 6권 239쪽
韓致奫(1765-1814)	서경정의(書經正義)	孫奭(宋)	經	『상서』에 대한 해석	海東繹史 5권 10쪽
正祖(1752-1800)	서경집전(書經集傳)*	蔡沈(1176-1230)	經	2세기에 걸친 『상서』에 대한 연구 성과를 총결한 경학 자료집	弘齋全書 6권 94쪽
兪晩柱(1755-1788)	서계외전(書溪外傳)				欽英 6권 75쪽
李德懋(1741-1793)	서계총어(西溪叢語)	姚寬(宋)	子		靑莊館全書 8권 230쪽
李德懋(1741-1793)	서궁기(西宮記)			일본의 저작	靑莊館全書 10권 31쪽
兪晩柱(1755-1788)	서냉운적(西冷韻蹟)				欽英 5권 117쪽
韓致奫(1765-1814)	서당여집(西堂餘集)	尤侗(1618-1704)	集	우동의 문집	海東繹史 5권 98쪽
朴趾源(1737-1805)	서당잡조(西堂雜組)*	尤侗(1618-1704)	子	우동의 全集	燕巖集 158쪽
丁若鏞(1762-1836)	서도부(西都賦)	班固(32-92)	集	長安을 노래한 賦	與猶堂全書 3권 165쪽
韓致奫(1765-1814)	서록해제(書錄解題)	陳振孫(宋)	史	목록학에 관한 저작으로 『直齋書錄解題』	海東繹史 5권 75쪽
肅宗(1661-1720)	서명(西銘)*	張橫渠(1020-1077)	子	일명 『張子西銘』. 유가의 관점에서 일련의 爲人處事의 도리와 사상을 천명	肅宗實錄 25권 271쪽
正祖(1752-1800)	서명해의(西銘解義)	朱熹(1130-1200)	子	張載의 『張子西銘』에 대해 해석을 가한 理學思想 서적	弘齋全書 7권 62쪽
李德懋(1741-1793)	서몽야화(西蒙野話)				靑莊館全書 9권 82쪽

독서자	서명	저자	분류	간략 해제	출전
李德懋(1741-1793)	서문장일고(徐文長逸稿)	徐渭(1521-1593)	集	서위의 문집인 『徐文長文集』중에 수록되지 않은 시문	青莊館全書 10권 64쪽
李宜顯(1669-1745)	서문장집(徐文長集)*	徐渭(1521-1593)	集	서위의 문집	陶谷集II 502쪽
李圭景(1788-?)	서방요기(西方要紀)*	베르비스트(南懷仁:1623-1688) 등	史	선교사들이 황제의 물음에 답한 서양의 풍토 풍속기록서	李圭景 열람서목
李德懋(1741-1793)	서사회요(書史會要)*	陶宗儀(?-1396)	子	元代까지의 화가 2천여 명의 小傳과 서풍에 대한 기록	青莊館全書 10권 113쪽
朴趾源(1737-1805)	서산기유(西山紀游)	周金然(清)	集	북경의 西山을 유람하면서 쓴 시집으로 일명 『西山記游詩』	燕巖集 158쪽
崔錫鼎(1646-1715)	서산학통종(書算學統宗)				明谷集 I 74쪽
兪晚柱(1755-1788)	서상금심(西廂琴心)				欽英 6권 488쪽
朴趾源(1737-1805)	서상기(西廂記)*	王實甫(1250?-1336 ?)	集	張君瑞와 鶯鶯 사이의 사랑을 주제로 한 雜劇의 대본	燕巖集 162쪽
兪晚柱(1755-1788)	서상기(西廂記)*	王實甫(1250?-1336?)	集	張君瑞와 鶯鶯 사이의 사랑을 주제로 한 雜劇의 대본	欽英 1권 10쪽
兪晚柱(1755-1788)	서상기(西廂記)*	王實甫(1250?-1336?)	集	張君瑞와 鶯鶯 사이의 사랑을 주제로 한 雜劇의 대본	欽英 5권 345쪽
李鈺(1760-1813)	서상기(西廂記)*	王實甫(1250?-1336?)	集	張君瑞와 鶯鶯 사이의 사랑을 주제로 한 雜劇의 대본	李鈺全集 1권 234쪽
丁若鏞(1762-1836)	서상기(西廂記)*	王實甫(1250?-1336?)	集	張君瑞와 鶯鶯 사이의 사랑을 주제로 한 雜劇의 대본	茶山詩文集 6권 179쪽
正祖(1752-1800)	서상기(西廂記)*	王實甫(1250?-1336?)	集	張君瑞와 鶯鶯 사이의 사랑을 주제로 한 雜劇의 대본	弘齋全書 16권 128쪽
韓致奫(1765-1814)	서설(書說)	韋續(唐)			藝文志
兪晚柱(1755-1788)	서시입해기(徐市入海記)		子		欽英 4권 321쪽
崔錫鼎(1646-1715)	서양건상곤여도(西洋乾象坤輿圖)	아담샬(湯若望:1591-1666)		아담샬이 만든 세계지도	明谷集 I 584쪽
	서양신법역서(西洋新法曆書)*	아담샬(湯若望:1591-1666)	子	아담샬이 편찬한 103권의 천문역법서	奎章總目
徐浩修(1736-1799)	서양역지(西洋曆指)				
丁若鏞(1762-1836)	서양잡조(西陽雜俎)	段成式(唐)			茶山詩文集 1권 23쪽
丁若鏞(1762-1836)	서역기(西域記)	玄奘(唐)		현장이 인도 외 서역지역을 방문하고 쓴 책	茶山詩文集 2권 172쪽
正祖(1752-1800)	서역도기(西域圖記)	裵矩(557-627)	史	서역 지역의 지리와 풍속에 관한 서적	弘齋全書 13권 350쪽
韓在維(?)	서역도기(西域圖記)	裵矩(557-627)	史	서역 지역의 지리와 풍속에 관한 서적	弘齋全書 13권 351쪽
正祖(1752-1800)	서역전(西域傳)	班固(32-92)		漢書의 편명인 듯	弘齋全書 7권 38쪽

독서자	서명	저자	분류	간략 해제	출전
李德懋(1741-1793)	서영(書影)	周亮工(明-淸)	子	명말청초 문인의 저작을 인용, 기본적으로 잡다한 논의와 사건들에 관한 내용	靑莊館全書 9권 22쪽
兪晩柱(1755-1788)	서유기(西遊記)*	吳承恩(明)	集	唐 玄奬의 求經 이야기를 토대로 한 章回小說	欽英 5권 434쪽
李德懋(1741-1793)	서유기(西遊記)*	吳承恩(明)	集	唐 玄奬의 求經 이야기를 토대로 한 章回小說	靑莊館全書 4권 227쪽
許筠(1569-1618)	서유기(西遊記)*	吳承恩(明)	集	唐 玄奬의 求經 이야기를 토대로 한 章回小說	惺所覆瓿藁 2권 242쪽
兪晩柱(1755-1788)	서유진전(西遊眞銓)	陳士斌(淸)	集		欽英 2권 546쪽
丁若鏞(1762-1836)	서의(書儀)	司馬光(1019-1086)			與猶堂全書 4권 108쪽
李書九(1754-1830)	서의(書疑)	王柏(1197-1274)	經	왕백이 『상서』에 대해 실행한 고증과 보정	弘齋全書 11권 262쪽
許筠(1569-1618)	서일전(棲逸傳)	劉義慶(403-444) 등	子	『世說新語』에 실린 전기	惺所覆瓿藁 4권 23쪽
許筠(1569-1618)	서적공집(徐迪功集)	徐禎卿(1479-1511)	集	서정경의 문집, 별칭 『迪功集』	惺所覆瓿藁 1권 147쪽
徐命臣(1701-?)	서전(書傳)	蔡沈(1176-1230)	經	宋나라 주희의 제자 채침이 『서경』에 주해를 단 책	英祖實錄 16권 231쪽
肅宗(1661-1720)	서전(書傳)	蔡沈(1176-1230)	經	宋나라 주희의 제자 채침이 『서경』에 주해를 단 책	肅宗實錄 5권 286쪽
英祖(1694-1776)	서전(書傳)	蔡沈(1176-1230)	經	宋나라 주희의 제자 채침이 『서경』에 주해를 단 책	英祖實錄 7권 154쪽
正祖(1752-1800)	서전(書傳)	蔡沈(1176-1230)	經	宋나라 주희의 제자 채침이 『서경』에 주해를 단 책	正祖實錄 23권 171쪽
正祖(1752-1800)	서전(書傳)	蔡沈(1176-1230)	經	宋나라 주희의 제자 채침이 『서경』에 주해를 단 책	弘齋全書 8권 143쪽
趙明履(1697-1756)	서전(書傳)	蔡沈(1176-1230)	經	宋나라 주희의 제자 채침이 『서경』에 주해를 단 책	英祖實錄 17권 138쪽
洪大容(1731-1783)	서전(書傳)	蔡沈(1176-1230)	經	宋나라 주희의 제자 채침이 『서경』에 주해를 단 책	湛軒書
李德懋(1741-1793)	서전통(書傳通)	程煥(宋)	經		靑莊館全書 4권 165쪽
正祖(1752-1800)	서전회선(書傳會選)	劉三吾(明)	經	명초에 유삼오가 조칙을 받들어 상서에 대해 진행한 고증	弘齋全書 11권 75쪽
韓致奫(1765-1814)	서전회선(書傳會選)	劉三吾(明)	經	명초에 유삼오가 조칙을 받들어 상서에 대해 진행한 고증	海東繹史 5권 33쪽
李德懋(1741-1793)	서직해(書直解)	丘葵(宋)			靑莊館全書 4권 165쪽
正祖(1752-1800)	서찬언(書纂言)	吳澄(1249-1333)	經	오징이 금문 상서에 대해 행한 주석	弘齋全書 11권 201쪽
許筠(1569-1618)	서천목집(徐天目集)	徐中行(明)	集	서중행의 문집, 별칭 『天目山堂集』	惺所覆瓿藁 1권 173쪽
朴趾源(1737-1805)	서청고감(西靑古鑑)*	梁詩正(1697-1763) 등	子	淸朝 宮中에 수장하고 있던 고대청동기에 대해 기록한 도록	燕巖集 168쪽
兪晩柱(1755-1788)	서표십삼명(書表十三銘)				欽英 3권 80쪽
韓致奫(1765-1814)	서피유고(西陂類稿)*	宋葷(1634-1713)	集	송훈의 문집	海東繹史 6권 62쪽

독서자	서명	저자	분류	간략 해제	출전
李德懋(1741-1793)	서하문집(西河文集)*	毛奇齡(1623-1716)	集	모기령의 문집	靑莊館全書 7권 88쪽
朴趾源(1737-1805)	서하시화(西河詩話)	毛奇齡(1623-1716)	集	모기령이 쓴 시집	燕巖集 158쪽
李德懋(1741-1793)	서하집(西河集)*	毛奇齡(1623-1716)	集	492권의 총서로 경집·문집 두 부분으로 나뉘어져 각각 48종과 69종이 수록	靑莊館全書 10권 64쪽
韓致奫(1765-1814)	서하집(西河集)*	毛奇齡(1623-1716)	集	492권의 총서로 경집·문집 두 부분으로 나뉘어져 각각 48종과 69종이 수록	海東繹史 5권 98쪽
李家煥(1742-1801)	서학범(西學凡)*	알레니(艾儒略: 1582-1649)	集	선교를 목적으로 중세 유럽의 교육과 학문을 소개한 개론서	黃嗣永帛書
黃胤錫(1729-1791)	서학범(西學凡)*	알레니(艾儒略: 1582-1649)	集	선교를 목적으로 중세 유럽의 교육과 학문을 소개한 개론서	頤齋遺藁
許筠(1569-1618)	서헌(書憲)	吳寧野(明)			惺所覆瓿藁 4권 27쪽
兪晩柱(1755-1788)	서호가화(西湖佳話)*		子	작자 미상의 청대의 책으로 서호의 명승지를 배경으로 하여, 葛洪, 白居易, 蘇軾 등 16명의 고사를 서술한 서적	欽英 5권 114쪽
兪晩柱(1755-1788)	서호외서(西湖外書)				欽英 5권 410쪽
兪晩柱(1755-1788)	서호유람지(西湖遊覽志)	田汝成(明)	史	서호 부근의 산수 및 송대의 역사를 기록함	欽英 2권 71쪽
許筠(1569-1618)	서호유람지(西湖遊覽志)	田汝成(明)	史	서호 부근의 산수 및 송대의 역사를 기록함	惺所覆瓿藁 4권 257쪽
兪晩柱(1755-1788)	서호유람지여(西湖遊覽志餘)	田汝成(明)	史	서호 부근의 산수 및 송대의 역사를 기록함	欽英 1권 413쪽
李宜顯(1669-1745)	서호지(西湖志)	田汝成(明)	史	서호 부근의 풍경과 산물을 기록, 지리지에 가까움	陶谷集Ⅱ 502쪽
韓致奫(1765-1814)	서호지(西湖志)	田汝成(明)	史	서호 부근의 풍경과 산물을 기록, 지리지에 가까움	海東繹史 5권 88쪽
許筠(1569-1618)	서호지(西湖志)	田汝成(明)	史	서호 부근의 풍경과 산물을 기록, 지리지에 가까움	惺所覆瓿藁 3권 72쪽
韓致奫(1765-1814)	서호지여(西湖志餘)	田汝成(明)	史	서호 부근 지역의 지방지	海東繹史 5권 68쪽
李德懋(1741-1793)	서화보(書畵譜)*	孫岳頒(淸) 등	子	1705년(강희 44) 황제의 칙명으로 집대성한 書畵類書	靑莊館全書 7권 214쪽
正祖(1752-1800)	서화보자전(書畵譜字典)		集		弘齋全書 17권 25쪽
韓致奫(1765-1814)	서화사(書畵史)	陳繼儒(1557-1639)	子	書畵家의 잡다한 일들을 기록	藝文志
李德懋(1741-1793)	석경(石經)	張繽(宋)	經		靑莊館全書 9권 216쪽
李德懋(1741-1793)	석림연어(石林燕語)	葉夢得(1077-1148)	子	고증 성격의 서적, 특히 관제에 대한 고증이 상세함	靑莊館全書 3권 120쪽
韓致奫(1765-1814)	석림연어(石林燕語)	葉夢得(1077-1148)	子	고증 성격의 서적, 특히 관제에 대한 고증이 상세함	海東繹史 5권 172쪽
申綽(?)	석명(釋名)*	劉熙(漢)	經	중국 後漢의 辭書	弘齋全書 13권 296쪽

독서자	서명	저자	분류	간략 해제	출전
安鼎福(1712-1791)	석명(釋名)*	劉熙(漢)	經	중국 後漢의 辭書	雜同散異 2권 30쪽
丁若鏞(1762-1836)	석명(釋名)*	劉熙(漢)	經	중국 後漢의 辭書	茶山詩文集 5권 40쪽
正祖(1752-1800)	석명(釋名)*	劉熙(漢)	經	중국 後漢의 辭書	弘齋全書 6권 241쪽
韓致應(1760-1824)	석명(釋名)*	劉熙(漢)	經	중국 後漢의 辭書	弘齋全書 10권 127쪽
李德懋(1741-1793)	석묵전화(石墨鐫華)	趙崡(明)	史	각종 비문을 수집	靑莊館全書 10권 113쪽
徐有榘(1764-1845)	석문(釋門)	陸德明(550-630)	經	諸家 경전 해석서. 일명『經典釋文』	弘齋全書 10권 295쪽
李德懋(1741-1793)	석문변오(釋文辨誤)*	胡三省(1230-1302)	史	南宋 史炤의『通鑑釋文』의 오류를 밝혀 刊正한 것	靑莊館全書 4권 164쪽
鄭光漢(1720-1780)	석씨계고략(釋氏稽古略)	覺岸(元)	子	역대 불교의 전승을 기록한 편년체 서적	英祖實錄 28권 69쪽
兪晩柱(1755-1788)	석은유고(石隱遺稿)	兪彦民(?)	集		欽英 4권 258쪽
兪晩柱(1755-1788)	석전시선(石田詩選)*	沈周(明)	集	華汝德이 편집한 심주의 시집으로 杜詩의 체례와 유사	欽英 6권 455쪽
兪晩柱(1755-1788)	석주연의(石珠演義)	梅溪遇安氏	子	별칭『後三國演義』	欽英
朴趾源(1737-1805)	석진일기(析津日記)	周篔(淸)	史	송대 주운이 遼에 가면서 쓴 일기로 遼代의 북경의 상황을 기록	燕巖集 158쪽
李德懋(1741-1793)	석호집(石湖集)	范成大(1126-1193)	集	범성대의 시집, 별칭『石湖詩集』	靑莊館全書 5권 158쪽
兪晩柱(1755-1788)	선가경훈(禪家警訓)				欽英 5권 138쪽
兪晩柱(1755-1788)	선소지서(仙嘯之書)				欽英 5권 431쪽
正祖(1752-1800)	선실지(宣室志)*	張讀(834-886?)	子	志怪傳奇小說集로『新唐書』<藝文志>에 저록되어 있음	弘齋全書 6권 284쪽
許筠(1569-1618)	선전습유(仙傳拾遺)	杜光庭(850-933)	子	도가 저작	惺所覆瓿藁 4권 54쪽
正祖(1752-1800)	선통(選統)	朱憲(宋)			正祖實錄 27권 342쪽
朴趾源(1737-1805)	선화박고도(宣和博古圖)*	宋王黼(元) 등	史	송왕보가 편찬한 책으로 일설에는 왕초가 편찬했다고도 함	燕巖集 168쪽
兪晩柱(1755-1788)	선화박고도(宣和博古圖)*	宋王黼(元) 등	史	송왕보가 편찬한 책으로 일설에는 왕초가 편찬했다고도 함	欽英 4권 137쪽
韓致奫(1765-1814)	선화봉사고려도경(宣和奉使高麗圖經)*	徐兢(宋)	史	1123년에 중국 휘종의 명으로 고려에 사절로 왔던 서긍이 여러 문물과 풍습을 견문하고 이를 그리고 설명하는 형식으로 글을 보충한 것	海東繹史 5권 105쪽
韓致奫(1765-1814)	선화서보(宣和書譜)*	趙佶(1082-1135)	子	역대 名家들의 저작을 기록한 서법 서목에 관한 책	海東繹史 5권 139쪽
韓致奫(1765-1814)	선화접송고려칙령격식(宣和接送高麗勅令格式)		史	선화 연간 고려 사신을 접대하고 보낼 때의 제도와 명령 등을 수록	海東繹史 5권 115쪽
許筠(1569-1618)	선화학고론(宣和學古論)				惺所覆瓿藁 4권 242쪽

독서자	서명	저자	분류	간략 해제	출전
李德懋(1741-1793)	선화화보(宣和畵譜)*	徽宗(1082-1135)	子	인물 · 궁실 등 10개의 부분으로 나눈 회화에 관한 20권의 책	靑莊館全書 9권 118쪽
正祖(1752-1800)	설당(說唐)				正祖實錄 24권 25쪽
李宜顯(1669-1745)	설당시(說唐詩)	徐增(明)	集	당시 300편을 수록하고 해석함	陶谷集Ⅱ 502쪽
兪晩柱(1755-1788)	설령(說鈴)*	吳震方(淸)	史	청초 제가들의 견문록이나 여행기, 일기, 필기, 잡록 등을 모아서 편찬한 총서	欽英 5권 57쪽
朴趾源(1737-1805)	설령(說鈴)*	吳震方(淸)	史	청초 제가들의 견문록이나 여행기, 일기, 필기, 잡록 등을 모아서 편찬한 총서	燕巖集 158쪽
兪晩柱(1755-1788)	설령속강(說鈴續綱)				欽英 6권 438쪽
朴趾源(1737-1805)	설림(說林)	毛奇齡(1623-1716)			燕巖集 158쪽
李德懋(1741-1793)	설문(說文)*	許愼(30-124)	經	자전, 별칭 『설문해자』	靑莊館全書 9권 12쪽
丁若鏞(1762-1836)	설문(說文)*	許愼(30-124)	經	자전, 별칭 『설문해자』	茶山詩文集 2권 97쪽
丁若鏞(1762-1836)	설문(說文)*	許愼(30-124)	經	자전, 별칭 『설문해자』	與猶堂全書 5권 171쪽
正祖(1752-1800)	설문(說文)*	許愼(30-124)	經	자전, 별칭 『설문해자』	弘齋全書 6권 158쪽
崔錫鼎(1646-1715)	설문(說文)*	許愼(30-124)	經	자전, 별칭 『설문해자』	明谷集Ⅰ 54쪽
韓致奫(1765-1814)	설문(說文)*	許愼(30-124)	經	자전, 별칭 『설문해자』	海東繹史 5권 42쪽
李德懋(1741-1793)	설문장전(說文長箋)	趙宧光(明)	經	『설문』에 대한 주해	靑莊館全書 9권 12쪽
正祖(1752-1800)	설문장전(說文長箋)	趙宧光(明)	經	『설문』에 대한 주해	弘齋全書 16권 142쪽
柳得恭(1749-1807)	설문해자(說文解字)*	許愼(30-124)	經	최초의 자전으로, 한자 중에서 부수를 분석하여 그것으로 자전 전체를 분류	燕行錄選集 7권 432쪽
李德懋(1741-1793)	설문해자(說文解字)*	許愼(30-124)	經	최초의 자전으로, 한자 중에서 부수를 분석하여 그것으로 자전 전체를 분류	靑莊館全書 4권 50쪽
正祖(1752-1800)	설문해자(說文解字)*	許愼(30-124)	經	최초의 자전으로, 한자 중에서 부수를 분석하여 그것으로 자전 전체를 분류	弘齋全書 6권 221쪽
韓致奫(1765-1814)	설문해자(說文解字)*	許愼(30-124)	經	최초의 字典으로, 漢字 중에서 부수를 분석하여 그것으로 자전 전체를 분류	海東繹史 5권 113쪽
柳得恭(1749-1807)	설문해자정의(說文解字正義)	陳鱣(淸)	經		燕行錄選集 7권 433쪽
李德懋(1741-1793)	설부(說郛)*	陶宗儀(?-1396)	子	원말명초 저술된 100권의 총서류	靑莊館全書 3권 112쪽
韓致奫(1765-1814)	설부(說郛)*	陶宗儀(?-1396)	子	원말명초 저술된 100권의 총서류	海東繹史 5권 114쪽
許筠(1569-1618)	설부(說郛)*	陶宗儀(?-1396)	子	원말명초 저술된 100권의 총서류	惺所覆瓿藁 4권 57쪽
朴趾源(1737-1805)	설부(說郛)*	陶宗儀(?-1396)	子	원말명초 저술된 100권의 총서류	燕巖集 158쪽
李成中(?)	설부홍서(說郛鴻書)				英祖實錄 15권 222쪽
兪晩柱(1755-1788)	설원(說苑)*	劉向(B.C.79?-8?)	子	춘추전국에서 漢代에 이르는 貴文 및 逸事를 기록한 20편의 필기류	欽英 6권 516쪽

독서자	서명	저자	분류	간략 해제	출전
丁若鏞(1762-1836)	설원(說苑)*	劉向(B.C.79?-8?)	子	춘추전국에서 漢代에 이르는 貴文 및 逸事를 기록한 20편의 필기류	與猶堂全書 3권 6쪽
正祖(1752-1800)	설원(說苑)*	劉向(B.C.79?-8?)	子	춘추전국에서 漢代에 이르는 貴文 및 逸事를 기록한 20편의 필기류	弘齋全書 6권 242쪽
韓致奫(1765-1814)	설원(說苑)*	劉向(B.C.79?-8?)	子	춘추전국에서 漢代에 이르는 貴文 및 逸事를 기록한 20편의 필기류	海東繹史 5권 82쪽
李德懋(1741-1793)	설저(說儲)	陳禹謨(明)	子	고증 성격의 서적	靑莊館全書 8권 237쪽
兪晩柱(1755-1788)	설찬(說纂)	李繁(唐)	史	당대의 역사 자료를 기록	欽英 2권 54쪽
正祖(1752-1800)	설총(說叢)	沈守正(明)	經	여러 사람들의 『四書』에 대한 해석을 모아놓은 『四書說叢』으로 추정	弘齋全書 14권 206쪽
正祖(1752-1800)	설통(說統)	張振淵(明)	經	『周易說統』으로 보임. 송대 程朱의 관점을 계승한 『周易』에 대한 해석	弘齋全書 8권 257쪽
正祖(1752-1800)	설통(說通)	王鳴盛(明)	子	王鳴盛의 필기로 상식에 대한 해석	弘齋全書 8권 120쪽
兪晩柱(1755-1788)	설해(說海)*	陸楫(1515-1552)	史	前代로부터 明代까지 전해 내려오는 소설 150종을 편집하여 수록한 중국 최초의 소설전문 총서	欽英 6권 418쪽
正祖(1752-1800)	설화록(舌華錄)	曹臣(明)	子	옛사람들의 문답의 정수를 뽑아 기록한 서적	弘齋全書 6권 211쪽
兪晩柱(1755-1788)	성감공석전(星甘公石田)	甘公石申(漢)	子	별칭 『甘石星經』, 한대의 천문 서적	欽英 6권 508쪽
朴權(1658-1715)	성경지(盛京志)		史		肅宗實錄 27권 13쪽
李宜顯(1669-1745)	성경지(盛京志)		史	청대 수도(지금의 심양)에 관한 지방지	陶谷集Ⅱ 502쪽
丁若鏞(1762-1836)	성경지(盛京志)	鄭樵(1104-1162)	史		與猶堂全書 6권 266쪽
朴趾源(1737-1805)	성경통지(盛京統志)	董秉忠(淸) 등	史	48권의 지방지로 전서에 『雜志』 1목을 더했고, 冠圖 14폭이 포함	燕巖集 175쪽
丁若鏞(1762-1836)	성경통지(盛京統志)	董秉忠(淸) 등	史	48권의 지방지로 전서에 『雜志』 1목을 더했고, 冠圖 14폭이 포함	與猶堂全書 6권 312쪽
李德懋(1741-1793)	성도대범(星圖大凡)	陳卓總(?) 등	子	천문역법에 관한 서적	靑莊館全書 9권 44쪽
鄭羽良(1692-1754)	성리대전(性理大全)*	胡廣(明) 등	子	각종 성리철학의 문헌을 모은 70권의 책	英祖實錄 23권 63쪽
兪晩柱(1755-1788)	성리대전(性理大全)*	胡廣(明) 등	子	각종 성리철학의 문헌을 모은 70권의 책	欽英 4권 285쪽
李德懋(1741-1793)	성리대전(性理大全)*	胡廣(明) 등	子	각종 성리철학의 문헌을 모은 70권의 책	靑莊館全書 9권 105쪽
正祖(1752-1800)	성리대전(性理大全)*	胡廣(明) 등	子	각종 성리철학의 문헌을 모은 70권의 책	弘齋全書 3권 417쪽
崔錫鼎(1646-1715)	성리대전(性理大全)*	胡廣(明) 등	子	각종 성리철학의 문헌을 모은 70권의 책	明谷集Ⅰ 82쪽
韓致奫(1765-1814)	성리대전(性理大全)*	胡廣(明) 등	子	각종 성리철학의 문헌을 모은 70권의 책	海東繹史 5권 7쪽
許筠(1569-1618)	성리대전(性理大全)*	胡廣(明) 등	子	각종 성리철학의 문헌을 모은 70권의 책	惺所覆瓿藁 2권 76쪽
黃胤錫(1729-1791)	성리대전(性理大全)*	胡廣(明) 등	子	각종 성리철학의 문헌을 모은 70권의 책	頤齋遺藁 106쪽

독서자	서명	저자	분류	간략 해제	출전
李德懋(1741-1793)	성리정의(性理精義)	李光地(1642-1718)	子	『성리대전』을 요약한 책	靑莊館全書 9권 106쪽
韓致奫(1765-1814)	성리정의(性理精義)	李光地(1642-1718)	子	『성리대전』을 요약한 책	海東繹史 5권 8쪽
李肯翊(1736-1806)	성리정의(性理精義)	李光地(1642-1718)	子	『성리대전』을 요약한 책	燃藜室記述 9권 414쪽
韓致奫(1765-1814)	성사미담(盛事美談)		史	송초 사실들을 수록	海東繹史 6권 388쪽
許筠(1569-1618)	성사술(盛事述)	王世貞(1526-1590)			惺所覆瓿藁 3권 175쪽
魏伯珪(1727-1798)	성서(聖書)			일본인이 번역한 기독교 방면의 저작	存齋集 180쪽
正祖(1752-1800)	성서(聖書)			일본인이 번역한 기독교 방면의 저작	弘齋全書 13권 390쪽
李德懋(1741-1793)	성씨급취편(姓氏急就篇)	王應麟(1223-1296)	子	성씨를 기억하는 데 이용한 서적	靑莊館全書 10권 21쪽
李德懋(1741-1793)	성원(姓苑)			何承天의 『姓苑』과 佚名의 『姓苑』 두 종류가 있음	靑莊館全書 9권 7쪽
李德懋(1741-1793)	성재집(誠齋集)*	楊萬里(宋)	集	양만리의 문집	靑莊館全書 5권 160쪽
李德懋(1741-1793)	성적도지(聖蹟圖志)				靑莊館全書 10권 86쪽
李宜顯(1669-1745)	성조시집(盛朝詩集)	顧施禎(?)	集		陶谷集Ⅱ 502쪽
李德懋(1741-1793)	성조어제서(成祖御製序)	胡廣(明) 등			靑莊館全書 150쪽
丁若鏞(1762-1836)	성증론(聖證論)*	王肅(195-256)		『孔子家語』 등을 인용하여 공자의 명의로 鄭玄을 논박하고 배척한 서적	與猶堂全書 4권 326쪽
李德懋(1741-1793)	성찬(姓纂)	林寶(唐)	子	성씨에 관한 서적, 별칭『元和姓纂』	靑莊館全書 10권 21쪽
李瀷(1681-1763)	성토탁개도(星土坼開圖)			천문역법 서적	李瀷 열람서목
許筠(1569-1618)	성학계관억설(聖學啓關臆說)	龍遇奇(明)			惺所覆瓿藁 4권 209쪽
韓致奫(1765-1814)	성혜방(聖惠方)	王懷隱(宋) 등	子	송 태종이 수집한 각종 의학서적. 『太平聖惠方』으로 추정	海東繹史 5권 85쪽
李德懋(1741-1793)	세범(世範)	袁采(宋)	子	가족을 다스리는 방법에 관한 서적	靑莊館全書 10권 126쪽
韓致奫(1765-1814)	세선당장서목록(世善堂藏書目錄)*	陳第(1541-1617)	史	『一齋書目』으로 五代 이후의 1500부의 서적 목록	海東繹史 5권 117쪽
李德懋(1741-1793)	세설(世說)*	劉義慶(403-444)	子	漢에서 晉代까지의 일화를 모음, 별칭『世說新語』	靑莊館全書 6권 172쪽
張混(1759-1828)	세설(世說)*	劉義慶(403-444)	子	漢에서 晉代까지의 일화를 모음, 별칭『世說新語』	而已广集 580쪽
丁若鏞(1762-1836)	세설신어(世說新語)*	劉義慶(403-444)	集	後漢에서 東晉까지 명사들의 일화를 모아 기록한 3권의 소설집	茶山詩文集 1권 182쪽

독서자	서명	저자	분류	간략 해제	출전
正祖(1752-1800)	세설신어(世說新語)*	劉義慶(403-444)	集	後漢에서 東晉까지 명사들의 일화를 모아 기록한 3권의 소설집	弘齋全書 3권 514쪽
許筠(1569-1618)	세설신어보(世說新語補)	何良俊(?-1573) 등	子	『세설신어』 체제를 모방, 위작으로 보임	惺所覆瓿藁 4권 36쪽
丁若鏞(1762-1836)	세원록(洗冤錄)*	宋慈(1186-1249)	子	5권의 法醫典籍으로 일명 『洗冤集錄』	茶山詩文集 6권 33쪽
玄德淵(?)	세원록(洗冤錄)*	宋慈(1186-1249)	子	5권의 法醫典籍으로 일명 『洗冤集錄』	英祖實錄 20권 114쪽
李德懋(1741-1793)	소담(蘇譚)				青莊館全書 8권 235쪽
李德懋(1741-1793)	소대(小戴)	戴聖(漢)	經	대성의 『禮記』에 대한 주석, 별칭 『小戴禮記』	青莊館全書 4권 241쪽
正祖(1752-1800)	소대(小戴)	戴聖(漢)	經		弘齋全書 6권 193쪽
李頤命(1658-1722)	소대전칙(昭代典則)*	黃光昇(明)	史	명 태조의 起兵에서 穆宗 6년(1352-1572)사이의 典章, 군사정벌의 대강을 기록한 정치서	肅宗實錄 32권 57쪽
丁若鏞(1762-1836)	소동파전시집(蘇東坡全詩集)	蘇軾(1036-1101)	集	소식의 시집	茶山詩文集 1권 286쪽
正祖(1752-1800)	소동파전시집(蘇東坡全詩集)	蘇軾(1036-1101)	集	소식의 시집	弘齋全書 6권 256쪽
正祖(1752-1800)	소련갑(宵練匣)	朱得之(明)	子	저자가 스승, 친구, 유가 경전에서 心得한 것을 기록	弘齋全書 6권 211쪽
張混(1759-1828)	소릉집(少陵集)	杜甫(712-770)	集	두보의 문집으로 보임	而已广集 580쪽
李德懋(1741-1793)	소문(素問)		子	黃帝內經의 편명	青莊館全書 9권 58쪽
正祖(1752-1800)	소문(素問)		子	黃帝內經의 편명	正祖實錄 8권 136쪽
正祖(1752-1800)	소문(素問)		子	黃帝內經의 편명	弘齋全書 6권 238쪽
兪晩柱(1755-1788)	소문공육경편(蘇文公六經篇)		集		欽英 2권 242쪽
許筠(1569-1618)	소문충공전집(蘇文忠公全集)*	蘇軾(1036-1101)	集	소식의 문집	惺所覆瓿藁 4권 132쪽
許筠(1569-1618)	소미연식단(燒尾宴食單)	韋巨源(唐)			惺所覆瓿藁 3권 226쪽
韓致奫(1765-1814)	소미재난정고(蘇米齋蘭亭考)	翁方綱(淸)	子	『蘭亭序』의 탁본에 대한 고증을 모은 書畵에 관련된 저작	海東繹史 5권 157쪽
英祖(1694-1776)	소서(素書)*	黃石公(秦末漢初)	子	隱士인 황석공이 지은 병서라 하지만 후세 사람이 그의 이름을 가탁한 서적	英祖實錄 6권 251쪽
正祖(1752-1800)	소서(素書)*	黃石公(秦末漢初)	子	隱士인 황석공이 지은 병서라 하지만 후세 사람이 그의 이름을 가탁한 서적	弘齋全書 6권 239쪽
兪晩柱(1755-1788)	소서신어(素書新語)				欽英 6권 506쪽
朴趾源(1737-1805)	소설귀수전고사(小說鬼輸錢故事)	李漁(1611-1685)	子	기괴소설로 추정	燕巖集 158쪽
黃景源(1709-1787)	소시간당삼록(昭示姦黨三錄)	朱元璋(1328-1398)		胡惟庸의 반란 집단을 誅殺한 뒤에 쓴 책	正祖實錄 5권 233쪽

독서자	서명	저자	분류	간략 해제	출전
李德懋(1741-1793)	소실산방필총(少室山房筆叢)	胡應麟(1551-1602)	子	출전은『少室山房筆叢』, 견문 잡기를 수록	靑莊館全書 10권 138쪽
韓致奫(1765-1814)	소요영(逍遙詠)	太宗(宋)		태종이 쓴 시	海東繹史 5권 88쪽
李德懋(1741-1793)	소음재고(篠飮齋稿)	陸飛(淸)	集	육비의 문집	靑莊館全書 7권 52쪽
洪大容(1731-1783)	소자전서(邵子全書)	邵雍(1011-1077)	子	유가에 관한 서적	湛軒書 60쪽
黃胤錫(1729-1791)	소자황극경세서(邵子皇極經世書)	小子(宋)	子	曆法, 八卦, 術數에 관한 저작으로 일명『皇極經世書』	頤齋遺藁 572쪽
兪晩柱(1755-1788)	소창염기(小窓艶紀)	吳種先(?)	子	오종선의『小窗四紀』중 하나	欽英 2권 428쪽
許筠(1569-1618)	소창청기(小窓淸紀)	吳種先(?)	子	오종선의『小窗四紀』중 일부분	惺所覆瓿藁 4권 66쪽
李德懋(1741-1793)	소청문집(邵靑文集)				靑莊館全書 9권 11쪽
李德懋(1741-1793)	소축집(小畜集)*	王禹偁(宋)	集	賦 2권, 詩 11권, 文 17권으로 구성	靑莊館全書 5권 154쪽
韓致奫(1765-1814)	소하록(銷夏錄)	陳繼儒(1557-1639)			藝文志
徐命膺(1716-1787)	소학(小學)*	朱熹(1130-1200) 등	子	8세 전후의 아동들에게 유학을 가르치기 위해 편찬한 수신서	保晩齋集 96쪽
權尙夏(1641-1721)	소학(小學)*	朱熹(1130-1200) 등	子	8세 전후의 아동들에게 유학을 가르치기 위해 편찬한 수신서	肅宗實錄 29권 12쪽
金錫胄(1634-1684)	소학(小學)*	朱熹(1130-1200) 등	子	8세 전후의 아동들에게 유학을 가르치기 위해 편찬한 수신서	肅宗實錄 4권 300쪽
南公轍(1760-1840)	소학(小學)*	朱熹(1130-1200) 등	子	8세 전후의 아동들에게 유학을 가르치기 위해 편찬한 수신서	金陵集 377쪽
大行大王妃	소학(小學)*	朱熹(1130-1200) 등	子	8세 전후의 아동들에게 유학을 가르치기 위해 편찬한 수신서	肅宗實錄 8권 171쪽
朴弼周(1665-1748)	소학(小學)*	朱熹(1130-1200) 등	子	8세 전후의 아동들에게 유학을 가르치기 위해 편찬한 수신서	英祖實錄 18권 268쪽
思悼世子(1735-1762)	소학(小學)*	朱熹(1130-1200) 등	子	8세 전후의 아동들에게 유학을 가르치기 위해 편찬한 수신서	英祖實錄 18권 52쪽
宋能相(1710-1758)	소학(小學)*	朱熹(1130-1200) 등	子	8세 전후의 아동들에게 유학을 가르치기 위해 편찬한 수신서	雲坪集 138쪽
宋文欽(1710-1751)	소학(小學)*	朱熹(1130-1200) 등	子	8세 전후의 아동들에게 유학을 가르치기 위해 편찬한 수신서	閒靜堂集 313쪽
肅宗(1661-1720)	소학(小學)*	朱熹(1130-1200) 등	子	8세 전후의 아동들에게 유학을 가르치기 위해 편찬한 수신서	肅宗實錄 8권 171쪽. 10권 172쪽
英祖(1694-1776)	소학(小學)*	朱熹(1130-1200) 등	子	8세 전후의 아동들에게 유학을 가르치기 위해 편찬한 수신서	英祖實錄 28권 140쪽
吳遂采(1692-1759)	소학(小學)*	朱熹(1130-1200) 등	子	8세 전후의 아동들에게 유학을 가르치기 위해 편찬한 수신서	英祖實錄 16권 110쪽
吳載純(1727-1792)	소학(小學)*	朱熹(1130-1200) 등	子	8세 전후의 아동들에게 유학을 가르치기 위해 편찬한 수신서	醇庵集 507쪽
魏伯珪(1727-1798)	소학(小學)*	朱熹(1130-1200) 등	子	8세 전후의 아동들에게 유학을 가르치기 위해 편찬한 수신서	存齋集 8권 177쪽

독서자	서명	저자	분류	간략 해제	출전
柳得恭(1749-1807)	소학(小學)*	朱熹(1130-1200) 등	子	8세 전후의 아동들에게 유학을 가르치기 위해 편찬한 수신서	冷齋集 129쪽
兪彦鎬(1730-1796)	소학(小學)*	朱熹(1130-1200) 등	子	8세 전후의 아동들에게 유학을 가르치기 위해 편찬한 수신서	正祖實錄 6권 241쪽
李德懋(1741-1793)	소학(小學)*	朱熹(1130-1200) 등	子	8세 전후의 아동들에게 유학을 가르치기 위해 편찬한 수신서	靑莊館全書 4권 81쪽
李書九(1754-1825)	소학(小學)*	朱熹(1130-1200) 등	子	8세 전후의 아동들에게 유학을 가르치기 위해 편찬한 수신서	惕齋集 161쪽
李英發(1768-1849)	소학(小學)*	朱熹(1130-1200) 등	子	8세 전후의 아동들에게 유학을 가르치기 위해 편찬한 수신서	弘齋全書 15권 170쪽
李英厚(?)	소학(小學)*	朱熹(1130-1200) 등	子	8세 전후의 아동들에게 유학을 가르치기 위해 편찬한 수신서	弘齋全書 13권 225쪽
李用休(1708-1780)	소학(小學)*	朱熹(1130-1200) 등	子	8세 전후의 아동들에게 유학을 가르치기 위해 편찬한 수신서	㪥𢿘集 40쪽
李仲虎(1512-1554)	소학(小學)*	朱熹(1130-1200) 등	子	8세 전후의 아동들에게 유학을 가르치기 위해 편찬한 수신서	燕行錄選集 2권 60쪽
李眞望(1672-1737)	소학(小學)*	朱熹(1130-1200) 등	子	8세 전후의 아동들에게 유학을 가르치기 위해 편찬한 수신서	英祖實錄 16권 8쪽
仁敬王后(1661-1680)	소학(小學)*	朱熹(1130-1200) 등	子	8세 전후의 아동들에게 유학을 가르치기 위해 편찬한 수신서	肅宗實錄 5권 277쪽
張混(1759-1828)	소학(小學)*	朱熹(1130-1200) 등	子	8세 전후의 아동들에게 유학을 가르치기 위해 편찬한 수신서	而已广集 580쪽
丁時翰(1625-1707)	소학(小學)*	朱熹(1130-1200) 등	子	8세 전후의 아동들에게 유학을 가르치기 위해 편찬한 수신서	肅宗實錄 補闕 17권 1-1쪽
丁若鏞(1762-1836)	소학(小學)*	朱熹(1130-1200) 등	子	8세 전후의 아동들에게 유학을 가르치기 위해 편찬한 수신서	與猶堂全書 5권 261쪽
正祖(1752-1800)	소학(小學)*	朱熹(1130-1200) 등	子	8세 전후의 아동들에게 유학을 가르치기 위해 편찬한 수신서	正祖實錄 15권 4쪽
正祖(1752-1800)	소학(小學)*	朱熹(1130-1200) 등	子	8세 전후의 아동들에게 유학을 가르치기 위해 편찬한 수신서	弘齋全書 6권 135쪽
蔡濟恭(1720-1799)	소학(小學)*	朱熹(1130-1200) 등	子	8세 전후의 아동들에게 유학을 가르치기 위해 편찬한 수신서	樊巖集 I 459쪽
崔錫鼎(1646-1715)	소학(小學)*	朱熹(1130-1200) 등	子	8세 전후의 아동들에게 유학을 가르치기 위해 편찬한 수신서	明谷集 I 556쪽
崔昌大(1669-1720)	소학(小學)*	朱熹(1130-1200) 등	子	8세 전후의 아동들에게 유학을 가르치기 위해 편찬한 수신서	肅宗實錄 26권 375쪽
韓致奫(1765-1814)	소학(小學)*	朱熹(1130-1200) 등	子	8세 전후의 아동들에게 유학을 가르치기 위해 편찬한 수신서	海東繹史 5권 24쪽
許筠(1569-1618)	소학(小學)*	朱熹(1130-1200) 등	子	8세 전후의 아동들에게 유학을 가르치기 위해 편찬한 수신서	惺所覆瓿藁 3권 58쪽
洪大容(1731-1783)	소학(小學)*	朱熹(1130-1200) 등	子	8세 전후의 아동들에게 유학을 가르치기 위해 편찬한 수신서	湛軒書 60쪽
洪良漢(?)	소학(小學)*	朱熹(1130-1200) 등	子	8세 전후의 아동들에게 유학을 가르치기 위해 편찬한 수신서	耳溪外集 1권 164쪽
黃胤錫(1729-1791)	소학(小學)*	朱熹(1130-1200) 등	子	8세 전후의 아동들에게 유학을 가르치기 위해 편찬한 수신서	頤齋遺藁 24쪽

독서자	서명	저자	분류	간략 해제	출전
丁若鏞(1762-1836)	소학감주(小學紺珠)*	王應麟(南宋)	子	초학자가 암기하기 쉽도록 구성됨	茶山詩文集 2권 209쪽
李德懋(1741-1793)	소학감주(小學紺珠)*	王應麟(南宋)	子	초학자가 암기하기 쉽도록 구성됨	青莊館全書 6권 173쪽
徐命膺(1716-1787)	소학훈의(小學訓義)	吳從敬(明)	經	『소학』에 대한 해석서	保晚齋集 122쪽
韓致奫(1765-1814)	소한산집(小寒山集)	陳函煇(明)	集	진함휘의 시집	海東繹史 5권 131쪽
丁若鏞(1762-1836)	속강목(續綱目)	商輅(明)	史	주희의 『通鑒綱目』의 체제에 따라 편집한 역사서이며 송과 원의 역사를 기록. 『通鑒綱目續編』으로 추정	與猶堂全書 6권 305쪽
許筠(1569-1618)	속고시(續古詩)	王通(584-617)			惺所覆瓿藁 2권 251쪽
李德懋(1741-1793)	속귀감(續龜鑑)				青莊館全書 10권 40쪽
李德懋(1741-1793)	속명도잡지(續明道雜志)	張耒(宋)	子	괴이한 사건을 기록. 참고『說郛』43권 하	青莊館全書 8권 235쪽
李德懋(1741-1793)	속문헌통고(續文獻通攷)*	王圻(1498-1583)	史	『문헌통고』를 근본으로 하고 『通志』를 참작하여 田賦·戶口·方外 등 36考로 구성	青莊館全書 10권 109쪽
兪晚柱(1755-1788)	속문헌통고(續文獻通攷)*	王圻(1498-1583)	史	『문헌통고』를 근본으로 하고 『通志』를 참작하여 田賦·戶口·方外 등 36考로 구성	欽英 2권 501쪽
李宜顯(1669-1745)	속문헌통고(續文獻通攷)*	王圻(1498-1583)	史	『문헌통고』를 근본으로 하고 『通志』를 참작하여 田賦·戶口·方外 등 36考로 구성	陶谷集Ⅱ 502쪽
丁若鏞(1762-1836)	속문헌통고(續文獻通攷)*	王圻(1498-1583)	史	『문헌통고』를 근본으로 하고 『通志』를 참작하여 田賦·戶口·方外 등 36考로 구성	與猶堂全書 6권 324쪽
韓致奫(1765-1814)	속문헌통고(續文獻通攷)*	王圻(1498-1583)	史	『문헌통고』를 근본으로 하고 『通志』를 참작하여 田賦·戶口·方外 등 36考로 구성	海東繹史 5권 116쪽
李德懋(1741-1793)	속박물지(續博物志)	李石(宋)	子	사물을 기록, 묘사와 해석이 있음	青莊館全書 9권 16쪽
韓致奫(1765-1814)	속박물지(續博物志)	李石(宋)	子	사물을 기록, 묘사와 해석이 있음	海東繹史 5권 25쪽
韓致奫(1765-1814)	속설부(續說郛)	陶珽(明) 輯		陶宗儀의 『說郛』에 새 것을 더하여 편집	海東繹史 6권 349쪽
李德懋(1741-1793)	속수신기(續搜神記)	陶潛(晉)	子	각종 鬼神逸事를 수록, 후대인의 위작	青莊館全書 9권 217쪽
李德懋(1741-1793)	속시전조명(續詩傳鳥名)	毛奇齡(1623-1716)	經	毛詩에 대한 고증	青莊館全書 9권 13쪽
韓致奫(1765-1814)	속음(續音)	豐慶(明)		『古書世學』에 대한 注音인데, 『古書世學』은 위작	海東繹史 5권 12쪽
李德懋(1741-1793)	속일본기(續日本紀)		史		青莊館全書 9권 53쪽
兪晚柱(1755-1788)	속장서(續藏書)*	李贄(1527-1602)	史	이지가 『藏書』의 속편으로 저술한 책으로 27권의 인물평전	欽英 2권 462쪽

독서자	서명	저자	분류	간략 해제	출전
正祖(1752-1800)	속전(續傳)	道宣(596-667)	子	당대 이전의 고승의 전기이며, 일명 『續高僧傳』	正祖實錄 6권 53쪽
正祖(1752-1800)	속제해기(續齊諧記)	吳均(梁)	子	일련의 괴이한 일들을 기재한 서적	弘齋全書 3권 457쪽
李德懋(1741-1793)	속통감장편(續通鑑長篇)*	李燾(南宋)	史	일명 『續資治通鑒長編』, 사마광의 『자치통감』 체제를 본뜸	靑莊館全書 10권 86쪽
李德懋(1741-1793)	속통고(續通考)*	王圻(明)	史	『文獻通考』의 체제에 따라 宋·遼·金·元·明 五朝의 역사적 사실을 기록, 별칭 『續文獻通考』	靑莊館全書 10권 106쪽
正祖(1752-1800)	속통해(續通解)	黃幹(宋)	經	古禮에 대한 해석으로 별칭 『古禮經傳續通解』	弘齋全書 7권 59쪽
李德懋(1741-1793)	속헌거집(續軒渠集)*	洪希文(元)	集	총 10권에 부록 1권으로 이루어졌고, 부록 1권은 저자의 아버지 洪巖虎의 시 작품들로 구성	靑莊館全書 4권 155쪽
李德懋(1741-1793)	손계사고(巽溪嗣藁)	奎龍(宋)	子		靑莊館全書 4권 155쪽
李德懋(1741-1793)	손계집(巽溪集)	陳敬叟(宋)	集	진경수의 문집	靑莊館全書 4권 155쪽
李德懋(1741-1793)	손공담포(孫公談圃)	劉延世(宋)	子	작자가 孫升에게 들은 사정을 기록	靑莊館全書 9권 78쪽
韓致奫(1765-1814)	손공담포(孫公談圃)	劉延世(宋)	子	작자가 孫升에게 들은 사정을 기록	海東繹史 5권 103쪽
張混(1759-1828)	손무자(孫武子)	孫武(周)	子	병서	而已广集 580쪽
丁若鏞(1762-1836)	손무자(孫武子)	孫武(周)	子	병서	與猶堂全書 5권 290쪽
正祖(1752-1800)	손무자(孫武子)	孫武(周)	子	병서	正祖實錄 22권 305쪽
正祖(1752-1800)	손방연의(孫龐衍義)		子	『孫龐演義』로 전국시기 孫武와 龐涓이 지혜를 다툰 고사를 講述한 소설	正祖實錄 24권 25쪽
朴趾源(1737-1805)	손서(潠書)	毛先舒(淸)	集	모선서가 쓴 잡문을 모은 것	燕巖集 158쪽
許筠(1569-1618)	손자(孫子)*	孫臏(戰國)	子	13편의 중국 최고의 병법서. 현존본은 손빈을 포함한 후대 사람들이 추가하고 정리한 책으로 보임	惺所覆瓿藁 2권 249쪽
徐命膺(1716-1787)	손자(孫子)*	孫臏(戰國)	子	13편의 중국 최고의 병법서. 현존본은 손빈을 포함한 후대 사람들이 추가하고 정리한 책으로 보임	英祖實錄 25권 229쪽
英祖(1694-1776)	송감(宋鑑)		史	송대의 역사	英祖實錄 30권 153쪽
李世熙(?)	송감(宋鑑)		史	송대의 역사	英祖實錄 24권 279쪽
張志恒(1721-1778)	송감(宋鑑)		史	송대의 역사	正祖實錄 3권 43쪽
張混(1759-1828)	송감(宋鑑)		史	송대의 역사	而已广集 580쪽
洪良漢(?)	송감(宋鑑)		史	송대의 역사	耳溪外集 162쪽
韓致奫(1765-1814)	송강지(松江志)		史	『松江府志』로 추정. 松江府의 地理志	海東繹史 5권 138쪽
丁若鏞(1762-1836)	송경문필기(宋景文筆記)	宋祁(宋)	子	불교, 기물, 음운, 역사와 같은 각종 잡사를 기록	與猶堂全書 3권 216쪽
李德懋(1741-1793)	송계충의록(宋季忠義錄)	萬斯同(宋)	史	북송 말 忠臣義士의 전기	靑莊館全書 5권 7쪽

독서자	서명	저자	분류	간략 해제	출전
李宜顯(1669-1745)	송락서피집(宋犖西陂集)				陶谷集Ⅱ 502쪽
韓致奫(1765-1814)	송막기문(松漠紀聞)	洪皓(宋)	史	저자가 金國의 사신으로 가서 견문한 것을 기록	海東繹史 6권 89쪽
兪晩柱(1755-1788)	송명신록(宋名臣錄)*	朱熹(1130-1200)	集	『宋名臣言行錄』. 송대 뛰어난 신하들의 언행을 기록	欽英 4권 263쪽
正祖(1752-1800)	송명신록(宋名臣錄)*	朱熹(1130-1200)	集	『宋名臣言行錄』. 송대 뛰어난 신하들의 언행을 기록	正祖實錄 12권 112쪽
正祖(1752-1800)	송명신록(宋名臣錄)*	朱熹(1130-1200)	集	『宋名臣言行錄』. 송대 뛰어난 신하들의 언행을 기록	正祖實錄 25권 335쪽
丁若鏞(1762-1836)	송명신언행록(宋名臣言行錄)*	朱熹(1130-1200)	集	5집으로 분류된 전기집. 전 2집은 남송 주희 편찬, 후3집은 남송 李幼武 편찬	茶山詩文集 8권 78쪽
崔錫鼎(1646-1715)	송명신언행록(宋名臣言行錄)*	朱熹(1130-1200)	集	5집으로 분류된 전기집. 전 2집은 南宋 주희 편찬, 후3집은 남송 李幼武 편찬	明谷集Ⅱ 405쪽
正祖(1752-1800)	송백가시존(宋百家詩存)	曹庭棟(淸)	集	宋代 문인의 시문 모음집	弘齋全書 18권 75쪽
南泰齊(1699-1776)	송사(宋史)*	토크토(脫脫:1314-1388)	史	원의 기전체 관찬사서. 본기 47권, 志 162권, 表 32권, 列傳 250권으로 구성	英祖實錄 24권 279쪽
肅宗(1661-1720)	송사(宋史)*	토크토(脫脫:1314-1388)	史	원의 기전체 관찬사서. 본기 47권, 志 162권, 表 32권, 列傳 250권으로 구성	肅宗實錄 32권 233쪽
英祖(1694-1776)	송사(宋史)*	토크토(脫脫:1314-1388)	史	원의 기전체 관찬사서. 본기 47권, 志 162권, 表 32권, 列傳 250권으로 구성	英祖實錄 34권 244쪽
吳挺緯(1616-1692)	송사(宋史)*	토크토(脫脫:1314-1388)	史	원의 기전체 관찬사서. 본기 47권, 志 162권, 表 32권, 列傳 250권으로 구성	肅宗實錄 2권 234쪽
元景夏(1698-1761)	송사(宋史)*	토크토(脫脫:1314-1388)	史	원의 기전체 관찬사서. 본기 47권, 志 162권, 表 32권, 列傳 250권으로 구성	英祖實錄 17권 7쪽
柳儼(1692-?)	송사(宋史)*	토크토(脫脫:1314-1388)	史	원의 기전체 관찬사서. 본기 47권, 志 162권, 表 32권, 列傳 250권으로 구성	英祖實錄 14권 233쪽
李德懋(1741-1793)	송사(宋史)*	토크토(脫脫:1314-1388)	史	원의 기전체 관찬사서. 본기 47권, 志 162권, 表 32권, 列傳 250권으로 구성	青莊館全書 9권 105쪽
李德壽(1673-1744)	송사(宋史)*	토크토(脫脫:1314-1388)	史	원의 기전체 관찬사서. 본기 47권, 志 162권, 表 32권, 列傳 250권으로 구성	英祖實錄 15권 316쪽
丁若鏞(1762-1836)	송사(宋史)*	토크토(脫脫:1314-1388)	史	원의 기전체 관찬사서. 본기 47권, 志 162권, 表 32권, 列傳 250권으로 구성	與猶堂全書 4권 158쪽
正祖(1752-1800)	송사(宋史)*	토크토(脫脫:1314-1388)	史	원의 기전체 관찬사서. 본기 47권, 志 162권, 表 32권, 列傳 250권으로 구성	正祖實錄 1권 89쪽
正祖(1752-1800)	송사(宋史)*	토크토(脫脫:1314-1388)	史	원의 기전체 관찬사서. 본기 47권, 志 162권, 表 32권, 列傳 250권으로 구성	弘齋全書 7권 311쪽
趙聖期(1637-1689)	송사(宋史)*	토크토(脫脫:1314-1388)	史	원의 기전체 관찬사서. 본기 47권, 志 162권, 表 32권, 列傳 250권으로 구성	拙修齋 272쪽
崔錫鼎(1646-1715)	송사(宋史)*	토크토(脫脫:1314-1388)	史	원의 기전체 관찬사서. 본기 47권, 志 162권, 表 32권, 列傳 250권으로 구성	明谷集Ⅰ 117쪽
韓致奫(1765-1814)	송사(宋史)*	토크토(脫脫:1314-1388)	史	원의 기전체 관찬사서. 본기 47권, 志 162권, 表 32권, 列傳 250권으로 구성	海東繹史 5권 7쪽

독서자	서명	저자	분류	간략 해제	출전
正祖(1752-1800)	송사기(宋史記)*	王惟儉(明)	史	원대에 편찬된 『송사』가 번잡하고 장황하기 때문에 다시 편찬한 기전체사서	正祖實錄 6권 81쪽
正祖(1752-1800)	송사기(宋史記)*	王惟儉(明)	史	원대에 편찬된 『송사』가 번잡하고 장황하기 때문에 다시 편찬한 기전체사서	弘齋全書 18권 4쪽
正祖(1752-1800)	송사기사본말(宋史紀事本末)*	陳邦瞻(明)	史	송 태조의 등극부터 문천상 등의 순국에 이르기까지 남·북과 양송 3백년의 역사서	弘齋全書 3권 424쪽
兪晩柱(1755-1788)	송사상절(宋史詳節)	陳塤(?)	史	『송사』 자료의 일부를 발췌한 서적	欽英 3권 225쪽
正祖(1752-1800)	송사신편(宋史新編)*	柯維騏(?)	史	송·요·금의 三史를 모아서 『송사』의 잘못된 곳을 바로잡고 빠진 것을 보완한 기전체사서	正祖實錄 6권 81쪽
正祖(1752-1800)	송사신편(宋史新編)*	柯維騏(明)	史	송·요·금의 三史를 모아서 『송사』의 잘못된 곳을 바로잡고 빠진 것을 보완한 기전체사서	弘齋全書 18권 5쪽
韓致奫(1765-1814)	송삼조예문지(宋三朝藝文志)		史		海東繹史 5권 74쪽
丁若鏞(1762-1836)	송서(宋書)*	沈約(441-513)	史	남송의 역사서. 본기 10권, 지 30권, 열전 60권으로 구성된 기전체사서	與猶堂全書 2권 189쪽
正祖(1752-1800)	송서(宋書)*	沈約(441-513)	史	남송의 역사서. 본기 10권, 지 30권, 열전 60권으로 구성된 기전체사서	弘齋全書 5권 162쪽
兪晩柱(1755-1788)	송선종고서(宋禪宗杲書)		子		欽英 3권 83쪽
韓致奫(1765-1814)	송설재집(宋雪齋集)	趙孟頫(1254-1322)	集	조맹부의 문집	海東繹史 6권 298쪽
韓致奫(1765-1814)	송설재집(松雪齋集)	趙孟頫(1254-1322)	集	조맹부의 문집	藝文志 6권 298쪽
李德懋(1741-1793)	송시기사(宋詩紀事)	厲鶚(淸)	集	남송, 북송대의 알려지지 않은 시와 기사들을 기록한 서적	靑莊館全書 9권 92쪽
韓致奫(1765-1814)	송시기사(宋詩紀事)	厲鶚(淸)	集	남송, 북송대의 알려지지 않은 시와 기사들을 기록한 서적	海東繹史 6권 390쪽
李德懋(1741-1793)	송시초(宋詩鈔)*	吳之振(淸)	集	宋人遺集 100인을 기록하였고 각각 간략한 전을 책의 첫머리에 붙여 『中州集』의 체례와 같게 한 서적	靑莊館全書 4권 194쪽
李宜顯(1669-1745)	송시초(宋詩鈔)*	吳之振(淸)	集	宋人遺集 100인을 기록하였고 각각 간략한 전을 책의 첫머리에 붙여 『中州集』의 체례와 같게 한 서적	陶谷集Ⅱ 502쪽
正祖(1752-1800)	송시초(宋詩鈔)*	吳之振(淸)	集	宋人遺集 100인을 기록하였고 각각 간략한 전을 책의 첫머리에 붙여 『中州集』의 체례와 같게 한 서적	弘齋全書 18권 75쪽
韓致奫(1765-1814)	송시초(宋詩鈔)*	吳之振(淸)	集	宋人遺集 100인을 기록하였고 각각 간략한 전을 책의 첫머리에 붙여 『中州集』의 체례와 같게 한 서적	海東繹史 6권 65쪽
正祖(1752-1800)	송예포집(宋藝圃集)	李蓘(明)	集	송대 문인의 시문 모음집	弘齋全書 18권 75쪽

독서자	서명	저자	분류	간략 해제	출전
沈星鎭(1695-?)	송원강목(宋元綱目)	商輅(明) 등	史	강목체로 송과 원의 역사를 기록한 역사책	英祖實錄 14권 176쪽
英祖(1694-1776)	송원통감(宋元通鑑)*	薛應旗(明)	史	『자치통감』의 속편으로 송 태조부터 원 순제 때까지 480년간의 역사를 쓴 편년체 사서. 일명 『宋元資治通鑑』	英祖實錄 30권 175쪽
李德懋(1741-1793)	송원통감(宋元通鑑)*	薛應旗(明)	史	『자치통감』의 속편으로 송 태조부터 원 순제 때까지 480년간의 역사를 쓴 편년체 사서. 일명 『宋元資治通鑑』	靑莊館全書 9권 133쪽
正祖(1752-1800)	송원통감(宋元通鑑)*	薛應旗(明)	史	『자치통감』의 속편으로 송 태조부터 원 순제 때까지 480년간의 역사를 쓴 편년체 사서. 일명 『宋元資治通鑑』	弘齋全書 18권 8쪽
正祖(1752-1800)	송원학안(宋元學案)*	黃宗羲(1610-1695)	史	황종희가 1676년에 편찬을 시작하여 그의 아들 黃百家가 이었고, 다시 1747년부터 20년 사이에 全祖望이 다시 纂輯하여 91학안을 완성	弘齋全書 5권 34쪽
李德懋(1741-1793)	송유민록(宋遺民錄)	程克鄞(明)	史	宋末 文人의 事蹟 및 그 詩文을 기록	靑莊館全書 5권 12쪽
李宜顯(1669-1745)	송인시집(宋人詩集)	吳之振(淸)	集	『宋詩鈔』로 보임	陶谷集Ⅱ 502쪽
兪晩柱(1755-1788)	송지문집(宋之問集)*	宋之問(656?-712)	集	전체 10권으로 이루어진 詩賦 177수 모음집	欽英 2권 486쪽
李德懋(1741-1793)	송하간서소조(松下看書小調)	李調元(淸)			靑莊館全書 7권 195쪽
韓致奫(1765-1814)	송학사전집(宋學士全集)*	宋濂(1310-1381)			海東繹史 6권 287쪽
丁若鏞(1762-1836)	송회요집고(宋會要輯稿)*	徐松(淸)	史	서송이 편집한 366권의 典章에 대한 기록	與猶堂全書 4권 303쪽
朴趾源(1737-1805)	수경(水經)*	桑欽(漢)	史	황하 · 장강 · 위수 137개 하천의 水源 · 流路 · 河口 등에 대하여 기술한 水利史書	燕巖集 175쪽
李德懋(1741-1793)	수경(水經)*	桑欽(漢)	史	황하 · 장강 · 위수 137개 하천의 水源 · 流路 · 河口 등에 대하여 기술한 水利史書	靑莊館全書 10권 25쪽
丁若鏞(1762-1836)	수경(水經)*	桑欽(漢)	史	황하 · 장강 · 위수 137개 하천의 水源 · 流路 · 河口 등에 대하여 기술한 水利史書	與猶堂全書 6권 234쪽
正祖(1752-1800)	수경(水經)*	桑欽(漢)	史	황하 · 장강 · 위수 137개 하천의 水源 · 流路 · 河口 등에 대하여 기술한 水利史書	弘齋全書 14권 160쪽
韓致應(1760-1824)	수경(水經)*	桑欽(漢)	史	황하 · 장강 · 위수 137개 하천의 水源 · 流路 · 河口 등에 대하여 기술한 水利史書	弘齋全書 10권 135쪽

독서자	서명	저자	분류	간략 해제	출전
丁若鏞(1762-1836)	수경주(水經注)*	酈道元(北魏)	史	40권의 지리서로 답사를 통하여 고찰하고 관련된 400여 종의 지리서를 참고하여 저술	與猶堂全書 3권 40쪽
正祖(1752-1800)	수경주(水經注)*	酈道元(北魏)	史	40권의 지리서로 답사를 통하여 고찰하고 관련된 400여 종의 지리서를 참고하여 저술	弘齋全書 6권 85쪽
許筠(1569-1618)	수당지전(隨唐志傳)			수당 시기의 역사 고사와 전설을 모아 가공하여 서술한 12권 112회의 章回小說	惺所覆瓿藁 2권 242쪽
黃胤錫(1729-1791)	수리정온(數理精瘟)	梅穀成(淸) 등	子	서양 수학을 집대성한 책	頤齋遺藁 106쪽
安國麟(1709-?)	수리정온(數理精蘊)	梅穀成(淸) 등	子	서양 수학을 집대성한 책	
正祖(1752-1800)	수리정온(數理精蘊)	梅穀成(淸) 등	子	서양 수학을 집대성한 책	正祖實錄16권 296쪽
洪大容(1731-1783)	수리정온(數理精蘊)	梅穀成(淸) 등	子	서양 수학을 집대성한 책	湛軒書 39쪽
兪晩柱(1755-1788)	수보초편(修譜初編)				欽英 6권 396쪽
正祖(1752-1800)	수사(隋史)		史	수대의 역사를 기록한『隋書』로 추정	弘齋全書 13권 350쪽
李德壽(1673-1744)	수서(隋書)*	魏徵(580-643) 등	史	帝紀 5권, 志 30권, 列傳 50권으로 구성된 수 문제에서 양제에 이르는 시기의 기전체사서	英祖實錄 15권 316쪽
丁若鏞(1762-1836)	수서(隋書)*	魏徵(580-643) 등	史	帝紀 5권, 志 30권, 列傳 50권으로 구성된 수 문제에서 양제에 이르는 시기의 기전체사서	與猶堂全書 2권 47쪽
正祖(1752-1800)	수서(隋書)*	魏徵(580-643) 등	史	帝紀 5권, 志 30권, 列傳 50권으로 구성된 수 문제에서 양제에 이르는 시기의 기전체사서	弘齋全書 6권 107쪽
韓致奫(1765-1814)	수서(隋書)*	魏徵(580-643) 등	史	帝紀 5권, 志 30권, 列傳 50권으로 구성된 수 문제에서 양제에 이르는 시기의 기전체사서	海東繹史 5권 24쪽
金正中(?)	수세진경(壽世眞經)	和珅(淸)			燕行錄選集 6권 388
正祖(1752-1801)	수시력(授時曆)	郭守敬(元)	子	원나라 천문역법서	弘齋全書 11권 141쪽
李德懋(1741-1793)	수신기(搜神記)*	干寶(東晉)	子	기이하고 신기한 인물고사를 기록한 중국 최초의 책 가운데 하나	靑莊館全書 8권 223쪽
許筠(1569-1618)	수신기(搜神記)*	干寶(東晉)	子	기이하고 신기한 인물고사를 기록한 중국 최초의 책 가운데 하나	惺所覆瓿藁 4권 226쪽
丁若鏞(1762-1836)	수신후기(搜神後記)	陶淵明(365-427)	子	중국 육조시대의 문어체 지괴소설집	茶山詩文集 2권 78쪽
許筠(1569-1618)	수신후기(搜神後記)	陶淵明(365-427)	子	중국 육조시대의 문어체 지괴소설집	惺所覆瓿藁 2권 69쪽
許筠(1569-1618)	수양총서(壽養叢書)	胡文煥(明)	子	양생의 방법에 관한 총서	惺所覆瓿藁 4권 257쪽

독서자	서명	저자	분류	간략 해제	출전
兪晩柱(1755-1788)	수언(粹言)			송대 楊時가 편찬한『二程粹言』, 청대 納蘭性德이 편찬한『合訂削補大易集義粹言』, 송대 方聞이 편집한『大易粹言』세 가지 종류가 있는데, 첫번째는 宋理學 저작이며 나머지 두 종류는 주역에 대한 해석	欽英 6권 494쪽
正祖(1752-1800)	수언(粹言)			송대 楊時가 편찬한『二程粹言』, 청대 納蘭性德이 편찬한『合訂削補大易集義粹言』, 송대 方聞이 편집한『大易粹言』세 가지 종류가 있는데, 첫번째는 宋理學 저작이며 나머지 두 종류는 주역에 대한 해석	弘齋全書 7권 63쪽
許筠(1569-1618)	수진비록(修眞秘錄)	符虔仁(?)		섭생에 관련된 기록	惺所覆瓿藁 4권 254쪽
李德懋(1741-1793)	수진옥경(搜眞玉鏡)				青莊館全書 9권 145쪽
韓致奫(1765-1814)	수초당서목(遂初堂書目)	尤袤(南宋)	集	44門으로 經이 9, 史가 18, 子가 12, 集이 5로 구성	海東繹史 5권 30쪽
朴趾源(1737-1805)	수호전(水湖傳)*	羅貫中(1330-1400) 등	集	『大宋宣和遺事』와 관련된 話本과 민간에 유행하는 수호전의 내용을 정리하여 완성한 章回體小說	燕巖集 162쪽
正祖(1752-1800)	수호전(水湖傳)*	羅貫中(1330-1400) 등	集	『大宋宣和遺事』와 관련된 話本과 민간에 유행하는 수호전의 내용을 정리하여 완성한 章回體小說	弘齋全書 16권 128쪽
李德懋(1741-1793)	수호전(水湖傳)*	羅貫中(1330-1400) 등	集	『大宋宣和遺事』와 관련된 話本과 민간에 유행하는 수호전의 내용을 정리하여 완성한 章回體小說	青莊館全書 2권 21쪽
張混(1759-1828)	수호전(水湖傳)*	羅貫中(1330-1400) 등	集	『大宋宣和遺事』와 관련된 話本과 민간에 유행하는 수호전의 내용을 정리하여 완성한 章回體小說	而已广集 590쪽
許筠(1569-1618)	수호전(水湖傳)*	羅貫中(1330-1400) 등	集	『大宋宣和遺事』와 관련된 話本과 민간에 유행하는 수호전의 내용을 정리하여 완성한 章回體小說	惺所覆瓿藁 2권 242쪽
李德懋(1741-1793)	수호전연의(水湖傳演義)*	羅貫中(1330-1400) 등	集	소설, 宋江이 주도한 起義를 묘사	青莊館全書 9권 128쪽
金履容(?)	수호지(水滸誌)*	羅貫中(1330-1400) 등	集	『大宋宣和遺事』와 관련된 話本과 민간에 유행하는 수호전의 내용을 정리하여 완성한 章回體小說	正祖實錄 10권 263쪽
兪晩柱(1755-1788)	수호지(水滸誌)*	羅貫中(1330-1400) 등	集	『大宋宣和遺事』와 관련된 話本과 민간에 유행하는 수호전의 내용을 정리하여 완성한 章回體小說	欽英 5권 182쪽
李德懋(1741-1793)	수호지(水滸誌)*	羅貫中(1330-1400) 등	集	『大宋宣和遺事』와 관련된 話本과 민간에 유행하는 수호전의 내용을 정리하여 완성한 章回體小說	青莊館全書 10권 138쪽
兪晩柱(1755-1788)	수호후전(水滸後傳)	陳忱(淸)	集	『수호전』의 속편	欽英 2권 51쪽
英祖(1694-1776)	숙야잠(夙夜箴)	陳栢(明)			英祖實錄 28권 17쪽

독서자	서명	저자	분류	간략 해제	출전
李德懋(1741-1793)	숙원잡기(菽園雜記)	陸容(明)	子	명대의 朝野 故事를 기록	靑莊館全書 8권 237쪽
英祖(1694-1776)	숙흥야매잠(夙興夜寐箴)	陳柏(明)	子	유가의 수신과 양생에 관한 서적	英祖實錄 20권 332쪽
張混(1759-1828)	순자(筍子)*	荀況(B.C.298-238)	子	32편의 철학서로 儒效·義兵·强國의 3편과 大略 이하는 문인들의 기록	而已广集 580쪽
許筠(1569-1618)	순자(筍子)*	荀況(B.C.298-238)	子	32편의 철학서	惺所覆瓿藁 2권 247쪽
丁若鏞(1762-1836)	순자(筍子)*	荀況(B.C.298-238)	子	32편의 철학서	與猶堂全書 3권 546쪽
正祖(1752-1800)	순자(筍子)*	荀況(B.C.298-238)	子	32편의 철학서	弘齋全書 13권 43쪽
崔錫鼎(1646-1715)	순자(筍子)*	荀況(B.C.298-238)	子	32편의 철학서	明谷集Ⅰ 62쪽
李德懋(1741-1793)	술이기(述異記)*	任昉(南朝 梁)	子	2권으로 이루어졌고 北齊 武成, 河淸 연간의 일들을 기록했으나 정확한 사실은 아니었음	靑莊館全書 9권 203쪽
英祖(1694-1776)	술편(述編)				英祖實錄 27권 345쪽
李德懋(1741-1793)	숭문총목(崇文總目)	王堯臣(宋)		서적의 목록. 송대의 경사자집	靑莊館全書 5권 85쪽
丁若鏞(1762-1836)	숭문총목(崇文總目)	王堯臣(宋)		서적의 목록. 송대의 경사자집	茶山詩文集 4권 53쪽
韓致奫(1765-1814)	숭문총목(崇文總目)	王堯臣(宋)		서적의 목록. 송대의 경사자집	海東繹史 5권 21쪽
兪晩柱(1755-1788)	숭유기(嵩遊記)	袁宏道(1568-1610)	史	원굉도가 쓴 嵩山 유람기로 풍부한 풍경 묘사가 특징적임	欽英 2권 49쪽
黃胤錫(1729-1791)	숭정역서(崇禎曆書)*	徐光啓(1562-1633) 등	子	천문역법총서로 중국 천문학 계산체계가 서양의 천문학 이론을 수용한 것	頤齋遺藁 270쪽
朴趾源(1737-1805)	숭정유록(崇禎遺錄)	王世德(明)	史	명말의 사실을 기록한 서적	燕巖集 158쪽
李德懋(1741-1793)	습유기(拾遺記)*	王嘉(?-390)	子	옛 제왕에 대한 전설 및 신이·기괴한 전설들을 기록	靑莊館全書 9권 152쪽
丁若鏞(1762-1836)	습유기(拾遺記)*	王嘉(前秦)	子	옛 제왕에 대한 전설 및 신이·기괴한 전설들을 기록	茶山詩文集 2권 48쪽
正祖(1752-1800)	습유기(拾遺記)*	王嘉(前秦)	子	옛 제왕에 대한 전설 및 신이·기괴한 전설들을 기록	弘齋全書 6권 25쪽
兪晩柱(1755-1788)	승교홍전기(勝嬌紅傳記)				欽英 5권 208쪽
文仁邦(?)	승문연의(乘門衍義)				正祖實錄 8권 71쪽
李德懋(1741-1793)	승암외집(升菴外集)	楊愼(1488-1559)	集	양신의 문집. 『승암집』의 보충	靑莊館全書 8권 236쪽
丁若鏞(1762-1836)	승암외집(升菴外集)	楊愼(1488-1559)	集	양신의 문집. 『승암집』의 보충	茶山詩文集 2권 260쪽
李德懋(1741-1793)	승암집(升菴集)*	楊愼(1488-1559)	集	賦 및 各體雜文, 詩, 경서·시화·잡기 등으로 구성	靑莊館全書 5권 165쪽
兪晩柱(1755-1788)	시검(詩檢)				欽英 3권 159쪽

독서자	서명	저자	분류	간략 해제	출전
金萬重(1637-1692)	시경(詩經)*	孔丘(B.C.552-479)	經	西周부터 春秋까지 각 나라의 가요 350편을 모은 시집	肅宗實錄 10권 280쪽
金在魯(1682-1759)	시경(詩經)*	孔丘(B.C.552-479)	經	西周부터 春秋까지 각 나라의 가요 350편을 모은 시집	英祖實錄 13권 330쪽
金在魯(1682-1759)	시경(詩經)*	孔丘(B.C.552-479)	經	西周부터 春秋까지 각 나라의 가요 350편을 모은 시집	英祖實錄 17권 183쪽
金鎭圭(1658-1716)	시경(詩經)*	孔丘(B.C.552-479)	經	西周부터 春秋까지 각 나라의 가요 350편을 모은 시집	肅宗實錄 27권 283쪽
南公轍(1760-1840)	시경(詩經)*	孔丘(B.C.552-479)	經	西周부터 春秋까지 각 나라의 가요 350편을 모은 시집	金陵集 184쪽
朴弼周(1665-1748)	시경(詩經)*	孔丘(B.C.552-479)	經	西周부터 春秋까지 각 나라의 가요 350편을 모은 시집	英祖實錄 18권 288쪽
徐命膺(1716-1787)	시경(詩經)*	孔丘(B.C.552-479)	經	西周부터 春秋까지 각 나라의 가요 350편을 모은 시집	保晩齋集 96, 241쪽
成大中(1732-1809)	시경(詩經)*	孔丘(B.C.552-479)	經	西周부터 春秋까지 각 나라의 가요 350편을 모은 시집	靑城集 517쪽
宋文欽(1710-1751)	시경(詩經)*	孔丘(B.C.552-479)	經	西周부터 春秋까지 각 나라의 가요 350편을 모은 시집	閒靜堂集 310쪽
宋時烈(1607-1689)	시경(詩經)*	孔丘(B.C.552-479)	經	西周부터 春秋까지 각 나라의 가요 350편을 모은 시집	肅宗實錄 5권 261쪽
肅宗(1661-1720)	시경(詩經)*	孔丘(B.C.552-479)	經	西周부터 春秋까지 각 나라의 가요 350편을 모은 시집	肅宗實錄 9권 56쪽
英祖(1694-1776)	시경(詩經)*	孔丘(B.C.552-479)	經	西周부터 春秋까지 각 나라의 가요 350편을 모은 시집	英祖實錄 14권 25쪽
禮曹	시경(詩經)*	孔丘(B.C.552-479)	經	西周부터 春秋까지 각 나라의 가요 350편을 모은 시집	肅宗實錄 26권 128쪽
魏伯珪(1727-1798)	시경(詩經)*	孔丘(B.C.552-479)	經	西周부터 春秋까지 각 나라의 가요 350편을 모은 시집	存齋集 225쪽
李德懋(1741-1793)	시경(詩經)*	孔丘(B.C.552-479)	經	西周부터 春秋까지 각 나라의 가요 350편을 모은 시집	靑莊館全書 6권 10쪽
李晩秀(1752-1820)	시경(詩經)*	孔丘(B.C.552-479)	經	西周부터 春秋까지 각 나라의 가요 350편을 모은 시집	屐園遺稿 263쪽
李象靖(1711-1781)	시경(詩經)*	孔丘(B.C.552-479)	經	西周부터 春秋까지 각 나라의 가요 350편을 모은 시집	大山集 I 64쪽
李書九(1754-1825)	시경(詩經)*	孔丘(B.C.552-479)	經	西周부터 春秋까지 각 나라의 가요 350편을 모은 시집	惕齋集 158쪽
李鈺(1760-1813)	시경(詩經)*	孔丘(B.C.552-479)	經	西周부터 春秋까지 각 나라의 가요 350편을 모은 시집	李鈺全集 1권 285쪽
張混(1759-1828)	시경(詩經)*	孔丘(B.C.552-479)	經	西周부터 春秋까지 각 나라의 가요 350편을 모은 시집	而已广集 579쪽
丁若鏞(1762-1836)	시경(詩經)*	孔丘(B.C.552-479)	經	西周부터 春秋까지 각 나라의 가요 350편을 모은 시집	與猶堂全書 2권 158쪽
正祖(1752-1800)	시경(詩經)*	孔丘(B.C.552-479)	經	西周부터 春秋까지 각 나라의 가요 350편을 모은 시집	正祖實錄 1권 14쪽
正祖(1752-1800)	시경(詩經)*	孔丘(B.C.552-479)	經	西周부터 春秋까지 각 나라의 가요 350편을 모은 시집	弘齋全書 6권 116쪽

독서자	서명	저자	분류	간략 해제	출전
趙秀三(1762-1849)	시경(詩經)*	孔丘(B.C.552-479)	經	西周부터 春秋까지 각 나라의 가요 350편을 모은 시집	秋齋集 8권 519쪽
趙憲(1544-1592)	시경(詩經)*	孔丘(B.C.552-479)	經	西周부터 春秋까지 각 나라의 가요 350편을 모은 시집	燕行錄選集 2권 79쪽
趙顯命(1690-1752)	시경(詩經)*	孔丘(B.C.552-479)	經	西周부터 春秋까지 각 나라의 가요 350편을 모은 시집	英祖實錄 13권 286쪽
蔡濟恭(1720-1799)	시경(詩經)*	孔丘(B.C.552-479)	經	西周부터 春秋까지 각 나라의 가요 350편을 모은 시집	樊巖集 241쪽
崔錫鼎(1646-1715)	시경(詩經)*	孔丘(B.C.552-479)	經	西周부터 春秋까지 각 나라의 가요 350편을 모은 시집	明谷集 I 563쪽
韓致奫(1765-1814)	시경(詩經)*	孔丘(B.C.552-479)	經	西周부터 春秋까지 각 나라의 가요 350편을 모은 시집	海東繹史 5권 57쪽
許筠(1569-1618)	시경(詩經)*	孔丘(B.C.552-479)	經	西周부터 春秋까지 각 나라의 가요 350편을 모은 시집	惺所覆瓿藁 1권 35쪽
洪大容(1731-1783)	시경(詩經)*	孔丘(B.C.552-479)	經	西周부터 春秋까지 각 나라의 가요 350편을 모은 시집	湛軒書 111쪽
黃胤錫(1729-1791)	시경(詩經)*	孔丘(B.C.552-479)	經	西周부터 春秋까지 각 나라의 가요 350편을 모은 시집	頤齋遺藁 302쪽
權丕應(?)	시경(詩經)*	孔丘(B.C.552-479)	經	西周부터 春秋까지 각 나라의 가요 350편을 모은 시집	弘齋全書 13권 128쪽
金熙洛(1761-1803)	시경(詩經)*	孔丘(B.C.552-479)	經	西周부터 春秋까지 각 나라의 가요 350편을 모은 시집	弘齋全書 15권 216쪽
安光集(?)	시경(詩經)*	孔丘(B.C.552-479)	經	西周부터 春秋까지 각 나라의 가요 350편을 모은 시집	弘齋全書 13권 377쪽
尹光顔(1757-1815)	시경(詩經)*	孔丘(B.C.552-479)	經	西周부터 春秋까지 각 나라의 가요 350편을 모은 시집	弘齋全書 15권 67쪽
李圭夏(?)	시경(詩經)*	孔丘(B.C.552-479)	經	西周부터 春秋까지 각 나라의 가요 350편을 모은 시집	弘齋全書 13권 442쪽
李魯益(1767-1821)	시경(詩經)*	孔丘(B.C.552-479)	經	西周부터 春秋까지 각 나라의 가요 350편을 모은 시집	弘齋全書 13권 388쪽
李書九(1754-1825)	시경(詩經)*	孔丘(B.C.552-479)	經	西周부터 春秋까지 각 나라의 가요 350편을 모은 시집	惕齋集 180쪽
李旭秀(?)	시경(詩經)*	孔丘(B.C.552-479)	經	西周부터 春秋까지 각 나라의 가요 350편을 모은 시집	弘齋全書 13권 443쪽
鄭淳弘(?)	시경(詩經)*	孔丘(B.C.552-479)	經	西周부터 春秋까지 각 나라의 가요 350편을 모은 시집	弘齋全書 13권 20쪽
正祖(1752-1800)	시경(詩經)*	孔丘(B.C.552-479)	經	西周부터 春秋까지 각 나라의 가요 350편을 모은 시집	弘齋全書 13권 8쪽
韓致奫(1765-1814)	시경전설(詩經傳說)*	康熙帝(1654-1722)	經	『欽定詩經傳說彙纂』으로 추정. 『詩經』에 대한 고증과 주석	海東繹史 5권 8쪽
李肯翊(1736-1806)	시경전설휘찬(詩經傳說彙纂)*	王鴻緖(1645-1723)	經	별칭 『欽定詩經傳說匯纂』. 칙령을 받들어 편찬	燃藜室記述 9권 414쪽
李德懋(1741-1793)	시경전설휘찬(詩經傳說彙纂)*	王鴻緖(1645-1723)	經	별칭 『欽定詩經傳說匯纂』. 칙령을 받들어 편찬	青莊館全書 9권 106쪽
丁若鏞(1762-1836)	시경집전(詩經集傳)	朱熹(1130-1200)	經	『시경』에 대한 주석	茶山詩文集 5권 119쪽

독서자	서명	저자	분류	간략 해제	출전
正祖(1752-1800)	시경집전(詩經集傳)	朱熹(1130-1200)	經	『시경』에 대한 주석	弘齋全書 10권 73쪽
正祖(1752-1800)	시괘고오(蓍卦考誤)	朱熹(1130-1200)	經	『주역』의 卦象에 대한 고증	弘齋全書 4권 191쪽
李德懋(1741-1793)	시구의(詩口義)	丘葵(宋)			靑莊館全書 4권 165쪽
李德懋(1741-1793)	시귀(詩歸)*	鍾伯敬(1574-1624) 등	集	先秦 시기로부터 隋까지의 시들을 선별하여 편찬한 시선집으로서 『古詩歸』 15권, 『唐詩歸』 36권을 합해 모두 51권으로 구성	靑莊館全書 2권 30쪽
兪晚柱(1755-1788)	시규(時規)				欽英 3권 337쪽
李德懋(1741-1793)	시명물초(詩名物鈔)	許謙(元)	經		靑莊館全書 4권 162쪽
李德懋(1741-1793)	시법찬(諡法纂)*	孫能傳(明)	史	명대의 諡法과 관련된 규정과 사례를 帝后, 皇妃, 東宮, 公主, 親王, 郡王, 王妃, 文武大臣으로 구분하여 정리한 책	靑莊館全書 10권 112쪽
李德懋(1741-1793)	시법찬(諡法纂)*	孫能傳(明)	史	明代의 諡法과 관련된 규정과 사례를 帝后, 皇妃, 東宮, 公主, 親王, 郡王, 王妃, 文武大臣으로 구분하여 정리한 책	靑莊館全書 9권 59쪽
正祖(1752-1800)	시보(詩譜)	鄭康成(漢)	經		弘齋全書 6권 237쪽
蔡濟恭(1720-1799)	시사(詩史)				樊巖集Ⅱ 70쪽
李書九(1754-1825)	시서(詩書)	朱熹(1130-1200)		주희가 釋한 시서	惕齋集 148쪽
韓商新(1758-?)	시서변설(詩序辯說)	朱熹(1130-1200)	子	주희가 『詩經』의 序言에 대해 행한 해석	弘齋全書 10권 120쪽
李晚秀(1752-1820)	시서육예(詩書六藝)		經	시경, 서경, 육예를 의미	屐園遺稿 279쪽
李德懋(1741-1793)	시설(詩說)	申培(漢)	經		靑莊館全書 8권 280쪽
正祖(1752-1800)	시소(詩疏)	陸德明(550-630)	經	『毛詩注疏』로 『詩經』에 대한 주석	弘齋全書 6권 237쪽
許筠(1569-1618)	시여(詩餘)	顧氏(?)			惺所覆瓿藁 2권 240쪽
李鈺(1760-1813)	시여도보(詩餘圖譜)	張綖(明)	集	宋代의 詩歌를 수록한 악보집	李鈺全集 1권 201쪽
兪晚柱(1755-1788)	시요(時謠)				欽英 6권 476쪽
正祖(1752-1800)	시용통서(時用通書)			천문역법에 관한 저작	弘齋全書 7권 174쪽
李德懋(1741-1793)	시운집략(詩韻輯略)	潘恩(明)	經	음운학에 관한 서적	靑莊館全書 5권 170쪽
朴文秀(1691-1756)	시전(詩傳)*	孔丘(B.C.552-479)	經	시경의 다른 이름	英祖實錄 13권 90쪽
宋時烈(1607-1689)	시전(詩傳)*	孔丘(B.C.552-479)	經	시경의 다른 이름	肅宗實錄 7권 114, 133쪽
肅宗(1661-1720)	시전(詩傳)*	孔丘(B.C.552-479)	經	시경의 다른 이름	肅宗實錄 7권 114쪽
英祖(1694-1776)	시전(詩傳)*	孔丘(B.C.552-479)	經	시경의 다른 이름	英祖實錄 13권 78쪽
李鈺(1760-1813)	시전(詩傳)*	孔丘(B.C.552-479)	經	시경의 다른 이름	李鈺全集 2권 294쪽
丁若鏞(1762-1836)	시전(詩傳)*	孔丘(B.C.552-479)	經	시경의 다른 이름	茶山詩文集 4권 215쪽
正祖(1752-1800)	시전(詩傳)*	孔丘(B.C.552-479)	經	시경의 다른 이름	正祖實錄 15권 124쪽
李德懋(1741-1793)	시전미(詩傳微)	程煥(宋)	經	『시경』에 대한 해석	靑莊館全書 4권 165쪽
許筠(1569-1618)	시준(時雋)		子		惺所覆瓿藁 3권 30쪽

독서자	서명	저자	분류	간략 해제	출전
李德懋(1741-1793)	시지이집(詩持二集)		集		青莊館全書 9권 11쪽
李德懋(1741-1793)	시함신무(詩含神霧)				青莊館全書 8권 202쪽
李瀷(1681-1763)	시헌력(時憲曆)	아담샬(湯若望: 1591-1666)	子	천문역법 서적	李瀷 열람서목
徐有聞(1762-1822)	시헌서(時憲書)	高棅(明)	子		燕行錄選集 7권 138쪽
英祖(1694-1776)	시헌신법오경중성기(時憲新法五更中星紀)		子	천문과 역법에 관한 저작. 『五更中星紀』는 『時憲新法』 가운데 한 편으로 추정	英祖實錄 11권 229쪽
朴趾源(1737-1805)	시간(詩刊)				燕巖集 58쪽
李德懋(1741-1793)	시화(詩話)		集	古今詩話로 추정	青莊館全書 9권 28쪽
洪良浩(1724-1802)	시황기(始皇記)	司馬遷(B.C.145-86)	史	『史記』의 秦始皇本紀로 추정	耳溪集 139쪽
許筠(1569-1618)	식경(食經)	何曾(?)	子		惺所覆瓿藁 3권 226쪽
崔錫鼎(1646-1715)	식암서(息菴序)				明谷集 I 560쪽
丁若鏞(1762-1836)	신강잡록(新疆雜錄)			신강에 관한 기사로 신강이 설치된 18세기 이전에 저술되지 않았을 것으로 추정	與猶堂全書 3권 87쪽
兪晩柱(1755-1788)	신결(神訣)		子	점술서	欽英 6권 161쪽
正祖(1752-1800)	신경(新經)	王安石(1021-1086)	經	시경, 상서, 周官에 대한 해석으로 『三經新義』일 것으로 추정	弘齋全書 16권 116쪽
兪晩柱(1755-1788)	신당서(新唐書)*	歐陽修(1007-1072) 등	史	북송 구양수, 송기 등이 편찬한 225권의 기전체사서	欽英 2권 240쪽
李德懋(1741-1793)	신당서(新唐書)*	歐陽修(1007-1072) 등	史	북송 구양수, 송기 등이 편찬한 225권의 기전체사서	青莊館全書 10권 89쪽
丁若鏞(1762-1836)	신당서(新唐書)*	歐陽修(1007-1072) 등	史	북송 구양수, 송기 등이 편찬한 225권의 기전체사서	與猶堂全書 6권 294쪽
正祖(1752-1800)	신당서(新唐書)*	歐陽修(1007-1072) 등	史	북송 구양수, 송기 등이 편찬한 225권의 기전체사서	弘齋全書 6권 80쪽
한용면(韓容冕)	신당서(新唐書)*	歐陽修(1007-1072) 등	史	북송 구양수, 송기 등이 편찬한 225권의 기전체사서	弘齋全書 13권 454쪽
韓致奫(1765-1814)	신당서(新唐書)*	歐陽修(1007-1072) 등	史	북송 구양수, 송기 등이 편찬한 225권의 기전체사서	海東繹史 5권 24쪽
許筠(1569-1618)	신당서(新唐書)*	歐陽修(1007-1072) 등	史	북송 구양수, 송기 등이 편찬한 225권의 기전체사서	惺所覆瓿藁 3권 226쪽
李肯翊(1736-1806)	신당서(新唐書)*	歐陽修(1007-1072) 등	史	북송 구양수, 송기 등이 편찬한 225권의 기전체사서	燃藜室記述 11권 533쪽
文仁邦(?)	신도경(神韜經)		子		正祖實錄 8권 71쪽
李德懋(1741-1793)	신라국기(新羅國記)	顧愔(?)	史	중국 사람들이 기록한 신라의 고사	青莊館全書 10권 124쪽
韓致奫(1765-1814)	신라국기(新羅國記)	顧愔(?)	史	중국 사람들이 기록한 신라의 고사	海東繹史 5권 100쪽
正祖(1752-1800)	신배시설(申培詩說)	申培(漢)	經	『시경』에 대한 고증과 해석	弘齋全書 6권 236쪽

독서자	서명	저자	분류	간략 해제	출전
安命說(1697-?)	신법역상고성후편(新法曆象考成後編)		子	천문 역법 저작	英祖實錄 20권 114쪽
黃胤錫(1729-1791)	신법역인(新法曆引)*	아담샬(湯若望: 1591-1666)	子	명말 숭정 연간에 서광계, 이천경 등이 예수회 선교사 매크로우, 아담샬 등과 함께 시헌역법을 측정하여 만든 서적	黃胤錫 열람서목
正祖(1752-1800)	신법율수(新法律數)				弘齋全書 7권 293쪽
洪敬謨(1774-1851)	신법표이(新法表異)	아담샬(湯若望: 1591-1666)	子	출전 徐光啓의『新法算書』, 천문역법에 관한 서적	冠巖叢史
	신법표이(新法表異)	아담샬(湯若望: 1591-1666)	子	출전 徐光啓의『新法算書』, 천문역법에 관한 서적	古今圖書集成
宋文欽(1710-1751)	신서(新書)*	賈誼(B.C.200-168)	集	전반부에선 문제의 정치에 대하여 利弊를 서술하고, 후반부에선 제자들과의 문답을 수록	閒靜堂集 422쪽
肅宗(1661-1720)	신서(新書)*	賈誼(B.C.200-168)	集	전반부에선 문제의 정치에 대하여 利弊를 서술하고, 후반부에선 제자들과의 문답을 수록	肅宗實錄 32권 229쪽
丁若鏞(1762-1836)	신서(新書)*	賈誼(B.C.200-168)	集	전반부에선 문제의 정치에 대하여 利弊를 서술하고, 후반부에선 제자들과의 문답을 수록	與猶堂全書 2권 5쪽
正祖(1752-1800)	신서(新書)*	賈誼(B.C.200-168)	集	전반부에선 문제의 정치에 대하여 利弊를 서술하고, 후반부에선 제자들과의 문답을 수록	弘齋全書 3권 263쪽
丁若鏞(1762-1836)	신선전(神仙傳)*	葛洪(284-364)		전설상의 신선 84명을 기록	茶山詩文集 2권 15쪽
正祖(1752-1800)	신선전(神仙傳)*	葛洪(284-364)		전설상의 신선 84명을 기록	弘齋全書 6권 216쪽
正祖(1752-1800)	신여당집(愼餘堂集)	許雨田(淸)	集	허우전의 문집	正祖實錄 11권 194쪽
韓致奫(1765-1814)	신원지략(宸垣識略)	吳長元(淸)	史	북경의 역사, 지리, 풍속인정, 명승고적에 관한 저작으로 북경의 지방지	海東繹史 5권 98쪽
李德懋(1741-1793)	신의보구방(神醫補救方)	賈黃中(宋)	子	의학서적	靑莊館全書 5권 32쪽
韓致奫(1765-1814)	신의보구방(神醫補救方)	賈黃中(宋)	子	의학서적	海東繹史 5권 86쪽
正祖(1752-1800)	신이경(神異經)	東方朔(B.C.154-93)	子	당시 중국을 벗어난 지역의 신기한 일에 대한 기록	弘齋全書 6권 239쪽
兪晩柱(1755-1788)	신전농정소부(新鐫濃情小部)	嘉禾餐花主人(?)			欽英 4권 462쪽
金德遠(?)	신종실록(神宗實錄)		史	명 신종의 실록. 실록은 당대 사료에 근거해서 편찬한 문헌자료	肅宗實錄 4권 330쪽
正祖(1752-1800)	실어교동자훈(實語敎童子訓)			일본의 저작으로 추정	正祖實錄 15권 198쪽
丁若鏞(1762-1836)	실정록(實政錄)*	呂坤(1536-1618)	史	명대 지방관이 숙지해야 될 요체와 관직 생활의 다양한 경험들을 정리한 사찬의 官箴書	茶山詩文集 5권 42쪽

독서자	서명	저자	분류	간략 해제	출전
金在魯(1682-1759)	심경(心經)*	眞德秀(1178-1235)	子	마음에 관한 성리학 철학서	肅宗實錄 25권 199쪽
金在魯(1682-1759)	심경(心經)*	眞德秀(1178-1235)	子	마음에 관한 성리학 철학서	英祖實錄 18권 158쪽
朴世采(1631-1695)	심경(心經)*	眞德秀(1178-1235)	子	마음에 관한 성리학 철학서	肅宗實錄 31권 43쪽
朴弼周(1665-1748)	심경(心經)*	眞德秀(1178-1235)	子	마음에 관한 성리학 철학서	英祖實錄 18권 273쪽
朴弼周(1665-1748)	심경(心經)*	眞德秀(1178-1235)	子	마음에 관한 성리학 철학서	英祖實錄 18권 285쪽
宋時烈(1607-1689)	심경(心經)*	眞德秀(1178-1235)	子	마음에 관한 성리학 철학서	肅宗實錄 6권 18쪽
肅宗(1661-1720)	심경(心經)*	眞德秀(1178-1235)	子	마음에 관한 성리학 철학서	肅宗實錄 7권 212쪽
魚有鳳(1672-1744)	심경(心經)*	眞德秀(1178-1235)	子	마음에 관한 성리학 철학서	英祖實錄 18권 61쪽
英祖(1694-1776)	심경(心經)*	眞德秀(1178-1235)	子	마음에 관한 성리학 철학서	英祖實錄 19권 323쪽
吳道一(1645-1703)	심경(心經)*	眞德秀(1178-1235)	子	마음에 관한 성리학 철학서	肅宗實錄 6권 11쪽
李福源(1719-1792)	심경(心經)*	眞德秀(1178-1235)	子	마음에 관한 성리학 철학서	英祖實錄 28권 35쪽
李象靖(1711-1781)	심경(心經)*	眞德秀(1178-1235)	子	마음에 관한 성리학 철학서	大山集Ⅰ 414쪽
李廷濟(?)	심경(心經)*	眞德秀(1178-1235)	子	마음에 관한 성리학 철학서	肅宗實錄 23권 13쪽
張混(1759-1828)	심경(心經)*	眞德秀(1178-1235)	子	마음에 관한 성리학 철학서	而已广集 580쪽
丁若鏞(1762-1836)	심경(心經)*	眞德秀(1178-1235)	子	마음에 관한 성리학 철학서	茶山詩文集 9권 28쪽
正祖(1752-1800)	심경(心經)*	眞德秀(1178-1235)	子	마음에 관한 성리학 철학서	正祖實錄 6권 390쪽
正祖(1752-1800)	심경(心經)*	眞德秀(1178-1235)	子	마음에 관한 성리학 철학서	弘齋全書 4권 396쪽
周道以(?)	심경(心經)*	眞德秀(1178-1235)	子	마음에 관한 성리학 철학서	湛軒書 1권 363쪽
蔡濟恭(1720-1799)	심경(心經)*	眞德秀(1178-1235)	子	마음에 관한 성리학 철학서	樊巖集Ⅱ 89쪽
崔錫鼎(1646-1715)	심경(心經)*	眞德秀(1178-1235)	子	마음에 관한 성리학 철학서	明谷集Ⅱ 405쪽
黃胤錫(1729-1791)	심경(心經)*	眞德秀(1178-1235)	子	마음에 관한 성리학 철학서	頤齋遺藁 304쪽
李肯翊(1736-1806)	심경(心經)*	眞德秀(1178-1235)	子	마음에 관한 성리학 철학서	燃藜室記述 3권 245쪽
英祖(1694-1776)	심경부주(心經附註)*	程敏政(明)	子	송나라의 眞德秀가 편찬한 『심경』에 주석을 달아 간행한 책	英祖實錄 28권 12쪽
丁若鏞(1762-1836)	심경부주(心經附註)*	程敏政(明)	子	송나라의 眞德秀가 편찬한 『심경』에 주석을 달아 간행한 책	茶山詩文集 6권 197쪽
正祖(1752-1800)	심경부주(心經附註)*	程敏政(明)	子	송나라의 眞德秀가 편찬한 『심경』에 주석을 달아 간행한 책	弘齋全書 14권 93쪽
正祖(1752-1800)	심락편(尋樂篇)	毛元淳(明)	子	생활 가운데의 정취를 기재한 잡기	弘齋全書 6권 211쪽
韓致奫(1765-1814)	심법(心法)	朱丹溪(明)	子	의학서적	海東繹史 5권 49쪽
李德懋(1741-1793)	심사(心史)*	鄭思肖(1241-1318)	集	남송이 멸망하는 과정에서 몽고군이 사회·경제·문화를 파괴한 내용을 기록	靑莊館全書 10권 88쪽
兪晩柱(1755-1788)	심씨필담(沈氏筆談)			당송 이전의 典故를 기록	欽英 1권 310쪽
正祖(1752-1800)	심재어록(心齋語錄)	王心齋(1483-1540)	子	明代 王守仁의 心學을 계승한 유가저작	弘齋全書 6권 211쪽
李德懋(1741-1793)	심학도원류(心學圖源流)				靑莊館全書 3권 201쪽
洪大容(1731-1783)	십구사략(十九史略)	張士和(元) 등	史	曾先之의 『十八史略』에 明初 梁孟寅이 元代의 내용을 추가하여 『十九史略』으로 명칭을 바꿈	湛軒書 58쪽
黃胤錫(1729-1791)	십구사략(十九史略)	張士和(元) 등	史	曾先之의 『十八史略』에 明初 梁孟寅이 元代의 내용을 추가하여 『十九史略』으로 명칭을 바꿈	頤齋遺藁 559쪽

독서자	서명	저자	분류	간략 해제	출전
丁若鏞(1762-1836)	십국춘추(十國春秋)*	吳任臣(淸)	史	기전체사서로 강희 8년(1669)에 완성	茶山詩文集 2권 292쪽
正祖(1752-1800)	십대가문초(十大家文鈔)	儲欣(淸)	集	唐宋의 10대문인의 시문을 모은 것으로『唐宋十大家文』이라고도 함	弘齋全書 6권 214쪽
正祖(1752-1800)	십삼경주소(十三經)注疏)*		經	416권의 유가경전총서. 중국 유가의 13경전의 古注에 다시 주석을 붙인 책	弘齋全書 10권 114쪽
兪晩柱(1755-1788)	십삼경주소(十三經注疏)*		經	416권의 유가경전총서. 중국 유가의 13경전의 古注에 다시 주석을 붙인 책	欽英 1권 224쪽
李頤命(1658-1722)	십삼경주소(十三經注疏)*		經	416권의 유가경전총서. 중국 유가의 13경전의 古注에 다시 주석을 붙인 책	肅宗實錄 22권 7쪽
張混(1759-1828)	십삼경주소(十三經註疏)*		經	416권의 유가경전총서. 중국 유가의 13경전의 古注에 다시 주석을 붙인 책	而已广集 579쪽
黃胤錫(1729-1791)	십삼도지(十三道志)		史	唐代의 전국 地理總志와 유사	頤齋遺藁 546쪽
韓致奫(1765-1814)	십서(十書)	李東垣(明)	子	『東垣十書』의 약칭. 의학서적	海東繹史 5권 49쪽
英祖(1694-1776)	십육조기(十六朝期)				英祖實錄 33권 400쪽
許筠(1569-1618)	십이론(十二論)	愼到(戰國)	子	도가의 저작	惺所覆瓿藁 3권 104쪽
黃胤錫(1729-1791)	십이오언(十二五言)	마테오리치(利瑪竇:1552-1610)	子	25개 조의 인재 양성 방법을 소개, 불교의 언어를 빌어 씀.	頤齋遺藁
許筠(1569-1618)	십주기(十洲記)	東方朔(B.C.154-93)	子	신선에 관한 전설을 기록, 별칭『海內十洲記』	惺所覆瓿藁 2권 115쪽
正祖(1752-1800)	십팔사략(十八史略)*	曾先之(宋末元初)	史	『사기』 이하 17개 정사에 송대의 사료를 첨가한 18사로서, 중국역사의 대요를 알기에 적당	弘齋全書 4권 213쪽
韓致奫(1765-1814)	십팔사략(十八史略)*	曾先之(宋末元初)	史	『사기』 이하 17개 정사에 송대의 사료를 첨가한 18사로서, 중국역사의 대요를 알기에 적당	海東繹史 5권 7쪽
許筠(1569-1618)	십팔사략(十八史略)*	曾先之(宋末元初)	史	『사기』 이하 17개 정사에 송대의 사료를 첨가한 18사로서, 중국역사의 대요를 알기에 적당	惺所覆瓿藁 3권 173쪽
李肯翊(1736-1806)	십팔사략(十八史略)*	曾先之(宋末元初)	史	『사기』 이하 17개 정사에 송대의 사료를 첨가한 18사로서, 중국역사의 대요를 알기에 적당	燃藜室記述 9권 326쪽
李德懋(1741-1793)	십팔사략(十八史略)*	曾先之(宋末元初)	史	『사기』 이하 17개 정사에 송대의 사료를 첨가한 18사로서, 중국역사의 대요를 알기에 적당	靑莊館全書 9권 105쪽
兪晩柱(1755-1788)	쌍문내전(雙文內傳)				欽英 3권 342쪽
李德懋(1741-1793)	쌍봉집(雙峯集)	姚獬孫(宋)	集	요해손의 문집	靑莊館全書 4권 152쪽
李星源(?)	씨족지(氏族志)	高士廉(唐) 등	子	당초에 편집한 성씨에 관한 저작	弘齋全書 13권 382쪽
正祖(1752-1800)	씨족지(氏族志)	高士廉(唐) 등	子	당초에 편집한 성씨에 관한 저작	弘齋全書 13권 390쪽

독서자	서명	저자	분류	간략 해제	출전
李德懋(1741-1793)	아담(雅談)	周密(1232-1298)	集	별칭『浩然齋雅談』, 시문에 대한 평가	靑莊館全書 7권 78쪽
韓致奫(1765-1814)	악곡보(樂曲譜)	高似孫(宋)	子		海東繹史 5권 73쪽
宋能相(1710-1758)	악기(樂記)	劉向(B.C.79?-8?)	經	고대의 음악과 관련된 유가의 저작. 『예기』편의 악기	雲坪集 278쪽
吳載純(1727-1792)	악기(樂記)	劉向(B.C.79?-8?)	經	고대의 음악과 관련된 유가의 저작. 『예기』편의 악기	醇庵集 532쪽
李象靖(1711-1781)	악기(樂記)	劉向(B.C.79?-8?)	經	고대의 음악과 관련된 유가의 저작. 『예기』편의 악기	大山集Ⅰ 407쪽
丁若鏞(1762-1836)	악기(樂記)	劉向(B.C.79?-8?)	經	고대의 음악과 관련된 유가의 저작. 『예기』편의 악기	與猶堂全書 2권 43쪽
正祖(1752-1800)	악기(樂記)	劉向(B.C.79?-8?)	經	고대의 음악과 관련된 유가의 저작. 『예기』편의 악기	正祖實錄 23권 91쪽
崔錫鼎(1646-1715)	악기(樂記)	劉向(B.C.79?-8?)	經	고대의 음악과 관련된 유가의 저작. 『예기』편의 악기	明谷集Ⅰ 563쪽
正祖(1752-1800)	악기경(握奇經)*	風后(?)	子	陳을 치는 방법을 다룬『握奇經』과 용병술을 다룬『六韜』를 합본한 병서	弘齋全書 6권 142쪽
李德懋(1741-1793)	악도식(樂圖式)				靑莊館全書 10권 82쪽
兪晩柱(1755-1788)	악부잡록(樂府雜錄)*	段安節(唐)	子	음악서적	欽英 2권 59쪽
黃胤錫(1729-1791)	악사환우기(樂史寰宇記)	樂史(宋)	史	송 지리지로『太平寰宇記』인데, 북송 초기의 전국 지리지	頤齋遺藁 546쪽
丁若鏞(1762-1836)	악서(樂書)*	陳暘(宋)	經	음악서적	茶山詩文集 8권 233쪽
正祖(1752-1800)	악서(樂書)*	陳暘(宋)	經	음악서적	弘齋全書 6권 229쪽
蔡濟恭(1720-1799)	악의전(樂毅傳)	司馬遷(B.C.145-86)	史	『사기』 중의 전기	樊巖集 583쪽
李德懋(1741-1793)	안아당집(安雅堂集)	陳旅(元)	集	진려의 문집	靑莊館全書 10권 110쪽
李德懋(1741-1793)	안양집(安陽集)*	韓琦(1008-1075)	集	북송 한기가 편찬한 책	靑莊館全書 5권 154쪽
韓致奫(1765-1814)	안자(晏子)	晏嬰(?-B.C.500)	子	안영의 언론을 기록	海東繹史 5권 82쪽
許筠(1569-1618)	안자(晏子)	晏嬰(?-B.C.500)	子	안영의 언론을 기록	惺所覆瓿藁 2권 246쪽
張混(1759-1828)	안자춘추(晏子春秋)*	晏嬰(?-B.C.500)	史	제나라 안영의 언행록	而已广集 580쪽
丁若鏞(1762-1836)	안자춘추(晏子春秋)*	晏嬰(?-B.C.500)	史	제나라 안영의 언행록	與猶堂全書 5권 203쪽
李德懋(1741-1793)	암남집(巖南集)				靑莊館全書 4권 130쪽
許筠(1569-1618)	암서유사(巖棲幽事)	陳繼儒(1557-1639)	子	산에 거주하면서 겪은 자잘한 일들을 기록	惺所覆瓿藁 4권 136쪽
韓致奫(1765-1814)	압강일기(鴨江日記)	閻子秀(?)			海東繹史 5권 116쪽
李德懋(1741-1793)	앙엽기(盎葉記)				靑莊館全書 4권 230쪽
兪晩柱(1755-1788)	야객총서(野客叢書)	王楙(宋)	子	경서에 대한 고증	欽英 4권 120쪽
李德懋(1741-1793)	야객총서(野客叢書)	王楙(宋)	子	경서에 대한 고증	靑莊館全書 9권 79쪽
正祖(1752-1800)	야로(野老)*			선진시대의 귀중한 농서	弘齋全書 6권 201쪽

독서자	서명	저자	분류	간략 해제	출전
兪晩柱(1755-1788)	야승수집(野乘隨輯)				欽英 3권 59쪽
李德懋(1741-1793)	야채전(野菜箋)*	屠本畯(明)	子	식물, 야채에 대한 서적	靑莊館全書 10권 28쪽
李德懋(1741-1793)	양가만필(養疴漫筆)	趙溍(宋)			靑莊館全書 8권 232쪽
朴趾源(1737-1805)	양경구구록(兩京求舊錄)	朱茂曙(明)	史	명대 북경과 남경의 사실들을 기록	燕巖集 158쪽
李宜顯(1669-1745)	양귀산집(楊龜山集)	楊時(1053-1135)	集	양시의 문집	陶谷集Ⅱ 502쪽
正祖(1752-1800)	양귀산집(楊龜山集)	楊時(1053-1135)	集	양시의 문집	弘齋全書 12권 391쪽
李德懋(1741-1793)	양로방(養老方)				靑莊館全書 8권 222쪽
崔錫鼎(1646-1715)	양명문집어록(陽明文集語錄)		集	王守仁의 문집 가운데 중요한 어록을 모은 책	明谷集Ⅰ 120쪽
李德懋(1741-1793)	양명집(陽明集)	王陽明(1472-1528)	集	王守仁의 문집	靑莊館全書 5권 164쪽
兪晩柱(1755-1788)	양백지전(梁伯之傳)				欽英 5권 156쪽
朴趾源(1737-1805)	양산묵담(兩山墨談)	陳霆(明)	子	고적에 대한 고증	燕巖集 146쪽
李德懋(1741-1793)	양산묵담(兩山墨談)	陳霆(明)	子	고적에 대한 고증	靑莊館全書 9권 75쪽
李德懋(1741-1793)	양산지(陽山志)	岳岱(?)			靑莊館全書 9권 135쪽
李德懋(1741-1793)	양서(梁書)*	姚思廉(557-637)	史	기전체 사서로 정사의 하나	靑莊館全書 9권 152쪽
丁若鏞(1762-1836)	양서(梁書)*	姚思廉(557-637)	史	기전체 사서로 정사의 하나	與猶堂全書 4권 281쪽
韓致奫(1765-1814)	양서(梁書)*	姚思廉(557-637)	史	기전체 사서로 정사의 하나	海東繹史 5권 24쪽
黃胤錫(1729-1791)	양서(梁書)*	姚思廉(557-637)	史	기전체 사서로 정사의 하나	頤齋遺藁 412쪽
朴趾源(1737-1805)	양승암집(楊升菴集)*	楊愼(1488-1559)	集	명 양신의 시문집	燕巖集 156쪽
許筠(1569-1618)	양어경(養魚經)*	黃省會(明)	子	魚秧, 飼養, 魚種 3부분으로 나누어 기술됨	惺所覆瓿藁 4권 289쪽
許筠(1569-1618)	양자(揚子)	楊雄(B.C.53-A.D.18)	子	『논어』의 체제를 모방하여 쓴 유학에 대한 해석. 일명 『揚子法言』	惺所覆瓿藁 2권 248쪽
張混(1759-1828)	양자법서(楊子法書)	楊雄(B.C.53-A.D.18)	子	『논어』의 체제를 모방하여 쓴 유학에 대한 해석서. 『法言』	而已广集 580쪽
李德懋(1741-1793)	양전(梁典)	劉璠(周)	史	梁朝의 典章制度를 기록	靑莊館全書 10권 141쪽
韓致奫(1765-1814)	양절병제(兩浙兵制)	侯繼國(明)	子	병법서로 明代 兩浙 지역의 군사방어 상황을 기록. 주로 왜구를 방어하기 위해 만듦	海東繹史 5권 124쪽
英祖(1694-1776)	양정도해(養正圖解)*	焦竑(1541-1602)	子	역사상에 모범이 될만한 제왕의 언행을 집록한 책	英祖實錄 22권 262쪽
韓致奫(1765-1814)	양조평양록(兩朝平壤錄)	諸葛元聲(明)	史	명대 조선에 출병해서 왜구를 막은 역사를 기록	海東繹史 5권 124쪽
李德懋(1741-1793)	양주부지(楊州府志)		史	揚州의 地方志	靑莊館全書 10권 76쪽
許筠(1569-1618)	양한지(兩漢志)		史	『漢書』와 『後漢書』의 志	惺所覆瓿藁 2권 242쪽

독서자	서명	저자	분류	간략 해제	출전
正祖(1752-1800)	어류대전(語類大全)	黃士毅(宋)	經	『朱子語類』라고도 함. 1220년 간행	弘齋全書 6권 325쪽
許筠(1569-1618)	어림(語林)*	何良俊(?-1573)	子	덕행, 언어, 정사, 문학 등으로 나누어 기록한 30권의 필기소설집	惺所覆瓿藁 2권 240쪽
韓致奫(1765-1814)	어양시화(漁洋詩話)*	王士禛(1634-1711)	集	청 왕사정의 시화집	海東繹史 5권 66쪽
韓致奫(1765-1814)	어양집(漁洋集)*	王士禛(1634-1711)	集	『漁洋詩話』의 이칭인 듯함	海東繹史 6권 72쪽
韓致奫(1765-1814)	어왜록(馭倭錄)	王士驥(明)	史	명대 왜구의 자료를 모은 것으로, 詔書와 奏折 등의 문헌과 당시 일본과의 전쟁 등을 편년체로 기록	海東繹史 5권 126쪽
正祖(1752-1800)	어정팔자백선(御定八字百選)				正祖實錄 6권 389쪽
朴趾源(1737-1805)	어제전운시(御題全韻詩)*	高宗(淸)	集	고종의 어제시집	燕巖集 58쪽
李德懋(1741-1793)	어제집(御制集)				靑莊館全書 10권 57쪽
韓致奫(1765-1814)	어주효경(御註孝經)	順治(淸)	經	『효경』에 대한 주석	海東繹史 5권 74쪽
丁若鏞(1762-1836)	어찬주역절중(御纂周易折中)*	李光地(1642-1728)	經	청의 이광지가 칙명을 받아 편찬한 주역주석서	與猶堂全書 3권 607쪽
正祖(1752-1800)	어초문대(漁樵問對)	邵雍(1011-1077)	子	산야에서의 정취와 잡다한 기록	弘齋全書 6권 79쪽
李德懋(1741-1793)	언청(言鯖)	呂種玉(?)	子	문자와 사실에 대한 고증	靑莊館全書 9권 30쪽
兪晩柱(1755-1788)	엄산당별집(弇山堂別集)*	王世貞(1526-1590)	史	왕세정이 隕陽巡撫로 재직하고 있을 때 스스로 간행한 시문집으로 '四部'로 나누어져 있음	欽英 2권 113쪽
韓致奫(1765-1814)	엄산당별집(弇山堂別集)*	王世貞(1526-1590)	史	왕세정이 隕陽巡撫로 재직하고 있을 때 스스로 간행한 시문집으로 '四部'로 나누어져 있음	海東繹史 5권 8쪽
許筠(1569-1618)	엄산당별집(弇山堂別集)*	王世貞(1526-1590)	史	왕세정이 隕陽巡撫로 재직하고 있을 때 스스로 간행한 시문집으로 '四部'로 나누어져 있음	惺所覆瓿藁 4권
兪晩柱(1755-1788)	엄산별집(弇山別集)*	王世貞(1526-1590)	史	왕세정이 隕陽巡撫로 재직하고 있을 때 스스로 간행한 시문집으로 '四部'로 나누어져 있음	欽英 1권 387쪽
李德懋(1741-1793)	엄산별집(弇山別集)*	王世貞(1526-1590)	史	왕세정이 隕陽巡撫로 재직하고 있을 때 스스로 간행한 시문집으로 '四部'로 나누어져 있음	靑莊館全書 10권 87쪽
李德懋(1741-1793)	엄원팔기(弇園八記)	王世貞(1526-1590)	集	왕세정의 문집 『弇州四部稿』의 속고 160권	靑莊館全書 9권 62쪽
南公轍(1760-1840)	엄주목재이집(弇州牧齋二集)	王世貞(1526-1590) 등	集	왕세정 · 錢謙益 문집	金陵集 260쪽
李德懋(1741-1793)	엄주별집(弇州別集)	王世貞(1526-1590)	集	『엄산별집』의 이칭인 듯함. 명대의 역사적 사실을 기록	靑莊館全書 10권 103쪽
韓致奫(1765-1814)	엄주별집(弇州別集)	王世貞(1526-1590)	集	『엄산별집』의 이칭인 듯함. 명대의 역사적 사실을 기록	海東繹史 5권 6쪽
許筠(1569-1618)	엄주사부고(弇州四部稿)*	王世貞(1526-1590)	集	『弇州山人四部稿』와 같은 책	惺所覆瓿藁 4권

독서자	서명	저자	분류	간략 해제	출전
兪晩柱(1755-1788)	엄주산인사부고(弇州山人四部稿)*	王世貞(1526-1590)	集	四部는 賦, 詩, 文, 說의 4가지. 속고는 단지 부, 시, 문의 3부만 있고 설부는 빠짐	欽英 5권 277쪽
韓致奫(1765-1814)	엄주속고(弇州續稿)	王世貞(1526-1590)	集	왕세정 문집의 속편	海東繹史 5권 135쪽
兪晩柱(1755-1788)	엄주시부(弇州詩部)	王世貞(1526-1590)	集	출전은 『엄주사부고』의 시부로 보임	欽英 1권 7쪽
李德懋(1741-1793)	엄주집(弇州集)	王世貞(1526-1590)	集	『엄주사부고』, 왕세정의 문집	青莊館全書 5권 166쪽
李德懋(1741-1793)	여계(女誡)*	曹大家(後漢)		卑弱, 夫婦, 敬愼, 婦行, 專心, 曲從, 和叔妹의 7편으로 나뉨. 계녀서류	青莊館全書 6권 120쪽
李書九(1754-1825)	여공전(與孔傳)				惕齋集 220쪽
丁若鏞(1762-1836)	여동록(餘冬錄)	何孟春(1474-1536)			茶山詩文集 5권 153쪽
李德懋(1741-1793)	여동서록(餘冬緖錄)	何孟春(1474-1536)			青莊館全書 10권 98쪽
李德懋(1741-1793)	여람(呂覽)*	呂不韋(?-B.C.235)		『呂氏春秋』 중의 『有始覽』으로 보임	青莊館全書 9권 61쪽
張混(1759-1828)	여람(呂覽)*	呂不韋(?-B.C.235)		『呂氏春秋』 중의 『有始覽』으로 보임	而已广集 580쪽
許筠(1569-1618)	여람(呂覽)*	呂不韋(?-B.C.235)		『呂氏春秋』 중의 『有始覽』으로 보임	惺所覆瓿藁 3권 259쪽
正祖(1752-1800)	여람(呂覽)*	呂不韋(?-B.C.235)		『呂氏春秋』 중의 『有始覽』으로 보임	弘齋全書 6권 93쪽
洪大容(1731-1783)	여만촌문집(呂晩村文集)	呂晩村(1629-1683)	集	呂留良의 문집, 별칭 『呂晩村先生文集』	湛軒書 201쪽
兪晩柱(1755-1788)	여만촌전집(呂晩村全集)	呂晩村(1629-1683)	集	呂留良의 문집, 별칭 『呂晩村先生文集』	欽英 6권 499쪽
兪漢蕭(?)	여만촌집(呂晩村集)	呂晩村(1629-1683)	集	呂留良의 문집, 별칭 『呂晩村先生文集』	英祖實錄 24권 290쪽
洪良浩(1724-1802)	여풍숙서(與馮宿書)	韓愈(768-824)		한유의 문집에서 나온 것으로 한유가 馮宿에게 보낸 서신	耳溪外集 1권 279쪽
英祖(1694-1776)	여사서(女四書)*	文皇后(明)	子	여자들의 수신과 행동규범에 관한 글들을 모아 편찬한 책	英祖實錄 13권 192쪽
李德懋(1741-1793)	여사서(女四書)*	文皇后(明)	子	여자들의 수신과 행동규범에 관한 글들을 모아 편찬한 책	青莊館全書 6권 160쪽
李鈺(1760-1813)	여순자(驪脣字)				李鈺全集 1권 260쪽
李德懋(1741-1793)	여씨춘추(呂氏春秋)*	呂不韋(?-B.C.235)	史	26권의 잡가서로 여씨란 여불위를 지칭. 잡가의 대표적 저작	青莊館全書 9권 213쪽
丁若鏞(1762-1836)	여씨춘추(呂氏春秋)*	呂不韋(?-B.C.235)	史	26권의 잡가서로 여씨란 여불위를 지칭. 잡가의 대표적 저작	與猶堂全書 3권 6쪽
正祖(1752-1800)	여씨춘추(呂氏春秋)*	呂不韋(?-B.C.235)	史	26권의 잡가서로 여씨란 여불위를 지칭. 잡가의 대표적 저작	弘齋全書 4권 61쪽
正祖(1752-1800)	여씨춘추(呂氏春秋)*	呂不韋(?-B.C.235)	史	26권의 잡가서로 여씨란 여불위를 지칭. 잡가의 대표적 저작	弘齋全書 6권 102쪽
兪晩柱(1755-1788)	여우인논문(與友人論文)	焦竑(1541-1602)	集	어떻게 문장을 써야 하는가에 대해 친구와 토론한 서신. 출전은 『文章辨體匯選』 246권으로 보임	欽英 2권 436쪽

독서자	서명	저자	분류	간략 해제	출전
許筠(1569-1618)	여자(呂子)	呂不韋(?-B.C.235)	史	周代의 역사를 기록	惺所覆瓿藁 2권 250쪽
黃胤錫(1729-1791)	여지광기(輿地廣記)*	歐陽忞(北宋)	史	지리서	頤齋遺藁 546쪽
肅宗(1661-1720)	여지지(輿地誌)	顧野王(519-581)	史	남북조 시대의 학자 고야왕이 편찬한 지리서	肅宗實錄 6권 275쪽
正祖(1752-1800)	여지지(輿地誌)	顧野王(519-581)	史	남북조 시대의 학자 고야왕이 편찬한 지리서	正祖實錄 11권 322쪽
李德懋(1741-1793)	여헌(女憲)			계녀서류	靑莊館全書 6권 120쪽
丁若鏞(1762-1836)	여형(呂刑)		經	『상서』의 여형일 것임	與猶堂全書 6권 6쪽
正祖(1752-1800)	역건착도(易乾鑿度)	鄭玄(120-200)	子	주역에 대한 해석을 담은 참위의 서적	弘齋全書 11권 415쪽
李德懋(1741-1793)	역경강의(易經講義)	熊禾(元)	經	『역경』에 대한 해석	靑莊館全書 4권 164쪽
丁若鏞(1762-1836)	역경본의(易經本義)	朱熹(1130-1200)	經	周易本義	茶山詩文集 5권 119쪽
丁若鏞(1762-1836)	역경집주(易經集註)*	來知德(1525-1604)	經	명 내지덕이 지은 주역 주석서	與猶堂全書 3권 603쪽
韓致奫(1765-1814)	역대건원고(歷代建元考)*	鍾廣漢(淸)	史	建元에 대한 역대의 서적을 토대로 역대 각국·제왕별 건원연호를 분류, 해설한 책	海東繹史 5권 38쪽
正祖(1752-1800)	역대명신주의(歷代名臣奏議)*	黃淮(1367-1449)	子	명신들의 주의를 수록, 정치의 득실을 고증할 수 있는 책	弘齋全書 18권 218쪽
韓致奫(1765-1814)	역대명화기(歷代名畵記)*	張彦遠(815-879)	集	畵史書로 역대 화가의 유파와 그 사승 관계, 화가의 기법과 평론을 서술함	海東繹史 5권 162쪽
李德懋(1741-1793)	역대비고(歷代備考)				靑莊館全書 3권 112쪽
兪晚柱(1755-1788)	역대사찬좌편(歷代史纂左編)*	唐順之(1597-1560)	史	역대 정사에 기재된 군신 등의 사적을 편찬한 것	欽英 5권 123쪽
李德懋(1741-1793)	역대시보(歷代詩譜)	謝翶(1249-1295)	史		靑莊館全書 4권 129쪽
崔錫鼎(1646-1715)	역대전(易大傳)	程頤(1033-1107)	經	『역경』에 대한 해석	明谷集Ⅰ 63쪽
正祖(1752-1800)	역대전고사전(歷代典故辭典)				弘齋全書 3권 132쪽
許筠(1569-1618)	역대진선체도통감(曆代眞仙體道通鑑)	趙道一(元)	子	도가의 저작, 별칭『仙鑒』	惺所覆瓿藁 4권 52쪽
李成中(?)	역대통감찬요(歷代通鑑纂要)*	李東陽(1447-1516)	史	강목체 역사서임. 삼황에서 시작하여 원말까지 기록	英祖實錄 17권 179쪽
李德懋(1741-1793)	역림(易林)*	焦延壽(前漢)	經	경학서	靑莊館全書 5권 170쪽
韓致奫(1765-1814)	역림식점(易林式占)				海東繹史 5권 71쪽
英祖(1694-1776)	역법고성(曆法考成)		子	청의 책력인 듯함	英祖實錄 13권 12쪽
洪敬謨(1774-1851)	역법서전(曆法西傳)*	아담샬(湯若望: 1591-1666)	子	서양의 천문학을 소개함	冠巖叢史

독서자	서명	저자	분류	간략 해제	출전
洪大容(1731-1783)	역본의(歷本議)	唐一行(漢)	子		湛軒書 154쪽
李德懋(1741-1793)	역사(繹史)*	馬驌(1621-1673)	史	잡사로 康熙 9년(1670)에 완성	靑莊館全書 9권 150-153쪽
丁若鏞(1762-1836)	역사(繹史)*	馬驌(1621-1673)	史	잡사로 康熙 9년(1670)에 완성	與猶堂全書 6권 298쪽
英祖(1694-1776)	역상고성(曆象考成)*	何國宗(淸) 등	子	아담샬 등이 만든 서양 신법역서를 개정한 역법서	英祖實錄 13권 176쪽
崔錫鼎(1646-1715)	역상도(易象圖)		子		明谷集Ⅰ 80쪽
洪敬謨(1774-1851)	역서규모(曆書規模)	穆尼閣(淸)	子	서양의 천문역법을 소개	冠巖叢史
朴趾源(1737-1805)	역선록(亦禪錄)	張潮(淸)			燕巖集 158쪽
正祖(1752-1800)	역설문답(易說問答)	王太古			弘齋全書 11권 203쪽
丁若鏞(1762-1836)	역외별전(易外別傳)	兪琰(南宋)	子	주역과 관련된 각종 도해의 해석	與猶堂全書 3권 608쪽
	역인(曆引)	재크로우(羅雅谷: 1593-1638)	子	천문 역법서	奎章總目
李端夏(1625-1689)	역전(易傳)*	程頤(1033-1107)	經	주역에 대한 해석서	肅宗實錄 9권 191쪽
丁若鏞(1762-1836)	역전(易傳)*	程頤(1033-1107)	經	주역에 대한 해석서	與猶堂全書 3권 584쪽
正祖(1752-1800)	역전(易傳)*	程頤(1033-1107)	經	주역에 대한 해석서	弘齋全書8권 79쪽
崔錫鼎(1646-1715)	역전(易傳)*	程頤(1033-1107)	經	주역에 대한 해석서	明谷集Ⅰ 124쪽
黃胤錫(1729-1791)	역전(易傳)*	程頤(1033-1107)	經	주역에 대한 해석서	頤齋遺藁 18쪽
崔錫鼎(1646-1715)	역전기의(易傳記疑)		經		明谷集Ⅰ 556쪽
李德懋(1741-1793)	역전종(易傳宗)	程煥(宋)	經		靑莊館全書 4권 165쪽
李德懋(1741-1793)	역정온(易精蘊)	解蒙(元)			靑莊館全書 4권 165쪽
許遠(?)	역초병지(歷草餠枝)				肅宗實錄 28권 245쪽
黃胤錫(1729-1791)	역통(曆通)	穆尼閣(淸)			黃胤錫 열람서목
正祖(1752-1800)	역통(易通)*	周敦頤(1017-1073)	經		弘齋全書 6권 233쪽
金長生(1548-1631)	역학계몽(易學啓蒙)*	黃瑞節	經	주희의 『역학계몽』에 黃瑞節의 소견을 부록한 책	肅宗實錄 9권 178쪽. 10권 49쪽
丁若鏞(1762-1836)	역학계몽(易學啓蒙)*	黃瑞節	經	주희의 『역학계몽』에 黃瑞節의 소견을 부록한 책	茶山詩文集 8권 131쪽
正祖(1752-1800)	역학계몽(易學啓蒙)*	黃瑞節	經	주희의 『역학계몽』에 黃瑞節의 소견을 부록한 책	弘齋全書 7권 62쪽
車彦輔(?)	역학계몽(易學啓蒙)*	黃瑞節	經	주희의 『역학계몽』에 黃瑞節의 소견을 부록한 책	正祖實錄 6권 122쪽
黃胤錫(1729-1791)	역학계몽(易學啓蒙)*	黃瑞節	經	주희의 『역학계몽』에 黃瑞節의 소견을 부록한 책	頤齋遺藁 380쪽
李德懋(1741-1793)	역해대전(易解大全)	孟文龍(宋)	經	『역경』에 대한 해석	靑莊館全書 4권 160쪽
李德懋(1741-1793)	역해의(易解義)	丘葵(宋)	經	『역경』에 대한 해석	靑莊館全書 4권 165쪽
李德懋(1741-1793)	연감류함(淵鑑類函)	張英(淸)	子	당대부터 명대까지의 시문과 고사를 康熙 시기에 편집한 類書	靑莊館全書 2권 34쪽
正祖(1752-1800)	연감류함(淵鑑類函)	張英(淸)	子	당대부터 명대까지의 시문과 고사를 康熙 시기에 편집한 類書	弘齋全書 6권 126쪽

독서자	서명	저자	분류	간략 해제	출전
肅宗(1661-1720)	연거필기(燕居筆記)	馮夢龍(明)	子	소설	肅宗實錄 30권 85쪽
兪晩柱(1755-1788)	연금쇄옥(緣錦碎玉)		子		欽英 5권 124쪽
柳得恭(1749-1807)	연대음고(燕臺吟稿)	陳希濂(淸)	集	자전 성격의 서적	燕行錄選集 7권 442쪽
韓致奫(1765-1814)	연번로속집(演蘩露續集)	程大昌(宋)	子	고대의 각종 사물을 고증한 서적	海東繹史 5권 103쪽
正祖(1752-1800)	연북잡기(燕北雜記)	武圭(?)	子	거란 지역의 인문과 풍속을 기록	弘齋全書 6권 126쪽
韓致奫(1765-1814)	연사(硯史)	米芾(1051-1107)	子	각종 벼루를 기록	藝文志
正祖(1752-1800)	연산(連山)	馬國翰(淸)	經	주역에 대한 해석	弘齋全書 6권 192쪽
正祖(1752-1800)	연산역(連山易)	潘咸(淸)	經	주역에 대한 주석으로, 『易蓍圖說』에서 나옴	正祖實錄 7권 304쪽
肅宗(1661-1720)	연의(衍義)				肅宗實錄 32권 207쪽
朴趾源(1737-1805)	연주객화(燕舟客話)	周在浚(淸)	子	잡기 성격의 저작	燕巖集 158쪽
兪晩柱(1755-1788)	연진초편(硯震抄編)				欽英 6권 303쪽
兪晩柱(1755-1788)	연초회언(燕超薈言)				欽英 2권 564쪽
韓致奫(1765-1814)	연화심륜(蓮花心輪)				海東繹史 5권 88쪽
李亮濟(?)	열국지(列國志)				英祖實錄 24권 121쪽
丁若鏞(1762-1836)	열녀전(列女傳)*	劉向(B.C.79?-8?)	史	先秦시대부터 漢代까지 부인들의 전기를 모은 책	與猶堂全書 3권 589쪽
李德懋(1741-1793)	열녀전(列女傳)*	劉向(B.C.79?-8?)	史	先秦시대부터 漢代까지 부인들의 전기를 모은 책	靑莊館全書 9권 105쪽
正祖(1752-1800)	열녀전(列女傳)*	劉向(B.C.79?-8?)	史	先秦시대부터 漢代까지 부인들의 전기를 모은 책	弘齋全書 6권 8쪽
韓致奫(1765-1814)	열녀전(列女傳)*	劉向(B.C.79?-8?)	史	先秦시대부터 漢代까지 부인들의 전기를 모은 책	海東繹史 5권 80쪽
黃胤錫(1729-1791)	열녀전(列女傳)*	劉向(B.C.79?-8?)	史	先秦시대부터 漢代까지 부인들의 전기를 모은 책	頤齋遺藁 456쪽
韓致奫(1765-1814)	열반경(涅槃經)		子	『大般涅槃經』의 이칭. 불경	海東繹史 5권 86쪽
李德懋(1741-1793)	열사전(列士傳)		史		靑莊館全書 10권 23쪽
正祖(1752-1800)	열선전(列仙傳)*	劉向(B.C.79?-8?)	史	도교서	弘齋全書 3권 436쪽
許筠(1569-1618)	열선전(列仙傳)*	劉向(B.C.79?-8?)	史	도교서	惺所覆瓿藁 2권 272쪽
丁若鏞(1762-1836)	열자(列子)*	列御寇(戰國)	子	철학서	茶山詩文集 2권 181쪽
張混(1759-1828)	열자(列子)*	列御寇(戰國)	子	철학서	而已广集 580쪽
正祖(1752-1800)	열자(列子)*	列御寇(戰國)	子	철학서	弘齋全書 6권 186쪽
許筠(1569-1618)	열자(列子)*	列御寇(戰國)	子	철학서	惺所覆瓿藁 2권 168쪽
李德懋(1741-1793)	열조시집(列朝詩輯)	錢謙益(1582-1664)	集	각 시대의 시문을 모음	靑莊館全書 10권 125쪽
李宜顯(1669-1745)	열조시집(列朝詩集)	錢謙益(1582-1664)	集	각 시대의 시문을 모음	陶谷集Ⅱ 502쪽

독서자	서명	저자	분류	간략 해제	출전
韓致奫(1765-1814)	열조시집(列朝詩集)	錢謙益(1582-1664)	集	각 시대의 시문을 모음	海東繹史 5권 61쪽
李宜顯(1669-1745)	열조시집소전(列朝詩集小傳)	錢謙益(1582-1664)	史	출전은 『열조시집』으로 보임, 문인의 전기	陶谷集Ⅱ 502쪽
李德懋(1741-1793)	열친루집(悅親樓集)	祝德麟(清)	集		青莊館全書 9권 16-18쪽
李德懋(1741-1793)	염락풍아(濂洛風雅)	金履祥(元)	集	송대 유학자 48명의 시문을 수집한 책	青莊館全書 3권 120쪽
李宜顯(1669-1745)	염이편(艶異編)	王世貞(1526-1590)	子	소설집	陶谷集Ⅱ 502쪽
許筠(1569-1618)	염이편(艶異編)	王世貞(1526-1590)	子	소설집	惺所覆瓿藁 4권 138쪽
正祖(1752-1800)	염철론(鹽鐵論)	桓寬(漢)	子	한대에 이루어진 치국정책에 관한 토론	弘齋全書 9권106쪽
丁若鏞(1762-1836)	영가군기(永嘉郡記)	鄭緝(宋)			茶山詩文集 4권 120쪽
兪晚柱(1755-1788)	영규율수(瀛圭律髓)*	方回(元)	集	江西詩派의 관점에서 당송의 율시를 선발한 시선집	欽英 2권 144쪽
李宜顯(1669-1745)	영규율수(瀛奎律髓)*	方回(元)	集	江西詩派의 관점에서 당송의 율시를 선발한 시선집	陶谷集Ⅱ 502쪽
李德懋(1741-1793)	영도선현전(寧都先賢傳)	魏禮(清)	史	寧都 지역 先人들의 전기	青莊館全書 10권 125쪽
韓致奫(1765-1814)	영도선현전(寧都先賢傳)	魏禮(清)	史	寧都 지역 先人들의 전기	海東繹史 5권 121쪽
朴趾源(1737-1805)	영매암억어(影梅菴憶語)	冒襄(明)	子	모양이 董小宛이라는 명기를 위해 쓴 애도사	燕巖集 158쪽
許筠(1569-1618)	영비경(靈飛經)		子	불교의 경전	惺所覆瓿藁 2권 274쪽
黃胤錫(1729-1791)	영언얼작(靈言蠡勺)	삼비아시(畢方濟: 1582-1649)		카톨릭 교리에 대한 서적	頤齋遺藁
韓致奫(1765-1814)	영화기문(寧和記聞)	朱景玄(唐)			海東繹史 5권 73쪽
成震齡(?)	예경(禮敬)		子	불교 저작인『禮敬諸佛名』로 추정	肅宗實錄 31권 31쪽
肅宗(1661-1720)	예경(禮敬)		子	불교 저작인『禮敬諸佛名』로 추정	肅宗實錄 30권 326쪽
申思建(?)	예경(禮敬)		子	불교 저작인『禮敬諸佛名』로 추정	英祖實錄 29권 13쪽
李翔(1620-1690)	예경(禮敬)		子	불교 저작인『禮敬諸佛名』로 추정	肅宗實錄 6권 6쪽, 8권 316쪽, 9권 35, 37, 112쪽
正祖(1752-1800)	예경(禮敬)		子	불교 저작인『禮敬諸佛名』로 추정	正祖實錄 2권 186쪽
朴世采(1631-1695)	예경(禮經)	戴聖(漢)	子	禮記의 이칭	肅宗實錄 8권 316쪽
成大中(1732-1809)	예경(禮經)	戴聖(漢)	子	禮記의 이칭	青城集 456쪽
宋能相(1710-1758)	예경(禮經)	戴聖(漢)	子	禮記의 이칭	雲坪集 130쪽
宋文欽(1710-1751)	예경(禮經)	戴聖(漢)	子	禮記의 이칭	閒靜堂集 313쪽
宋時烈(1607-1689)	예경(禮經)	戴聖(漢)	子	禮記의 이칭	肅宗實錄 9권 35쪽
英祖(1694-1776)	예경(禮經)	戴聖(漢)	子	禮記의 이칭	英祖實錄 13권 225쪽
尹鳳九(1681-1767)	예경(禮經)	戴聖(漢)	子	禮記의 이칭	英祖實錄 22권 197쪽 204쪽
尹陽來(1673-1751)	예경(禮經)	戴聖(漢)	子	禮記의 이칭	英祖實錄 18권 10쪽
尹拯(1629-1714)	예경(禮經)	戴聖(漢)	子	禮記의 이칭	肅宗實錄 9권 35쪽
李翔(1620-1690)	예경(禮經)	戴聖(漢)	子	禮記의 이칭	肅宗實錄 6권 6쪽

독서자	서명	저자	분류	간략 해제	출전
丁若鏞(1762-1836)	예경(禮經)	戴聖(漢)	子	禮記의 이칭	與猶堂全書 4권
崔錫鼎(1646-1715)	예경(禮經)	戴聖(漢)	子	禮記의 이칭	明谷集 I 56쪽
姜浚欽(1768-?)	예기(禮記)*	戴聖(漢)	經	49편의(현존본 12권) 유가경전으로 '삼례'의 하나이며 '오경'의 하나	弘齋全書 14권 267쪽
權尙夏(1641-1721)	예기(禮記)*	戴聖(漢)	經	49편의(현존본 12권) 유가경전으로 '삼례'의 하나이며 '오경'의 하나	肅宗實錄 28권 203쪽
金壽恒(1629-1689)	예기(禮記)*	戴聖(漢)	經	49편의(현존본 12권) 유가경전으로 '삼례'의 하나이며 '오경'의 하나	肅宗實錄 1권 60쪽
金壽興(1626-1690)	예기(禮記)*	戴聖(漢)	經	49편의(현존본 12권) 유가경전으로 '삼례'의 하나이며 '오경'의 하나	肅宗實錄 7권 198쪽
金在魯(1682-1759)	예기(禮記)*	戴聖(漢)	經	49편의(현존본 12권) 유가경전으로 '삼례'의 하나이며 '오경'의 하나	英祖實錄 27권 115쪽
金鎭圭(1658-1716)	예기(禮記)*	戴聖(漢)	經	49편의(현존본 12권) 유가경전으로 '삼례'의 하나이며 '오경'의 하나	肅宗實錄 27권 283쪽
金昌協(1651-1708)	예기(禮記)*	戴聖(漢)	經	49편의(현존본 12권) 유가경전으로 '삼례'의 하나이며 '오경'의 하나	肅宗實錄 25권 51쪽
南公轍(1760-1840)	예기(禮記)*	戴聖(漢)	經	49편의(현존본 12권) 유가경전으로 '삼례'의 하나이며 '오경'의 하나	金陵集 406쪽
南九萬(1629-1711)	예기(禮記)*	戴聖(漢)	經	49편의(현존본 12권) 유가경전으로 '삼례'의 하나이며 '오경'의 하나	肅宗實錄 9권 177쪽
閔鼎重(1628-1692)	예기(禮記)*	戴聖(漢)	經	49편의(현존본 12권) 유가경전으로 '삼례'의 하나이며 '오경'의 하나	肅宗實錄 7권 49쪽
朴弼載(1688-?)	예기(禮記)*	戴聖(漢)	經	49편의(현존본 12권) 유가경전으로 '삼례'의 하나이며 '오경'의 하나	英祖實錄 13권 28쪽
宋文欽(1710-1751)	예기(禮記)*	戴聖(漢)	經	49편의(현존본 12권) 유가경전으로 '삼례'의 하나이며 '오경'의 하나	閒靜堂集 409쪽
宋時烈(1607-1689)	예기(禮記)*	戴聖(漢)	經	49편의(현존본 12권) 유가경전으로 '삼례'의 하나이며 '오경'의 하나	肅宗實錄 5권 279쪽
肅宗(1661-1720)	예기(禮記)*	戴聖(漢)	經	49편의(현존본 12권) 유가경전으로 '삼례'의 하나이며 '오경'의 하나	肅宗實錄 5권 321쪽
嚴思近(?)	예기(禮記)*	戴聖(漢)	經	49편의(현존본 12권) 유가경전으로 '삼례'의 하나이며 '오경'의 하나	弘齋全書 13권 342쪽
英祖(1694-1776)	예기(禮記)*	戴聖(漢)	經	49편의(현존본 12권) 유가경전으로 '삼례'의 하나이며 '오경'의 하나	英祖實錄 13권 24쪽
禮曹	예기(禮記)*	戴聖(漢)	經	49편의(현존본 12권) 유가경전으로 '삼례'의 하나이며 '오경'의 하나	肅宗實錄 31권 28쪽
吳載純(1727-1792)	예기(禮記)*	戴聖(漢)	經	49편의(현존본 12권) 유가경전으로 '삼례'의 하나이며 '오경'의 하나	醇庵集 537쪽
柳尙運(1636-1707)	예기(禮記)*	戴聖(漢)	經	49편의(현존본 12권) 유가경전으로 '삼례'의 하나이며 '오경'의 하나	肅宗實錄 9권 177쪽
尹鳳九(1681-1767)	예기(禮記)*	戴聖(漢)	經	49편의(현존본 12권) 유가경전으로 '삼례'의 하나이며 '오경'의 하나	英祖實錄 19권 221쪽
李匡德(1690-1748)	예기(禮記)*	戴聖(漢)	經	49편의(현존본 12권) 유가경전으로 '삼례'의 하나이며 '오경'의 하나	英祖實錄 17권 279쪽
李端夏(1625-1689)	예기(禮記)*	戴聖(漢)	經	49편의(현존본 12권) 유가경전으로 '삼례'의 하나이며 '오경'의 하나	肅宗實錄 8권 283쪽

독서자	서명	저자	분류	간략 해제	출전
李端夏(1625-1689)	예기(禮記)*	戴聖(漢)	經	49편의(현존본 12권) 유가경전으로 '삼례'의 하나이며 '오경'의 하나	肅宗實錄 7권 48쪽
李德懋(1741-1793)	예기(禮記)*	戴聖(漢)	經	49편의(현존본 12권) 유가경전으로 '삼례'의 하나이며 '오경'의 하나	靑莊館全書 6권 39쪽
李德壽(1673-1744)	예기(禮記)*	戴聖(漢)	經	49편의(현존본 12권) 유가경전으로 '삼례'의 하나이며 '오경'의 하나	英祖實錄 14권 209쪽
李書九(1754-1825)	예기(禮記)*	戴聖(漢)	經	49편의(현존본 12권) 유가경전으로 '삼례'의 하나이며 '오경'의 하나	惕齋集 158쪽
李善行(1681-?)	예기(禮記)*	戴聖(漢)	經	49편의(현존본 12권) 유가경전으로 '삼례'의 하나이며 '오경'의 하나	英祖實錄 17권 341쪽
李鈺(1760-1813)	예기(禮記)*	戴聖(漢)	經	49편의(현존본 12권) 유가경전으로 '삼례'의 하나이며 '오경'의 하나	李鈺全集 1권 300쪽
李頤命(1658-1722)	예기(禮記)*	戴聖(漢)	經	49편의(현존본 12권) 유가경전으로 '삼례'의 하나이며 '오경'의 하나	肅宗實錄 30권 121쪽
李宗城(1692-1759)	예기(禮記)*	戴聖(漢)	經	49편의(현존본 12권) 유가경전으로 '삼례'의 하나이며 '오경'의 하나	英祖實錄 13권 26쪽
張混(1759-1828)	예기(禮記)*	戴聖(漢)	經	49편의(현존본 12권) 유가경전으로 '삼례'의 하나이며 '오경'의 하나	而已广集 579쪽
丁若鏞(1762-1836)	예기(禮記)*	戴聖(漢)	經	49편의(현존본 12권) 유가경전으로 '삼례'의 하나이며 '오경'의 하나	與猶堂全書 2권 3쪽
鄭益河(1688-?)	예기(禮記)*	戴聖(漢)	經	49편의(현존본 12권) 유가경전으로 '삼례'의 하나이며 '오경'의 하나	英祖實錄 17권 261쪽
正祖(1752-1800)	예기(禮記)*	戴聖(漢)	經	49편의(현존본 12권) 유가경전으로 '삼례'의 하나이며 '오경'의 하나	正祖實錄 11권 303쪽
正祖(1752-1800)	예기(禮記)*	戴聖(漢)	經	49편의(현존본 12권) 유가경전으로 '삼례'의 하나이며 '오경'의 하나	弘齋全書 I 159쪽
崔錫鼎(1646-1715)	예기(禮記)*	戴聖(漢)	經	49편의(현존본 12권) 유가경전으로 '삼례'의 하나이며 '오경'의 하나	明谷集 I 563쪽
韓致奫(1765-1814)	예기(禮記)*	戴聖(漢)	經	49편의(현존본 12권) 유가경전으로 '삼례'의 하나이며 '오경'의 하나	弘齋全書 13권 94쪽, 14권 70쪽
許筠(1569-1618)	예기(禮記)*	戴聖(漢)	經	49편의(현존본 12권) 유가경전으로 '삼례'의 하나이며 '오경'의 하나	惺所覆瓿藁 3권 226쪽
洪大容(1731-1783)	예기(禮記)*	戴聖(漢)	經	49편의(현존본 12권) 유가경전으로 '삼례'의 하나이며 '오경'의 하나	湛軒書
黃胤錫(1729-1791)	예기(禮記)*	戴聖(漢)	經	49편의(현존본 12권) 유가경전으로 '삼례'의 하나이며 '오경'의 하나	頤齋遺藁 436쪽
李德懋(1741-1793)	예기도식(禮器圖式)		史	별칭『皇朝禮器圖式』, 각종 禮器의 圖像을 수록	靑莊館全書 10권 82쪽
李德懋(1741-1793)	예기억(禮記臆)	閻讓(唐)	經		靑莊館全書 4권 230쪽
正祖(1752-1800)	예기집설(禮記集說)*	陳浩(元)	經	예기에 대한 고증서	弘齋全書 6권 230쪽
李晩秀(1752-1820)	예대전(禮大傳)				屐園遺稿 4쪽
李德懋(1741-1793)	예문략(藝文略)	鄭樵(1104-1162)		출전은 정초의『通志』, 각종 문헌을 수록	靑莊館全書 5권 11쪽
李德懋(1741-1793)	예부운략(禮部韻略)	丁度(宋)	經	5권의 음운서	靑莊館全書 5권 168쪽

독서자	서명	저자	분류	간략 해제	출전
崔錫鼎(1646-1715)	예부운략(禮部韻略)	丁度(宋)	經	5권의 음운서	明谷集Ⅰ 557쪽
吳載純(1727-1792)	예서(禮書)*	陳祥道(?)	經	天子의 복식에서부터 상례에 이르는 여러 예제를 모아 논의한 책	醇庵集 509쪽
韓致奫(1765-1814)	예원치언(藝苑巵言)	王世貞(1526-1590)	集	詩文, 詞曲, 書畵를 논한 12권의 평론집	海東繹史 6권 394쪽
韓致奫(1765-1814)	오경대전(五經大全)*	胡廣(明)	經	유가 경전 주석서	海東繹史 5권 7쪽
李德懋(1741-1793)	오경사서대전(五經四書大全)	胡廣(明) 등	經		靑莊館全書 9권
李肯翊(1736-1806)	오경사서대전(五經四書大全)	胡廣(明) 등	經		燃藜室記述 9권 332쪽
李德懋(1741-1793)	오경음고(五經音攷)	牟巘(南宋)	經	오경의 음운에 대한 고증	靑莊館全書 4권 154쪽
朴明源(1725-1790)	오경전부(五經全部)		經	오경에 대한 주석과 고증서	正祖實錄 10권 242쪽
韓致奫(1765-1814)	오경전주(五經傳註)		經	오경에 대한 주석	海東繹史 5권 77쪽
丁若鏞(1762-1836)	오경정의(五經正義)*	孔穎達(574-648)	經	유가경전 주석본	與猶堂全書 3권 4쪽
李德懋(1741-1793)	오경해의(五經解疑)	鄭君老(?)	經	『오경』에 대한 해석	靑莊館全書 4권 151쪽
許筠(1569-1618)	오담추집(吳甔甀集)	吳國倫(明)	集	오국륜의 문집, 별칭『甔甀洞藁』	惺所覆瓿藁 1권 173쪽
安鼎福(1712-1791)	오대사(五代史)*	歐陽修(1007-1072)	史	907년부터 960년까지를 기록한 기전체사서. 『舊五代史』와 『新五代史』의 총칭	雜同散異 2권
李德懋(1741-1793)	오대사(五代史)*	歐陽修(1007-1072)	史	907년부터 960년까지를 기록한 기전체사서. 『舊五代史』와 『新五代史』의 총칭	靑莊館全書 4권 215쪽
李畬(1645-1718)	오대사(五代史)*	歐陽修(1007-1072)	史	907년부터 960년까지를 기록한 기전체사서. 『舊五代史』와 『新五代史』의 총칭	肅宗實錄 23권 150쪽
張混(1759-1828)	오대사(五代史)*	歐陽修(1007-1072)	史	907년부터 960년까지를 기록한 기전체사서. 『舊五代史』와 『新五代史』의 총칭	而已广集 580쪽
丁若鏞(1762-1836)	오대사(五代史)*	歐陽修(1007-1072)	史	907년부터 960년까지를 기록한 기전체사서. 『舊五代史』와 『新五代史』의 총칭	茶山詩文集 3권 307쪽
正祖(1752-1800)	오대사(五代史)*	歐陽修(1007-1072)	史	907년부터 960년까지를 기록한 기전체사서. 『舊五代史』와 『新五代史』의 총칭	弘齋全書 5권 81쪽
趙明謙(1687-?)	오대사(五代史)*	歐陽修(1007-1072)	史	중국 正史인 25史의 하나로 五代十國時代인 907년부터 960년까지를 기록한 기전체사서. 『舊五代史』와 『新五代史』의 총칭	英祖實錄 14권 111쪽

독서자	서명	저자	분류	간략 해제	출전
韓致奫(1765-1814)	오대사(五代史)*	歐陽修(1007-1072)	史	중국 正史인 25史의 하나로 五代十國時代인 907년부터 960년까지를 기록한 기전체사서. 『舊五代史』와 『新五代史』의 총칭	海東繹史 5권 24쪽
李德懋(1741-1793)	오대시토(五代詩討)				青莊館全書 3권 225쪽
丁若鏞(1762-1836)	오대회요(五代會要)*	王溥(宋)		오대의 典章 制度 등을 기재	與猶堂全書 4권 291쪽
韓致奫(1765-1814)	오대회요(五代會要)*	王溥(宋)		오대의 典章 制度 등을 기재	海東繹史 5권 75쪽
李德懋(1741-1793)	오례통고(五禮通考)*	秦蕙田(清)	經	고대 禮制를 총괄하여 지은 책	青莊館全書 3권 159쪽
丁若鏞(1762-1836)	오례통고(五禮通考)*	秦蕙田(清)	經	고대 禮制를 총괄하여 지은 책	茶山詩文集 8권 232쪽
李德懋(1741-1793)	오록(吳錄)	張勃(晉)			青莊館全書 9권 160쪽
兪晩柱(1755-1788)	오매촌시집(吳梅村詩集)	吳偉業(1609-1671)	集	오위업의 문집	欽英 5권 154쪽
李德懋(1741-1793)	오문고(吾汶稿)	王炎午(宋)	集	왕염오의 문집	青莊館全書 4권 142쪽
李德懋(1741-1793)	오백붕금문(吳白朋錦雯)				青莊館全書 10권 164쪽
兪晩柱(1755-1788)	오삼주전(吳三柱傳)	林本遺(?)			欽英 6권 520쪽
兪晩柱(1755-1788)	오설기(五泄記)	袁宏道(1568-1610)	史	원굉도의 浙江 五泄의 유람기	欽英 2권 49쪽
許筠(1569-1618)	오악진형도(五嶽眞形圖)	葛洪(283-?)	子	도교의 五岳에 관한 책	惺所覆瓿藁 2권 115쪽
丁若鏞(1762-1836)	오월춘추(吳越春秋)	伍子胥(春秋)		오나라와 월나라의 흥망을 기록한 책	茶山詩文集 1권 164쪽
許筠(1569-1618)	오월춘추(吳越春秋)	伍子胥(春秋)		오나라와 월나라의 흥망을 기록한 책	惺所覆瓿藁 4권 31쪽
	오위역지(五緯曆指)*	재크로우(羅雅谷: 1593-1638) 등	子	서양의 우주체계론을 기술한 천문서	奎章總目
	오위표(五緯表)*	재크로우(羅雅谷: 1562-1633) 등	子	서양 역법서	奎章總目
李德懋(1741-1793)	오음정운(五音正韻)	米芾(1051-1107)	經	음율에 관한 저작	青莊館全書 9권 132쪽
李德懋(1741-1793)	오음집운(五音集韻)	韓道昭(金)		5권의 운서	青莊館全書 10권 28쪽
崔錫鼎(1646-1715)	오음편운(五音篇韻)	韓道昭(金)		5권의 운서	明谷集 I 555쪽
徐命膺(1716-1787)	오자(吳子)*	吳起(戰國)	子	병법서. 武經七書의 하나	英祖實錄 25권 229쪽
許筠(1569-1618)	오자(吳子)*	吳起(戰國)	子	병법서. 武經七書의 하나	惺所覆瓿藁 2권 249쪽
李德懋(1741-1793)	오자행한거록(五子行閒居錄)				青莊館全書 10권 23쪽
李德懋(1741-1793)	오잡조(五雜俎)*	謝肇淛(明)	子	16권의 필기	青莊館全書 9권 44쪽
韓致奫(1765-1814)	오잡조(五雜俎)*	謝肇淛(明)	子	16권의 필기	藝文志

독서자	서명	저자	분류	간략 해제	출전
李德懋(1741-1793)	오조시별재집(五朝詩別裁集)	沈德潛(1673-1769)	集	唐・宋・元・明・淸 五朝의 시문 선집	靑莊館全書 7권 183쪽
兪晩柱(1755-1788)	오종선자기(吳從先自紀)	吳從先(?)	集	별칭『吳從先小窓自紀』, 저자의 자서전으로 보임	欽英 2권 580쪽
李德懋(1741-1793)	오지(吳志)				靑莊館全書 9권 184쪽
韓致奫(1765-1814)	오학편(五學編)*	鄭曉(明)	史	기전체 역사서	海東繹史 5권 8쪽
許筠(1569-1618)	오행상류(五行相類)	魏伯陽(後漢)		위백양의 『주역참동계』에 대하여 後蜀의 彭曉가 주석한 책	惺所覆瓿藁 2권 131쪽
正祖(1752-1800)	옥검(玉鈐)				弘齋全書 3권 307쪽
柳得恭(1749-1807)	옥경산방집(玉磬山房集)	劉大觀(淸)	集		燕行錄選集 7권 450쪽
李德懋(1741-1793)	옥계생집(玉溪生集)	李商隱(812-858)	集	이상은의 시집	靑莊館全書 5권 153쪽
兪晩柱(1755-1788)	옥로(玉露)	羅大經(宋)	子	나대경의『鶴林玉露』인 듯함	欽英 5권 454쪽
正祖(1752-1800)	옥룡비결(玉龍秘訣)				弘齋全書 7권 131쪽
英祖(1694-1776)	옥장현기(玉帳玄機)				英祖實錄 6권 251쪽
徐命膺(1716-1787)	옥천자시집(玉川子詩集)*	盧仝(唐)	集	노동의 시집	保晩齋集 96쪽
許筠(1569-1618)	옥청김사보록(玉淸金笥寶籙)				惺所覆瓿藁 3권 52쪽
許筠(1569-1618)	옥추경(玉樞經)*		子	도교 경전	惺所覆瓿藁 2권 124쪽
李德懋(1741-1793)	옥편(玉篇)*	顧野王(519-581)	子	30권의 자전	靑莊館全書 9권 174쪽
丁若鏞(1762-1836)	옥편(玉篇)*	顧野王(519-581)	子	30권의 자전	與猶堂全書 5권 261쪽
韓致奫(1765-1814)	옥편(玉篇)*	顧野王(519-581)	子	30권의 자전	海東繹史 5권 78쪽
李德懋(1741-1793)	옥함비전(玉函秘典)				靑莊館全書 9권 47쪽
兪晩柱(1755-1788)	옥합기(玉合記)	梅鼎祚(?)	集	詞曲을 수록	欽英 2권 70쪽
李德懋(1741-1793)	옥해(玉海)*	王應麟(1223-1296)	子	200권의 유서. 총 21부로 구성	靑莊館全書 9권 59쪽
韓致奫(1765-1814)	옥해(玉海)*	王應麟(1223-1296)	子	200권의 유서. 총 21부로 구성	海東繹史 5권 2쪽
許筠(1569-1618)	옥호빙(玉壺氷)	都穆(明)	集	중국의 소설	惺所覆瓿藁 4권 23쪽
許筠(1569-1618)	온리염체(溫李艶體)			당나라의 온정균과 남당의 아들 이욱이 지은 詞曲의 이름	惺所覆瓿藁 2권 241쪽
李德懋(1741-1793)	온정균문집(溫庭筠文集)	溫庭筠(812-870)	集	온정균의 문집	靑莊館全書 9권57쪽
韓致奫(1765-1814)	와유록(臥遊錄)	呂祖謙(1137-1181)	子	雜記, 대부분 내용의 출전은『世說』과 蘇軾의 문집, 위작으로 생각됨	藝文志
許筠(1569-1618)	와유록(臥遊錄)	呂祖謙(1137-1181)	子	雜記, 대부분 내용의 출전은『世說』과 蘇軾의 문집, 위작으로 생각됨	惺所覆瓿藁 4권 23쪽
李德懋(1741-1793)	완릉집(宛陵集)	梅堯臣(1002-1060)	集	宋 매요신이 지은 60권(부록 1권)의 시집	靑莊館全書 5권 157쪽
李德懋(1741-1793)	완위여편(宛委餘篇)	王世貞(1526-1590)	子	왕세정의 문집『弇州山人四部稿』의 한 편. 잡사를 기록	靑莊館全書 9권 12쪽
韓致奫(1765-1814)	완위여편(宛委餘編)	王世貞(1526-1590)	子	왕세정의 문집『弇州山人四部稿』의 한 편. 잡사를 기록	藝文志

독서자	서명	저자	분류	간략 해제	출전
許筠(1569-1618)	완위편(宛委編)	王世貞(1526-1590)	子	왕세정의 문집 『弇州山人四部稿』의 한 편. 잡사를 기록	惺所覆瓿藁 3권 58쪽
兪晩柱(1755-1788)	완평일기(完平日記)				欽英 1권 297쪽
正祖(1752-1800)	왕문종지(王門宗旨)	周汝登(明)	經	王守仁이 講學한 내용과 奏疏詩文을 수록	弘齋全書 6권 211쪽
韓致奫(1765-1814)	왕백옥집(汪伯玉集)	汪道崑(明)	集	왕도곤의 문집	海東繹史 5권 96쪽
許筠(1569-1618)	왕봉상집(王奉常集)	王世懋(1536-1588)	集	왕세무의 문집	惺所覆瓿藁 1권 172쪽
韓致奫(1765-1814)	왕안국시집(王安國詩集)	王安國(宋)	集		海東繹史 5권 93쪽
兪晩柱(1755-1788)	왕양명문초(王陽明文鈔)	王陽明(1472-1528)	集		欽英 3권 407쪽
正祖(1752-1800)	왕양명집(王陽明集)	王陽明(1472-1528)	集	王守仁의 문집	弘齋全書 16권 24쪽
李宜顯(1669-1745)	왕엄주속집(王弇州續集)	王世貞(1526-1590)	集	왕세정 문집의 속집	陶谷集Ⅱ 502쪽
李宜顯(1669-1745)	왕엄주집(王弇州集)	王世貞(1526-1590)	集	왕세정의 문집. 『弇州山人四部稿』라고 추정	陶谷集Ⅱ 502쪽
李德懋(1741-1793)	왜명초(倭名抄)				靑莊館全書 9권 217쪽
韓致奫(1765-1814)	왜환고원(倭患考源)*	黃俁卿(明)		명대 왜구의 침입과 중일관계를 다룸	海東繹史 5권 126쪽
韓致奫(1765-1814)	요동사의(遼東事宜)	魏時亮(明)	史	遼東과 조선에 관한 서적	海東繹史 5권 122쪽
李德懋(1741-1793)	요사(遼史)*	토크토(脫脫:1314-1388) 등	史	160권의 기전체사서	靑莊館全書 9권 11쪽
朴趾源(1737-1805)	요사(遼史)*	토크토(脫脫:1314-1388) 등	史	160권의 기전체사서	燕巖集 154쪽
丁若鏞(1762-1836)	요사(遼史)*	토크토(脫脫:1314-1388) 등	史	160권의 기전체사서	與猶堂全書 6권 267쪽
韓致奫(1765-1814)	요사(遼史)*	토크토(脫脫:1314-1388) 등	史	160권의 기전체사서	海東繹史 5권 35쪽
李德懋(1741-1793)	요산당외기(堯山堂外紀)*	莊一蔡(明)	子	중국 고대부터 명대까지 인물들에 대한 逸文과 鎖事들을 채집하여 수록한 책	靑莊館全書 9권 177쪽
韓致奫(1765-1814)	요산당외기(堯山堂外紀)*	莊一蔡(明)	子	중국 고대부터 명대까지 인물들에 대한 逸文과 鎖事들을 채집하여 수록한 책	海東繹史 6권 389쪽
許筠(1569-1618)	요산록(療山綠)				惺所覆瓿藁 1권 122쪽
兪晩柱(1755-1788)	요재지이(聊齋志異)*	蒲松齡(1640-1715)	子	문언소설집	欽英 6권 376쪽
徐命膺(1716-1787)	요전(堯典)		史	출전 『상서』	保晩齋集 405쪽
李書九(1754-1825)	요전(堯典)		史	출전 『상서』	惕齋集 218쪽
丁若鏞(1762-1836)	요지(遼志)*	葉隆禮(南宋)	史	『거란국지』의 발췌본	與猶堂全書 6권 271쪽

독서자	서명	저자	분류	간략 해제	출전
韓致奫(1765-1814)	요해편(遼海編)	倪謙(明)	史	예겸이 조선에 사신으로 간 후의 저작	海東繹史 5권 118쪽
許筠(1569-1618)	요해편(遼海編)	倪謙(明)	史	예겸이 조선에 사신으로 간 후의 저작	惺所覆瓿藁 2권 241쪽
李德懋(1741-1793)	요화주한록(蓼花洲閒錄)	高文虎(宋)	子	일화 모음	靑莊館全書 8권 232쪽
韓致奫(1765-1814)	요화주한록(蓼花洲閒錄)	高文虎(宋)	子	일화 모음	海東繹史 6권 391쪽
李德懋(1741-1793)	용감수경(龍龕手鏡)*	行均(遼)	子	자전. 불경에 나오는 글자의 풀이	靑莊館全書 9권 217쪽
正祖(1752-1800)	용결(龍訣)				弘齋全書 7권 132쪽
正祖(1752-1800)	용계어록(龍溪語錄)	王畿(1498-1583)	集	양명학자 왕기의 문집	弘齋全書 6권 211쪽
李德懋(1741-1793)	용궁취목기(龍宮取木記)	魏裔介(淸)	子		靑莊館全書 10권 30쪽
李德懋(1741-1793)	용대집(容臺集)*	董其昌(1555-1637)	集	명대 동기창의 시문집	靑莊館全書 9권 65쪽
韓致奫(1765-1814)	용대집(容臺集)*	董其昌(1555-1637)	集	명대 동기창의 시문집	海東繹史 5권 136쪽
李宜顯(1669-1745)	용동서당집(龍侗西堂集)	龍侗(?)	集	용동의 문집	陶谷集Ⅱ 502쪽
張混(1759-1828)	용서수경(傭書授經)				而已广集 549쪽
韓致奫(1765-1814)	용성시화(榕城詩話)	杭世駿(淸)	集	각종 시문을 수록하고, 아울러 평가와 시평을 더한 저술	海東繹史 5권 131쪽
正祖(1752-1800)	용성쌍절록(龍城雙節錄)	柳宗元(773-819)	子		正祖實錄 22권 307쪽
許筠(1569-1618)	용성창수집(龍城唱酬集)				惺所覆瓿藁 2권 296쪽
李德懋(1741-1793)	용재수필(容齋隨筆)*	洪邁(宋)	子	홍매의 수필집	靑莊館全書 10권 44쪽
許筠(1569-1618)	용재수필(容齋隨筆)*	洪邁(宋)	子	홍매의 수필집	惺所覆瓿藁 4권 72쪽
兪晩柱(1755-1788)	용천문집(龍川文集)*	陳亮(1143-1193)	集	송 진량이 지은 문집	欽英 3권 407쪽
李德懋(1741-1793)	용촌운서약례(榕村韻書略例)	李光地(1642-1718)		출전은 이광지의 문집『榕村集』, 음운서의 체제에 관한 책	靑莊館全書 10권 114쪽
李德懋(1741-1793)	용촌집(榕村集)	李光地(1642-1718)	集	이광지의 문집	靑莊館全書 9권 11쪽
兪晩柱(1755-1788)	우산소사(虞山小史)	錢謙益(1582-1664)			欽英 1권 308쪽
黃胤錫(1729-1791)	우세기십군지(虞世基十郡志)	虞世基(隋)	史	수대의 전국 지리지	頤齋遺藁 546쪽
兪晩柱(1755-1788)	우초신지(虞初新志)*	張潮(淸)	集	傳奇小說選集	欽英 1권 26쪽
韓致奫(1765-1814)	우초신지(虞初新志)*	張潮(淸)	集	傳奇小說選集	海東繹史 6권 304쪽
朴趾源(1737-1805)	우초신지(虞初新志)*	張潮(淸)	集	傳奇小說選集	燕巖集 158쪽

독서자	서명	저자	분류	간략 해제	출전
丁若鏞(1762-1836)	우초지(虞初志)		子	당대의 소설들을 수록했는데, 都穆埍가 썼을 가능성이 있음	茶山詩文集 5권 183쪽
正祖(1752-1800)	우하집(友夏集)	譚元春(1586-1637)	集	담원춘의 문집	弘齋全書 6권 211쪽
李德懋(1741-1793)	우항잡록(雨航雜錄)	馮時可(淸)	子	잡다한 사건 기록	靑莊館全書 9권 103쪽
兪晩柱(1755-1788)	우혈기(禹穴記)	袁宏道(1568-1610)	史	원굉도의 浙江 會稽山 禹穴의 유람기	欽英 2권 49쪽
韓致奫(1765-1814)	우회암집주(尤悔菴集註)				海東繹史 6권 392쪽
許筠(1569-1618)	운계우의(雲溪友議)	範攄(唐)	子	당대 후기의 시문을 수록	惺所覆瓿藁 4권 125쪽
丁若鏞(1762-1836)	운급칠첨(雲級七籤)*	張君房(宋)	子	도교 서목	茶山詩文集 4권 11쪽
正祖(1752-1800)	운급칠첨(雲級七籤)*	張君房(宋)	子	도교 서목	弘齋全書 6권 253쪽
李德懋(1741-1793)	운남잡지(雲南雜志)				靑莊館全書 7권 10쪽
李德懋(1741-1793)	운두추(運斗樞)				靑莊館全書 4권 215쪽
李德懋(1741-1793)	운략(韻略)	邵長蘅(淸)	經	별칭『古今韻略』, 자전 성격의 서적	靑莊館全書 4권 58쪽
李德懋(1741-1793)	운록만초(雲麓漫抄)*	趙彦衛(宋)	子	고금의 천문 · 지리 · 제도 · 고사 등을 기록	靑莊館全書 9권 61쪽
朴趾源(1737-1805)	운백광림(韻白匡林)	毛先舒(淸)	子	모선서가 편찬한 음율 이론에 관한 서적으로,『匡林』이라고도 함	燕巖集 158쪽
李德懋(1741-1793)	운보(韻補)*	吳棫(宋)	經	고운 연구 서적	靑莊館全書 5권 170쪽
李德懋(1741-1793)	운부군옥(韻府羣玉)*	陰幼遇(宋)	子	고전에 등장하는 문구들을 운자를 기준으로 분류 · 편집한 사전	靑莊館全書 4권 167쪽
韓致奫(1765-1814)	운석재필기(韻石齋筆記)	姜紹書(明)	子	『韻石齋筆談』으로, 작자가 보았던 책, 그림, 골동품 등을 기록	海東繹史 5권 7쪽
韓致奫(1765-1814)	운연과안록(雲煙過眼錄)	周密(1232-1298)	子	주밀이 보았던 골동품과 서화를 기록	藝文志
李德懋(1741-1793)	운창필기(雲窓筆記)				靑莊館全書 9권 79쪽
李書九(1754-1825)	운하서(雲霞書)				惕齋集 160쪽
朴趾源(1737-1805)	운학통지(韻學通指)	毛先舒(淸)	經	음운 서적	燕巖集 158쪽
許筠(1569-1618)	운화현추(運化玄樞)		子	도교 · 오행류의 저작	惺所覆瓿藁 2권 124쪽
李德懋(1741-1793)	운회(韻會)	黃公紹(元)	經	자전 성격의 서적	靑莊館全書 9권 61쪽
李德懋(1741-1793)	운회거요(韻會擧要)*	黃公紹(元)	經	자전 성격의 서적	靑莊館全書 4권 166쪽
李德懋(1741-1793)	운회소보(韻會小補)	方日升(明)	經	자전 성격의 서적	靑莊館全書 3권 234쪽
徐命膺(1716-1787)	위료자(尉繚子)	尉繚(周)	子	병법서	英祖實錄 25권 229쪽
李鈺(1760-1813)	원각경(圓覺經)	釋迦(B.C.563-483?)	子	불교 경전	李鈺全集 1권 260쪽
許筠(1569-1618)	원각경(圓覺經)	釋迦(B.C.563-483?)	子	불교 경전	惺所覆瓿藁 3권 58쪽
兪晩柱(1755-1788)	원경(元經)	王通(584-617)	史	秦漢에서 魏晉까지의 역사를 기록	欽英 6권 500쪽

독서자	서명	저자	분류	간략 해제	출전
許筠(1569-1618)	원경(元經)	王通(584-617)	史	晉에서 隋唐까지의 역사를 기록, 후대인이 보충한 것으로 보임	惺所覆瓿藁 2권 251쪽
	원경설(遠鏡說)*	아담샬(湯若望: 1591-1666)		光學書. 갈릴레이 망원경의 구조와 원리 및 사용 방법을 소개함	奎章總目
兪晩柱(1755-1788)	원경설씨전(元經薛氏傳)	薛收(唐)	史	설수의 『元經』에 대한 증보판	欽英 6권 497쪽
李德懋(1741-1793)	원궁사(元宮詞)	周憲王(明)	集	元代 官內 사건과 詩歌를 기록, 별칭 『周定王橚蘭雪軒元宮詞』	青莊館全書 10권 99-100쪽
正祖(1752-1800)	원력육장(爰歷六章)	趙高(晉)	子	자전 성격의 저작	弘齋全書 6권 221쪽
李德懋(1741-1793)	원문류(元文類)	蘇天爵(元)	集	元初부터 延祐 연간까지의 문장을 수록	青莊館全書 4권 194쪽
韓致奫(1765-1814)	원문류(元文類)	蘇天爵(元)	集	元初부터 延祐 연간까지의 문장을 수록	海東繹史 6권 175쪽
李宜顯(1669-1745)	원백가시(元伯家詩)	顧嗣立(1665-1722)	集	원대 시인의 시문을 모음	陶谷集Ⅱ 502쪽
李德懋(1741-1793)	원백가시선(元百家詩選)	顧嗣立(1665-1722)	集	원대 유명 문인의 詩文을 수록	青莊館全書 7권 125쪽
李肯翊(1736-1806)	원사(元史)*	宋濂(1310-1381) 등	史	紀傳體史書로 明代 30명이 편찬에 참여함	燃藜室記述 9권 326쪽
李德懋(1741-1793)	원사(元史)*	宋濂(1310-1381) 등	史	紀傳體史書로 明代 30명이 편찬에 참여함	青莊館全書 9권 105쪽
張混(1759-1828)	원사(元史)*	宋濂(1310-1381) 등	史	紀傳體史書로 明代 30명이 편찬에 참여함	而已广集 580쪽
丁若鏞(1762-1836)	원사(元史)*	宋濂(1310-1381) 등	史	紀傳體史書로 明代 30명이 편찬에 참여함	與猶堂全書 6권 311쪽
崔錫鼎(1646-1715)	원사(元史)*	宋濂(1310-1381) 등	史	紀傳體史書로 明代 30명이 편찬에 참여함	明谷集Ⅰ 113쪽
韓致奫(1765-1814)	원사(元史)*	宋濂(1310-1381) 등	史	紀傳體史書로 明代 30명이 편찬에 참여함	海東繹史 5권 7쪽
黃胤錫(1729-1791)	원사(元史)*	宋濂(1310-1381) 등	史	紀傳體史書로 明代 30명이 편찬에 참여함	頤齋遺藁 557쪽
韓致奫(1765-1814)	원시비서(原始秘書)	主權(明)	子	백과전서 종류	海東繹史 6권 389쪽
兪晩柱(1755-1788)	원시선(元詩選)*	顧嗣立(1665-1722)	集	청의 고사립이 엮은 시집	欽英 5권 120쪽
李宜顯(1669-1745)	원시선(元詩選)*	顧嗣立(1665-1722)	集	청의 고사립이 엮은 시집	陶谷集Ⅱ 502쪽
韓致奫(1765-1814)	원시선(元詩選)*	顧嗣立(1665-1722)	集	청의 고사립이 엮은 시집	海東繹史 5권 386쪽
李德懋(1741-1793)	원시일소전(元詩逸小傳)				青莊館全書 10권 18쪽
李德懋(1741-1793)	원신계(援神契)				青莊館全書 4권 215쪽
黃胤錫(1729-1791)	원악현대일통지(元岳鉉大一統志)	岳鉉(元)	史	『원일통지』로 원대의 지리지	頤齋遺藁 546쪽
許筠(1569-1618)	원유편(遠遊篇)	屈原(B.C.343-277)	子	굴원의 詩詞 중의 하나	惺所覆瓿藁 1권 273쪽
兪晩柱(1755-1788)	원중랑문초(袁中郎文抄)	袁宏道(1568-1610)	集	원굉도의 문집	欽英 4권 259쪽

독서자	서명	저자	분류	간략 해제	출전
李鈺(1760-1813)	원중랑집(袁中郎集)	袁宏道(1568-1610)	集	원굉도의 문집, 55권으로 구성	李鈺全集 1권 208쪽
黃胤錫(1729-1791)	원화군국지(元和郡國志)	李吉甫(唐)	史	당대의 전국 지리지. 원화 연간에 수정됨	頤齋遺藁 546쪽
柳得恭(1749-1807)	월동황화집(越冬皇華集)	李調元(?)			靑莊館全書 7권 195쪽
李德懋(1741-1793)	월동황화집(越冬皇華集)	李調元(?)			靑莊館全書 3권 224쪽
李德懋(1741-1793)	월령광의(月令廣義)				靑莊館全書 8권 222쪽
英祖(1694-1776)	월리표(月離表)*	재크로우(羅雅谷: 1593-1638)	子	서양 역법서를 번역한 책	英祖實錄 13권 224쪽
	월리표(月離表)*	재크로우(羅雅谷: 1593-1638)	子	서양 역법서를 번역한 책	奎章總目
李德懋(1741-1793)	월서우기(粵西羽記)				靑莊館全書 9권 85쪽
丁若鏞(1762-1836)	월절서(越絶書)	袁康(漢)	史	춘추전국 시기 오월 지역의 역사를 기록	與猶堂全書 3권 125쪽
正祖(1752-1800)	월절서(越絶書)	袁康(漢)	史	춘추전국 시기 오월 지역의 역사를 기록	弘齋全書 8권 297쪽
兪晩柱(1755-1788)	월지전기(月地傳奇)				欽英 4권 409쪽
韓致奫(1765-1814)	위경사집(魏敬士集)	魏世儼(淸)	集	위세엄의 문집	海東繹史 6권 272쪽
丁若鏞(1762-1836)	위굉시서(衛宏詩序)	衛宏(後漢)	子	위굉이 『시경』에 쓴 서문	與猶堂全書 3권 124쪽
李德懋(1741-1793)	위략(魏略)*	魚豢(晉)	史	위나라의 역사서	靑莊館全書 9권 89쪽
丁若鏞(1762-1836)	위략(魏略)*	魚豢(晉)	史	위나라의 역사서	與猶堂全書 6권 230쪽
李德懋(1741-1793)	위백자집(魏伯子集)	魏允貞(明)	集	위윤정의 문집	靑莊館全書 9권 11쪽
韓致奫(1765-1814)	위백자집(魏伯子集)	魏允貞(明)	集	위윤정의 문집	海東繹史 5권 373쪽
韓商新(1758-?)	위보(魏譜)	鄭玄(127-200)	子	『毛詩』에 대한 주석으로 『毛詩譜』에서 나옴	弘齋全書 10권 137쪽
韓致奫(1765-1814)	위생보감(衛生寶鑑)	羅天益(元)	子	의학서적	海東繹史 5권 49쪽
丁若鏞(1762-1836)	위서(緯書)	孔丘(B.C.552-479)	子	공자가 썼다고 전해지는 讖緯에 관한 책. 詩緯·易緯·書緯·禮緯·樂緯·春秋緯·孝經緯 등 7緯書를 말함	與猶堂全書 3권 42쪽
正祖(1752-1800)	위서(緯書)	孔丘(B.C.552-479)	子	공자가 썼다고 전해지는 讖緯에 관한 책. 詩緯·易緯·書緯·禮緯·樂緯·春秋緯·孝經緯 등 7緯書를 말함	弘齋全書 3권 175쪽

독서자	서명	저자	분류	간략 해제	출전
正祖(1752-1800)	위서(緯書)	孔丘(B.C.552-479)	子	공자가 썼다고 전해지는 讖緯에 관한 책. 詩緯・易緯・書緯・禮緯・樂緯・春秋緯・孝經緯 등 7緯書를 말함	弘齋全書 6권 288쪽
李德懋(1741-1793)	위서(魏書)*	魏收(506-572)	史	기전체 사서로 정사의 하나	青莊館全書 10권 85쪽
正祖(1752-1800)	위선음즐(爲善陰騭)	朱棣(明)	子		正祖實錄 3권 49쪽
李德懋(1741-1793)	위선음즐서(爲善陰騭書)	朱棣(明)	子		青莊館全書 9권 105쪽
李肯翊(1736-1806)	위선음즐서(爲善陰騭書)	朱棣(明)	子		燃藜室記述 9권 329쪽
韓致奫(1765-1814)	위소사집(魏昭士集)	魏世傚(淸)	集	위세효의 문집	海東繹史 6권 270쪽
許筠(1569-1618)	위소주집(韋蘇州集)*	韋應物(737-804)	集	위응물의 문집	惺所覆瓿藁 2권 122쪽
李德懋(1741-1793)	위숙자집(魏叔子集)	魏禧(淸)	集	33권 중 문집 22권, 목록 3권, 시집 8권임	青莊館全書 10권 132쪽
韓致奫(1765-1814)	위숙자집(魏叔子集)	魏禧(淸)	集	33권 중 문집 22권, 목록 3권, 시집 8권임	海東繹史 6권 396쪽
韓致奫(1765-1814)	위씨서설(韋氏書說)				海東繹史 5권 137쪽
丁若鏞(1762-1836)	위지(魏志)	魏收(506-572)	史	『魏書』의 志라고 생각됨	與猶堂全書 6권 234쪽
許筠(1569-1618)	위지(魏志)	魏收(506-572)	史	『魏書』의 志라고 생각됨	惺所覆瓿藁 4권 43쪽
韓致奫(1765-1814)	위흥사집(魏興士集)	魏世傑(淸)	集	위세걸의 문집	海東繹史 6권 302쪽
李德懋(1741-1793)	유계외전(留溪外傳)*	陳鼎(淸)	史	명말청초의 사회상을 담은 類書	青莊館全書 9권 51쪽
丁若鏞(1762-1836)	유계외전(留溪外傳)*	陳鼎(淸)	史	명말청초의 사회상을 담은 類書	茶山詩文集 5권 154쪽
正祖(1752-1800)	유괴록(幽怪錄)	牛僧孺(唐)	子	괴이한 일을 기록	弘齋全書 6권 147쪽
李德懋(1741-1793)	수구기략(綏寇紀略)	吳偉業(1609-1671)	史	明 말기에 횡행했던 流寇의 상황을 기록	青莊館全書 9권 132쪽
柳得恭(1749-1807)	유구역서(瑜球譯書)		集		燕行錄選集7권 414쪽
朴趾源(1737-1805)	유구잡록(琉球雜錄)	汪楫(淸)	史	왕즙이 琉球를 책봉하러 가는 도중에 일어난 잡다한 일을 수록한 책	燕巖集 158쪽
兪晩柱(1755-1788)	유권집(由拳集)	屠隆(1542-1605)	集	도륭의 문집	欽英 1권 126쪽
許筠(1569-1618)	유록(遊錄)	司馬光(1019-1086)	集		惺所覆瓿藁 4권 132쪽
李德懋(1741-1793)	유림(喩林)*	徐元太(明)	子	類書	青莊館全書 8권 222쪽
李德懋(1741-1793)	유림전(儒林傳)				青莊館全書 9권 217쪽
李德懋(1741-1793)	유마경(維摩經)		子	불교 경전	青莊館全書 10권 34쪽
許筠(1569-1618)	유마경(維摩經)		子	불교 경전	惺所覆瓿藁 4권 249쪽
朴趾源(1737-1805)	유몽영(幽夢影)*	張潮(淸)	子	장조의 어록을 기록한 것	燕巖集 158쪽
韓致奫(1765-1814)	유문(柳文)	柳宗元(773-819)	集	유종원의 문집	海東繹史 5권 90쪽
李德懋(1741-1793)	유문사친(儒門事親)	張從正(金)	子	일종의 의학서	青莊館全書 8권 176쪽

독서자	서명	저자	분류	간략 해제	출전
李德懋(1741-1793)	유산집(遺山集)*	元好問(1190-1257)	集	원호문의 시문집	青莊館全書 9권 136쪽
李夏坤(1677-1724)	유산집(遺山集)*	元好問(1190-1257)	集	원호문의 시문집	頭陀草 346쪽
丁若鏞(1762-1836)	유산필담(酉山筆談)				與猶堂全書 5권283쪽
許筠(1569-1618)	유수주집(劉隨州集)*	劉長卿(714?-790?)	集	唐 유장경의 시문집	惺所覆瓿藁 2권 122쪽
李德懋(1741-1793)	유씨경험방(劉氏經驗方)		子	별칭『松篁閣劉氏經驗方』, 醫書	青莊館全書 10권 172쪽
韓致奫(1765-1814)	유씨국보(劉氏菊譜)	劉蒙(宋)	子	각종 국화의 품종을 분류하여 수록	藝文志
黃景源(1709-1787)	유씨외기(劉氏外記)		子		江漢集 232쪽
許筠(1569-1618)	유씨홍서(劉氏鴻書)	劉仲達(明)	子	유중달이 편찬하였고, 湯寶尹이 刪正	惺所覆瓿藁 4권 112쪽
李德懋(1741-1793)	유양잡조(酉陽雜俎)*	段成式(唐)	子	奇怪·傳奇·雜錄·瑣聞·名物·考證 등을 담은 類書의 일종	青莊館全書 9권 47쪽
丁若鏞(1762-1836)	유양잡조(酉陽雜俎)*	段成式(唐)	子	奇怪·傳奇·雜錄·瑣聞·名物·考證 등을 담은 類書의 일종	與猶堂全書 5권 212쪽
正祖(1752-1800)	유어(遺語)		子	공자의 말을 모아놓은『孔子遺語』일 듯함	弘齋全書 7권 63쪽
丁若鏞(1762-1836)	유의(幼儀)				與猶堂全書 5권 261쪽
李德懋(1741-1793)	유주집(柳州集)	柳宗元(773-819)	集	유종원의 문집.『柳柳州集』이라고도 함	青莊館全書 9권 59쪽
張混(1759-1828)	유주집(柳州集)	柳宗元(773-819)	集	유종원의 문집.『柳柳州集』이라고도 함	而已广集 580쪽
李德懋(1741-1793)	유청이집(留淸二集)		集		青莊館全書 10권 28쪽
李德懋(1741-1793)	유청일찰(留靑日札)*	田藝衡(明)	子	명대의 사회풍속 등을 담은 類書	青莊館全書 10권 167쪽
許筠(1569-1618)	유청일찰(留靑日札)*	田藝衡(明)	子	명대의 사회풍속 등을 담은 類書	惺所覆瓿藁 3권 61쪽
丁若鏞(1762-1836)	유하동집(柳河東集)	柳宗元(773-819)	集		茶山詩文集 3권 289쪽
韓致奫(1765-1814)	유하동집(柳河東集)	柳宗元(773-819)	集		海東繹史 6권 269쪽
兪晩柱(1755-1788)	유학집(有學集)*	錢謙益(淸)	集	저자가 청에 벼슬한 뒤 지은 것으로 詩 13권, 文 37집으로 되어 있음	欽英 1권 304쪽
李德懋(1741-1793)	유학집(有學集)*	錢謙益(淸)	集	저자가 청에 벼슬한 뒤 지은 것으로 詩 13권, 文 37집으로 되어 있음	青莊館全書 9권 130쪽
韓致奫(1765-1814)	유학집(有學集)*	錢謙益(淸)	集	저자가 청에 벼슬한 뒤 지은 것으로 詩 13권, 文 37집으로 되어 있음	海東繹史 5권 69쪽
許筠(1569-1618)	유향(遺響)				惺所覆瓿藁 2권 237쪽
丁若鏞(1762-1836)	유향별록(劉向別錄)*	劉向(B.C.79?-8?)		중국에서 가장 오래된 서적 목록	與猶堂全書 3권 193쪽
許筠(1569-1618)	유헌록(輶軒錄)	黃洪憲(明)	史	당시의 조선에 관한 저작	惺所覆瓿藁 2권 241쪽

독서자	서명	저자	분류	간략 해제	출전
李德懋(1741-1793)	유환기문(游宦紀聞)	張世南(宋)	子	작자가 관직에 있을 때의 견문을 기록	青莊館全書 10권 53-54쪽
韓致奫(1765-1814)	유환기문(游宦記聞)	張世南(宋)	子	작자가 관직에 있을 때의 견문을 기록	海東繹史 5권 83쪽
徐命膺(1716-1787)	육경(六經)	孔丘(B.C.552-479)	經	역경・시경・서경・예경・악경・춘추	保晩齋集 200쪽
李坦(?)	육경(六經)	孔丘(B.C.552-479)	經	역경・시경・서경・예경・악경・춘추	肅宗實錄 20권 293쪽
南公轍(1760-1840)	육경(六經)	孔丘(B.C.552-479)	經	역경・시경・서경・예경・악경・춘추	金陵集 171쪽
成大中(1732-1809)	육경(六經)	孔丘(B.C.552-479)	經	역경・시경・서경・예경・악경・춘추	青城集 465쪽
宋文欽(1710-1751)	육경(六經)	孔丘(B.C.552-479)	經	역경・시경・서경・예경・악경・춘추	閒靜堂集 399쪽
安錫儆(?-1782)	육경(六經)	孔丘(B.C.552-479)	經	역경・시경・서경・예경・악경・춘추	青城集 539쪽
英祖(1694-1776)	육경(六經)	孔丘(B.C.552-479)	經	역경・시경・서경・예경・악경・춘추	英祖實錄 19권 282쪽
吳載純(1727-1792)	육경(六經)	孔丘(B.C.552-479)	經	역경・시경・서경・예경・악경・춘추	醇庵集 483쪽
魏伯珪(1727-1798)	육경(六經)	孔丘(B.C.552-479)	經	역경・시경・서경・예경・악경・춘추	存齊集 77쪽
李晩秀(1752-1820)	육경(六經)	孔丘(B.C.552-479)	經	역경・시경・서경・예경・악경・춘추	屐園遺稿 225쪽
李象靖(1711-1781)	육경(六經)	孔丘(B.C.552-479)	經	역경・시경・서경・예경・악경・춘추	大山集 124쪽
李書九(1754-1825)	육경(六經)	孔丘(B.C.552-479)	經	역경・시경・서경・예경・악경・춘추	惕齋集 156쪽
丁若鏞(1762-1836)	육경(六經)	孔丘(B.C.552-479)	經	역경・시경・서경・예경・악경・춘추	與猶堂全書 5권 258쪽
崔錫鼎(1646-1715)	육경(六經)	孔丘(B.C.552-479)	經	역경・시경・서경・예경・악경・춘추	明谷集 I 425쪽
許筠(1569-1618)	육경(六經)	孔丘(B.C.552-479)	經	역경・시경・서경・예경・악경・춘추	惺所覆瓿藁 2권 76쪽
黃胤錫(1729-1791)	육경(六經)	孔丘(B.C.552-479)	經	역경・시경・서경・예경・악경・춘추	頤齋遺藁 323쪽
金義淳(1757-1821)	육경오론(六經奧論)	鄭樵(1104-1162)	經		弘齋全書 10권 286쪽
正祖(1752-1800)	육권(陸圈)				弘齋全書 7권 70쪽
正祖(1752-1800)	육내상전고(陸內相全稿)				弘齋全書 7권 66쪽
李德懋(1741-1793)	육도(六韜)*	太公望(周)	子	병서	青莊館全書 10권 37쪽
李珥(1536-1584)	육도(六韜)*	太公望(周)	子	병서	肅宗實錄 21권 105쪽
正祖(1752-1800)	육도(六韜)*	太公望(周)	子	병서	弘齋全書 3권 307쪽
許筠(1569-1618)	육문유공집(陸文裕公集)	陸深(明)	集	육심의 문집	惺所覆瓿藁 4권 136쪽

독서자	서명	저자	분류	간략 해제	출전
李宜顯(1669-1745)	육방옹시집(陸放翁詩集)*	陸游(南宋)	集	육유의 시선집	陶谷集Ⅱ 502쪽
柳得恭(1749-1807)	육서(六書)	紀坤(淸)	經	기곤의 문집	冷齋集 111쪽
李書九(1754-1825)	육서(六書)	紀坤(淸)	經	기곤의 문집	惕齋集 156쪽
李德懋(1741-1793)	육서고(六書故)*	戴侗(南宋)	經	대동이 지은 字書	靑莊館全書 9권 16쪽
李德懋(1741-1793)	육서고(六書故)*	戴侗(南宋)	經	대동이 지은 字書	靑莊館全書 9권 61쪽
李德懋(1741-1793)	육서정온(六書精蘊)	魏校(明)	經		靑莊館全書 9권 196쪽
宋德相(?)	육선공주의(陸宣公奏議)*	權德輿(唐)	集	陸贄의 奏議 등을 모아 편찬한 책	正祖實錄 4권 199쪽
英祖(1694-1776)	육선공주의(陸宣公奏議)*	權德輿(唐)	集	陸贄의 奏議 등을 모아 편찬한 책	英祖實錄 33권 66쪽
正祖(1752-1800)	육선공주의(陸宣公奏義)*	權德輿(唐)	集	陸贄의 奏議 등을 모아 편찬한 책	正祖實錄 25권 337쪽
南公轍(1760-1840)	육선공주의(陸宣公奏議)*	權德輿(唐)	集	陸贄의 奏議 등을 모아 편찬한 책	金陵集 375쪽
正祖(1752-1800)	육어(六語)	郭子章(明)	子	괴이하고도 잡다한 일들을 기록	弘齋全書 6권 211쪽
李德懋(1741-1793)	육연재이필(六硏齋二筆)	李日華(明)	子	잡기 성격의 책	靑莊館全書 9권 65쪽
韓致奫(1765-1814)	육연재이필(六硏齋二筆)	李日華(明)	子	잡기 성격의 책	海東繹史 5권 137쪽
韓致奫(1765-1814)	육연재이필(六硏齋二筆)	李日華(明)	子	잡기 성격의 책	藝文志 5권 137쪽
丁若鏞(1762-1836)	육우전(陸羽傳)		史	『茶經』을 지은 陸羽(733-804)의 전기로 『新唐書·陸羽傳』로 추정	與猶堂全書 5권 214쪽
李德懋(1741-1793)	육일집(六一集)	歐陽修(1007-1072)	集	구양수의 문집	靑莊館全書 5권 155쪽
洪大容(1731-1783)	육임제서(六壬諸書)		子	육임의 여러 책이라는 뜻인 듯함	湛軒書 203쪽
英祖(1694-1776)	육전(六典)	玄宗(唐)	史	당대의 전장제도를 기록한 『大唐六典』. 6조의 국무를 수행하는 데 근거가 된 법전	英祖實錄 32권 5쪽
徐命膺(1716-1787)	육전(六典)	玄宗(唐)	史	당대의 전장제도를 기록한 『大唐六典』. 6조의 국무를 수행하는 데 근거가 된 법전	保晩齋集 199쪽
正祖(1752-1800)	육주약선(陸奏約選)	陸贄(754-805)	史		弘齋全書 7권 64쪽
李鈺(1760-1813)	육포단(肉蒲團)	李漁(1611-1685)	子	중국 고대의 연애 소설, 禁書	李鈺全集 2권 298쪽
安錫任(?)	율려신서(律呂新書)	蔡元定(宋)	經	음악에 관한 저작	弘齋全書 12권 251쪽
尹光顔(1757-1815)	율려신서(律呂新書)	蔡元定(宋)	經	음악에 관한 저작	弘齋全書 15권 74쪽
丁若鏞(1762-1836)	율려신서(律呂新書)	蔡元定(宋)	經	음악에 관한 저작	與猶堂全書 4권 566쪽
正祖(1752-1800)	율려신서(律呂新書)	蔡元定(宋)	經	음악에 관한 저작	正祖實錄 4권 150쪽

독서자	서명	저자	분류	간략 해제	출전
正祖(1752-1800)	율려신서(律呂新書)	蔡元定(宋)	經	음악에 관한 저작	弘齋全書 11권 254쪽
金熙朝(?)	율려정의(律呂正義)	朱端淸(明)	經	4편 125권의 음악서	弘齋全書 11권 150쪽
尹光顔(1757-1815)	율려정의(律呂正義)	朱端淸(明)	經	4편 125권의 음악서	弘齋全書 15권 73쪽
正祖(1752-1800)	율려정의(律呂正義)	朱端淸(明)	經	4편 125권의 음악서	弘齋全書 7권 293쪽
丁若鏞(1762-1836)	율서(律書)	司馬遷(B.C.145-86)	經	『사기』의 율서로 음악에 관한 책	與猶堂全書 3권 42쪽
洪大容(1731-1783)	율력연원(律曆淵源)*	何宗國(淸)	子	청 강희제의 명으로, 중국학자와 서양인 선교사들이 공동으로 편찬한 총서	籌解需用
正祖(1752-1800)	율학신설(律學新說)	朱載堉(明)	經	음악 방면에 관한 서적	弘齋全書 7권 295쪽
李鈺(1760-1813)	은중경(恩重經)		子	『父母恩重經』이라고도 함, 불교 경전	李鈺全集 1권 293쪽
許筠(1569-1618)	음부경(陰符經)		子	도가의 경전	惺所覆瓿藁 4권 254쪽
李德懋(1741-1793)	음운일월등(音韻日月燈)	呂維祺(明)	經	字典 성격의 책, 주로 독음에 관한 내용임	靑莊館全書 9권 212쪽
李德懋(1741-1793)	음운천미(音韻闡微)*	李光地(1642-1718) 등	集	강희제의 명령을 받아 완성한 음운서	靑莊館全書 9권 106쪽
韓致奫(1765-1814)	음운천미(音韻闡微)*	李光地(1642-1718) 등	集	강희제의 명령을 받아 완성한 음운서	海東繹史 5권 8쪽
李肯翊(1736-1806)	음운천미(音韻闡微)*	李光地(1642-1718) 등	集	강희제의 명령을 받아 완성한 음운서	燃藜室記述 9권 414쪽
李德懋(1741-1793)	음주자치통감(音注資治通鑑)	胡三省(元)	史	『자치통감』에 대한 주석, 주로 독음에 관한 내용	靑莊館全書 9권 105쪽
李肯翊(1736-1806)	음주자치통감(音註資治通鑑)	胡三省(元)	史	『자치통감』에 대한 주석, 주로 독음에 관한 내용	燃藜室記述 9권 383쪽
李德懋(1741-1793)	음학(音學)	顧炎武(1613-1711)	經	古音에 관한 저서	靑莊館全書 4권 58쪽
李德懋(1741-1793)	음학오서(音學五書)*	顧炎武(1613-1711)	經	古音에 관한 저서	靑莊館全書 5권 170쪽
金壽恒(1629-1689)	의례(儀禮)*	周公(周)	經	17권의 경서. 중국 고대의 예법을 기록	肅宗實錄 1권 61쪽
金壽恒(1629-1689)	의례(儀禮)*	周公(周)	經	17권의 경서. 중국 고대의 예법을 기록	肅宗實錄 8권 159, 239쪽. 10권 17쪽
徐畊輔(?)	의례(儀禮)*	周公(周)	經	17권의 경서. 중국 고대의 예법을 기록	弘齋全書 13권 111쪽
徐命膺(1716-1787)	의례(儀禮)*	周公(周)	經	17권의 경서. 중국 고대의 예법을 기록	保晩齋集 248쪽
禮曹	의례(儀禮)*	周公(周)	經	17권의 경서. 중국 고대의 예법을 기록	肅宗實錄 31권 37쪽
尹光紹(1708-1786)	의례(儀禮)*	周公(周)	經	17권의 경서. 중국 고대의 예법을 기록	英祖實錄 19권 233쪽
尹鳳九(1681-1767)	의례(儀禮)*	周公(周)	經	17권의 경서. 중국 고대의 예법을 기록	英祖實錄 27권 180쪽

독서자	서명	저자	분류	간략 해제	출전
李德懋(1741-1793)	의례(儀禮)*	周公(周)	經	17권의 경서. 중국 고대의 예법을 기록	靑莊館全書 9권 91쪽
丁若鏞(1762-1836)	의례(儀禮)*	周公(周)	經	17권의 경서. 중국 고대의 예법을 기록	茶山詩文集 1권 137쪽
正祖(1752-1800)	의례(儀禮)*	周公(周)	經	17권의 경서. 중국 고대의 예법을 기록	弘齋全書 4권 241쪽
崔錫鼎(1646-1715)	의례(儀禮)*	周公(周)	經	17권의 경서. 중국 고대의 예법을 기록	明谷集Ⅰ 566쪽
黃胤錫(1729-1791)	의례(儀禮)*	周公(周)	經	17권의 경서. 중국 고대의 예법을 기록	頤齋遺藁 182쪽
金在魯(1682-1759)	의례(儀禮)*	周公(周)	經	17권의 경서. 중국 고대의 예법을 기록	英祖實錄 23권 331쪽
正祖(1752-1800)	의례(儀禮)*	周公(周)	經	17권의 경서. 중국 고대의 예법을 기록	弘齋全書 3권 17쪽
金錫胄(1634-1684)	의례경전주소(儀禮經傳註疏)		經	『예기』에 대한 주석일 듯함	肅宗實錄 5권 14쪽
金鍾厚(?-1780)	의례경전통해(儀禮經典通解)	朱熹(1130-1200)	經	37권으로, 속편 29권은 宋 黃幹이 지음	正祖實錄 3권 279쪽
禮曹	의례경전통해(儀禮經典通解)*	朱熹(1130-1200)	經	37권으로, 속편 29권은 宋 黃幹이 지음	肅宗實錄 31권 25쪽
尹東昇(?)	의례경전통해(儀禮經典通解)*	朱熹(1130-1200)	經	37권으로, 속편 29권은 宋 黃幹이 지음	英祖實錄 27권 162쪽
正祖(1752-1800)	의례경전통해(儀禮經典通解)*	朱熹(1130-1200)	經	37권으로, 속편 29권은 宋 黃幹이 지음	弘齋全書 6권 228쪽
正祖(1752-1800)	의례요의(儀禮要義)	魏了翁(宋)	經	50권으로, 鄭玄의 注와 賈公彦의 疏를 모아 편찬	弘齋全書 6권 228쪽
正祖(1752-1800)	의례절해(儀禮節解)	郝敬(明)	經	의례에 대한 해석	弘齋全書 6권 228쪽
正祖(1752-1800)	의례집설(儀禮集說)*	敖繼公(元)	經	의례 해석서	弘齋全書 6권 228쪽
李德懋(1741-1793)	의매음고(倚梅吟稿)	趙必漣(宋)	集	조필련의 시집	靑莊館全書 4권 156쪽
李坦(?)	의맹(疑孟)	司馬光(1019-1086)		사마광의 『傳家集』으로, 맹자에 대해 진행한 고증과 의론	肅宗實錄 20권 293쪽
正祖(1752-1800)	의맹(疑孟)	司馬光(1019-1086)		사마광의 『傳家集』으로, 맹자에 대해 진행한 고증과 의론	弘齋全書 6권 178쪽
李德懋(1741-1793)	의방론(醫方論)*	費伯雄(淸)	子	醫家 비백웅이 편찬한 제약 관련 서적	靑莊館全書 9권 12쪽
韓致奫(1765-1814)	의방집략(醫方集略)	王東陽(明)	子	의학 서적	海東繹史 5권 50쪽
李夏坤(1677-1724)	의전기(義田記)	范文正(?)		별칭『範文正義田記』, 範仲淹이 義田을 설치한 과정을 기록	頭陀草 512쪽
李德懋(1741-1793)	의학입문(醫學入門)*	李梴(明)	子	의학 입문서	靑莊館全書 10권 172쪽
正祖(1752-1800)	이강전(李綱傳)	토크토(脫脫:1314-1388)	史	李綱의 전기로 『宋史·李綱傳』에서 나왔을 듯함	正祖實錄 2권 125쪽

독서자	서명	저자	분류	간략 해제	출전
李德懋(1741-1793)	이견정지(夷堅丁志)	祝允明(明)	子	다수의 괴이한 사건들을 기록	靑莊館全書 9권 197쪽
李德懋(1741-1793)	이견지(夷堅志)*	洪邁(1123-1202)	子	신선 및 괴이한 고사와 기문잡록 등을 서술	靑莊館全書 8권 218쪽
丁若鏞(1762-1836)	이견지(夷堅志)*	洪邁(1123-1202)	子	신선 및 괴이한 고사와 기문잡록 등을 서술	與猶堂全書 6권 527쪽
丁若鏞(1762-1836)	이경부(二京賦)	張衡(78-139)	子	한대 장형이 장안과 낙양을 묘사한 賦	與猶堂全書 3권 14쪽
韓致奫(1765-1814)	이고록(妮古錄)	陳繼儒(1557-1639)			海東繹史 6권 394쪽
李德懋(1741-1793)	이공동전집(李空同全集)	李夢陽(1475-1531)	集	이몽양의 문집	靑莊館全書 5권 164쪽
金長生(1548-1631)	이굴(理窟)	張載(宋)	經	유가의 수신과 양성에 대한 기록	肅宗實錄 1권 117쪽
崔錫鼎(1646-1715)	이락연원록(伊洛淵源錄)*	朱熹(1130-1200)	史	14권의 철학서.	明谷集Ⅰ 82쪽
李德懋(1741-1793)	이담(耳譚)	王同軌(明)	子	다수의 괴이한 사건들을 기록	靑莊館全書 10권 33쪽
許筠(1569-1618)	이담유림(耳談類林)				惺所覆瓿藁 4권 170쪽
兪晩柱(1755-1788)	이두시선(李杜詩選)	楊愼(1488-1559)	集	당대 시인 이백·두보의 시집	欽英 5권 179쪽
許筠(1569-1618)	이문광독(夷門廣牘)*	周履靖(明)	子	藝苑, 草木 등을 다룬 叢書	惺所覆瓿藁 3권 60쪽
丁若鏞(1762-1836)	이문집(異聞集)	陳翰(唐)	子	당대의 기이한 이야기들을 기록	茶山詩文集 2권 87쪽
正祖(1752-1800)	이문집(異聞集)	陳翰(唐)	子	당대의 기이한 이야기들을 기록	弘齋全書 6권 147쪽
丁若鏞(1762-1836)	이물지(異物志)	楊孚(漢)	子	중국 고대의 변방 지역의 풍속과 정황을 기록	茶山詩文集 2권 104쪽
許筠(1569-1618)	이백집(李白集)	李白(701-761)	集	이백의 문집	惺所覆瓿藁 3권 188쪽
兪晩柱(1755-1788)	이상은시집(李商隱詩集)*	李商隱(812-858)	集	이상은의 시집	欽英 2권 18쪽
朴世采(1631-1695)	이서요해(二書要解)				肅宗實錄 31권 43쪽
徐命膺(1716-1787)	이소(離騷)*	屈原(B.C.343-277)	子	굴원의 시가 중 하나	保晩齋集 191쪽
李鈺(1760-1813)	이소(離騷)*	屈原(B.C.343-277)	子	굴원의 시가 중 하나	李鈺全集 2권 145쪽
丁若鏞(1762-1836)	이소(離騷)*	屈原(B.C.343-277)	子	굴원의 시가 중 하나	與猶堂全書 3권 7쪽
許筠(1569-1618)	이소(離騷)*	屈原(B.C.343-277)	子	굴원의 시가 중 하나	惺所覆瓿藁 4권 91쪽
李德懋(1741-1793)	이소경(離騷經)*	屈原(B.C.343-277)	子	굴원의 시가 중 하나	靑莊館全書 3권 179쪽
許筠(1569-1618)	이소경(離騷經)*	屈原(B.C.343-277)	子	굴원의 시가 중 하나	惺所覆瓿藁 3권 93쪽
張混(1759-1828)	이십사대사(二十四代史)		史		而已广集 580쪽
正祖(1752-1800)	이십사략(二十史略)		史		弘齋全書 9권 39쪽
許筠(1569-1618)	이십사령(二十四令)	林悌(1549-1587)			惺所覆瓿藁 3권 267쪽
柳得恭(1749-1807)	이십삼사간오(二十三史刊誤)	錢辛楣(淸)	史		燕行錄選集 7권 411쪽
兪晩柱(1755-1788)	이십일사약편(二十一史約編)*	鄭元慶(淸)	史	상고시대부터 명대까지의 중국 역사를 간략하게 정리한 책	欽英 2권 179쪽

독서자	서명	저자	분류	간략 해제	출전
成大中(1732-1809)	이아(爾雅)*	周公(周)	經	훈고를 위한 사전. 당송에 이르러 십삼경의 하나가 됨	靑城集 465쪽
安鼎福(1712-1791)	이아(爾雅)*	周公(周)	經	훈고를 위한 사전. 당송에 이르러 십삼경의 하나가 됨	雜同散異 2권 19쪽
元景夏(1698-1761)	이아(爾雅)*	周公(周)	經	훈고를 위한 사전. 당송에 이르러 십삼경의 하나가 됨	英祖實錄 23권 169쪽
柳得恭(1749-1807)	이아(爾雅)*	周公(周)	經	훈고를 위한 사전. 당송에 이르러 십삼경의 하나가 됨	冷齋集125쪽
李德懋(1741-1793)	이아(爾雅)*	周公(周)	經	훈고를 위한 사전. 당송에 이르러 십삼경의 하나가 됨	靑莊館全書 9권 93쪽
丁若鏞(1762-1836)	이아(爾雅)*	周公(周)	經	훈고를 위한 사전. 당송에 이르러 십삼경의 하나가 됨	茶山詩文集 2권 140쪽
丁若鏞(1762-1836)	이아(爾雅)*	周公(周)	經	훈고를 위한 사전. 당송에 이르러 십삼경의 하나가 됨	與猶堂全書 2권 15쪽
正祖(1752-1800)	이아(爾雅)*	周公(周)	經	훈고를 위한 사전. 당송에 이르러 십삼경의 하나가 됨	正祖實錄 18권 201쪽
韓商新(1758-?)	이아(爾雅)*	周公(周)	經	훈고를 위한 사전. 당송에 이르러 십삼경의 하나가 됨	弘齋全書 10권 115쪽
黃胤錫(1729-1791)	이아(爾雅)*	周公(周)	經	훈고를 위한 사전. 당송에 이르러 십삼경의 하나가 됨	頤齋遺藁 146쪽
柳得恭(1749-1807)	이아(爾雅)*	周公(周)	經	훈고를 위한 사전. 당송에 이르러 십삼경의 하나가 됨	燕行錄選集 7권 432쪽
正祖(1752-1800)	이아(爾雅)*	周公(周)	經	훈고를 위한 사전. 당송에 이르러 십삼경의 하나가 됨	弘齋全書 13권 20쪽
丁若鏞(1762-1836)	이아석고(爾雅釋詁)		經	당시 지리 상황을 기재한『爾雅』의 釋地일 가능성이 있음	與猶堂全書 3권 5쪽
李德懋(1741-1793)	이아익(爾雅益)	羅願(?)	經		靑莊館全書 10권 50쪽
李肯翊(1736-1806)	이전술(異典述)*	王世貞(1526-1590)	集	『弇州史料』 중 권47부터 권56까지로 구성	燃藜室記述 9권 327쪽
正祖(1752-1800)	이정유서(二程遺書)	程顥(1032-1085) 등	子	송대의 이학가 정호와 정이의 어록을 기재. 25권	弘齋全書 9권 239쪽
宋時烈(1607-1689)	이정전서(二程全書)*	程顥(1032-1085) 등	子	송의 정호·정이 형제가 지은 65권의 철학서	肅宗實錄 10권 157쪽
肅宗(1661-1720)	이정전서(二程全書)*	程顥(1032-1085) 등	子	송의 정호·정이 형제가 지은 65권의 철학서	肅宗實錄 10권 157쪽
張混(1759-1828)	이정전서(二程全書)*	程顥(1032-1085) 등	子	송의 정호·정이 형제가 지은 65권의 철학서	而已广集 579쪽
正祖(1752-1800)	이정전서(二程全書)*	程顥(1032-1085) 등	子	송의 정호·정이 형제가 지은 65권의 철학서	弘齋全書 6권 102쪽
許筠(1569-1618)	이정전서(二程全書)*	程顥(1032-1085) 등	子	송의 정호·정이 형제가 지은 65권의 철학서	惺所覆瓿藁 2권 42쪽
許筠(1569-1618)	이태백문집(李太白文集)*	李白(701-761)	集	이백의 문집	惺所覆瓿藁 4권 96쪽
蔡濟恭(1720-1799)	이태백시(李太白詩)	李白(701-762)	集	이백의 시집	樊巖集 583쪽

독서자	서명	저자	분류	간략 해제	출전
韓致奫(1765-1814)	이태백집(李太白集)*	李白(701-762)	集	이백의 문집	海東繹史 6권 3쪽
許筠(1569-1618)	이한림집(李翰林集)*	李白(701-762)	集	이백의 시집	惺所覆瓿藁 4권 69쪽
韓致奫(1765-1814)	익주명화록(益州名畵錄)*	黃休復(北宋)	子	成都 지역의 회화 활동을 전문적으로 기록	海東繹史 5권 162쪽
宋時烈(1607-1689)	인경(麟經)	馮夢龍(明)	經	『麟經指月』로 표면적으로는 『춘추』에 대한 주석임. 그러나 실제로는 과거시험 준비를 위한 과정에서 『춘추』를 제목으로 하는 팔고문을 어떻게 쓸 것인가에 대한 참고서	肅宗實錄 8권 71쪽
肅宗(1661-1720)	인경(麟經)	馮夢龍(明)	經	『麟經指月』로 표면적으로는 『춘추』에 대한 주석임. 그러나 실제로는 과거시험 준비를 위한 과정에서 『춘추』를 제목으로 하는 팔고문을 어떻게 쓸 것인가에 대한 참고서	肅宗實錄 25권 311쪽
李德懋(1741-1793)	인수(印藪)	顧從德(明)	子	고대의 인장에 관한 서적	靑莊館全書 9권 7쪽
朴趾源(1737-1805)	인수옥서영(因樹屋書影)	周亮工(1612-1672)	子	잡기 성격의 책	燕巖集 158쪽
兪晚柱(1755-1788)	인수옥서영(因樹屋書影)	周亮工(1612-1672)	子	잡기 성격의 책	欽英 2권 368쪽
李德懋(1741-1793)	인수옥서영(因樹屋書影)	周亮工(1612-1672)	子	잡기 성격의 책	靑莊館全書 9권 25쪽
正祖(1752-1800)	인수옥서영(因樹屋書影)	周亮工(1612-1672)	子	잡기 성격의 책	弘齋全書 6권 211쪽
韓致奫(1765-1814)	인수옥서영(因樹屋書影)	周亮工(1612-1672)	子	잡기 성격의 책	海東繹史 5권 160쪽
李德懋(1741-1793)	인암쇄어(蚓菴瑣語)	王逋在(明)	子	잡기 성격의 책	靑莊館全書 10권 109쪽
丁若鏞(1762-1836)	인화록(因話錄)*	趙璘(唐)	集	帝王・百官・不仕者・典故・雜事 등을 서술	茶山詩文集 2권 83쪽
許筠(1569-1618)	일가언(一家言)	王世貞(1526-1590)			惺所覆瓿藁 2권 45쪽
許筠(1569-1618)	일동록(日洞錄)	琴恪(1571-1588)			惺所覆瓿藁 2권 351쪽
李德懋(1741-1793)	일본기(日本紀)				靑莊館全書 10권 115쪽
李德懋(1741-1793)	일본기략(日本記略)	鄭若曾(明)	史	출전은 정약증의 『鄭開陽雜着』 4권인 듯함	靑莊館全書 9권 90쪽
李德懋(1741-1793)	일본도가(日本刀歌)	歐陽修(1007-1072)	集	출전 구양수의 문집 『文忠集』 54권	靑莊館全書 9권 112쪽
丁若鏞(1762-1836)	일본서기(日本書紀)	舍人親王(720년경) 등	史	일본의 사인친왕 등이 찬술한 일본의 역사서	與猶堂全書 6권 330쪽
柳得恭(1749-1807)	일본시선(日本詩選)		史	중국 초기의 지리서로, 일반적으로 춘추전국 시기의 것으로 알려짐	冷齋集 111쪽
李德懋(1741-1793)	일본일사(日本逸史)		史	역사서로 『渤海考』를 작성할 때 참고문헌으로 이용되기도 함	靑莊館全書 9권 54쪽
李德懋(1741-1793)	일본전(日本傳)				靑莊館全書 9권 181쪽

독서자	서명	저자	분류	간략 해제	출전
趙泰采(1660-1722)	일본통서(日本通書)				肅宗實錄 27권 37쪽
許遠	일식보유(日食補遺)		子		肅宗實錄 28권 245쪽
英祖(1694-1776)	일월교식고본(日月交食稿本)		子	청대에 쓰여진 천문과 역법 방면의 저작	英祖實錄 11권 229쪽
李瀷(1681-1763)	일월식추보서(日月蝕推步書)	아담샬(湯若望: 1591-1666)	子	청대의 역법서	李瀷 열람서목
	일전역지(日躔曆指)*	재크로우(羅雅谷: 1593-1638) 등	子	명말 천문 역법서	奎章總目
英祖(1694-1776)	일전표(日躔表)*	재크로우(羅雅谷: 1593-1638) 등	子	서양 역법서	英祖實錄 13권 224쪽
	일전표(日躔表)*	재크로우(羅雅谷: 1593-1638) 등	子	서양 역법서	奎章總目
徐有榘(1764-1845)	일주서(逸周書)		史	주대의 역사서. 위서로 보임	弘齋全書 10권 425쪽
兪晩柱(1755-1788)	일주서(逸周書)		史	주대의 역사서. 위서로 보임	欽英 6권 503쪽
正祖(1752-1800)	일주서(逸周書)		史	주대의 역사서. 위서로 보임	弘齋全書 3권 232쪽
朴趾源(1737-1805)	일지록(日知錄)*	顧炎武(1613-1711)	子	經史의 고증을 雜記한 것	燕巖集 158쪽
李德懋(1741-1793)	일지록(日知錄)*	顧炎武(1613-1711)	子	經史의 고증을 雜記한 것	靑莊館全書 2권 143쪽
丁若鏞(1762-1836)	일지록(日知錄)*	顧炎武(1613-1711)	子	經史의 고증을 雜記한 것	茶山詩文集 9권 10쪽
正祖(1752-1800)	일지록(日知錄)*	顧炎武(1613-1711)	子	經史의 고증을 雜記한 것	弘齋全書 16권 32쪽
韓致奫(1765-1814)	일하구문(日下究問)	朱彛尊(1629-1709)	史	북경의 역사, 지리에 관한 서적	海東繹史 5권 173쪽
朴趾源(1737-1805)	일하구문(日下舊聞)	朱彛尊(1629-1709)	史	북경의 역사, 지리에 관한 서적	燕巖集 158쪽
李德懋(1741-1793)	일하구문(日下舊聞)	朱彛尊(1629-1709)	史	북경의 역사, 지리에 관한 서적	靑莊館全書 150쪽
兪晩柱(1755-1788)	임거사결(林居四訣)				欽英 6권 521쪽
許筠(1569-1618)	임소경서(任少卿書)	司馬遷(B.C.145-86)	子	사마천의『報任少卿書』로 보임	惺所覆瓿藁 3권 73쪽
許筠(1569-1618)	임창헌기(臨滄軒記)		子		惺所覆瓿藁 2권 89쪽
李德懋(1741-1793)	임천집(臨川集)*	王安石(宋)	集	왕안석의 시문 합집	靑莊館全書 5권 156쪽
韓致奫(1765-1814)	임천집(臨川集)*	王安石(宋)	集	왕안석의 시문 합집	海東繹史 6권 266쪽
朴趾源(1737-1805)	입옹통보(笠翁通譜)	李漁(1611-1685)	子		燕巖集 158쪽
朴趾源(1737-1805)	입해기(入海記)	查嗣璉(靑)	子		燕巖集 158쪽
趙聖期(1637-1689)	자경편(自警編)*	趙善璙(宋)	子	송대 諸公의 언행을 모아 기록한 책	拙修齋集 2권 59쪽
許筠(1569-1618)	자경편(自警編)*	趙善璙(宋)	子	송대 諸公의 언행을 모아 기록한 책	惺所覆瓿藁 4권 126쪽
正祖(1752-1800)	자공시전(子貢詩傳)		經	子貢의 저작이라는 이름 아래 명대 민간에서 쓰여진『시』에 대한 개편	弘齋全書 6권 236쪽
李德懋(1741-1793)	자림(字林)	呂忱(宋)	經	자전 성격의 책	靑莊館全書 9권 93쪽
韓致奫(1765-1814)	자림(字林)	呂忱(宋)	經	자전 성격의 책	海東繹史 5권 78쪽
李德懋(1741-1793)	자서(字書)	孫奕(唐)			靑莊館全書 4권 80쪽
丁若鏞(1762-1836)	자서(字書)	孫奕(唐)			弘齋全書 10권 163쪽

독서자	서명	저자	분류	간략 해제	출전
正祖(1752-1800)	자설(字說)	吳大澂(淸)	經	字典 성격의 저작	弘齋全書 7권 21쪽
李書九(1754-1825)	자양집(紫陽集)	丁午(淸)	集	『柴陽庵集』으로 보임	惕齋集 181쪽
兪晩柱(1755-1788)	자전(字典)	張玉書(1642-1711) 등	經	康熙字典으로 보임	欽英 1권 56쪽
李德懋(1741-1793)	자전(字典)	張玉書(1642-1711) 등	經	康熙字典으로 보임	靑莊館全書 9권 55쪽
丁若鏞(1762-1836)	자전(字典)	張玉書(1642-1711) 등	經	康熙字典으로 보임	與猶堂全書 3권 166쪽
韓致奫(1765-1814)	자전(字典)	張玉書(1642-1711) 등	經	康熙字典으로 보임	海東繹史 5권 25쪽
正祖(1752-1800)	자초신방(煮硝新方)			화약을 만드는 재료를 굽는 법에 관해 설명한 책	弘齋全書 5권 311쪽
金鎭圭(1658-1716)	자치통감(資治通鑑)*	司馬光(1019-1086)	史	B.C.403부터 A.D.959까지의 편년체 통사	肅宗實錄 22권 220쪽
南公轍(1760-1840)	자치통감(資治通鑑)*	司馬光(1019-1086)	史	B.C.403부터 A.D.959까지의 편년체 통사	金陵集 379쪽
南泰溫(1691-1755)	자치통감(資治通鑑)*	司馬光(1019-1086)	史	B.C.403부터 A.D.959까지의 편년체 통사	英祖實錄 18권 99쪽
徐命膺(1716-1787)	자치통감(資治通鑑)*	司馬光(1019-1086)	史	B.C.403부터 A.D.959까지의 편년체 통사	保晩齋集 148쪽
肅宗(1661-1720)	자치통감(資治通鑑)*	司馬光(1019-1086)	史	B.C.403부터 A.D.959까지의 편년체 통사	肅宗實錄 7권 214쪽
英祖(1694-1776)	자치통감(資治通鑑)*	司馬光(1019-1086)	史	B.C.403부터 A.D.959까지의 편년체 통사	英祖實錄 17권 363쪽
尹光紹(1708-1786)	자치통감(資治通鑑)*	司馬光(1019-1086)	史	B.C.403부터 A.D.959까지의 편년체 통사	英祖實錄 19권 187쪽
李鼎臣(1792-1858)	자치통감(資治通鑑)*	司馬光(1019-1086)	史	B.C.403부터 A.D.959까지의 편년체 통사	肅宗實錄 26권 129쪽
張志恒(1721-1778)	자치통감(資治通鑑)*	司馬光(1019-1086)	史	B.C.403부터 A.D.959까지의 편년체 통사	正祖實錄 3권 43쪽
張混(1759-1828)	자치통감(資治通鑑)*	司馬光(1019-1086)	史	B.C.403부터 A.D.959까지의 편년체 통사	而已广集 580쪽
丁若鏞(1762-1836)	자치통감(資治通鑑)*	司馬光(1019-1086)	史	B.C.403부터 A.D.959까지의 편년체 통사	與猶堂全書 6권 296쪽
正祖(1752-1800)	자치통감(資治通鑑)*	司馬光(1019-1086)	史	B.C.403부터 A.D.959까지의 편년체 통사	弘齋全書 6권 100쪽
許筠(1569-1618)	자치통감(資治通鑑)*	司馬光(1019-1086)	史	B.C.403부터 A.D.959까지의 편년체 통사	惺所覆瓿藁 3권 167쪽
洪象漢(1701-1769)	자치통감(資治通鑑)*	司馬光(1019-1086)	史	B.C.403부터 A.D.959까지의 편년체 통사	英祖實錄 18권 126쪽
權尙夏(1641-1721)	자치통감강목(資治通鑑綱目)*	朱熹(1130-1200)	史	사마광의 『자치통감』에 기초하였고, 다룬 시기도 같음	肅宗實錄 29권 12쪽
金尙星(1703-1755)	자치통감강목(資治通鑑綱目)*	朱熹(1130-1200)	史	사마광의 『자치통감』에 기초하였고, 다룬 시기도 같음	英祖實錄 14권 112쪽
金相肅(1717-1792)	자치통감강목(資治通鑑綱目)*	朱熹(1130-1200)	史	사마광의 『자치통감』에 기초하였고, 다룬 시기도 같음	靑城集 456쪽

독서자	서명	저자	분류	간략 해제	출전
金履實(?)	자치통감강목(資治通鑑綱目)*	朱熹(1130-1200)	史	사마광의 『자치통감』에 기초하였고, 다룬 시기도 같음	弘齋全書 13권 427쪽
南履愚(?)	자치통감강목(資治通鑑綱目)*	朱熹(1130-1200)	史	사마광의 『자치통감』에 기초하였고, 다룬 시기도 같음	弘齋全書 13권 48쪽
閔命爀(1753-1818)	자치통감강목(資治通鑑綱目)*	朱熹(1130-1200)	史	사마광의 『자치통감』에 기초하였고, 다룬 시기도 같음	弘齋全書 13권 4쪽
朴基宏(?)	자치통감강목(資治通鑑綱目)*	朱熹(1130-1200)	史	사마광의 『자치통감』에 기초하였고, 다룬 시기도 같음	弘齋全書 13권 447쪽
朴長輿(?)	자치통감강목(資治通鑑綱目)*	朱熹(1130-1200)	史	사마광의 『자치통감』에 기초하였고, 다룬 시기도 같음	弘齋全書 13권 282쪽
宋時烈(1607-1689)	자치통감강목(資治通鑑綱目)*	朱熹(1130-1200)	史	사마광의 『자치통감』에 기초하였고, 다룬 시기도 같음	肅宗實錄 4권 10쪽
肅宗(1661-1720)	자치통감강목(資治通鑑綱目)*	朱熹(1130-1200)	史	사마광의 『자치통감』에 기초하였고, 다룬 시기도 같음	肅宗實錄 2권 48쪽
安柱完(?)	자치통감강목(資治通鑑綱目)*	朱熹(1130-1200)	史	사마광의 『자치통감』에 기초하였고, 다룬 시기도 같음	弘齋全書 13권 460쪽
英祖(1694-1776)	자치통감강목(資治通鑑綱目)*	朱熹(1130-1200)	史	사마광의 『자치통감』에 기초하였고, 다룬 시기도 같음	英祖實錄 36권 201쪽
吳泰曾(?)	자치통감강목(資治通鑑綱目)*	朱熹(1130-1200)	史	사마광의 『자치통감』에 기초하였고, 다룬 시기도 같음	弘齋全書 13권 357쪽
兪晩柱(1755-1788)	자치통감강목(資治通鑑綱目)*	朱熹(1130-1200)	史	사마광의 『자치통감』에 기초하였고, 다룬 시기도 같음	欽英
柳謐(?)	자치통감강목(資治通鑑綱目)*	朱熹(1130-1200)	史	사마광의 『자치통감』에 기초하였고, 다룬 시기도 같음	弘齋全書 13권 5쪽
柳瑞(?)	자치통감강목(資治通鑑綱目)*	朱熹(1130-1200)	史	사마광의 『자치통감』에 기초하였고, 다룬 시기도 같음	弘齋全書 13권 118쪽
柳琇(?)	자치통감강목(資治通鑑綱目)*	朱熹(1130-1200)	史	사마광의 『자치통감』에 기초하였고, 다룬 시기도 같음	弘齋全書 13권 306쪽
柳諶(?)	자치통감강목(資治通鑑綱目)*	朱熹(1130-1200)	史	사마광의 『자치통감』에 기초하였고, 다룬 시기도 같음	弘齋全書 13권 478쪽
尹永喆(?)	자치통감강목(資治通鑑綱目)*	朱熹(1130-1200)	史	사마광의 『자치통감』에 기초하였고, 다룬 시기도 같음	弘齋全書 13권 45쪽
尹致永(?)	자치통감강목(資治通鑑綱目)*	朱熹(1130-1200)	史	사마광의 『자치통감』에 기초하였고, 다룬 시기도 같음	弘齋全書 13권 11쪽
尹行義(?)	자치통감강목(資治通鑑綱目)*	朱熹(1130-1200)	史	사마광의 『자치통감』에 기초하였고, 다룬 시기도 같음	弘齋全書 13권 140쪽
李家煥(1742-1801)	자치통감강목(資治通鑑綱目)*	朱熹(1130-1200)	史	사마광의 『자치통감』에 기초하였고, 다룬 시기도 같음	正祖實錄 3권 229쪽
李永晉(?)	자치통감강목(資治通鑑綱目)*	朱熹(1130-1200)	史	사마광의 『자치통감』에 기초하였고, 다룬 시기도 같음	弘齋全書 13권 359쪽
李鈺(1760-1813)	자치통감강목(資治通鑑綱目)*	朱熹(1130-1200)	史	사마광의 『자치통감』에 기초하였고, 다룬 시기도 같음	李鈺全集 2권 183쪽
李用燮(?)	자치통감강목(資治通鑑綱目)*	朱熹(1130-1200)	史	사마광의 『자치통감』에 기초하였고, 다룬 시기도 같음	弘齋全書 13권 23쪽
李元默(?)	자치통감강목(資治通鑑綱目)*	朱熹(1130-1200)	史	사마광의 『자치통감』에 기초하였고, 다룬 시기도 같음	弘齋全書 13권 44쪽

독서자	서명	저자	분류	간략 해제	출전
李存秀(1772-1829)	자치통감강목(資治通鑑綱目)*	朱熹(1130-1200)	史	사마광의 『자치통감』에 기초하였고, 다른 시기도 같음	弘齋全書 13권 60쪽
李羲翼(?)	자치통감강목(資治通鑑綱目)*	朱熹(1130-1200)	史	사마광의 『자치통감』에 기초하였고, 다른 시기도 같음	弘齋全書 13권 337쪽
任相元(1638-1697)	자치통감강목(資治通鑑綱目)*	朱熹(1130-1200)	史	사마광의 『자치통감』에 기초하였고, 다른 시기도 같음	肅宗實錄 1권 146쪽
張混(1759-1828)	자치통감강목(資治通鑑綱目)*	朱熹(1130-1200)	史	사마광의 『자치통감』에 기초하였고, 다른 시기도 같음	而已广集 580쪽
鄭遂輿(?)	자치통감강목(資治通鑑綱目)*	朱熹(1130-1200)	史	사마광의 『자치통감』에 기초하였고, 다른 시기도 같음	弘齋全書 13권 253쪽
丁若鏞(1762-1836)	자치통감강목(資治通鑑綱目)*	朱熹(1130-1200)	史	사마광의 『자치통감』에 기초하였고, 다른 시기도 같음	與猶堂全書 6권 259쪽
鄭雲秀(?)	자치통감강목(資治通鑑綱目)*	朱熹(1130-1200)	史	사마광의 『자치통감』에 기초하였고, 다른 시기도 같음	弘齋全書 13권 246쪽
正祖(1752-1800)	자치통감강목(資治通鑑綱目)*	朱熹(1130-1200)	史	사마광의 『자치통감』에 기초하였고, 다른 시기도 같음	正祖實錄 27권 28쪽
正祖(1752-1801)	자치통감강목(資治通鑑綱目)*	朱熹(1130-1200)	史	사마광의 『자치통감』에 기초하였고, 다른 시기도 같음	弘齋全書 13권 1쪽
趙啓煥(?)	자치통감강목(資治通鑑綱目)*	朱熹(1130-1200)	史	사마광의 『자치통감』에 기초하였고, 다른 시기도 같음	弘齋全書 13권 306쪽
趙鍾永(1771-1829)	자치통감강목(資治通鑑綱目)*	朱熹(1130-1200)	史	사마광의 『자치통감』에 기초하였고, 다른 시기도 같음	弘齋全書 13권 3쪽
趙鎭球(?)	자치통감강목(資治通鑑綱目)*	朱熹(1130-1200)	史	사마광의 『자치통감』에 기초하였고, 다른 시기도 같음	弘齋全書 13권 96쪽
韓容冕(?)	자치통감강목(資治通鑑綱目)*	朱熹(1130-1200)	史	사마광의 『자치통감』에 기초하였고, 다른 시기도 같음	弘齋全書 13권 454쪽
韓在洙(?)	자치통감강목(資治通鑑綱目)*	朱熹(1130-1200)	史	사마광의 『자치통감』에 기초하였고, 다른 시기도 같음	弘齋全書 13권 461쪽
許筠(1569-1618)	자치통감강목(資治通鑑綱目)*	朱熹(1130-1200)	史	사마광의 『자치통감』에 기초하였고, 다른 시기도 같음	惺所覆瓿藁 2권 352쪽
洪樂玄(?)	자치통감강목(資治通鑑綱目)*	朱熹(1130-1200)	史	사마광의 『자치통감』에 기초하였고, 다른 시기도 같음	弘齋全書 13권 48쪽
洪良漢(?)	자치통감강목(資治通鑑綱目)*	朱熹(1130-1200)	史	사마광의 『자치통감』에 기초하였고, 다른 시기도 같음	耳溪外集 1권 166쪽
許筠(1569-1618)	자치통감강목(資治通鑑綱目)	朱熹(1130-1200)	史	사마광의 『자치통감』에 기초하였고, 다른 시기도 같음	惺所覆瓿藁 2권 248쪽
正祖(1752-1800)	자치통감강목신편(資治通鑑綱目新編)		史	사마광의 『자치통감』에 기초하였고, 다른 시기도 같음	弘齋全書 1권 172쪽
李德懋(1741-1793)	자치통감음주(資治通鑑音註)	胡三省(元)	史	호삼성의 『자치통감』에 대한 주석, 주로 독음에 관한 내용	青莊館全書 4권 164쪽
韓致奫(1765-1814)	자통(字統)				海東繹史 5권 78쪽
正祖(1752-1800)	자화자(子華子)	程本(晉)	子	자화자의 언행을 수록한 것. 위서인 듯함	弘齋全書 6권 239쪽
韓致奫(1765-1814)	자화자(子華子)	程本(晉)	子	자화자의 언행을 수록한 것. 위서인 듯함	海東繹史 5권 82쪽

독서자	서명	저자	분류	간략 해제	출전
許筠(1569-1618)	자화자(子華子)	程本(晉)	子	자화자의 언행을 수록한 것. 위서인 듯함	惺所覆瓿藁 2권 249쪽
安鼎福(1712-1791)	자휘(字彙)*	梅膺祚(明)	經	字書. 『康熙字典』의 저본이 됨	雜同散異 2권 31쪽
李德懋(1741-1793)	자휘(字彙)*	梅膺祚(明)	經	字書. 『康熙字典』의 저본이 됨	青莊館全書 10권 104쪽
李德懋(1741-1793)	자휘보(字彙補)		子	胡三省의 『資治通鑑』에 대한 주석, 주로 讀音에 관한 내용	青莊館全書 9권 59쪽
許筠(1569-1618)	작애집(妁艾集)		集		惺所覆瓿藁 4권 58쪽
許筠(1569-1618)	잔당오대지연의(殘唐五代志演義)	羅貫中(1330-1400)	子	소설 종류로 추정됨	惺所覆瓿藁 2권 242쪽
李德懋(1741-1793)	잠거록(潛居錄)		子	몇가지 견문과 괴이한 사건을 기록	青莊館全書 8권 232쪽
韓致奫(1765-1814)	잠구차기(潛邱箚記)	閻若璩(1636-1704)	子	주로 고증을 행한 저작인데, 작자가 완성을 하지 못했음	海東繹史 5권 20쪽
李宜顯(1669-1745)	잠미집(蠶尾集)	王士禎(1634-1711)	集	왕사정의 문집	陶谷集Ⅱ 502쪽
韓致奫(1765-1814)	잠미집(蠶尾集)	王士禎(1634-1711)	集	왕사정의 문집	海東繹史 5권 78쪽
許筠(1569-1618)	잠부론(潛夫論)*	王符(後漢)	子	관료사회의 부패를 한탄하고 사회의 악폐를 비판하여 정치의 득실을 논함	惺所覆瓿藁 2권 191쪽
李德懋(1741-1793)	잠재집(潛齋集)	何夢桂(宋)	集		青莊館全書 4권 160쪽
丁若鏞(1762-1836)	잡아함경(雜阿含經)		子	불교 경전	茶山詩文集 2권 11쪽
李夏坤(1677-1724)	잡화소권(雜畵小卷)				頭陀草 560쪽
張志恒(1721-1778)	장감(將鑑)		史		正祖實錄 3권 43쪽
張混(1759-1828)	장감(將鑑)		史		而已广集 580쪽
丁若鏞(1762-1836)	장강집(長江長)	賈島(唐)	集	10권. 시 379수 수록	茶山詩文集 3권 305쪽
李德懋(1741-1793)	장경집(長慶集)*	白居易(772-846)	集	백거이의 문집, 별칭 『白氏長慶集』	青莊館全書 5권 152쪽
丁若鏞(1762-1836)	장경집(長慶集)*	白居易(772-846)	集	백거이의 문집, 별칭 『白氏長慶集』	茶山詩文集 1권 302쪽
許筠(1569-1618)	장공외기(長公外記)				惺所覆瓿藁 4권 58쪽
朴世采(1631-1695)	장구(章句)	朱熹(1130-1200)	經	주희의 『四書章句』인 듯	肅宗實錄 9권 175쪽
丁若鏞(1762-1836)	장구(章句)	朱熹(1130-1200)	經	주희의 『四書章句』인 듯	茶山詩文集 8권 88쪽
正祖(1752-1800)	장구(章句)	朱熹(1130-1200)	經	주희의 『四書章句』인 듯	弘齋全書 6권 198쪽
李宜顯(1669-1745)	장남헌집(張南軒集)	張南軒(1133-1180)	集	張栻의 문집	陶谷集Ⅱ 502쪽
許筠(1569-1618)	장문부(長門賦)	司馬相如(B.C.179-117)	子	사마상여가 지은 賦	惺所覆瓿藁 3권 34쪽
朴趾源(1737-1805)	장서(藏書)*	李贄(明)	史	별칭 『李氏藏書』. 이지가 편찬한 68권의 史評	燕巖集 158쪽
朴趾源(1737-1805)	장설(蔣說)	蔣超(淸)	子	보고 들은 잡다한 것을 기록한 것으로 그 가운데에는 귀신과 관련된 일들이 많다.	燕巖集 158쪽
許筠(1569-1618)	장설소췌(藏說小萃)	李一如(明)			惺所覆瓿藁 4권 65쪽
李宜顯(1669-1745)	장원책(壯元策)				陶谷集Ⅱ 502쪽

독서자	서명	저자	분류	간략 해제	출전
肅宗(1661-1720)	장자(莊子)*	莊周(B.C.369-286)	子	『노자』와 아울러 도가 사상의 중요한 고전	肅宗實錄 7권 78쪽
安鼎福(1712-1791)	장자(莊子)*	莊周(B.C.369-286)	子	『노자』와 아울러 도가 사상의 중요한 고전	雜同散異 2권 67쪽
李德懋(1741-1793)	장자(莊子)*	莊周(B.C.369-286)	子	『노자』와 아울러 도가 사상의 중요한 고전	青莊館全書 9권 20쪽
李東彦(?)	장자(莊子)*	莊周(B.C.369-286)	子	『노자』와 아울러 도가 사상의 중요한 고전	肅宗實錄 21권 269쪽
李鈺(1760-1813)	장자(莊子)*	莊周(B.C.369-286)	子	『노자』와 아울러 도가 사상의 중요한 고전	李鈺全集 2권 100쪽
張混(1759-1828)	장자(莊子)*	莊周(B.C.369-286)	子	『노자』와 아울러 도가 사상의 중요한 고전	而已广集 580쪽
丁若鏞(1762-1836)	장자(莊子)*	莊周(B.C.369-286)	子	『노자』와 아울러 도가 사상의 중요한 고전	與猶堂全書 3권 6쪽
正祖(1752-1800)	장자(莊子)*	莊周(B.C.369-286)	子	『노자』와 아울러 도가 사상의 중요한 고전	弘齋全書 6권 101쪽
許筠(1569-1618)	장자(莊子)*	莊周(B.C.369-286)	子	『노자』와 아울러 도가 사상의 중요한 고전	惺所覆瓿藁 2권 244쪽
李德懋(1741-1793)	장자언(長者言)	陳繼儒(1557-1639)	子	작자의 견문과 괴이한 사건을 기록, 별칭『安得長者言』	青莊館全書 10권 126쪽
許筠(1569-1618)	장자전서(張子全書)	張載(1020-1077)	子	유가의 저작	惺所覆瓿藁 4권 216쪽
李德懋(1741-1793)	장형영헌(張衡靈憲)	張衡(漢)	子	역법에 관한 서적	青莊館全書 8권 203쪽
李德懋(1741-1793)	저기실(楮記室)	潘塤(明)	子	명대의 역사적 사실과 견문을 기록	青莊館全書 8권 237쪽
許筠(1569-1618)	저기실(楮記室)	潘塤(明)	子	명대의 역사적 사실과 견문을 기록	惺所覆瓿藁 4권 89쪽
兪晩柱(1755-1788)	적라지(赤羅志)				欽英 1권 413쪽
正祖(1752-1800)	적제해기(績齊諧記)				弘齋全書 3권 457쪽
正祖(1752-1800)	전가역설(傳家易說)*	郭雍(1091-1187)	經	곽옹이 편찬한『주역』주석서	弘齋全書 12권 231쪽
李德懋(1741-1793)	전고(滇考)*	馮甦(淸)	史	2권의 地方史書	青莊館全書 10권 10쪽
李德懋(1741-1793)	전구록(剪寇錄)				青莊館全書 9권 132쪽
李德懋(1741-1793)	전국책(戰國策)*	劉向(B.C.79?-8?)	史	전국시대 遊說家의 변설이나 諸王과의 대화, 각 국의 故事 등을 국가별로 모은 것	青莊館全書 9권 59쪽
李應元(?)	전국책(戰國策)*	劉向(B.C.79?-8?)	史	전국시대 遊說家의 변설이나 諸王과의 대화, 각 국의 故事 등을 국가별로 모은 것	正祖實錄 2권 15쪽
李頤命(1658-1722)	전국책(戰國策)*	劉向(B.C.79?-8?)	史	전국시대 遊說家의 변설이나 諸王과의 대화, 각 국의 故事 등을 국가별로 모은 것	肅宗實錄 22권 7쪽
張混(1759-1828)	전국책(戰國策)*	劉向(B.C.79?-8?)	史	전국시대 遊說家의 변설이나 諸王과의 대화, 각 국의 故事 등을 국가별로 모은 것	而已广集 580쪽

독서자	서명	저자	분류	간략 해제	출전
丁若鏞(1762-1836)	전국책(戰國策)*	劉向(B.C.79?-8?)	史	전국시대 遊說家의 변설이나 諸王과의 대화, 각 국의 故事 등을 국가별로 모은 것	與猶堂全書 6권 49쪽
正祖(1752-1800)	전국책(戰國策)*	劉向(B.C.79?-8?)	史	전국시대 遊說家의 변설이나 諸王과의 대화, 각 국의 故事 등을 국가별로 모은 것	弘齋全書 7권 54쪽
許筠(1569-1618)	전국책(戰國策)*	劉向(B.C.79?-8?)	史	전국시대 遊說家의 변설이나 諸王과의 대화, 각 국의 故事 등을 국가별로 모은 것	惺所覆瓿藁 3권 259쪽
李德懋(1741-1793)	전검기유(滇黔紀遊)	陳鼎(淸)	史	진정의 云南·貴州 지역 여행기	靑莊館全書 10권 172쪽
李德懋(1741-1793)	전당시(全唐詩)*	彭定求(淸) 등	集	팽정구 등이 강희제 때 칙명에 의해 唐詩, 五代의 詩를 집성하여 편찬	靑莊館全書 2권 34쪽
李宜顯(1669-1745)	전당시(全唐詩)*	彭定求(淸) 등	集	팽정구 등이 강희제 때 칙명에 의해 唐詩, 五代의 詩를 집성하여 편찬	陶谷集Ⅱ 502쪽
韓致奫(1765-1814)	전당시(全唐詩)*	彭定求(淸) 등	集	팽정구 등이 강희제 때 칙명에 의해 唐詩, 五代의 詩를 집성하여 편찬	海東繹史 5권 8쪽
李肯翊(1736-1806)	전당시(全唐詩)*	彭定求(淸) 등	集	팽정구 등이 강희제 때 칙명에 의해 唐詩, 五代의 詩를 집성하여 편찬	燃藜室記述:事大典故-중국조정의 상사(皇朝喪)
丁若鏞(1762-1836)	전당시화(全唐詩話)	元袠(宋)	集	唐詩를 수록	茶山詩文集 2권 2쪽
許筠(1569-1618)	전당시화(全唐詩話)	元袠(宋)	集	唐詩를 수록	惺所覆瓿藁 4권 117쪽
丁若鏞(1762-1836)	전등록(傳燈錄)	道源(宋)	子	불교 경전	茶山詩文集 2권 147쪽
李德懋(1741-1793)	전등록(傳燈錄)	道源(宋)	子	불교 경전	靑莊館全書 10권 167쪽
兪晩柱(1755-1788)	전등신화(剪燈新話)*	瞿佑(1347-1427)	子	전기소설. 명대의 유일한 문어체 소설집	欽英 4권 391쪽
李鈺(1760-1813)	전등신화(剪燈新話)*	瞿佑(1347-1427)	子	전기소설. 명대의 유일한 문어체 소설집	李鈺全集 2권 43쪽
兪晩柱(1755-1788)	전목재문초(錢牧齋文鈔)	錢謙益(1582-1664)	集		欽英 4권 78쪽
兪晩柱(1755-1788)	전민록(傳忞錄)	錢謙益(1582-1664)	集	전겸익의 문집	欽英 2권 197쪽
李德懋(1741-1793)	전보(錢譜)	董逌(宋)	子	역대의 錢幣를 수록	靑莊館全書 8권 256쪽
李德懋(1741-1793)	전신방(傳信方)	劉禹錫(772-842)			靑莊館全書 8권 223쪽
李德懋(1741-1793)	전운시(全韻詩)		集	별칭『御制全韻詩』	靑莊館全書 9권 168쪽
許筠(1569-1618)	전의독서문(専意讀書文)	琴恪(1571-1588)	子		惺所覆瓿藁 2권 351쪽
兪晩柱(1755-1788)	전이록(傳異錄)		集		欽英 3권 52쪽
許筠(1569-1618)	전적벽부(前赤壁賦)	蘇軾(1036-1101)	集	소식의 시	惺所覆瓿藁 3권 73쪽
兪晩柱(1755-1788)	전종백시전(澱宗伯詩箋)	錢謙益(1582-1664)	集		欽英 5권 360쪽
李德懋(1741-1793)	전주고음(箋註古音)	楊愼(1488-1559)			靑莊館全書 5권 170쪽

독서자	서명	저자	분류	간략 해제	출전
李宜顯(1669-1745)	전주두시(錢註杜詩)*	錢謙益(1582-1664) 등	集	두시에 대한 주석임	陶谷集Ⅱ 502쪽
丁若鏞(1762-1836)	전한서(前漢書)*	班固(32-92)	史	정사 기전체인 『사기』를 모방하여 구성	茶山詩文集 7권 127쪽
正祖(1752-1800)	전한서(前漢書)*	班固(32-92)	史	정사 기전체인 『사기』를 모방하여 구성	正祖實錄 25면 335쪽
李德懋(1741-1793)	전한서(前漢書)*	班固(32-92)	史	정사 기전체인 『사기』를 모방하여 구성	靑莊館全書 9권 93쪽
李德懋(1741-1793)	전행일기(滇行日記)	李澄中(淸)	史	雲南 여행기	靑莊館全書 8권 61쪽
兪晩柱(1755-1788)	절강서목(折江書目)*	王亶望(淸) 등	史	별칭『浙江採集遺書總錄』, 절강에서 수집한 도서의 목록	欽英 5권 392쪽
南公轍(1760-1840)	절강서목(浙江書目)*	王亶望(淸) 등	史	별칭『浙江採集遺書總錄』, 절강에서 수집한 도서의 목록	金陵集 196쪽
韓致奫(1765-1814)	절강서목(浙江書目)*	王亶望(淸) 등	史	별칭『浙江採集遺書總錄』, 절강에서 수집한 도서의 목록	海東繹史 5권 36쪽
洪大容(1731-1783)	절강성지(浙江省志)		史	절강의 지방지	湛軒書 11쪽
李德懋(1741-1793)	절강채집유서총록(浙江採集遺書總錄)*	王亶望(淸) 등	史	乾隆年間(1736-1795) 浙江省에서 수집한 도서들의 목록을 정리한 책	靑莊館全書 9권 158-159쪽
魏伯珪(1727-1798)	절관사략(竊觀史略)				存齋集 232쪽
許筠(1569-1618)	절교서(絶交書)	嵇康(223-262)		출전은 혜강의 문집『嵇中散集』2권, 與呂長悌絶交書·與山巨源絶交書가 있음	惺所覆瓿藁 1권 71쪽
正祖(1752-1800)	절약(節約)	朱憲(宋)			正祖實錄 27권 342쪽
李德懋(1741-1793)	점장록(點將錄)	崔呈秀(明) 혹은 王紹徽(明)			靑莊館全書 6권 82쪽
韓致奫(1765-1814)	정관공사화사(貞觀公私畵史)*	裵孝源(唐)	子	회화의 역사를 서술	海東繹史 5권 162쪽
英祖(1694-1776)	정관정요(貞觀政要)*	吳兢(唐)	史	태종과 신료와의 문답, 대신의 간쟁·주소·정책 등을 분류 편집	英祖實錄 13권 192쪽
正祖(1752-1800)	정관정요(貞觀政要)*	吳兢(唐)	史	태종과 신료와의 문답, 대신의 간쟁·주소·정책 등을 분류 편집	正祖實錄 27권 250쪽
肅宗(1661-1720)	정관정요(貞觀政要)*	吳兢(唐)	史	태종과 신료와의 문답, 대신의 간쟁·주소·정책 등을 분류 편집	肅宗實錄 2권 208쪽
李德懋(1741-1793)	정기록(精騎錄)				靑莊館全書 3권 207쪽
李德懋(1741-1793)	정남가봉기(鄭南加封記)				靑莊館全書 10권 86쪽
李德懋(1741-1793)	정단간공전집(鄭端簡公全集)*	鄭曉(明)	集	『吾學編』『奏議』『文集』등을 담은 총서	靑莊館全書 9권 11쪽
李書九(1754-1825)	정림유서(亭林遺書)*	顧炎武(1613-1711)	集	역사, 정치, 사회 등을 논한 총서	惕齋集 167쪽
兪晩柱(1755-1788)	정림유서(亭林遺書)*	顧炎武(1613-1711)	集	역사, 정치, 사회 등을 논한 총서	欽英 6권 530쪽

독서자	서명	저자	분류	간략 해제	출전
李德懋(1741-1793)	정림집(亭林集)	顧炎武(1613-1711)	集	고염무의 문집	靑莊館全書 9권 81쪽
韓致奫(1765-1814)	정림집(亭林集)	顧炎武(1613-1711)	集	고염무의 문집	海東繹史 6권 72쪽
李鈺(1760-1813)	정사(情史)*	馮夢龍(明)	子	필기소설집. 원제는 『詹詹外史編』	李鈺全集 2권 259쪽
李德懋(1741-1793)	정사(程史)*	鄂珂(1183-1234)	史	北宋·南宋의 朝野에 걸친 故事·遺聞·軼事를 기록	靑莊館全書 8권 221쪽
正祖(1752-1800)	정서곡부(征西曲簿)				正祖實錄 24권 25쪽
兪晩柱(1755-1788)	정선일찬(鄭瑄日纂)	鄭瑄(?)	子	별칭 『昨非齋日纂』, 옛사람의 명언 기록	欽英 6권 23쪽
李德懋(1741-1793)	정와(正譌)	周伯琦(1271-1358)	經	자전 성질의 저작	靑莊館全書 6권 173쪽
韓致奫(1765-1814)	정원광리방(貞元廣利方)	德宗御制(唐)	子	의학서적	海東繹史 5권 84쪽
許筠(1569-1618)	정원음략(貞元飮略)	劉炫(唐)	子	차를 마시는 방법에 관한 책. 일설에는 皇甫松의 저서로 전함	惺所覆瓿藁 4권 308쪽
韓致奫(1765-1814)	정음(正音)	豊稷(宋)		풍직이 『古書世學』에 注音을 단 것	海東繹史 5권 12쪽
許筠(1569-1618)	정음(正音)	豊稷(宋)		풍직이 『古書世學』에 注音을 단 것	惺所覆瓿藁 2권 237쪽
李德懋(1741-1793)	정의(正義)				靑莊館全書 9권 121쪽
正祖(1752-1800)	정의(正義)				弘齋全書 8권 323쪽
兪晩柱(1755-1788)	정이기문(定異奇聞)				欽英 5권 223쪽
李德懋(1741-1793)	정일재집(正一齋集)	黃淼(南宋)	集	황묘의 문집	靑莊館全書 4권 152쪽
李德懋(1741-1793)	정자통(正字通)*	廖文英(明)	經	12권의 字書이며 본서의 체제는 『字彙』와 같음	靑莊館全書 9권 7쪽
韓致奫(1765-1814)	정자통(正字通)*	廖文英(明)	經	12권의 字書로 체제는 『字彙』와 같음	海東繹史 5권 25쪽
兪晩柱(1755-1788)	정정자치통감(訂正資治通鑑)	鍾惺(1572-1624)	史	『자치통감』에 대한 고증	欽英 4권 97쪽
李德懋(1741-1793)	정정편해(訂正篇海)	張忻(淸)	經		靑莊館全書 9권 132쪽
正祖(1752-1800)	정정홍범(定正洪範)	胡一中(元)	經	『상서』에서 나온 『홍범』에 대한 고증	弘齋全書 11권 203쪽
金壽恒(1629-1689)	정지(鄭志)*	鄭玄(127-200)	史	주로 경전의 의문점에 대해 상세히 설명하는 내용	肅宗實錄 1권 60쪽
李德懋(1741-1793)	정지거시화(靜志居詩話)	朱彛尊(1629-1709)	集	주이준이 수집한 여러 작가의 시문과 그에 대한 평가	靑莊館全書 10권 101쪽
韓致奫(1765-1814)	정지거시화(靜志居詩話)	朱彛尊(1629-1709)	集	주이준이 수집한 여러 작가의 시문과 그에 대한 평가	海東繹史 5권 54쪽
兪晩柱(1755-1788)	정충록(精忠錄)	李春芳(明)	史	이춘방의 『岳王精忠錄外集』으로 보임	欽英 2권 292쪽
正祖(1752-1800)	정학잡저(正學雜著)	方孝孺(1357-1402)	集	방효유의 잡문들을 모은 것	弘齋全書 17권 139쪽
許筠(1569-1618)	정학집(正學集)	方孝孺(1357-1402)	集	방효유의 문집	惺所覆瓿藁 4권 89쪽
李德懋(1741-1793)	제경경물기략(帝京景物紀略)	于奕正(明) 등	史	8권. 북경 성내와 교외의 풍토·풍물을 기록하고 시가·잡영·비각을 덧붙임	靑莊館全書 9권 30쪽

독서자	서명	저자	분류	간략 해제	출전
李德懋(1741-1793)	제과잡록(制科雜錄)	毛奇齡(1623-1716)		과거시험과 관련한 사료를 기록	靑莊館全書 9권 108쪽
李宜顯(1669-1745)	제금편(製錦編)				陶谷集Ⅱ 502쪽
李德懋(1741-1793)	제동야어(齊東野語)*	周密(1232-1298)	子	남송대의 사실, 전고, 문예 등을 수록	靑莊館全書 9권 126쪽
李德懋(1741-1793)	제민요술(齊民要術)*	賈思勰(530-550)	子	중국 최고의 종합적 농서	靑莊館全書 10권 50쪽
丁若鏞(1762-1836)	제민요술(齊民要術)*	賈思勰(530-550)	子	중국 최고의 종합적 농서	茶山詩文集 4권 120쪽
正祖(1752-1800)	제민요술(齊民要術)*	賈思勰(530-550)	子	중국 최고의 종합적 농서	弘齋全書 6권 201쪽
許筠(1569-1618)	제민요술(齊民要術)*	賈思勰(530-550)	子	原序 雜說, 卷頭雜說의 10권 92편으로 중국 最古의 종합적 농서	惺所覆瓿藁 4권 270쪽
李德懋(1741-1793)	제신주의(諸臣奏議)*	趙汝愚(1140-1196)	史	북송대 奏議를 모아 놓은 책	靑莊館全書 9권 105쪽
韓致奫(1765-1814)	제신주의(諸臣奏議)*	趙汝愚(1140-1196)	史	북송대 奏議를 모아 놓은 책	海東繹史 5권 7쪽
李肯翊(1736-1806)	제신주의(諸臣奏議)*	趙汝愚(1140-1196)	史	북송대 奏議를 모아 놓은 책	燃藜室記述 9권 326쪽
丁若鏞(1762-1836)	제왕세기(帝王世紀)*	皇甫謐(215-282)		三皇시대부터 秦 漢代 曹魏에 이르기까지의 帝王의 事蹟 및 墾田 戶口 등을 기술	茶山詩文集 8권 210쪽
許筠(1569-1618)	제위지(齊魏志)				惺所覆瓿藁 2권 242쪽
兪晩柱(1755-1788)	제자기상(諸子奇賞)	陳仁錫(明)	子	제자백가의 논저 모음	欽英 2권 149쪽
英祖(1694-1776)	제자직(弟子職)*	管仲(B.C.?-645)	子	『관자』의 편명으로 제자가 선생을 섬기는 예의를 서술	英祖實錄 33권 143쪽
丁若鏞(1762-1836)	제전(帝典)		經	『상서』에서 나온 『堯典』일 듯함	與猶堂全書 6권 6쪽
李德懋(1741-1793)	제춘추(齊春秋)	吳均(淸)	史	南朝 齊의 역사	靑莊館全書 8권 270쪽
正祖(1752-1800)	제해(齊諧)		子	기이한 일을 기록한 책	弘齋全書 6권 254쪽
許筠(1569-1618)	조대기(釣臺記)	琴恪(1571-1588)			惺所覆瓿藁 3권 287쪽
許筠(1569-1618)	조대집(釣臺集)	陳文煥(?)	集	시집	惺所覆瓿藁 2권 352쪽
正祖(1752-1800)	조명결(造命訣)	瑒筠松(唐)	子	占卜과 관련된 저작	弘齋全書 7권 174쪽
韓致奫(1765-1814)	조선국기(朝鮮國紀)*	黃洪憲(明)	史	기원전 403년 周 威烈王 23부터 五代 後周 世宗(954-959)까지 역대 史實을 간명하게 정리한 綱目體의 私撰 通史	海東繹史 5권 122쪽
韓致奫(1765-1814)	조선기사(朝鮮紀事)	倪謙(?)	史	예겸이 景泰 元年에 조선에 사신으로 간 경력을 기록	海東繹史 5권 117쪽
李德懋(1741-1793)	조선기사(朝鮮記事)	倪謙(?)	史	예겸이 景泰 元年에 조선에 사신으로 간 경력을 기록	靑莊館全書 10권 124쪽
韓致奫(1765-1814)	조선도설(朝鮮圖說)	鄭若曾(明)	史	조선의 지리를 기록	海東繹史 5권 122쪽
許筠(1569-1618)	조선록(朝鮮錄)	嵌用卿(明)			惺所覆瓿藁 2권 241쪽
李德懋(1741-1793)	조선복국경략(朝鮮復國經略)	宋應昌(明)	史	조선의 일본 침략에 대한 저항 과정을 기록	靑莊館全書 10권 124쪽

독서자	서명	저자	분류	간략 해제	출전
韓致奫(1765-1814)	조선복국경략(朝鮮復國經略)	宋應昌(明)	史	조선의 일본 침략에 대한 저항 과정을 기록	海東繹史 5권 123쪽
丁若鏞(1762-1836)	조선부(朝鮮賦)*	董越(明)	子	중국 명나라의 사신 동월이 조선 풍토를 賦로 읊은 내용을 엮은 책	茶山詩文集 5권 208쪽
韓致奫(1765-1814)	조선부(朝鮮賦)*	董越(明)	子	중국 명나라의 사신 동월이 조선 풍토를 賦로 읊은 내용을 엮은 책	海東繹史 5권 120쪽
韓致奫(1765-1814)	조선삼자(朝鮮三咨)		史	명이 조선에게 보낸 3편의 咨文을 수록	海東繹史 5권 134쪽
李德懋(1741-1793)	조선시선(朝鮮詩選)	吳明濟(明)	集	吳明濟가 수집한 조선에 관한 시문	青莊館全書 7권 121쪽
韓致奫(1765-1814)	조선시선(朝鮮詩選)	吳明濟(明)	集	吳明濟가 수집한 조선에 관한 시문	海東繹史 5권 131쪽
韓致奫(1765-1814)	조선시선(朝鮮詩選)	吳明濟(明)	集	吳明濟가 수집한 조선에 관한 시문	海東繹史 5권 131쪽
李德懋(1741-1793)	조선잡지(朝鮮雜志)	錢溥(明)	史	董越(明)이 조선에 사신으로 갔다가 귀국한 뒤에 쓴『朝鮮賦』의 注文	青莊館全書 10권 124쪽
韓致奫(1765-1814)	조선잡지(朝鮮雜志)	錢溥(明)	史	董越(明)이 조선에 사신으로 갔다가 귀국한 뒤에 쓴『朝鮮賦』의 注文	海東繹史 5권 118쪽
李德懋(1741-1793)	조선정왜기략(朝鮮征倭紀略)	蕭應宮(明)	史	朝鮮의 일본 침략에 대한 저항 과정을 기록	青莊館全書 10권 124쪽
韓致奫(1765-1814)	조선정왜기략(朝鮮征倭紀略)	蕭應宮(明)	史	朝鮮의 일본 침략에 대한 저항 과정을 기록	海東繹史 5권 123쪽
韓致奫(1765-1814)	조선채풍록(朝鮮採風錄)	孫致彌(淸)	集	손치미가 조선에 사신으로 갔다가 귀국한 뒤 撰寫한 시문집	海東繹史 5권 133쪽
金義淳(1757-1821)	조수소(鳥獸疏)	陸璣(260-303)	經	육기가『毛詩』가운데 각종 동물에 해석을 한 것으로,『毛詩草木鳥獸蟲魚疏』라고도 함	弘齋全書 10권 268쪽
李德懋(1741-1793)	조천일기(朝天日記)	重峯(明)			青莊館全書 9권 11쪽
正祖(1752-1800)	조훈록(祖訓錄)		史	한당 이래 제후와 왕을 훈계하기 위해 그들에게 반포한 것을 명 洪武 연간에 편집한 것	弘齋全書 2권 7쪽
李德懋(1741-1793)	족장도설(族葬圖說)	趙昞(明)	子	가족 喪葬에 대한 禮儀	青莊館全書 9권 11쪽
徐命膺(1716-1787)	종리권사실(鍾離權事實)				保晩齋集 103쪽
金鑢(1777?-1821)	좌로악부(左鹵樂府)	桂良(1785-1862)			藫庭遺藁 536쪽
李德懋(1741-1793)	좌씨전속변(左氏傳續辨)		經	『좌전』에 대한 고증	青莊館全書 4권 129쪽
金壽興(1626-1690)	좌씨전(左氏傳)*	左丘明(春秋)	史	공자의『춘추』를 춘추시대 말기에 좌구명이 해석한 편년체 역사서	肅宗實錄 7권 130쪽
李德懋(1741-1793)	좌씨전(左氏傳)*	左丘明(春秋)	史	공자의『춘추』를 춘추시대 말기에 좌구명이 해석한 편년체 역사서	青莊館全書 4권 191쪽
李秉祜(?)	좌씨전(左氏傳)*	左丘明(春秋)	史	공자의『춘추』를 춘추시대 말기에 좌구명이 해석한 편년체 역사서	弘齋全書 13권 340쪽

독서자	서명	저자	분류	간략 해제	출전
李書九(1754-1825)	좌씨전(左氏傳)*	左丘明(春秋)	史	공자의 『춘추』를 춘추시대 말기에 좌구명이 해석한 편년체 역사서	惕齋集 158쪽
鄭謙容(?)	좌씨전(左氏傳)*	左丘明(春秋)	史	공자의 『춘추』를 춘추시대 말기에 좌구명이 해석한 편년체 역사서	弘齋全書 13권 1쪽
丁若鏞(1762-1836)	좌씨전(左氏傳)*	左丘明(春秋)	史	공자의 『춘추』를 춘추시대 말기에 좌구명이 해석한 편년체 역사서	茶山詩文集 4권 38쪽
正祖(1752-1800)	좌씨전(左氏傳)*	左丘明(春秋)	史	공자의 『춘추』를 춘추시대 말기에 좌구명이 해석한 편년체 역사서	弘齋全書 8권 301쪽
許筠(1569-1618)	좌씨전(左氏傳)*	左丘明(春秋)	史	공자의 『춘추』를 춘추시대 말기에 좌구명이 해석한 편년체 역사서	惺所覆瓿藁 3권 259쪽
黃胤錫(1729-1791)	좌씨전(左氏傳)*	左丘明(春秋)	史	공자의 『춘추』를 춘추시대 말기에 좌구명이 해석한 편년체 역사서	頤齋遺藁 210쪽
英祖(1694-1776)	좌씨전(左氏傳)*	左丘明(春秋)	史	공자의 『춘추』를 춘추시대 말기에 좌구명이 해석한 편년체 역사서	英祖實錄 24권 127쪽, 360쪽
南公轍(1760-1840)	좌전(左傳)*	左丘明(春秋)	史	공자의 『춘추』를 춘추시대 말기에 좌구명이 해석한 편년체 역사서	金陵集 276쪽
徐命膺(1716-1787)	좌전(左傳)*	左丘明(春秋)	史	공자의 『춘추』를 춘추시대 말기에 좌구명이 해석한 편년체 역사서	正祖實錄 6권 78쪽
英祖(1694-1776)	좌전(左傳)*	左丘明(春秋)	史	공자의 『춘추』를 춘추시대 말기에 좌구명이 해석한 편년체 역사서	英祖實錄 13권 71쪽
李德懋(1741-1793)	좌전(左傳)*	左丘明(春秋)	史	공자의 『춘추』를 춘추시대 말기에 좌구명이 해석한 편년체 역사서	青莊館全書 10권 25쪽
李書九(1754-1825)	좌전(左傳)*	左丘明(春秋)	史	공자의 『춘추』를 춘추시대 말기에 좌구명이 해석한 편년체 역사서	惕齋集 155쪽
張混(1759-1828)	좌전(左傳)*	左丘明(春秋)	史	공자의 『춘추』를 춘추시대 말기에 좌구명이 해석한 편년체 역사서	而已广集 580쪽
丁若鏞(1762-1836)	좌전(左傳)*	左丘明(春秋)	史	공자의 『춘추』를 춘추시대 말기에 좌구명이 해석한 편년체 역사서	與猶堂全書 3권 4쪽
正祖(1752-1800)	좌전(左傳)*	左丘明(春秋)	史	공자의 『춘추』를 춘추시대 말기에 좌구명이 해석한 편년체 역사서	正祖實錄 19권 148쪽
正祖(1752-1800)	좌전(左傳)*	左丘明(春秋)	史	공자의 『춘추』를 춘추시대 말기에 좌구명이 해석한 편년체 역사서	弘齋全書 6권 100쪽
正祖(1752-1800)	좌전(左傳)*	左丘明(春秋)	史	공자의 『춘추』를 춘추시대 말기에 좌구명이 해석한 편년체 역사서	弘齋全書 8권 297쪽
鄭纘先(?)	좌전(左傳)*	左丘明(春秋)	史	공자의 『춘추』를 춘추시대 말기에 좌구명이 해석한 편년체 역사서	肅宗實錄 25권 64쪽
崔錫鼎(1646-1715)	좌전(左傳)*	左丘明(春秋)	史	공자의 『춘추』를 춘추시대 말기에 좌구명이 해석한 편년체 역사서	明谷集Ⅰ 82쪽
崔錫恒(1654-1724)	좌전(左傳)*	左丘明(春秋)	史	공자의 『춘추』를 춘추시대 말기에 좌구명이 해석한 편년체 역사서	肅宗實錄 27권 200쪽
許筠(1569-1618)	좌전(左傳)*	左丘明(春秋)	史	공자의 『춘추』를 춘추시대 말기에 좌구명이 해석한 편년체 역사서	惺所覆瓿藁 2권 217쪽
許穆(1595-1682)	좌전(左傳)*	左丘明(春秋)	史	공자의 『춘추』를 춘추시대 말기에 좌구명이 해석한 편년체 역사서	肅宗實錄 3권 144쪽
正祖(1752-1800)	좌전(左傳)*	左丘明(春秋)	史	공자의 『춘추』를 춘추시대 말기에 좌구명이 해석한 편년체 역사서	弘齋全書 9권 34쪽

독서자	서명	저자	분류	간략 해제	출전
正祖(1752-1800)	좌전집해(左傳集解)*	杜預(晋)	經	『춘추좌전』을 주석한 책	弘齋全書 9권 126쪽
正祖(1752-1800)	주관(周官)*	周公(周)	經	『주례』를 말함	正祖實錄 16권 163쪽
正祖(1752-1800)	주관(周官)*	周公(周)	經	『주례』를 말함	弘齋全書 6권 228쪽
金萬埰(?)	주관신의(周官新義)	王安石(1021-1086)	經	『주례』의 주석서	肅宗實錄 22권 41쪽
兪晩柱(1755-1788)	주금선아산고(酒金扇兒散稾)				欽英 4권 272쪽
朴趾源(1737-1805)	주대기연(奏對機緣)	釋道忞(淸)	子	불교 저작	燕巖集 158쪽
李宜顯(1669-1745)	주렴계집(周濂溪集)	周敦頤(1017-1073)	集	주렴계의 문집	陶谷集II 502쪽
權尙游(1656-1724)	주례(周禮)*	周公(周)	經	서주 봉건제도를 이상화하여 지은 관제의 경전으로 유가의 정치 이념을 내포	肅宗實錄 28권 208쪽
權韠(1574-1650)	주례(周禮)*	周公(周)	經	서주 봉건제도를 이상화하여 지은 관제의 경전으로 유가의 정치 이념을 내포	弘齋全書 13권 423쪽
金壽興(1626-1690)	주례(周禮)*	周公(周)	經	서주 봉건제도를 이상화하여 지은 관제의 경전으로 유가의 정치 이념을 내포	肅宗實錄 7권 130쪽
金在魯(1682-1759)	주례(周禮)*	周公(周)	經	서주 봉건제도를 이상화하여 지은 관제의 경전으로 유가의 정치 이념을 내포	英祖實錄 18권 158쪽
金昌協(1651-1708)	주례(周禮)*	周公(周)	經	서주 봉건제도를 이상화하여 지은 관제의 경전으로 유가의 정치 이념을 내포	肅宗實錄 25권 51쪽
南公轍(1760-1840)	주례(周禮)*	周公(周)	經	서주 봉건제도를 이상화하여 지은 관제의 경전으로 유가의 정치 이념을 내포	金陵集 402쪽
南泰齊(1699-1776)	주례(周禮)*	周公(周)	經	서주 봉건제도를 이상화하여 지은 관제의 경전으로 유가의 정치 이념을 내포	英祖實錄 17권 175쪽
朴弼傅(1687-1752)	주례(周禮)*	周公(周)	經	서주 봉건제도를 이상화하여 지은 관제의 경전으로 유가의 정치 이념을 내포	英祖實錄 19권 222쪽
徐命膺(1716-1787)	주례(周禮)*	周公(周)	經	서주 봉건제도를 이상화하여 지은 관제의 경전으로 유가의 정치 이념을 내포	保晩齋集 208쪽
徐瀅修(1749-1824)	주례(周禮)*	周公(周)	經	서주 봉건제도를 이상화하여 지은 관제의 경전으로 유가의 정치 이념을 내포	弘齋全書 15권 49쪽
宋能相(1710-1758)	주례(周禮)*	周公(周)	經	서주 봉건제도를 이상화하여 지은 관제의 경전으로 유가의 정치 이념을 내포	雲坪集 251쪽

독서자	서명	저자	분류	간략 해제	출전
宋寅明(1689-1746)	주례(周禮)*	周公(周)	經	서주 봉건제도를 이상화하여 지은 관제의 경전으로 유가의 정치 이념을 내포	英祖實錄 19권 323쪽
肅宗(1661-1720)	주례(周禮)*	周公(周)	經	서주 봉건제도를 이상화하여 지은 관제의 경전으로 유가의 정치 이념을 내포	肅宗實錄 6권 157쪽
安鼎福(1712-1791)	주례(周禮)*	周公(周)	經	서주 봉건제도를 이상화하여 지은 관제의 경전으로 유가의 정치 이념을 내포	雜同散異 2권 17쪽
英祖(1694-1776)	주례(周禮)*	周公(周)	經	서주 봉건제도를 이상화하여 지은 관제의 경전으로 유가의 정치 이념을 내포	英祖實錄 17권 51쪽
禮曹	주례(周禮)*	周公(周)	經	서주 봉건제도를 이상화하여 지은 관제의 경전으로 유가의 정치 이념을 내포	肅宗實錄 30권 118쪽
魏伯珪(1727-1798)	주례(周禮)*	周公(周)	經	서주 봉건제도를 이상화하여 지은 관제의 경전으로 유가의 정치 이념을 내포	存齊集 62쪽
尹光紹(1708-1786)	주례(周禮)*	周公(周)	經	서주 봉건제도를 이상화하여 지은 관제의 경전으로 유가의 정치 이념을 내포	英祖實錄 19권 60쪽
尹光顔(1757-1815)	주례(周禮)*	周公(周)	經	서주 봉건제도를 이상화하여 지은 관제의 경전으로 유가의 정치 이념을 내포	弘齋全書 15권 66쪽
尹鼎炫(?)	주례(周禮)*	周公(周)	經	서주 봉건제도를 이상화하여 지은 관제의 경전으로 유가의 정치 이념을 내포	弘齋全書 13권 341쪽
李德懋(1741-1793)	주례(周禮)*	周公(周)	經	서주 봉건제도를 이상화하여 지은 관제의 경전으로 유가의 정치 이념을 내포	青莊館全書 7권 126쪽
李誠中(1539-1593)	주례(周禮)*	周公(周)	經	서주 봉건제도를 이상화하여 지은 관제의 경전으로 유가의 정치 이념을 내포	正祖實錄 1권 124쪽
李英發(1768-1849)	주례(周禮)*	周公(周)	經	서주 봉건제도를 이상화하여 지은 관제의 경전으로 유가의 정치 이념을 내포	弘齋全書 15권 292쪽
李周鎭(1692-1749)	주례(周禮)*	周公(周)	經	서주 봉건제도를 이상화하여 지은 관제의 경전으로 유가의 정치 이념을 내포	英祖實錄 19권 60쪽
李弘達(?)	주례(周禮)*	周公(周)	經	서주 봉건제도를 이상화하여 지은 관제의 경전으로 유가의 정치 이념을 내포	弘齋全書 13권 410쪽
林昇運(?)	주례(周禮)*	周公(周)	經	서주 봉건제도를 이상화하여 지은 관제의 경전으로 유가의 정치 이념을 내포	弘齋全書 13권 287쪽

독서자	서명	저자	분류	간략 해제	출전
張混(1759-1828)	주례(周禮)*	周公(周)	經	서주 봉건제도를 이상화하여 지은 관제의 경전으로 유가의 정치 이념을 내포	而已广集 579쪽
丁若鏞(1762-1836)	주례(周禮)*	周公(周)	經	서주 봉건제도를 이상화하여 지은 관제의 경전으로 유가의 정치 이념을 내포	與猶堂全書 2권 4쪽
丁若鏞(1762-1836)	주례(周禮)*	周公(周)	經	서주 봉건제도를 이상화하여 지은 관제의 경전으로 유가의 정치 이념을 내포	與猶堂全書 3권 69쪽
正祖(1752-1800)	주례(周禮)*	周公(周)	經	서주 봉건제도를 이상화하여 지은 관제의 경전으로 유가의 정치 이념을 내포	正祖實錄 16권 162쪽
正祖(1752-1800)	주례(周禮)*	周公(周)	經	서주 봉건제도를 이상화하여 지은 관제의 경전으로 유가의 정치 이념을 내포	弘齋全書 3권 56, 418쪽
趙明履(1697-1756)	주례(周禮)*	周公(周)	經	서주 봉건제도를 이상화하여 지은 관제의 경전으로 유가의 정치 이념을 내포	英祖實錄 17권 138쪽
趙鎭球(?)	주례(周禮)*	周公(周)	經	서주 봉건제도를 이상화하여 지은 관제의 경전으로 유가의 정치 이념을 내포	弘齋全書 13권 96쪽
趙顯命(1690-1752)	주례(周禮)*	周公(周)	經	서주 봉건제도를 이상화하여 지은 관제의 경전으로 유가의 정치 이념을 내포	英祖實錄 19권 326쪽
崔錫鼎(1646-1715)	주례(周禮)*	周公(周)	經	서주 봉건제도를 이상화하여 지은 관제의 경전으로 유가의 정치 이념을 내포	明谷集 I 566쪽
韓致奫(1765-1814)	주례(周禮)*	周公(周)	經	서주 봉건제도를 이상화하여 지은 관제의 경전으로 유가의 정치 이념을 내포	弘齋全書 13권 94쪽
許穆(1595-1682)	주례(周禮)*	周公(周)	經	서주 봉건제도를 이상화하여 지은 관제의 경전으로 유가의 정치 이념을 내포	肅宗實錄 2권 79쪽
洪奭周(1774-1842)	주례(周禮)*	周公(周)	經	서주 봉건제도를 이상화하여 지은 관제의 경전으로 유가의 정치 이념을 내포	弘齋全書 15권 391쪽
黃胤錫(1729-1791)	주례(周禮)*	周公(周)	經	서주 봉건제도를 이상화하여 지은 관제의 경전으로 유가의 정치 이념을 내포	頤齋遺藁 577쪽
正祖(1752-1800)	주례고주(周禮考註)	吳草廬(1249-1333)	經	『주례』에 대한 고증으로 『삼례고주』에 나옴	弘齋全書 12권 367쪽
李德懋(1741-1793)	주례보망(周禮補亡)	丘葵(宋)	經	『주례』에 대한 고증	靑莊館全書 4권 165쪽
正祖(1752-1800)	주례전경석원(周禮全經釋原)*	柯尙遷(明)	經	『주례』에 관한 주석서	弘齋全書 12권 367쪽
正祖(1752-1800)	주례정의(周禮訂義)	王心齋(1483-1540)	子	『주례』에 대한 해석	弘齋全書 12권 367쪽

독서자	서명	저자	분류	간략 해제	출전
許筠(1569-1618)	주류천하기(周流天下記)	琴恪(1571-1588)			惺所覆瓿藁 2권 351쪽
李鈺(1760-1813)	주문(朱文)	朱熹(1130-1200)			李鈺全集 1권 214쪽
許筠(1569-1618)	주보(酒譜)	竇苹(唐)	子		惺所覆瓿藁 4권 308쪽
正祖(1752-1800)	주비경(周髀經)		子	『周髀算經』으로 보임	弘齋全書 16권 12쪽
丁若鏞(1762-1836)	주비산경(周髀算經)*		子	천문 역산서	茶山詩文集 4권 129쪽
正祖(1752-1800)	주비산경(周髀算經)*		子	천문 역산서	弘齋全書 13권 385쪽
英祖(1694-1776)	주서(周書)*	令狐德棻(唐) 등	史	일명 『北周書』, 혹은 『後周書』라 불리는 정사의 하나	英祖實錄 32권 12쪽
李德懋(1741-1793)	주서(周書)*	令狐德棻(唐) 등	史	일명 『北周書』, 혹은 『後周書』라 불리는 정사의 하나	青莊館全書 9권 136쪽
正祖(1752-1800)	주서(周書)*	令狐德棻(唐) 등	史	일명 『北周書』, 혹은 『後周書』라 불리는 정사의 하나	正祖實錄 10권 8쪽
正祖(1752-1800)	주서(周書)*	令狐德棻(唐) 등	史	일명 『北周書』, 혹은 『後周書』라 불리는 정사의 하나	弘齋全書 6권 130쪽
英祖(1694-1776)	주서(朱書)	朱熹(1130-1200)	史		英祖實錄 6권 346쪽
李晩秀(1752-1820)	주서(朱書)	朱熹(1130-1200)	史		屐園遺稿 288쪽
李象靖(1711-1781)	주서(朱書)	朱熹(1130-1200)	史		大山集Ⅰ 124쪽
正祖(1752-1800)	주서(朱書)	朱熹(1130-1200)	史		弘齋全書 15권 181쪽
崔錫鼎(1646-1715)	주서(朱書)	朱熹(1130-1200)	史		明谷集Ⅰ 82쪽
柳得恭(1749-1807)	주시강략(周詩講畧)			유가의 계몽서로 추정됨	燕行錄選集 7권 414쪽
姜眩(?)	주역(周易)*		經	일명 『역경』, 또는 『역』으로 불리며 오경 중의 하나	肅宗實錄 10권 21쪽
具得魯(?)	주역(周易)*		經	일명 『역경』, 또는 『역』으로 불리며 오경 중의 하나	弘齋全書 15권 245쪽, 248쪽
權丕應(?)	주역(周易)*		經	일명 『역경』, 또는 『역』으로 불리며 오경 중의 하나	弘齋全書 13권 128쪽
權韹(?)	주역(周易)*		經	일명 『역경』, 또는 『역』으로 불리며 오경 중의 하나	肅宗實錄 28권 85쪽
金近淳(1772-?)	주역(周易)*		經	일명 『역경』, 또는 『역』으로 불리며 오경 중의 하나	弘齋全書 15권 177쪽
金達淳(1760-1806)	주역(周易)*		經	일명 『역경』, 또는 『역』으로 불리며 오경 중의 하나	弘齋全書 10권 436쪽
金相肅(1717-1792)	주역(周易)*		經	일명 『역경』, 또는 『역』으로 불리며 오경 중의 하나	靑城集 522쪽
金壽恒(1629-1689)	주역(周易)*		經	일명 『역경』, 또는 『역』으로 불리며 오경 중의 하나	肅宗實錄 5권 321쪽
金長生(1548-1631)	주역(周易)*		經	일명 『역경』, 또는 『역』으로 불리며 오경 중의 하나	肅宗實錄 10권 42쪽
金焌(1695-1775)	주역(周易)*		經	일명 『역경』, 또는 『역』으로 불리며 오경 중의 하나	靑城集 517쪽
金昌協(1651-1708)	주역(周易)*		經	일명 『역경』, 또는 『역』으로 불리며 오경 중의 하나	肅宗實錄 25권 51쪽

독서자	서명	저자	분류	간략 해제	출전
金漢耈(1728-?)	주역(周易)*		經	일명『역경』, 또는『역』으로 불리며 오경 중의 하나	正祖實錄 1권 35쪽
金熙洛(1761-1803)	주역(周易)*		經	일명『역경』, 또는『역』으로 불리며 오경 중의 하나	弘齋全書 15권 196쪽
朴鳳齡(?)	주역(周易)*		經	일명『역경』, 또는『역』으로 불리며 오경 중의 하나	肅宗實錄 27권 247쪽
朴弼周(1665-1748)	주역(周易)*		經	일명『역경』, 또는『역』으로 불리며 오경 중의 하나	英祖實錄 16권 294쪽
徐命膺(1716-1787)	주역(周易)*		經	일명『역경』, 또는『역』으로 불리며 오경 중의 하나	保晩齋集 79쪽
成大中(1732-1809)	주역(周易)*		經	일명『역경』, 또는『역』으로 불리며 오경 중의 하나	青城集 461쪽
宋能相(1710-1758)	주역(周易)*		經	일명『역경』, 또는『역』으로 불리며 오경 중의 하나	雲坪集 126쪽
宋文欽(1710-1751)	주역(周易)*		經	일명『역경』, 또는『역』으로 불리며 오경 중의 하나	閒靜堂集 309쪽
宋時烈(1607-1689)	주역(周易)*		經	일명『역경』, 또는『역』으로 불리며 오경 중의 하나	肅宗實錄 9권 175쪽
宋疇錫(1650-1692)	주역(周易)*		經	일명『역경』, 또는『역』으로 불리며 오경 중의 하나	肅宗實錄 9권 178쪽
肅宗(1661-1720)	주역(周易)*		經	일명『역경』, 또는『역』으로 불리며 오경 중의 하나	肅宗實錄 9권 56쪽
英祖(1694-1776)	주역(周易)*		經	일명『역경』, 또는『역』으로 불리며 오경 중의 하나	英祖實錄 7권 24쪽
吳載純(1727-1792)	주역(周易)*		經	일명『역경』, 또는『역』으로 불리며 오경 중의 하나	醇庵集 471쪽
魏伯珪(1727-1798)	주역(周易)*		經	일명『역경』, 또는『역』으로 불리며 오경 중의 하나	存齋集 232쪽
兪健基(1682-?)	주역(周易)*		經	일명『역경』, 또는『역』으로 불리며 오경 중의 하나	英祖實錄 14권 207쪽
兪晩柱(1755-1788)	주역(周易)*		經	일명『역경』, 또는『역』으로 불리며 오경 중의 하나	欽英 1권 445쪽
尹昌赫(?)	주역(周易)*		經	일명『역경』, 또는『역』으로 불리며 오경 중의 하나	弘齋全書 13권 322쪽
尹鑴(1617-1680)	주역(周易)*		經	일명『역경』, 또는『역』으로 불리며 오경 중의 하나	肅宗實錄 2권 183쪽
李匡師(1705-1777)	주역(周易)*		經	일명『역경』, 또는『역』으로 불리며 오경 중의 하나	圓嶠集 480쪽
李德懋(1741-1793)	주역(周易)*		經	일명『역경』, 또는『역』으로 불리며 오경 중의 하나	靑莊館全書 4권 51쪽
李德壽(1673-1744)	주역(周易)*		經	일명『역경』, 또는『역』으로 불리며 오경 중의 하나	英祖實錄 14권 212쪽
李翔(1620-1690)	주역(周易)*		經	일명『역경』, 또는『역』으로 불리며 오경 중의 하나	肅宗實錄 9권 189쪽
李書九(1754-1825)	주역(周易)*		經	일명『역경』, 또는『역』으로 불리며 오경 중의 하나	惕齋集 158쪽

독서자	서명	저자	분류	간략 해제	출전
李畬(1645-1718)	주역(周易)*		經	일명『역경』, 또는『역』으로 불리며 오경 중의 하나	肅宗實錄 9권 238쪽
李海寧(?)	주역(周易)*		經	일명『역경』, 또는『역』으로 불리며 오경 중의 하나	弘齋全書 13권 67쪽
張混(1759-1828)	주역(周易)*		經	일명『역경』, 또는『역』으로 불리며 오경 중의 하나	而已广集 579쪽
鄭東晏(?)	주역(周易)*		經	일명『역경』, 또는『역』으로 불리며 오경 중의 하나	弘齋全書 13권 281쪽
丁若鏞(1762-1836)	주역(周易)*		經	일명『역경』, 또는『역』으로 불리며 오경 중의 하나	與猶堂全書 2권 20쪽
正祖(1752-1800)	주역(周易)*		經	일명『역경』, 또는『역』으로 불리며 오경 중의 하나	正祖實錄 11권 115쪽
正祖(1752-1800)	주역(周易)*		經	일명『역경』, 또는『역』으로 불리며 오경 중의 하나	弘齋全書 6권 109쪽
趙德隣(1658-1737)	주역(周易)*		經	일명『역경』, 또는『역』으로 불리며 오경 중의 하나	英祖實錄 14권 155쪽
趙命教(1687-1753)	주역(周易)*		經	일명『역경』, 또는『역』으로 불리며 오경 중의 하나	英祖實錄 17권 46쪽
蔡濟恭(1720-1799)	주역(周易)*		經	일명『역경』, 또는『역』으로 불리며 오경 중의 하나	樊巖集Ⅰ 508쪽
崔寬(1613-?)	주역(周易)*		經	일명『역경』, 또는『역』으로 불리며 오경 중의 하나	肅宗實錄 8권 93쪽
崔錫鼎(1646-1715)	주역(周易)*		經	일명『역경』, 또는『역』으로 불리며 오경 중의 하나	明谷集Ⅰ 563쪽
韓致奫(1765-1814)	주역(周易)*		經	일명『역경』, 또는『역』으로 불리며 오경 중의 하나	海東繹史 5권 4쪽
許筠(1569-1618)	주역(周易)*		經	일명『역경』, 또는『역』으로 불리며 오경 중의 하나	惺所覆瓿藁 2권 119쪽
洪大容(1731-1783)	주역(周易)*		經	일명『역경』, 또는『역』으로 불리며 오경 중의 하나	湛軒書 122쪽
洪良漢(?)	주역(周易)*		經	일명『역경』, 또는『역』으로 불리며 오경 중의 하나	耳溪外集 1권 143쪽
黃胤錫(1729-1791)	주역(周易)*		經	일명『역경』, 또는『역』으로 불리며 오경 중의 하나	頤齋遺藁 499쪽
黃胤錫(1729-1791)	주역본의(周易本義)*	朱熹(1130-1200)	經	『주역』 주석서	頤齋遺藁 18쪽
崔錫鼎(1646-1715)	주역본의도설(周易本義圖說)		經		明谷集Ⅰ 80쪽
李德懋(1741-1793)	주역약례(周易略例)	王弼(226-249)	經	『주역』에 대한 상세한 해석	青莊館全書 8권 244쪽
李德懋(1741-1793)	주역절중(周易折中)	康熙帝(1654-1722)	經	『주역』에 대한 해석	青莊館全書 9권 106쪽
韓致奫(1765-1814)	주역절중(周易折中)	康熙帝(1654-1722)	經	『주역』에 대한 해석	海東繹史 5권 8쪽
丁若鏞(1762-1836)	주역주(周易注)	王弼(226-249)	經	『주역』에 대해 주석을 한 책	與猶堂全書 3권 492쪽
丁若鏞(1762-1836)	주역주(周易注)	王弼(226-249)	經	『주역』에 대해 주석을 한 책	與猶堂全書 3권 574쪽

독서자	서명	저자	분류	간략 해제	출전
李德懋(1741-1793)	주역집해(周易集解)*	李鼎祚(唐)	經	당 이전의 한대 역학을 집대성	青莊館全書 4권 164쪽
丁若鏞(1762-1836)	주역집해(周易集解)*	李鼎祚(唐)	經	당 이전의 한대 역학을 집대성	與猶堂全書 3권 558쪽
李德懋(1741-1793)	주역통의(周易通義)	黃超然(宋)	經	『주역』에 대한 해석	青莊館全書 4권 163쪽
徐命膺(1716-1787)	주와내(奏臥內)				保晩齋集 356쪽
李宜顯(1669-1745)	주위재집(朱韋齋集)	朱衛齋(宋)	集	주위재의 문집	陶谷集Ⅱ 502쪽
許筠(1569-1618)	주율(酒律)	候白(隋)	子		惺所覆瓿藁 4권 308쪽
黃胤錫(1729-1791)	주인십편(疇人十篇)	마테오리치(利瑪竇:1552-1610)	子	『天學初函』에 수록됨	頤齋遺藁
李匡師(1705-1777)	주자(朱子)	朱熹(1130-1200)	集	주희의 문집으로 보임	圓嶠集Ⅰ 486쪽
金在魯(1682-1759)	주자가례(朱子家禮)	朱熹(1130-1200)	經	유가의 예법의장에 관하여 상술한 책	英祖實錄 23권 332쪽
具得魯(?)	주자가례(朱子家禮)	朱熹(1130-1200)	經	유가의 예법의장에 관하여 상술한 책	弘齋全書 15권 249쪽
金長生(1548-1631)	주자가례(朱子家禮)	朱熹(1130-1200)	經	유가의 예법의장에 관하여 상술한 책	肅宗實錄 1권 117쪽
金熙洛(1761-1803)	주자가례(朱子家禮)	朱熹(1130-1200)	經	유가의 예법의장에 관하여 상술한 책	弘齋全書 15권 200쪽
閔鼎重(1628-1692)	주자가례(朱子家禮)	朱熹(1130-1200)	經	유가의 예법의장에 관하여 상술한 책	肅宗實錄 5권 152쪽
禮曹	주자가례(朱子家禮)	朱熹(1130-1200)	經	유가의 예법의장에 관하여 상술한 책	肅宗實錄 31권 25쪽
李重協(?)	주자가례(朱子家禮)	朱熹(1130-1200)	經	유가의 예법의장에 관하여 상술한 책	肅宗實錄 31권 219쪽
丁若鏞(1762-1836)	주자가례(朱子家禮)	朱熹(1130-1200)	經	유가의 예법의장에 관하여 상술한 책	與猶堂全書 3권 372쪽
洪大容(1731-1783)	주자가례(朱子家禮)	朱熹(1130-1200)	經	유가의 예법의장에 관하여 상술한 책	湛軒書 61쪽
黃胤錫(1729-1791)	주자가례(朱子家禮)	朱熹(1130-1200)	經	유가의 예법의장에 관하여 상술한 책	頤齋遺藁 484쪽
正祖(1752-1800)	주자대동집(朱子大同集)	陳利用(宋)	集	주희가 同安 지구에서 쓴 저작의 모음집	正祖實錄 26권 121쪽
趙顯命(1690-1752)	주자대전(朱子大全)*	朱熹(1130-1200)	子	주희의 글을 모아 편찬한 문집	英祖實錄 22권 280쪽
權尙夏(1641-1721)	주자대전(朱子大全)*	朱熹(1130-1200)	子	주희의 글을 모아 편찬한 문집	肅宗實錄 31권 20쪽
金近淳(1772-?)	주자대전(朱子大全)*	朱熹(1130-1200)	子	주희의 글을 모아 편찬한 문집	弘齋全書 15권 174쪽
金履載(1767-1847)	주자대전(朱子大全)*	朱熹(1130-1200)	子	주희의 글을 모아 편찬한 문집	弘齋全書 15권 273쪽
金熙洛(1761-1803)	주자대전(朱子大全)*	朱熹(1130-1200)	子	주희의 글을 모아 편찬한 문집	弘齋全書 15권 174쪽

독서자	서명	저자	분류	간략 해제	출전
徐浩修(1736-1799)	주자대전(朱子大全)*	朱熹(1130-1200)	子	주희의 글을 모아 편찬한 문집	正祖實錄 4권 260쪽
宋時烈(1607-1689)	주자대전(朱子大全)*	朱熹(1130-1200)	子	주희의 글을 모아 편찬한 문집	肅宗實錄 8권 87쪽
肅宗(1661-1720)	주자대전(朱子大全)*	朱熹(1130-1200)	子	주희의 글을 모아 편찬한 문집	肅宗實錄 10권 51쪽
兪晩柱(1755-1788)	주자대전(朱子大全)*	朱熹(1130-1200)	子	주희의 글을 모아 편찬한 문집	欽英 6권 414쪽
李德懋(1741-1793)	주자대전(朱子大全)*	朱熹(1130-1200)	子	주희의 글을 모아 편찬한 문집	靑莊館全書 10권 14쪽
李英發(1768-1849)	주자대전(朱子大全)*	朱熹(1130-1200)	子	주희의 글을 모아 편찬한 문집	弘齋全書 15권 273쪽
李存秀(1772-1829)	주자대전(朱子大全)*	朱熹(1130-1200)	子	주희의 글을 모아 편찬한 문집	弘齋全書 15권 174권 272쪽
張混(1759-1828)	주자대전(朱子大全)*	朱熹(1130-1200)	子	주희의 글을 모아 편찬한 문집	而已广集 579쪽
丁若鏞(1762-1836)	주자대전(朱子大全)*	朱熹(1130-1200)	子	주희의 글을 모아 편찬한 문집	茶山詩文集 3권 68쪽
正祖(1752-1800)	주자대전(朱子大全)*	朱熹(1130-1200)	子	주희의 글을 모아 편찬한 문집	正祖實錄 20권 311쪽
正祖(1752-1800)	주자대전(朱子大全)*	朱熹(1130-1200)	子	주희의 글을 모아 편찬한 문집	弘齋全書 4권 438쪽
崔錫鼎(1646-1715)	주자대전(朱子大全)*	朱熹(1130-1200)	子	주희의 글을 모아 편찬한 문집	明谷集Ⅰ 566쪽
洪奭周(1774-1842)	주자대전(朱子大全)*	朱熹(1130-1200)	子	주희의 글을 모아 편찬한 문집	弘齋全書 15권 273쪽
黃胤錫(1729-1791)	주자대전(朱子大全)*	朱熹(1130-1200)	子	주희의 글을 모아 편찬한 문집	頤齋遺藁 106쪽
崔錫鼎(1646-1715)	주자대전절요(朱子大全節要)		子		明谷集Ⅱ 502쪽
丁若鏞(1762-1836)	주자본의(朱子本義)	朱熹(1130-1200)	子		與猶堂全書 3권 573쪽
南公轍(1760-1840)	주자사서집주초본(朱子四書集註草本)	朱熹(1130-1200)	經	주희의 사서에 대한 주석서	金陵集 184쪽
崔錫鼎(1646-1715)	주자서(朱子書)				明谷集Ⅱ 352쪽
李德懋(1741-1793)	주자성서(朱子成書)	黃瑞節(元)	子	주희의 일부 저작을 모음	靑莊館全書 9권 105쪽
李肯翊(1736-1806)	주자성서(朱子成書)	黃瑞節(元)	子	주희의 일부 저작을 모음	燃藜室記述 9권 326쪽
正祖(1752-1800)	주자실기(朱子實紀)	戴銑(明)	史	주희의 전기	正祖實錄 26권 121쪽
正祖(1752-1800)	주자어록(朱子語錄)*	黎靖德(南宋)	子	주희가 문인들과 나눈 대화를 기록한 것	弘齋全書 14권 145쪽, 247쪽
正祖(1752-1800)	주자어록(朱子語錄)*	黎靖德(南宋)	子	주희가 문인들과 나눈 대화를 기록한 것	弘齋全書 6권 324쪽

독서자	서명	저자	분류	간략 해제	출전
姜浚欽(1768-?)	주자어류(朱子語類)*	黎靖德(南宋)	子	일명『주자어록』. 주희가 문인들과 나눈 대화를 기록한 것	弘齋全書 15권 137쪽
具得魯(?)	주자어류(朱子語類)*	黎靖德(南宋)	子	일명『주자어록』. 주희가 문인들과 나눈 대화를 기록한 것	弘齋全書 15권 135쪽, 237쪽
金鍾厚(?-1780)	주자어류(朱子語類)*	黎靖德(南宋)	子	일명『주자어록』. 주희가 문인들과 나눈 대화를 기록한 것	正祖實錄 3권 279쪽
徐瀅修(1749-1824)	주자어류(朱子語類)*	黎靖德(南宋)	子	일명『주자어록』. 주희가 문인들과 나눈 대화를 기록한 것	弘齋全書 15권 21쪽
成永愚(?)	주자어류(朱子語類)*	黎靖德(南宋)	子	일명『주자어록』. 주희가 문인들과 나눈 대화를 기록한 것	弘齋全書 13권 206쪽
肅宗(1661-1720)	주자어류(朱子語類)*	黎靖德(南宋)	子	일명『주자어록』. 주희가 문인들과 나눈 대화를 기록한 것	肅宗實錄 1권 101쪽
英祖(1694-1776)	주자어류(朱子語類)*	黎靖德(南宋)	子	일명『주자어록』. 주희가 문인들과 나눈 대화를 기록한 것	英祖實錄 17권 157쪽
李魯春(1752-?)	주자어류(朱子語類)*	黎靖德(南宋)	子	일명『주자어록』. 주희가 문인들과 나눈 대화를 기록한 것	弘齋全書 9권134쪽
李德壽(1673-1744)	주자어류(朱子語類)*	黎靖德(南宋)	子	일명『주자어록』. 주희가 문인들과 나눈 대화를 기록한 것	英祖實錄 17권 109쪽
李珥(1536-1584)	주자어류(朱子語類)*	黎靖德(南宋)	子	일명『주자어록』. 주희가 문인들과 나눈 대화를 기록한 것	肅宗實錄 25권 180쪽
丁若鏞(1762-1836)	주자어류(朱子語類)*	黎靖德(南宋)	子	일명『주자어록』. 주희가 문인들과 나눈 대화를 기록한 것	與猶堂全書 2권 92쪽
正祖(1752-1800)	주자어류(朱子語類)*	黎靖德(南宋)	子	일명『주자어록』. 주희가 문인들과 나눈 대화를 기록한 것	弘齋全書 7권 62쪽
正祖(1752-1800)	주자어류(朱子語類)*	黎靖德(南宋)	子	일명『주자어록』. 주희가 문인들과 나눈 대화를 기록한 것	正祖實錄 11권 201쪽
正祖(1752-1800)	주자어류(朱子語類)*	黎靖德(南宋)	子	일명『주자어록』. 주희가 문인들과 나눈 대화를 기록한 것	弘齋全書 8권 40쪽
趙憲(1544-1592)	주자어류(朱子語類)*	黎靖德(南宋)	子	일명『주자어록』. 주희가 문인들과 나눈 대화를 기록한 것	燕行錄選集 2권 89쪽
崔錫鼎(1646-1715)	주자어류(朱子語類)*	黎靖德(南宋)	子	일명『주자어록』. 주희가 문인들과 나눈 대화를 기록한 것	明谷集Ⅱ 257쪽
韓致奫(1765-1814)	주자어류(朱子語類)*	黎靖德(南宋)	子	일명『주자어록』. 주희가 문인들과 나눈 대화를 기록한 것	海東繹史 5권 3쪽
正祖(1752-1800)	주자어별록(朱子語別錄)	吳堅(宋)	集	주희의 제자들이 수집한 주희의 어록	弘齋全書 6권 324쪽
正祖(1752-1800)	주자어속록(朱子語續錄)	李性傳(宋)	集	주희의 제자들이 수집한 주희의 어록	弘齋全書 6권 324쪽
正祖(1752-1800)	주자어후록(朱子語後錄)	蔡杭(宋)	集	주희의 제자들이 수집한 주희의 어록	弘齋全書 6권 324쪽
洪良浩(1724-1802)	주자역찬(朱子易贊)				耳溪外集 1권 286쪽
韓商新(1758-?)	주자연보(朱子年譜)	王懋竑(淸)	史	주희의 전기	弘齋全書 10권 138쪽
兪晩柱(1755-1788)	주자우독만기(朱子偶讀漫記)	朱熹(1130-1200)	子	출전은『주자문집』71권의『偶讀漫記』로 보임	欽英 4권 363쪽

독서자	서명	저자	분류	간략 해제	출전
崔錫鼎(1646-1715)	주자유서(朱子遺書)	李光地(淸) 등	集	주희의 각종 저작을 모은 것	明谷集 I 566쪽
柳得恭(1749-1807)	주자전서(朱子全書)*	李光地(淸) 등	子	奉刺輯으로 강희 52년(1713)에 완성	燕行錄選集 7권 409쪽
李德懋(1741-1793)	주자전서(朱子全書)*	李光地(淸) 등	子	奉刺輯으로 강희 52년(1713)에 완성	靑莊館全書 9권 106쪽
正祖(1752-1800)	주자전서(朱子全書)*	李光地(淸) 등	子	奉刺輯으로 강희 52년(1713)에 완성	正祖實錄 24권 119쪽
韓致奫(1765-1814)	주자전서(朱子全書)*	李光地(淸) 등	子	奉刺輯으로 강희 52년(1713)에 완성	海東繹史 5권 8쪽
許筠(1569-1618)	주자전서(朱子全書)*	李光地(淸) 등	子	奉刺輯으로 강희 52년(1713)에 완성	惺所覆瓿藁 4권 206쪽
正祖(1752-1800)	주자전서(朱子全書)*	李光地(淸) 등	子	奉刺輯으로 강희 52년(1713)에 완성	弘齋全書 17권 25쪽
李書九(1754-1825)	주자집전(朱子集傳)	朱熹(1130-1200)	子		惕齋集 180쪽
李晩秀(1752-1820)	주자집주(朱子集註)	朱熹(1130-1200)	經	주희의 유가 경전에 대한 주석	屐園遺稿 397쪽
兪晩柱(1755-1788)	주제군징(主制群徵)*	아담샬(湯若望: 1591-1666)	子	아담샬이 천주교리를 저술한 저서	欽英 3권 191쪽
朴趾源(1737-1805)	주조일사(朱鳥逸史)	王士祿(淸)			燕巖集 158쪽
李德懋(1741-1793)	주준전(朱儁傳)				靑莊館全書 9권 59쪽
許筠(1569-1618)	주진촌시(朱陳村詩)	白居易(772-846)	集	출전은 백거역의 문집 『白氏長慶集』 10권	惺所覆瓿藁 4권 78쪽
許筠(1569-1618)	주효경(酒孝經)	劉炫(隋)			惺所覆瓿藁 4권 308쪽
李德懋(1741-1793)	주후방(肘後方)*		子	의학 서적, 일명 『肘後備急方』 또는 『百一方』	靑莊館全書 10권 95쪽
許筠(1569-1618)	주흘옹몽기(酒吃翁夢記)				惺所覆瓿藁 2권 91쪽
韓致奫(1765-1814)	죽보(竹譜)*	陳鼎(淸)	子	중국 서남 지역의 기이한 대나무 종류에 대해서 자세히 기록	藝文志
丁若鏞(1762-1836)	죽서(竹書)*	沈約(441-513)	史	춘추 이전의 역사를 기록한 『竹書紀年』으로 추정	與猶堂全書 2권 293쪽
李德懋(1741-1793)	죽서기년(竹書紀年)*	沈約(441-513)	史	일명 『汲冢紀年』 또는 『古文紀年』으로 불리는 편년체사서	靑莊館全書 10권 37쪽
丁若鏞(1762-1836)	죽서기년(竹書紀年)*	沈約(441-513)	史	일명 『汲冢紀年』 또는 『古文紀年』으로 불리는 편년체사서	與猶堂全書 3권 18쪽
正祖(1752-1800)	죽서기년(竹書紀年)*	沈約(441-513)	史	일명 『汲冢紀年』 또는 『古文紀年』으로 불리는 편년체사서	弘齋全書 3권 327쪽
李德懋(1741-1793)	죽창소품(竹窓小品)				靑莊館全書 9권 203쪽
許筠(1569-1618)	준생팔전(遵生八牋)	高濂(明)	子	잡문에 대한 기록	惺所覆瓿藁 4권 30쪽
韓致奫(1765-1814)	중당사기(中堂事記)	王惲(元)	史	원대의 역사 사료를 기재한 것	海東繹史 5권 20쪽

독서자	서명	저자	분류	간략 해제	출전
李德懋(1741-1793)	중랑집(中郎集)	袁宏道(1568-1610)	集	원굉도의 문집으로, 별칭은『袁中郎全集』	靑莊館全書 8권 215쪽
正祖(1752-1800)	중론(中論)*	徐幹(後漢)	子	政論書	弘齋全書 15권 61쪽
許筠(1569-1618)	중론(中論)*	徐幹(後漢)	子	政論書	惺所覆瓿藁 2권 251쪽
韓致奫(1765-1814)	중봉광록(重峯廣錄)	明本(元)			海東繹史 6권 7쪽
李宜顯(1669-1745)	중사승부집(中司丞裒集)				陶谷集Ⅱ 502쪽
權丕應(?)	중설(中說)*	王通(584-618)	子	일명『文中子』로 불려지는 철학서	弘齋全書 13권 128쪽
正祖(1752-1800)	중설(中說)*	王通(584-618)	子	일명『文中子』로 불려지는 철학서	弘齋全書 6권 209쪽
姜浚欽(1768-?)	중용(中庸)*	子思(B.C.483?-402?)	經	사서의 하나이며, 본래는『예기』의 한 편	弘齋全書 15권 137쪽
具得魯(?)	중용(中庸)*	子思(B.C.483?-402?)	經	사서의 하나이며, 본래는『예기』의 한 편	弘齋全書 15권 149쪽, 245쪽
金純行(1683-1721)	중용(中庸)*	子思(B.C.483?-402?)	經	사서의 하나이며, 본래는『예기』의 한 편	肅宗實錄 29권 55쪽
南公轍(1760-1840)	중용(中庸)*	子思(B.C.483?-402?)	經	사서의 하나이며, 본래는『예기』의 한 편	金陵集 183쪽
朴世采(1631-1695)	중용(中庸)*	子思(B.C.483?-402?)	經	사서의 하나이며, 본래는『예기』의 한 편	肅宗實錄 7권 159쪽
朴弼均(1685-1760)	중용(中庸)*	子思(B.C.483?-402?)	經	사서의 하나이며, 본래는『예기』의 한 편	英祖實錄 22권 25쪽
徐命膺(1716-1787)	중용(中庸)*	子思(B.C.483?-402?)	經	사서의 하나이며, 본래는『예기』의 한 편	保晩齋集 171쪽
徐有榘(1764-1845)	중용(中庸)*	子思(B.C.483?-402?)	經	사서의 하나이며, 본래는『예기』의 한 편	弘齋全書 10권 359쪽
成大中(1732-1809)	중용(中庸)*	子思(B.C.483?-402?)	經	사서의 하나이며, 본래는『예기』의 한 편	靑城集 517쪽
宋時烈(1607-1689)	중용(中庸)*	子思(B.C.483?-402?)	經	사서의 하나이며, 본래는『예기』의 한 편	肅宗實錄 28권 316쪽
肅宗(1661-1720)	중용(中庸)*	子思(B.C.483?-402?)	經	사서의 하나이며, 본래는『예기』의 한 편	肅宗實錄 2권 254쪽
英祖(1694-1776)	중용(中庸)*	子思(B.C.483?-402?)	經	사서의 하나이며, 본래는『예기』의 한 편	英祖實錄 6권 19쪽
吳光運(1689-1745)	중용(中庸)*	子思(B.C.483?-402?)	經	사서의 하나이며, 본래는『예기』의 한 편	英祖實錄 18권 63쪽
魏伯珪(1727-1798)	중용(中庸)*	子思(B.C.483?-402?)	經	사서의 하나이며, 본래는『예기』의 한 편	存齋集 180쪽
兪晩柱(1755-1788)	중용(中庸)*	子思(B.C.483?-402?)	經	사서의 하나이며, 본래는『예기』의 한 편	欽英 1권 10쪽
柳台佐(1763-1837)	중용(中庸)*	子思(B.C.483?-402?)	經	사서의 하나이며, 본래는『예기』의 한 편	弘齋全書 15권 223쪽
尹志泰(1700-?)	중용(中庸)*	子思(B.C.483?-402?)	經	사서의 하나이며, 본래는『예기』의 한 편	英祖實錄 18권 60쪽
尹鑴(1617-1680)	중용(中庸)*	子思(B.C.483?-402?)	經	사서의 하나이며, 본래는『예기』의 한 편	肅宗實錄 25권 39쪽

독서자	서명	저자	분류	간략 해제	출전
李德懋(1741-1793)	중용(中庸)*	子思(B.C.483?-402?)	經	사서의 하나이며, 본래는 『예기』의 한 편	靑莊館全書 10권 107쪽
李晩秀(1752-1820)	중용(中庸)*	子思(B.C.483?-402?)	經	사서의 하나이며, 본래는 『예기』의 한 편	屐園遺稿 264쪽
李象靖(1711-1781)	중용(中庸)*	子思(B.C.483?-402?)	經	사서의 하나이며, 본래는 『예기』의 한 편	大山集 64쪽
李書九(1754-1825)	중용(中庸)*	子思(B.C.483?-402?)	經	사서의 하나이며, 본래는 『예기』의 한 편	惕齋集 155쪽
李彦世(1701-1754)	중용(中庸)*	子思(B.C.483?-402?)	經	사서의 하나이며, 본래는 『예기』의 한 편	英祖實錄 19권 295쪽
張混(1759-1828)	중용(中庸)*	子思(B.C.483?-402?)	經	사서의 하나이며, 본래는 『예기』의 한 편	而已广集 579쪽
丁若鏞(1762-1836)	중용(中庸)*	子思(B.C.483?-402?)	經	사서의 하나이며, 본래는 『예기』의 한 편	與猶堂全書 2권 3쪽
正祖(1752-1800)	중용(中庸)*	子思(B.C.483?-402?)	經	사서의 하나이며, 본래는 『예기』의 한 편	正祖實錄 11권 321쪽
正祖(1752-1800)	중용(中庸)*	子思(B.C.483?-402?)	經	사서의 하나이며, 본래는 『예기』의 한 편	弘齋全書 3권 352쪽
蔡濟恭(1720-1799)	중용(中庸)*	子思(B.C.483?-402?)	經	사서의 하나이며, 본래는 『예기』의 한 편	樊巖集 61쪽
崔錫鼎(1646-1715)	중용(中庸)*	子思(B.C.483?-402?)	經	사서의 하나이며, 본래는 『예기』의 한 편	明谷集 1권 57쪽
韓汝愈(?)	중용(中庸)*	子思(B.C.483?-402?)	經	사서의 하나이며, 본래는 『예기』의 한 편	英祖實錄 14권 292쪽
許筠(1569-1618)	중용(中庸)*	子思(B.C.483?-402?)	經	사서의 하나이며, 본래는 『예기』의 한 편	惺所覆瓿藁 2권 119쪽
洪大容(1731-1783)	중용(中庸)*	子思(B.C.483?-402?)	經	사서의 하나이며, 본래는 『예기』의 한 편	湛軒書 100쪽
洪良漢(?)	중용(中庸)*	子思(B.C.483?-402?)	經	사서의 하나이며, 본래는 『예기』의 한 편	耳溪外集 1권 159쪽
黃胤錫(1729-1791)	중용(中庸)*	子思(B.C.483?-402?)	經	사서의 하나이며, 본래는 『예기』의 한 편	頤齋遺藁 335쪽
金熙洛(1761-1803)	중용혹문(中庸或問)	朱熹(1130-1200)	經	주희가 문답형식으로 『중용』에 해석한 것	弘齋全書 15권 196쪽
李翔(1620-1690)	중용혹문(中庸或問)	朱熹(1130-1200)	經	주희가 문답형식으로 『중용』에 해석한 것	肅宗實錄 6권 240쪽
正祖(1752-1800)	중용혹문(中庸或問)	朱熹(1130-1200)	經	주희가 문답형식으로 『중용』에 해석한 것	弘齋全書 14권 313쪽
禮曹	중조회전(中朝會典)		史	명청시대에 편찬된 행정법규의 집성으로 당시의 典章制度를 기록	肅宗實錄 21권 112쪽
李夏坤(1677-1724)	중주집(中州集)*	元好問(金)	集	시를 수록하고, 작자에 대하여 小傳을 붙인 총집	頭陀草 555쪽
李德懋(1741-1793)	중주집(中州集)*	元好問(金)	集	시를 수록하고, 작자에 대하여 小傳을 붙인 총집	靑莊館全書 7권 58쪽
李宜顯(1669-1745)	중주집(中州集)*	元好問(金)	集	시를 수록하고, 작자에 대하여 小傳을 붙인 총집	陶谷集Ⅱ 502쪽

독서자	서명	저자	분류	간략 해제	출전
韓致奫(1765-1814)	중주집(中州集)*	元好問(金)	集	시를 수록하고, 작자에 대하여 小傳을 붙인 총집	海東繹史 5권 116쪽
韓致奫(1765-1814)	중천집(中川集)	陳講(明)	集	진강의 문집	海東繹史 6권 253쪽
徐有聞(1762-1822)	중추비람(中樞備覽)		子		燕行錄選集 7권 138쪽
兪晩柱(1755-1788)	중향성창수(衆香城唱酬)				欽英 1권 352쪽
金熙洛(1761-1803)	중화서(中和書)				弘齋全書 15권 196쪽
正祖(1752-1800)	중화서(中和書)				
許筠(1569-1618)	중화집(中和集)*	李道純(宋)	子	이도순의 시문집	惺所覆瓿藁 3권 82쪽
許筠(1569-1618)	증별시(贈別詩)	李陵(前漢)			惺所覆瓿藁 2권 48쪽
許筠(1569-1618)	증자계집(曾子棨集)		集		惺所覆瓿藁 3권 135쪽
韓致奫(1765-1814)	지결도(指訣圖)				海東繹史 5권 73쪽
兪晩柱(1755-1788)	지리인자수지(地理人子須知)*	徐善繼(明)	子	지리 지식에 관한 소개서	欽英 4권 383쪽
丁若鏞(1762-1836)	지리통석(地理通釋)	王應麟(1223-1296)		『資治通鑒』 가운데 지명에 대해 고증한 『通鑒地理通釋』일 것으로 추정	茶山詩文集 4권 12쪽
李德懋(1741-1793)	지림(志林)				靑莊館全書 8권 227쪽
韓致奫(1765-1814)	지부족재총서(知不足齋叢書)*	鮑廷博(淸)	子	經史考訂, 算書 등을 수록한 대형 총서의 하나	海東繹史 5권 113쪽
朴趾源(1737-1805)	지북우담(池北偶談)*	王士禛(1634-1711)	子	淸巡按任命, 滿洲鄕試, 八旗殉葬 등의 典實과 史可法, 傅山父子 등으로 이루어짐	燕巖集 158쪽
李德懋(1741-1793)	지북우담(池北偶談)*	王士禛(1634-1711)	子	淸巡按任命, 滿洲鄕試, 八旗殉葬 등의 典實과 史可法, 傅山父子 등으로 이루어짐	靑莊館全書 9권 23쪽
韓致奫(1765-1814)	지북우담(池北偶談)*	王士禛(1634-1711)	子	淸巡按任命, 滿洲鄕試, 八旗殉葬 등의 典實과 史可法, 傅山父子 등으로 이루어짐	海東繹史 5권 188쪽
許筠(1569-1618)	지비록(知非錄)	鄧鍾岳(明)	子	등종악이 만년에 강학한 내용을 모음	惺所覆瓿藁 4권 64쪽
李德懋(1741-1793)	지양어록(池陽語錄)	馮從吾(1556-1627)		출전 풍종오의 문집 『少墟集』 11권, 문답 형식으로 철학 사상을 해석	靑莊館全書 10권 52쪽
正祖(1752-1800)	지장경(地藏經)*		經	지옥의 참혹한 형상을 낱낱이 열거하고 追薦의 공덕을 말한 불경	弘齋全書 6권 245쪽
許筠(1569-1618)	직금회문시(織錦回文詩)*			별칭 『蘇氏織錦回文錄』. 東晋 시절 織錦回文詩로 유명한 蘇惠의 전기를 소설화한 글	惺所覆瓿藁 3권 289쪽
愼後聃(1702-1761)	직방외기(職方外紀)*	알레니(艾儒略: 1582-1649)	集	선교를 목적으로 한문으로 저술한 세계지리서	西學辨
安鼎福(1712-1791)	직방외기(職方外紀)*	알레니(艾儒略: 1582-1649)	集	선교를 목적으로 한문으로 저술한 세계지리서	天學考
李瀷(1681-1763)	직방외기(職方外紀)*	알레니(艾儒略: 1582-1649)	集	선교를 목적으로 한문으로 저술한 세계지리서	星湖僿說類選

독서자	서명	저자	분류	간략 해제	출전
黃嗣永(1775-1801)	직방외기(職方外紀)*	알레니(艾儒略: 1582-1649)	集	선교를 목적으로 한문으로 저술한 세계지리서	黃嗣永帛書
黃胤錫(1729-1791)	직방외기(職方外紀)*	알레니(艾儒略: 1582-1649)	集	선교를 목적으로 한문으로 저술한 세계지리서	頤齋遺藁
姜浚欽(1768-?)	진국춘추(晉國春秋)	孫盛(東晉)	史	三國과 兩晉의 역사를 기재한 책	弘齋全書 13권 258쪽
鄭雲秀(?)	진국춘추(晉國春秋)	孫盛(東晉)	史	三國과 兩晉의 역사를 기재한 책	弘齋全書 13권 246쪽
正祖(1752-1800)	진국춘추(晉國春秋)	孫盛(東晉)	史	三國과 兩晉의 역사를 기재한 책	弘齋全書 13권 258쪽
趙學訥(?)	진기(晉紀)*		史	일명 『晉元明紀』라 불림	弘齋全書 13권 42쪽
李圭景(1788-?)	진도상설(進圖像說)	아담샬(湯若望: 1591-1666)	史	進呈書像을 지칭하는 것으로 보임	李圭景 열람서목
朴趾源(1737-1805)	진사(晉史)		史		燕巖集 175쪽
李儒鵬(?)	진사(晉史)		史		弘齋全書 13권 259쪽
正祖(1752-1800)	진사(晉史)		史		弘齋全書 13권 258쪽
金夏材(?)	진서(晉書)*	房玄齡(579-648) 등	史	원명은 『新晉書』. 서진, 동진 및 오호십륙국에 대한 正史	正祖實錄 6권 77쪽
徐命膺(1716-1787)	진서(晉書)*	房玄齡(579-648) 등	史	원명은 『新晉書』. 서진, 동진 및 오호십륙국에 대한 正史	保晩齋集 205쪽
李德懋(1741-1793)	진서(晉書)*	房玄齡(579-648) 등	史	원명은 『新晉書』. 서진, 동진 및 오호십륙국에 대한 正史	靑莊館全書 10권 33쪽
任履周(?)	진서(晉書)*	房玄齡(579-648) 등	史	원명은 『新晉書』. 서진, 동진 및 오호십륙국에 대한 正史	弘齋全書 13권 385쪽
張混(1759-1828)	진서(晉書)*	房玄齡(579-648) 등	史	원명은 『新晉書』. 서진, 동진 및 오호십륙국에 대한 正史	而已广集 580쪽
丁若鏞(1762-1836)	진서(晉書)*	房玄齡(579-648) 등	史	원명은 『新晉書』. 서진, 동진 및 오호십륙국에 대한 正史	與猶堂全書 2권 175쪽
正祖(1752-1800)	진서(晉書)*	房玄齡(579-648) 등	史	원명은 『新晉書』. 서진, 동진 및 오호십륙국에 대한 正史	弘齋全書 5권 38쪽
韓致奫(1765-1814)	진서(晉書)*	房玄齡(579-648) 등	史	원명은 『新晉書』. 서진, 동진 및 오호십륙국에 대한 正史	海東繹史 5권 4쪽
黃胤錫(1729-1791)	진서(晉書)*	房玄齡(579-648) 등	史	원명은 『新晉書』. 서진, 동진 및 오호십륙국에 대한 正史	頤齋遺藁 556쪽
許筠(1569-1618)	진서(晉書)*	房玄齡(579-648) 등	史	원명은 『新晉書』. 서진, 동진 및 오호십륙국에 대한 正史	惺所覆瓿藁 2권 171쪽
王世子	진서(陳書)*	姚思廉(557-637)	史	진부터 후주 때까지의 정사	肅宗實錄 30권 280쪽
李德懋(1741-1793)	진서(陳書)*	姚思廉(557-637)	史	진부터 후주 때까지의 정사	靑莊館全書 10권 114쪽
韓致奫(1765-1814)	진서(陳書)*	姚思廉(557-637)	史	진부터 후주 때까지의 정사	海東繹史 5권 2쪽
李德懋(1741-1793)	진서산독서기(眞西山讀書記)	眞德秀(南宋)	子	43권의 서적으로, 별칭『乙集上大學衍義』	靑莊館全書 9권 105쪽
韓致奫(1765-1814)	진서산독서기(眞西山讀書記)	眞德秀(南宋)	子	43권의 서적으로, 별칭『乙集上大學衍義』	海東繹史 5권 7쪽
韓致奫(1765-1814)	진양추(晉陽秋)	孫盛(晉)			海東繹史 5권 79쪽
李德懋(1741-1793)	진여(塵餘)				靑莊館全書 8권 241쪽

독서자	서명	저자	분류	간략 해제	출전
兪晩柱(1755-1788)	진원원전(陳圓圓傳)	陸次雲(淸)	史	명말의 名妓 진원원의 전기	欽英 3권 196쪽
文光謙(?)	진정비결(眞淨秘訣)				正祖實錄 10권 301쪽
李德懋(1741-1793)	진주선(眞珠船)	胡侍(明)	子	유가경전·史書와 소설 중의 고사를 수록	靑莊館全書 10권 85쪽
兪晩柱(1755-1788)	진천문집(震川文集)*	歸有光(明)	集	30권과 별집 10권	欽英 1권 339쪽
韓致奫(1765-1814)	진천문집(震川文集)*	歸有光(明)	集	30권과 별집 10권	海東繹史 6권 178쪽
兪晩柱(1755-1788)	집고매화시(集古梅花詩)	羅景臨(淸), 王右軍(淸)	集	매화에 관한 시문 모음집	欽英 1권 70쪽
李德懋(1741-1793)	집고인보(集古印譜)	甘陽(?)	子	고대의 인장을 수록	靑莊館全書 9권 60쪽
林星鎭(?)	집람(集覽)*	王幼學(明)	史	『資治通鑒綱目集覽』으로, 자치통감에 대한 해석으로 추정	弘齋全書 13권 137쪽
許筠(1569-1618)	징회록(澄懷錄)	周密(1232-1298)	子		惺所覆瓿藁 4권 93쪽
李德懋(1741-1793)	차지(車志)				靑莊館全書 8권 221쪽
李德懋(1741-1793)	찬요(纂要)				靑莊館全書 9권 58쪽
許筠(1569-1618)	찰미요람(察眉要覽)				惺所覆瓿藁 1권 139쪽
具得魯(?)	참동계(參同契)	魏伯陽(後漢)	子	도가의 煉丹에 관한 서적, 별칭『周易參同契』	弘齋全書 15권 248쪽
金近淳(1772-?)	참동계(參同契)	魏伯陽(後漢)	子	도가의 煉丹에 관한 서적, 별칭『周易參同契』	弘齋全書 15권 174쪽
金相肅(1717-1792)	참동계(參同契)	魏伯陽(後漢)	子	도가의 煉丹에 관한 서적, 별칭『周易參同契』	靑城集 6권 456쪽
李德壽(1673-1744)	참동계(參同契)	魏伯陽(後漢)	子	도가의 煉丹에 관한 서적, 별칭『周易參同契』	英祖實錄 14권 213쪽
正祖(1752-1800)	참동계(參同契)	魏伯陽(後漢)	子	도가의 煉丹에 관한 서적, 별칭『周易參同契』	弘齋全書 4권 191쪽
許筠(1569-1618)	참동계(參同契)	魏伯陽(後漢)	子	도가의 煉丹에 관한 서적, 별칭『周易參同契』	惺所覆瓿藁 2권 135쪽
正祖(1752-1800)	참동계고이(參同契考異)*	朱熹(1130-1200)	子	『周易』에 대한 고증	弘齋全書 7권 62쪽
正祖(1752-1800)	창려고이(昌黎考異)*	朱熹(1130-1200)	集	韓愈의 문집에 대한 고증으로『昌黎先生集考異』로 불리기도 함	弘齋全書 4권 191쪽
李端夏(1625-1689)	창려선생집(昌黎先生集)*	韓愈(768-824)	集	당나라 한유의 문집	肅宗實錄 11권 2-2쪽
李選(?)	창려집(昌黎集)*	韓愈(768-824)	集	당나라 한유의 문집	肅宗實錄 5권 219쪽
丁若鏞(1762-1836)	창려집(昌黎集)*	韓愈(768-824)	集	당나라 한유의 문집	茶山詩文集 5권 59쪽
兪晩柱(1755-1788)	창명문선(滄溟文選)	李攀龍(明)	集	이반룡의 문집으로 별칭『滄溟集』	欽英 2권 495쪽
李德懋(1741-1793)	창명집(滄溟集)*	李攀龍(明)	集	이반룡의 문집	靑莊館全書 8권 100쪽
兪晩柱(1755-1788)	창주소설(滄洲小說)				欽英 4권 382쪽

독서자	서명	저자	분류	간략 해제	출전
李德懋(1741-1793)	창주집(滄洲集)	羅公升(宋)	集	나공승의 시문집	靑莊館全書 4권 135쪽
正祖(1752-1800)	창힐칠장(倉詰七章)	李斯(?-B.C.208)	經	자전 성격의 저작	弘齋全書 6권 221쪽
朴趾源(1737-1805)	채규시(蔡珪詩)	蔡珪(金)	集	채규의 시집	燕巖集 175쪽
李德懋(1741-1793)	채란잡지(採蘭雜志)		子	고대 여자의 이야기를 기록	靑莊館全書 8권 231쪽
李書九(1754-1825)	채전(蔡傳)	蔡沈(1176-1230)	史		惕齋集 235쪽
正祖(1752-1800)	채전(蔡傳)	蔡沈(1176-1230)	史		弘齋全書 12권 247쪽
兪晩柱(1755-1788)	채중랑집(蔡中郎集)*	蔡邕(後漢)	集	詩, 願, 論, 贊 등의 散文 100여 편을 수록	欽英 6권 574쪽
許筠(1569-1618)	채호영(彩毫咏)				惺所覆瓿藁 3권 108쪽
李德懋(1741-1793)	책부원귀(冊府元龜)*	王欽若(北宋)	子	태종대에 편찬된 『太平廣記』, 『太平御覽』, 『文苑英華』와 함께 宋朝 四大類書 중의 하나	靑莊館全書 5권 31쪽
丁若鏞(1762-1836)	책부원귀(冊府元龜)*	王欽若(北宋)	子	태종대에 편찬된 『太平廣記』, 『太平御覽』, 『文苑英華』와 함께 宋朝 四大類書 중의 하나	與猶堂全書 6권 294쪽
正祖(1752-1800)	책부원귀(冊府元龜)*	王欽若(北宋)	子	태종대에 편찬된 『太平廣記』, 『太平御覽』, 『文苑英華』와 함께 宋朝 四大類書 중의 하나	弘齋全書 17권 25쪽
韓致奫(1765-1814)	책부원귀(冊府元龜)*	王欽若(北宋)	子	태종대에 편찬된 『太平廣記』, 『太平御覽』, 『文苑英華』와 함께 宋朝 四大類書 중의 하나	海東繹史 5권 75쪽
朴趾源(1737-1805)	척독신어(尺牘新語)	汪淇(淸) 등	集	명말 청초 문인들의 문장을 모은 책	燕巖集 158쪽
許筠(1569-1618)	척독청재(尺牘淸裁)	楊用修(明)	集	楊愼의 『尺牘』을 기초로 보충함, 당에서 명까지의 기록	惺所覆瓿藁 2권 238쪽
正祖(1752-1800)	척법(戚法)	戚繼光(1528-1587)	子	척계광이 쓴 병법서	弘齋全書 16권 99쪽
李德懋(1741-1793)	척언(摭言)*	王定保(870-941)	子	일명 『唐摭言』. 특히 당대의 과거제 연구에 중요한 문헌	靑莊館全書 9권 126쪽
兪晩柱(1755-1788)	척청잡설(摭靑雜說)	王明淸(宋)		송대의 야사 잡문들을 수록	欽英 6권 266쪽
韓致奫(1765-1814)	천경당서목(千頃堂書目)*	黃虞稷(1629-1691)		명말청초에 황우계가 편찬한 명대의 저술 목록	海東繹史 5권 127쪽
許筠(1569-1618)	천고강상(千古江上)	辛幼安(?)			惺所覆瓿藁 3권 88쪽
李德懋(1741-1793)	천록식여(天祿識餘)	高士奇澹人	子	잡서, 송·명 문인의 저작을 수집함	靑莊館全書 9권 44쪽
正祖(1752-1800)	천문략(天問略)*	디아즈(陽瑪諾: 1574-1659)	子	한역 천문 역법서	弘齋全書 6권 184쪽
鄭斗源(1581-?)	천문략(天問略)*	디아즈(陽瑪諾: 1574-1659)	子	한역 천문 역법서	星湖僿說
黃胤錫(1729-1791)	천문략(天問略)*	디아즈(陽瑪諾: 1574-1659)	子	한역 천문 역법서	頤齋遺藁
洪大容(1731-1783)	천문류함(天文類函)				湛軒書 60쪽

독서자	서명	저자	분류	간략 해제	출전
正祖(1752-1800)	천백년안(千白年眼)	張燧(明)	史	일련의 일들에 대한 잡다한 기록으로 사론 성격의 수필을 모은 것	弘齋全書 6권 211쪽
洪敬謨(1774-1851)	천보진원(天步眞源)*	穆尼閣(淸)	子	수학 서적	冠巖叢史
崔錫鼎(1646-1715)	천상도(天象圖)	洪震煊(淸) 등		두 가지 종류가 있는데, 하나는 홍진훤이 쓴 『夏小正疏義』의 天象圖이고 또 하나는 뇌학기의 『紀年曆法天象圖』로 모두 천문도임	明谷集 I 114쪽
崔錫鼎(1646-1715)	천상분야도(天象分野圖)	蘇軾(宋) 등		송의 소식이 서론을 쓰고 조량부가 증보를 한 중국 고대의 지도로 『歷代地理指掌圖』에서 나왔음	明谷集 I 584쪽
許筠(1569-1618)	천서편(天瑞編)	列御寇(戰國)	子		惺所覆瓿藁 2권 244쪽
朴趾源(1737-1805)	천외담(天外談)	石龐(淸)	集	석방의 시집	燕巖集 158쪽
韓致奫(1765-1814)	천원옥책(天元玉冊)	傳 伏羲(?)	子	도교 저작	海東繹史 5권 50쪽
徐有聞(1762-1822)	천자문(千字文)*	周興嗣(470?-521)	子	東晉의 王羲之의 필적 중에서 1,000개의 다른 글자를 집록한 데서 서명이 유래	燕行錄選集 7권 342쪽
魏伯珪(1727-1798)	천자문(千字文)*	周興嗣(470?-521)	子	東晉의 王羲之의 필적 중에서 1,000개의 다른 글자를 집록한 데서 서명이 유래	存齋集 402쪽
丁若鏞(1762-1836)	천자문(千字文)*	周興嗣(470?-521)	子	東晉의 王羲之의 필적 중에서 1,000개의 다른 글자를 집록한 데서 서명이 유래	茶山詩文集 7권 297쪽
韓致奫(1765-1814)	천자문(千字文)*	周興嗣(470?-521)	子	東晉의 王羲之의 필적 중에서 1,000개의 다른 글자를 집록한 데서 서명이 유래	海東繹史 5권 90쪽
洪大容(1731-1783)	천자문(千字文)*	周興嗣(470?-521)	子	東晉의 王羲之의 필적 중에서 1,000개의 다른 글자를 집록한 데서 서명이 유래	湛軒書 2권 208쪽
兪晩柱(1755-1788)	천잠록(天蠶錄)				欽英 6권 159쪽
正祖(1752-1800)	천주실의(天主實義)*	마테오리치(利瑪竇:1552-1610)	子	한문으로 저술한 천주교 교리서	正祖實錄 13권 161쪽
黃胤錫(1729-1791)	천주실의(天主實義)*	마테오리치(利瑪竇:1552-1610)	子	한문으로 저술한 천주교 교리서	頤齋遺藁
李德懋(1741-1793)	천지간집(天地間集)	謝翶(1249-1295)	集	사고의 문집인 『晞髮集』 뒷 부분에 실림	靑莊館全書 4권 129쪽
兪晩柱(1755-1788)	천지형설(天地形說)	마테오리치(利瑪竇:1552-1610)			欽英 2권 551쪽
宋倫載(?)	천추금감록(千秋金鑑錄)	張九齡(673-740)	子	역사 문헌들을 잡다하게 수록한 것으로, 唐代 장구령이 저술했다고 전해지지만, 일반적으로는 후대의 위서라고 인식됨	弘齋全書 13권 425쪽
正祖(1752-1800)	천추금감록(千秋金鑑錄)	張九齡(673-740)	子	역사 문헌들을 잡다하게 수록한 것으로, 唐代 장구령이 저술했다고 전해지지만, 일반적으로는 후대의 위서라고 인식됨	弘齋全書 13권 425쪽

독서자	서명	저자	분류	간략 해제	출전
韓致奫(1765-1814)	천태교권(天台敎卷)				海東繹史 5권 89쪽
兪晩柱(1755-1788)	천하여지도(天下輿地圖)				欽英 1권 8쪽
兪晩柱(1755-1788)	천하외서(天下外書)				欽英 6권 239쪽
崔錫鼎(1646-1715)	천학초함(天學初函)*	李之藻(1565-1631) 등	子	예수회에 의해 한문으로 저술된 서학서를 모아 간행한 책	九數略
洪敬謨(1774-1851)	천학회통(天學會通)	薛鳳祚(淸)	子	算法求交食을 밝힌 책으로 모두가 穆尼閣의 天步眞原을 근본으로 산술법을 부연 설명한 것	冠巖叢史
兪晩柱(1755-1788)	천향(天香)				欽英 6권 457쪽
李德懋(1741-1793)	천향루우득(天香樓偶得)	虞兆隆(淸)	子	작자의 독서에 관한 필기	靑莊館全書 10권 81쪽
李德懋(1741-1793)	천황회통(天皇會通)	王應電(明)			靑莊館全書 9권 44쪽
李德懋(1741-1793)	철경록(輟耕錄)*	陶宗儀(?-1396)	子	일명 『南村輟耕錄』으로 불리는 수필집	靑莊館全書 9권 114쪽
韓致奫(1765-1814)	철경록(輟耕錄)*	陶宗儀(?-1396)	子	일명 『南村輟耕錄』으로 불리는 수필집	藝文志
許筠(1569-1618)	철경록(輟耕錄)*	陶宗儀(?-1396)	子	일명 『南村輟耕錄』으로 불리는 수필집	惺所覆瓿藁 4권 43쪽
丁若鏞(1762-1836)	철경록(輟耕錄)*	陶宗儀(?-1396)	子	일명 『南村輟耕錄』으로 불리는 수필집	與猶堂全書 6권 310쪽
李德懋(1741-1793)	첩소집(睫巢集)	李鍇(淸)	集	이개의 문집	靑莊館全書 7권 40쪽
李德懋(1741-1793)	청계집(靑溪集)	程廷祚(淸)	集		靑莊館全書 10권 52쪽
李纘庚(?)	청몽문감(淸蒙文鑑)				英祖實錄 15권 12쪽
李德懋(1741-1793)	청문감(淸文鑑)*		經	항목별로 분류한 만주어 사전	靑莊館全書 10권 113쪽
韓致奫(1765-1814)	청문집(靑門集)	邵長蘅(淸)	集	소장형의 문집	海東繹史 6권 62쪽
李德懋(1741-1793)	청상잡기(靑箱雜記)*	吳處厚(宋)	子	五代 宋의 조야의 雜事, 詩話, 掌故 등을 기록	靑莊館全書 10권 89쪽
丁若鏞(1762-1836)	청상잡기(靑箱雜記)*	吳處厚(宋)	子	五代 宋의 조야의 雜事, 詩話, 掌故 등을 기록	茶山詩文集 2권 288쪽
兪晩柱(1755-1788)	청성전고(淸城典藁)				欽英 3권 103쪽
金堉(1580-1658)	청소집(淸嘯集)	毛寅(?)			燕行錄選集 2권 358쪽
徐有聞(1762-1822)	청시별재(淸詩別裁)*	沈德潛(1673-1769)	集	원명 『國朝詩別裁集』으로 불리는 시가총집	燕行錄選集 7권 136쪽
丁若鏞(1762-1836)	청시별재(淸詩別裁)*	沈德潛(1673-1769)	集	원명 『國朝詩別裁集』으로 불리는 시가총집	茶山詩文集 8권 116쪽
李德懋(1741-1793)	청야록(淸夜錄)*	兪文豹(宋)	子	淸代에 편찬된 宋代의 文言 筆記集인 『宋百家小說』에 수록	靑莊館全書 9권 45쪽
張混(1759-1828)	청연집(淸蓮集)		集		而已广集 580쪽

독서자	서명	저자	분류	간략 해제	출전
正祖(1752-1800)	청오(青烏)	郭璞(276-324)	子	算命에 관한 서적으로 『青烏徐言』으로 추정	弘齋全書 13권 417쪽
正祖(1752-1800)	청오경(青烏經)	郭璞(276-324)	子	算命에 관한 서적으로 『青烏徐言』으로 추정	正祖實錄 16권 297쪽
李德懋(1741-1793)	청이록(淸異錄)*	陶穀(宋)	子	당 오대에 새로 나온 어구를 분류하고, 그 유래에 얽힌 사실을 언급한 것	靑莊館全書 9권 56쪽
韓致奫(1765-1814)	청이록(淸異錄)*	陶穀(宋)	子	당 오대에 새로 나온 어구를 분류하고, 그 유래에 얽힌 사실을 언급한 것	海東繹史 5권 45쪽
李德懋(1741-1793)	청일통지(淸一統志)*	徐乾學(1631-1694) 등	史	乾隆부터 道光 연간까지 편찬한 전국지리총지	靑莊館全書 10권 16쪽
丁若鏞(1762-1836)	청일통지(淸一統志)*	徐乾學(1631-1694) 등	史	乾隆부터 道光 연간까지 편찬한 전국지리총지	茶山詩文集 2권 16쪽
韓致奫(1765-1814)	청일통지(淸一統志)*	徐乾學(1631-1694) 등	史	乾隆부터 道光 연간까지 편찬한 전국지리총지	海東繹史 5권 67쪽
張混(1759-1828)	청절집(淸節集)	桂彦良(明)	集	계언량의 문집	而已广集 580쪽
兪晩柱(1755-1788)	청조록(鯖組錄)				欽英 5권 262쪽
兪晩柱(1755-1788)	청진신전서(淸縉紳全書)	寶名堂(淸)	子	관료들의 품계,봉급, 부임 등을 서술함	欽英 3권 254쪽
李德懋(1741-1793)	청파잡지(淸波雜志)	周煇(南宋)	子	송대의 잡다한 사건을 기록	靑莊館全書 10권 54쪽
李德懋(1741-1793)	청회전(淸會典)*	昆岡(淸) 등	史	원명은 『欽定大淸會典』이며 일반적으로 『光緖會典』이라 칭하는 典制文獻	靑莊館全書 10권 87쪽
丁若鏞(1762-1836)	청회전(淸會典)*	昆岡(淸) 등	史	원명은 『欽定大淸會典』이며 일반적으로 『光緖會典』이라 칭하는 典制文獻	與猶堂全書 6권 345쪽
正祖(1752-1800)	초사(楚史)	劉向(B.C.79?-8?)	史		弘齋全書 6권 58쪽
魏伯珪(1727-1798)	초사(楚詞)	屈原(B.C.343-277)	集	중국 楚나라의 굴원과 그 말류의 辭를 모은 책	存齋集 224쪽
丁若鏞(1762-1836)	초사(楚詞)	屈原(B.C.343-277)	集	중국 楚나라의 굴원과 그 말류의 辭를 모은 책	與猶堂全書 4권 548쪽
正祖(1752-1800)	초사(楚詞)	屈原(B.C.343-277)	集	중국 楚나라의 굴원과 그 말류의 辭를 모은 책	弘齋全書 6권 184쪽
安鼎福(1712-1791)	초사(楚辭)	屈原(B.C.343-277)	集	초사를 모은 고활자본으로, 주희가 집주하였음	雜同散異 2권 35쪽
李德懋(1741-1793)	초사(楚辭)	屈原(B.C.343-277)	集	초사를 모은 고활자본으로, 주희가 집주하였음	靑莊館全書 2권 30쪽
李鈺(1760-1813)	초사(楚辭)	屈原(B.C.343-277)	集	초사를 모은 고활자본으로, 주희가 집주하였음	李鈺全集 1권 212쪽
李宜顯(1669-1745)	초사(楚辭)	屈原(B.C.343-277)	集	초사를 모은 고활자본으로, 주희가 집주하였음	陶谷集Ⅱ 502쪽
張混(1759-1828)	초사(楚辭)	屈原(B.C.343-277)	集	초사를 모은 고활자본으로, 주희가 집주하였음	而已广集 580쪽

독서자	서명	저자	분류	간략 해제	출전
正祖(1752-1800)	초사(楚辭)	屈原(B.C.343-277)	集	초사를 모은 고활자본으로, 주희가 집주하였음	弘齋全書 10권 70쪽
許筠(1569-1618)	초사(楚辭)	屈原(B.C.343-277)	集	초사를 모은 고활자본으로, 주희가 집주하였음	惺所覆瓿藁 2권 249쪽
正祖(1752-1800)	초사주(楚辭註)		子	주희가 『초사』에 대해 작서한 주석	弘齋全書 7권 62쪽
魏伯珪(1727-1798)	초서(楚書)				存齊集 100쪽
李書九(1754-1825)	초서(楚書)				惕齋集 160쪽
兪晩柱(1755-1788)	초씨필승(焦氏筆乘)*	焦竑(明)	子	초횡의 독서와 講學에 대한 기록	欽英 2권 497쪽
許筠(1569-1618)	초은시(招隱時)	左思(晉)		좌사의 시	惺所覆瓿藁 4권 173쪽
正祖(1752-1800)	초지(楚志)				弘齋全書 6권 126쪽
姜浚欽(1768-?)	초학기(初學記)*	徐堅(唐)	子	조서를 받아 편찬한 類書	弘齋全書 13권 258쪽
安鼎福(1712-1791)	초학기(初學記)*	徐堅(唐)	子	조서를 받아 편찬한 類書	雜同散異 2권 38쪽
丁若鏞(1762-1836)	초학기(初學記)*	徐堅(唐)	子	조서를 받아 편찬한 類書	茶山詩文集 2권 43쪽
兪晩柱(1755-1788)	초학집(初學集)*	錢謙益(淸)	集	뛰어난 시문을 모아 만든 책	欽英 5권 432쪽
韓致奫(1765-1814)	초학집(初學集)*	錢謙益(淸)	集	뛰어난 시문을 모아 만든 책	海東繹史 5권 395쪽
丁若鏞(1762-1836)	초한춘추(楚漢春秋)*	陸賈(前漢)	史	秦末 이후 漢代 초기까지의 편년체 역사서	茶山詩文集 2권 231쪽
許筠(1569-1618)	초혼부(招魂賦), 구변부(九辯賦)	宋玉(B.C.290?-222?)	子	송옥이 지은 楚辭	惺所覆瓿藁 1권 279쪽
李德懋(1741-1793)	촉두씨족보(蜀杜氏族譜)	費著(元)	子	蜀杜氏 가족의 族譜	靑莊館全書 10권 19쪽
朴趾源(1737-1805)	촉민소기(蜀閩小記)	周亮工(1612-1672)	史	주량공이 福建의 관직에 있을 때 그 지역의 풍속과 경물을 기록한 것	燕巖集 158쪽
金炳文(?)	촉지(蜀志)	陳壽(三國)	史	『三國志』에 근거해서 편찬한 蜀國의 역사	弘齋全書 13권 186쪽
李德懋(1741-1793)	총경해(總經解)	納蘭性德(1655-1685)	經	『通志堂經解, 總經解』로 보임, 역대 유가 경전의 주석서 모음	靑莊館全書 9권 195쪽
李德懋(1741-1793)	총청(叢靑)				靑莊館全書 3권 178쪽
兪晩柱(1755-1788)	총화(叢話)*	孫梅(淸)		四六文 및 역대 시 및 작가에 대한 총론집	欽英 5권 179쪽
許筠(1569-1618)	최공입약경(崔公入藥經)			도가 서적	惺所覆瓿藁 2권 135쪽
兪晩柱(1755-1788)	최효몽(崔曉夢)				欽英 5권 51쪽
韓致奫(1765-1814)	추가집(秋笳集)	吳兆騫(1631-?)	集	오조건의 문집	海東繹史 6권 55쪽
正祖(1752-1800)	추서(鄒書)				弘齋全書 6권 120쪽
朴趾源(1737-1805)	추설총담(秋雪叢談)	余懷(明末)	子	야사를 기록한 것	燕巖集 158쪽
兪晩柱(1755-1788)	추씨유문(鄒氏遺聞)				欽英 5권 511쪽
黃胤錫(1729-1791)	축목방여승람(祝穆方輿勝覽)	祝穆(南宋)	史	남송의 지리지인데, 인문 지리적 내용이 많이 수록되어 있음	頤齋遺藁 546쪽
兪晩柱(1755-1788)	축산고(竺山藁)				欽英 1권 141쪽
崔錫鼎(1646-1715)	춘궁보묵(春宮寶墨)				明谷集Ⅰ 80쪽

독서자	서명	저자	분류	간략 해제	출전
韓致奫(1765-1814)	춘명몽여록(春明夢餘祿)*	孫承澤(1592-1676)	子	명말청초 손승택이 편찬한 雜記	海東繹史 6권 93쪽
李德懋(1741-1793)	춘명몽여록(春明夢餘錄)*	孫承澤(1592-1676)	子	명말청초 손승택이 편찬한 雜記	靑莊館全書 9권 149쪽
兪晩柱(1755-1788)	춘원기(春苑記)				欽英 4권 427쪽
權丕應(?)	춘추(春秋)*	孔丘(B.C.552-479)	經	B.C.722-481까지의 춘추 역사를 편년체로 기록	弘齋全書 13권 128쪽
金龍翰(?)	춘추(春秋)*	孔丘(B.C.552-479)	經	B.C.722-481까지의 춘추 역사를 편년체로 기록	弘齋全書 13권 283쪽
金昌協(1651-1708)	춘추(春秋)*	孔丘(B.C.552-479)	經	B.C.722-481까지의 춘추 역사를 편년체로 기록	肅宗實錄 25권 61쪽
南公轍(1760-1840)	춘추(春秋)*	孔丘(B.C.552-479)	經	B.C.722-481까지의 춘추 역사를 편년체로 기록	金陵集 256쪽
南公轍(1760-1840)	춘추(春秋)*	孔丘(B.C.552-479)	經	B.C.722-481까지의 춘추 역사를 편년체로 기록	頤齋遺藁 240쪽
南澈中(?)	춘추(春秋)*	孔丘(B.C.552-479)	經	B.C.722-481까지의 춘추 역사를 편년체로 기록	弘齋全書 13권 51쪽
閔命爀(1753-1818)	춘추(春秋)*	孔丘(B.C.552-479)	經	B.C.722-481까지의 춘추 역사를 편년체로 기록	弘齋全書 13권 4쪽
朴寅秀(?)	춘추(春秋)*	孔丘(B.C.552-479)	經	B.C.722-481까지의 춘추 역사를 편년체로 기록	弘齋全書 13권 168쪽
朴弼載(1688-?)	춘추(春秋)*	孔丘(B.C.552-479)	經	B.C.722-481까지의 춘추 역사를 편년체로 기록	英祖實錄 13권 28쪽
徐鐸修(?)	춘추(春秋)*	孔丘(B.C.552-479)	經	B.C.722-481까지의 춘추 역사를 편년체로 기록	弘齋全書 13권 455쪽
成大中(1732-1809)	춘추(春秋)*	孔丘(B.C.552-479)	經	B.C.722-481까지의 춘추 역사를 편년체로 기록	靑城集 456쪽
宋能相(1710-1758)	춘추(春秋)*	孔丘(B.C.552-479)	經	B.C.722-481까지의 춘추 역사를 편년체로 기록	雲坪集 146쪽
宋文欽(1710-1751)	춘추(春秋)*	孔丘(B.C.552-479)	經	B.C.722-481까지의 춘추 역사를 편년체로 기록	閒靜堂集 340쪽
宋時烈(1607-1689)	춘추(春秋)*	孔丘(B.C.552-479)	經	B.C.722-481까지의 춘추 역사를 편년체로 기록	肅宗實錄 1권 370쪽
宋時涵(1687-?)	춘추(春秋)*	孔丘(B.C.552-479)	經	B.C.722-481까지의 춘추 역사를 편년체로 기록	英祖實錄 17권 293쪽
宋寅明(1689-1746)	춘추(春秋)*	孔丘(B.C.552-479)	經	B.C.722-481까지의 춘추 역사를 편년체로 기록	英祖實錄 17권 294쪽
肅宗(1661-1720)	춘추(春秋)*	孔丘(B.C.552-479)	經	B.C.722-481까지의 춘추 역사를 편년체로 기록	肅宗實錄 9권 35쪽
英祖(1694-1776)	춘추(春秋)*	孔丘(B.C.552-479)	經	B.C.722-481까지의 춘추 역사를 편년체로 기록	英祖實錄 18권 270쪽
吳遂采(1692-1759)	춘추(春秋)*	孔丘(B.C.552-479)	經	B.C.722-481까지의 춘추 역사를 편년체로 기록	英祖實錄 15권 329쪽
吳載純(1727-1792)	춘추(春秋)*	孔丘(B.C.552-479)	經	B.C.722-481까지의 춘추 역사를 편년체로 기록	醇庵集 500쪽

독서자	서명	저자	분류	간략 해제	출전
魏伯珪(1727-1798)	춘추(春秋)*	孔丘(B.C.552-479)	經	B.C.722-481까지의 춘추 역사를 편년체로 기록	存齋集 14권 296쪽
柳得恭(1749-1807)	춘추(春秋)*	孔丘(B.C.552-479)	經	B.C.722-481까지의 춘추 역사를 편년체로 기록	冷齋集 124쪽
兪命雄(1653-1721)	춘추(春秋)*	孔丘(B.C.552-479)	經	B.C.722-481까지의 춘추 역사를 편년체로 기록	肅宗實錄 32권 196쪽
尹光顔(1757-1815)	춘추(春秋)*	孔丘(B.C.552-479)	經	B.C.722-481까지의 춘추 역사를 편년체로 기록	弘齋全書 15권 66쪽
尹拯(1629-1714)	춘추(春秋)*	孔丘(B.C.552-479)	經	B.C.722-481까지의 춘추 역사를 편년체로 기록	肅宗實錄 9권 56쪽
尹致永(?)	춘추(春秋)*	孔丘(B.C.552-479)	經	B.C.722-481까지의 춘추 역사를 편년체로 기록	弘齋全書 13권 11쪽
李德懋(1741-1793)	춘추(春秋)*	孔丘(B.C.552-479)	經	B.C.722-481까지의 춘추 역사를 편년체로 기록	靑莊館全書 9권 184쪽
李德壽(1673-1744)	춘추(春秋)*	孔丘(B.C.552-479)	經	B.C.722-481까지의 춘추 역사를 편년체로 기록	英祖實錄 13권 116쪽
李晩秀(1752-1820)	춘추(春秋)*	孔丘(B.C.552-479)	經	B.C.722-481까지의 춘추 역사를 편년체로 기록	屐園遺稿 64쪽
李翔(1620-1690)	춘추(春秋)*	孔丘(B.C.552-479)	經	B.C.722-481까지의 춘추 역사를 편년체로 기록	肅宗實錄 9권 175쪽
李書九(1754-1825)	춘추(春秋)*	孔丘(B.C.552-479)	經	B.C.722-481까지의 춘추 역사를 편년체로 기록	惕齋集 155쪽
李彦世(1701-1754)	춘추(春秋)*	孔丘(B.C.552-479)	經	B.C.722-481까지의 춘추 역사를 편년체로 기록	英祖實錄 19권 286쪽
李鈺(1760-1813)	춘추(春秋)*	孔丘(B.C.552-479)	經	B.C.722-481까지의 춘추 역사를 편년체로 기록	李鈺全集 2권 298쪽
李麟祥(1710-1760)	춘추(春秋)*	孔丘(B.C.552-479)	經	B.C.722-481까지의 춘추 역사를 편년체로 기록	凌壺集 517쪽
李載厚(1698-?)	춘추(春秋)*	孔丘(B.C.552-479)	經	B.C.722-481까지의 춘추 역사를 편년체로 기록	英祖實錄 13권 241쪽
李天輔(1698-1761)	춘추(春秋)*	孔丘(B.C.552-479)	經	B.C.722-481까지의 춘추 역사를 편년체로 기록	英祖實錄 17권 61쪽
張混(1759-1828)	춘추(春秋)*	孔丘(B.C.552-479)	經	B.C.722-481까지의 춘추 역사를 편년체로 기록	而已广集 579쪽
鄭東晏(?)	춘추(春秋)*	孔丘(B.C.552-479)	經	B.C.722-481까지의 춘추 역사를 편년체로 기록	弘齋全書 13권 281쪽
鄭遂輿(?)	춘추(春秋)*	孔丘(B.C.552-479)	經	B.C.722-481까지의 춘추 역사를 편년체로 기록	弘齋全書 13권 253쪽
丁若鏞(1762-1836)	춘추(春秋)*	孔丘(B.C.552-479)	經	B.C.722-481까지의 춘추 역사를 편년체로 기록	與猶堂全書 2권 5쪽
正祖(1752-1800)	춘추(春秋)*	孔丘(B.C.552-479)	經	B.C.722-481까지의 춘추 역사를 편년체로 기록	正祖實錄 11권 46쪽
正祖(1752-1800)	춘추(春秋)*	孔丘(B.C.552-479)	經	B.C.722-481까지의 춘추 역사를 편년체로 기록	弘齋全書 6권 88쪽
趙秀三(1762-1849)	춘추(春秋)*	孔丘(B.C.552-479)	經	B.C.722-481까지의 춘추 역사를 편년체로 기록	秋齋集 522쪽

독서자	서명	저자	분류	간략 해제	출전
趙鍾永(1771-1829)	춘추(春秋)*	孔丘(B.C.552-479)	經	B.C.722-481까지의 춘추 역사를 편년체로 기록	弘齋全書 13권 3쪽
蔡濟恭(1720-1799)	춘추(春秋)*	孔丘(B.C.552-479)	經	B.C.722-481까지의 춘추 역사를 편년체로 기록	樊巖集 74쪽
崔錫鼎(1646-1715)	춘추(春秋)*	孔丘(B.C.552-479)	經	B.C.722-481까지의 춘추 역사를 편년체로 기록	明谷集 I 563쪽
夏坪正(?)	춘추(春秋)*	孔丘(B.C.552-479)	經	B.C.722-481까지의 춘추 역사를 편년체로 기록	英祖實錄 16권 270쪽
韓宣子(?)	춘추(春秋)*	孔丘(B.C.552-479)	經	B.C.722-481까지의 춘추 역사를 편년체로 기록	茶山詩文集 6권 15쪽
韓致奫(1765-1814)	춘추(春秋)*	孔丘(B.C.552-479)	經	B.C.722-481까지의 춘추 역사를 편년체로 기록	海東繹史 5권 7쪽
許格(?)	춘추(春秋)*	孔丘(B.C.552-479)	經	B.C.722-481까지의 춘추 역사를 편년체로 기록	英祖實錄 13권 268쪽
許筠(1569-1618)	춘추(春秋)*	孔丘(B.C.552-479)	經	B.C.722-481까지의 춘추 역사를 편년체로 기록	惺所覆瓿藁 4권 89쪽
洪景輔(1692-1745)	춘추(春秋)*	孔丘(B.C.552-479)	經	B.C.722-481까지의 춘추 역사를 편년체로 기록	英祖實錄 17권 349쪽
洪大容(1731-1783)	춘추(春秋)*	孔丘(B.C.552-479)	經	B.C.722-481까지의 춘추 역사를 편년체로 기록	湛軒書 19쪽
黃胤錫(1729-1791)	춘추(春秋)*	孔丘(B.C.552-479)	經	B.C.722-481까지의 춘추 역사를 편년체로 기록	頤齋遺藁 240쪽
丁若鏞(1762-1836)	춘추강목(春秋綱目)		經		金陵集 379쪽
丁若鏞(1762-1836)	춘추고이(春秋考異)		經	『춘추』에 대한 고증서	茶山詩文集 8권 70쪽
韓致奫(1765-1814)	춘추공양전(春秋公羊傳)*	何休(129-182)	經		海東繹史 5권 73쪽
洪義浩(?)	춘추문요구(春秋文曜鉤)	黃奭(淸)	經	『춘추』에 대한 해석서	弘齋全書 11권 254쪽
李德懋(1741-1793)	춘추번로(春秋繁露)*	董仲舒(B.C.179-104)	經	『춘추』및 『춘추공양전』의 해설서	青莊館全書 8권 254쪽
丁若鏞(1762-1836)	춘추번로(春秋繁露)*	董仲舒(B.C.179-104)	經	『춘추』및 『춘추공양전』의 해설서	茶山詩文集 3권 289쪽
兪晩柱(1755-1788)	춘추번로(春秋繁露)*	董仲舒(B.C.179-104)	經	『춘추』및 『춘추공양전』의 해설서	欽英 6권 490쪽
徐命膺(1716-1787)	춘추삼전(春秋三傳)*	萬衣(明)	經	『춘추』에 대한 해설 및 주석서들을 모아 편집한 책	保晩齋集 248쪽
李書九(1754-1825)	춘추삼전(春秋三傳)*	萬衣(明)	經	『춘추』에 대한 해설 및 주석서들을 모아 편집한 책	惕齋集 170쪽
閔鎭遠(1664-1736)	춘추전(春秋傳)	毛奇齡(1623-1716)	經	별칭 『춘추모씨전』. 『춘추』에 대한 주석서	明谷集 I 207쪽
李德懋(1741-1793)	춘추전(春秋傳)	毛奇齡(1623-1716)	經	별칭 『춘추모씨전』. 『춘추』에 대한 주석서	青莊館全書 10권 67쪽
李德重(1702-?)	춘추전(春秋傳)	毛奇齡(1623-1716)	經	별칭 『춘추모씨전』. 『춘추』에 대한 주석서	英祖實錄 16권 202쪽

독서자	서명	저자	분류	간략 해제	출전
崔錫鼎(1646-1715)	춘추전(春秋傳)	毛奇齡(1623-1716)	經	별칭 『춘추모씨전』. 『춘추』에 대한 주석서	明谷集Ⅰ 143쪽
金壽興(1626-1690)	춘추좌씨전(春秋左氏傳)*	左丘明(春秋)	史	좌구명이 쓴 춘추 시기의 역사, 일설에는 『춘추』에 대한 주석이라고도 함	肅宗實錄 23권 76쪽
金羲淳(1757-1821)	춘추좌씨전(春秋左氏傳)*	左丘明(春秋)	史	좌구명이 쓴 춘추 시기의 역사, 일설에는 『춘추』에 대한 주석이라고도 함	弘齋全書 10권 160쪽
肅宗(1661-1720)	춘추좌씨전(春秋左氏傳)*	左丘明(春秋)	史	좌구명이 쓴 춘추 시기의 역사, 일설에는 『춘추』에 대한 주석이라고도 함	肅宗實錄 29권 284쪽
李德懋(1741-1793)	춘추좌씨전(春秋左氏傳)*	左丘明(春秋)	史	좌구명이 쓴 춘추 시기의 역사, 일설에는 『춘추』에 대한 주석이라고도 함	青莊館全書 10권 37쪽
李晩秀(1752-1820)	춘추좌씨전(春秋左氏傳)*	左丘明(春秋)	史	좌구명이 쓴 춘추 시기의 역사, 일설에는 『춘추』에 대한 주석이라고도 함	屐園遺稿 76쪽
李書九(1754-1825)	춘추좌씨전(春秋左氏傳)*	左丘明(春秋)	史	좌구명이 쓴 춘추 시기의 역사, 일설에는 『춘추』에 대한 주석이라고도 함	惕齋集 174쪽
丁若鏞(1762-1836)	춘추좌씨전(春秋左氏傳)*	左丘明(春秋)	史	좌구명이 쓴 춘추 시기의 역사, 일설에는 『춘추』에 대한 주석이라고도 함	與猶堂全書 4권 544쪽
正祖(1752-1800)	춘추좌씨전(春秋左氏傳)*	左丘明(春秋)	史	좌구명이 쓴 춘추 시기의 역사, 일설에는 『춘추』에 대한 주석이라고도 함	弘齋全書 7권 18쪽
韓致奫(1765-1814)	춘추좌씨전(春秋左氏傳)*	左丘明(春秋)	史	좌구명이 쓴 춘추 시기의 역사, 일설에는 『춘추』에 대한 주석이라고도 함	海東繹史 5권 10쪽
許筠(1569-1618)	춘추좌씨전(春秋左氏傳)*	左丘明(春秋)	史	좌구명이 쓴 춘추 시기의 역사, 일설에는 『춘추』에 대한 주석이라고도 함	惺所覆瓿藁 3권 102쪽
宋寅明(1689-1746)	춘추집전(春秋集傳)	趙汸(元)	經	春秋經傳에 대한 고증과 해석	英祖實錄 17권 176쪽
英祖(1694-1776)	춘추집전(春秋集傳)	趙汸(元)	經	春秋經傳에 대한 고증과 해석	英祖實錄 16권 289쪽
李德壽(1673-1744)	춘추집전(春秋集傳)	趙汸(元)	經	春秋經傳에 대한 고증과 해석	英祖實錄 17권 152쪽
李德重(1702-?)	춘추집전(春秋集傳)	趙汸(元)	經	春秋經傳에 대한 고증과 해석	英祖實錄 16권 262쪽
鄭翬良(1706-1762)	춘추집전(春秋集傳)	趙汸(元)	經	春秋經傳에 대한 고증과 해석	英祖實錄 17권 104쪽
洪鳳祚(1680-1760)	춘추집전(春秋集傳)	趙汸(元)	經	春秋經傳에 대한 고증과 해석	英祖實錄 16권 264쪽
李德懋(1741-1793)	춘추통의(春秋通義)*		經	『춘추』에 대한 해석서	青莊館全書 4권165쪽

독서자	서명	저자	분류	간략 해제	출전
肅宗(1661-1720)	춘추호씨전(春秋胡氏傳)*	胡安國(宋)	經	『춘추』에 의거하여 尊王攘夷의 사상을 논함	肅宗實錄 10권 65쪽
韓致奫(1765-1814)	춘추회통(春秋會通)	李廉(元)	經	『춘추공양전』에 대한 주석서	海東繹史 5권 73쪽
李肯翊(1736-1806)	춘추회통(春秋會通)	李廉(元)	經	『춘추공양전』에 대한 주석서	燃藜室記述 9권 326쪽
正祖(1752-1800)	춘추후어(春秋後語)*	孔衍(東晋)	史	일명 『春秋後國語』로 戰國史書임	弘齋全書 6권 334쪽
丁若鏞(1762-1836)	충경(忠經)	馬融(79-166)	子		茶山詩文集 9권 28쪽
李德懋(1741-1793)	충파전(衝波傳)		子	몇 가지 견문과 괴이한 일들에 대한 잡기	靑莊館全書 10권 140쪽
李德懋(1741-1793)	충허경(冲虛經)		子	도가 경전	靑莊館全書 9권 28쪽
李鈺(1760-1813)	취(醉)	潘遊龍			李鈺全集 1권 197쪽
許筠(1569-1618)	취경기(取經記)	玄奘(602-664)	子	별칭 『新雕大唐三藏取經記』로 소설	惺所覆瓿藁 2권 243쪽
許筠(1569-1618)	취학정기(醉鶴亭記)				惺所覆瓿藁 2권 109쪽
韓致奫(1765-1814)	취한집(翠寒集)	宋無(元)	集	송무의 시집	海東繹史 5권 117쪽
許筠(1569-1618)	취향소략(醉鄕小略)	胡節還(宋)	子	음주에 관한 저작	惺所覆瓿藁 4권 308쪽
許筠(1569-1618)	취향일월(醉鄕日月)	皇甫松(唐)	子	당대의 酒令을 기록	惺所覆瓿藁 4권 308쪽
黃胤錫(1729-1791)	측량법의(測量法義)*	徐光啓(1562-1633)	子	測量異同 1권과 句股義 1권으로 이루어짐	頤齋遺藁
	측량법의(測量法義)*	徐光啓(1562-1633)	子	測量異同 1권과 句股義 1권으로 이루어짐	奎章總目
李德懋(1741-1793)	측령(測靈)	張慶之(宋)	子	도가의 저작	靑莊館全書 4권 143쪽
	측식(測食)	徐光啓(1562-1633)	子	출전은 서광계의 『新法算書』 13권의 『測食略』으로 추정	奎章總目
	측천약설(測天約說)	徐光啓(1562-1633)	子	출전은 서광계의 『新法算書』 13권의 『測食略』으로 추정	奎章總目
李德懋(1741-1793)	치금창방(治金瘡方)		子	의학 서적	靑莊館全書 8권 223쪽
鄭斗源(1581-?)	치력연기(治曆緣起)*	龍華民(淸) 등	子	『西洋新法曆書』의 편찬 과정을 정리해 놓은 책자	星湖僿說
李德懋(1741-1793)	칠경소전(七經小傳)*	劉敞(1019 -1068)	經	全名은 『公是先生七經小傳』으로 경서 해석서	靑莊館全書 9권 79쪽
正祖(1752-1800)	칠극(七克)	판토하(龐迪我:?-1618	子	천주교의 일곱 종류의 금기를 소개	正祖實錄 16권 308쪽
黃胤錫(1729-1791)	칠극(七克)	판토하(龐迪我:?-1618)	子	천주교의 일곱 종류의 금기를 소개	頤齋遺藁
正祖(1752-1800)	칠략(七略)	劉歆(B.C.53?-25)	史		弘齋全書 6권 282쪽
安重泰	칠요력(七曜曆)		子		
英祖(1694-1776)	칠요역법(七曜曆法)		子		英祖實錄 13권 224쪽

독서자	서명	저자	분류	간략 해제	출전
英祖(1694-1776)	칠정사여만년력(七政四餘萬年曆)		子	康熙 欽定 때의 天文과 曆法에 관한 저작	英祖實錄 11권 229쪽
兪彦鎬(1730-1796)	태극도설(太極圖說)*	周敦頤(1017-1073)	子	태극도를 유학으로 해석한 우주론	正祖實錄 2권 215쪽
崔錫鼎(1646-1715)	태극도설(太極圖說)*	周敦頤(1017-1073)	子	태극도를 유학으로 해석한 우주론	明谷集Ⅰ 53쪽
韓翼謨(1703-?)	태극도설(太極圖說)*	周敦頤(1017-1073)	子	태극도를 유학으로 해석한 우주론	英祖實錄 33권 356쪽
宋時烈(1607-1689)	태극도설(太極圖說)*	周敦頤(1017-1073)	子	태극도를 유학으로 해석한 우주론	肅宗實錄 5권 137쪽
兪晩柱(1755-1788)	태상감응편도설(太上感應篇圖說)*	許纘曾(明) 등	子	도교경전의 내용에 그림을 추가해서 만든 것	欽英 4권 252쪽
金鍾秀(1728-1799)	태상기(太常記)	江蘩(淸)	史	『太常記要』라고도 하는데, 이밖에 蕭彦의 太常記, 呂鳴珂의 太常記 등 2가지 종류가 있음. 당시 太常寺와 관련된 史實들을 기록함	正祖實錄 10권 285쪽
兪晩柱(1755-1788)	태상황정내외이경경(太上黃庭內外二景經)	丘子(梁)	子	도가 서적	欽英 3권 455쪽
李瀷(1681-1763)	태서수법(泰西水法)*	우르시스(熊三拔:?-1654)	子	서양의 取水法, 蓄水法을 설명	李瀷 열람서목
黃胤錫(1729-1791)	태서수법(泰西水法)*	우르시스(熊三拔:?-1654)	子	서양의 取水法, 蓄水法을 설명	頤齋遺藁
兪晩柱(1755-1788)	태서자경편(台西自警編)				欽英 1권 23쪽
許筠(1569-1618)	태식심인(胎息心印)				惺所覆瓿藁 2권 136쪽
李德懋(1741-1793)	태악집(太岳集)*	張居正(1525-1582)	集	萬曆帝 즉위 초기에 장거정이 어린 만력제에게 진강하기 위해 쓴 것	靑莊館全書 5권 167쪽
正祖(1752-1800)	태청집(太靑集)	文翔鳳(明)	集	문상봉의 문집	弘齋全書 6권 211쪽
張混(1759-1828)	태평광기(太平廣記)*	李昉(北宋)	子	한에서 송초까지의 야사・전기・소설에서 기사를 수집하고, 그것을 내용별로 분류한 책	而已广集 580쪽
正祖(1752-1800)	태평광기(太平廣記)*	李昉(北宋)	子	한에서 송초까지의 야사・전기・소설에서 기사를 수집하고, 그것을 내용별로 분류한 책	弘齋全書 17권 25쪽
許筠(1569-1618)	태평광기(太平廣記)*	李昉(北宋)	子	한에서 송초까지의 야사・전기・소설에서 기사를 수집하고, 그것을 내용별로 분류한 책	惺所覆瓿藁 3권 31쪽
李德懋(1741-1793)	태평어람(太平御覽)*	李昉(北宋)	子	원명은 『太平總類』인데, 태종이 하룻밤에 3권씩 열독했기 때문에 현재의 이름으로 되었다고 함	靑莊館全書 5권 30쪽
丁若鏞(1762-1836)	태평어람(太平御覽)*	李昉(北宋)	子	원명은 『太平總類』인데, 태종이 하룻밤에 3권씩 열독했기 때문에 현재의 이름으로 되었다고 함	茶山詩文集 8권 70쪽

독서자	서명	저자	분류	간략 해제	출전
韓致奫(1765-1814)	태평어람(太平御覽)*	李昉(北宋)	子	원명은 『太平總類』인데, 태종이 하룻밤에 3권씩 열독했기 때문에 현재의 이름으로 되었다고 함	海東繹史 5권 80쪽
李德懋(1741-1793)	태평청화(太平清話)*	陳繼儒(1558-1639)	子	진계유의 저술	青莊館全書 10권 75쪽
韓致奫(1765-1814)	태평청화(太平清話)*	陳繼儒(1558-1639)	子	진계유의 저술	海東繹史 5권 6쪽
韓致奫(1765-1814)	태평청화(太平清話)*	陳繼儒(1558-1639)	子	진계유의 저술	藝文志 5권 6쪽
李德懋(1741-1793)	태현경(太玄經)*	楊雄(B.C.53-A.D.18)	子	漢 양웅이 편찬, 晉의 范望이 주해	青莊館全書 10권 26쪽
丁若鏞(1762-1836)	태현경(太玄經)*	楊雄(B.C.53-A.D.18)	子	漢 양웅이 편찬, 晉의 范望이 주해	與猶堂全書 3권 502쪽
正祖(1752-1800)	태현경(太玄經)*	楊雄(B.C.53-A.D.18)	子	漢 양웅이 편찬, 晉의 范望이 주해	弘齋全書 6권 93쪽
許筠(1569-1618)	태현경(太玄經)*	楊雄(B.C.53-A.D.18)	子	漢 양웅이 편찬, 晉의 范望이 주해	惺所覆瓿藁 1권 21쪽
崔錫鼎(1646-1715)	태현시책(太玄蓍策)				明谷集 I 65쪽
兪晩柱(1755-1788)	태화록(太和錄)				欽英 6권 29쪽
正祖(1752-1800)	토원책(兎園冊)		子	민간 사숙선생이 쓰는 간단하고 쉽게 이해되는 어린이 학습용 읽을거리	弘齋全書 6권 210쪽
安鼎福(1712-1791)	통감(通鑑)*	司馬光(1019-1089)	史	송 사마광이 지은 편년체사서	雜同散異 2권 84쪽
吳泰曾(?)	통감(通鑑)*	司馬光(1019-1086)	史	송 사마광이 지은 편년체사서	弘齋全書 13권 357쪽
兪啓煥(?)	통감(通鑑)*	司馬光(1019-1086)	史	송 사마광이 지은 편년체사서	弘齋全書 13권 28쪽
兪晩柱(1755-1788)	통감(通鑑)*	司馬光(1019-1086)	史	송 사마광이 지은 편년체사서	欽英 1권 13쪽
尹命鉉(?)	통감(通鑑)*	司馬光(1019-1086)	史	송 사마광이 지은 편년체사서	弘齋全書 13권 14쪽
李德懋(1741-1793)	통감(通鑑)*	司馬光(1019-1089)	史	송 사마광이 지은 편년체사서	青莊館全書 9권 160쪽
李英發(1768-1849)	통감(通鑑)*	司馬光(1019-1086)	史	송 사마광이 지은 편년체사서	弘齋全書 15권 297쪽
正祖(1752-1800)	통감(通鑑)*	司馬光(1019-1089)	史	송 사마광이 지은 편년체사서	弘齋全書 4권 183쪽
崔錫鼎(1646-1715)	통감(通鑑)*	司馬光(1019-1089)	史	송 사마광이 지은 편년체사서	明谷集 II 486쪽
韓致奫(1765-1814)	통감(通鑑)*	司馬光(1019-1089)	史	송 사마광이 지은 편년체사서	海東繹史 5권 3쪽
許筠(1569-1618)	통감(通鑑)*	司馬光(1019-1089)	史	송 사마광이 지은 편년체사서	惺所覆瓿藁 2권 76쪽
黃胤錫(1729-1791)	통감(通鑑)*	司馬光(1019-1089)	史	송 사마광이 지은 편년체사서	頤齋遺藁 347쪽
肅宗(1661-1720)	통감강목(通鑑綱目)*	朱熹(1130-1200)	史	『자치통감』을 기초로 편찬한 강목체의 사서	肅宗實錄 19권 50쪽
英祖(1694-1776)	통감강목(通鑑綱目)*	朱熹(1130-1200)	史	『자치통감』을 기초로 편찬한 강목체의 사서	英祖實錄 14권 66쪽
吳道一(1645-1703)	통감강목(通鑑綱目)*	朱熹(1130-1200)	史	『자치통감』을 기초로 편찬한 강목체의 사서	肅宗實錄 16권 183쪽
李德懋(1741-1793)	통감강목(通鑑綱目)*	朱熹(1130-1200)	史	『자치통감』을 기초로 편찬한 강목체의 사서	青莊館全書 9권 105쪽
丁若鏞(1762-1836)	통감강목(通鑑綱目)*	朱熹(1130-1200)	史	『자치통감』을 기초로 편찬한 강목체의 사서	與猶堂全書 6권 390쪽
韓致奫(1765-1814)	통감강목(通鑑綱目)*	朱熹(1130-1200)	史	『자치통감』을 기초로 편찬한 강목체의 사서	海東繹史 5권 7쪽
黃胤錫(1729-1791)	통감강목(通鑑綱目)*	朱熹(1130-1200)	史	『자치통감』을 기초로 편찬한 강목체의 사서	頤齋遺藁 553쪽

독서자	서명	저자	분류	간략 해제	출전
李肯翊(1736-1806)	통감강목(通鑑綱目)*	朱熹(1130-1200)	史	『자치통감』을 기초로 편찬한 강목체의 사서	燃藜室記述 9권 327쪽
吳道一(1645-1703)	통감강목(通鑑綱目)*	朱熹(1130-1200)	史	『자치통감』을 기초로 편찬한 강목체의 사서	肅宗實錄 6권 11쪽. 10권 60쪽
李德懋(1741-1793)	통감강목서법(通鑑綱目書法)	劉友益(?)	史	『통감강목』에 대한 해석	青莊館全書 4권 165쪽
兪晚柱(1755-1788)	통감신의(通鑑新意)	李桀(?)	史		欽英 1권 13쪽
正祖(1752-1800)	통감장편(通鑑長篇)*	李燾(宋)	史	『續資治通鑒長編』임	弘齋全書 4권 105쪽
李德懋(1741-1793)	통감전편(通鑑前編)*	金履祥(1498-1576)	史	편년체사서	青莊館全書 10권 36쪽
丁若鏞(1762-1836)	통감절요(通鑑節要)*	江贄(宋)	史	『자치통감』중 대요를 뽑아 만든 역사서로 『少微通鑒』라고도 함	茶山詩文集 3권 260쪽
李宜顯(1669-1745)	통감직해(通鑑直解)	張居正(1525-1582)	史	『자치통감』에 대한 주석서	陶谷集Ⅱ 502쪽
李德懋(1741-1793)	통감집람(通鑑輯覽)*	趙翼(1727-1814) 등	史	원명은 『御批歷代通鑑輯覽』 또는 『御批通鑑輯覽』으로 편년체사서	青莊館全書 10권 74쪽
英祖(1694-1776)	통감찬요(通鑑纂要)	李東陽(1447-1516) 등	史	『資治通鑑』의 節選과 고증	英祖實錄 32권 119쪽
許筠(1569-1618)	통고정관(洞古定觀)				惺所覆瓿藁 2권 136쪽
正祖(1752-1800)	통사(通史)	曾江(?)			弘齋全書 7권 60쪽
金鍾秀(1728-1799)	통서(通書)*	周敦頤(1017-1073)	經	원명은 『易通』, 일명 『濂溪通書』·『周子通書』로 철학서	正祖實錄 6권 273쪽
徐宗泰(?)	통서(通書)*	周敦頤(1017-1073)	經	원명은 『易通』, 일명 『濂溪通書』·『周子通書』로 철학서	肅宗實錄 25권 197쪽
正祖(1752-1800)	통서(通書)*	周敦頤(1017-1073)	經	원명은 『易通』, 일명 『濂溪通書』·『周子通書』로 철학서	弘齋全書 4권 174쪽
正祖(1752-1800)	통서해(通書解)	朱熹(1130-1200)	經	周易 太極圖에 대한 해석으로 『太極圖說解通書解』임	弘齋全書 7권 62쪽
正祖(1752-1800)	통석(通釋)	黃幹(宋)	經	의례에 대한 해석으로 『儀禮經傳通解』로 추정	弘齋全書 2권 82쪽
丁若鏞(1762-1836)	통석부도(通釋附圖)	胡玉齋(宋)			與猶堂全書 3권 623쪽
李德懋(1741-1793)	통소지(洞霄志)	鄧牧(1247-1306)		杭州 부근의 지리 상황을 기록, 지리지 성격의 책	青莊館全書 4권 132쪽
李德懋(1741-1793)	통아(通雅)*	方以智(明)	子	類書	青莊館全書 9권 55쪽
李德懋(1741-1793)	통재(通載)				青莊館全書 9권 137쪽
金若魯(1694-1753)	통전(通典)*	杜佑(735-812)	史	黃帝·唐虞에서 唐 天寶 연간(742-756)까지의 중국 역대 典章制度書	英祖實錄 13권 100쪽
肅宗(1661-1720)	통전(通典)*	杜佑(735-812)	史	黃帝·唐虞에서 唐 天寶 연간(742-756)까지의 중국 역대 典章制度書	肅宗實錄 6권 82쪽
英祖(1694-1776)	통전(通典)*	杜佑(735-812)	史	黃帝·唐虞에서 唐 天寶 연간(742-756)까지의 중국 역대 典章制度書	英祖實錄 13권 100쪽

독서자	서명	저자	분류	간략 해제	출전
禹升謨(?)	통전(通典)*	杜佑(735-812)	史	黃帝・唐虞에서 唐 天寶 연간(742-756)까지의 중국 역대 典章制度書	弘齋全書 13권 295쪽
丁若鏞(1762-1836)	통전(通典)*	杜佑(735-812)	史	黃帝・唐虞에서 唐 天寶 연간(742-756)까지의 중국 역대 典章制度書	茶山詩文集 4권 17쪽
丁若鏞(1762-1836)	통전(通典)*	杜佑(735-812)	史	黃帝・唐虞에서 唐 天寶 연간(742-756)까지의 중국 역대 典章制度書	與猶堂全書 4권 115쪽
正祖(1752-1800)	통전(通典)*	杜佑(735-812)	史	黃帝・唐虞에서 唐 天寶 연간(742-756)까지의 중국 역대 典章制度書	正祖實錄 24권 189쪽
正祖(1752-1800)	통전(通典)*	杜佑(735-812)	史	黃帝・唐虞에서 唐 天寶 연간(742-756)까지의 중국 역대 典章制度書	弘齋全書 4권 170쪽
許積(1610-1680)	통전(通典)*	杜佑(735-812)	史	黃帝・唐虞에서 唐 天寶 연간(742-756)까지의 중국 역대 典章制度書	肅宗實錄 1권 153쪽
黃胤錫(1729-1791)	통전(通典)*	杜佑(735-812)	史	黃帝・唐虞에서 唐 天寶 연간(742-756)까지의 중국 역대 典章制度書	頤齋遺藁 522쪽
李宜顯(1669-1745)	통주지(通州志)		史	通州의 지방지	陶谷集Ⅱ 502쪽
李德懋(1741-1793)	통지(通志)*	鄭樵(南宋)	史	기전체사서	靑莊館全書 10권 124쪽
丁若鏞(1762-1836)	통지(通志)*	鄭樵(南宋)	史	기전체사서	與猶堂全書 6권 276쪽
韓致奫(1765-1814)	통지(通志)*	鄭樵(南宋)	史	기전체사서	海東繹史 5권 52쪽
韓致奫(1765-1814)	통지(通志)*	鄭樵(南宋)	史	기전체사서	海東繹史 5권 30쪽
李德懋(1741-1793)	통지략(通志略)*	鄭樵(南宋)	史	백과전서식 기전체 통사인 『통지』의 일부	靑莊館全書 10권 21쪽
朴世采(1631-1695)	통해(通解)	朱熹(1130-1200)	經	『儀禮經傳通解』로 추정. 『儀禮』에 대한 해석	肅宗實錄 31권 43쪽
李觀命(1661-1733)	통해(通解)	朱熹(1130-1200)	經	『儀禮經傳通解』로 추정. 『儀禮』에 대한 해석	肅宗實錄 25권 175쪽
許筠(1569-1618)	파라관집(婆羅館集)				惺所覆瓿藁 4권 136쪽
李德懋(1741-1793)	파방대전(播芳大全)		集	송대의 문장을 수록, 별칭『五百家播芳大全文粹』	靑莊館全書 10권 32쪽
李鈺(1760-1813)	판교잡기(板橋雜記)*	余懷(淸)	子	명말 남경 長板橋 遊里의 일을 중심으로 기술한 것	李鈺全集 1권 236쪽
許筠(1569-1618)	팔간편(八奸篇)	韓非(B.C.280-233)	子	출전은 한비의 『韓非子』로 보임	惺所覆瓿藁 2권 247쪽
正祖(1752-1800)	팔기통지(八旗通志)*	鄂爾泰(淸) 등	子	동북의 만주・몽고 등 소수민족의 先世 전설에서부터 官宦家世・軍功・政績・文學을 대부분 포함하고 있음	弘齋全書 17권 25쪽
黃胤錫(1729-1791)	팔선표(八線表)		子	수학 서적으로 추정	頤齋遺藁 106쪽
許筠(1569-1618)	패관(稗官)				惺所覆瓿藁 2권 240쪽
韓致奫(1765-1814)	패다엽경(貝多葉經)		子	불교 경전	海東繹史 5권 88쪽
李德懋(1741-1793)	패문운부(佩文韻府)*	張玉書(淸) 등	子	444권(원작 106권)으로된 類書	靑莊館全書 9권 106쪽
正祖(1752-1800)	패문운부(佩文韻府)*	張玉書(淸) 등	子	444권(원작 106권)으로된 類書	弘齋全書 17권 25쪽

독서자	서명	저자	분류	간략 해제	출전
韓致奫(1765-1814)	패문운부(佩文韻府)*	張玉書(淸) 등	子	444권(원작 106권)으로된 類書	海東繹史 5권 8쪽
韓致奫(1765-1814)	패문재서화보(佩文齋書畵譜)*	孫岳頒(淸) 등	子	서화총서로 청 강희제의 칙령에 의해 편찬	海東繹史 5권 134쪽
許筠(1569-1618)	패사휘편(稗史彙編)	王圻(明)	集		惺所覆瓿藁 4권 102쪽
李德懋(1741-1793)	패전집(佩鐫集)	郭忠恕(?-977)	經	자전 성격의 책, 주로 독음에 관한 내용	靑莊館全書 10권 89쪽
張混(1759-1828)	패해(稗海)*	商濬(明)	子	稗海는 稗說의 바다라는 뜻으로, 晉·唐·宋代 사람들의 필기·수필을 수록한 총서	而已广集 580쪽
許筠(1569-1618)	패해(稗海)*	商濬(明)	子	稗海는 稗說의 바다라는 뜻으로, 晉·唐·宋代 사람들의 필기·수필을 수록한 총서	惺所覆瓿藁 4권 56쪽
許筠(1569-1618)	폄삭절목(貶削節目)				惺所覆瓿藁 3권 306쪽
李德懋(1741-1793)	평감천요(評鑒闡要)		史	『資治通鑒』에 기록 된 내용을 평론	靑莊館全書 9권 174쪽
許筠(1569-1618)	평안공식단(平安公食單)	何曾(?)			惺所覆瓿藁 3권 226쪽
英祖(1694-1776)	평원록(平寃錄)			송나라 서적	英祖實錄 22권 46쪽
李宜顯(1669-1745)	포경재집(抱經齋集)	徐嘉炎(淸)	集	서가염의 문집	陶谷集Ⅱ 502쪽
李德懋(1741-1793)	포박자(抱朴子)*	葛洪(283-343)	子	내편은 도가, 외편은 유가에 속한 내용으로 구성	靑莊館全書 8권 257쪽
丁若鏞(1762-1836)	포박자(抱朴子)*	葛洪(283-343)	子	내편은 도가, 외편은 유가에 속한 내용으로 구성	茶山詩文集 4권 120쪽
許筠(1569-1618)	포박자(抱朴子)*	葛洪(283-343)	子	내편은 도가, 외편은 유가에 속한 내용으로 구성	惺所覆瓿藁 3권 82쪽
韓致奫(1765-1814)	폭서정집(曝書亭集)*	朱彛尊(淸)	集	비석의 題跋을 모은 것이 많음	海東繹史 5권 35쪽
黃胤錫(1729-1791)	표도설(表度說)	판토하(熊三拔: 1575-1618)	子	천문과 측량의 방법을 소개	頤齋遺藁 106쪽
李德懋(1741-1793)	표수현지(漂水縣志)		史	지방지로 보임	靑莊館全書 9권 11쪽
兪晩柱(1755-1788)	표인문답(漂人問答)				欽英 1권 7쪽
許筠(1569-1618)	품휘(品彙)	高棅(1350-1413)	集	명대 고병이 唐詩를 제창하기 위해 편집한 당시총집으로, 모두 50,769편의 시가 장르에 따라 편집됨. 『唐詩品匯』로도 불림	惺所覆瓿藁 2권 72쪽
金壽恒(1629-1689)	풍각(風角)	何休(129-182)	子	하휴가 註를 한 것. 明代 『歷差失閏』의 風角占으로 나온 것으로 曆法에 관한 저작	肅宗實錄 6권 112, 114, 166쪽
許筠(1569-1618)	풍교운전(風教雲箋)				惺所覆瓿藁 3권 258쪽

독서자	서명	저자	분류	간략 해제	출전
李德懋(1741-1793)	풍속통(風俗通)*	應劭(漢)	史	고문헌에 기초하여 사물이나 전례의 연혁·의의까지 해설	靑莊館全書 9권 7쪽
正祖(1752-1800)	풍속통(風俗通)*	應劭(漢)	史	고문헌에 기초하여 사물이나 전례의 연혁·의의까지 해설	弘齋全書 6권 229쪽
丁若鏞(1762-1836)	풍속통의(風俗通義)*	應劭(漢)	史	고문헌에 기초하여 사물이나 전례의 연혁·의의까지 해설	與猶堂全書 4권 286쪽
許筠(1569-1618)	풍아(風雅)	王廷相(1474-1544)			惺所覆瓿藁 2권 240쪽
丁若鏞(1762-1836)	풍연부(馮衍賦)	馮衍(漢)		풍연이 쓴 詞賦	與猶堂全書 3권 6쪽
許筠(1569-1618)	풍입송(風入松)				惺所覆瓿藁 3권 170쪽
許筠(1569-1618)	풍창랑화(風窓浪話)	琴恪(1571-1588)			惺所覆瓿藁 2권 351쪽
李德懋(1741-1793)	풍창소독(楓囪小牘)	袁褧(宋)	子	송대의 잡다한 사건을 기록	靑莊館全書 8권 231쪽
許筠(1569-1618)	피서록화(避署錄話)	葉夢得(1077-1148)			惺所覆瓿藁 4권 197쪽
丁若鏞(1762-1836)	필산(筆算)*	梅文鼎(淸)	子	수학 서적	與猶堂全書 5권 290쪽
兪晩柱(1755-1788)	필재시율(畢齋詩律)				欽英 1권 409쪽
李德懋(1741-1793)	하객유기(霞客遊記)*	徐霞客(1586-1641)	史	여행기, 일명『徐霞客游記』	靑莊館全書 9권 90쪽
許筠(1569-1618)	하남사설(河南師說)	韓元吉(宋)	子	유가의 저작 모음	惺所覆瓿藁 4권 135쪽
許筠(1569-1618)	하동부(河東賦)	楊雄(B.C.53-A.D.18)	集	양웅의 詩賦 중 하나	惺所覆瓿藁 1권 244쪽
正祖(1752-1800)	하락본시(河洛本始)	徐道泰(?)	經	『河圖洛書』에 대한 해석	弘齋全書 11권 203쪽
丁若鏞(1762-1836)	하소정(夏小正)*	載德(漢)	經	중국 최고의 과학 기술 서적 가운데 하나	與猶堂全書 3권 444쪽
正祖(1752-1800)	하원지(河源志)	潘昂霄(元)	史	黃河 원류에 대한 고증	弘齋全書 11권 26쪽
李德懋(1741-1793)	학림옥로(鶴林玉露)*	羅大經(宋)	子	사회·경제·관제·문학·인물에 관한 逸聞을 기록한 것	靑莊館全書 8권 231쪽
許筠(1569-1618)	학림옥로(鶴林玉露)*	羅大經(宋)	子	사회·경제·관제·문학·인물에 관한 逸聞을 기록한 것	惺所覆瓿藁 4권 73쪽
韓致奫(1765-1814)	학산집(鶴山集)*	魏了翁(宋)		위료옹의 문집	海東繹史 5권 113쪽
丁若鏞(1762-1836)	한기(漢紀)*	荀悅(後漢)	史	편년체사서	與猶堂全書 3권 189쪽
許筠(1569-1618)	한무고사(漢武故事)	班固(32-92)		漢武帝에 관한 일들을 기록. 위작으로 보임	惺所覆瓿藁 2권 274쪽
正祖(1752-1800)	한무고사(漢武故事)	班固(32-92)		漢武帝에 관한 일들을 기록. 위작으로 보임,	弘齋全書 6권 239쪽
許筠(1569-1618)	한무내전(漢武內傳)	班固(32-92)	史	漢武帝에 관한 일들을 기록. 위작으로 보임,	惺所覆瓿藁 2권 274쪽
正祖(1752-1800)	한무내편(漢武內篇)	班固(32-92)	子	漢武帝에 관한 소설로 반고가 썼다고 전해 내려오는데, 후대 사람의 위작일 것으로 추정	弘齋全書 6권 216쪽
崔錫鼎(1646-1715)	한문제기(漢文帝紀)		史	『史記』의 漢文帝本紀이거나 『漢書』의 文帝本紀일 것으로 추정	明谷集Ⅱ 493쪽

독서자	서명	저자	분류	간략 해제	출전
許筠(1569-1618)	한발문(旱魃問)	琴恪(1571-1588)			惺所覆瓿藁 3권 287쪽
李德懋(1741-1793)	한벽금기(寒碧琴記)	王子一(明)		저자와 금에 관한 일들, 참고『明文海』378권	靑莊館全書 9권 31쪽
許筠(1569-1618)	한비(韓非)	韓非(B.C.280-233)	子		惺所覆瓿藁 3권 259쪽
金東弼(1678-1737)	한비자(韓非子)*	韓非(B.C.280-233)	子	법치주의를 주창한 한비와 그 일파의 논지	肅宗實錄 32권 129쪽
李德懋(1741-1793)	한비자(韓非子)*	韓非(B.C.280-233)	子	법치주의를 주창한 한비와 그 일파의 논지	靑莊館全書 9권 59쪽
丁若鏞(1762-1836)	한비자(韓非子)*	韓非(B.C.280-233)	子	법치주의를 주창한 한비와 그 일파의 논지	與猶堂全書 3권 114쪽
正祖(1752-1800)	한비자(韓非子)*	韓非(B.C.280-233)	子	법치주의를 주창한 한비와 그 일파의 논지	弘齋全書 6권 94쪽
許筠(1569-1618)	한비자(韓非子)*	韓非(B.C.280-233)	子	법치주의를 주창한 한비와 그 일파의 논지	惺所覆瓿藁 2권 246쪽
徐命膺(1716-1787)	한사(漢史)		史		保晩齋集 239쪽
兪彦協(1685-?)	한사(漢史)		史		英祖實錄 16권 62쪽
甄城君(?-1507)	한서(漢書)*	班固(32-92)	史	전한시대를 다룬 기전체사서	肅宗實錄 27권 112쪽
徐瀅修(1749-1824)	한서(漢書)*	班固(32-92)	史	전한시대를 다룬 기전체사서	弘齋全書 15권 103쪽
宋文欽(1710-1751)	한서(漢書)*	班固(32-92)	史	전한시대를 다룬 기전체사서	閒靜堂集 404쪽
宋翼淵(?)	한서(漢書)*	班固(32-92)	史	전한시대를 다룬 기전체사서	弘齋全書 13권 383쪽
肅宗(1661-1720)	한서(漢書)*	班固(32-92)	史	전한시대를 다룬 기전체사서	肅宗實錄 22권 268쪽
安鼎福(1712-1791)	한서(漢書)*	班固(32-92)	史	전한시대를 다룬 기전체사서	雜同散異 2권 15쪽
英祖(1694-1776)	한서(漢書)*	班固(32-92)	史	전한시대를 다룬 기전체사서	英祖實錄 28권 31쪽
魏伯珪(1727-1798)	한서(漢書)*	班固(32-92)	史	전한시대를 다룬 기전체사서	存齋集 298쪽
尹光顔(1757-1815)	한서(漢書)*	班固(32-92)	史	전한시대를 다룬 기전체사서	弘齋全書 15권 102쪽
李德懋(1741-1793)	한서(漢書)*	班固(32-92)	史	전한시대를 다룬 기전체사서	靑莊館全書 9권 135쪽
李墩(?)	한서(漢書)*	班固(32-92)	史	전한시대를 다룬 기전체사서	肅宗實錄 27권 112쪽
李三碩(?)	한서(漢書)*	班固(32-92)	史	전한시대를 다룬 기전체사서	肅宗實錄 10권 253쪽
李鈺(1760-1813)	한서(漢書)*	班固(32-92)	史	전한시대를 다룬 기전체사서	李鈺全集 1권 304쪽
李在學(?)	한서(漢書)*	班固(32-92)	史	전한시대를 다룬 기전체사서	正祖實錄 3권 288쪽
張混(1759-1828)	한서(漢書)*	班固(32-92)	史	전한시대를 다룬 기전체사서	而已广集 580쪽
丁若鏞(1762-1836)	한서(漢書)*	班固(32-92)	史	전한시대를 다룬 기전체사서	與猶堂全書 2권 23쪽
正祖(1752-1800)	한서(漢書)*	班固(32-92)	史	전한시대를 다룬 기전체사서	正祖實錄 25권 92쪽
正祖(1752-1800)	한서(漢書)*	班固(32-92)	史	전한시대를 다룬 기전체사서	弘齋全書 6권 35쪽
崔錫鼎(1646-1715)	한서(漢書)*	班固(32-92)	史	전한시대를 다룬 기전체사서	明谷集Ⅰ 82쪽
韓致奫(1765-1814)	한서(漢書)*	班固(32-92)	史	전한시대를 다룬 기전체사서	海東繹史 5권 3쪽
許筠(1569-1618)	한서(漢書)*	班固(32-92)	史	전한시대를 다룬 기전체사서	惺所覆瓿藁 4권 48쪽
黃胤錫(1729-1791)	한서(漢書)*	班固(32-92)	史	전한시대를 다룬 기전체사서	頤齋遺藁 139쪽
朴趾源(1737-1805)	한서(漢書)*	班固(32-92)	史	전한시대를 다룬 기전체사서	燕巖集 175쪽
丁若鏞(1762-1836)	한시(韓詩)	韓嬰(漢)	經	史實에 입각해서『詩經』을 해석한 저작으로『韓詩外傳』으로 추정	茶山詩文集 4권 54쪽
正祖(1752-1800)	한시(韓詩)	韓嬰(漢)	經	史實에 입각해서『詩經』을 해석한 저작으로『韓詩外傳』으로 추정	弘齋全書 6권 235쪽
兪晩柱(1755-1788)	한시외전(韓詩外傳)*	韓嬰(漢)	經	『시경』 해설서. 310편의 고사를 함께 수록	欽英 6권 489쪽

독서자	서명	저자	분류	간략 해제	출전
李德懋(1741-1793)	한시외전(韓詩外傳)*	韓嬰(漢)	經	『시경』 해설서. 310편의 고사를 함께 수록	靑莊館全書 6권 135쪽
張混(1759-1828)	한시외전(韓詩外傳)*	韓嬰(漢)	經	『시경』 해설서. 310편의 고사를 함께 수록	而已广集 580쪽
丁若鏞(1762-1836)	한시외전(韓詩外傳)*	韓嬰(漢)	經	『시경』 해설서. 310편의 고사를 함께 수록	與猶堂全書 2권 23쪽
正祖(1752-1800)	한시외전(韓詩外傳)*	韓嬰(漢)	經	『시경』 해설서. 310편의 고사를 함께 수록	弘齋全書 3권 23쪽
正祖(1752-1800)	한시외전(韓詩外傳)*	韓嬰(漢)	經	『시경』 해설서. 310편의 고사를 함께 수록	弘齋全書 6권 126쪽
洪大容(1731-1783)	한예자원(漢隷字源)*	婁機(宋)	子	6권으로 된 字書	湛軒書 2권 169쪽
李宜顯(1669-1745)	한위육조백명가집(漢魏六朝百名家集)	張溥輯(明)	集	漢·魏 文人의 문집을 수록	陶谷集 I 502쪽
徐命膺(1716-1787)	한위총서(漢魏叢書)*	程榮(明)	子	漢·魏·六朝 시대의 저서 38종을 수록한 叢書	保晩齋集 243쪽
兪晩柱(1755-1788)	한위총서(漢魏叢書)*	程榮(明)	子	漢·魏·六朝 시대의 저서 38종을 수록한 叢書	欽英 6권 488쪽
李德懋(1741-1793)	한위총서(漢魏叢書)*	程榮(明)	子	漢·魏·六朝 시대의 저서 38종을 수록한 叢書	靑莊館全書 3권 179쪽
張混(1759-1828)	한위총서(漢魏叢書)*	程榮(明)	子	漢·魏·六朝 시대의 저서 38종을 수록한 叢書	而已广集 580쪽
李晩秀(1752-1820)	한유지전(漢儒之傳)				屐園遺稿 276쪽
正祖(1752-1800)	한전(韓傳)	韓嬰(漢)	經	史實에 입각해서 『詩經』을 해석한 저작으로 『韓詩外傳』으로 추정	弘齋全書 6권 126쪽
兪晩柱(1755-1788)	한정우기(閑情偶寄)*	李漁(1611-1685)	子	희곡 잡론	欽英 3권 395쪽
柳得恭(1749-1807)	한지(漢志)	班固(32-92)	史	한서 중 각종 志의 회편, 일반적으로 지리지와 예문지를 가리킴	冷齋集 119쪽
李書九(1754-1825)	한지(漢志)	班固(32-92)	史	한서 중 각종 志의 회편, 일반적으로 지리지와 예문지를 가리킴	惕齋集 219쪽
正祖(1752-1800)	한지(漢志)	班固(32-92)	史	한서 중 각종 志의 회편, 일반적으로 지리지와 예문지를 가리킴	弘齋全書 6권 199쪽
崔錫鼎(1646-1715)	한지(漢志)	班固(32-92)	史	한서 중 각종 志의 회편, 일반적으로 지리지와 예문지를 가리킴	明谷集 I 62쪽
	할원팔선표(割圓八線表)	徐光啓(1562-1633)	子	서양 신법역서의 法數部에 쓰이는 삼각 함수표	奎章總目
	항성경위도(恒星經緯圖)		子		奎章總目
	항성력지(恒星曆指)	아담샬(湯若望: 1591-1666)	子	서양의 천문역법을 소개	奎章總目
	항성출몰표(恒星出沒表)*	아담샬(湯若望: 1591-1666)	子	천문 역법서	奎章總目

독서자	서명	저자	분류	간략 해제	출전
韓致奫(1765-1814)	항창자(亢倉子)	王士元(唐)	子	각종 古書의 내용을 채집하고 해석을 더한 것	海東繹史 5권 82쪽
李克撰(?)	해관서록(解關西錄)				正祖實錄 2권 119쪽
丁若鏞(1762-1836)	해도산경(海島算經)*	魏徽(580-643)		유명한 『九章算術』 다음 가는 중국 고대 수학서	與猶堂全書 5권 290쪽
李德懋(1741-1793)	해봉문편(海峯文編)	張慶之(宋)	集	장경지의 문집	靑莊館全書 4권 144쪽
李德懋(1741-1793)	해속집(海粟集)	馮子振(1257-1327)	集	이 판본의 출전은 『長洲顧氏秀野草堂』으로 보임	靑莊館全書 7권 143쪽
韓致奫(1765-1814)	해외담황택시(海外覃皇澤詩)	呂祐之(宋)	集	여우지가 고려로 사신으로 가서 쓴 시	海東繹史 5권 103쪽
李德懋(1741-1793)	해외사정광기(海外事程廣記)	章僚(南唐)	史	장요가 고려로 사신을 갔다 온 뒤 편찬한 책인데, 海道와 고려 경내의 산천과 물산 등을 기록	靑莊館全書 10권 124쪽
韓致奫(1765-1814)	해외사정광기(海外使程廣記)	章僚(南唐)	史	장요가 고려로 사신을 갔다 온 뒤 편찬한 책인데, 海道와 고려 경내의 산천과 물산 등을 기록	海東繹史 5권 101쪽
李德懋(1741-1793)	해주지(解州志)		史	山西 解縣의 지방지, 연대 불명	靑莊館全書 10권 86쪽
金錫胄(1634-1684)	행군수지(行軍須知)	曾公亮(宋) 등	子	『武經總要』에서 뽑은 병법서	肅宗實錄 4권 31쪽
韓致奫(1765-1814)	행서첩(行書帖)	李邕 등	子	서법에 대한 저서	海東繹史 5권 137쪽
李德懋(1741-1793)	행정록(行程錄)*	許亢宗(?)	史	송·요·금·원의 별사들을 합간한 역사서	靑莊館全書 10권 108쪽
兪晩柱(1755-1788)	행화육율(杏花六律)				欽英 6권 498쪽
朴趾源(1737-1805)	향조필기(香祖筆記)*	王士禎(1634-1711)	子	시문의 평론, 정치, 사회, 풍속에 대한 견문을 서술	燕巖集 158쪽
李德懋(1741-1793)	향조필기(香祖筆記)*	王士禎(1634-1711)	子	시문의 평론, 정치, 사회, 풍속에 대한 견문을 서술	靑莊館全書 9권 130쪽
韓致奫(1765-1814)	향조필기(香祖筆記)*	王士禎(1634-1711)	子	시문의 평론, 정치, 사회, 풍속에 대한 견문을 서술	海東繹史 5권 6쪽
韓致奫(1765-1814)	허문목집(許文穆集)	許國(明)	集	허국의 문집	海東繹史 5권 95쪽
李德懋(1741-1793)	헌거집(軒渠集)	洪希文(宋)	集	홍희문의 문집	靑莊館全書 4권 155쪽
李德懋(1741-1793)	헌길집(獻吉集)				靑莊館全書 3권 112쪽
許筠(1569-1618)	현관잡기(玄關雜記)				惺所覆瓿藁 4권 253쪽
許筠(1569-1618)	현관잡설(玄關雜說)				惺所覆瓿藁 4권 261쪽
韓致奫(1765-1814)	현식록(賢識錄)*	陸釴(明)	子	잡사를 모은 것	海東繹史 5권 4쪽
兪晩柱(1755-1788)	현진폐호록(玄眞閉戶錄)				欽英 5권 520쪽
李德懋(1741-1793)	현혁편(賢奕編)	劉元卿(1544-1609)	子	몇몇 신기하고 괴이한 이야기를 기록	靑莊館全書 9권 66쪽

독서자	서명	저자	분류	간략 해제	출전
兪晚柱(1755-1788)	형경관록(刑京關錄)				欽英 5권 138쪽
李德懋(1741-1793)	형문지(荊門志)		史	荊門의 지방지, 연대 불명	靑莊館全書 10권 86쪽
徐命膺(1716-1787)	형천무편(荊川武編)	唐順之(明)	子	병법서	英祖實錄 25권 229쪽
兪晚柱(1755-1788)	형천사찬좌편(荊川史纂左編)	唐順之(明)			欽英 4권 341쪽
兪晚柱(1755-1788)	형천집(荊川集)*	唐順之(明)	集	당순지의 문집	欽英 3권 229쪽
李宜顯(1669-1745)	형천패편(荊川稗編)	唐順之(明)	子	類書	陶谷集Ⅱ 502쪽
正祖(1752-1800)	형초세시기(荊楚歲時記)*	宗懔(梁)		농민의 연중행사를 기록한 것	弘齋全書 6권 126쪽
李德懋(1741-1793)	혜통준선사탑지(慧通浚禪師塔志)	毛奇齡(1623-1716)		慧通浚 禪師의 塔을 위해 만든 志, 출전 『西河集』 110권	靑莊館全書 10권 166쪽
洪大容(1731-1783)	호산편람(湖山便覽)	翟灝(淸)	史	지리 서적	湛軒書 59쪽
韓致奫(1765-1814)	호삼성음주통감(胡三省音註通鑑)	胡三省(元)			海東繹史 5권 7쪽
李德懋(1741-1793)	호연잡기(湖然雜記)	陸次雲(淸)	子	西湖 부근의 지리와 풍경을 기록	靑莊館全書 9권 127쪽
宋時烈(1607-1689)	호전(胡傳)*	胡安國(1074-1138)	經	『春秋』에 대한 해석으로 『春秋胡氏傳』이라고 함	肅宗實錄 9권 175쪽
正祖(1752-1800)	호전(胡傳)*	胡安國(1074-1138)	經	『春秋』에 대한 해석으로 『春秋胡氏傳』이라고 함	弘齋全書 6권 243쪽
許筠(1569-1618)	호주가(好酒家)	阮籍(210-263)			惺所覆瓿藁 2권 297쪽
李德懋(1741-1793)	혹문석몽(或問石夢)				靑莊館全書 4권 163쪽
李德懋(1741-1793)	혹서(或書)				靑莊館全書 10권 115쪽
李瀷(1681-1763)	혼개통헌도설(渾蓋通憲圖說)*	李之藻(1565-1631) 등	子	클라비우스(Clavius)의 천문학 교재를 한역한 것	李瀷 열람서목
黃胤錫(1729-1791)	혼개통헌도설(渾蓋通憲圖說)*	李之藻(1565-1631) 등	子	클라비우스(Clavius)의 천문학 교재를 한역한 것	頤齋遺藁
李德懋(1741-1793)	혼원육전(混元六典)			『唐六典』으로 보임, 開元 시기 편찬한 제도에 관한 서적	靑莊館全書 10권 109쪽
韓致奫(1765-1814)	홍간록(弘簡錄)	邵經邦	史	宋遼金과 관련된 역사들을 수집하고 기록	海東繹史 6권 164쪽
韓致奫(1765-1814)	홍경집(鴻慶集)	孫覿(宋)	集	손적의 문집	海東繹史 6권 245쪽
肅宗(1661-1720)	홍무정운(洪武正韻)*	樂韶鳳(明)등	經	악소봉 등이 조서를 받아 편찬한 음운서	肅宗實錄 26권 192쪽
兪晚柱(1755-1788)	홍무정운(洪武正韻)*	樂韶鳳(明)등	經	악소봉 등이 조서를 받아 편찬한 음운서	欽英 2권 299쪽
李德懋(1741-1793)	홍무정운(洪武正韻)*	樂韶鳳(明)등	經	악소봉 등이 조서를 받아 편찬한 음운서	靑莊館全書 4권 186쪽

독서자	서명	저자	분류	간략 해제	출전
韓翼謨(1703-?)	홍무정운(洪武正韻)*	樂韶鳳(明)등	經	악소봉 등이 조서를 받아 편찬한 음운서	英祖實錄 32권 165쪽
朴趾源(1737-1805)	홍범(洪範)*		經	『書經』의 <洪範>편 및 그와 관련이 있는 여러 도설들을 모아 놓은 책	燕巖集 15쪽
柳得恭(1749-1807)	홍범(洪範)*		經	『書經』의 <洪範>편 및 그와 관련이 있는 여러 도설들을 모아 놓은 책	冷齋集 130쪽
韓致奫(1765-1814)	홍범경전집의(洪範經傳集義)	孫承澤(明)	經	『書經』<洪范>편에 대한 해석과 고증	海東繹史 5권 16쪽
兪晩柱(1755-1788)	홍서(鴻書)	劉仲達(明)	子	여러 책을 발췌하여 완성	欽英 2권 101쪽
張混(1759-1828)	홍서(鴻書)	劉仲達(明)	子	여러 책을 발췌하여 완성	而已广集 580쪽
李鈺(1760-1813)	화간집(花間集)*	趙崇祚(後蜀)	集	唐 五代의 詞 選集	李鈺全集 1권 197쪽
許筠(1569-1618)	화간집(花間集)*	趙崇祚(後蜀)	集	唐 五代의 詞 選集	惺所覆瓿藁 3권 30쪽
韓致奫(1765-1814)	화감(畵鑒)*	湯垕(元)	子	일명 『古今畵鑒』, 續畵論著	海東繹史 5권 160쪽
韓致奫(1765-1814)	화감(畵鑒)*	湯垕(元)	子	일명 『古今畵鑒』, 續畵論著	藝文志 5권 160쪽
李德懋(1741-1793)	화경(花經)				靑莊館全書 10권 215쪽
韓致奫(1765-1814)	화계(畵繼)*	鄧椿(南宋)	子	續畵書	海東繹史 5권 162쪽
韓致奫(1765-1814)	화사회요(畵史會要)*	朱謀垔(明)	子	역대 화가의 略傳 및 畵法을 기술	藝文志
李德懋(1741-1793)	화식전(貨殖傳)*	司馬遷(B.C.145-86)	史	『史記』에 들어있는 상인들의 이야기	靑莊館全書 9권 58쪽
兪晩柱(1755-1788)	화양주선(華陽朱選)				欽英 3권 448쪽
李鈺(1760-1813)	화엄경(華嚴經)		子	불교 경전	李鈺全集 1권 260쪽
韓致奫(1765-1814)	화엄경(華嚴經)		子		海東繹史 5권 88쪽
柳得恭(1749-1807)	화왕각등고(花王閣賸藁)	紀坤(淸)	集	『漢書』의 각종 志를 회편함, 일반적으로 地理志와 藝文志를 가리킴	燕行錄選集 7권 412쪽
李德懋(1741-1793)	화정집(和靖集)	林逋(967-1028)	集		靑莊館全書 5권 155쪽
韓致奫(1765-1814)	화천집(華泉集)*	邊貢(明)	集	변공의 시문집	海東繹史 6권 176쪽
許筠(1569-1618)	화천집(華泉集)*	邊貢(明)	集	변공의 시문집	惺所覆瓿藁 1권 172쪽
李書九(1754-1825)	화초서(花艸書)	山胤			惕齋集 160쪽
李德懋(1741-1793)	화한삼재도회(和漢三才圖會)	良安尙順(日本)	子	明代 王圻의 『三才圖會』에 근거한 것으로 보임, 각종 서적에 있는 그림들을 모음	靑莊館全書 9권 44쪽
丁若鏞(1762-1836)	화한삼재도회(和漢三才圖繪)	良安尙順(日本)	子	明代 王圻의 『三才圖會』에 근거한 것으로 보임, 각종 서적에 있는 그림들을 모음	茶山詩文集 9권 164쪽
李德懋(1741-1793)	화한역대비고(和漢歷代備考)		史		靑莊館全書 10권 88쪽
許筠(1569-1618)	환담신론(桓譚新論)*	桓譚(B.C.24-A.D.56)	子	일명 『桓子新論』 혹은 『新論』으로 불리움	惺所覆瓿藁 3권 227쪽
黃胤錫(1729-1791)	환용교의(環容較義)	李之藻(1565-1631)	子	출전은 이지조의 『天學初函』. 과학서적	頤齋遺藁
黃胤錫(1729-1791)	환용교의(環容較義)	李之藻(1565-1631)	子	출전은 이지조의 『天學初函』. 과학서적	頤齋遺藁 106쪽
韓致奫(1765-1814)	환우방비록(寰宇訪碑錄)*	孫星衍(淸) 등	子	각 省에 있었던 역대 비석 및 古碑瓦의 名目을 수록한 것	海東繹史 5권 140쪽

독서자	서명	저자	분류	간략 해제	출전
李德懋(1741-1793)	활인심방(活人心方)	朱權(1378-1448)	子	의학 서적	靑莊館全書 10권 172쪽
丁若鏞(1762-1836)	황극경세서(皇極經世書)*	邵雍(1011-1077)	子	우주 만물의 생성변화를 설명한 철학서	茶山詩文集 9권 19쪽
正祖(1752-1800)	황극경세서(皇極經世書)*	邵雍(1011-1077)	子	우주 만물의 생성변화를 설명한 철학서	弘齋全書 12권 333쪽
正祖(1752-1800)	황극내편(皇極內篇)	蔡沈(1176-1230)	子	천문 역법의 저작으로 일명『洪范皇極內篇』	弘齋全書 6권 89쪽
任履周(?)	황극도변(皇極度辨)		子	占卜이나 曆法 방면의 저작으로 추정	弘齋全書 13권 385쪽
尹光顔(1757-1815)	황극변(皇極辨)	朱熹(1130-1200)	經	주희가 君權을 推崇한 문장	弘齋全書 15권 20쪽
正祖(1752-1800)	황극변(皇極辨)	朱熹(1130-1200)	經	주희가 君權을 推崇한 문장	弘齋全書 15권 21쪽
李德懋(1741-1793)	황람(皇覽)*			최초의 類書로 魏 黃初 연간(220-226)에 편찬	靑莊館全書 10권 178쪽
正祖(1752-1800)	황리록(黃李錄)				正祖實錄 26권 121쪽
洪大容(1731-1783)	황면재집(黃勉齋集)*	黃幹(宋)	集	일명 『勉齋先生黃文肅公文集』,『勉齋集』이라고도 함	湛軒書 59쪽
李德懋(1741-1793)	황명관과경세굉사(皇明館課經世宏辭)	王錫爵(明) 등	集	역대 館課의 詔書·詩賦 등을 모음, 왕석작이 題字함	靑莊館全書 9권 34쪽
韓致奫(1765-1814)	황명문선(皇明文選)	汪宗元(明)	集	명대의 문장들을 수록	海東繹史 6권 289쪽
李肯翊(1736-1806)	황명십륙조(皇明十六朝)	陳建(1497-1567)	史	별칭『皇明十六朝廣匯紀』, 明代의 역사를 기록	燃藜室記述 9권 405쪽
英祖(1694-1776)	황명십륙조기(皇明十六朝記)	陳建(1497-1567)	史	明代의 역사를 기록	英祖實錄 16권 32쪽
徐命膺(1716-1787)	황명력법(皇明曆法)				英祖實錄 28권 386쪽
李毅中(1703-?)	황명정사(皇明正史)				英祖實錄 19권 23쪽
英祖(1694-1776)	황명통기(皇明通紀)*	陳建(1497-1567)	史	元末 至正 11년(1351)부터 正德 말년(1521)까지의 편년사	英祖實錄 33권 401쪽
李德懋(1741-1793)	황명통기(皇明通記)*	陳建(1497-1567)	史	元末 至正 11년(1351)부터 正德 말년(1521)까지의 편년사	靑莊館全書 2권 35쪽
英祖(1694-1776)	황명회전(皇明會典)		史	明代 관청에서 기재한 典章制度의 역사서. 弘治 연간에 편찬했으며, 이후 正德, 嘉靖, 萬歷 당시에 모두 수정	英祖實錄 13권 168쪽
李宜顯(1669-1745)	황미고사(黃眉故事)				陶谷集Ⅱ 502쪽
韓致奫(1765-1814)	황산곡집(黃山谷集)	黃庭堅(1045-1105)	集	황정견의 시집	海東繹史 5권 139쪽
李宜顯(1669-1745)	황산지(黃山志)		史	黃山의 지방지	陶谷集Ⅱ 502쪽
正祖(1752-1800)	황수영감지(皇隋靈感志)	王劭(隋)	子	불교 경전의 내용을 이용한 讖緯에 관한 서적	弘齋全書 13권 347쪽

독서자	서명	저자	분류	간략 해제	출전
丁若鏞(1762-1836)	황여고(皇輿考)	張天復(明)	史	장천복이 편집한 명대의 전국 지리총서인데 압록강에 대한 기록이 있음	與猶堂全書 6권 329쪽
正祖(1752-1800)	황여표(皇輿表)*		史	淸代에 조칙을 내려 편찬한 전국 지리지	弘齋全書 17권 25쪽
	황적거도표(黃赤距度表)*		子	曆象의 考算에 관한 설명과 도표를 수록한 책	奎章總目
成大中(1732-1809)	황정경(黃庭經)*	王羲之(307-365)	子	도가의 양생법을 기술한 책	靑城集 507쪽
許筠(1569-1618)	황정경(黃庭經)*	王羲之(307-365)	子	도가의 양생법을 기술한 책	惺所覆瓿藁 2권 131쪽
許筠(1569-1618)	황정내경경(黃庭內景經)		子	신선의 사정을 기록	惺所覆瓿藁 2권 131쪽
許筠(1569-1618)	황정내외경(黃庭內外經)		子	도가의 저작	惺所覆瓿藁 2권 135쪽
許筠(1569-1618)	황정둔갑연신경(黃庭遁甲緣身經)		子	도가의 저작	惺所覆瓿藁 2권 131쪽
許筠(1569-1618)	황정외경경(黃庭外景經)	老聃(春秋)	子	도가의 저작, 노자가 지은 것으로 전해짐	惺所覆瓿藁 2권 131쪽
許筠(1569-1618)	황제음부경(黃帝陰符經)	黃帝軒轅(?)	子	도가의 저작	惺所覆瓿藁 2권 135쪽
李德懋(1741-1793)	황제침경(黃帝鍼經)		子	의학 서적	靑莊館全書 5권 31쪽
許筠(1569-1618)	황제편(黃帝編)	列禦寇(戰國)		『列子』의 편명	惺所覆瓿藁 2권 244쪽
李德懋(1741-1793)	황조전고기문(皇朝典故紀聞)*	余繼登(明)	史	洪武 초년에서 萬歷 초년에 이르는 200년간의 일을 기록	靑莊館全書 10권 84쪽
正祖(1752-1800)	황청개국방략(皇淸開國方略)*	阿桂(淸)	史	淸의 흥기에서 入關 직후까지의 略史	正祖實錄 12권 180쪽
趙泰采(1660-1722)	황청회전(皇淸會典)				肅宗實錄 28권 138쪽
朴趾源(1737-1805)	황화기문(皇華記聞)	王士禛(1634-1711)	子	야사를 기록	燕巖集 158쪽
許筠(1569-1618)	황화집(皇華集)		集		惺所覆瓿藁 3권 30쪽
丁若鏞(1762-1836)	회계전록(會稽典錄)	虞豫(晋)	史	會稽 지역의 인물과 事迹을 기록	茶山詩文集 8권 70쪽
金萬垛(?)	회남자(淮南子)*	劉安(B.C.179-122)	子	雜家에 속하는 것으로 諸家의 학설을 종합적으로 수록	肅宗實錄 22권 41쪽
肅宗(1661-1720)	회남자(淮南子)*	劉安(B.C.179-122)	子	雜家에 속하는 것으로 諸家의 학설을 종합적으로 수록	肅宗實錄 27권 284쪽
兪晩柱(1755-1788)	회남자(淮南子)*	劉安(B.C.179-122)	子	雜家에 속하는 것으로 諸家의 학설을 종합적으로 수록	欽英 2권 179쪽
李魯益(1767-1821)	회남자(淮南子)*	劉安(B.C.179-122)	子	雜家에 속하는 것으로 諸家의 학설을 종합적으로 수록	弘齋全書 13권 389쪽
李德懋(1741-1793)	회남자(淮南子)*	劉安(B.C.179-122)	子	雜家에 속하는 것으로 諸家의 학설을 종합적으로 수록	靑莊館全書 9권 214쪽
張混(1759-1828)	회남자(淮南子)*	劉安(B.C.179-122)	子	雜家에 속하는 것으로 諸家의 학설을 종합적으로 수록	而已广集 580쪽

독서자	서명	저자	분류	간략 해제	출전
丁若鏞(1762-1836)	회남자(淮南子)*	劉安(B.C.179-122)	子	雜家에 속하는 것으로 諸家의 학설을 종합적으로 수록	與猶堂全書 3권 6쪽
正祖(1752-1800)	회남자(淮南子)*	劉安(B.C.179-122)	子	雜家에 속하는 것으로 諸家의 학설을 종합적으로 수록	弘齋全書 6권 85쪽
許筠(1569-1618)	회남자(淮南子)*	劉安(B.C.179-122)	子	雜家에 속하는 것으로 諸家의 학설을 종합적으로 수록	惺所覆瓿藁 2권 72쪽
李德懋(1741-1793)	회록당집(懷麓堂集)*	李東陽(1477-1516)	集	明 이동양의 문집	青莊館全書 5권 163쪽
正祖(1752-1800)	회선(會選)	朱憲(宋)			正祖實錄 27권 342쪽
正祖(1752-1800)	회암선생주문공문집(晦菴先生朱文公文集)*	朱熹(1130-1200)	集	주희의 문집	弘齋全書 4권 174쪽
韓致奫(1765-1814)	회암집(悔菴集)	尤侗(1618-1704)	集	우동의 문집	海東繹史 6권 18쪽
正祖(1752-1800)	회영(會英)	朱憲(宋)			正祖實錄 27권 342쪽
金鎭龜(?)	회전(會典)		史	명청시대에 편찬된 행정법규의 집성. 『大淸會典』, 『明會典』 등이 있으며, 당시의 典章制度를 기록했음	肅宗實錄 22권 82쪽
朴趾源(1737-1805)	회전(會典)		史	명청시대에 편찬된 행정법규의 집성. 『大淸會典』, 『明會典』 등이 있으며, 당시의 典章制度를 기록했음	燕巖集 72쪽
李健命(1663-1722)	회전(會典)		史	명청시대에 편찬된 행정법규의 집성. 『大淸會典』, 『明會典』 등이 있으며, 당시의 典章制度를 기록했음	肅宗實錄 28권 284쪽
李重協(?)	회전(會典)		史	명청시대에 편찬된 행정법규의 집성. 『大淸會典』, 『明會典』 등이 있으며, 당시의 典章制度를 기록했음	肅宗實錄 31권 323쪽
正祖(1752-1800)	회전(會典)		史	명청시대에 편찬된 행정법규의 집성. 『大淸會典』, 『明會典』 등이 있으며, 당시의 典章制度를 기록했음	正祖實錄 23권 8쪽
正祖(1752-1800)	회전(會典)		史	명청시대에 편찬된 행정법규의 집성. 『大淸會典』, 『明會典』 등이 있으며, 당시의 典章制度를 기록했음	弘齋全書 17권 25쪽
柳得恭(1749-1807)	회존재시초(悔存齋詩抄)	黃景仁(1749-1783)	集	『漢書』의 각종 志를 회편함, 일반적으로 地理志와 藝文志를 가리킴	燕行錄選集 7권 451쪽
正祖(1752-1800)	회존재시초(悔存齋詩抄)	黃景仁(1749-1783)	史	『漢書』의 각종 志를 회편함, 일반적으로 地理志와 藝文志를 가리킴	弘齋全書 4권 154쪽
柳得恭(1749-1807)	회통(會通)		集	출전은 『尙書』의 <洪範篇>으로 보임	燕行錄選集 7권 451쪽
韓致奫(1765-1814)	회해집(淮海集)*	秦觀(宋)	集	진관의 문집	海東繹史 5권 7쪽
李德懋(1741-1793)	회해집(淮海集)*	秦觀(宋)	集	진관의 문집	青莊館全書 5권 158쪽
金錫胄(1634-1684)	효경(孝經)*	孔子(B.C.552-479)	經	십삼경의 하나로 효를 도덕의 원리로 삼아 논함	肅宗實錄 6권 112쪽
朴弼周(1665-1748)	효경(孝經)*	孔子(B.C.552-479)	經	십삼경의 하나로 효를 도덕의 원리로 삼아 논함	英祖實錄 18권 268쪽
肅宗(1661-1720)	효경(孝經)*	孔子(B.C.552-479)	經	십삼경의 하나로 효를 도덕의 원리로 삼아 논함	肅宗實錄 1권 187쪽

독서자	서명	저자	분류	간략 해제	출전
安止(1377-1464)	효경(孝經)*	孔子(B.C.552-479)	經	십삼경의 하나로 효를 도덕의 원리로 삼아 논함	茶山詩文集 9권 28쪽
英祖(1694-1776)	효경(孝經)*	孔子(B.C.552-479)	經	십삼경의 하나로 효를 도덕의 원리로 삼아 논함	英祖實錄 21권 309쪽
吳載純(1727-1792)	효경(孝經)*	孔丘(B.C.552-479)	經	십삼경의 하나로 효를 도덕의 원리로 삼아 논함	醇庵集 487쪽
李觀命(1661-1733)	효경(孝經)*	孔子(B.C.552-479)	經	십삼경의 하나로 효를 도덕의 원리로 삼아 논함	肅宗實錄 25권 174쪽
李德懋(1741-1793)	효경(孝經)*	孔丘(B.C.552-479)	經	십삼경의 하나로 효를 도덕의 원리로 삼아 논함	靑莊館全書 4권 54쪽
李德懋(1741-1793)	효경(孝經)*	孔丘(B.C.552-479)	經	십삼경의 하나로 효를 도덕의 원리로 삼아 논함	靑莊館全書 6권 142쪽
李用休(1708-1780)	효경(孝經)*	孔丘(B.C.552-479)	經	십삼경의 하나로 효를 도덕의 원리로 삼아 논함	㬯數集 28쪽
李宜顯(1669-1745)	효경(孝經)*	孔子(B.C.552-479)	經	십삼경의 하나로 효를 도덕의 원리로 삼아 논함	陶谷集Ⅱ 502쪽
李珥(1536-1584)	효경(孝經)*	孔子(B.C.552-479)	經	십삼경의 하나로 효를 도덕의 원리로 삼아 논함	肅宗實錄 25권 180쪽
張混(1759-1828)	효경(孝經)*	孔子(B.C.552-479)	經	십삼경의 하나로 효를 도덕의 원리로 삼아 논함	而已广集 579쪽
丁若鏞(1762-1836)	효경(孝經)*	孔子(B.C.552-479)	經	십삼경의 하나로 효를 도덕의 원리로 삼아 논함	與猶堂全書 2권 7쪽
正祖(1752-1800)	효경(孝經)*	孔子(B.C.552-479)	經	십삼경의 하나로 효를 도덕의 원리로 삼아 논함	正祖實錄 11권 72쪽
正祖(1752-1800)	효경(孝經)*	孔子(B.C.552-479)	經	십삼경의 하나로 효를 도덕의 원리로 삼아 논함	弘齋全書 4권 149쪽
蔡濟恭(1720-1799)	효경(孝經)*	孔子(B.C.552-479)	經	십삼경의 하나로 효를 도덕의 원리로 삼아 논함	樊巖集 564쪽
崔錫鼎(1646-1715)	효경(孝經)*	孔子(B.C.552-479)	經	십삼경의 하나로 효를 도덕의 원리로 삼아 논함	明谷集Ⅰ 563쪽
韓致奫(1765-1814)	효경(孝經)*	孔子(B.C.552-479)	經	십삼경의 하나로 효를 도덕의 원리로 삼아 논함	海東繹史 5권 2쪽
黃胤錫(1729-1791)	효경대의(孝經大義)*	董鼎(宋)	經	초학자를 위하여 부연 설명한 것	頤齋遺藁 332쪽
兪晩柱(1755-1788)	효경신의(孝經新義)	董鼎(宋)	經	『孝經』에 대한 주석	欽英 1권 18쪽
韓致奫(1765-1814)	효경원신계(孝經援神契)		經		海東繹史 5권 75쪽
許筠(1569-1618)	효경자도(孝經雌圖)		子	讖緯에 대한 것, 괴이한 이야기가 많음	惺所覆瓿藁 4권 269쪽
韓致奫(1765-1814)	효경정의(孝經正義)	玄宗(唐)	經	『孝經』에 대한 해석서	海東繹史 5권 75쪽
韓致奫(1765-1814)	효순사실(孝順事實)	主體(1360-1424)	子	역대의 孝順과 관련된 고사를 수록	海東繹史 5권 75쪽
韓致奫(1765-1814)	후도소첩(猴桃小帖)				海東繹史 5권 7쪽

독서자	서명	저자	분류	간략 해제	출전
兪晩柱(1755-1788)	후산시(后山詩)*	陳師道(宋)	集	진사도의 시집	欽英 1권 45쪽
許筠(1569-1618)	후산집(後山集)*	陳師道(宋)	集	진사도의 문집	惺所覆瓿藁 3권 33쪽
李德懋(1741-1793)	후생훈찬(厚生訓纂)	陳師道(宋)	集	진사도의 시집	靑莊館全書 5권 157쪽
許筠(1569-1618)	후위서(後魏書)	周臣(明)	子		惺所覆瓿藁 4권 258쪽
韓致奫(1765-1814)	후주서(後周書)	令狐德棻(唐)	史	北朝 宇文周의 역사를 기록	海東繹史 6권 79쪽
韓致奫(1765-1814)	후촌집(後村集)*	劉克莊(南宋)	集	유극장의 문집	海東繹史 5권 1쪽
閔鎭厚(1659-1720)	후한서(後漢書)*	范曄(308-446)	史	후한을 다룬 기전체 사서	肅宗實錄 31권 300쪽
安鼎福(1712-1791)	후한서(後漢書)*	范曄(308-446)	史	후한을 다룬 기전체 사서	雜同散異 2권 44쪽
李宗城(1692-1759)	후한서(後漢書)*	范曄(308-446)	史	후한을 다룬 기전체 사서	英祖實錄 25권 295쪽
李德懋(1741-1793)	후한서(後漢書)*	范曄(308-446)	史	후한을 다룬 기전체 사서	靑莊館全書 9권 152쪽
李德懋(1741-1793)	후한서(後漢書)*	劉克莊(1187-1269)	集	후한을 다룬 기전체 사서	靑莊館全書 5권 160쪽
李海朝(1869-1927)	후한서(後漢書)*	范曄(308-446)	史	후한을 다룬 기전체 사서	肅宗實錄 21권 37쪽
張混(1759-1828)	후한서(後漢書)*	范曄(308-446)	史	후한을 다룬 기전체 사서	而已广集 580쪽
丁若鏞(1762-1836)	후한서(後漢書)*	范曄(308-446)	史	후한을 다룬 기전체 사서	與猶堂全書 2권 21쪽
正祖(1752-1800)	후한서(後漢書)*	范曄(308-446)	史	후한을 다룬 기전체 사서	正祖實錄 1권 90쪽
正祖(1752-1800)	후한서(後漢書)*	范曄(308-446)	史	후한을 다룬 기전체 사서	弘齋全書 10권 151쪽
韓致奫(1765-1814)	후한서(後漢書)*	范曄(308-446)	史	후한을 다룬 기전체 사서	海東繹史 5권 78쪽
許筠(1569-1618)	후한서(後漢書)*	范曄(308-446)	史	후한을 다룬 기전체 사서	惺所覆瓿藁 4권 33쪽
許筠(1569-1618)	휘강훈의(徽綱訓義)				惺所覆瓿藁 2권 36쪽
兪晩柱(1755-1788)	휘주록(揮塵錄)*	王明淸(南宋)	子	史學에 통달하여 史事舊文을 수집하였음	欽英 6권 497쪽
兪晩柱(1755-1788)	휘주소록(揮塵小錄)*	王明淸(南宋)	子	宋代의 野史 雜聞들을 수록	欽英 6권 497쪽
李德懋(1741-1793)	휘찬(彙纂)		子		靑莊館全書 9권 215쪽
正祖(1752-1800)	휘찬(彙纂)		子		弘齋全書 11권 205, 235쪽
韓致奫(1765-1814)	휘초변의(彙草辨疑)				海東繹史 5권 8쪽
李德懋(1741-1793)	흠약력서(欽若曆書)		子		靑莊館全書 10권 91쪽
鄭澔(?)	희령일록(熙寧日錄)		史	北宋 熙寧 연간의 사정들을 기록했는데, 왕안석이 변법을 위해 쓴 것	肅宗實錄 21권 59쪽
兪晩柱(1755-1788)	희발집(晞髮集)*	謝翶(南宋)	集	사고의 문집	欽英 3권 463쪽
李德懋(1741-1793)	희발집(晞髮集)*	謝翶(南宋)	集	사고의 문집	靑莊館全書 5권 161쪽
李德懋(1741-1793)	희역(羲易)		集		靑莊館全書 9권 85쪽

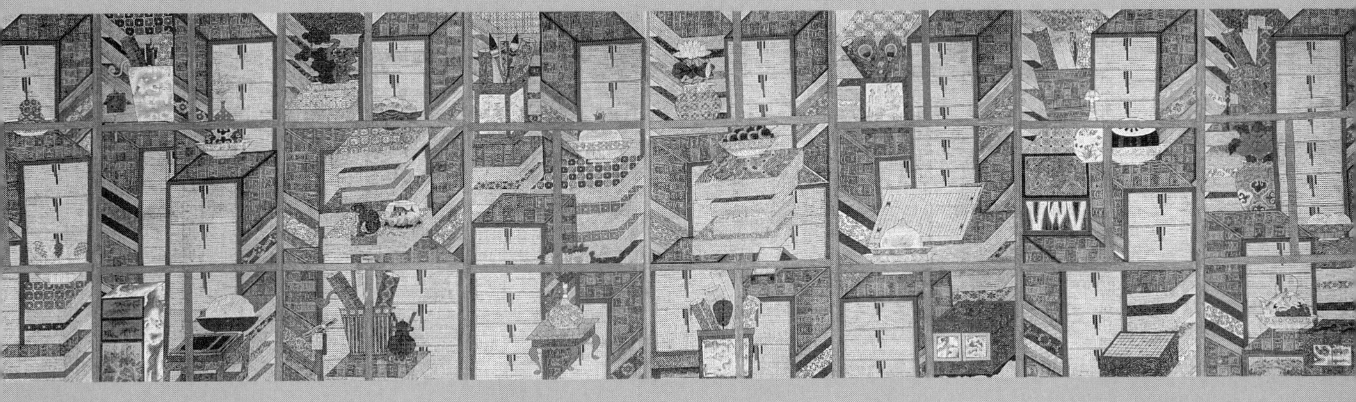

Ⅲ. 해 제

『가례』(家禮)

주희(朱熹 : 1130~1200)가 지은 『주자가례』(朱子家禮)로서, 이것은 『주례』(周禮)의 가종인(家宗人) 조목에 보인다. 그 내용이 관례(冠禮)·혼례(婚禮)·상례(喪禮)·제례(祭禮)로 이루어져 있다는 점에서 가족 안에서 이루어지는 인간 삶의 중요한 마디들을 대상으로 하고, 모든 사람들의 삶에 필요한 행위규범을 담고 있다고 할 수 있다. 한 가족이나 그 구성원의 행위규범을 제시하고 있는 점에서 가장 일상적이고 보편적인 행위규범이라 할 수 있다.

『가례의절』(家禮儀節)

중국 명(明)나라 때의 유학자 구준(邱濬 : 1420~1495)이 편집한 책으로, 『문공가례』(文公家禮)를 시행하는 절차와 그 때 착용하는 복장에 대한 그림 등이 첨부되어 있다. 『문공가례』는 흔히 『주자가례』라고 한다.

『가어』(家語)

삼국시대 위(魏)나라 사람 왕숙(王肅 : 195~256)이 주석한 『공자가어』(孔子家語)를 다시 원(元)나라 사람 왕광모(王廣謨 : 연대 미상)가 구해(句解)한 책이다. 『공자가어』는 중국 춘추시대의 대철학자이자 유교의 시조인 공자가 당시 공경사대부 및 제자들과 더불어 대화한 내용을 여러 제자들이 각각 듣고 본 대로 기록한 『논어』(論語)와는 달리, 감정이나 느낌으로 삶에 대한 철학을 말해준다.

『각미록』(覺迷錄) ☞ **『대의각미록』(大義覺迷錄)**

『각세명언』(覺世名言)

12권으로 구성된 명말청초의 문인 이어(李漁 : 1611~1685)의 단편소설집이다. 1658년의 두준(杜濬 : 연대 미상)의 서문으로 미루어 이 무렵에 간행된 것을 알 수 있다. 『합영루』(合影樓), 『탈금루』(奪錦樓), 『삼여루』(三與樓), 『하의루』(夏宜樓), 『귀정루』(歸正樓), 『췌아루』(萃雅樓), 『불운루』(拂雲樓), 『십근루』(十巹樓), 『학귀루』(鶴歸樓), 『봉선루』(奉先樓), 『생아루』(生我樓), 『문과루』(聞過樓)의 12편의 단편소설로 이루어져 있다. 지나치게 상식에서 벗어나 기이함을 돋보이려고 하며 주제나 소재로 의표를 찌르려고 하는 등, 이야기의 소박성에 비하여 유희적인 경향이 짙다. 청대의 단편소설로는 걸작으로 꼽힌다.

『간재집』(簡齋集)

16권으로 구성된 문집류로 송(宋)의 진여의(陳與義 : 1090~1139)가 편찬하였다. 그는 강호파

[江湖派 : 중국 송나라 때의 시파(詩派)로, 강호는 관계(官界)에 대응하는 민간이라는 뜻을 가지고 있다. 서점 주인 진기가 주로 민간시인의 작품을 편집하여 『강호소집』(江湖小集, 95권), 『강호후집』(江湖後集, 24권) 등을 출판한 사실에서, 뒤에 이들 시집에 수록된 100여 명을 강호파라고 칭한다]에 들지는 않으나 그의 시는 실로 강호파에 속한다고 할 수 있다. 타고난 자질이 빼어나고 변화에 교묘하여 스스로 지름길을 개척하였다. 그는 호남(湖南)지방과 변경에서 유락하는 가운데 세상 일들을 곱씹으며 세월을 보냈다. 두릉(杜陵 : 두보)의 시와 가까웠으니 황(黃), 진(眞) 지방에서 최고로 일컬어졌다.

『간평의설』(簡平儀說)

1권으로 이루어진 천문서로서 명(明)의 서광계(徐光啓 : 1562~1633)·우르시스(熊三拔 : 1575~1620)가 지었다. 우르시스는 이탈리아인으로 1606년 예수회 선교사로서 중국에 왔다. 그는 성반(星盤)의 원리를 응용하여 간평의를 만들고 태양의 관측에 사용하였다. 이 책은 간평의를 사용하여 태양의 경위도를 관측하고 시각과 위도를 정하는 방법 등을 정리해서 소개한 책으로, 지구는 둥글다는 개념도 논하고 있다.

『갑을잉언』(甲乙剩言)

호응린(胡應麟 : 1551~1602)이 엮은 소설총서(小說叢書)에 속하는 책으로 호응린이 짓고 구창금(裘昌今 : 연대 미상)이 교열하였다.

『갑자회기』(甲子會紀)

5권의 편년체 사서(編年體史書)로서 명(明) 설응기(薛應旗)가 지었다. 권1~4에는 황제(黃帝) 8년 갑자년(甲子年)부터 명(明) 세종(世宗) 가정(嘉靖) 42년(1563)까지 71갑자(甲子) 4,260년간의 일이 연도별로 기록되어 있다. 권5는 소옹(邵雍 : 1011~1077)이 『원경회』(元經會)에서 주장한 바에 따라 황제(黃帝) 이전의 역사를 추측한 것이며, 소옹의 『관화시』(觀化詩) 16수를 덧붙였다.

『강희자전』(康熙字典)

42권으로 이루어진 자전으로 청(淸)의 장옥서(張玉書 : 1642~1711), 진정경(陳廷敬 : ?~1712) 등이 지었다. 편찬에 착수한 지 6년 만인 강희(康熙) 55년(1716)에 완성되었다. 체제는 기본적으로 명대(明代) 매응조(梅膺祚 : 연대 미상)의 『자휘』(字彙)를 답습하고, 12지(支)에 따라 자(子)에서 해(亥)까지 12집(集)으로 나누고, 각 집을 상·중·하로 나누었다. 자두(字頭)는 부수(部首)에 따라 배열하였는데, 모두 214부(部)이다. 각 부수에 배속된 문자 역시 획순으로 배열하였다. 자두 다음의 주음(注音)은 먼저 역대 음운서에 실려 있는 반절(反切)을 배열하고 다시 직음(直音)을 표시하였다. 주음 다음의 석의(釋義)는 먼저 『이아』(爾雅)·『설문해자』(說文解字)·『옥편』(玉篇) 등 역대 참고서의 석의(釋義)를 배열하고 주석을 달았다. 속자(俗字)와 통용자가 표시되어 있어 오늘날의 한자자전 체계의 기초가 되었다고 할 수 있다. 표제한자 4만 7,035자와 고대의 이체자(異體字) 1,995자를 수록하고 있어 중국의 어떤 자전보다 규모가 크다. 수록한 글자가 매우 많고 역대 전적을 대량으로 수집하여 후세에 큰 영향을 끼쳤으며, 오늘날까지도 고적의 열람·정리·연구에 중요한 참고서로 이용되고 있다.

『개국방략』(開國方略) ☞ **『청개국방략』**(淸開國方略)

『개원천보유사』(開元天寶遺事)

총 2권의 잡사소설(雜事小說)로서 오대(五代) 왕인유(王仁裕 : 880~956)가 지었다. 당(唐) 개원(開元)·천보(天寶) 연간 궁중의 잡다한 일을 기록하였는데 특히 궁중 내외의 풍속과 습관, 현종(玄宗 : 685~762)과 양귀비(楊貴妃 : 719~756), 왕공 귀족들의 사치풍조 등을 기록하여 후세의 희곡, 소설가들에게 좋은 자료로 활용되었다. 다만 민간에 전승되던 내용을 채록한 것이어서 모두 사실이라고 단정할 수 없는 것이 한계이다.

『개자원화전』(芥子園畵傳)

중국 청나라 초엽의 화가 왕개(王槪 : 1645~1710)·왕시(王蓍 : 1649~1734 이후)·왕얼(王臬 : 연대 미상) 3형제가 편찬한 화보(畵譜)로서 총 4집으로 되어 있다. 초집은 5권으로 1679년에 간행되었다. 1권에는 역대 화론의 요지와 왕개의 설, 안료(顔料) 및 채색(彩色)에 대하여 말하였고, 2권 이하에는 산수화의 묘법(描法), 선인의 필법을 도시하였다. 2집은 심인백의 의뢰로 왕개·왕시·왕얼 형제가 편집한 매란국죽보(梅蘭菊竹譜), 3집은 초충영모화훼보(草蟲翎毛花卉譜)로 각각 1701년에 나왔다. 원각본(原刻本)은 상하 2책으로 이루어져 있었는데, 뒤에 상(上)을 2집으로, 하(下)를 3집으로 하였다. 4집은 소훈(巢勳 : 1852~1917)이 편집하였는데 초집·2집·3집이 호평을 받아 재판의 모각(模刻)이 계속되었으나, 인물화보가 빠져 있음을 불만스럽게 여긴 소훈이, 앞의 초집·2집·3집의 속편이란 뜻에서 '4집'이라 하여 가경(嘉慶) 23년(1818)에 출판하였다. 서책명 『개자원』(芥子園)은 남경(南京)에 있던 이어(李漁 : 1611~1685)의 별장 이름을 딴 것이다.

『개황삼보기』(開皇三寶記) ☞ **『개황삼보록』**(開皇三寶錄)

『개황삼보록』(開皇三寶錄)

일명 『개황삼보기』(開皇三寶記)로서, 본서는 북주(北周)·수대(隋代) 비장방(費長房 : 연대 미상)의 『역대삼보기』(歷代三寶記)이다.

『거란국지』(契丹國志)

27권으로 이루어진 역사서로 남송 말 섭융례(葉隆禮 : 연대 미상)가 지었다. 섭융례는 절강성(浙江省)의 가흥(嘉興) 사람으로, 순우(淳祐) 7년(1247)에 진사가 된 후 비서승(秘書丞)에 이르렀다. 1271년에 완성된 이 책은 요사(遼史) 연구에 중요한 사료로서 제기(帝紀) 12권, 열전(列傳) 7권, 후진(後晉)과 송과의 외교문서 1권, 외교예물 목록 1권, 지리 1권, 족성(族姓)·풍속·제도 1권, 행정록(行程錄)과 잡기(雜記) 4권으로 이루어져 있다. 가장 가치가 높은 것은 잡록이다. 권수(卷首)에 진서표(進書表), 초흥본말(初興本末), 세계도(世系圖), 구주연보(九主年譜), 지리도(地理圖), 진헌거란전연도(晉獻契丹全燕圖)를 덧붙였다. 이용 자료는 모두 중국측 기록이며, 『자치통감』(資治通鑑), 『속자치통감장편』(續資治通鑑長篇), 『구오대사』(舊五代史), 『신오대사』(新五代史) 사이부록(四夷附錄), 『송막기문』(松漠紀聞), 『삼조북맹회편』(三朝北盟會編) 등을 이용하였다. 요(遼)에 대한 송대 사람의 저서로서 오늘날 전해지지 않는 『연북잡기』(燕北雜記), 『요정수지』(遼庭須知), 『사요도초』(使遼圖抄), 『요견사』(遼遺事), 『거란강우도』(契丹疆宇圖) 등을 요약하여 인용하고 있어 가치가 있다.

『거이록』(居易錄)

34권으로 구성되었으며 청의 왕사정(王士禎 : 1634～1711)이 편찬하였다. 강희 기사(己巳)년에서 신사(辛巳)년까지 13년 동안을 기록한 글이다. 왕사정의 자는 자진(子眞)·이상(貽上), 호는 완정(阮亭)·어양산인(漁洋山人)으로 신성[新城 : 지금의 산동성(山東省) 환대현(桓臺縣)] 사람이다. 순치(順治) 12년(1655)에 진사가 되었고 여러 관직을 거쳐 형부상서(刑部尙書)까지 이르렀다. 일찍이 명말청초의 시인 전겸익(錢謙益 : 1582～1664)·오위업(吳偉業 : 1609～1761)에게 알려졌으며, 형 왕사록(王士祿 : 연대 미상)·왕사호(王士祜 : 연대 미상)와 더불어 '3왕'으로 불렸다. 또한 시인 주이존(朱彝尊 : 1629～1709)과 함께 주(朱)·왕(王)으로 병칭되었다. 당시의 최고 시인으로서 시뿐만 아니라 고문과 사(詞)에도 뛰어났다. 이 책은 전적(典籍)에서 증거를 갖추어 시문을 품평하고 인물을 드러내었으며 고서(古書)에서 본 것을 한층 자세히 서술하였다.

『건곤체의』(乾坤體義)

3권으로 이루어진 자연철학서로, 명대에 서양사람 마테오 리치(利瑪竇 : 1552～1610)가 편찬하였다. 이 책을 통해 중국에 서법(西法)이 최초로 들어오게 되었다. 상권(上卷) 4편은 천상(天象 : 하늘의 형상)에 대해 서술하고 있는데 모두 옛 사람들이 이루어내지 못한 바이며 별 이름을 상세히 비유하여 모두 지극한 이치를 담고 있다. 중권 10편은 지구와 일월오성 상호관계의 원리를 논하였다. 하권은 산술에 대해 서술하고 있다. 비록 책에 빠진 것이 많으나 하늘에 대해 이야기한 것이 모두 실측(實測)을 갖추고 산술 역시 첩법(捷法)을 취하고 있어 기존의 과학서에 비하면 매우 정밀하다고 할 수 있다.

『검남시초』(劍南詩鈔)

청(淸)의 양대학(楊大鶴)이 편찬한 송(宋) 육유(陸游 : 1125～1210)의 시집이다. 저자 육유는 남송의 애국시인으로 알려져 있다. 서문에 의하면 그가 집에 한가로이 거하면서 『검남시고』(劍南詩藁)를 두루 읽다가 열에 한두 개를 베껴서 지니려 했는데, 주위에서 좋다 하므로 아들 조영(祖榮)에게 시켜서 교수하게 하고 출판하기로 했다고 한다. 육유의 시는 호방하고 애국적인 열정으로 가득차 있었으며 진정에서 우러나오는 자연스러움을 특색으로 하고 있다.

『격양집』(擊壤集)

전 20권으로 구성된 송대 성리학자 소옹(邵雍 : 1011～1077)이 스스로 펴낸 시집이다. 윤천격양집(伊川擊壤集)이라고도 부른다. 그의 작품에는 철학시(哲學詩)가 많은데 이는 당대(唐代)의 선승(禪僧)인 한산(寒山 : 680?～793?)의 시풍(詩風)과 유사하다는 평가를 받는다.

『격치총서』(格致叢書)

168종이 수록된 총서(叢書)로, 명대에 호문환(胡門煥 : 연대 미상)이 편찬하였다. 호문환의 자는 덕보(德甫)이며, 호는 전암(全庵)으로 절강성 항주 사람이다. 이 책의 명칭은 『대학』(大學)의 '격물치지'(格物致知)에서 따왔다. 체재는 경훈(經訓)·총경훈(總經訓)·소학(小學)·운학(韻學)·사학(史學)·장고(掌故)·율례(律例)·지여(地輿)·산천(山川)·유가(儒家·자(子)·평서(評書)·금석(金石) 등의 유(類)로 나뉘어져 있으며, 각 유마다 수종 내지 수십 종의 서적을 모아놓았다.

『경세굉사』(經世宏辭) ☞ **『증정국조관과경세굉사』**(增定國朝館課經世宏辭)

『경씨역전』(京氏易傳)

3권의 경서주소(經書注疏)로, 서한(西漢)의 경방(京房 : BC 77～37)이 지었다. 경방은 본래 이씨(李氏)이나 음률을 좋아하여 음률을 맞추어 스스로 경씨로 성을 바꾸었다. 자는 군명(君明)이며, 하남성 청풍현(淸風縣) 사람으로, 한대(漢代) 역학(易學)의 큰 유파를 이루었다. 『주역장구』(周易章句), 『경씨석오성재이전』(京氏釋五星災異傳), 『주역점』(周易占), 『주역사시후』(周易四時候) 등 14종을 지었다고 하나, 모두 산일(散逸)되고 이 책만 남아 있다.

『계고록』(稽古錄)

20권으로 이루어진 편년체 역사서로 일명 『사마온공계고록』(司馬溫公稽古錄)이라고도 한다. 북송 사마광(司馬光 : 1019～1086)이 지은 것으로, 복희씨(伏羲氏)로부터 송 영종(英宗) 치평(治平) 말까지 다루었으며, 서명은 『상서』(尙書)의 '왈약계고'(曰若稽古)에서 따왔다. 제1부는 권1 복희씨에서 권11 주(周) 위열왕(威烈王) 22년(BC. 404)까지이며, 제2부는 주 위열왕 23년부터 권15 주(周) 세종(世宗) 6년(956)까지이다. 제2부는 『역년도』(歷年圖)라고 불리며, 『자치통감』(資治通鑑)의 범위와 합치된다. 제3부는 송(宋) 태조 건륭(建隆) 원년(960)부터로 『국조백관공경표대사기』(國朝百官公卿表大事記)라고 불리는데, 동시대의 기록으로서 사료적 가치가 있다. 이상의 3부는 각각 개별적으로 편찬되었지만, 합쳐서 『계고록』으로 명명되고 철종(哲宗) 원우(元祐) 초에 헌상되었다.

『계림유사』(鷄林類事)

송나라의 손목(孫穆)이 지은 백과서(百科書)이다. 간행연대는 미상이나, 지은이가 고려 숙종(肅宗) 때 서장관(書狀官)으로 개성에 왔다가 당시(11～12세기) 고려인들이 사용하던 언어 353개를 간추려 설명한 것으로, 고려시대의 언어 연구에 귀중한 자료가 되고 있다. 현재 단행본으로는 전하지 않으나, 명나라 때 편찬된 『설부』(說郛)와 청나라 세종(世宗) 때의 『고금도서집성』(古今圖書集成) 등에 수록되어 있다.

『계신잡식』(癸辛雜識)

총 6권으로 구성된 문헌으로 남송말 원(元)초 주밀(周密 : 1232～1298)이 지었다. 궁정 안의 전문(傳聞), 몽골과 회교도의 풍속·이문(異聞)·시정생활(市井生活) 등의 잡사(雜事)를 기록하고 있어 당시의 사회 상황을 짐작케 해주는 유용한 자료이다. 전집(前集) 1권과 별집(別集) 2권은 주로 남송에 관한 기사이고, 속집(續集) 2권에는 원초(元初)에 관한 기사가 많다.

『계정야승』(啓禎野乘)

천계(天啓)·숭정(崇禎) 연간의 특필할 만한 인물을 열전 형식으로 서술한 책이다. 추의(鄒漪)는 사사(史事)로써 전대(前代)의 기록을 명확히 할 것을 자임하여 본서를 저술하게 되었다고 자서(自序)에서 밝히고 있다. 범례에는 저자의 편찬원칙이 수록되어 있으며, 각 권의 인물 배열순서는 원고가 완성된 날을 기준으로 했을 뿐 직위의 고하나 사망 일시의 선후에 따른 것은 아님을 밝히고 있다. 『명사』(明史)의 결락된 부분을 보충할 수 있다는 점에서 사료적 가치를 인정받고 있다.

『계한서』(季漢書)

60권으로 구성된 기전체 사서로서 명대 사폐(謝陛)가 후한의 정통을 유비(劉備)의 촉한(蜀漢)

에 연결시켜 촉(蜀)·위(魏)·오(吳) 삼국(三國)의 역사를 편찬하였다. 사폐는 일찍이 주자가 제촉(帝蜀)한 뜻을 받들어 촉을 정통으로 삼아 이 책을 찬술하였으며, 따라서 본서에는 위·오는 세가(世家)로 처리되고 있다. 체재는 본기(本紀)·내전(內傳)·세가(世家)·외전(外傳)·재기(載記)·잡전(雜傳)·문답(問答)으로 나뉘어져 있다. 마지막에 첨부된 「문답」(問答) 22편은 수록 내용 중의 의문점과 해설을 문답식으로 논변(論辯)한 것이다. 수권(首卷)은 결질(缺帙)이고 남아 있는 19권에 의해 내번(內番)이 정해져 있다. 권1 본기에는 촉(蜀)의 효헌(孝獻)·소열(昭烈)·후황제(後皇帝)와 부록으로 효헌복황후(孝獻伏皇后) 이하 장황후(張皇后)에 이르는 6황후(皇后)와 감릉왕(甘陵王)·안평왕(安平王)·태자(太子 : 璿)·북지왕(北地王)의 사적이 수록되어 있다. 권2~5는 내전으로 오유전(五劉傳)·왕윤(王允)·황완(黃琬)·중불(仲拂) 등 촉한(蜀漢)의 명신(名臣) 130명에 대한 사적이 열전체(列傳體)로 수록되어 있다. 권6~7은 위세가(魏世家)와 오세가(吳世家)를 수록했으며, 권8~17은 외전으로 위(魏)·오(吳)의 황후와 명신제경 250명의 열전을 수록하고 있다. 권18은 재기, 권19는 잡전과 문답을 수록했다. 잡전은 신하의 전기이며, 문답 22편은 일종의 사론(史論)에 해당한다.

『고공기』(考工記)

2권으로 구성된 과학기술서로 춘추시대 말에 제(齊)나라 사람이 수공업 생산기술을 기록한 관찬서(官撰書)로 짐작된다. 수레 제작에 관한 수준 높은 기술이 기록되어 있고, 병기·악기·염색·피혁 가공 등이 수록되어 있을 뿐 아니라 당시의 성시(城市) 구획, 궁전 건축, 수학 지식에 관한 내용도 포함되어 있다. 춘추시대 이전의 수공업 생산 및 발전 상황을 전체적으로 반영한 각종 수공업 기술과 과학원리를 소개한 내용도 상당하여 선진(先秦)시대의 과학기술을 연구하는 데 중요한 문헌으로 평가된다.

『고금교식고』(古今交食考)

명말 숭정(崇禎) 연간의 관인학자 서광계(徐光啓 : 1562~1633), 이천경(李天經), 이지조(李之藻 : ?~1631) 등과 예수회 선교사인 재크 로우(羅雅谷 : 1593~1638), 아담 샬(湯若望 : 1591~1666) 등이 편찬한 시헌역법서(時憲曆法書)이다. 청대에 지속적으로 『서양신법역서』(西洋新法曆書)를 개정·증보하여 청 성조대(聖祖代)에 간행하였다. 숭정 17년(1644)에 나왔으며, 분량은 총 백 권으로, 일명 『신법역서』(新法曆書), 『숭정역서』(崇禎曆書), 『신법산서』(新法算書)로 불린다. 명대의 『서양신법역서』로 시작된 중국의 시헌역법은 청대에 이르러 지속적으로 개정·증보되어 본서와 같은 형식으로 정리되었다.

『고금도서집성』(古今圖書集成)

총목 40권, 고증 24권으로 처음 청 진몽뢰(陳夢雷) 등이 편찬에 착수하고 뒤에 다시 장정석(蔣

廷錫 : 연대 미상) 등이 칙명을 받고 증보하여 1725년에 완성하였으며 1728년에 간행하였다. 중국 최대의 유서(類書)이다. 본서는 고금의 문헌에서 관련 사항을 추출하여 분류하고 출전도 명시하고 있어 사료의 소재를 찾는 데 편리하다.

『고금열녀전』(古今列女傳)

3권으로 구성된 전기로 명의 해진(解縉 : 1369~1415) 등이 지었다. 상권에는 역대 후비(后妃), 중권에는 제후(諸侯)·대부(大夫)의 처, 하권에는 사(士)·서인(庶人)의 처가 수록되어 있다. 전설상의 유우씨(有虞氏)로부터 원(元)·명대(明代)의 인물까지 다루고 있는데, 그 가운데 한대 이전은 유향(劉向)의 『열녀전』(列女傳)에 근거하고, 한대 이후는 정사의 열녀전과 명초(明初)의 몇몇 부녀전(婦女傳) 등을 참고하였다.

『고금주』(古今注)

3권으로 구성된 고대의 제도·명물 해설서로 진(晉) 최표(崔豹 : 연대 미상)가 편찬하였다. 고대의 여복(輿服)·도읍(都邑)·음악(音樂)·조수(鳥獸)·어충(魚虫)·초목(草木)·잡주(雜註)·문답석의(問答釋義)의 8편으로 구성되어 있다. 이 책이 마호[馬縞 : 오대후당(五代後唐)]의 저서에 기초한 위작이 현행본이라고 보는 견해도 있다. 또한 거꾸로 최표의 원저는 산일되지 않았으며 마호의 저서야말로 최표의 원저에 증정(增訂)을 가한 것이라는 견해도 있다.

『고론』(古論) ☞ **고문본**(古文本) **『논어』**(論語)

『고사전』(高士傳)

3권으로 이루어진 전기로 『제왕세기』(帝王世紀)·『열녀전』(列女傳) 등을 지은 서진(西晉)의 황보밀(皇甫謐)이 지었다. 본서는 태고부터 위(魏)까지 족적을 남긴 은일지사(隱逸之士)의 전기(傳記)로서, 위(魏) 서강(瑞康)이 찬한 『성현고사전』(聖賢高士傳)에 필적한다. 원서(原書)에는 72명의 전기(傳記)가 수록되었는데, 일찍이 산일되고 『태평어람』(太平御覽)에 인용된 『고사전』(高士傳), 서강(瑞康)의 『고사전』(高士傳)·『후한서』(後漢書) 등의 기사를 모아 증보한 것이 현행본인 듯하다.

『고승전』(高僧傳)

14권으로 구성된 전기로 일명 『양고승전』(梁高僧傳), 『고승전초집』(高僧傳初集)이라고도 부른다. 남조(南朝) 양(梁)나라 사람 혜교(慧皎 : 497~554)가 지었다. 혜교는 회계(會稽) 상허(上虛 : 현재 절강성에 속함) 출신으로 가상사(嘉祥寺) 주지를 지낸 승려이다. 동한(東漢)에서부터 남조

양초(梁初)에 이르는 승려 257명의 전기를 수록하였다. 본서는 불교사 연구에 매우 중요한 자료로서 지도림(支道林)·축법심(竺法深)·강법(康法) 등의 사적은 역사 연구에도 도움이 된다. 이밖에 서역의 승려가 중국에 불법을 전한 것과 중국의 승려가 서역에 가서 구법한 활동 및 중서교통사 자료도 포함하고 있으며 사회사 자료도 상당수 포함하고 있다. 중국 불교에서 으뜸 가는 승려들의 전기로서 나중에 나온 『속고승전』(續高僧傳), 『송고승전』(宋高僧傳), 『명고승전』(明高僧傳), 『보속고승전』(補續高僧傳), 『신속고승전』(新續高僧傳) 등의 모범이 되었다. 다만 북조 승려에 대한 내용은 완비되지 못하였다.

『고시기』(古詩紀)

총 156권이며 명나라 때의 풍유눌(馮惟訥)이 편찬한 것으로, 정식 명칭은 『시기』(詩紀)이다. 여러 책에 흩어져 수록된 한나라 이전의 가(歌)·요(謠)·언(諺)·명(銘) 등의 운문을 총칭하는 고일시(古逸詩)를 전집(前集) 10권에, 그리고 정집(正集) 130권에는 한나라에서 수(隋)나라 때까지의 시, 외집(外集) 4권에는 귀선(鬼仙)의 시, 별집(別集) 12권에는 전인(前人)의 시론(詩論)을 각각 시대순·작자별로 수록하였다.

『고시전』(古詩箋)

32권으로 구성된 주해로 청의 문인담(聞人倓)이 주해(註解)하였다. 문인담은 강소성 송강(松江) 사람이다. 왕사정(王士禎 : 1634~1711)의 『고시선』(古詩選)의 전주(箋注)로서, 간략 명료하며 평이하고도 실증적이다. 작품의 배경과 출전에 대해 명백히 논술하고 난해한 자구와 단락에 대해서도 요점을 취하여 간략하게 해설하였다.

『고악부』(古樂府)

10권으로 이루어진 시집으로 원(元) 좌극명(左克明)이 편찬하였다. 악부란 인정·풍속을 노래한 글귀에 장단(長短)을 붙인 한시(漢詩)의 한 체(體)로서, 책에는 부모와 사별한 고아가 형 부부에게 혹사 당하는 슬픔을 노래한 『고아행』(孤兒行), 어머니를 여읜 갓난아기가 어미젖을 먹고 싶어 우는 이야기를 소재로 한 『부병행』(婦病行) 등 서민의 애환이 담긴 많은 악부가 수록되어 있다. 『무천서』[茂倩書 : 중국 역대의 악부시를 가장 잘 모아놓은 책으로 송나라 곽무천(郭茂倩 : 연대 미상)의 『악부시집』(樂府詩集) 100권을 말한다]와 서로 유사한 점이 있다. 『곽서』(郭書)가 당 말까지의 악부를 기록하고 그 흐름을 살피는 데 힘쓴 데 비하여 이 책은 진(陳)·수(隋)나라까지의 악부를 다루면서 그 의미를 구현하는 데 각별히 힘을 썼다. 좌극명은 손수 쓴 서(序)에서, 양유정(楊維楨)이 지은 악부가 고율을 파괴한 병통이 있으므로 그것을 지적하였다 하였으니, 이 책이 그것을 바로잡은 것이라고 할 수 있다.

『고자유서』(高子遺書)

명(明) 고반룡(高攀龍 : 1562～1626)의 문인(門人) 진용정(陳龍正)이 고반룡 사후에 강의(講義), 어록(語錄), 시(詩), 문(文) 등을 모아놓은 저서이다. 고반룡은 명대의 학자이자 시인이다.

『고화품록』(古畵品錄)

1권으로 이루어진 책으로 남제(南齊) 사혁(謝赫)이 편찬하였다. 화가의 우열을 품평하여 등급을 매긴 책으로, 육탐미(陸探微) 이하 총 27인을 6품으로 나누고 각각 품평을 하였다. 화가들이 6법(六法)이라고 칭하는 것이 이 책에서 시작되었다.

『곡량전』(穀梁傳)

20권으로 구성된 『춘추』(春秋)에 대한 주석서(注釋書)의 하나로서 일명 『춘추곡량전』(春秋穀梁傳)으로도 불린다. 전국시대에 곡량적(穀梁赤)이 찬하였는데, 자는 원시(元始)로서 진효공(秦孝公) 때 사람이고, 자하(子夏)의 제자이다. 『춘추』에는 『좌전』(左傳), 『공양전』(公羊傳), 『곡량전』(穀梁傳)을 합하여 3전이 있다.

『곡유구문』(曲洧舊聞)

10권으로 이루어진 필기(筆記)로 송(宋) 주변(朱弁 : ?～1144)이 편찬하였다. 본서는 건염(建炎) 원년에 주변이 금(金)에 사신으로 갔다가 포로가 되어 17년 동안 억류생활을 하면서 쓴 것이다. 대부분 북송의 고사(故事)와 군신질문(君臣軼聞), 방 및 시문고평(詩文考評)과 신괴담해(神怪談諧) 등을 서술하고 있는데 특히 희녕신정(熙寧新政), 채경소술(蔡京紹述), 붕당소쟁(朋黨紹爭) 등은 그 내용이 상세하다.

『곤여도설』(坤輿圖說)

1647년 벨기에 사람 베르비스트(南懷仁 : 1623～1688)가 저술한 북경에서 간행된 2권의 인문지리서로 곤여전도(坤輿全圖)의 해설서이다. 청초 흠정감정(欽定監正)의 직책을 맡은 베르비스트의 저서 가운데 곤여도설과 세계지도인 곤여전도는 동양의 지리학 발전에 큰 영향을 미친 것으로 평가된다.

『공양전』(公羊傳)

총 30권으로 이루어졌으나 현존본은 28권이다. 『춘추공양전』(春秋公羊傳) 혹은 『공양춘추』(公羊春秋)로도 불리며 『좌전』·『곡양전』과 함께 『춘추』 삼전(三傳) 가운데 하나이다. 전국시대에 제(齊)나라 사람 공양고(公羊高 : 연대 미상)가 구술한 것을 한초(漢初)에 그의 현손인 공양수(公

羊壽)와 호무생(胡毋生)이 집록하였다.

『**공자가어**』(孔子家語)

10권으로 구성된 공자설화집이다. 『한서』(漢書) 예문지(藝文志)에 따르면 27권으로 공자의 문인이 지었다고 하나 일찍이 산일되었고, 현존본은 삼국시대 위(魏)나라 사람 왕숙(王肅 : 195~256)이 위찬(僞撰)한 10권 44편이다. 저자인 왕숙의 자는 자옹(子雍)으로 동해(東海 : 산동 담성 서남) 사람이다. 일찍이 금문과 고문을 가리지 않고 여러 경전의 해석을 종합하였다고 하는데, 진한(秦漢)의 여러 책에 실린 공자의 유문일사(遺文逸事)를 모아 본서를 만들었다.

『**공자통기**』(孔子通紀)

명대의 학자관료 반부(潘府)가 편찬한 공자에 대한 기록물이다. 『공자통기』는 홍치(弘治)·가정(嘉靖) 연간 명대 주자학의 동향의 일단을 보여준다는 점에서 의의가 있다.

『**공총자**』(孔叢子)

7권 23편의 공자 후손들의 언행록으로 진말한초(秦末漢初) 때의 사람 공부(孔鮒)가 지었다. 공부가 공자 이하 자사(子思)·자고(子高)·자순(子順) 등의 언행을 6권 21편으로 지었고, 그 후 한(漢) 효문제(孝文帝) 때 태상(太常) 공장(孔臧)이 다시 부(賦)와 서(書) 2편을 1권으로 하여 덧붙였다. 한편 왕숙이 위찬한 『공전』(孔傳)·『공자가어』(孔子家語) 등의 내용과 유사한 데가 많아 왕숙이나 그의 문도가 가탁하여 지었다는 설도 있다. 그렇지만 이 책의 소이아(小爾雅) 편은 문자학·훈고학 등에 많은 가치가 있다.

『**관윤자**』(關尹子)

1권으로 된 도가서(道家書)로서 주(周) 윤희(尹喜)가 편찬하였다. 『한서』 예문지에 9편으로 기록되어 있지만 『수서』(隋書) 경적지(經籍志), 『당서』(唐書) 경적지(經籍志)에는 모두 기록되어 있지 않다. 『사고전서제요』(四庫全書提要)에는 이 책이 당~오대 사이에 방사(方士)들이 위찬한 것이라고 하였다.

『**관자**』(管子)

24권으로 구성된 제자서(諸子書)로서 춘추시대 제(齊)의 관중(管仲 : ?~BC 645)이 지었다고 전해지지만, 대부분은 전국시대부터 한대에 걸쳐 지어졌다고 추정한다. 내용을 보면 편(篇)에 따라 각기 다른 사상적 입장의 인물이 저술한 것이라고 생각되어 잡가(雜家)의 저서라고도 할 수 있는데, 『한서』 예문지는 도가(道家)로 분류하고, 『수서』 경적지는 법가(法家)로 분류하고 있다.

현존본은 76편뿐이며, 경언(經言)・외언(外言)・내언(內言)・단어(短語)・구언(區言)・잡편(雜篇)・관자해(管子解)・관자경중(管子輕重)의 8부분으로 나뉘어져 있고, 각 부분은 사상사, 사회경제사, 농업 기술사 등에 귀중한 사료이다.

『괄지지』(括地志)

지리총서로서 당(唐)의 이태(李泰) 등이 편찬했다. 정관(貞觀) 12년 가마소욱(可馬蘇勖)의 건의에 따라 편찬이 시작되고 소덕신(蕭德信)・고윤(顧胤)・장아경(蔣亞卿) 등이 담당하여 정관(貞觀) 16년(642)에 완성되었다. 전국을 10도(道) 358주(州) 41도부독(都府督) 1551현(縣)으로 나누고 이에 따라 각지의 산악형세(山岳形勢)・풍속물산(風俗物産)・왕고유적(往古遺蹟)・인물(人物)・고실(故實) 등을 기록했다. 총지(總志) 체제를 취한 최초의 지리서로서 이후 『원화군현도지』(元和郡縣圖志)의 선례가 되었다.

『광아』(廣雅)

총 19편으로 구성된 10권짜리 훈고서(訓詁書)로 삼국시대 위(魏) 장읍(張揖)이 지었다. 그는 청하(淸河 : 현재 하북에 속함) 사람으로 문자의 훈고(訓詁)에 정통하여 저술이 매우 많다. 본서는 『이아』(爾雅)를 증보한 것이지만 사(詞)의 수록은 훨씬 광범위하며 고대의 사회(詞匯)와 훈고(訓詁)의 중요 자료로서 『이아』・『방언』(方言)・『설문』(說文)・『석명』(釋名)의 뒤를 이은 또 하나의 중요한 어문 저서이다.

『광운』(廣韻)

5권으로 구성된 음운서(音韻書)로 『대송중수광운』(大宋重修廣韻)이라고도 불린다. 북송 진팽년(陳彭年 : 961～1017)이 지었다. 이 책은 『칠운』(七韻)을 증보해서 완성한 것으로 문자의 독음별로 편제한 자전(字典)이다. 문자의 성조별(聲調別)로 5권으로 나누었는데 평성(平聲)은 상하 2권, 상(上)・거(去)・입성(入聲)은 각각 1권씩이다. 다시 각 성조별로 5부, 55부, 60부, 34부로 나누고 동일 부내(部內)의 동음자(同音字)는 함께 배열하고 맨 앞 문자에 반절(反切)을 주기(注記)하였다. 한어(漢語)의 음운학・방언학(方言學)・한어사(漢語史)를 연구하는 데 없어서는 안 될 공구서(工具書)로서 고서(古書)의 난해한 문자를 해독하고 자의(字義)를 검색하는 데 매우 유용하다.

『교식역지』(交食曆指)

명말의 독일 출신 예수회 선교사이자 천문학자인 아담 샬(湯若望 : 1591～1666)이 시헌역법(時憲曆法)에 의거하여 교식(交食), 곧 일식(日食)과 월식(月食)의 원리, 계측법 등을 정리해 놓은 천문서로서 『서양신법역서』(西洋新法曆書) 중 일부이다.

『구당서』(舊唐書)

200권으로 이루어진 기전체 사서로 후진(後晉) 유후(劉昫) 등이 편찬하였다 후진 출제(出帝) 개운(開運) 2년(945)에 완성되었는데 북송대의 구양수(歐陽脩)·종기(宗祁) 등에 의해 편찬된 『신당서』(新唐書)가 있어, 먼저 나온 유후의 당서(唐書)는 『구당서』라고 부른다. 내용은 본기(本紀) 20권, 지(志) 30권, 열전(列傳) 150권으로 되어 있고, 지(志)는 예의지(禮儀志) 7권, 음악지(音樂志) 4권, 역지(曆志) 3권, 천문지(天文志) 2권, 오행지(五行志) 1권, 지리지(地理誌) 4권, 직관지(職官志) 3권, 여복지(輿服志) 1권, 경적지(經籍志) 2권, 식화지(食貨志) 2권, 형법지(刑法志) 1권으로 이루어져 있다. 열전은 권수의 후비전(后妃傳)에 이어 이밀(李密) 이하 수말(隋末)의 군웅(群雄) 25인의 전(傳)을 두고, 제신전(諸臣傳) 뒤에는 외척(外戚)·환관(宦官)·낭사(良吏)·혹리(酷吏)·충의(忠義)·효우(孝友)·유학(儒學)·문원(文苑)·방기(方伎)·은일(隱逸)·열녀(列女) 등의 유전(類傳), 외국전(外國戰), 말미에는 안록산(安祿山) 이하 반란을 일으킨 자의 전(傳)을 실었다.

『구양공거사집』(歐陽公居士集) ☞ **『구양문충공집』(歐陽文忠公集)**

『구양공집』(歐陽公集) ☞ **『구양문충공집』(歐陽文忠公集)**

『구양문충공집』(歐陽文忠公集)

북송 구양수(歐陽脩 : 1007~1072)의 문집으로 부록 5권을 포함하여 158권으로 구성되었다. 그 구성과 내용은 거사집(居士集) 50권에 소식(蘇軾 : 1036~1101)의 서문(序文)이 있고, 고시(古詩)·율시(律詩)·부(賦)·잡문(雜文)·논(論) 등으로 나누어져 있다. 외집(外集) 25권은 악부(樂府)·고시(古詩)·율시(律詩)·부(賦) 등으로 이루어져 있다. 북송대의 문집 가운데 내용이 가장 풍부하며 정치사·사회경제사 등의 연구에 불가결한 책이다.

『구집력』(九執曆)

『대당개원점경』(大唐開元占經) 중의 일부로 전해지고 있다. 구집이란 범어 나바그라하(navagrāha)를 의역한 것으로, 나바(nava)는 구(九)라는 뜻이고, 그라하(grāha)는 집(執), 즉 '잡는다'의 뜻과 요(曜 : 행성)라는 뜻을 가지고 있다. 구집력에 기록된 일식·월식의 계산법은 그 때까지 중국에서 행하던 방법과는 다른 것이어서 매우 중요시되었다.

『국어』(國語)

총 21권으로 이루어진 문헌으로 일명 『춘추외전』(春秋外傳)으로도 불린다. 춘추시대 각 국가별 역사를 기록한 것으로 춘추시대 말 노(魯)의 좌구명(左丘明)이 편찬하였다고 하나, 전국(戰國) 위(魏) 양왕(襄王 : BC 319~297) 재위시 여러 사람들에 의해 편찬된 듯하다. 주(周)・노(魯)・제(齊)・진(晉)・정(鄭)・초(楚)・오(吳)・월(越) 여덟 나라로 나누어, 서주(西周) 목왕(穆王) 때부터 진(晉)이 한(韓)・위(魏)・조(趙) 3국으로 분열될 때까지 당시 인물들의 언론을 주로 기록한 것이 특징이며, 정치・외교・군사 방면도 서술되어 있다. 사료가 빈약하고 빠진 것이 많지만 나라별로 기술한 방식은 후대에 큰 영향을 주었다.

『국조시별재집』(國朝詩別裁集) ☞ **『청시별재』**(淸詩別裁)

『국조헌징록』(國朝獻徵錄)

120권으로 이루어진 전기로 명의 초횡(焦竑 : 1540~1602)이 만력(萬曆 : 1573~1628) 말기에 편찬하였다. 본서는 명나라 사람의 전기를 집대성한 것으로 만력 중기까지의 인물을 수록하고 있다. 중앙관료는 그 최고 관직에 있을 때 재임한 위문(衛門)에 배열하고, 지방관으로 마친 자는 가장 높은 지위 때에 재임한 포정사사조(布政使司條)에 배열하였다. 본서의 사료는 실록을 비롯하여 광범위하게 걸쳐 있고, 가능한 한 원문 그대로 인용하고자 배려하고 있다. 명인(明人)의 전기 자료로는 가장 중요한 책이다.

『군서고색』(群書考索) ☞ **『산당고색』**(山堂考索)

『귀잠지』(歸潛志)

14권으로 구성된 필기(筆記)로 금(金)의 유기(劉祁 : 1203~1250)가 편찬하였다. 유기는 자가 경숙(京叔)이고 호는 신주돈사(神州遯士)이며, 산서성 혼원(渾源) 사람이다. 본서는 금말(金末)의 견문을 기록한 것으로, 금・원(元) 교체기인 1234~1235년경에 완성되었다. 권1~6은 금말제인전(金末諸人傳), 권7~10은 금말유사(金末遺事), 권11은 녹대양사[錄大梁事 : 금(金) 애종(哀宗) 망국의 시말], 권12는 녹최립비사[錄崔立碑事 : 최립(崔立)의 공덕비를 세운 일에 대한 비난]과 변망[弁亡 : 금(金) 망국의 원인을 논함], 권13・14는 어록 및 시문이다. 찬자 자신의 경험에 기초한 기술은 뒤에 『금사』(金史) 편찬 때의 재료가 되었으며, 그 사료 가치도 높다.

『귀장』(歸藏)

『주역』(周易) 이전의 옛 『역』(易)으로 황제(黃帝)가 지었다고 전한다. 현재 전해지는 『고삼분서』(古三墳書) 가운데 『귀장』(歸藏)은 위작이다. 그러나 청 동치(同治) 10년(1871) 마국(馬國)『옥산방집일서』(玉山房輯佚書)에 수록된 『귀장』 1권은 믿을 수 없지만 진대(晉代) 곽박(郭璞)이 이미 인용한 부분이 있어 책이 이루어진 시기가 비교적 이를 것으로 추측한다.

『귀전록』(歸田錄)

8권 115조로 현재본은 2권만 남아 있다. 구양수(歐陽脩 : 1007～1072)가 만년에 관직에서 물러나 영주(潁州)에서 거주하고 있을 때 지은 것으로 조정 고사와 사대부의 자질구레한 이야기를 담아 대부분 잡담·해학·농담 등으로 이루어져 있다. 그 가운데 북송 전기의 인물·사변·직관제도 및 관리사회의 일화 등에 관련된 것들이 있고, 직접 목도한 것으로는 인종(仁宗)이 누차 연호를 개정한 원인, 추밀사(樞密使)가 대연회(大宴會) 때 어전에서 시립했던 일을 다루고 있어, 사료로서도 가치가 높다.

『근사록』(近思錄)

중국 남송의 철학자 주희(周熹 : 1130～1200)와 여조겸(呂祖謙 : 1137～1181)이 공동 편찬한 성리학 해설서이다. 북송의 대표적인 유학자 주렴계(周濂溪 : 1017～1073)·정명도(程明道 : 1032～1085)·정이천(程伊川 : 1033～1107)·장횡거(張橫渠 : 1020～1077) 등 4명의 저술(著述)과 어록(語錄) 가운데 초학자들이 이해하기 쉽게 중요한 것 622조를 뽑아 14문(門)으로 분류하여 편집하였다. '근사'란 자하(子夏)가 '간절하게 묻고 가까이서 생각한 것'[切問近思]이라는 말에서 따온 것으로, '인간들이 날마다 쓰는 것'[人倫日用]과 서로 밀접하게 관련된 사상이다. 북송 이학가들의 사상을 연구하는 데 귀중한 자료이다. 주석서로는 송대 섭채(葉采)가 지은 『근사록집해』(近思錄集解), 청대의 강영(江永)이 지은 『근사록집주』(近思錄集注)가 있다.

『금경』(禽經)

1권으로 이루어진 조류서(鳥類書)로 춘추시대 사광(師曠)이 지었다. 사광의 자는 자야(子野)이고 진(晉)나라의 약사(藥師)였다. 진국 장화(張華)의 주(注)가 있다. 하지만 본서가 처음 인용된 것은 송대(宋代) 능전(陵佃)의 『비아』(埤雅)이고, 장화의 주에 인용된 책 가운데 양(梁) 때의 책인 고야왕(顧野王)의 『서응도』(瑞應圖), 임방(任昉)의 『술이기』(述異記) 등이 있는 것으로 보아 당말송초에 사광의 이름을 빌려 지은 듯하다.

『금고기관』(今古奇觀)

총 40권으로 이루어진 단편소설집으로 명대(明代)의 포옹노인(抱甕老人)이 『삼언이박』(三言二拍)에서 40편을 뽑아 만든 책이다. 숭정(崇禎) 5년(1632)부터 말년 사이에 출간된 것으로 추정된다. 편자는 송원(宋元)의 소설은 피하고, 명대의 작품이라고 추정되는 소설 가운데 특히 문장이 뛰어난 것을 뽑은 듯하다. 당시 현실의 사회생활과 구사회(舊社會)의 예교(禮教) 붕괴 과정을 보여주는 작품도 포함하고 있어 명대 사회의 배경을 이해하는 데 도움이 된다.

『금병매』(金瓶梅)

작자불명의 100회 분량의 소설을 모은 것으로 중심 내용은 『수호전』(水滸傳) 24~26회의 서문경(西門慶)과 반금연(潘金蓮)의 관계이다. 주인공 서문경은 산동성 한 도시의 호상(豪商)인데, 부정으로 거부(巨富)를 모아 뇌물을 써서 지방관이 되고, 명예와 권세를 손에 넣고 호색한 생활을 보낸다. 시대배경은 북송이지만, 실제로는 명대의 사회를 묘사한 것으로 당시 지방관의 부패타락, 사회 이면의 세태·풍속 등을 생생하게 묘사하고 있어 명 말의 사회경제를 연구하는 데 도움이 된다.

『금사』(金史)

135권으로 구성된 기전체(紀傳體) 사서로서 원(元) 토크토(脫脫 : 1314~1388) 등이 편찬하였다. 중국 역대 정사(正史)의 하나이고 금사(金史) 연구의 기본 문헌이다. 원(元) 순제(順帝) 지정(至正) 3년(1343) 3월에 요(遼)·금(金)·송(宋) 3사(史) 편찬의 명이 내려, 같은 해 4월에 수사국(修史局)이 개설되었고, 도총재 토크토와 구양현(歐陽玄) 등 8인의 총재관(總裁官)이 작업에 착수하여, 지정(至正) 4년 11월에 완성되었다. 본기(本紀) 19권, 지(志) 39권, 열전(列傳) 73권으로 이루어져 있다. 의거한 사료가 풍부하고 원초(元初)부터 여러 차례 『금사』 편찬이 기획되었으며 구양현의 논찬(論贊)에 대한 평판이 좋아 단시일에 편찬되었음에도 불구하고 다른 두 사서에 비해 훨씬 잘 만들어졌다고 평해진다.

『금향정』(金香亭)

당나라 천보(天寶) 연간을 배경으로 한 종경기와 갈어사의 딸 갈명화의 인연을 주축으로 한 소설이다. 과거를 보고 결과를 기다리던 종경기는 우연히 갈어사의 후원에서 갈명화를 보고 반하여 화원에서 주운 명화의 깁수건을 빌미로 서로 만나 마음을 전하고 혼인을 약속하게 된다. 종경기는 과거에 급제하여 한림학사에 제수되나, 갈어사를 범양으로 좌천시킨 권신 안록산과 이임보 등을 탄핵하다가 서천으로 좌천된다. 이후 안록산이 난을 일으켜 자칭 황제가 되고 장안을 함락시키자 황제는 서촉으로 피난을 간다. 그 와중에 갈소저는 안록산의 아들 안경서와의 혼인을 강요받자 이를 피해 도망간다. 절도사 곽자의, 이광필의 구원병에 의해 장안이 회복되고, 종경기는 새로 즉위한 황제를 모시고 장안으로 돌아온다. 종경기, 갈태고는 각기 명을 받아 안록산의 남은 일당을 소탕한다. 갈소저는 도중에 사공의 속임수에 빠져 분양왕 곽자의의 시비로 팔리나 곽자의의 주선으로 무사히 종경기와 혼인하게 된다.

『급총주서』(汲冢周書)

당(唐) 이래 『일주서』(逸周書)에 대한 잘못된 이름이다.

『급취』(急就) ☞ **『급취편』**(急就篇)

『급취장』(急就章) ☞ **『급취편』**(急就篇)

『급취편』(急就篇)

일명 『급취』(急就) 혹은 『급취장』(急就章)이라고 부르는 4권으로 된 글자책이다. 한(漢)의 사유(史游)가 지었다. 본서는 3자에서 7자 성어로 전편에 걸쳐 중복되는 자가 없는 암송용 문체로서, 처음 글자를 배우는 사람이 글자를 익히고 쓰기 위한 교과서로 지어졌다고 생각된다.

『기기도설』(奇器圖說)

2권으로 구성된 과학기술서로 스위스 출신의 예수회 선교사로 1618년에 중국에 들어와 활동하던 테렌츠(登玉函 : 1576～1630)가 서양의 과학기술에 대해 구술한 내용을 왕징(王徵)이 한문으로 번역하여 기록한 것이다. 1627년 북경에서 처음 출간되었으며 1653년에 명대의 학자 전희조(錢熙祚)가 다시 교정하였다. 테렌츠가 기기(奇器)에 대해 저술한 것은 대략 기중(起重 : 무거운 것을 들어올리는 것) 11도(圖), 인중(引重 : 무거운 것을 끄는 것) 4도(圖), 전중(轉重 : 무거운 것을 움직이는 것) 2도(圖), 취수(取水) 9도(圖), 전마(轉磨) 5도(圖), 해목(解木) 4도(圖), 해석(解石), 서가(書架), 수일구(水日晷), 벌경(伐耕)이 각 1도(圖), 수총(水銃) 4도(圖)이다.

『기원기소기』(寄園寄所寄)

청(淸) 조길사(趙吉士 : 1628～1706)가 편찬한 잡록소설집(雜錄小說集)이다. 총 12권 12책으로 이루어졌으며, 매 책당 한 권씩 묶여 있다. 『사고전서』(四庫全書)의 기록에 의하면, '낭저기'(囊底寄)는 지혜와 술수, '경중기'(鏡中寄)는 충효와 절의, '의장기'(倚杖寄)는 산천의 명승, '연수기'(撚鬚寄)는 시화(詩話) 관련, '멸촉기'(滅燭寄)는 신선과 요괴, '분진기'(焚塵寄)는 청담과 격언, '달제기'(獺祭寄)는 제도와 연혁, '시도기'(豕渡寄)는 오류의 고증, '열자기'(裂眥寄)는 명 말의 전란과 희생자, '구수기'(驅睡寄)는 일화 가운데 이야깃거리, '범엽기'(泛葉寄)는 휘주(徽州)의 숨은 이야기, '삽국기'(揷菊寄)는 재미있는 잡다한 이야기로 구성되어 있다고 한다.

『기하원본』(幾何原本)

총 15권으로 이루어진 중세 서양 유클리드 기하학을 한역한 책이다. 유클리드의 『원본』(原本)에 의거하여 명 말에 예수회 선교사 마테오 리치(利瑪竇 : 1552～1610)가 명의 관리 서광계(徐光

啓 : 1562～1633)와 함께 번역하였다. 만력(萬曆) 35년(1607) 최초 번역할 당시에는 권1～6의 완성에 그쳤다. 다음 권7～13까지는 청말 시기에 알렉산더(偉烈亞力, Wylie, Alexander : 1815～1887)가 이선란(李善蘭 : 1811～1882)의 도움을 받아 한역하였으며, 권14～15는 근세에 유클리드 기하학을 보충한 것을 알렉산더가 이선란과 함께 번역한 것이다.

『기효신서』(紀效新書)

18권으로 구성된 병서(兵書)로 명(明) 척계광(戚繼光 : 1528～1587)이 편찬하였다. 편찬자는 동남 연해에서 왜구에 대항하여 병사의 훈련과 작전의 경험을 총괄하여 책을 완성했다. 본문은 속오(束伍)·조령(操令)·군령(軍令)·유병(諭兵)·법금(法禁)·비교(比較)·행영(行營)·조련(操練)·출정(出征)·장병(長兵)·단병(短兵)·사법(射法)·권경(拳經)·제기(諸器)·정기(旌旗)·수초 (守哨)·수병(水兵) 등 18편으로 나뉘고, 한 편이 1권이다. 각 편에는 모두 도(圖)가 있고 아울러 설명이 첨가되어 있는데 명대(明代) 군사사(軍事史) 연구에 꼭 필요한 책이다.

『낙빈왕문집』(駱賓王文集)

10권으로 이루어진 문집으로 당(唐) 낙빈왕(駱賓王 : 640?～684)이 편찬하였다. 일명 『낙승집』(駱丞集)·『낙임해전집』(駱臨海全集)이라 한다. 낙빈왕은 초당(初唐) 4걸의 한 사람으로 684년 서경업(徐敬業)의 난에 가담하여 기병(起兵)의 격문(檄文)을 쓴 것으로 유명한데, 특히 정치적 포부와 비분하는 시(詩)를 많이 지었다.

『낙양가람기』(洛陽伽藍記)

5권으로 구성된 불교사적으로, 북위(北魏) 양현지(楊衒之 : ?～555)가 지었다. 547년 북위의 도읍인 낙양을 방문하였는데 극히 융성하였던 낙양이 여러 차례의 전쟁으로 폐허가 되고 번영하였던 사찰도 쇠락하자 과거의 화려하였던 모습을 후세에 전하기 위하여 본서를 지었다고 한다. 낙양성 안팎에 있었던 1천여 개의 사찰 가운데 큰 것만 골라 절 이름, 창건자, 위치 등을 중심으로 기록하였다. 북위의 역사, 사원, 불교, 도성사(都城史) 등에 귀중한 사료이다.

『남당서』(南唐書)

18권으로 이루어진 기전체 역사서로, 남송(南宋) 육유(陸游 : 1125～1210)가 편찬하였다. 오대십국 가운데 남당(南唐)에 관한 기전체 사서로서 순희(淳熙) 11년(1184) 이전에 완성되었다. 열조(烈祖)·원종(元宗)·후주(後主) 본기(本紀) 3권, 118명의 열전(列傳) 15권으로 구성되었다. 역사서로서 서술체제가 정비되었고, 문장도 간결하여 높은 평가를 받는다. 마령(馬令)의 『남당서』(南唐書)에 빠진 많은 중요한 사실을 보충하고 있어 남당사 연구의 기본적인 문헌이다.

『남사』(南史)

80권으로 이루어진 기전체 사서로 당(唐) 이연수(李延壽)가 편찬하였다. 이연수는 『진서』(陳書)와 『수서』(隋書) 10지(志)[오대사지(五代史志)] 편찬에 참가한 기회에 자료를 널리 구하고, 부친 이대사(李大師 : 570～628)가 완성하지 못한 원고에 송(宋)·제(齊)·양(梁)·진(陳)의 사서와 잡사를 참고하여 당(唐) 고종(高宗) 현경(顯慶) 4년(659)에 완성하였다. 송(宋) 영초(永初) 원년(420)부터 진(陳) 정명(禎明) 3년(589)까지 남조 170년간의 역사로서, 본기 10권과 열전 70권으로 구성되어 있다.

『남전여씨향약』(藍田呂氏鄕約)

총 1권으로 북송의 여대충(呂大忠)이 지었다. 여대충의 자는 진백(進伯)이며 섬서성 남전(藍田) 사람이다. 약(約)은 덕업상권(德業相勸)·과실상규(過失相規)·예속상교(禮俗相交)·환난상휼(患難相恤)을 강목(綱目)으로 삼았으며 후세 향약의 모범이 되었다.

『남제서』(南濟書)

60권으로 이루어진(현존본 59권) 정사(正史)로 남조 제(齊)와 양(梁)에 걸쳐 살았던 소자현(蕭子顯 : 489～537)이 편찬하였다. 본기 8권, 지(志) 11권, 열전 40권이다. 소도성이 제(齊)를 건국한 479년부터 소보융(簫寶融)이 폐위된 502년까지 7제 23년의 역사를 513～526년 사이에 편찬하였다. 편찬자가 후손인 관계로 선대의 사적과 제(齊)가 양(梁)에게 선양한 사실 등에는 꾸밈이 많지만 남제사(南濟史) 연구의 중요한 기본 사료이다.

『노자』(老子)

일명 『도덕경』(道德經) 혹은 『도덕진경』(道德眞經)으로서, 5천 자이기 때문에 노자오천문(老子五千文)이라고도 불린다. 도교경전(道敎經典)으로서 춘추 말에 이이(李耳)가 편찬하였다고 한다. 하지만 운문과 산문이 섞여 있어 문체가 일치되지 않고, 모순이나 중복된 내용으로 볼 때 일시에 지어진 것은 아니며 전국시대의 용어가 포함된 것으로 보아 전국시대 작품으로 보인다. 후세가 도교에서 노자를 추존하여 노군(老君)이라 하여 교주(敎主)로 받들고 『도덕경』을 주경전으로 삼았다.

『노학암필기』(老學庵筆記)

총 10권으로 이루어진 구문(舊聞) 기록서이다. 남송의 문인 육유(陸游 : 1125～1210)가 당시 전해 오던 구문을 모아 편한 것인데 노학암(老學庵)은 육유의 서재 명이다. 전체 580조로 구성되었고, 속필기(續筆記) 2권이 있다. 사서(史書)에 보이지 않는 일사(逸事)를 기재하여 북송 말, 남송

초의 정치사를 보충하고 있어 당대사 연구에 좋은 자료를 제공할 뿐만 아니라 찬자의 임지(任地)였던 촉(蜀)에 대한 회상(回想)이나 시화(詩畵) 중에도 흥미로운 내용이 수록되어 있다.

『논어』(論語)

유가경전(儒家經典)으로 공구(孔丘 : BC 552~479)의 제자와 후학이 공자의 언행과 사상을 기록한 것이다. 어록체 형식으로 현행 『논어』는 학이(學而)·위정(爲政)·팔일(八佾)·이인(里仁)·공야장(公冶長)·옹야(雍也)·술이(述而)·태백(泰伯)·자한(子罕)·향당(鄕黨)·선진(先進)·안연(顔淵)·자로(子路)·헌문(憲問)·위령공(衛靈公)·계씨(季氏)·양화(陽貨)·미자(微子)·자장(子張)·요왈(堯曰) 등 모두 20편으로 구성되어 있다. 전국시대 초엽에 지어진 것으로 보이며 편찬자에 대해서는 여러 설이 있는데, 청(淸)의 최술(崔述)에 의하면 제자들이 모아놓은 것을 뒤에 유가들이 편집한 것이라고 한다. 후한대에 '칠경'(七經) 가운데 하나로 꼽히게 되었고, 주희(朱熹)가 『대학』(大學)·『중용』(中庸)·『맹자』(孟子)와 함께 '사서'(四書)라고 불렀다.

『논형』(論衡)

30권 85편으로 구성된 철학서(哲學書)이다. 후한대 왕충(王充 : 27~97)이 지었다. 합리적이고 반속세적인 입장에서 당시 유행하던 참위(讖緯)·미신 사상을 비롯하여 공(孔)·맹(孟)·순(荀)·묵(墨)·명(名)·법(法)·도(道)·음양가(陰陽家)부터 한대의 유생(儒生)·도교(道敎)의 사상을 모두 비판하였다. 또한 당시의 사조와는 반대로 역사는 발전·진화한다는 역사관을 피력하였다. 그는 천도자연(天道自然)은 무위(無爲)라는 유물주의(唯物主義) 자연관을 강조하고, 종교신학적 목적론에 반대하였으며, 원기자연론(元氣自然論)이라는 새로운 차원의 이론을 개창하여 중국 고대 철학의 발전에 중요한 공헌을 하였다.

『농서』(農書)

36권(원래 37권)으로 구성된 농업기술서이다. 원(元) 왕정(王禎)이 강서성 영풍현윤(永豊縣尹)을 역임하던 중에 집필하여 대덕(大德) 2년(1298)경에 완성하였다. 농서 중에서도 원대의 『농상집요』(農桑輯要)·『농상의식촬요』(農桑衣食撮要)와 함께 획기적이고 중요한 전적으로, 찬자는 과거의 농서를 정밀히 조사하고 남북의 농업기술을 직접 연구하여 북방의 한지(旱地)농업과 남방의 수전농업 양 지대에 대해 해설하였다.

『농정전서』(農政全書)

60권으로 구성된 농업관련서로 명대에 서광계(徐光啓 : 1562~1633)가 편찬하였다. 서광계의 자는 자선(子先)이고 호는 현호(玄扈)로 비교적 일찍 서양과학을 소개한 과학자이다. 본서는 중국의 전통 농업기술을 총괄하고 서양의 수력학(水力學)과 지리학까지 섭취하여 집대성한 것이다. 전체를 농본(農本)·전제(田制)·농사(農事)·수리(水利)·농기(農器)·수예(樹藝)·잠상(蠶桑)·광류(廣類)·종식(種植)·목양(牧養)·제조(制造)·황정(荒政)의 12문(門)으로 나누고, 고금의 경사제가(經史諸家)의 설(說)을 인용함과 동시에 수시로 찬자 자신의 견해를 서술하였다. 농업기술로서뿐 아니라 사회경제사 자료로도 유용하다.

『**능엄경**』(楞嚴經)

주요 대승경전(大乘經典)의 하나인 『대불정여래밀인수증요의제보살만행수능엄경』(大佛頂如來密因修證了義諸菩薩萬行首楞嚴經, 이하 『능엄경』)으로 흔히 『수능엄삼매경』(首楞嚴三昧經)·『수능엄경』(首楞嚴經)·『능엄경』 등으로 약칭되며, 8세기 초 인도 출신의 학승 반랄밀제(般剌蜜帝)에 의해 한역(漢譯)되었다. 전설에 의하면 본서는 인도의 나란타사에서 비장(秘藏)해온 경전으로 인도 이외의 나라에는 전하지 말라는 왕명을 따라 당나라 이전에는 중국이나 한국에 전래되지 않았다고 하는데, 현재는 중국에서 찬술된 위경(僞經)이라는 견해가 지배적이다. 석가가 대승경전을 설한 순서에서 『능엄경』은 반야경(般若經)과 법화경(法華經) 중간에 설하여, 수행하여 깨닫는 법을 가장 자세하게 나타내 주었다고 하여 대승의 극치를 설한 경전으로 알려져 있고, 그런 까닭에 실제 수행에서도 가장 중요한 역할을 담당하는 경전으로 평가된다.

『**다경**』(茶經)

3권으로 구성된 보록(譜錄)으로 당 육우(陸羽 : 733~804)가 편찬하였다. 차[茶]에 대한 최고의 백과전서로서 10항목으로 나누어 1 원[源 : 차의 기원]·2 구[具 : 채집 제조도구]·3 조[造 : 제조법]·4 기[器 : 다기]·5 자[煮 : 차 끓이는 방법]·6 음[飮 : 차 마시는 법]·7사[事 : 차의 역사(歷史)와 고서(古書)에서 차에 관한 글을 인용]·8 출[出 : 차의 출산지]·9 략[略 : 약식(略式) 차]·10 도[圖 : 차의 그림] 등에 대하여 정연하게 상술하였다. 차의 역사를 연구할 때 가장 중요한 참고서로서 이후 차에 관한 모든 서적들은 이 책을 기본으로 했다.

『**단궤총서**』(檀几叢書)

청(淸) 왕탁(王晫)과 장조(張潮)가 청대 제가(諸家)들의 잡저(雜著) 157종(種)을 모아서 편찬한 총서이다. 이 총서에 수록되어 있는 청초 학자들의 저작은 모두 50종인데, 대부분 다른 문집에서 뽑아온 것이며, 나머지는 모두 소설류이다.

『**담추동고**』(甔甀洞藁)

명(明)의 오국륜(吳國倫 : 1524~1593)이 편찬한 54권의 시와 산문의 합집이다. 왕동궤(王同

軌), 장명봉(張鳴鳳) 등이 교정하여 간행하였다. 본서는 권수에 네 편의 서문과 목록이 들어 있다. 권1에서 권2까지는 악부(樂府), 권3에는 악부(樂府) 악부잡의(樂府雜擬) 잡가요(雜歌謠) 사언고시(四言古詩)가 실려 있다. 권4에서 권7까지는 오언고시(五言古詩)가 실려 있고, 권8에서 권9까지는 칠언고시(七言古詩)가 실려 있다. 권10에서 권17까지는 오언율시(五言律詩)가 실려 있고, 권18에서 권19까지는 오언배율(五言排律)이 실려 있다. 권20에서 권28까지는 칠언율시(七言律詩)가 실려 있고, 권29에는 칠언율시(七言律詩) 칠언배시(七言排律)가 실려 있다. 권30에는 오언절구(五言絶句)가 실려 있고, 권31에서 권33까지는 칠언절구(七言絶句)가 실려 있다. 이상이 시집에 해당하고 장명봉과 방상빈이 교정을 보았다. 권34에는 비문(碑文) 묘지명(墓誌銘)이 실려 있고, 권35에서 권36까지는 묘지명(墓誌銘)이 실려 있다. 권37에는 묘표(墓表)가 실려 있고, 권38에서 권43까지는 서(序)가 실려 있다. 권44에는 서(序)·傳(전)이 실려 있고 권45에는 전기(傳記)가 실려 있다. 권46에는 기(記)·행장(行狀)·뇌(誄)가 실려 있고, 권47에는 애사(哀詞) ·제문(祭文)이 실려 있다. 권48에는 잡문(雜文)·상찬(像贊)·고문(告文)·제발(題跋)이 실려 있고, 권49에서 권53까지는 서(書)가 실려 있다. 권54에는 서(書)·사륙(四六)·주기(奏記)가 실려 있다. 이상 문집은 왕동궤와 방상빈이 교정을 보았다.

『당감』(唐鑑)

12권(24권본도 있음)으로 된 편년체 사서로서 북송의 범조우(范祖禹 : 1041～1098)가 편찬하였다. 당왕조(唐王朝) 300년간 흥망성쇠의 자취를 고조(高祖)부터 소제(昭帝)·선제(宣帝)까지 『자치통감』(資治通鑑)의 본문 기사를 황제별(皇帝別)로 게재하고, 편마다 군신 사이의 대응에 대한 범조우 자신의 논평(論評)·논단(論斷)을 덧붙여 국가통치의 특징을 논술하였다. 대담한 사평(史評)이나 논단(論斷)·사실(事實)을 객관적으로 분석한 식견을 엿볼 수 있어 사평류(史評類)의 대표작으로 평해진다.

『당률소의』(唐律疏議)

원명은 『율소』(律疏)로 30권으로 구성된 법률서이다. 당(唐) 이임보(李林甫) 등이 편찬하였는데 당대 형법인 당률(唐律)의 관찬 주석서이다. 본서는 현존하는 중국 법전으로서는 가장 먼저 완비된 것으로, 당시 중국 법이론의 집대성이자 이후 역대 법전의 남본(藍本)으로 동아시아 제국의 법체계에 큰 영향을 끼쳤다.

『당문수』(唐文粹)

100권으로 구성된 시문총집(詩文總集)으로 북송의 요현(姚鉉 : 968～1020)이 편찬하였다. 본서는 『문선』(文選)을 계승한다는 의도에서 당대(唐代)의 훌륭한 시문을 선집한 것으로 대중상부(大中祥符) 4년(1011)에 완성되었다. 문체에 따라 고부(古賦) 이하 전록(傳錄) 기사에 이르기까지 16

가지로 나누고 자목(子目)으로 세분하였다.

『당서』(唐書)

중국 정사인 25사(史)의 하나로 고조(高祖) 이연(李淵)이 당나라를 건설한 618년부터 907년까지를 기록한 기전체(紀傳體) 사서이다. 본서는 천복(天福) 6년(941) 후진(後晉) 고조(高祖)의 명으로 재상 조영(趙瑩)의 감수 하에 편찬이 시작되어 개운(開運) 2년(945)에 완성되었다. 원래 이름은 『당서』(唐書)이나 송대에 구양수(歐陽修)·송기(宋祁)가 저술한 『신당서』(新唐書)가 정사로 채택되어 『당서』로 불렀기 때문에 『구당서』(舊唐書)로 불리게 되었다. 체제는 총 200권으로 본기(本紀) 20권·지(志) 30권·열전(列傳) 150권 등으로 구성되어 있다. 본기 20권은 21명의 황제와 함께 측천무후(則天武后)를 본기에 넣은 것이 특징이고, 지는 11개 항목으로 구성되어 있으며 간략함에도 불구하고 당대의 전장제도(典章制度)를 고르게 기록하였다는 평가를 받고 있다. 열전은 150권으로 1180여 명의 인물이 기록되어 있다. 본서는 풍부하게 사료를 기록하고 있다는 점에서 가치가 있다고 평가되기도 하지만 내용이 번잡하고 정리가 되지 않았다는 상반된 평가를 받기도 한다.

『당송총서』(唐宋叢書)

91종 149권으로 명(明) 종인걸(種人傑)·장수진(張遂辰)이 편찬하였다. 본서는 주로 당송인(唐宋人)의 수필을 집성한 것으로, 그 내용은 경익(經翼) 7종, 별사(別史) 14종, 자여(子餘) 20종, 재적(載籍) 48종의 4부로 이루어졌다.

『당송팔가문』(唐宋八家文)

중국 당·송대의 고문(古文) 명문집(名文集)이다. 보통 청 건륭제(乾隆帝) 때 시문작가 심덕잠(沈德潛 : 1673~1769)이 편집한 『당송팔가문독본』(唐宋八家文讀本)을 가리키는데, 정식 명칭은 『당송팔대가문독본』(唐宋八大家文讀本)이며 모두 30권이다.

『당송팔가문초』(唐宋八家文抄)

164권으로 명대(明代)의 문인 모곤(茅坤 : 1512~1601)이 편찬한 당송팔대가(唐宋八大家)의 문장 선집이며 『당송팔대가문초』(唐宋八大家文抄)라고도 한다. 모곤은 당순지(唐順之 : 1507~1560)의 문론(文論)에 찬동하며, 명대 전후칠자(前後七子)들이 주창한 '글은 진한대 것을 본받아야 한다'[文必秦漢]라는 구호에 반대하였다. 당·송의 고문(古文)을 배울 것을 주장하여, 왕신중(王愼中)·당순지(唐順之)·귀유광(歸有光) 등과 함께 문학사상 명대의 당송파(唐宋派)로 알려져 있다. 이들의 주장을 구체화시킨 문장 선집이 바로 이 책이다. 대개 진(秦)·한(漢)의 형식을 본뜬 것은 이몽양(李夢陽)에서 비롯한 것이고 당(唐)·송(宋)의 형식을 본뜬 것은 모곤에서 시작되었다고 한다. 팔가(八家)는 진실로 명초(明初)의 주우(朱右 : 1314~1376)의 『팔선생문집』(八先生文集)이라는 문집으로부터 시작되었으나, 주우의 책은 전하지 아니한다. 세상에서 팔가라고 칭하는 것은 바로 모곤의 이 책에서 연원하며, 그러므로 이 저술을 시발점으로 삼는다. 그 내용은 한유(韓愈)의 문(文) 16권, 유종원(柳宗元)의 문 12권, 구양수(歐陽修)의 문 32권, 부(附) 오대사초(五代史抄), 신당서초(新唐書抄), 소순(蘇洵)의 문 10권, 소식(蘇軾)의 문 28권, 소철(蘇轍)의 문 20권, 증공(曾鞏)의 문 7권, 왕안석(王安石)의 문 16권으로 이루어져 있다. 이 책은 명·청대에 걸쳐 고문을 읽히고 유행시키는 데 큰 공헌을 한 것으로 평가된다.

『당시기사』(唐詩紀事)

81권으로 구성된 시총집(詩總集)으로 송(宋)의 계유공(計有功)이 편찬하였다. 당대의 시인 1150명의 시(詩)·일화(逸話)·약전(略傳) 등을 기록한 것으로 남송 가정(嘉定) 17년(1224)에 간행되었다. 후세에 전해지지 않는 당인의 시집이나 전기 등이 포함되어 있어 사료적 가치가 크다.

『당시별재집』(唐詩別裁集)

20권으로 이루어진 당시선집(唐詩選集)이다. 청의 심덕잠(沈德潛 : 1673~1769)이 30여 년에 걸쳐 당시(唐詩) 1920여 수를 뽑아 강희 56년(1717)에 완성하였다. 이백(李白)·두보(杜甫)의 시가 400수로서 전체 당시 중 1/5의 분량을 차지하고 있다. 수록한 시에 대한 평주(評注), 시의 주지(主旨), 예술 특색, 표현수법 등에 대해 간명한 논술을 덧붙였는데, 탁견이 적지 않다.

『당시정성』(唐詩正聲)

명대의 문인 고병(高棅 : 1350~1425)이 『당시품휘』(唐詩品彙) 가운데 성률(聲律)이 순정한 시들을 정선하여 편찬한 당시선집이다. 『당시정성』(唐詩正聲)의 원래 체제는 오언고시(五言古詩) 6권, 칠언고시(七言古詩) 3권, 오언율시(五言律詩) 3권, 오언배시(五言排律) 3권, 칠언율시(七言律詩) 2권, 오언절구(五言絶句) 2권, 칠언절구(七言絶句) 3권으로 구성되었다. 전체적인 체제를 보면 먼저 작품을 시체별(詩體別)로 구분한 후, 이를 다시 초당(初唐)·성당(盛唐)·만당(晩唐)의 시대순으로 수록하였다. 당시(唐詩)가 국내 문단에 끼친 영향을 고찰하는 데 도움이 되는 자료라 할 수 있다.

『당시품휘』(唐詩品彙)

90권, 습유(拾遺) 10권으로 이루어진 당시선집이다. 명대의 고병(高棅 : 1350~1413)이 편찬하였다. 그는 중국시(中國詩)가 송 말에 이르러 외잡세쇄(猥雜細碎)해지고 원대에 이르러는 신염기려(新艶奇麗)해진 폐풍(弊風)을 바로잡아 보려는 뜻에서, 송(宋) 엄우(嚴羽 : 1200년 전후)의 『창랑시화』(滄浪詩話)의 설(說)을 이어받아 성당시(盛唐詩)를 고취하기 위하여 이 책을 편찬하였다. 첫머리 고병의 총서(總敍)에 뒤이어 역대 문인들의 시론(詩論)과 당시평(唐詩評)을 모은 역대명공서론(歷代名公敍論), 본문의 교정과 협주(夾註)에 참고한 책명을 쓴 정시소집(正詩所集)과 협주소인(夾註所引)이 앞머리에 붙고, 뒤이어 목록과 본문이 나온다.

여기에는 당시인(唐詩人) 620인의 시 5,769수가 실려 있는데, 이는 다시 오언고시(五言古詩) 24권 1,507수, 칠언고시(七言古詩) 13권 605수[부 장단구(附 長短句)], 오언절구(五言絶句) 8권 526수[부육언(附六言)], 칠언절구(七言絶句) 10권 836수, 오언율시(五言律詩) 15권 1,308수, 오언배율(五言排律) 11권 586수, 칠언율시(七言律詩) 9권 499수[부 배율(附 排律)]로 시체(詩體)에 따라 분류되어 있다. 그리고 다시 이것들을 시기에 따라 초당(初唐)·성당(盛唐·중당(中唐)·만당(晩唐)으로 구분하고, 또 각 시기의 시(詩)의 특징을 드러내기 위하여 초당(初唐)은 정시(正始), 성당(盛唐)은 정종(正宗), 대가(大家), 명가(名家), 우익(羽翼), 중당(中唐)은 접무(接武), 만당(晩唐)은 정변(正變), 여향(餘響), 방류[傍流 : 만외 이인(萬外 異人)의 시] 등 9격(格)으로 나누어 편찬하였다. 따라서 그 중 한두 사람의 독특한 시풍을 이룬 작가들은 꼭 세차(世次)에만 구애받지 않고 그들의 시풍에 따라 배치하기도 하였다.

본문에는 각 시체마다 앞머리에 작가와 작풍에 대한 개평(槪評)이 있어 시사(詩史) 역할을 하고 있으며, 필요에 따라 작가와 작품의 제하(題下)에 해설을 붙이고, 중간에도 주해(註解)를 끼워 넣었다. 이 책을 이룬 다음 1398년에 고병은 다시 작가 61인의 시(詩) 954수를 모아 습유(拾遺) 10권을 정리해서 뒤에 붙였다. 원 말의 시격은 섬세함으로 기울어 소사(小詞)가 많았다. 고병과 임홍(林鴻) 등이 비로소 당음(唐音)을 표준으로 삼아 그것으로써 이러한 폐해를 구하려고 하였다. 이 책은 양사굉(楊士宏)의 당음을 바탕으로 하여 넓혔고, 각 문체가 정시(正始), 대종(大宗), 대가(大家), 명가(名家), 우익(羽翼), 접무(接武), 정변(正變), 여향(餘響), 방류(旁流)의 9격으로 정리되었다. 본서는 당시(唐詩)를 보급시키는 데 큰 공헌을 하였다고 평가되고 있다.

『당운정』(唐韻正)

20권으로 이루어졌으며 청의 고염무(顧炎武 : 1613~1681)가 편찬하였다. 『음학오서』(音學五書)중 네 번째 책이다. 고음(古音)으로써 당운(唐韻)의 잘못을 증명하였다. 현재의 운(韻)을 가지고 고음을 말했기에, 예를 들자면 일부(一部)의 법칙은 전부 고음과 다르고, 일부는 반이 고음과 다르고, 일부는 숫자가 고음과 다르고, 고음의 양부(兩部)가 나란히 현재의 일부가 되기까지 했다. 조리를 따져 분석해 보면, 지금의 운을 가지고 틀리게 적용하여 주통(注通), 주전(注轉), 주협(注叶)이 서로 거리가 있다.

『당음』(唐音)

14권으로 이루어진 당시선집(唐詩選集)으로 원(元) 양사홍[楊士弘 : 자는 백겸(伯謙)]이 편찬하였다. 당시(唐詩)의 풍모를 드러내기 위해 10년 동안 우수한 당시(唐詩)를 뽑아 지정(至正) 4년(1344)에 완성하였다. 본시 당시시음(唐詩始音) 1권, 당시정음(唐詩正音) 6권, 당시유향(唐詩遺響) 7권의 3부로 되어 있다. 1책의 첫머리에는 우집(虞集 : 1272~1348)이 쓴 당음서(唐音序), 여기에 실린 점시인(店詩人)들의 이름에다 자(字)와 출신지를 부기한 시인 명단과 1344년 8월에 편자가 쓴 서문이 합쳐진 당향명씨병서[唐響名氏弁序 : 여기에는 초당(初唐)・성당인(盛唐人) 65명, 중당인(中唐人) 48명, 만당인(晩唐人) 49명, 방외규수(方外閨秀) 등 13명의 이름이 보인다]. 시음(始音)은 왕(王)・양(楊)・노(盧)・낙(駱) 4명의 시를 수록하고, 정음(正音)은 초당(初唐)・성당시(盛唐詩)・중당시(中唐詩)・만당시(晩唐詩)를 각각 한 부류로 구분하였으며, 유향(遺嚮)은 제가(諸家)의 시(詩)를 모두 포함하고 승려와 부녀의 시를 부록에 실었다.

본서에는 이백(李白)・두보(杜甫)・한유(韓愈) 3가의 시는 하나도 수록하지 않았는데, 범례에 따르면 이들의 문집은 세상에 흔하기 때문에 제외하였다고 한다. 명소형(明蘇衡)은 「유경백고시선서」(劉敬伯古詩選序)에서 이 책에서 당시(唐詩)를 시음(始音), 정음(正音), 유향(遺響)으로 구분한 것은 잘못이라 하였지만, 이동양(李東陽)은 『회울당시화』(懷鬱堂詩話)에서 이 책의 선시(選詩) 안목을 지극히 높이 평가하고 있다. 고병의 『당시품휘』(唐詩品彙)가 양사홍의 체례를 약간 변화시킨 것이고, 배율을 처음으로 이 책에서 따로 분류하였던 점 등으로 미루어, 당시선집으로서의 가치는 크다고 할 수 있다.

『당조명화록』(唐朝名畵錄)

중국 당대의 회화사・화론서로 일명 『당현명화록』(唐賢名畵錄)이라고 하며 당(唐) 주경현(朱景玄)이 지었다. 장회관(張懷瓘 : 唐)의 『화단』(畵斷) 체제를 모방하여 만들었는데 등급을 신(神)・묘(妙)・능(能)・일(逸)의 4품(品)으로 나누고, 각 품을 다시 상중하로 나누어 당대(唐代) 화가 124명을 평가했다. 또한 화가마다 소전(小傳)을 실어 그 생애와 전문 분야를 인물(人物)・금수(禽獸)・산수(山水)・누전(樓殿)・옥목(屋木) 등의 문(門)으로 나누어 그들의 업적을 평가하였다. 목록 다음에 이사진(李嗣眞)의 『화록』(畵錄)에 이름이 빠진 25명을 덧붙였는데 품격은 나누지 않았다. 중국 최초의 회화 통사(通史)인 장언원(張彦遠)의 『역대명화기』(歷代名畵記)와 비슷한 시기에 씌어졌지만 이 문헌은 중국 최초의 회화 단대사(斷代史)라 할 수 있다.

서문에서 주경현은 "보지 않은 것은 기록하지 않았고, 본 것은 반드시 기록했다."고 말하고 있는데, 이를 통해 화가의 사회적 지위나 명성보다 순수하게 작품의 예술적 성취도를 기준으로 삼았음을 알 수 있으며, 또한 대단히 진지하고 엄정한 태도로 글을 썼음을 알 수 있다. 등급이 높은 화가일수록 자료가 많고 묘사도 생생하며, 분석도 깊이 있게 되어 있고 그 논지에 설득력이 더해진다. 주방(周昉)・한황(韓滉)・변란(邊鸞)・정수기(程修己) 등의 중당(中唐) 이후 화가들을 앞쪽에 놓고 평가한 것을 보면 그의 입론이 꽤 공정한 것임을 알 수 있다. 또한 강서성(江西省), 절강성(浙江省) 등의 동남부 지방에서 성장했거나 활동한 화가들을 매우 중요하게 다루고 있어, 오늘날 당대 동남부 지방의 문화예술 흥성과 발전상을 추적하는 데 꼭 필요한 자료이다.

『당회요』(唐會要)

100권으로 이루어진 정서(政書)로서 북송의 왕부(王溥)가 지었다. 당대의 여러 제도와 고사를 세목으로 분류하고 그 연혁을 상세히 기록하였다. 왕부는 『회요』(會要)와 『속회요』(續會要)를 인용하고 또 당 말까지의 기사를 첨가하여 본서를 완성하였다. 특히 관제(官制) 32권(242목), 예제(禮制) 권23(78목), 식화(食貨) 11권(43목) 등이 전체의 반 이상을 차지하여 본서 편찬의 중점이 어디에 있는가를 알 수 있다. 그 밖에도 제계(帝系)·궁전(宮殿)·악(樂)·학교(學校)·형(刑)·역상(曆象)·봉건(封建)·불도(佛道)·외국(外國) 관계 등 기록 사항이 광범위하다. 제도사, 사학사의 기본적 사료로서 그 가치가 매우 크다.

『대경당집』(帶經堂集)

청(淸) 왕사정(王士禎 : 1634~1711)의 시문 총집으로 왕사정의 주요 저작인 『어양집』(漁洋集)과 『잠미집』(蠶尾集)을 하나로 묶은 것이다. 강희 49년(1710)에 왕사정의 제자인 정철(程哲) 형제가 그에게 건의하여 편찬하였다. 왕사정은 생전에 강희 23년(1684) 이전의 시문을 모아 『어양집』 52권을 편찬하였으며, 이후 강희 34년(16954)까지의 시문들을 모아 『잠미집』(蠶尾集)이라는 이름으로 10권을 편찬하여 간행하였다. 이 책은 여기에 그 이후의 시문들을 모은 『잠미속시문집』(蠶尾續詩文集) 30권을 추가하여 간행한 것으로 책의 체제를 보면, 먼저 『어양집』은 『어양시집』(漁洋詩集) 22권, 『어양속시집』(漁洋續詩集) 16권, 『어양문집』(漁洋文集) 14권으로 이루어져 있고, 『잠미집』은 『잠미시집』 2권, 『잠미속시집』(蠶尾續詩集) 10권, 『잠미문집』(蠶尾文集) 8권, 『잠미속문집』(蠶尾續文集) 20권으로 이루어져 있다.

『대금국지』(大金國志)

40권으로 이루어진 금나라 역사서로 지은이는 원(元)의 우문무소(宇文懋昭)로 알려져 있으나 확실하지 않다. 금나라 태조(太祖)부터 애종(哀宗)까지 9대 117년의 역사를 기록하였는데 기년(紀年) 부분이 전체의 반을 차지하고 있다. 서술은 간략하지만 사건의 본말을 갖추고 있다.

『대기』(戴記) ☞ **『대대례기』(大戴禮記)**

『대대례』(大戴禮) ☞ **『대대례기』(大戴禮記)**

『대대례기』(大戴禮記)

13권 85편으로 이루어진 경서로 일명 『대대례』(大戴禮) 혹은 『대대기』(大戴記)라 한다. 전한(前漢) 때의 대덕(戴德)이 편찬하였다. 본래 정형의 책은 없었는데, 진한(秦漢) 이전 유가(儒家)의 예(禮) 해석과 경문(經文)을 보충하는 자료들이 조금씩 모아져 책을 이룬 뒤 대덕의 이름을 빌려 편찬자로 한 것이다. 전국시대 작품도 적지않아 상고사회(上古社會)와 유가사상을 연구하는 데 중요한 자료이다.

『대명률』(大明律)

30권 446조로 이루어진 명의 기본 법률서로 명의 홍무제(洪武帝 : 1320~1398)는 즉위하기 전인 1367년에 형법전(刑法典)인 명률(明律)의 제정을 명하여, 다음 해 홍무 원년(1368)에 공포하였다. 그 후 홍무 7·22·30년에 개수되었다. 대명률은 당률(唐律)·송률(宋律)·전제(田制)를 계승하여 6률(六律)이라는 새로운 격식을 세웠다. 명례율(名例律)을 서두로 하여 이(吏)·호(戶)·예(禮)·병(兵)·형(刑)·공(工)의 6률로 나누어진다.

'이율'은 33조로 직제(職制)·공식(公式)의 2권으로 나누어지고, '호율'은 95조로 호역(戶役)·전택(田宅)·혼인(婚姻)·창고(倉庫)·과정(課程)·전채(錢債)·시전(市廛)의 7권으로 나누어진다. '예율'은 26조로 제사(祭祀)·의제(儀制)의 2권으로 나누어지고, '병률'은 75조로 관위(官衛)·군정(軍政)·관진(關津)·구목(廐牧)·우역(郵驛)의 5권으로 나누어진다. '형률'은 171조로 적도(賊盜)·인명(人名)·투구(鬪毆)·매리(罵詈)·소송(訴訟)·수장(受贓)·사위(詐僞)·범간(犯奸)·잡범(雜犯)·포망(捕亡)·단옥(斷獄)의 11권으로 나누어지고, '공률'은 13조로 영조(營造)·하방(河防)의 2권으로 나누어진다. 정치·경제·군사·사상문화·도덕윤리·혼인 등 각 방면의 행위규범에 대해 법률적인 규정을 했다. 반란행위, 탐욕과 부패에 대한 무거운 징벌원칙과 엄격한 법률사상을 관철시켜 탐관오리의 불법행위에 대한 제재를 강화시켰다. 명의 중앙집권통치를 강화시킨 도구로 중국 고대법제사에서 중요한 위치를 차지한다.

『대명일통지』(大明一統志) ☞ 『명일통지』(明一統志)

『대명집례』(大明集禮)

53권으로 이루어진 예전집서(禮典集書)로 서일기(徐一夔) 등이 편찬하였다. 명 태조(太祖)의 칙명을 받아서 홍무 2년(1369) 8월에 시작해서 이듬해 9월에 완성하였다. 원래 50권이었는데, 가정(嘉靖) 9년(1530)에 제신(諸臣)의 경(經)에 대한 주(註)에서 보충할 만한 것을 취해 증보하여 53권이 되었다. 목록의 편차(編次)는 길례(吉禮), 가례(嘉禮), 빈례(賓禮), 군례(軍禮), 흉례(凶禮) 순서로 되어 있다. 부록으로 관복(冠服)·승여(乘輿)·거로(車路)·의복(儀伏)·노부(鹵簿)·음악

[종률아악(鐘律雅樂)] 속악(俗樂) 등 가학악(家學樂)이 포함되어 있다. 각 항마다 이전 예제(禮制)의 연혁과 당시의 정제(定制)를 서술하였다. 명대의 예제를 연구하는 데 중요한 문헌이다.

『**대명회전**』(大明會典) ☞ 『**명회전**』(明會典)

『**대복집**』(大復集)

총 33권으로 구성된 문집으로 명의 하경명(何景明 : 1483~1521)이 편찬하였다. 부(賦) 3권, 시(詩)는 26권, 문(文)은 9권으로 되어 있으며, 끝에 전(傳)·지(志)·행(行)·장(狀) 등을 첨부하였다.

『**대승기신론**』(大乘起信論)

대승불교의 철학과 믿음의 기초에 대한 해설서이다. 고대인도 대승불교의 창시자인 아쉬바샤(馬鳴 : 100~160)의 저서로 전해지지만 이설(異說)에 의하면 중국 사람이 가탁(假托)했다고도 한다. 한역(漢譯)은 550년 무렵에 진체삼장(眞諦三藏)이 한 것으로 알려져 있다. 그러나 원전을 누가 어떻게 만들었는가에 대해서는 아직도 정확히 밝혀지지 않고 있다. 중국에서 찬술된 위경(僞經)이라는 주장도 있으나, 내용으로 보아 인도인의 저작이라는 견해가 유력하다. 대승불교의 입문서로서 이론과 실천 양면에서 대승불교의 중심적인 사상이 요약되어 비록 단편이지만 불교사상의 이해에 극히 중요하다. 북방불교와 대승불교의 주요 종파, 특히 당대의 선종과 화엄종에 큰 영향을 끼쳤다.

『**대의각미록**』(大義覺迷錄)

청의 옹정제(雍正帝)가 청나라 조정의 정통성을 강조하기 위하여 1729년에 칙령으로 간행 반포한 책이다. 청나라 초의 주자학자 여유량(呂留良)이 주장한 화이사상(중화사상) 등의 영향을 받은 증정(曾靜)이 만주족을 물리치기 위해 거병하도록 천섬총독(川陝總督) 악종기(岳鍾琪)를 종용하다가 붙잡힌 사건을 계기로 편찬되었다. 옹정제는 청나라 조정의 정통성을 주장하는 논설에, 증정 등의 신문에서 있었던 문답과 그들이 전향하기에 이른 경과 등의 기술을 곁들여 간행했으며, 관료나 독서인들의 필독서적으로 삼게 하였다.

『**대청일통지**』(大淸一統志)

560권으로 구성된 청대 전국통지(全國總志)이다. 『대청일통지』는 강희제의 칙명에 의해 시작되었지만 건륭(乾隆) 8년(1743) 전체 356권으로 완성되었고 이듬해 전판으로 간행되었다. 건륭 8년(1743)에 진덕화(陳悳華), 장정석(蔣廷錫 : 1669~1732) 등이 완성하였다. 권수(卷首)에는 1744년에 건륭제가 쓴 '어제대청일통지서'(御製大淸一統志序)와 편찬 총재관(總裁官) 진덕화(陳悳華)

가 올린 진표(進表), 편찬에 참가한 제신(諸臣) 명단 등이 수록되었다. 주요 내용은 청(淸) 전기 행정편제의 대강(大綱)인 경사(京師), 성경(盛京), 16성(省) 및 외번몽고(外蕃蒙古), 조공제국(朝貢諸國) 등 3대역[大域 : 중국, 내외번(內外蕃), 외이(外夷)]에 관련된 다양한 항목들을 고금(古今)을 통관하면서 망라하였다.

아울러 각 지역의 머리 부분에는 해당 지역 전도(全圖)를 수록하여 청대의 지리 판도에 대한 시각적인 이해를 돕고 있다. 이후 제작된 증수본(增修本)들에서도 이 체제를 본떴다. 이렇게 청대의 각 시기별 행정구획의 통할과 강역 확장 상황에 의거하여 경사(京師) 이하 18성과 외번(外藩), 인근 제국들의 현황과 연혁, 지리환경 등을 계통적이고도 면밀하게 분술(分述)하였으며, 각 성의 지도를 통해 건륭(乾隆)~가경(嘉慶) 성세(盛世)의 중국 판도를 정확하게 묘사함으로써 청 일대(一代)의 지리, 강역 연구에 핵심적인 사료가 되었다. 자료 수합 면에서도 당대의 당안(檔案)과 관문서(官文書), 개인문집 및 『열하지』(熱河志), 『성경통지』(盛京通志), 『평정준갈이방략』(平定准噶爾方略), 『서역동문지』(西城同文志), 『서역도지』(西域圖志), 『평정금천방략』(平定金川方略), 『천하여지전도』(天下輿地全圖) 등 다수의 방지(方志)와 관련 지리서들을 두루 섭렵하였다. 또한 정밀히 고핵(考核), 검토하였기에 수준 높고 신뢰성 있는 지리 총지(總志)로서 청대의 인문지리를 연구하는 데 귀중한 기본사료가 된다.

『대측』(大測)

2권의 기하서(幾何書)로 명의 테렌츠(鄧玉函 : 1576~1630)가 편찬하였다. 테렌츠는 스위스인으로서 의학·철학·천문 등에 모두 통한 예수회 선교사였다. 42세 때인 1621년에 마카오에 도착하고 이후 중국어를 배워 북경으로 건너와 서광계(徐光啓), 이지조(李之藻), 이천경(李天經) 등 천주교인의 협력을 얻어, 사력국(司曆局)에 들어가서 천문을 추구하였다. 『대측』은 숭정(崇禎) 4년(1631)에 완성되었다.

『대학』(大學)

유가경전으로 편찬자는 확실하지 않지만 주희(朱熹 : 1130~1200)에 의하면 경(經)은 공자(孔子 : BC 552~472)의 말을 증삼(曾參 : BC 505~436)이 기술하였고, 전(傳)은 증삼의 말을 그의 문인이 기술한 것이라 한다. 본래는 『예기』(禮記)의 한 편이었다.

『대학연의』(大學衍義)

43권으로 이루어진 유가경전 주석서이다. 송의 진덕수(眞德秀 : 1178~1235)가 편찬하였다. 『대학』의 뜻을 부연 설명하면서 역대 제왕의 사례를 예로 들어 『대학』의 차례에 맞추어 제왕이 지켜야 할 덕목을 기술한 책으로서 제왕학과 관련되어 주목받았다. 처음은 다스림[治]의 요체에서 시작하여 학문의 근본[學之本]을 논하였고 다음으로 격물치지(格物致知), 성의정심(誠意正

心), 수신(修身), 제가(齊家)를 4대강(大綱)으로 나누어 논하였다. 모두 경훈(經訓)을 인용하고 사사(史事)를 두루 증거 삼았으며 이전 유학자들의 논지를 참고하여 법계(法戒)를 밝혔다. 근본을 바로잡고 근원을 맑게 하는 데 큰 뜻을 두었으니, 고로 치국(治國), 평천하(平天下)의 내용은 빠지게 되었다.

『대학연의보』(大學衍義補)

164권의 유학서(儒學書)로 명의 구준(邱濬 : 1420～1495)이 편찬하였다. 송의 진덕수(眞德秀)가 편찬한『대학연의』(大學衍義)에 치국평천하의 내용이 빠져 있었기 때문에 널리 제자서(諸子書)와 사서(史書)에서 채록하여 보충한 것으로 명(明) 효종(孝宗) 즉위시 헌상 간행되었다.

『대학장구』(大學章句)

남송대의 도학자(道學者) 주희(朱熹 : 1130～1200)가『대학』본문의 개정과 격물치지(格物致知)(朱熹 : 1130～1200)에 대한 보전(補傳)을 거친 뒤 전체 구성을 경(經)과 전(傳)으로 편정(編定)하고 자신의 주석을 덧붙인 책이다. 경(經) 1장(章)에서는 3강령과 8조목을 제시하고, 전(傳) 1장에서는 명명덕(明明德), 2장에서는 신민(新民), 3장에서는 지어지선(止於至善), 4장에서는 본말(本末), 5장에서는 격물치지(格物致知), 6장에서는 성의(誠意), 7장에서는 정심수신(正心修身), 8장에서는 수신제가(修身齊家), 9장에서는 제가치국(齊家治國), 10장에서는 치국평천하(治國平天下)를 풀이하였다.

『대학혹문』(大學或問)

주희가 편찬한『대학』의 주석서이다. 주희는 원래『대학』만이 아니라 사서(四書)에 관하여 모두 혹문(或問)을 지었는데,『사서집주』(四書集註)를 완성한 후 다시 제가(諸家)의 설이 한결같지 않은 것에 대해 문답형식으로 논변한 것이다.『사서혹문』(四書或問)의 구성은『대학』2권,『중용』(中庸) 3권,『논어』20권,『맹자』14권으로『대학혹문』의 분량은 많지 않으나 주희가 가장 정성을 기울여 마지막으로 완성한 책이다.

『대흥현지』(大興縣志)

강희 24년(1685) 청의 장무절(張茂節)이 편찬한 순천부(順天府) 대흥현(大興縣) 지방지이다. 장무절은 강소성(江蘇省) 후구현(厚丘縣) 출신으로 생몰연도와 관력(官歷) 등은 알려져 있지 않으나, 청 강희(康熙)～옹정(雍正) 연간의 인물로 추정된다. 대흥현은 금대(金代)에 대흥(大興)으로 개칭되었고, 대흥부(大興府)의 치소가 되었다. 원(元)은 치소를 지금의 북경으로 옮겼고, 명(明) 홍무제(洪武帝)는 다시 대흥현을 북평부(北平府)의 치소로 삼았다. 영락(永樂) 연간에는 다시 순천부(順天府)의 치소가 되어 청대(清代)까지 계속되었다.

지현(知縣) 장무절은 순천 효렴(孝廉) 이개태(李開泰)와 공생(貢生) 학상례(郝尙禮) 등을 초빙하여 편집하도록 하였고, 순천부학교수(順天府學教授) 형길사(邢吉士)와 훈도(訓導) 장조정(張調鼎)이 협력하여 편찬에 착수한 지 2년 만에 완성하였다. 『대흥현지』는 6권 6지 32 항목으로 구성되었다. 권1 여지지(輿地志)는 대흥현의 인문지리와 자연지리를 대략적으로 서술하고, 권2 영건지(營建志)는 각종 관서들과 그 시설물들에 대해 서술하였다. 권3 관사지(官師志)는 재정, 호구, 세금, 각종 생산물을 열거하고, 권4 정사지(政事志)는 각종 관직을 역임한 인물들의 명단과 간단한 이력을 기록하였다. 권5 인물지(人物志)는 대흥현에서 활동한 사람들을 분류하여 전기를 싣고, 권6 예문지(藝文志)는 대흥현 출신 문인의 작품을 망라하여 실었다.

『도덕경』(道德經) ☞ **『노자』**(老子)

『도서집성』(圖書集成) ☞ **『고금도서집성』**(古今圖書集成)

『도서편』(圖書篇)

125권으로 구성된 유서(類書)로 만력 5년(1577)에 만들어졌다. 명의 장황(張潢 : 1527~1608)이 편집했다. 211종의 책을 자료로 삼아 천지(天地)·자연(自然)·인간계(人間界)의 사상(事象)들을 여러 항목으로 나누어 서술하였다. 각종 삽화를 통해 독자의 이해를 도운 이 책은 왕기(王圻)의 『삼재도회』(三才圖會)와 병칭되는 훌륭한 유서(類書)로 평가받고 있다.

『도연명집』(陶淵明集) ☞ **『정절선생집』**(靖節先生集)

『도원학고록』(道園學古錄)

50권으로 구성되었으며 원(元) 우집(虞集 : 1272~1348)이 지은 것을 제자인 이본(李本)이 편집하였다. 우집의 자는 백생(伯生)이고 호는 소암(邵庵)으로 무주(撫州) 숭인(崇仁) 사람이다. 본서의 구성은 재조고(在朝藁) 20권, 응제록(應制錄) 6권, 귀전고(歸田藁) 18권, 방외고(方外藁) 6권으로 이루어졌으며, 지정(至正) 원년(1341)에 간행되었다.

『도화견문지』(圖畵見聞誌)

총 6권으로 구성된 북송 곽사(郭思 : 11세기 중반 활동)의 저서이다. 당대(唐代) 장언원(張彦遠)의 『역대명화기』(歷代名畵記)에 이어 지어진 것으로, 회화에 관한 총론을 비롯하여 당말(唐末)·오대(五代)·북송 희령(熙寧) 7년인 1074년까지 활약한 화가의 경력을 열거하였다.

『도화선』(桃花扇)

총 40편으로 구성된 전기극본(傳奇劇本)으로 청(淸) 공상임(孔尙任 : 1648~1718)이 10여 년간의 시간을 들여 강희(康熙) 39년(1700)에 완성하였다. 하사(夏社)의 문인 후방역(侯方域)과 진회(秦淮)의 이름난 기생 이향군(李香君)의 사랑이야기가 중심 내용인데, 이들의 애정고사를 빌려 남명(南明) 왕조의 멸망의 역사를 그렸다. 청조 극사(劇史)상 『장생전』(張生傳)과 더불어 가장 뛰어난 작품으로 평가되고 있다.

『독단』(獨斷)

한대의 제도 · 사물(事物)을 해설한 것으로 후한 채옹(蔡邕 : 132~192)이 지었다. 전한 고조(高祖) 원년(BC 206)부터 후한 영제(靈帝) 희평(熹平) 원년(172)까지 370년간의 예(禮) · 악(樂) 및 역대 황제의 세계(世系) · 제사(祭祀) · 관제(冠制) 등을 이전 시대의 것들과 비교 고찰하면서 해설을 덧붙였다. 한대 학술 본연의 모습을 살피는 데 귀중한 사료가 되고 있다.

『독례통고』(讀禮通考)

청(淸) 서건학(徐乾學 : 1631~1694)이 역대 상장제도(喪葬制度)에 관한 경전과 여러 설을 모으고 그 뜻을 밝힌 것이다. 이 책은 먼저 총목(綱目)을 세워 상기(喪期) · 상복(喪服) · 상의절(喪儀節) · 장고(葬考) · 상구(喪具) · 변례(變禮) · 상제(喪制) · 묘제(墓制)의 여덟 가지로 나누고, 그 아래 여러 세목으로 나누어 놓았다. 또한 정사연표(正史年表)를 모방하여 표 3편[喪期]을 만들어 역대 예제의 이동(異同)을 기록하였으며, 상복(喪服)과 의절(儀節) 및 상구(喪具) 부분에 따로 도록(圖錄)을 달았다. 상례(喪禮)에 관한 모든 내용이 상세히 갖춰져 있어 고대 상례(喪禮)를 연구하는 데 중요한 자료가 되고 있다.

『독사방여기요』(讀史方輿紀要)

130권으로 구성된 역사지리서로 청의 고조우(顧祖禹 : 1631~1692)가 강희(康熙) 17년(1678)에 완성하였다. 고조우의 호는 경범(景范)이며 선조(先祖)의 본적(本籍)이 무석(無錫) 완계(宛溪 : 현재의 강소성 무석시 부근)인 관계로 완계 선생으로도 존칭된다. 본서의 권수(卷首)에는 저술 동기와 목적이 기술된 저자의 자서(自敍) 3편이 실려 있다. 그에 따르면 저자는 역사와 지리를 상호 보완적이고 불가분의 관계를 지닌 학문들로 인식하면서 역사학은 역사지리학에 방향성을 제공하고 역사지리학은 역사학에 형상(形象)과 도적(圖籍)을 제공해야 하며, 그를 위해 역사지리학은 역사 연혁에 따른 지리 변동만 탐구할 것이 아니라 역사자연지리, 역사경제지리 등도 포괄해야 한다고 강조하였다.

실제로 전서(全書)를 통해 저자는 군읍(郡邑), 하거(河渠), 식화(食貨), 둔전(屯田), 마정(馬政),

염철(鹽鐵), 공부(貢賦), 성숙(星宿) 분야 등 자연지리와 경제지리에 관련된 제반 문제들을 망라하였다. 본서는 1679년에 성서(成書)된 후 오랫동안 초본(抄本) 상태로 유전(流傳)되다가 가경 17년(1812)에야 비로소 사천(四川) 성도(成都) 부문각(敷文閣)에서 용만육(龍萬育)의 주관하에 전서(全書)가 각인되고 그 과정에서 권말(卷末)에 『여도요람』(輿圖要覽) 4권이 부록으로 첨가되었다.

『동관한기』(東觀漢紀)

24권으로 이루어진 기전체 사서이다. 후한 광무제에서 영제(靈帝)까지의 시대를 기술한 역사서로 후한의 반고(班固 : 32~92)·유진(劉珍) 등이 편찬하였다. 책이름은 이 책이 저작된 건물인 동관(東觀)에서 유래하였다. 후한시대를 통하여 몇 차례 편찬, 가필되어 영제 희평(熹平) 연간(172~177)에 일단 완성되었다. 이 책은 범엽(范曄 : 398~446)의 『후한서』(後漢書)보다 빠른 것으로, 범엽은 물론이고 7가(家)가 『후한서』를 서술할 때 많은 재료를 제공하였다. 진대(晉代)에는 『사기』(史記), 『한서』(漢書)와 함께 삼사(三史)로 불렸다. 후에 범엽의 『후한서』가 만들어져 성행하면서 이 책은 차츰 쇠퇴하여 마침내 산일(散逸)되었다.

『동래박의』(東萊博議) ☞ **『정선동래선생좌씨박의구해』**(精選東萊先生左氏博議句解)

『동래시집』(東萊詩集)

20권으로 이루어진 시집으로 송의 여본중(呂本中 : 1084~1145)이 지었다.

『동림열전』(東林列傳)

24권으로 이루어진 열전으로 청의 진정(陳鼎)이 지었다. 『칠경』(七經)·『동림당인방』(東林黨人榜)·『희종실록』(熹宗實錄)에 기초한 것으로 강희(康熙) 초에 간행되었다. 총 180명의 전기가 수록되어 있는데 동림(東林) 관계 인물에 대한 설명보다는 오히려 이학(理學)을 표창(表彰)하는데 중점을 두었다. 이 때문에 제신(諸臣)의 사적(事蹟)에 대해 상세히 고찰하지 않은 곳도 있고, 각 전(傳)에는 간간이 오류도 보인다.

『동몽수지』(童蒙須知)

남송의 성리학자 주희(朱熹 : 1130~1200)가 초학 아동이 학문에 들어가기에 앞서 기본적으로 갖추어야 할 자세를 기록한 책이다. 주자는 동몽들의 배움은 의복관구(衣服冠屨), 언어보추(言語步趨), 쇄소연결(灑掃涓潔), 독서사문자(讀書寫文字), 잡세사의(雜細事宜)와 같은 데서 비롯한다고 하며 이를 조목별로 정리하였다.

『동문산지』(同文算指)

클라비우스(Christopher Clavius : 1538~1612)의 『실용산술개요』(實用算術槪要, *Epitome Arithmeticae Practicae*)를 명(明) 말 예수회 선교사 마테오 리치(利瑪竇 : 1552~1610)와 이지조(李之藻)가 1614년에 번역하여 편찬한 책으로 전편 2권, 통편 8권, 별편 1권으로 구성된 산학서(算學書)이다. 중국 산서(算書)에 수록된 문제들을 보충한 부분이 많다. 이 책은 1630년 편찬된 『천학초함』(天學初函)에 수록되어 우리나라 수학자들에게 많은 영향을 미쳤다.

『동파시집주』(東坡詩集註)

32권으로 구성된 송(宋) 소식(蘇軾 : 1037~1101)의 시집에 대한 주석본이다. 구본(舊本)에는 왕십붕(王十朋 : 1112~1171)이 지었다고 알려져 있다. 시의 제재(題材)에 따라 29종류로 분류해서 수록하고 여러 주석가들의 설명을 인용하였다.

『동파집』(東坡集)

일명 『소문충공전집』(蘇文忠公全集)으로 현행본은 110권이나 간본이 많고 권수도 일정하지 않다. 북송(北宋)의 소식(蘇軾 : 1037~1102)의 문집이다. 그는 구법당(舊法黨) 관료로서 불우한 생애를 보냈기 때문에, 문집 중에는 신법(新法)에 대한 비판이 많다. 하지만 지방관으로서의 경험에 기초한 지방행정에 관한 기술도 많아, 북송 중・후기의 정치・경제・사회에 관한 사료적 가치가 높다.

『동헌술이기』(東軒述異記) ☞ **『술이기』**(述異記)

『등단필구』(登壇必究)

40권으로 구성된 백과사전식 병서(兵書)이다. 명(明) 왕명학(王鳴鶴)이 지었으며, 만력(萬曆) 27년(1599)에 간행되었다. 이 책에 쓴 서문과 저자 자신의 자서(自序)에 따르면, 저자의 자(字)는 우경(羽卿)이며 산양[山陽 : 지금의 강소(江蘇) 회안(淮安)] 사람이다. 저자의 가문은 대대로 장문(將門)이었으며 대체로 만력 연간에 활동하였다. 만력 14년(1586) 무과진사에 급제하였고 표기장군(驃騎將軍)을 지낸 실전경험이 매우 풍부한 군인이었다. 책은 총 40권이며 560여 폭의 그림과 100여만 글자로 구성되었다.

이 책에서 수집한 내용은 매우 광범한데 그 중 특히 명대 자료가 많으며 실용적인 가치를 중시하였다. 모두 72류(類)로서 각 권은 천문, 지리, 모략(謀略), 선장(選將), 훈련, 상벌, 적정(敵情), 해륙변방(海陸邊防), 대강수비(大江守備), 공수성지(攻守城池), 진법포열(陣法布列), 함선기계(艦船器械), 인마의호(人馬醫護), 하해운수(河海運輸) 및 문신무장(文臣武將)들의 병사(兵事) 관련 상소문 등으로 구성되어 있다. 그리고 각 유(類) 앞에는 고루 저자의 안어(按語)가 있다. 편집자 자신의 사상이 그렇게 많이 반영된 것은 아니지만 안어(按語)에도 편자(編者)의 지혜와 군사에 대한 견해가 가끔 나타나 있다. 명대의 병서로서 매우 중요하다.

『만력삼대정고』(萬曆三大征考)

4권으로 명(明)의 모서징(茅瑞徵)이 지었다. 모서징의 자는 원의(元儀)이고, 만력 때의 진사(進士)이다. 본서는 이른바 '만력삼대정'(萬曆三大征)에 대해 서술한 책이다. 삼대정이란 바로 발배(哱拜)의 난, 임진왜란, 양응룡(楊應龍)의 난을 칭한다. 발배의 난은 만력 20년(1592) 2월, 몽골 출신 장군 발배가 오르도스의 몽골세력과 결탁하면서 일어났다. 같은 해 4월에는 도요토미 히데요시(豊臣秀吉 : 1536~1598)의 조선침략, 즉 임진왜란이 발발하여 명조는 조선으로부터의 구원요청을 받아들여 대군을 출동시켰다. 이 전쟁으로 명조는 수많은 인명을 잃은데다 재정부담이 1천만 냥을 넘었고, 요동방면의 방위체제까지 약화되어 여진족의 대두를 조장하였다. 게다가 임진왜란이 아직 끝나지 않은 만력 25년(1597) 7월 파주의 소수민족 추장인 양응룡(楊應龍)이 반란을 일으켜 이를 진압하는 데 2년이란 세월과 대군이 동원되었다. 권1은 발배의 난, 권2는 왜란, 권3은 파주(播州) 양응룡의 난에 대해 서술하였다. 앞에 여러 지도를 붙여두어 명대의 변방 연구에 중요한 책으로 되어 있다.

『만성통보』(萬姓統譜)

명(明)의 능적지(凌迪知)가 고금의 성씨를 운(韻)에 따라 분류하고 정리한 일종의 고금인명사전(古今人名辭典)이다. 본서 140권 외에 『역대제왕성계통보』(歷代帝王姓系統譜) 6권과 『씨족박고』(氏族博攷) 14권이 본서 앞과 뒤에 각각 첨부되어 있다. 본서의 내용은 고금의 성씨를 4성(聲) 106운(韻)으로 나누고, 당(唐) 임보(林寶)의 『원화성찬』(元和姓纂)의 체례를 따라 역대 명인(名人)의 관적(貫籍)과 명자(名字), 약전(略傳)을 각 성씨 항목 아래에 시대순으로 배열하였다. 구성을 살펴보면 다음과 같다. 본서의 앞부분에는 『역대제왕성계통보』가 첨부되어 각 권의 목록(目錄)으로 구성되어 있다. 이어 권1의 동운(東韻)에서 시작하여 권124의 합(合)·엽(葉) 흡운(洽韻) 순으로 각 성(姓)을 정리하였다. 권125부터 권138까지는 복성집(複姓集)으로서 복성을 동일한 방식으로 분류하여 정리하였다. 권139는 대북복성(代北複姓)과 관서복성(關西複姓)을, 권140은 제방복성(諸方複姓)·대북삼자성(代北三字姓)·대북사자성(代北四字姓)을 정리하였다. 본서 말미에는 『씨족박고』가 첨부되어 있는데 이는 저자가 본서를 찬집하는 과정에서 접한 씨족에 관한 제가(諸家)의 설(說)을 적기하고, 이에 대해 저자의 견해를 덧붙이는 방식으로 이루어져 있다.

『맹자』(孟子)

7편의 유가경전으로 전국시대에 맹가(孟軻 : BC 372~289)가 지었다. '사서'(四書) 가운데 하나로서 맹가의 말과 왕공(王公)・제자(弟子) 등과의 문답을 기록하였다. 맹가에 대해서는 자사(子思)의 제자 혹은 그 문인의 제자라고 전한다. 일생 동안 등용되지 못한 채 여러 나라를 주유했는데 그가 문답하거나 강론한 내용은 주로 왕도(王道)정치에 관한 것들이었다. 양혜왕(梁惠王), 공손추(公孫丑), 등문공(縢文公), 이루(離婁), 만장(萬章), 고자(告子) 장으로 이루어졌다.

『**명계유문**』(明季遺聞)

4권으로 이루어진 잡사(雜史)로, 청(淸) 추의(鄒漪)가 관보(官報)에 근거하고 견문을 채택하여 지었다. 권1은 숭정(崇禎) 4년(1631)부터 17년 3월 청군(淸軍)의 북경 입성까지의 이자성(李自成)의 난(亂)을, 권2는 순치(順治) 원년 5월부터 9월까지 복왕(福王) 유숭(由崧)의 남도시말(南渡始末)을, 권3은 순치(順治) 원년 10월부터 2년 5월 청조(淸朝)의 강절(江浙) 진압까지를, 권4는 순치 2년 8월부터 7년(1650) 12월까지 융무(隆武)・영력제(永曆帝)의 계위(繼位) 시말을 기록하였다.

『**명기편년**』(明紀編年)

종성(鍾惺 : 1574～1624)이 저술하고 왕여남(王汝南)이 보정한 명(明) 일대의 편년체 역사책을 조선에서 인간(印刊)한 것이다. 일반적으로 이 책은 종성의 저작으로 알려져 있으나 명 말에는 유명작가의 이름을 도용한 출판물이 상업적 이익을 노리고 다수 출간되고 있었다는 점에서 이 책은 종성의 이름으로 되어 있는 다수의 저술서나 해설서와 함께 그 진위를 의심받고 있다.

『**명사**』(明史)

332권으로 구성된 중국 역대 정사 중 하나인 기전체 사서다. 청(淸)의 장정옥(張廷玉 : 1672～1755) 등이 편찬하였다. 처음 순치(順治) 2년(1645) 명사관(明史館)을 설치한 때부터 정식으로 『명사』라는 이름으로 나오기까지 약 95년이 걸려, 중국 역사상 찬수시간이 가장 긴 관수사서(官修史書)가 되었다. 1739년 완성하여 간행된 뒤에도 세 차례에 걸쳐서 수정되었다. 본서는 홍무(洪武) 1년(1368) 명이 건립된 때로부터 숭정(崇禎) 17년(1644) 멸망할 때까지를 기록한 단대사(斷代史)로서, 본기(本紀) 24권, 지(志) 75권, 표(表) 13권, 열전(列傳) 220권으로 이루어져 있다.

본서는 『명실록』(明實錄)을 비롯하여 당안(檔案)・문집(文集)・주의(奏議)・도경(圖經)・저보(邸報)・지서(志書) 등에 기초하여 사료를 널리 수집하고 엄밀하게 교정하였기 때문에, 종래의 어떤 정사(正史)보다 훌륭한 평가를 받고 있다. 구성에서 본기에 건문(建文)・경태(景泰) 2제(帝)에도 전기(傳奇)를 세웠고, 지(志)에서는 역지(曆志)에 부표(附表)・부도(附圖)를 더하였으며, 예문지(藝文志)에서는 명인(明人)의 서(書)만 기재하고, 전대의 책을 제외하였으며, 칠경표(七經表)를 더한 점 등이 주목할 만하다. 열전에도 엄당(閹黨)・유적(流賊)・토사(土司)의 3전(傳)을 둔 것은 시대의 반영이라고 말할 수 있다.

『명사고』(明史稿)

310권으로 이루어진 기전체 사서로서 옹정(雍正) 원년(1723) 청(淸)의 왕홍서(王鴻緖 : 1645~1723)가 편찬하였다. 왕홍서는 서건학(徐乾學 : 1631~1694)이 편수한 하거(河渠)·식화(食貨)·예문(藝文)·지리(地理) 등의 각지(各志)를 취하여 정리하고 본기(本紀)의 수정도 완료하여 옹정 원년(1723) 6월에 310권의 고본(稿本)을 진정(進呈)하였다. 열전 가운데 효의전(孝義傳)·열녀전(列女傳)을 삭감하여 열전은 205권이 되었다. 그리하여 정사로는 인정되지 않고 『명사고』(明史稿)로 불리게 되었다. 본서는 뒤에 만들어진 『명사』에 비해 다소 번잡하며 찬론(贊論)이 없어, 간결한 『명사』보다 열등하다는 평을 받았다.

『명사기사본말』(明史紀事本末)

80권에 보유(補遺) 6권, 합 86권으로 이루어진 기사본말체 사서로서 청의 곡응태(谷應泰 : 1620~1690) 등이 편찬하였다. 곡응태가 절강학정(浙江學政)으로 있을 때 장대(張岱)·육기(陸圻)·서탁(徐倬)·장자단(張子壇) 등의 협조를 받아 순치(順治) 15년(1658)에 완성한 것으로, 『명사고』(明史稿)와 『명사』(明史)가 편찬되기 이전에 나온 것이다. 개인의 사적 및 수집한 관보(官報) 중 자료를 취하여 80개의 전제(專題)로 나누었으며, 원(元) 지정(至正) 12년(1352) 주원장(朱元璋)의 기병으로부터 숭정(崇禎) 17년(1644) 이자성(李自成)이 북경(北京)을 공격하여 함락한 일까지를 기술하였다. 명대의 전제(典制), 명·청의 왕조교체 등이 누락되었고, 사료 취급방법의 문제, 건문제(建文帝) 전설을 사실로 취급하고 있는 등의 문제가 있지만 『명사』에는 보이지 않는 기사가 포함되어 있어 명대의 정치사 연구에 유용하다.

『명산장』(名山藏)

109권으로 이루어진 기전체 사서로서 명의 하교원(何喬遠)이 지었다. 하교원은 진강(晋江 : 현재 복건성) 사람으로 만력(萬曆) 14년(1586) 진사, 예부상서의제랑중(禮部尙書儀制郎中)에 이르렀다. 숭정(崇禎) 13년(1640)에 쓴 전겸익(錢謙益)의 서(序)가 있는데 명(明) 13조(朝)의 유사(遺事)를 기록하고 있다. 본문은 없고 기(紀)·지(志)·전(傳) 3체(體)를 사용였다. 자료는 당시에 전하는 야사(野史) 구문(舊文)에서 취한 것이 많아, 보기 드문 명사 자료를 많이 보존하여 사료적 가치가 있다.

『명시별재집』(明時別裁集)

12권 6책으로 구성되어 있으며 청(淸) 심덕잠(沈德潛 : 1673~1769)이 주준(周準)과 함께 명대의 시들을 모아놓은 명시총집(明詩總集)이다. 여기에는 시인 총 340명과 작품 1,010여 수(首)가 수록되어 있다. 시집의 체례는 『당시별재집』(唐詩別裁集)과 대략 비슷하다. 시를 뽑을 때는, 먼저 시의 종지(宗旨)를 살피고, 이어서 시의 규격을 자세히 고찰하며, 끝으로 신운(神韻)이 흐르는지를 보아 세 개의 장점을 모두 갖추고 있으면 시집에 올리는 등, 매우 공정하고 엄정한 노력을 기울인 것으로 보인다. 시에 따라 시인들을 수록하였으며, 각 시인들의 이름 아래에는 소전(小傳)을 붙이고 시의 뒷부분에는 간단한 평어를 덧붙였다. 이 책은 명대의 유명 시인들의 대표작품뿐 아니라 잘 알려지지 않은 작가들과 유민(遺民) 시인들의 작품을 함께 수록하고 있는데, 특별히 민생의 고통과 관련된 시가들을 뽑아낸 점은 매우 주목할 만하다.

『명시종』(明詩綜)

100권으로 구성된 명대 시가총집(詩歌總集)으로 청의 주이존(朱彛尊 : 1629～1709)이 편찬하였다. 본서는 홍무(洪武) 연간부터 숭정(崇禎) 말까지 270여 년에 걸쳐 황제・황족으로부터 아래로는 부인(婦人)과 승도(僧道)에 이민족까지 포함하는 약 3400명의 시를 수록하였다. 『전당시』(全唐詩)의 체재를 모방하여 제1권은 명대(明代) 제왕의 시(詩)를 수록하고 이를 시대순으로 정리하였다. 각 사람의 약전(略傳)과 제가(諸家)의 평(評)을 달았다.

『명유학안』(明儒學案)

65권으로 이루어진 학술사서(學術史書)로서 강희 15년(1676) 청의 황종희(黃宗羲 : 1610～1695)가 지었다. 본서는 사설(師設)을 맨 앞에 두고, 그 다음에 제가(諸家)를 나누어 서술하였다. 학술의 유파를 시간순으로 분류하였다. 상반된 설이 있을 경우에는 모두 안을 세웠는데 안마다 소서(小序)를 두어 그 학술의 연원과 요지를 서술하고 소전(小傳)을 세워 학자의 생애・경력・저작・사제 관계를 나누어 기재하였다. 중국 최초의 학술사상사 전저로서, 재료를 취한 것이 정밀하고 빈틈이 없으며, 평가가 적절하여 평판이 높다.

『명일통지』(明一統志)

90권으로 이루어진 명대 종합지리서이다. 『대명일통지』(大明一統志)가 정식 명칭이며 『천하일통지』(天下一統志)라고도 불린다. 천순(天順) 5년(1461)에 명(明)의 이현(李賢) 등이 완성하였다. 권두에 천순제(天順帝)의 서문(序文)을 달고 다음에 지도를 실었으며, 본문은 경사(京師)・남경(南京)・중도(中都)・13포정사(布政司) 순으로 서술하였다. 각 부(府)마다 건치연혁(建置沿革)・군명(郡名)・형승(形勝)・풍속(風俗)・산천(山川)・토산(土産)・공서(公署)・학교 (學校)・서원(書院)・궁실(宮室)・관양(關梁)・사관(寺觀)・사묘(祠廟)・능묘(陵墓)・고적(古蹟)・명환(名宦)・유우(流寓)・인물(人物)・열녀(列女)・선석(仙釋) 순으로 기술하였다. 맨 끝 2권에는 외이(外夷)에 대하여 서술하였다. 현재 남아 있는 명조 전기의 지방지가 많지 않아 본서에 실린 사료들이 매우 중요하게 평가 받는다.

『명회전』(明會典)

228권으로 이루어진 명대 전장제도의 사서로서, 원래 이름은 『대명회전』(大明會典)이다. 명대에 3차에 걸쳐 관수(官修)했는데, 1차가 효종 10년(1497)의 『정덕회요』(正德會要) 180권으로서 명의 이동양(李東陽)이 지었다. 본서에 사용된 사료는 『제사직장』(諸司職掌)을 비롯하여 『황명조훈』(皇明祖訓)·『대고』(大誥 : 1447~1516)·『대명령』(大明令)·『대명집례』(大明集禮)·『홍무예제』(洪武禮制)·『예의정식』(禮儀定式)·『계고정제』(稽古定制)·『효자록』(孝慈錄)·『교민방문』(敎民榜文)·『대명률』(大明律)·『헌강사류』(憲綱事類)·『군법정률』(軍法定律) 등 12서(書)에 이른다. 인용한 경우에는 반드시 출전을 기록하고 있는 점이 본서의 특징이다. 2차는 가정(嘉靖) 8년(1576)의 『속수대명회전』(續修大明會典)이며 3차의 『만력중수회요』(萬曆重修會要)는 228권으로 명(明)의 신시행(申時行) 등이 지었다. 정덕본(正德本)과 가정본(嘉靖本)에 기초하여 정정하고 만력 13년까지의 사례를 추가하였다. 명대의 모든 행정조직기구 정령 법규 각항 전장제도의 원자료로서 이 분야 연구에 중요한 사료이다.

『모시』(毛詩)

일명 『모시고훈전전』(毛詩故訓傳箋)으로 불리는 20권의 경서로서 한(漢)의 모형(毛亨)이 전(傳)했다고 한다. 서주(西周)부터 춘추시대까지 각 나라의 고시(古詩) 3천 수 가운데서 공자가 305편을 엄선하여 『시경』을 편찬하였는데, 한초(漢初)에 모형, 노(魯)의 신배공(申培公), 제(齊)의 원고생(轅固生), 연(燕) 한영(韓嬰)에 의하여 전수되었다 한다. 그러나 모두 실전(失傳)되고 후한 때 정현(鄭玄 : 127~200)이 주해를 붙인 후부터 『모시』만이 전해지게 되었다. 이후 『시경』(詩經)의 별칭으로 쓰였다.

『목민심감』(牧民心鑑)

지방관의 정신자세와 목민활동의 원칙을 제시한 책으로 저자는 명나라 호광헌첨(湖廣憲僉)을 지낸 주봉길(朱逢吉)이며 영락 2년(1404)에 간행되었다. 지방관이 처음 관직을 제수받았을 때 지녀야 할 마음가짐, 갖추어야 할 소양, 부임 초기에 우선적으로 처리해야 할 일 및 풍속교화, 소송처리, 부세 및 역역(力役)의 동원 등 재직중에 해야 할 치민(治民) 업무의 원칙과 근무태도, 상사(上司)와의 관계 유지, 기근대책, 인수인계시 유의사항 등을 104개 항목으로 나누어 상술하였다. 수령의 향촌사회 장악과 주민통제에 초점이 맞추어져 있으며 명나라 초기 지방행정과 사회의 실정을 반영한 중요한 사료로 알려져 있다.

『목천자전』(穆天子傳)

일명 『주목왕유행기』(周穆王游行記) 혹은 『주왕전』(周王傳)으로도 불린다. 전체 6권으로 되어 있으며 전국시대 진(晉)의 곽박(郭璞 : 276~324)이 편찬했다. 서진(西晉) 무제(武帝) 태강(太康) 2년(280) 급군[汲郡 : 하남성 급현(汲縣) 서남]에 위치한 전국시대 위양왕(魏襄王) 묘 안에서 출토된 죽간 『급총서』(汲塚書) 가운데 하나로, 고문으로 되어 있던 것을 순욱(荀勖) 등이 교감한 5권에 동진(東晉) 곽박(郭璞)이 주를 달고 『주목왕성희사사』(周穆王盛姬死事)[일명 『성희록(盛姬錄)] 1편을 덧붙여 6권으로 되었다. 주의 목왕(穆王)이 서쪽으로 곤륜산(崑崙山)까지 원정하여 서왕모(西王母)를 만났다는 내용이다.

『몽계필담』(夢溪筆談)

정(正) 26권, 보(補) 3권, 속(續) 1권의 수필집으로서 북송의 심괄(沈括 : 1031~1095)이 편찬했다. 전서(全書)는 총 609조목으로 이루어졌는데, 그 가운데 자연과학 조목이 1/3을 차지하여 북송 과학기술의 성취에 대한 총집합이라 할 수 있다. 이처럼 본서는 자연과학에 대한 편찬자의 흥미와 관심이 농후하게 반영되어 있어, 중국 과학사상 극히 중요한 문헌으로 평가되고 있다.

『몽구』(蒙求)

3권의 아동도서로서 당(唐)의 이한(李瀚)이 지었는데 『역』(易) 몽괘(蒙卦)의 비아구동몽 동몽구아(匪我求童蒙 童蒙求我)에서 의미를 따서 책이름을 붙였다. 송(宋) 서자광(徐子光)이 주를 달았으며 현재 2484자가 전해진다. 역사 인물의 언행과 일화를 모아 넉 자의 운(韻)이 있는 말로 만들어 아동교과서로 사용하였다.

『몽인』(蒙引)

명(明) 채청(蔡淸 : 1453~1508)이 과거를 위해서 『사서』(四書)의 의리(義理)를 강해한 것으로 일명 『사서몽인』(四書蒙引)이다. 채청은 『사서몽인』을 처음 지은 후 원고를 유실하는 바람에 옛 글을 기억하여 다시 엮었다고 한다. 그 후에 다시 원래의 원고를 찾았는데 두 원고를 비교해 보니 중복되는 것이 절반을 넘고 또 전후에 서로 모순되는 곳도 있었다. 이를 미처 산정(刪定)하지 못한 채 『사서몽인초고』(四書蒙引初稿)라는 제목으로 간행하여 미정 원고임을 표시하였으나 죽을 때까지 다시 정정하지 못했다. 방각본(坊刻本)과 그의 문인인 이지(李墀)의 독각본(蜀刻本)이 유행하였지만 이치에 맞지 않고 완비되지 않은 것을 안타깝게 여긴 박희원(林希元) 등이 경정(更訂) 보완(補完)하여 가정(嘉靖) 6년(1527)에 다시 간행하였다.

『묘법연화경』(妙法蓮花經)

『묘법화경』(妙法花經) 혹은 『법화경』(法花經)으로 불린다. 8권의 불경으로 후진(後秦)의 구마라습(鳩摩羅什 : 342~413)이 번역하였다. 홍시(弘始) 8년(406) 교법이 미묘하고 경의(經義)가 결

백미려(潔白美麗)하다는 뜻으로 이러한 이름을 붙였다. 역대 주석본이 많지만 대표적인 것으로는 남조 양(梁) 승법운(僧法雲)의 『법화의기』(法花義記), 수(隋) 승지(僧智)의 『법화현의』(法華玄義), 당(唐) 규기(窺基)의 『법화현찬』(法花玄贊) 등이 있다.

『무경칠서』(武經七書)

약칭은 『칠서』(七書)이다. 북송의 하거비(何去非)가 편집한 7종 25권의 병법총서(兵法叢書)로서 '무경'이란 무관을 위한 경전이라는 뜻이다. 송(宋) 신종(神宗) 원풍(元豊) 연간(1078~1085)에 무학(武學)의 필독서로 당시 전해지던 병서 가운데 중요한 칠서(七書)를 뽑아 편집하였다. 『손자』(孫子), 『오자』(吳子), 『사마법』(司馬法), 『위료자』(尉繚子), 『이위공문대』(李衛公問對), 『삼략』(三略), 『육도』(六韜)가 이에 포함된다.

『무비지』(武備志)

240권으로 되어 있으며 명(明)의 모서징(茅瑞徵)이 지었다. 외침이 연달아 일어나도 싸울 때마다 이기지 못하는 것에 분개하여 본서를 저술하였다고 한다. 병결평(兵訣評)에는 고래의 병서(兵書)에 대하여 기술하였고, 전략고(戰略考)에는 고래 전술의 변천, 진련제(陣練制)에는 전진(戰陣)의 일, 군자승(軍資乘)에는 군영(軍營)·공수(攻守)·수화(水火)의 이용과 향마(餉馬) 등의 자료에 대하여, 점도재(占度載)는 점령지의 지도 등에 대하여 서술하고 있어서 역대의 병제사(兵制史) 연구에 중요한 자료가 되고 있다.

『무원록』(無寃錄)

2권의 법의학서로서 원(元)의 왕여(王與 : 1261~1346)가 편찬했다. 상권에는 검시(儉屍)의 구체적인 방법에 따라 의론(議論) 13칙과 공문서에서 발췌한 각례 17칙을 싣고, 하권에는 검시의 구체적인 방법 43칙을 실었다. 송대의 『세원록』(洗寃錄)과 『평원록』(平寃錄)을 참고하여 저자의 경험과 견해에 따라 편집한 것으로, 홍무(洪武) 17년(1384)에 중간되었다. 명대에 조선에 전해졌고, 정통(正統) 3년(1428) 음주(音注)를 붙여 간행하였다.

『묵자』(墨子)

15권의 제자서(諸子書)로서 전국시대 초 묵적(墨翟)을 조종(祖宗)으로 하는 묵가의 학설을 모아 전국말(戰國末)~진한대(秦漢代)에 이루어진 것으로 보인다(BC 480~390). 『한서』(漢書) 예문지(藝文志)에는 71편으로 되어 있지만 10편은 없어지고 8편은 이름만 있어, 남아 있는 것은 53편뿐이다. 『총서집성』(叢書集成)에 수록된 필완(畢浣)의 『묵자교주』(墨子校注)와 『제자집성』(諸子集成)에 수록된 손이양(孫詒讓)의 『묵자간고』(墨子間詁)는 여러 연구성과를 집대성한 것으로 이름이 높다.

『문산집』(文山集)

남송(南宋)의 문천상(文天祥 : 1236~1282)이 편찬하였고 총 21권이다. 시문(詩文)은 17권이고 지남전록(指南前錄) 1권, 후록(後錄) 2권, 기년록(紀年錄) 1권이다. 문천상은 남송이 멸망하고 원이 들어선 시대를 임하여 자신의 절개를 지킨 것으로 유명하다. 그의 시문도 매우 탁월하여 후대에 전할 만한 것이었다. 그의 시문은 시대에 으뜸가는 충의(忠義)만 담은 것이 아니라 문장의 안정된 기운 역시 드러난다고 평가되었다.

『문선』(文選)

일명 『소명문선』(昭明文選)이라 하며 60권으로 남조시대 양(梁)의 소통(蕭統 : 501~531)이 편찬하였다. 동주(東周) 이래 양대(梁代)까지의 우수한 문학작품을 모아 놓은 것으로, 읽기에 편리하며 고대 사인(士人)들의 필수 교과서가 되기도 하였다. 수록된 작자는 130여 명이고 작품은 800에 이른다. 주석본으로는 당(唐) 현경(顯慶) 3년(658)의 『문선이선주』(文選李善注)가 가장 유명하다.

『문선보유』(文選補遺)

송(宋)의 진인자(陳仁子)가 40권으로 엮은 책이다. 진인자는 본디 강학가(講學家)로서 진덕수(眞德秀) 문장의 정종(正宗)지법을 고수한 자이다. 긴존의 『문선』(文選)의 내용을 보완하여 본서를 편찬하였다.

『문심조룡』(文心雕龍)

10권의 문학비평 이론서로서 남조 양(梁)의 유협(劉勰 : 465~532)이 지었다. 전반부는 문학의 원리를 논한 다음 장르별 문학에 대하여 그 특징과 역사적 변화 등을 논하였으며, 후반부는 문학 창작의 원칙과 방법, 문학과 시대의 관계 등을 논하였다. 문학은 육조시대에 비로소 독립된 분야가 되었는데, 본서는 그 정점에 선 것이라 할 수 있다. 그러나 이 책은 단순한 문학이론에 그치지 않고 육조시의 시대성을 반영했다는 점에서 그 가치가 있다.

『문원영화』(文苑英華)

1000권의 총서(叢書)로서 송의 이방(李昉) 등이 편찬하였다. 태평흥국(太平興國) 7년(982)에 이방・옹몽(邕蒙)・서현(徐鉉)・송백(宋白) 등이 칙령을 받들어 본서를 편찬하였다. 『문선』(文選)을 이어 남조 양(梁)으로부터 당말오대(唐末五代)까지의 역대 작가 2200여 명의 작품 2만여 편을 수록하였는데, 당대의 작품이 대부분을 점한다. 송 초에 편찬된 『태평어람』(太平御覽)·『태평광기』(太平廣記)·『책부원귀』(冊府元龜)와 함께 4대 유서(四大類書)로 불린다. 내용이 방대하고 당대의 시문을 대량으로 수록하여 해당 시기의 역사와 문학 연구에 유용하다.

『문자』(文子)

일명 『통현진경』(通玄眞經)으로 불리며 2권 12편의 도가서(道家書)이다. 저자와 성립연대가 불분명하다. 주요 내용은 노자의 사상을 부연 해설한 것이지만, "노자운"(老子云)이라고 하여 인용한 내용은 원래의 글과 약간 다르며 인의(仁義)를 숭상하고 군신(君臣)·부자(父子)를 강조한 것 등을 보건대 도가와 유가 사상이 혼합된 듯하다. 『도장』(道藏)에 당(唐)의 서령부(徐靈府)가 주를 단 12권의 도장본(道藏本), 송의 주변(朱弁)이 주를 단 7권(8권 이하는 없어졌다)과 원(元) 두도견(杜道堅)의 『문자찬의』(文子纘義) 12권이 남아 있다.

『문장연기』(文章緣起)

남조(南朝) 양(梁)나라 임방(任昉 : 460~508)이 편찬한 문선집(文選集)이다. 당시의 문류(文類)를 84류로 나누고 해당 문류의 최초 작품과 작가를 밝혔다. 상고시대(上古時代)의 육경(六經) 속에 가(歌)·시(詩)·명(銘)과 같은 문류의 최초 작품이 있음을 밝히면서, 이후로 진한(秦漢)대에 발생하여 남조 양(梁)에 이른 84류의 문류를 제시하고 있다. 따라서 이 자료는 상고시대로부터 남조 양에 이르기까지 발생하여 축적된 문류를 살피는 데 중요한 자료라고 하겠다.

『문헌통고』(文獻通考)

348권의 전제문헌(典制文獻)으로, 송말원초(宋末元初) 마단림(馬端臨 : 1254~1323)이 편찬하였다. 마단림은 저명한 역사가로서 경(經)과 사(史)를 '문'(文)으로 보고 신하의 주소(奏疏)와 유자(儒者)의 의논(議論)을 '헌'(獻)으로 보아 책이름을 정하였다. 원(元) 성종(成宗) 대덕(大德) 11년(1307)에 편찬을 완성하였는데, 상고시대로부터 남송 가정(嘉靖) 연간에 이르기까지 전장제도(典章制度)를 24고로 나누어 기록하였다. 『통전』(通典) 이후 가장 광범위한 전장제도에 관한 통사이다.

『물리소식』(物理小識)

12권의 과기서(科技書)로서 명(明)의 방이지(方以智 : 611~1671)가 편찬하였다. 방이지의 자는 밀지(密之)이고 호는 만공(曼公)으로, 안휘성 동성(桐城) 사람이다. 숭정(崇禎) 연간에 진사가 되어 한림원검토(翰林院檢討)를 지냈다. 중국 고대 과학기술을 종합하고 서양의 선진기술도 채용하였다. 『사고전서』(四庫全書) 자부잡가류(子部雜家類)에 수록되어 있다.

『박물지』(博物誌)

10권으로 되어 있으며 서진(西晉) 장화(張華 : 232~300)가 편찬하였다. 3세기 말경에 편찬되었으며 세계 여러 나라의 산천·인민·풍습에서부터 짐승·물고기·곤충·초목 등과 의약·의복·그릇 및 신기한 이야기 등을 기록하였다. 현행본은 원서 그대로가 아니라 후세의 기사가 섞인 것이다.

『방언』(方言)

책의 원래 이름은 『유헌사자절대어석별국방언』(輶軒使者絶代語釋別國方言)이고, 일명 『양자방언』(揚子方言)이라고도 한다. 13권의 훈고서(訓詁書)로서 전한의 양웅(揚雄 : BC 53~AD 18)이 편찬하였다. 각 지방에서 모인 효렴(孝廉)과 사병(士兵)들이 사물에 대한 각지의 다른 이름을 일일이 조사하여 그것을 토대로 해석을 한 것으로, 방언에 관해서는 중국에서 가장 오래된 책이다. 또한 여기에는 당시 방언에 남아 있던 고대어를 모아 놓은 『고금어』(古今語) 편도 있어서 고전을 해독하는 데 도움이 된다. 원본은 15권이지만 현재는 13권만 남아 있고, 서진(西晉)의 곽박(郭璞 : 276~324)이 당시의 구어(口語)로 주(注)를 달아 놓았다. 따라서 한(漢)·위(魏)·진대(晉代)의 언어학 연구에도 유익한 사료이다.

『방여승람』(方輿勝覽)

남송 축목(祝穆)이 편찬한 70권의 지리총지(地理總志)이다. 경사자집(經史子集), 패관(稗官), 소설, 금석(金石), 군지(郡志), 도경(圖經)을 널리 채집하여 남송 17로(路)의 행정구획에 따라 부(府), 주(州), 군(軍)으로 나누어 기록하였다. 통상의 지방지로서 완비된 것은 아니지만, 문화 방면에 대한 기술이 자세하고, 산일된 문집 등이 보이기도 하여 사료로서 참고가치가 있다.

『백가유찬』(百家類纂)

유가의 정계(正系) 이외에 일가(一家)의 설(說)을 세운 학자들의 말을 유별(類別)로 나누어 엮은 책으로 총 40권이며 작자는 여럿이다. 백가(百家)란 제자의 여러 책들을 모두 모았다는 뜻이고, 유(類)는 유별(類別)로 서로 무리를 지었다는 것이며, 찬(纂)은 오묘한 뜻은 끌어모으고 허물은 버린다는 뜻이라고 정의한 다음, 백가는 이방언(異方言)으로 사람마다 다르기 때문에 유찬(類纂)을 하지 않으면 그 본체와 뜻이 뒤섞이게 된다고 하여 융경(隆慶) 1년(1567) 심진(沈津)이 쓴 「범례총서」(凡例總敍)에서 서명의 의미를 밝히고 있다.

본서의 편찬은 한(漢)·수(隋)·당(唐)·송(宋)의 예문지(藝文志)·경적지(經籍志)의 유례를 따르되 통고(通考)·옥해(玉解)를 참고하고 다른 여러 책을 찾아서 시대순으로 나열하여 살펴보기에 편리하게 하였다. 「백가유찬목록」(百家類纂目錄)에 의거하여 본문의 구성을 살펴보면 다음과 같다. 권1~12는 유가류(儒家類), 권13~19는 도가류(道家類), 권20~23은 법가류(法家類), 권24는 명가류(名家類), 권25는 묵가류(墨家類), 권26~27은 종횡가류(縱橫家類), 권28~37은 잡가류(雜家類), 권38~40은 병가류(兵家類)를 다루고 있다. 이처럼 본서는 백가의 저술을 유가·도가·법가·명가·묵가·종횡가·잡가·병가의 여덟 가지 유별로 분류·정리하여 그들의 사상을 전체적으로 살펴보는 데 매우 유용하다.

『백가성』(百家姓)

편자미상의 동몽독물(童蒙讀物)로서 북송대에 편집되었다고 전한다. 본서에는 단성(單姓) 408, 복성(複姓) 30이 실려 있고, 국성(國姓)인 '조'(趙)를 맨 앞에 두었다. 사자일구(四字一句)로 되어 있고 격구압운(隔句押韻)을 취하고 있어 문리(文理)는 없으나 암송하기 편리하다. 옛날에 유행한 서당용 교과서의 하나이며, 비슷한 것으로 송대의 『천가편』(千家編), 명대의 『황명천가성』(皇明千家姓), 청(淸) 강희(康熙) 연간의 『어제백가성』(御制百家姓) 등이 있다.

『백경집』(伯敬集)

명(明) 종성(鍾惺 : 1574~1625)의 시문집으로 일명 『종백경선생전집』(鍾伯敬先生全集)이다. 본서는 종성의 우인(友人)이었던 임고탁(林古度)이 판각한 『은수헌집』(隱秀軒集)에 뿌리를 두고 있다. 이 책은 만력(萬曆) 42년(1614)에 간행된 것인데 지금은 전하지 않는 것으로 보이며 몇 년 뒤 천계(天啓) 연간(1620~1627)에 우인이었던 심춘택(沈春澤)에 의해 후기작품들이 상당수 추가되어 33권본으로 간행되었다. 이 판본은 『천자문』의 천(天), 지(地), 현(玄), 황(黃) 등의 순서를 따라서 '천'에서 '월'(月)까지를 시로, '영'(盈)에서 '운'(雲)까지를 문으로 엮었다. 이후 명 숭정(崇禎) 연간(1627 ~1644)에 16권본이 등장한다. 이 책은 육운룡(陸雲龍)이 유고(遺稿)를 모아 엮은 것인데 표지에는 『종백경집』(鍾伯敬集)으로 적혀 있다. 제1책부터 7책까지는 문집(文集) 11권이 수록되어 있고 제8책부터 제10책까지는 시집(詩集) 5권이 수록되어 있다.

『백공육첩』(白孔六帖)

일명 『당송백공유첩』(唐宋白孔六帖)으로 100권의 유서(類書)이다. 당의 백거이(白居易 : 772~846)가 편찬하고, 송(宋) 공전(孔傳)이 속편을 엮었다. 백거이는 당 이전의 제서(諸書)에서 뽑은 다수의 전고사어(典故詞語)와 시문의 가구(佳句)를 사물의 명칭에 따라 분류하여 『경사유요』(經史類要) 30권을 편찬하였는데 각 권수마다 총목을 두고 235목(目) 1367문(門)으로 나누었다. 그런데 그 인용이 난잡하고 순서가 없으며 출처를 밝히지 않아 두찬(杜撰)이라는 비판을 받기도 하지만, 당(唐) 후세에 산일된 문서의 유문(遺文)이 적지않게 수록되어 있어 사료로서의 가치가 크다. 북송의 공전은 『백씨육첩』(白氏六帖)의 체례를 모방하여 당의 제서를 모아 속편으로 『육첩신서』(六帖新書) 30권을 편찬하였는데, 소흥(紹興) 초년에 만들어져 건도(乾道) 2년(1166)에 처음

각간(角干)되었다.

『백사집』(白沙集)

9권으로 명의 진헌장(陳獻章 : 1428～1500)의 문집이다. 진헌장은 학문을 하는 것은 오직 마음에서 구해야 한다고 주장하여 당시 경전의 치밀한 해석에 몰두하던 성리학과는 변별된 면모를 보였다. 이에 그를 양명학의 선구적 사상가로 평가하기도 한다.

『백씨장경집』(白氏長慶集)

일명 『백씨문집』(白氏文集)으로 불리며, 당(唐) 백거이(白居易 : 772～846)의 시문을 71권으로 모은 문집이다. 서명은 본서가 목종(穆宗) 장경(長慶) 연간(821～824)에 편집된 데서 연유한다. 원래는 75권(전집 50권, 후집 20권, 속후집 5권)이었으나, 송대에 이르러 4권이 유실되어 스스로 자신의 시를 풍유(諷諭)·한적(閑適)·감상(感傷)·잡률(雜律) 본서의 4부로 나누어 실었다. 백거이의 시는 심오한 내용을 평이하게 표현하여 일반 백성들이 즐겨 암송하였다고 한다. 문(文)은 시에 크게 미치지 못하지만 「여원구서」(與元九書)와 같은 것은 문학비평사상 중요한 위치를 점한다. 또한 정치 문제에 대한 대책인 「책림」(策林) 75도, 관료가 내린 판결문인 「백도판」(百道判), 그 외 다수의 제고(制誥)·주상(奏狀)·묘비지명(墓碑誌銘) 등은 모두 사료적 가치가 크다.

『백천학해』(百川學海)

10집 100종 177권의 총서로서 남송(南宋) 좌규(左圭)가 편집했다. 남송 도종(度宗) 함순(咸淳) 9년(1273)에 본서를 편집하였는데 『유학경오』(儒學警悟)보다 70년 뒤에 나왔지만 내용이 광범위하여 널리 유포되었으며, 현존하는 중국 최고의 각인총서(刻印叢書)이다. 본서에 수록된 서적은 대부분 당의 야사잡설(野史雜說)이고 간혹 진대(晉代) 및 육조(六朝)의 저작이 들어 있는데, 특히 송인(宋人)들에 의한 시화(詩話)는 송대의 시가 연구에 귀중한 자료를 제공해준다. 후세에 그 체제를 모방하여 편집한 명(明) 오영(吳永)의 『속백천학해』(續百川學海)와 왕문록(王文祿)의 『백릉학해』(百陵學海) 등이 있다.

『백향산시집』(白香山詩集)

총 40권, 부록연보 2권으로 이루어졌으며 청(淸)의 왕입명(汪立名)이 엮었다. 왕입명은 송기(宋祁)의 말을 근거 삼아 백거이(白居易 : 772～846)의 시집 중에서 선별, 주석한 책으로 문장은 시만 못하다고 여기어 시를 모아 이 책으로 출판하였다. 그러나 문헌을 상고하고 순서에 따라 배열한 것이 자못 정밀하고 주석 역시 자못 자세하여 백거이 시 연구의 선본(善本)이라 평가된다.

『백호통』(白虎通) ☞ **『백호통의』**(白虎通義)

『백호통의』(白虎通義)

일명『백호통덕론』(白虎通德論)이라 하고 약칭하여『백호통』(白虎通)이라고 한다. 4권 44편의 경학논문(經學論文)으로서, 후한 반고(班固 : 32～92)가 편찬하였다. 오경(五經)에 나오는 작(爵)·호(號)·시(諡)·오사(五祀) 등을 해설한 책이다. BC 100년경 금문경서(今文經書) 이외에 고문경서(古文經書)가 발견됨에 따라 금문과 고문을 기초로 한 학파가 각각 형성되어 오경(五經)의 해석에 차이가 발생하자, 후한 장제(章帝) 건초(建初) 4년(79) 궁중의 백호관(白虎館)에서 박사관(博士館) 학생(學生) 등 여러 유생을 불러모아 오경 해석의 차이점을 논의하고, 이 결과를『백호의주』(白虎議奏)로 편찬하였다. 그 후 다시 반고가 명을 받들어 토론기록을 정리하여 지은 것이 이『백호통의』이다.

『번천문집』(樊川文集)

전체 20권에 외집 1권, 별집 1권의 시문집(詩文集)으로서 당(唐) 두목(杜牧 : 803～852)의 문집이다. 두목은 후세에 소이두(小李杜)로 일컬어진 만당(晩唐)의 대표적 시인이다. 본서는 두목이 죽은 뒤 그의 생질 배연한(裴延翰)에 의해 정집(正集) 20권이 찬수되고, 외집(外集)·별집(別集)은 북송대에 보유(補遺)되었다. 감상적인 시를 쓰는 한편, 병법(兵法)에 정통하여 당시의 긴급한 군사문제에 대해 몇 편의 서장(書狀)을 썼으며, 지제고(知制誥)·중서사인(中書舍人)으로서 많은 제고(制誥)를 기초하였으므로, 그의 문장에는 당 후기 역사를 연구하는 데 유용한 것이 다수 들어 있다.

『법언』(法言)

일명『양자법언』(揚子法言)이라 하며, 10권(또는 13권) 정론서(政論書)로서 한의 양웅(揚雄 : BC 53～AD 18)이 지었다.『논어』(論語)의 체제를 본떠 성인을 존숭하고 왕도를 논하는 등 유가의 전통사상을 선전하는 것을 주된 내용으로 한다. 한대의 유가들은 본서를『맹자』(孟子)와『순자』(荀子) 다음으로 존중하였고, 당의 한유(韓愈 : 768～824)·유종원(柳宗元 : 773～819), 북송의 사마광(司馬光 : 1019～1086)도 높게 평가하였다. 그러나 정이(程頤 : 1033～1107)·정호(程顥 : 1032～1085) 형제나 주희(朱熹 : 1130～1200) 등은 그 표현이 어렵고 내용이 충실하지 못하다고 하여 본서를 낮게 평가하였다.

『법원주림』(法苑珠林)

100권(120권 본도 있음)의 불교유서(佛敎類書)로서 당(唐)대 승려인 도세(道世)가 지었다. 본서는 당 고종(高宗) 총장(總章) 원년(668)에 이루어진 것으로 불교 관련 역사 사실을 겁량(劫量)·삼계(三界)에서 법멸(法滅)·전기(傳記) 등에 이르는 100편으로 분류하여 640여 목으로 엮었다.

불전 이외에 140여 종에 이르는 세속문헌을 인용하였는데, 그 가운데는 후세에 산일되거나 완본이 전하지 않는 문헌도 많이 포함되어 있어 사료적 가치가 크다. 특히 당 초 이전의 불교사 및 사회 풍속·장고(掌故) 등의 연구에 참고 가치가 있다.

『법화경』(法花經) ☞ **『묘법연화경』**(妙法蓮花經)

『병아』(騈雅)

7권으로 명(明)의 주모위(朱謀瑋)가 편찬하였다. 모두 고서의 문구에서 골라 취한 것으로, 이아체(爾雅體)의 체계를 좇아 장을 나누고 훈석(訓釋)한 것이 20편이다. 책의 내용을 보자면, 두 개를 하나로 만들고 다른 것을 나란히 하여 같게 만들었으니 이러한 이유로 병아(騈雅)라고 하였다.

『보안당비급』(寶顔堂秘笈)

226종 457권의 총서로서 명의 진계유(陳繼儒 : 1558~1639)가 편찬하였다. 진계유의 자는 중순(仲醇)이고, 송강(松江) 화정[華亭 : 상해 시송강(市松江)] 사람이다. 그는 유명한 장서가로 알려졌는데, 그의 비장서(秘藏書)를 스스로 교정하여 간행한 것이 본서이다. 정집(正集)·속집(續集)·광집(廣集)·음집(普集)·휘집(彙集) 및 본인의 저술만을 모은 미공잡저(眉公雜著) 등 6부로 구성되어 있으며, 시대적으로는 진(晉)·당(唐)·송(宋)·원(元)·명(明)에 걸쳐 있고 그 가운데 명대의 것이 가장 많다. 수많은 명편(名篇)·비책(秘冊)이 수록된 귀중한 총서로서, 명대 연구자는 특히 주목할 필요가 있다.

『보천가』(步天歌)

1권의 천문서로서 당(唐)의 왕희명(王希明)이 지었다. 일설에는 수(隋)의 단원자(丹元子)가 지었다고도 한다. 칠자가결(七字歌訣)로 283관(官) 1464성(星)을 소개했다. 천공을 3원(垣)·28숙(宿)으로 나누는 구분법을 창시했는데, 이는 당초(唐初) 이순풍(李淳風)이 지은 『진서』(晉書) 예문지(天文志)·『수서』(隋書) 천문지 등과 완전히 다르다. 성관(星官)의 명칭·위치·수에 대한 설명이 간결하고 통속적이며 조리가 분명하여 천문교과서로 칭송 받았다. 원서는 오래 전에 산일되었고, 『도서집성』(圖書集成) 권44~45의 건상전(乾象典)에 수록되어 있다.

『본사시』(本事詩)

1권의 시화(詩話)로서 광계(光啓) 2년(886)에 당(唐)의 맹계(孟棨)가 기록하였다. 당대를 중심으로 시에 관한 일화를 기록한 것으로 정감(情感)·사감(事感)·고일(高逸)·원분(怨憤)·정이(征異)·정구(征咎)의 7류로 나누어 41조의 기사를 기재하고 있는데, 그 중 2조만이 육조의 것이고 나머지는 당대에 관한 것이어서 당시(唐詩) 연구에 참고가 된다.

『본초강목』(本草綱目)

52권, 도(圖) 2권의 약학서로서 명(明)의 이시진(李時珍 : 1518~1593)이 지었다. 이시진의 자는 동벽(東璧)이고 호는 빈호(瀕湖)로 기주(蘄州) 사람이다. 본서는 찬자가 30년의 시간을 들여 1892종의 약물을 광물·식물·동물 순으로 분류하고 1110매의 도(圖)를 덧붙여서 8161종의 처방을 설명한 것으로, 고래의 본초학(本草學)의 성과를 집대성한 중국의 가장 대표적인 의서이다. 각국어로 된 많은 번역본이 있을 만큼 세계적인 약학서로 평가받고 있다. 만력(萬曆) 6년(1578)에 완성되어 만력 24년(1596)에 초간되었다.

『본초경』(本草經) ☞ **『신농본초경』**(神農本草經)

『북당서초』(北堂書鈔)

160권의 유서(類書)로서 수말당초(隋末唐初)의 우세남(虞世南 : 558~638)이 편찬하였다. 우세남은 월주(越州) 여요(余姚) 사람으로 수(隋)에서는 비서랑(秘書郎)을 지냈고, 당(唐)에서는 비서감(秘書監)·홍문관학사(弘文館學士)를 역임했다. 북당(北堂)은 비서성(秘書省) 후당(後堂)의 명칭으로, 서명도 여기에서 분류별로 배열한 것이다. 인용서가 집부(集部)를 제외하고도 800여 종이나 되는데, 산일된 것이 많아 본서는 문헌학적으로 그 가치가 높다.

『북리지』(北里志)

일명 『손내한북리지』(孫內翰北里志)라 하며 1권의 필기로서 당(唐)의 손계(孫棨)가 지었다. 손계는 신도(信都) 무강(武强) 사람으로 한림학사와 중서사인(中書舍人)을 지냈다. 희종(僖宗) 중화(中和) 4년(884)에 완성된 본서는 선종(宣宗)~대중(大中) 연간(847~860) 평강리(平康里)의 명기(名妓)와 문사(文士)·유객(遊客)들 사이에 일어난 일화를 기록한 것으로, 모두 15조로 이루어졌다. 만당(晩唐)의 시가(詩歌) 및 도시생활의 일면을 연구하는 데 참고할 만하다.

『북몽쇄언』(北夢瑣言)

20권으로 이루어지고 일문 4권인 필기로서 오대(五代) 말에 손광헌(孫光憲 : 900~968)이 찬수하였다. 손광헌은 능주(陵州) 귀평[사천성 인수(仁壽) 동북] 사람이다. 원본은 30권이며, 현행본은 원본이 아니고 일문(逸文)을 합쳐 416조의 기사가 남아 있다. 당시의 황실·재보(宰輔)·혹사(酷使)·번진(藩鎭)·과고(科考)·문벌(門閥)·풍습·승도(僧道) 등 당말오대의 잡사(雜事)를 기록하였는데 찬자 자신의 교유를 통해 얻은 견문과 유산보(劉山甫)의 『금계간담』(金谿閒談 : 현존하지 않는다) 등 당시 문헌에서 얻은 기사가 대부분이다. 사실에 합치하지 않는 기록도 있지만 다른 책에서는 볼 수 없는 기사가 많아, 당말오대사 연구에 사료적 가치가 높다.

『**북사**』(北史)

100권의 기전체 사서로서 당(唐)의 이연수(李延壽)가 편찬했으며 현경(顯慶) 4년(659)에 완성되었다. 부친에게 이어받은 원고와 북조(北朝)의 위(魏)·제(齊)·주(周)·수(隋) 4사(史) 및 여러 야사를 종합·정리하여 편찬한 책으로, 북위로부터 북제·북주·수에 이르는 233년간의 역사를 다루었다. 왕조를 구분하지 않고 관통해서 가문별로 하나의 열전을 구성함으로써 가문의 성쇠를 파악할 수 있게 한 것이 특징이며 이미 산일된 위담(魏澹)의 『위서』(魏書)에서 채록한 자료가 기재되어 있다. 지금 남아 있는 정사(正史)에 기재되지 않은 기사도 포함하고 있어서, 사료로서의 가치가 높다.

『**북제서**』(北齊書)

원명은 『제서』(齊書)인데, 북송 때부터 『북제서』로 불렸다. 50권의 기전체 사서로서 당의 이백약(李百藥 : 565~648)이 칙명을 받아 편수에 착수하여, 당 정관(貞觀) 10년(636)에 완성하였다. 열전은 다른 정사와 유사하지만 외국에 대한 것이 없다. 본서는 북송대에 이미 없어진 부분이 많아 후인들이 『북사』(北史)와 고준(高峻)의 『고씨소사』(高氏小史) 등 당대인의 사초(史抄)를 근거로 보충하였다.

『**북해집**』(北海集)]

명(明) 풍기(馮琦 : 1559~1603)의 시문(詩文) 합집(合集)으로 일명 『풍용온선생북해집』(馮用韞先生北海集)이다. 본서에 수록된 글들은 시를 제외하면 대부분 저자의 사적인 편지나 잡문(雜文)에 해당한다. 모두 282편이나 되는 이 편지의 수신인에는 당시 저명인사들이 두루 망라되어 있다.

『**분서**』(焚書)

명(明) 이지(李贄 : 1527~1602)의 시문집으로 그의 서신, 잡저, 사론, 시가 등을 수록하였다. 그는 자신의 저작이 '이경반도'(離經叛道)한 것이기 때문에 권력자들이 원한을 품어 자신을 살해하고 저작을 불사르려 할 것이라고 예측하고, 책의 제목을 '분서'라 했다. 본서에는 증보 2권이 있고 또한 『속분서』 5권이 있는데 모두 송명이학(宋明理學)을 강하게 비판하는 한편 법가(法家)를 높이 찬양하였다.

『**불조통기**』(佛祖統紀)

54권의 불교사서로 송의 지반(志磐)이 지었다. 석가로부터 송대까지 고승의 사적을 정사(正史) 체제를 모방하여 기전체로 기술한 것으로, 함순(咸淳) 5년(1269)에 완성되었다. 천태종(天台宗)을 정통으로 기술하고 있지만, 도교, 마니교, 천교(祆教) 등도 언급하고 있다. 중국 불교사 연구에 비교적 좋은 참고 자료이다.

『비아』(埤雅)

20권의 훈고서(訓詁書)로서 송의 육전(陸佃 : 1042~1102)이 지었다. 육전의 자는 농사(農師)이고 산음[山陰 : 절강성 소흥(紹興)] 사람으로, 휘종(徽宗) 때에 상서우승(尙書右丞)에 임명되었다. 본서는『이아』(爾雅)를 증보하기 위해 쓴 것으로, 동식물과 천문기상에 대한 용어를 전문적으로 해석하였다. 일종의 전문사전이라 볼 수 있는데, 다만 당시의 자연과학에 대한 인식 수준 때문에 잘못된 해석도 적지 않다.

『사기』(史記)

원제는『태사공서』(太史公書)이고 130권의 기전체 사서로서 전한의 사마천(司馬遷 : BC 145~86)이 지었다. 사마천은 좌홍익(左鴻翊) 하양[夏陽 : 섬서성 한성(韓城)] 사람으로 태사령(太史令)을 지냈다. 본서는 중국 최초의 기전체(紀傳體) 통사로, 삼국시대부터 사관(史官)의 기록이라는 뜻의『사기』로 정착되었다. 광제(黃帝)로부터 한무제(漢武帝)에까지 이르는 약 3천 년의 역사적 사실을 다양한 관점에서 기록한 책으로 본기(本紀) 12권, 표(表) 10권, 서(書) 8권, 세가(世家) 30권, 열전(列傳) 70권으로 구성되어 있으며, 전부 52만 6,500자에 이른다. 본서의 체제는 후세의 역사서가 계승하여 기전체의 정사(正史)를 형성하였다. 편년체 역사서가 사건의 시간상 추이를 중심으로 서술했던 것에 반해, 본서는 단대적 인물 중심의 본기·세가·열전과 통시적인 표·서로 구성하여 종합적인 역사를 서술함으로써 새로운 역사체제를 창시하였다. 광범위한 사료를 수집하여 정밀하게 논단했고, 정감어린 필치로 많은 진보적인 사관을 보이고 있으며, 생동감 있고 유려하면서도 평이한 문체로 되어 있어서 실로 중국 역사와 문학의 보고 가운데 가장 전범이 되는 명저로 평가되고 있다.

『사기색은』(史記索隱)

30권의『사기』주석서로서 당(唐)의 사마정(司馬貞)이 지었다. 사마정은 하내[河內 : 하남성 심양] 사람으로 개원(開元) 연간에 조산대부(朝散大夫)·굉문관학사(宏文館學士)를 지냈으며 소사마(小司馬)로 불렸다.『사기』의 예전의 주와 음의가 오래되어 산일되었으므로 서광(徐廣)의『사기음의』(史記音義), 배인(裵駰)의『사기집해』(史記集解), 추탄생(鄒誕生)의『사기음의』(史記音義), 유백장(劉伯莊)의『사기지명』(史記地名) 등 제가의 주석문에서 채취하고, 위소(韋昭)·초주(譙周) 같은 사람들의 논저를 참고하여 본서를 지었다. 본서와 남조 송(宋) 배인(裵駰)의『사기집해』, 당(唐) 장수절(張守節)의 『사기정의』(史記正義)를 합해 사기삼가주(史記三家注)라고 부르는데, 본서의 가치는 배(裵)·장(張) 양가의 주보다 우수하다고 평가되고 있다.

『사기평림』(史記評林)

『사기』에 대한 제가의 설을 모두 집록한 것이다. 한무제(漢武帝) 때, 사마천(司馬遷 : BC 145~86)이 지은 『사기』에 대해서 당대의 사마정(司馬貞)은 색은(索隱)을 지었고 장수절(張守節)은 정의(正義)를 썼는데, 모두 『사기』 본문과는 이본(異本)으로 취급되었다. 북송 때에 와서 이들이 본문의 주석으로 편입되었으며 명대에 와서 능치륭(凌稚隆)이 송·명의 제유(諸儒)의 설을 더 수록하여 편집, 『사기평림』이라고 이름을 붙였다. 『사기』가 본시 130권인데 여러 평설이 주입(註入)되어 이 책은 33책으로 분철(分綴)되어 있다. 총 130권의 내용은 제가의 설을 모아 엮은 독사총평(讀史總評)과 사기 본문으로 대별된다. 명 신종 만력(萬曆) 4년(1576)에 출판되었으며, 『사기』보다 더욱 방대하게 집대성된 사서(史書)이다.

『사략』(史略)

송의 고사손(高似孫)이 여러 사람들이 사서를 논한 자료를 수집하고 채록하여 찬술한 책이다. 권1은 『사기』 및 관련 사적, 권2는 『한서』(漢書)에서 『오대사』(五代史)까지, 권3은 『동관한기』(東觀漢記)·실록(實錄)·기거주(起居注)·회요(會要), 권4는 사전(史典)·표(表)·략(略)·초(鈔)·평(評)·찬(贊)·초(草)·례(例)·목(目)·통사(通史)·통감제체사적(通鑒諸體史籍), 권5는 패사(覇史)·잡사(雜史)·칠략(七略)·중고사(中古史) 등 제사적(諸史籍) 및 동한(東漢) 이래 서고(書考)·역대사관목(歷代史官目) 등, 권6은 『산해경』(山海經), 『세본』(世本), 『삼창』(三蒼), 『한관』(漢官), 『수경』(水經), 『죽서』(竹書) 등의 여러 서적을 기술했다.

『사마법』(司馬法)

3권의 병서로서 전국시대 말의 사마양저(司馬穰苴)가 지었다. 『사기』 사마양저열전(司馬穰苴列傳)에 의하면, 본서는 전국시대 제(齊) 위왕(威王 : BC 378~342) 때 사마양저의 병법을 애용한 왕의 명에 따라 여러 대부들이 편집한 것으로, 사마병법(司馬兵法)으로 불렸다고 한다. 원래 150편이 있었으나, 지금은 5편 3천여 자만이 남아 있다. 한대(漢代)에 광범위하게 유통되어 병법서로는 높은 평가를 받았으며, 한(漢)에서 당(唐)까지의 시기에 여러 문헌에 많이 인용되었다.

『사명집』(四溟集)

10권으로 되어 있으며, 명의 사진(謝榛 : 1495~1575)이 지었다. 사진은 자가 무태(茂泰)이고, 호는 사명산인(四溟山人)으로, 산동성 임청(臨淸) 사람이다. 명 만력(萬曆) 40년(1612) 각본이 있고 『사고전서』(四庫全書)는 이것을 근거로 수록하였다.

『사문유취』(事文類聚) ☞ **『고금사문유취』**(古今事文類聚)

『사서몽인』(四書蒙引) ☞ **『몽인』**(蒙引)

『사서장구집주』(四書章句集註) ☞ **『사서집주』**(四書集註)

『사서집주』(四書集註)

원명은 『사서장구집주』(四書章句集註)이며 19권의 경전해석서로 남송의 주희(朱熹 : 1130~1200)가 편찬하였다. 본서는 대학장구(大學章句) 1권, 중용장구(中庸章句) 1권, 논어집주(論語集注) 10권, 맹자집주(孟子集注) 7권을 포괄한다. 집주는 모두 주희의 철학사상을 표현했으며 공(孔)·맹(孟) 사상에 이학적인 색채를 부여했다. 광종(光宗) 소희(紹熙) 원년(1190)에 주희가 장주(漳州)를 관할하면서 『사서』(四書)를 판각했는데 사서(四書)라는 명칭은 여기서부터 확립되었다. 송대 및 이후 이학(理學)의 근본 경전이 되었고. 원·명·청의 봉건통치자들은 이학을 숭배하여 이 주본이 과거시험에서 필독서가 되었다.

『산곡집』(山谷集)

송 황정견(黃庭堅 : 1045~1105)의 문집이다. 내집(內集) 30권, 외집(外集) 14권, 별집(別集) 20권, 사(詞) 1권, 간척(簡尺) 2권, 연보(年報) 3권으로 나누어져 있다. 황정견은 자가 노직(魯直)이고 자호는 산곡도인(山谷道人)이다.

『산당고색』(山堂考索)

남송(南宋)의 장여우(章如愚)가 편찬했다. 원본은 100권인데, 원명(元明)시기에 간행된 것은 4집 212권이다. 경사백가(經史百家)의 말을 넓게 취해 정치제도를 논하고 경세치국의 마음을 실어 본서를 완성하였다.

『산해경』(山海經)

30편의 반소설적(半小設的)인 지리서이다. 작가는 하(夏)나라 우왕(禹王) 또는 백익(伯益)이라고도 한다. 원도(原圖)는 오래 전에 산일되었다. 남아 있는 것은 뒷사람이 보충하여 그린 것이다. 『산경』(山經)은 대략 전국시대 이전에 만들어졌고, 『해경』(海經) 8편은 진한(秦漢)의 지명이 섞여 있는 것으로 보아 진말한초(秦末漢初)에 쓰여졌으며, 따로 『수경』(水經)에 혼입되어 있는 5편은 위진인(魏晉人)에 의해 더해진 것으로 보인다. 오장산경(五藏山經)·해외경(海外經)·대황경(大荒經)으로 구성되어 있다. 오장산경은 춘추시대에 지어졌으며 해외경과 해내경은 여기에 부가된 것이라고도 한다. 기사(記事)는 산해(山海)의 지리를 대강으로 하고, 상고(上古)에서 주(周)까지의 역사·민족·종교·신화·물산·의약(醫藥)·무술(巫術)을 설립하였다. 여러 산의 위치·형상·면적·고도·경사도·계곡·동굴·식물과 강우·강설, 강의 수원(水源)·방향, 수류의 계절적 변화, 광물의 구성 현상과 식별 방법, 동·식물의 형태, 성능과 의료효과 등 여러 분야에 대하여 서술하고 있다.

『삼국연의』(三國演義)

원명은 『삼국지통속연의』(三國志通俗演義)로 명의 나관중(羅貫中 : 1330?~1400)이 편찬하였다. 나관중의 사적과 전해지는 내용은 일치하지 않는다. 이름은 본(本)이고 태원(太原) 사람으로 호가 호해산인(湖海散人)이라고 하기도 하며 전당(錢塘) 사람이나 여릉(廬陵) 사람이라고 하기도 한다. 이 책은 진수(陳壽)의 『삼국지』(三國志)와 배송지(裴松之)의 주(注) 및 원간(元刊)의 『삼국지평화』(三國志平話), 민간에서 전하는 삼국고사 등을 참고하고 가공해서 만들었다. 문자가 정련되고 결구가 광대하며 전쟁과 인물 묘사에 뛰어나 비교적 높은 예술적 성취를 이루었다고 평가되고 있다.

『삼국지』(三國志)

65권의 기전체 정사로, 서진(西晉)의 진수(陳壽 : 233~297)가 가려 뽑은 책이다. 진수는 파서군(巴西郡) 안한현(安漢縣) 사람이다. 본서는 위(魏) 문제(文帝) 황초(黃初) 원년(220)에서 진(晉) 무제(武帝) 태강(太康) 6년(280)까지 위·촉·오 3국의 사적을 기록한 것으로 3세기 말에 저술되었다. 『위지』(魏志) 30권, 『촉지』(蜀志) 15권, 『오지』(吳志) 20권으로 되어 있으며, 표(表)와 지(志)가 없는 것이 결점이다. 위를 정통으로 보아 본기(本紀)에 넣고 제(帝)라고 칭했으며, 촉과 오는 열전에 싣고 주(主)라 칭했다. 편찬 태도가 진지하여 정사 중의 명저로 꼽으며, 당시 하후담(夏侯湛)이 『위서』(魏書)를 짓던 중 『삼국지』를 읽고 감복하여, 그 초고를 파기했다고 전해진다. 본서는 문체가 간결하고 가위로 자른 듯 틀에 들어맞는다.

다만 사료가 풍부하지 않고 기사가 간략하여 놓친 것이 있으며, 때로 곡필하거나 두둔하는 글도 있어서 『사기』의 솔직한 글을 따라가지 못한다는 평을 받는다. 3지(志)는 본래 독립되어 있었으나, 후세에 한 책으로 합해졌다. 남조 송의 배송지(裴松之)가 여기에 주(注)를 달았는데, 인용서가 159종이나 되어 증보된 사료가 원서보다 훨씬 많다. 또한 주석의 체례를 개척하여 후학들에게 매우 편하며, 오늘날 망실된 여러 책의 원문을 다량으로 보존하고 있다는 점에서 귀중한 가치가 있다.

『삼략』(三略)

3권으로 이루어진 병서이다. 주(周)의 태공망(太公望)의 저서라는 설과 한(漢)의 장량(張良)이 황석공(黃石公)에게 전수했다는 설이 있으나 실은 후한에서 수(隋)나라 무렵에 성립된 것으로 추정된다. 책의 내용은 권1은 상략(上略)으로 군신장사(君臣將帥)의 설례(設禮)・상별(賞別)・명간웅(明奸雄)・저성패(著成敗)의 이치를 논했다. 권2는 중략(中略)으로 천하에 덕을 행하고 권도(權度)를 신중하고 면밀히 할 것을 논했다. 권3은 하략(下略)으로 보도덕(輔道德)・채안위(察安危)・명적현(明賊賢)의 허물을 논했다.

『삼어당문집』(三漁堂文集)

12권으로 외집(外集)이 6권, 부록이 2권이다. 청(淸) 육농기(陸隴其 : 1630~1692)의 문집인데, 육농기는 함부로 문집을 내는 것을 경계하여 그의 작품을 감추었으나 그의 조카인 예징(禮徵)이 후에 흩어져 없어진 것들을 모으고 그의 가까운 문인인 후전(侯銓)이 고쳐서 이 책을 완성했다고 한다.

『삼재도회』(三才圖會)

명의 왕기(王圻 : 1498~1583)가 편찬한 106권의 책이다. 왕기의 자는 원한(元翰)이고 상해 사람이다. 가정(嘉靖) 시기의 진사로 오래도록 지방관을 지냈으며 섬서시정사(陝西市政使)에 이르러 사임하였다. 『속문헌통고』(續文獻通考), 『홍천유고』(洪川類稿) 등 저술이 매우 많다. 본서는 천(天)・지(地)・인(人) 3재(才)의 만물에 그림을 붙여서 해설한 것으로 만력 35년(1607)에 이루어졌고, 1609년 그의 아들 왕사의(王思義)가 이어서 편찬한 일종의 백과사전이다.

『삼조요전』(三朝要典)

명대 말기인 만력조(萬曆朝 : 1573~1620), 태창조(泰昌朝 : 1620), 천계조(天啓朝 : 1621~1627)에 발생한 삼안(三案)－정격안(梃擊案), 이궁안(移宮案), 홍환안(紅丸案)－과 관련된 공문서를 고병겸(顧秉謙), 황입극(黃立極), 풍전(馮銓) 등의 환관파 관료들이 편찬한 정서(政書)이다. 위충현(魏忠賢)이 주도한 엄당(閹黨)이 신종(神宗 : 만력제)의 왕위계승을 둘러싼 당쟁인 삼안에 대한 시비를 전도하고 동림당파(東林黨派)의 인물들을 모함하기 위해 천계(天啓) 6년(1626)에 편찬토록 한 것이다. 본서는 각 사건에 관한 황제의 유지(諭旨)와 신료들의 주소(奏疏) 등 공문서와 이에 대한 편찬자들의 평어(評語)로 구성되어 있다. 본서를 통해 명말 환관파의 대(對) 동림파 인식의 일면을 이해할 수 있을 뿐 아니라, 삼안사건 자체에 대한 구체적인 사실도 확인 가능하다.

『삼천지』(三遷志)

맹자(孟子)와 맹모(孟母)의 사적(事蹟)을 기록하고 이들 모자 사당의 그림과 그와 관련된 사항을 기록한 책이다. 명 여원선(呂元善)이 찬했으나 원고를 완성하지 못하고 도적을 당해 죽자 그 아들 조상(祖祥)과 손자 뒤를 이어 완성했다. 사악(史顎)의 『삼천지』와 호계선(胡繼先)의 『맹자지』를 참고하여 정보(訂補)한 부분이 많다.

『상서』(尙書)

원래의 제목은 『서』(書)로서, 전국시대 이래의 유가들이 『서경』(書經)이라고 존칭하였다. 은・주・전국시기까지 장기간에 걸쳐 이루어졌다. 당우(唐虞)시대부터 춘추시대 진목공(秦穆公)에 이르기까지 여러 왕조와 제후들의 조칙(詔勅)・훈계(訓戒)・서명(誓命)과 가모(嘉謨) 등을 모은 경전으로 모두 59편이다.

『상서고문』(尙書古文) ☞ **『상서고문소증』**(尙書古文疏證)

『상서고문소증』(尙書古文疏證)

경서를 고증한 8권의 책으로 청의 염약거(閻若璩 : 1636～1704)가 지었다. 책의 내용은 조금 뒤에 나온 혜동(惠棟)의 『고문상서』(古文尙書)보다 상세하다. 권1의 제28～30조, 권3의 제33～48조, 권7의 제 102・108～110조・122～127조는 모두 없어졌다.

『상서공씨전』(尙書孔氏傳)

원래 한(漢)의 공안국(孔安國)이 편찬한 책이다. 공안국은 공자의 20세손으로, 『고문상서』(古文尙書)를 금문(今文)으로 읽어 정리하였다. 조(詔)를 받들어 서전(書傳)을 만들었으므로 세칭 상서공씨전(尙書孔氏傳)이라고 한다.

『상서광청록』(尙書廣聽錄)

경서를 고증 해석한 5권의 책이다. 명말청초의 모기령(毛奇齡 : 1623～1716)이 편찬했다. 모기령의 저서로는 『서하합집』(西河合集)이 있다. 그는 『상서』에 역사적인 오류가 있다고 생각하여 그에 주를 달고자 했으나 성과가 없어서 잡기(雜記)를 모아 본서를 지었다고 한다.

『상서정의』(尙書正義)

당의 공영달(孔穎達 : 574～678) 등이 편찬한 책이다. 공영달의 저서로는 『오경정의』(五經正義)가 있다. 본서는 『공전고문상서』(孔傳古文尙書)를 저본으로 삼아 남북조시대 후기에 나타났던 제가(諸家)의 『의소』(義疏)를 수록하고 종합적으로 의견을 표명하였다. 여기에서는 이유(二

劉)의 구소(舊疏)가 가장 많이 채택되었다. 초고가 완성된 뒤 마가운(馬嘉運)이 잘못을 바로잡고 고종(高宗) 영휘(永徽) 연간에 우지령(于志寧) 등이 보완하여 처음으로 간행되었다.

『서경』(書經) ☞ **『상서』**(尙書)

『서경잡기』(西京雜記)

6권의 필기류이다. 통설은 동진(東晉) 갈홍(葛洪 : 283～343)이 편찬한 것이라고 하는데, 서한(西漢) 유흠(劉歆 : BC 53?～25)이 찬한 것을 갈홍이 편한 것이라는 설도 있고, 남조 양(梁)의 오균(五均)이 찬한 것이라는 설도 있다. 서한의 전문유사(傳聞遺事)·장고(掌故), 장안의 궁실과 원(苑), 괴이한 고사, 황제의 출행여가(出行輿駕) 등이 기록된 귀중한 사료이다. 『사부총간』(四部叢刊)에 6권본이 수록되어 있고, 『포경당총서』(抱經堂叢書)에 2권본이 수록되어 있다.

『서경집전』(書經集傳)

6권의 경학자료집이다. 남송의 채침(蔡沈 : 1176～1230)이 서경(書經)에 주(注)를 단 것이다. 채침의 자는 중헌(仲默)으로, 구봉(九峰)에 은거한 까닭에 구봉 선생이라 했으며, 복건성 건양 사람이다. 주희에게 사사하였는데 『상서』만 수십 년간 익혔다. 주희의 뜻에 따라 영종(寧宗) 경원(慶元) 5년(1199)에 시작하여 가정(嘉定) 2년 (1209)에 저서를 완성했는데, 2세기에 걸친 『상서』(尙書)의 연구성과를 총결했다과 평가된다.

『서당잡조』(西堂雜組)

청(淸) 우동(尤侗 : 1618～1704)의 전집(全集)으로 일명 『태사우회암서당전집』(太史尤悔菴西堂全集)이다. 이 책의 체재는 다음과 같다. 표지서명은 서당집(西堂集)으로 되어 있으며, 제1책에서 6책은 문집(文集)이고 제7책부터 13책까지는 시집(詩集)이다. 특히 제13책에는 외국죽지사(外國竹枝詞) 1권이 실려 있는데 그 가운데 조선과 일본 등지의 작품이 채록되어 있어 눈길을 끈다. 제14책부터 제15책은 희곡작품이 수록되어 있으며, 마지막 제16책은 우동의 동학(同學)인 탕경모(湯卿謀)가 지은 『상중초』(湘中草)이다. 책 앞부분에 수록된 우동의 서문을 참조하건대, 요절한 그를 기려서 우동이 자신의 문집 뒤에 덧붙인 것으로 보인다.

『서명』(西銘)

철학서로 송의 장재(張載 : 1020～1077)가 편찬한 책이다. 본서는 원래 『몽구』(蒙求) 권9 건칭편(乾稱編)의 일부분이다. 본서에서 그는 "모든 인류는 나의 동포이며 만물은 나와 함께한다."라는 만물일체사상을 주장하였다.

『서문장집』(徐文長集)

명 서위(徐渭 : 1521～1593)의 문집이다. 서위는 자가 문장(文長)・문청(文淸)이고, 산음(山陰) 사람이다.

『서방요기』(西方要紀)

청초 강희(康熙) 7년(1668) 예수회 선교사 베르비스트(南懷仁 : 1623～1688) 등이 서양의 풍토와 풍속에 관한 황제의 물음에 답한 것으로, 1699년 북경에서 간행되었다. 내용은 알레니(艾儒略 : 1582～1649)의 『서방문답』(西方問答)과 비슷하지만 훨씬 간략한 것이 특징이다.

『서사회요』(書史會要)

명 도종의(陶宗儀 : ?～1396)가 편찬한 책이다. 본서에는 원대(元代)까지의 화가 2천여 명의 소전(小傳)과 서풍(書風)이 기록되어 있으며, 홍무(洪武) 9년(1376)에 초간되었다. 권1은 삼황오제(三皇五帝)의 전설시대로부터 진(秦), 권2는 한(漢)에서 삼국(三國), 권3은 진(晉), 권4는 남송(南宋)에서 수(隋), 권5는 당(唐)에서 오대(五代), 권6은 송(宋), 권7은 원(元), 권8은 요(遼)・금(金)・외역(外域)의 서가(書家), 권9는 고인(古人)의 서법에 관한 의론을 수록했다.

『서상기』(西廂記)

잡극(雜劇)의 대본으로 원(元)의 왕실보(王實甫 : 1250?～1336?)가 지었다. 서생 장군서(張君瑞)가 과거에 응시하러 가는 길에 보구사(普救寺)를 지나다가 최상국(崔相國)의 딸 앵앵(鶯鶯)을 만나 사랑을 꽃피우게 되는데, 어머니의 반대로 뜻을 이루지 못하고 뒤에 시녀 홍랑(紅娘)의 도움으로 결국 예교의 굴레를 끊고 결합한다는 내용이다.

『서양신법역서』(西洋新法曆書)

103권의 천문역법서이다. 청의 아담 샬(湯若望 : 1591～1666)이 편찬했다. 순치(順治) 원년(1644) 5월 청병(淸兵)이 입경(入京)하고, 11월 아담 샬은 흠천감감정(欽天監監正)에 임명되었다. 그는 『숭정역서』(崇禎曆書) 137권을 103권으로 산개(刪改)하여 청 정부에 바치고, 『서양신법역서』라고 개명하여 자신의 저작으로 속였다.

『서유기』(西游記)

20권의 장회소설(章回小說)로 명(明)의 오승은(吳承恩)이 지었다. 민간에 유전(流轉)되고 있던 당(唐) 현장(玄奘)의 구경(求經) 이야기에 근거하고, 관련 있는 화본(話本)과 희곡(戲曲)에서 재료를 얻어 완성하였다.

『서청고감』(西淸古鑑)

일명 『흠정서청고감』(欽定西淸古鑑)으로 청(淸)조의 궁중에 수장되어 있던 고대청동기(古代靑銅器)에 대해 기록한 도록이다. 서청(西淸)은 남서방(南書房)의 다른 이름으로, 본서가 남서방에서 편찬되었기 때문에 서청고감이라는 이름이 붙었다. 양시정(梁詩正 : 1697～1763)에 의해 건륭 14년(1749)에 편찬되기 시작하여 건륭 16년(1751)에 편정(編定)되었다. 전체 40권으로 상주(商周)에서 당대(唐代)에 이르는 동기(銅器) 1,529건이 수록되어 있다. 체례(體例)는 『선화박고도』(宣和博古圖)를 모방하였다.

『서피유고』(西陂類稿)

50권으로 청(淸) 송훈(宋葷 : 1634～1713)이 편찬하였다. 송훈의 자는 목중(牧仲)이고 호는 만당(漫堂)과 서피(西陂)이며, 하남성 상구(商丘) 사람이다. 본서는 권1～22 시(詩), 권23 사(詞), 권24～31 각체문(各體文), 권32～37 주소(奏疏), 권38・39 공이(公移), 권40～42 영란삼기(迎鑾三記), 권43～46 균랑우필(筠廊偶筆) 및 이필(二筆), 권47～50 만당연보(漫堂年譜)로 구성되었다.

『서하문집』(西河文集)

청(淸)의 모기령(毛奇齡 : 1623～1716)의 문집이다. 송(頌) 1권, 주객사(主客詞) 2권, 주소(奏疏) 1권, 의(議) 4권, 게자(揭子)・사관차자(史館箚子)・사관의판(史館擬判) 각 1권, 서(書) 8권, 서(序) 34권, 인변수(引弁首)・제사제단(題詞題端)・발(跋)・서후연기(書後緣起) 각 1권, 비기(碑記)・전(傳) 각 11권, 왕문성전본(王文成傳本) 2권, 묘비명(墓碑銘) 2권, 묘표(墓表) 5권, 묘지명(墓誌銘) 16권, 신도비명(神道碑銘) 2권, 탑지명(塔志銘) 5권, 사장(事狀) 4권, 연보(年報)・설(說)・록(錄)・제고(制誥)・첩찰(牒札)・전(箋) 각 1권으로 구성되어 있다. 서유초당(書留草堂) 원각본(原刻本)이 있고, 『사고전서』(四庫全書)에 수록되어 있다.

『서하집』(西河集) ☞ **『서하합집』**(西河合集)

『서하합집』(西河合集)

청(淸)의 모기령(毛奇齡 : 1623～1716)이 편찬한 492권의 총서이다. 책은 경집(經集)・문집(文集) 두 부분으로 나뉘어져 있다. 경집에는 중씨역(仲氏易)・고문상서원사(古文尙書寃詞)・모시사관기(毛詩寫官記)・경문(經問) 등 48종이 있고, 문집에는 각체(各體) 시문 및 산현지간오(山縣志刊誤)・시화(詩話)・사화(詞話)・잡체시(雜體詩) 등 69종이 있다. 외부(外附)에 문인 서소화(徐昭華)의 『서도강시』(徐都講詩) 1종이 덧붙여져 있다.

『**서학범**』(西學凡)

이 책은 예수회 선교사 알레니(艾儒略 : 1582~1649)가 1623년에 6월에 중세 유럽의 교육과 학문, 교육 과정, 교육 내용, 교육 이후의 취업 등을 중국과 비교하여 알기 쉽게 개론적으로 저술한 것이다. 알레니는 가톨릭의 교육관을 한문으로 저술하여, 궁극적으로 서양의 학문과 교육이 동양의 그것과 서로 일맥상통한다는 점을 중국 사대부에게 알리려고 하였다. 이는 천주교가 원시유학의 진리를 완성했다는 보유론적(補儒論的)·적응주의적 입장, 중국보다 더 발전한 서양의 과학과 기술을 천주교 포교의 수단으로 활용하려 한 예수회의 기본적인 입장이 잘 반영되어 있다.

『**서호가화**』(西湖佳話)

편찬자 미상의 청대의 책으로 16편으로 구성되어 있다. 모두 서호(西湖)의 명승지를 배경으로 하여 갈홍(葛洪)·백거이(白居易)·소식(蘇軾) 등 16명의 고사를 서술했는데, 대부분 사전(史傳)·잡기(雜記) 및 전설을 근거로 하였다. 강희 시기에 간행되었으며, 금릉(金陵) 왕아정각본(王衙精刻本)이 있고 서호전도(西湖全圖) 및 서호가경(西湖佳景) 10도가 덧붙여져 있는데, 5색으로 인쇄되어 매우 아름답다.

『**서화보**』(書畵譜)

청의 서화유서(書畵類書)이다. 강희 44년(1705) 10월 왕원기(王原祁 : 1642~1715)를 총재(總裁)로 하여 손악반(孫岳頒), 송준업(宋駿業), 오경(吳暻), 왕전(王銓) 등이 황제의 칙명을 받들어 편찬에 착수한 지 3년 만에 완성하였다. 서화에 관한 저작들을 집대성한 비교적 완비된 유서로서 수록된 자료의 양이 매우 풍부하다. 하지만 역대의 각종 서화류 서적에 대하여 따로 저록(著錄) 일문을 세워두지 않았기 때문에 책이 이루어질 당시 인용서적의 존일(存逸) 여부를 알 길이 없어, 비교연구의 기회를 제공하지 못하는 결과를 낳았다.

『**석명**』(釋名)

중국 후한의 사서(辭書)로 후한 말 유희(劉熙)가 편찬하였다. 같은 음을 가진 말로 어원을 설명하였다. 석천(釋天)·석지(釋地)·석산(釋山)으로 시작하여 석질병(釋疾病)·석상제(釋喪制)에서 끝나는 27편의 분류방법은 『이아』(爾雅)와 같으나, 소리가 비슷한 말은 의미에도 많은 관련이 있다는 성훈(聲訓)의 입장에서 해설한 점이 특색이다. 억지에 불과하다는 설도 있으나 어원을 해설한 점에서 중요한 자료이다. 또한 오늘날에는 그 실물을 알 수 없는 기물(器物)과 가구(家具)에 관한 귀중한 기록도 적지 않다. 청나라의 왕선겸(王先謙)이 지은 『석명소증』(釋名疏證)은 이 책의 훌륭한 연구서로 꼽힌다.

『**석문변오**』(釋文辯誤)

송원(宋元) 호삼성(胡三省 : 1230~1302)이 남송(南宋) 사소(史炤)의 『통감석문』(通鑑釋文)의 오류를 밝혀 간정(刊正)한 것이다. 『통감』이 방대하여 학자들이 이를 파악하기가 쉽지 않아 사소가 『통감석문』을 편찬하였으나 여전히 번잡함을 면하지 못했다. 이를 모방한 해릉(海陵)의 『통감석문』을 사마강본(司馬康本)이라 하며 성도(成都) 비씨(費氏)가 간행한 『통감』은 세칭 용조통감(龍爪通鑑)이라고 하는데 사소의 잘못된 부분까지 답습하고 있다. 때문에 호삼성은 먼저 사소의 오류를 지적하고 해릉본과 비씨본의 내용을 그 아래에다 분주(分注)하였다. 완성된 것은 송 지원(至元) 24년(1287)이다.

『석전시선』(石田詩選)

10권으로 된 명(明) 심주(沈周)의 시집으로, 화여덕(華汝德)이 편집했다. 두시(杜詩)의 체례와 비슷하고 31조목으로 나뉘어 있다. 심주는 그림으로 일대에 유명하고 시(詩)는 여사(餘事)였는데, 심중은 본래 고결하고 드러내는 것이 남달랐다고 한다. 이에 마음속 깊이 염두에 두지 않아도 때때로 타고난 풍취가 넘쳐흘렀다는 평을 받고 있다.

『선실지』(宣室志)

당(唐) 장독(張讀 : 834~886?)이 편찬한 지괴전기소설집(志怪傳奇小說集)이다. 『신당서』(新唐書) 예문지(藝文志) 소설가류(小說家類)에 저록되어 있으며 10권으로 되어 있다. 간행 연대는 분명치 않으나, 대략 대중(大中) 5년에서 함통(咸通) 말(851~874) 사이로 알려져 있다. 서명의 유래에서 암시하듯, 대부분 귀신, 여우, 요괴, 신선과 불교의 영험한 사례 등을 담고 있는 것이 특징적이다.

『선화박고도』(宣和博古圖)

송왕보(宋王黼)가 편찬한 책으로 일설에는 왕초(王楚)가 편찬했다고도 한다. 원대(元代) 지대(至大) 연간에 중수(重修)했으며, 『치격총서』(致格叢書)에 수록되어 있다.

『선화봉사고려도경』(宣和奉使高驪圖經)

인종 1년(1123)에 송나라 사신의 한 사람으로 고려에 온 서긍(徐兢)이 지은 저술이다. 중국 휘종의 명을 받고 사절로 고려에 온 서긍은 고려의 여러 문물과 풍습을 견문하고 그에 대한 여러 가지 내용을 먼저 그림으로 그리고 이를 설명하는 형식으로 보충한 글을 적어두었던 것으로 보인다. 현재는 그림이 완전히 없어져 단 한 장도 남아 있지 않으며, 그나마 글로 현존하여 고려시대사 연구에 보충적인 자료로 이용되고 있다. 주로 송도를 중심으로 한 기사가 많이 수록되어 있다.

『선화서보』(宣和書譜)

서법서목에 관한 20권의 책이다. 송 휘종(徽宗) 조길(趙佶 : 1082～1135)이 칙찬(勅撰)했다. 역대 명가(名家)들의 저작을 기록하고 있는데, 기록은 비록 간략하지만 서법사(書法史) 자료를 풍부하게 보존하고 있다.

『선화화보』(宣和畵譜)

회화에 관한 20권의 책이며 작자 미상이다. 선화(宣和) 연간에 완성되었으며, 인물·궁실 등 10개 부분으로 나누어 각각 조대의 순서에 따라 화가의 이름과 관직·품성 등을 기록하였다.

『설령』(說鈴)

오진방(吳震方)이 청초(淸初) 제가(諸家)들의 견문록이나 여행기, 일기, 필기(筆記), 잡록(雜錄) 등을 모아서 편찬한 총서이다. '설령'이라는 이름은 양웅(揚雄)의 『법언』(法言) 오자(吾子)에서 유래하였으며, 작은 이야기로서 대아(大雅)에는 알맞지 않다는 의미이다. 이 총서는 전집·후집·속집의 세 부분으로 구성되어 있으며, 총 62종의 글이 수록되어 있다. 총서에 수록되어 있는 각 글들은 전고(典故)나 이문(異聞), 특이한 풍속 등을 두루 섭렵하여 고금의 차이를 변증하고 있는 글들이 많다.

『설문』(說文) ☞ **『설문해자』**(說文解字)

『설문해자』(說文解字)

후한 허신(許愼 : 30～124)이 지었다. 허신의 자는 숙중(叔重)으로, 여남(汝南) 소릉(召陵) 사람이다. 이 책은 영원(永元) 12년(100)부터 건광(建光) 원년(121)까지 22년에 걸쳐 완성하였다. 중국 문자학사상(文字學史上) 가장 오래된 저작으로, 문자의 형체와 구조를 분석하여 원래의 의의를 탐구하고자 한 것이다. 진시황제의 문자통일 이후 정식화된 자체(字體)인 소전(小篆)을 기본으로 하였다. 『설문해자』는 중국 최초의 자전(字典)으로서 한자 중에서 부수를 분석하고 집어내어 부수로써 자전 전체를 분류한 것은 커다란 창안이다.

『설부』(說郛)

100권의 총서류이다. 원말명초의 도종의(陶宗儀 : ?～1396)가 편집했다. 야사(野史), 수필, 경전, 전기(傳記), 문집, 소설 등 정통적인 것이 아닌, 진귀한 서적 1000종을 초록하여 편찬한 것이다.

『설원』(說苑)

20편의 필기류이다. 전한의 유향(劉向 : BC 79?～8?)이 처음 편찬했다. 홍진(鴻秦) 4년(BC 17)

경에 완성되었으며, 대개 춘추전국에서 한대(漢代)에 이르는 귀문(貴文) 및 일사(逸事)를 기록하였다. 인용한 각 유(類)의 앞머리에 총설(總說)을 달고, 이후 많은 설명을 덧붙였다. 제자(諸子)의 언행을 주로 모아놓았고, 유가적 정치사상과 윤리관 및 군주의 정치교훈, 국가흥망의 철리(哲理) 및 격언을 많이 기록했다.

『설해』(說海)

명의 육즙(陸楫 : 1515~1552)이 전대(前代)로부터 명대까지 전해 내려오는 소설 150종을 편집하여 수록한 중국 최초의 소설전문 총서로 일명 『고금설해』(古今說海)이다. 대략 명 세종 23년(1544)에 간행되었으며, 모두 4부(部) 7가(家)로 나뉘어 있다. 제1 설선부(說選部)에는 소록가(小錄家)와 편기가(偏記家)의 글이, 제2 설연부(說淵部)에는 별전가(別傳家)의 글이, 제3 설략부(說略部)에는 잡기가(雜記家)의 글이, 제4 설산부(說纂部)에는 일사(逸事), 산록(散錄), 잡산(雜纂) 3가(家)의 글이 실려 있다. 당·송의 소설이 가장 많이 수록되어 있으며, 실려 있는 책들은 이야기가 대체로 잘 구성되어 있다는 평을 받고 있다.

『성리대전』(性理大全)

철학문헌을 모은 70권의 책이다. 명 호광(胡廣) 등이 봉칙편집(奉勅編輯)하였는데, 송유(宋儒) 120가(家)를 채록하여 영락(永樂) 13년(1415)에 완성하였다. 그 가운데 권질을 이루는 것이 9종인데, 태극도설(太極圖說)·통서(通書)·서명(西銘)·정몽(正蒙)·황극경세(皇極經世)·역학계몽(易學啓蒙)·가례(家禮)·율려신서(律呂新書)·홍범황극(洪範皇極) 내편(內篇)으로 모두 26권이다. 27권 이하는 문(門)을 나누어 편찬하였다.

『성재집』(誠齋集)

송(宋) 양만리(楊萬里)의 문집이다. 양만리는 자가 연수(延秀)이고 호는 성재(誠齋)이며, 길주(吉州) 길수(吉水) 사람이다.

『성증론』(聖證論)

12권(혹은 11권)으로 삼국시대 위(魏) 왕숙(王肅 : 195~256)이 저술한 책이다. 대체로 『공자가어』(孔子家語) 등을 인용하여 공자의 명의로 후한(後漢)의 정현(鄭玄)을 논박하고 배척하였다. 본서를 통해서 정현과 왕숙의 경학사상의 차이를 고찰할 수 있다. 원서는 이미 없어졌고 청의 마국한(馬國翰)이 편집한 『옥함산방집일서』(玉函山房輯佚書)에 1권으로 들어 있고, 피석서(皮錫瑞)가 지은 『성증론보평』(聖證論補評』 2권이 있다.

『세선당장서목록』(世善堂藏書目錄)

2권으로 명의 진제(陳第 : 1541~1617)가 편찬하였으며, 『일재서목』(一齋書目)이라고도 한다. 진제의 자는 계지(季之)이고 호는 일재(一齋)이며, 복건성 연강(連江) 사람이다. 만년에 서목(書目)을 작성하였는데 기재된 도서가 1500여 부이고 모두 오대(五代) 이후의 서적으로서 '단종비적'(斷種秘籍)이 많다. 증손인 진원중(陳元仲)이 강희(康熙) 때 『문헌통고』(文獻通考) 경적고(經籍考) 등에 의거하여 증편하였다.

『**세설**』(世說) ☞ 『**세설신어**』(世說新語)

『**세설신어**』(世說新語)

3권의 소설집으로 남조 송(宋) 유의경(劉義慶 : 403~444)이 편찬하였다. 유의경은 문학가로서 팽성(彭城) 사람이다. 이 책은 덕행(德行)·언어(言語)·정사(政事)·문학(文學) 등 38문(門)(또는 36문)으로 되어 있으며, 주로 후한에서 동진(東晉)까지 명사들의 일화를 모아 기록하였다. 육조시대 사족들의 사상·생활과 청담한 풍조가 많이 기재되어 있으며, 암울한 정치상황을 비판하고 음란함을 풍자하였다. 당시 예교가 붕괴되고 가치관이 다양화되었던 시대의 분위기를 반영하였다.

『**세원록**』(洗寃錄) ☞ 『**세원집록**』(洗寃集錄)

『**세원집록**』(洗寃集錄)

일명 『세원록』(洗寃錄)이라고도 하며 5권의 법의전적(法醫典籍)으로 송(宋)의 송자(宋慈 : 1186~1249)가 엮었다. 송자는 자가 혜보(惠父)로 복건성 건양(建陽) 사람이다. 저자는 당시 전해지던 『내서록』(內恕錄)에서부터 수십 종의 책을 모아 정리하여 기존의 것에 더하였는데, 이 책은 순우(淳祐) 7년(1247)에 완성되었다. 본서는 해결하기 힘든 문제를 포함하여 초검(初檢)·부검(復檢)·험시(驗尸)·부인(婦人)·소아시(小兒尸)·포태(胞胎)의 변화 등 51항목으로 나누어 서술하고 총설로 전체적인 내용을 점검하였다. 역대 검험서적(檢驗書籍)의 시초가 되는 서적으로서, 서양과 비교하였을 때 33여 년이나 앞선 것이다.

『**소대전칙**』(昭代典則)

28권의 정치서로 명(明)의 황광승(黃光昇)이 편찬했다. 황광승의 자는 명거(明擧)이고, 진강(晉江 : 복건성에 속함) 사람이다. 이 책은 명 태조의 기병(起兵)에서 목종(穆宗) 능경(陵慶) 6년(1352~1572)까지의 황제·대신·현사의 공업과 조정의 전장(典章), 군사정벌의 대강을 기록했는데, 목차의 순서에 조리가 있으며 자료가 풍부하여 참고할 만하다.

『**소문충공전집**』(蘇文忠公全集) ☞ 『**동파집**』(東坡集)

『**소서**』(素書)

1권의 병서이다. 한(漢) 황석공(黃石公)이 지었다. 황석공은 진말한초(秦末漢初)의 은사(隱士)로 일찍이 장량(張良)에게 병서를 가르쳤다고 한다. 본서는 후세 사람이 황석공의 이름을 가탁하여 지은 것이다.

『**소축집**』(小畜集)

송의 왕우칭(王禹偁)이 편찬하였다. 왕우칭은 거야(巨野 : 산동성에 속함) 사람이다. 본서는 부(賦)가 2권, 시(詩)는 11권, 문(文)이 17권이다. 『사고전서』(四庫全書)에 수록되었다.

『**소학**』(小學)

8세 전후의 아동들에게 유학을 가르치기 위해 편찬한 수신서(修身書)이다. 송의 주희(朱熹 : 1130~1200)가 편찬한 것으로 되어 있으나, 실은 그의 제자 유자징(劉子澄)이 주희의 지시에 따라 편찬한 것이다. 1187년에 주희가 쓴 서문과 소학서제(小學書題), 소학제사(小學題辭), 소학내편(小學內篇)과 외편(外篇)으로 구성되어 있다.

『**소학감주**』(小學紺珠)

남송의 왕응린(王應麟 : 1223~1296)이 편찬한 책이다. 왕응린의 자는 백후(伯厚)이고 호는 심령거사(深寧居士)로, 경원(慶元) 사람이다. 초학자가 암기하기 쉽도록 편찬된 책이다.

『**속문헌통고**』(續文獻通考)

명의 왕기(王圻 : 1498~1583)가 편찬하였다. 왕기의 자는 원한(元翰)이고 상해 사람이다. 책의 체제는 『문헌통고』를 근본으로 하고 『통지』(通志)를 참작했다. 전부(田賦)·호구(戶口)·방외(方外) 등 36고(考)로 구성되어 있으며, 『문헌통고』보다 6항목이 많은데 그 대부분의 내용이 『통지략』(通志略)에 있다. 자료는 사서·문집 등에서 취했다.

『**속자치통감장편**』(續資治通鑑長編)

남송의 이도(李燾)가 편찬한 980권, 총목 5권의 사서이다. 이도의 자는 인보(仁甫), 자정(子貞)이고 호는 손암(巽岩)으로 미주(眉州) 사람이다. 진사를 비롯한 여러 벼슬을 지냈으며 사학가로 유명하다. 사마광의 『자치통감』 체제를 모방하여 본서를 집필하였다. 전오조(前五朝) 사료는 널리 채집하여 완비되었다고 일컬어지며, 재료를 삭오(削誤), 증보(增補), 분주(分注), 고증(考證)한 것이 총 1만 2천여 조여서 고증의 자료로 삼을 만하다.

『속장서』(續藏書)

27권의 인물평전이다. 명의 이지(李贄 : 1527～1602)가 『장서』(藏書)의 속편으로 저술하였다. 명대의 전기(傳記)와 문집(文集)에서 자료를 뽑아 명 만력 이전의 인물 400여 명을 14목(目)으로 나누어 집록했다. 이 책은 수집된 자료가 풍부하고 내용이 상세하며 사실에 근거하여 직필하여 명사(明史) 연구에 많은 도움이 된다.

『속통감장편』(續通鑑長編) ☞ **『속자치통감장편』**(續資治通鑑長編)

『속통고』(續通考) ☞ **『속문헌통고』**(續文獻通考)

『속헌거집』(續軒渠集)

총 10권에 부록 1권으로 이루어졌다. 원(元) 홍희문(洪希文)이 편찬하였다. 부록 1권은 그의 아버지 홍암호(洪巖虎)의 시작품들로 구성되어 있다. 암호의 시집 이름이 『헌거집』(軒渠集)인 까닭에 그 아들 희문은 거기에 속(續)자를 붙여서 자신의 시집 이름으로 삼았다. 암호의 책은 지금 전해지지 않으며, 고로 남은 것들을 주워 모으고 『벌단집』(伐檀集) 체례를 사용하여 이 책 말미에 덧붙였다. 홍희문의 문집에 있는 왕봉령(王鳳靈)의 서(序)에서는, 이 글이 꾸밈이 없고 정을 감추지 못하는 작품이라고 언급하였다. 대체로 시가 맑고도 강하며 솔직하고 뜻이 커 원나라 사람 화욕(華縟)의 파와 비교해 보면 매우 다르다.

『손자』(孫子)

13편의 중국 최고의 병법서(兵法書)이다. 춘추시대 손무(孫武)가 편찬한 책 또는 그 후손인 손빈(孫臏)의 저작이라고도 한다. 현존본은 손무가 직접 저술했다기보다는, 손빈을 포함한 후대 사람들이 추가하고 정리한 책일 가능성이 높다. 13편이 현존하는데, 이 사실은 『사기』(史記) 손자오기열전(孫子吳起列傳)의 기록과 일치하나 『한서』(漢書) 예문지(藝文志)에는 "오손자병법팔십이편"(吳孫子兵法八十二篇)이라고 나와 있어 차이가 난다. 상권은 계편(計篇)으로 작전편(作戰篇)·모공편(謨功篇)·형편(形篇)이고, 중권은 세편(勢篇)으로 허실편(虛實篇)·전쟁편(戰爭篇)·잡변편(雜變篇)·행군편(行軍篇)이며, 하권은 전쟁중에 일어나는 모순과 그 속의 보편성과 특수성을 인정하고 드러난 현상으로부터 본질적인 분석방법을 채취했다.

『송명신록』(宋名臣錄) ☞ **『송명신언행록』**(宋名臣言行錄)

『송명신언행록』(宋名臣言行錄)

75권의 전기집으로 5집으로 분류되어 있는데, 전 2집은 남송의 주희(朱熹 : 1130~1200)가 편찬했으며, 후 3집은 남송 이유무(李幼武)가 편찬했다. 이 가운데 전집 10권은 북송 태조에서 영종(英宗)에 이르는 오조(五祖) 55명을 수록하여 따로 『오조명신언행록』(五祖名臣言行錄)이라고 부른다. 속집 8권은 북송 말기의 26명을 수록하여 『황조명신언행록』(皇祖名臣言行錄)이라고 하며 별집 26권은 남송 고종(高宗)에서 영종(寧宗)에 이르는 4조 65명을 수록하여 『사조명신언행록』(四祖名臣言行錄)이라고 한다. 외집(外集) 17권은 남송의 이학자(理學者) 38명을 수록했다.

『송사』(宋史)

496권으로 된 원(元)의 기전체 관찬사서로 토크토(脫脫 : 1314~1388) 등이 수찬에 참여하였다. 본기(本紀) 47권, 지(志) 162권, 표(表) 32권, 열전(列傳) 250권으로 구성되었다. 본서는 건륭(乾隆) 원년(960)에서 상흥(祥興) 2년(1279)까지 남・북 양 송의 319년 역사를 기록했는데, 송조의 실록(實錄)・국사(國史)・회요(會要)・지지(地志)・사서(史書)를 자료로 이용했다.

『송사기』(宋史記)

250권의 기전체 사서로 명 왕유검(王惟儉)이 편찬했다. 왕유검은 손부 사람이다. 원대에 편찬된 『송사』(宋史)가 번잡하고 장황하기 때문에 왕유검이 이것을 산삭(刪削)하고 개편(改編)하여 본서를 만들었는데, 기(紀) 15, 표(表) 5, 전(傳) 200, 지(志) 30으로 재편하고 제목을 바꾸어 『송사기』라고 했다.

『송사기사본말』(宋史紀事本末)

명(明)의 진방첨(陳邦瞻)이 편찬한 책으로 진방첨의 자는 덕원(德源)이고, 고안(高安 : 강서성에 속함) 사람으로 사학자이다. 이 책은 만력 33년(1605)에 완성되었는데 송 태조가 주(周)를 대신해서 등극한 일부터 문천상(文天祥) 등의 순국 사실에 이르기까지 남・북과 양 송 3백년의 역사를 기록하고 있으며, 모두 109항목이다.

『송사신편』(宋史新編)

200권의 기전체 사서로 명의 가유기(柯維騏)가 편찬했다. 가유기의 자는 기순(奇純)이고, 복건성 보전(莆田) 사람으로, 가정 연간의 진사이다. 20년간 힘을 쏟아 송・요・금의 3사(三史)를 모아 본서를 완성하였다. 『송사』(宋史)의 잘못된 곳을 바로잡고 빠진 것을 보완한 것이 매우 많으며, 『이십이사찰기』(二十二史札記)에서 지적한 『송사』의 소략하고 잘못된 곳을 이미 많이 정정하였다.

『송서』(宋書)

100권의 기전체 사서로 남송의 역사서이다. 남조 양(梁)의 심약(沈約 : 441~513)이 편찬했다. 본기 10권, 지 30권, 열전 60권으로 구성되어 있으며 심약이 『송서』(宋書) 65권을 고쳐 이 책을 완성하였다. 남조 송의 역사 연구에 기본이 되는 사료로서, 본기는 무제 유유(劉裕) 이하 여덟 황제의 기록이다. 지(志) 30권은 본서의 거의 절반에 해당되는 분량으로 내용도 자세하다. 열전은 황후전(皇后傳) 이하 제신(諸臣)·종실(宗室) 등 다른 정사(正史)와 유사하나, 은행전(恩倖傳)·이흉전(二凶傳) 등의 이색적인 편도 있다.

『송시초』(宋詩鈔)

100권으로 이루어졌고 청의 오지진(吳之振)이 엮었다. 송인유집(宋人遺集) 100인을 기록하였는데, 모두 우수한 문장만을 뽑고 쓸데없는 군더더기는 없앴다. 각각 간략한 전(傳)을 책의 첫머리에 붙이고 요약하기를 『중주집』(中州集) 체례와 같게 하였으나, 그 품평하고 고증한 것이 더욱 상세하였다.

『송원통감』(宋元通鑑)

157권의 편년체 사서로 명의 설응기(薛應旂 : 1500~1573)가 편찬했다. 여러 사서를 이용하여 『자치통감』(資治通鑑)의 속편으로서 송 태조(太祖)부터 원 순제(順帝) 때까지 480년간의 역사를 기록하였으나, 내용이 고루하고 고증이 없으며 문장도 번잡하고 소루(疏漏)하여 낮은 평가밖에 못 받았다.

『송원학안』(宋元學案)

청의 황종희(黃宗羲 : 1610~1695) 등이 편찬한 책으로 100권이다. 황종희는 강희(康熙) 15년(1676) 17권으로 본서를 편찬하고, 그의 아들 황백가(黃百家)가 이어서 8권을 더 썼다. 전조망은 건륭(乾隆) 12년(1747)부터 20년 사이에 이 책을 다시 찬집(纂輯)하여 91학안(學案)을 완성하였다. 학안에 수록된 송·원 학자는 2천여 명이다.

『송지문집』(宋之問集)

당의 송지문(宋之問 : 656?~712)이 지은 책으로 총 10권이다. 송지문의 자는 연청(延淸)이고 일명 소연(少連)으로, 분주[汾州 : 지금은 산서성 분양(汾陽)에 속함] 사람이다. 시부(詩賦) 177수를 모아 놓았다.

『송학사전집』(宋學士全集) ☞ **『송문헌전집』**(宋文獻全集)

『송회요집고』(宋會要輯稿)

청의 서송(徐松)이 집(輯)한 366권의 전장문헌(典章文獻)이다. 송대의 전제(典制)에 대하여 상세할 뿐만 아니라, 간간이 당시의 정치를 엿볼 수도 있어 『문헌통고』(文獻通考)보다 훨씬 뛰어난 바가 적지 않으며 기타 사서(史書)에서는 볼 수 없는 진기한 자료가 매우 많다.

『수경』(水經)

수리사서(水利史書)로서 황하·장강·위수 137개 하천의 수원(水源)·유로(流路)·하구(河口) 등에 대하여 기술하였다. 내용의 정확성은 『한서』 지리지보다 조금 떨어진다. 북쪽에 대해서는 상세하게 서술하였으나 그에 비하여 남쪽은 간략하다.

『수경주』(水經注)

40권의 지리서로 북위(北魏)의 역도원(酈道元)이 편찬했다. 답사를 통하여 고찰하고 관련된 400여 종의 지리서를 참고해서 이 책을 저술했다. 『수경』(水經)에 서술된 하천 137개를 확충하여 1,252개 하천에 대하여 약 30만 자를 저술하였다.

『수서』(隋書)

85권으로 이루어진 기전체 사서로서 당의 위징(魏徵)과 장손무기(長孫無忌) 등이 왕명으로 편찬하였다. 제기(帝紀) 5권, 지(志) 30권, 열전(列傳) 50권으로 구성되었다. 제기와 열전은 수 문제 개황 원년(581)부터 양제(煬帝) 대업(大業) 14년(618)까지 38년간의 역사를 담고 있는데, 조직이 엄밀하고 문장이 간결하여 당 초에 편찬된 어떤 사서와 비교해도 우수하다. 지리지에는 남북조 이래의 군현 건치 연혁 및 호구·풍속·물산·교통 등이 기록되어 있다. 음악지에는 각 지역 및 국내외 음악이 기록되어 있어 사료적 가치가 높다. 경적지(經籍志)에는 고금도서의 목록과 실존 여부 및 그 원류를 기록하였다.

『수신기』(搜神記)

기이하고 신기한 인물고사를 기록한 중국 최초의 전기집(傳奇集) 가운데 하나이다. 작자는 동진(東晉) 원제(元帝 : 317~323 재위) 때 저작랑(著作郎)을 지낸 간보(干寶)라고 한다. 그는 이 책 속에서 신기하고 괴이한 사건을 기록하여 신령한 존재가 있음을 증명하려고 했다. 주로 귀신·영혼·도가선인(道家仙人)·점복(占卜)·기현상·흉조 등에 관계된 사건들을 서술하고 있다. 역사서 문체처럼 간결하면서도 이야기 구성이 치밀하고 인물 형상이 다양하여 이후 중국의 소설과 희극에 깊은 영향을 미쳤으며, 후대 작가들의 모범이 되기도 했다.

『수호전』(水滸傳)

장회소설(章回小說)로 명의 나관중(羅貫中 : 1330~1400)과 시내암(施耐庵)이 지었다. 『대송선화유사』(大宋宣和遺事)와 관련된 화본(話本)과 민간에 유행하는 수호전 내용을 정리하여 완성되었다. 여러 종류의 판본이 출판되었고 민간에서 크게 유행하였다.

『수호지』(水滸誌) ☞ **『수호전』**(水滸傳)

『순자』(荀子)

32편의 철학서로 전국시대의 순황(筍況 : BC 298~238)이 편찬했다. 유효(儒效)·의병(義兵)·강국(强國)의 3편과 대략(大略) 이하는 문인들의 기록이며, 한대 사람들의 글도 많이 포함되어 있다. 배상(非相)과 천론(天論) 2편은 나중에 삽입된 것이다.

『술이기』(述異記)

2권으로 이루어졌고 옛날 책은 남조(南朝) 양(梁)나라 임방(任昉)이 편찬하였다고 한다. 그 중에는 북제의 무성(武成) 연간과 하청(河淸) 연간의 일들이 포함되어 있는데 대개가 장화(張華)가 지은 『박물지』(博物志)처럼 모아 만든 것이어서 그 진위가 의심된다.

『숭정역서』(崇禎曆書)

137권의 천문역법총서(天文曆法叢書)이다. 명의 서광계(徐光啓 : 1562~1633)·이천경(李天經 : 1579~1659)·테렌츠(鄧玉涵 : 1579~1630) 등이 역고(譯稿)했다. 본서는 중국 천문학 계산체계가 서양의 천문학 이론을 수용하여 전통적인 대수학적(代數學的) 방법에서 서구의 고전기하학(古典幾何學) 방법으로 변화하는 상황을 보여주고 있다.

『습유기』(拾遺記)

10권의 야사(野史)로 전진(前秦)의 왕가(王嘉 : ?~390)가 편찬했다. 곽헌(郭憲)의 『동연기』(洞宴記)를 모방하여 지은 이 책은 옛 제왕에 대한 전설 및 신이·기괴한 전설들을 기록했으며, 천하의 명산(10권)도 다루고 있다.

『승암집』(升庵集)

명의 양신(楊愼 : 1488~1559)이 편찬한 책으로 만력 연간에 사천순무(四川巡撫) 장사패(張士佩)가 편집하였다. 부(賦) 및 각체잡문(各體雜文) 11권, 시(詩) 29권, 경서·시화·잡기 등 41권으로 되어 있다.

『**시경**』(詩經) ☞ 『**모시**』(毛詩)

『**시경전설**』(詩經傳說) ☞ 『**흠정시경전설휘찬**』(欽定詩經傳說彙纂)

『**시경전설휘찬**』(詩經傳說彙纂) ☞ 『**흠정시경전설휘찬**』(欽定詩經傳說彙纂)

『**시귀**』(詩歸)

명대의 종성(鍾惺 : 1574~1624)과 담원춘(譚元春 : 1586~1637)이 선진(先秦)시기로부터 수(隋)까지의 시(詩)들을 선별하여 편찬한 시선집(詩選集)으로서, 『고시귀』(古詩歸) 15권, 『당시귀』(唐詩歸) 36권을 합해 모두 51권이다. 당시 문단에는 옛것을 모방만 하는 시풍에 반대하며 맑고 진솔한 감정[淸眞]을 추구하는 문학유파로서 공안파(公安派)가 유행하였는데, 종성과 담원춘은 공안파 시풍이 지나치게 솔직하고 직설적이라고 지적하면서 이를 고치고자 하였다. 그리하여 명 만력 45년(1617)에 이 책들을 편찬하였는데, 이 책들이 세간에 널리 전해지면서 세상 사람들은 종성과 담원춘을 대표로 하는 시가 유파를 경릉파(竟陵派)라고 불렀다.

『**시법찬**』(謚法纂)

명대의 시법(謚法)과 관련된 규정과 사례를 제후(帝后)·황비(皇妃)·동궁(東宮)·공주(公主)·친왕(親王)·군왕(郡王)·왕비(王妃)·문무대신(文武大臣)으로 구분하여 정리한 책이다. 저자는 손능전(孫能傳)이다. 당시 내각(內閣)의 각중(閣中)에는 옛 서적이 많이 있었으나 대부분 탈루가 심할 뿐 아니라 시법이 여기저기 산재되어 있어서 검심(檢尋)에 불편하였다. 이에 이 책을 찬집하게 되었다.

『**시전**』(詩傳) ☞ 『**모시**』(毛詩)

『**신당서**』(新唐書)

225권의 기전체 사서로 북송의 구양수(歐陽脩 : 1007~1072)·송기(宋祁 : 998~1061) 등이 편찬했다. 인종(仁宗) 가우(嘉祐) 5년(1060)에 완성되었으며, 본기(本紀) 10권, 지(志) 50권, 표(表) 15권, 열전 150권으로 되어 있다. 당조(唐朝) 290년의 역사를 담아, 대개 오대(五代) 유후(劉昫)의 『구당서』(舊唐書)를 기초로 개작하거나 자료를 보충하였는데, 자료의 범위는 『자치통감』(資治通鑑)과 대체로 같으며, 일부 금석문에서 취한 것도 있다.

『**신법역인**』(新法曆引)

명말 숭정(崇禎) 연간에 예부상서(禮部尙書) 서광계(徐光啓 : 1562～1633), 이천경(李天經) 등이 예수회 선교사 재크 로우(羅雅谷 : 1593～1638), 아담 샬(湯若望 : 1591～1666) 등과 함께 시헌역법(時憲曆法)을 측정하여 만든 서적이다. 27장으로 이루어져 있으며 환우서차(寰宇序次), 천체(天體), 항성(恒星), 역학개혁(曆學改革) 등의 내용이 기록되어 있다.

『신서』(新書)

10권의 정론서(政論書)로 전한(前漢)의 가의(賈誼 : BC 200～168)가 편찬했다. 시국을 논한 것이 많으며, 전반부에서는 문제(文帝)의 정치에 대하여 이폐(利弊)를 서술하고, 후반부에서는 제자들과의 문답을 수록했다. 진(秦)이 단명한 원인을 설명하여 한대(漢代) 정치의 교훈으로 삼고자 한 과진론(過秦論) 상・하가 유명하다.

『신선전』(神仙傳)

10권의 도가전기(道家傳記)로 동진(東晉)의 갈홍(葛洪 : 284～364)이 편찬했다. 책의 자서(自序)에 의하면 『포박자』(抱朴子) 내편(內篇)을 지을 때 그 제자들이 스승에게 선인(仙人)의 존재에 대해서 질문하자 그것을 증명하기 위해 고대 이래의 선인들에 대한 전기집(傳記集)으로서 본서를 짓게 되었다고 한다. 진(秦) 원창(阮倉)의 기록에는 선인이 수백 명이었다고 되어 있는데, 후한 유향의 『열선전』(列仙傳)은 단지 71명만을 기록하여 매우 간략하므로, 갈홍이 다시 옛날 책에서 뽑아 모아 전설상의 신선 84명을 기록하였다.

『실정록』(實政錄)

명대에 지방관이 숙지해야 할 향리의 행정실무와 민정(民情), 풍속, 향약, 옥정(獄政) 등 향촌통치의 전반과 치민(治民)의 요체를 기술하고 관직생활의 다양한 경험들을 정리한 사찬(私撰) 관잠서(官箴書)이다. 저자는 여곤(呂坤 : 1536～1618)이고, 명직(明職), 민무(民務), 향갑약(鄕甲約), 풍헌약(風憲約), 옥정(獄政) 등 5편의 글이 실려 있다. 이 글들은 원래 만력 21년(1593) 무렵에 완성되어 개별적으로 간행되었으나 문인(門人) 조문병(趙文炳)이 5편을 합편하여 1598년에 간행하였다.

『심경』(心經)

1권으로 송의 진덕수(眞德秀 : 1178～1235)가 편찬하였다. 성현이 마음의 법칙에 관하여 논한 말씀을 모으고, 여러 유학자들이 의논한 것을 주(註)로 삼았다.

『심경부주』(心經附註)

송의 진덕수(眞德秀 : 1178~1235)가 편찬한 『심경』에 명(明)의 정민정(程敏政)이 주석을 달아 간행한 책이다. 본서는 정민정의 서(序)와 재서(再序), 왕조(汪祚)의 발(跋), 목차, 심경찬(心經贊), 안약우(顔若愚)의 소지(小識), 심학도(心學圖), 본문, 이황(李滉)의 심경후론(心經後論)으로 구성되었다.

『심사』(心史)

송말원초(宋末元初)의 정사초(鄭思肖 : 1241~1318)가 편찬한 책으로 책이름은 찬자의 "천지(天地)의 온갖 변화는 모두 이 마음에서 나온다"는 말에서 따온 것이다. 3편의 시작(詩作) 총 250수와 잡문(雜文) 및 후서(後敍) 등 총 37편을 포함하고 있다. 기록은 원(元) 지원(至元) 20년(1283)에서 끝난다. 남송이 멸망하는 과정에서 문천상(文天祥) 등의 행적 및 기타 잡사(雜事)와 몽골군이 당시 사회·경제·문화를 파괴한 내용을 기록한 것이 많다.

『십국춘추』(十國春秋)

114권, 별책 2권의 기전체 사서로 청(淸)의 오임신(吳任臣 : ?~1689)이 편찬했다. 강희(康熙) 8년(1669)에 완성되었다. 오(吳) 14권, 남당(南唐) 20권, 전촉(前蜀) 13권, 후촉(後蜀) 10권, 남한(南漢) 9권, 초(楚) 10권, 오월(吳越) 13권, 민(閩) 10권, 형남(荊南) 4권, 북한(北漢) 5권을 포함하고 있고, 십국기년(十國紀年)·세계(世系)·지리(地理)·번진(藩鎭)·백가(百家) 5표(表) 6권이 있으며, 끝에 습유(拾遺)·비고(備考) 각 1권을 덧붙였다.

『십삼경주소』(十三經注疏)

416권의 유가경전총서(儒家經典叢書)로 남송 때 완성되었으며 편자는 미상이다. 13종의 경서 및 주석의 합본으로, 청 건륭(乾隆) 초 무영전(武影殿)에서 중간되었고, 그 후 가경(嘉慶) 21년(1816) 원원(阮元)이 송본에 근거하여 중간, 교감기(校勘記) 46권을 출판하였다.

『십팔사략』(十八史略)

송말원초(宋末元初)에 증선지(曾先之)가 편찬한 역사서이다. 『사기』(史記) 이하 17개 정사(正史)에 송대의 사료를 첨가한 18사로서, 간략하게 만든 것이다. 나중에 여러 차례 수정·증보되었으며, 현재의 통행본은 명대의 진은(陳殷)이 음석(音釋)을 달고, 유염(劉剡)이 표제를 붙인 7권본이다. 사료적 가치가 매우 낮아 속서(俗書)로 분류되지만, 쉽고 간명하여 중국 역사의 대요를 알기에는 적당한 입문서이다.

『악기경』(握奇經)

진(陳)을 치는 방법을 다룬 『악기경』(握奇經)과 용병술을 다룬 『육도』(六韜)를 합본한 병서이다. 『악기경』은 전설적 인물인 풍후(風后)가 편찬하고 한의 승상(丞相) 공손굉(公孫宏)이 해석하고 진(晉) 서평태수(西平太守) 마륭(馬隆)이 찬을 썼다고 전해지는데 믿을 수 없다. 당 독고급(獨孤及)의 『비릉집』(毗陵集) 가운데 『팔진도기』(八陣圖記)가 있는데, 여기에서 말한 내용이 『풍후악기경』과 하나 하나 부합되므로, 당 이후의 호사가들이 제갈량의 팔진(八陣)법을 그림으로 그려 풍후의 작으로 만든 것으로 보인다. '握機經' 혹은 '握奇經'이라고도 쓴다. 『육도』는 주(周) 태공망(太公望)이 편찬했다고 전해진다.

『악부잡록』(樂府雜錄)

1권의 음악서(音樂書)로 당(唐)의 단안절(段安節)이 편찬했다. 단안절은 임치[臨淄 : 산동성 치박(淄博)] 사람으로 단성식(段成式)의 아들이다.

『악서』(樂書)

북송의 진양(陳暘)이 편찬한 것으로, 진양의 자는 진지(晉之)이고, 복주(福州 : 복건성에 속함) 사람이다.

『안양집』(安陽集)

북송의 한기(韓琦 : 1008~1075)가 편찬한 책으로 한기의 자는 치규(稚圭)이고, 상주(相州) 안양(安陽 : 하남성에 속함) 사람이다.

『안자춘추』(晏子春秋)

8권의 정론서(政論書)로 춘추시대 제나라 안영(晏嬰 : ?~BC 500)이 편찬했다. 내편(內篇) 6권과 외편(外篇) 2권으로 구성되어 있다. 전서(全書)는 모두 안영의 유사(遺事)를 기술하였는데, 후인(後人)이 모아 만든 것이다. 책 이름은 『사기』(史記) 안영전(晏嬰傳)에 처음 보이며, 『한서』(漢書) 예문지(藝文志)에는 단지 『안자』(晏子)라고만 되어 있고 유가(儒家)의 열(列)에 배열하였다.

『야로』(野老)

1권[輯本]의 농서(農書)로 선진시대의 저서로 작자미상이다. 청의 마국한(馬國翰)이 『여씨춘추』(呂氏春秋) 가운데 상농(上農)·임지(任地)·변사(辯士)·심시(審時)를 『야로』 내용이라고 생각하여 이를 모아 본서를 편집하였다. 선진시대의 귀중한 농학 문헌이다.

『야채전』(野菜箋)

1권의 식물서로 명의 도본준(屠本畯)이 편찬했다.

『양서』(梁書)

56권의 기전체(紀傳體) 사서로 정사(正史)의 하나이다. 당나라 초 요사렴(姚思廉 : 557~637)이 편찬했다. 소연(蕭衍)이 양(梁)을 건국한 때로부터 소방지(蕭方智)의 망국(亡國)에 이르는 56년간의 역사(502~557)를 기록하였다. 본기 6권, 열전 50권이고 지(志)는 없다.

『양승암집』(楊升菴集)

명나라 양신(楊愼 : 1488~1559)의 시문집이다. 양신은 명대의 문학가로 자(字)가 용수(用修), 호(號)가 승암(升菴)이다. 무종(武宗) 때인 정덕 11년(1511)에 장원으로 진사가 되어 한림원수찬(翰林院授撰)을 제수 받았다. 무종이 죽은 후 황제의 등극과 관련된 명대 중엽의 소위 의례(儀禮)사건이 일어나는데 그의 부친인 앙정화(楊廷和)가 여기에 연루되어 일반평민으로 전락하였으며, 양신은 장형(杖刑)을 받고 운남 영창(永昌)으로 쫓겨났다. 평생 사면을 받지 못하고 그 곳에서 오랜 유배생활을 하면서 오로지 독서와 저술로 소일을 하여 명대의 인물 가운데 가장 많은 것을 외우고 풍부한 저술을 남긴 인물로 이름을 날리게 되었다. 저작이 1백여 종에 이르는데 후인들이 그 중 중요한 것들을 모아 문집으로 간행하였다.

『양어경』(養魚經)

명의 황성회(黃省會)가 편찬한 책으로 내용은 어앙(魚秧)·사양(飼養)·어종(魚種)의 3 부분으로 나뉘어 기술되어 있다.

『양정도해』(養正圖解)

명 신종(神宗) 만력 연간에 초횡(焦竑)이 모은 책이다. 제왕이 마음을 바르게 기르는 데 필요한 교훈서로서 역사상 모범이 될 만한 제왕의 언행(言行)을 집록하였다. 우리나라에서는 영조(英祖) 25년(1749)에 왕의 명에 따라 동(銅) 주자본으로 간행되었다.

『어림』(語林)

30권의 필기소설집(筆記小說集)으로 명의 하양준(何良俊 : 1506~1573)이 편찬했다. 덕행, 언어, 정사, 문학 등 38부분으로 나누어 총 2700여 조항을 기록하였다.

『어양시화』(漁洋詩話)

청(淸) 왕사정(王士禎 : 1526~1590)의 시화집(詩話集)이다. 왕사정이 생전에 직접 편찬한 것으로, 그의 사후 장종남(張宗枏)에 의해 편찬된 『대경당시화』(帶經堂詩話)와 함께 신운설(神韻說)을 중심으로 한 그의 시론의 전모를 보여주는 대표적인 책으로 꼽힌다. 책의 체재는 권상, 권중, 권하로 이루어져 있으며, 권하 앞부분에 자서(自序)가 실려 있다. 각 권은 내용상 차이가 없으며, 전 권을 통해 역대 시가(詩歌), 특히 명 말에서 청 전기까지의 작품들을 집중적으로 품평하고 있다. 아울러 명청대(明淸代)의 시가(詩歌) 발전의 대체적인 추세에 대해 일목요연하게 논술하고, 많은 고증을 통해 고대 작품의 문자들을 교정하는 등 선인들이 이루지 못한 높은 성취를 보여주고 있다.

『**어제역상고성후편**』(御製曆象考成後篇)

청 건륭(乾隆) 7년(1742)에 장친왕(莊親王) 등 청 왕실의 후원 하에 하국종(何國宗)과 매각성(梅瑴成), 대진현(戴進賢) 등의 여러 학자가 참여하여 편집한 천문서이다. 앞서 청 세종 옹정 2년(1724)에 여러 학자들이 총 3부작의 율력서 『율력연원』(律曆淵源)을 편찬하였는데, 그 중 제1부가 『역상고성』(曆象考成)이다. 이후 『역상고성』의 문제점이 다시 한 번 거론되어 개정된 것이 바로 『역상고성후편』이다.

『**어제전운시**』(御製全韻詩)

청 고종(高宗 : 1711~1799)의 어제시집(御製詩集)이다. 고종은 세종의 넷째 아들로 이름은 홍력(弘曆)이며 즉위하면서 연호를 건륭(乾隆)으로 바꾸었다. 이 책은 고종의 전운시(全韻詩)를 모은 것으로 각 편마다 하나의 운을 사용하여 청대의 제왕을 비롯한 명 이전 역대 제왕의 업적과 득실을 5언, 7언시로 노래한 것이다. 전운시란 제목 그대로 모든 운자(韻字)를 사용해 쓴 시인데, 현재 널리 통용되는 106운을 그 대상으로 하고 있다.

『**어찬주역절중**』(御纂周易折中)

청의 이광지(李光地 : 1642~1718)가 강희 54년(1715) 강희제의 칙명을 받아 편찬한 주역의 주석서로, 22권으로 되어 있다. 『역전』과 『주역본의』를 위주로 여러 주석과 설들을 두루 참조하여 어느 한쪽으로 치우침이 없이 뭇 견해들을 융회관통(融會貫通)하여 경의(經義)를 밝히는 데 주안점을 두었다. 체재는 『주역본의』를 따라서 경(經)과 전(傳)을 갈라놓았다. 이 책에서는 노장(老莊)과 상수(象數)를 배척하고 의리를 펴는 것을 종지로 삼았으니, 육갑(六甲) 비복(飛伏) 등의 상수설을 물리치고 노장의 현담(玄談)을 버려서 이수(理數)가 합일하도록 하였다. 이로써 주희 이래로 역설(易說)이 크게 갖춰지게 되었다.

『**엄산당별집**』(弇山堂別集)

명대의 문학가 왕세정(王世貞 : 1526~1590)의 시문집(詩文集)이다. 왕세정이 원양순무(隕陽巡撫)로 재직하고 있을 때 직접 간행하였는데, 『왕세정연보』(王世貞年譜)에 따르면, 왕세정이 만력 3년(1575)에 이 책을 편집하였다고 한다. 책은 4부(部)로 나누어져 있는데, 4부란 왕세정이 편집하면서 분류한 부부(賦部), 시부(詩部), 문부(文部), 설부(說部)를 가리킨다. 그 각각은 부부 3권, 시부 51권, 문부 84권, 설부 36권으로 구성되어 있다.

『엄산별집』(弇山別集) ☞ **『엄산당별집』**(弇山堂別集)

『엄주사부고』(弇州四部稿) ☞ **『엄주산인사부고』**(弇州山人四部稿) **참조**

『엄주산인사부고』(弇州山人四部稿)

명대의 왕세정(王世貞)이 편찬하였으며 부(賦), 시(詩), 문(文), 설(說)의 4부로 나누어 구성되었다. 속고(續稾)는 부(賦), 시(詩), 문(文)의 3부만 있고 설(說)부는 빠졌다. 왕세정은 젊었을 때 이반룡(李攀龍)을 보좌하고 후에는 당당히 독립하여 한 시대의 덕망을 갖춘 문사가 되어 이반룡보다 그 명성이 높아졌다. 그러나 모방하고 표절한 폐습이 많아 공격을 받은 것은 이반룡보다 더 하였다.

『여계』(女誡)

1권의 여훈서(女訓書)로 후한의 반소[班昭 : 즉 조대가(曹大家)]가 편찬했다. 비약(卑弱), 부부(夫婦), 경신(敬愼), 부행(婦行), 전심(專心), 곡종(曲從), 화숙매(和叔妹)의 7편으로 분류되어 있다. 여성을 훈계하는 전통시대의 책으로, 봉건사회의 남존여비(男尊女卑)와 삼종지덕(三從之德)의 도덕표준을 밝혀 오랜 기간 영향을 미쳤다.

『여람』(呂覽) ☞ **『여씨춘추』**(呂氏春秋)

『여사서』(女四書)

여자들의 수신(修身)과 행동규범에 관한 글들을 모아 편찬한 책으로 4권 3책이다. 권1의 「여계」(女誡)는 여자가 자라서 출가하여 시부모와 남편을 섬기며 시가와의 화목을 위해 필요한 일체의 몸가짐을 설명한 글이다. 권2의 「여논어」(女論語)는 부모 · 시부모 · 남편을 섬기고 자식을 가르치며, 가정을 꾸려나가는 일, 그리고 수절(守節)에 대하여 설명한 글이다. 권3의 「내훈」(內訓)은 황녀와 궁인들을 가르치기 위한 글들로 이루어져 있다. 권4의 「여범」(女範)은 여성의 위치와 교육에 관한 글로 4서(四書)와 『춘추』(春秋) · 『통감』(通鑑) 등 다양한 경전에서 실례를 들어 설명했다.

『여씨춘추』(呂氏春秋)

26권의 잡가서(雜家書)로 여씨란 여불위(呂不韋 : ?~BC 235)를 지칭한다. 『사기』 여불위전에 의하면, 그는 위국(衛國) 복양(濮陽) 사람이며, 원래는 양적[陽翟 : 하남성 우현(禹縣)]의 대상인이었다. 일찍이 문객을 시켜 모든 저작을 모아 집성토록 해서 진시황(秦始皇) 8년(BC 239)에 본서를 완성하였다. 잡가의 대표적 저작이다.

『여지광기』(輿地廣記)

38권의 지리서로 북송(北宋)의 구양민(歐陽忞)이 지었으며, 정화(政和) 연간(1111~1115)에 완성되었다. 앞의 세 권은 역대 행정구역을 개술하고, 권4 이하는 북송대의 행정구역과 연운16주(燕雲十六州)의 건치연혁(建治沿革)을 기술하였다. 연혁에 대해서는 상세하나 사지(四至), 도로, 호구, 풍속, 토산(土産) 등에 대해서는 기술하지 않았다.

『역경집주』(易經集註) ☞ **『양산내지덕선생역경집주』**(梁山來知德先生易經集註)

『역대건원고』(歷代建元考)

청의 종연영(鍾淵映)이 건원(建元)에 대한 역대 서적을 토대로 하여 중국의 역대 각국(各國)·제왕별(帝王別) 건원 연호(建元年號)를 분류하고 간단한 해설을 덧붙인 책이다. 1책은 역대건원류고(歷代建元類考)라 하여 음운별로 분류하고, 2책은 역대건원고[歷代建元考 : 전편(前編)·본편(本編)·외편(外編)]에서 실제 각 국별로 건원(建元)·연호(年號)를 설명하였다.

『역대명신주의』(歷代名臣奏議)

명의 황회(黃淮 : 1367~1449), 양사기(楊士奇 : 1365~1444) 등이 편찬한 책으로 명 영락(永樂) 14년에 칙명으로 만들었다. 덕(德)·성학(聖學)·효친(孝親) 등 66문(門)으로 구성하고, 상주(商周)에서 원대(元代)까지 수록하였다. 한(漢) 이래의 자료를 모은 규모는 『자치통감』(資治通鑑)·『삼통』(三通) 등과 서로 비교될 정도이다.

『역대명화기』(歷代名畫記)

10권의 화사서(畵史書)로 당의 장언원(張彦遠 : 815~879)이 편찬했다. 역대 화가의 유파와 그 사승(師承) 관계, 화가의 기법과 평론을 서술하였다. 또 당대 각 지역 사찰의 벽화를 기록하여 고대의 주요 서화 목록을 적고 있다.

『역대사찬좌편』(歷代史纂左編)

명의 당순지(唐順之 : 1507~1560)가 별도의 의례(義例)를 세워 역대 정사(正史)에 기재된 군신(君臣) 등의 사적을 취합하여 편찬한 것이다. 별도의 의례를 세워 총 25부문으로 나누고, 언급한 시기는 전국시대에서 원대에 이른다. 1책에는 서(序), 범례와 목차가 있다. 「역대사찬좌편범례」(歷代史纂左編凡例)에 "병인동절용계외사왕기선"(并引東浙龍溪外史王畿譔)이라고 되어 있어 아마도 왕기(王畿)가 범례를 지은 것으로 추정된다. 또한 범례에서는 각 부문에 대한 편찬 이유와 각 부문에 대한 전체적인 평가를 내리고 있는데, 찬(簒) 등이 생기는 원인이나 저(儲)가 중요한 이유, 여러 부문에 대한 호악(好惡) 등을 언급하고 있다. '군'(君)의 경우는 한(漢)·당(唐)·송(宋) 3조(朝)의 군(君)만 언급했지만, 다른 부문들은 선진시기에서 원대(元代)에 걸쳐 언급하고 있다. 각각의 권에서 필요한 경우 별도로 부(附)를 실었다. 대개 각 분류 안에서는 시대 순서를 따랐으나 시기의 순서를 어긴 경우도 종종 보인다. 서(序)에서도 보이듯이 이는 정치를 위한 것이므로 정치를 중심으로 서술하고 있다.

『**역대통감찬요**』(歷代痛鑑纂要)

92권의 강목체(綱目體) 역사서이다. 명의 이동양(李東陽 : 1447~1516) 등이 저술하였다. 삼황(三皇)에서 시작하여 원말(元末)까지 기록하였다. 각 왕조 뒤에는 모두 사론(史論)이 있고, 전인(前人)의 설도 인용하였으며, 사실의 고증은 각 구(句) 밑에 부기하였다. 기이한 자의 독음 및 뜻이 숨겨져 있고 들어보지도 못한 일은 대략 음주(音注)를 더하고 자(字)·구(句) 밑에 부기하여 읽기 편하도록 하였다.

『**역림**』(易林)

16권의 경학서(經學書)이다. 전한(前漢)의 초연수(焦延壽)가 편찬했다고 전해진다. 일괘를 64괘로 부연 설명하고, 64괘를 4096괘로 변형시켜, 모두 4언의 운어(韻語)로써 길흉을 점쳤다. 이로써 역점이 성립했기 때문에 이후 술수로서 『역』(易)을 말하는 사람은 모두 초연수를 숭상했다.

『**역법서전**』(曆法西傳)

아담 샬(湯若望 : 1591~1666)이 저술하였다. 이 책에서는 프톨레마이오스와 티코 브라헤, 알폰스, 코페르니쿠스의 저술을 간단히 언급하였다. 특히 코페르니쿠스의 6권으로 된 천구의 회전에 대해서는 각 권 내용을 간단히 소개하고 있다. 두 책 모두 그의 이름을 소개하고 있지만 지동설과 관련해 기재한 것은 아니다.

『**역사**』(繹史)

160권의 잡사(雜史)로 청의 마숙(馬驌 : 1621~1673)이 편찬하였으며 강희(康熙) 9년(1670)에 완성되었다. 책머리에 별도로 세계(世系) 도표를 부기하였다. 태고부(太古部), 삼대부(三代部), 춘추부(春秋部), 전국부(戰國部), 외록부(外錄部)로 나누어, 상고(上古)에서 진말(秦末)까지의 역사를 기록했다. 기본적으로 기사본말체(紀事本末體)를 채용하고, 겸하여 편년(編年), 전기(紀傳), 학안체(學案體)의 장점도 취했다. 고사(古史)는 여러 경전, 제자서, 초사(楚辭) 및 그 잔주(箋注) 120여 종에서 널리 취재했다.

『역상고성』(曆象考成) ☞ **『어제역상고성』**(御製曆象考成)

『역전』(易傳)

주희(朱熹 : 1130～1200)가 저술한『역본의』[易本義 : 12권 4책]와 정이(程頤)가 저술한『역전』[易傳 : 6권 6책]의 원문만을 목판본으로 간행한 책으로, 간행시기는 본서에 규장각 소장본임을 알려주는 '내각'(內閣) 인(印)이 책마다 찍혀 있고, 같은 방식으로 편집 간행된『대학혹문』[大學或問 : 규중(奎中)536, 규중(奎中)537]에 정조(正祖)의 '홍재'(弘齋)라는 인(印)이 찍혀 있어 정조 연간에 간행된 것임을 확인할 수 있다.

『역통』(易通) ☞ **『통서』**(通書)

『역학계몽』(易學啓蒙)

주희의『역학계몽』(易學啓蒙)에 황서절(黃瑞節)의 부록(附錄)을 묶은 책이다. 원래의 수제(首題)는『주자성서』(朱子成書)라고 쓰고 부제로『역학계몽』이라고 했다. 소주(小註)로서 이방자(李方子)가 찬한「주자연보」(朱子年譜)를 수록하였는데 이하의 전편은 모두『역학계몽』을 황서절이 수록한 것이다. 1책의 활자본인데 서문과 발문은 없으며 간년(刊年)은 미상이다.

『열녀전』(列女傳)

7권의 전기집으로 전한의 유향(劉向 : BC 79?～AD 8?)이 편찬하였으며, 선진시대부터 한대까지 여성의 수양을 목적으로 부인들의 전기를 모은 책이다. 원서(原書)는 7편이며, 별도로 송의(頌義)와 도(圖)가 각각 1편씩이다. 후한의 반소(班昭)가 40편으로 개편하고, 아울러 진영(陳嬰) 이하 16전(傳)을 덧붙였다. 오늘날 전해지는 것은 송(宋)의 왕회(王回)가 다시 정정한 것이다.

『열선전』(列仙傳)

2권의 도교서(道敎書)로 전한의 유향(劉向 : BC 79?～AD 8?)이 편찬하였다. 송의 진진손(陳振孫) 등은 이를 위작이라고 단정하고, 후한이나 위진시대의 방사(方士)가 저술한 것이 아닐까 생각하였다. 적송자(赤松子), 현속(玄俗) 등 모두 71위(位) 선가(仙家)의 사적을 기록하였다.

『열자』(列子)

철학서로 노자, 장자보다 앞선 선진(先秦)의 도가사상가(道家思想家)인 전국시대 열어구(列御寇)의 저작으로 전해진다. 원서는 일찍이 산일되었고 지금 남아 있는 것은 천단(天端), 황제(黃帝), 주목왕(周穆王), 중니(仲尼), 탕문(湯問), 역명(力命), 양주(楊朱), 설부(說符)의 8편이다.

『영규율수』(瀛奎律髓)

원의 방회(方回 : 1227~1306)가 강서시파(江西詩派)의 관점에서 당송(唐宋)의 율시(律詩)를 뽑아서 수록한 총 49권의 시선집(詩選集)이다. 본문은 본래 총 49류(類)로 분류하고, 385인의 시(詩) 총 3,014수(22수가 중복되어 실제 총수는 2,992수)를 시대순으로 선발·편차하였는데, 이 중 221인의 시(詩) 1,765수를 송대에서 뽑아 강서시파의 시관(詩觀)을 여실히 보여주었다. 따라서 선발된 시편은 기교(技巧)와 전고(典故)를 특징으로 하는 작품들이 주축을 이룬다.

『예기』(禮記)

49편(현존본 12권)의 유가경전으로서 전한(前漢)의 대성(戴聖)이 편찬하였다고 전해진다. 삼례(三禮)의 하나이고 오경(五經)의 하나로서, 고대의 예제(禮制)와 예론(禮論)을 모았다. 책은 진한시대 이전 유가의 예론(禮論)을 편집하여 해석하고 보충하였는데, 처음에는 정본(定本)이 없었다. 후한 정현(鄭玄)의 『예기주』(禮記注)를 거쳐 정본이 이루어졌고 소대(小戴)의 이름은 가탁(假託)된 것이다. 글 가운데 주(周), 진(秦)의 고서(古書)에서 채록한 기원전의 것이 많아, 고대사회와 유가의 학설 및 문물제도를 연구하는 데 중요한 참고자료가 되고 있다.

『예기집설』(禮記集說)

30권(현존본 10권)으로 원의 진호(陳澔 : 1216~1341)가 지었다. 책은 제도 자체보다는 의리를 추구하여 고증에는 소략하다. 해설은 대개 주희(朱熹)를 따랐고, 주희의 주(注)가 학관(學館)에 설치되어 과거 시험의 교재가 되는 계기를 만들었다.

『예서』(禮書)

진상도(陳祥道)가 천자의 복식(服飾)으로부터 상례(喪禮)에 이르는 여러 예제(禮制)를 모아 논의하고 자신의 견해를 덧붙인 책이다. 규장각 소장본에는 광서(光緖) 2년(1876) 권수(卷首)에 방준사(方濬師)가 쓴 「중록예서서」(重錄禮書序)와 장부서(張溥西)의 「예서서」(禮書敍) 및 진상도의 「진예서표」(陳禮書表)와 「예서서」(禮書序)가 실려 있다. 『예서』(禮書) 전체를 볼 때, 경전을 관통하여 조목조목 명확하게 분석하였고, 고증 또한 상세하다. 각 항목에 대해 먼저 설(說)을 앞에 놓고 뒤에 그림을 두었는데, 진진림(陳振林)은 『예서』에 대해 논변이 정밀하고, 당대(唐代)학자들의 논의와 섭숭의(攝崇義)의 『삼례도』(三禮圖)에 대해 잘못된 부분을 바로잡거나 모자란 곳을 보충하였다고 칭찬하였다.

『오경대전』(五經大全)

154권의 유가경전의 주소(注疏)로, 명의 호광(胡廣) 등이 칙명을 받들어 편찬했다. 호광의 자는 광대(光大)이며 호는 길수(吉水)이다. 『주역대전』(周易大全) 24권, 『서전대전』(書傳大全) 10권, 『시경대전』(詩經大全) 20권, 『예기대전』(禮記大全) 30권, 『춘추대전』(春秋大全) 70권으로 되어 있다. 성리학을 제창하기 위해 반포하였으며, 과거의 표준서가 되었다.

『오경정의』(五經正義)

180권의 유가경전주소본(儒家經典注疏本)이다. 당(唐) 공영달(孔穎達 : 574~648) 등이 당 태종의 명으로 편정(編定)하였다. 이 책은 경서(經書)의 원래 주소(注疏)에 대해 다시 소증(疏證)하여 논(論)을 하나로 정함으로써 다양한 의견이 나오지 않도록 한 것이다. 『역』(易) 상・하는 삼국시대 위(魏) 왕필(王弼)의 주(注), 『계사』(系辭) 이하는 진한강백(晉韓康伯)의 주(注), 『서』(書)는 위공안국전(僞孔安國傳), 『시』(詩)는 서한(西漢) 모공전(毛公傳)과 동한(東漢) 정현전(鄭玄箋), 『예』(禮)는 정현(鄭玄)의 주(注), 『좌전』(左傳)은 서진(西晉) 두예(杜預)의 주(注)를 채용하였다.

『오대사』(五代史)

중국의 정사 25사(史)의 하나로 오대십국시대(五代十國時代)인 907년부터 960년까지를 기록한 기전체 사서이다. 구양수(歐陽修 : 1007~1072)가 사찬한 것으로, 설거정(薛居正)의 『구오대사』(舊五代史)와 구분하여 『신오대사』(新五代史)로 불리며 정사로 편입되었다. 체제는 총 74권으로 본기(本紀) 12권, 열전(列傳) 45권, 고(考) 3권, 세가(世家) 및 연보(年譜) 11권, 사이부록(四夷附錄) 3권으로 구성되어 있다. 체례는 『사기』 및 『구오대사』와 같다. 본기는 『구오대사』에 비해 분량이 많이 줄었고, 열전은 항목을 두어 분류하였으며 「잡전」(雜傳)을 둔 것이 특징이다. 지(志)를 고(考)라고 바꾸었는데, 이것은 구양수가 오대시기에는 예악 등에 대해 취할 것이 없다고 판단했기 때문이다. 따라서 「사천」(司天), 「직방」(職方)의 두 편만 두었으며 이것은 『구오대사』와 서로 보완관계를 갖고 있다. 10국의 역사는 『사기』(史記)의 세가(世家)를 채용하여 「십국세가연보」(十國世家年譜)에서 다루었다.

『오대회요』(五代會要)

50권(현재 30권)의 전제문헌(典制文獻)으로, 송초(宋初)에 왕부(王溥)가 지었다. 오대(五代) 후량(後梁)・후한(後漢)・후당(後唐)・후주(後周) 등 여러 왕조의 실록 및 구사전문(舊事傳聞)에 의거하여 오대시대의 전장제도(典章制度) 총 297사목(事目)을 기재하였다. 권1～6까지는 제호(帝號)와 궁중 제도, 권7은 악(樂), 권8은 예(禮), 권9는 형(刑), 권10～11은 천문, 권13～24는 관제, 권25～30은 민족과 주변 관계를 기록했다.

『오례통고』(五禮通考)

청의 진혜전(秦蕙田 : 1702～1764)이 오례를 비롯한 고대 예제(禮制)를 총괄하여 지은 책이다. 진혜전은 고대의 예제가 산실되고 진한대에 참위가 유행하자, 정현(鄭玄)이 이를 경전 주석에 섞어넣어 여러 가지 변론과 논란이 일어나게 되었다고 안타까워했다. 이에 『오례통고』를 편찬하면서 고금을 망라하여 여러 설을 정리하고, 특히 논쟁이 분분한 사항에 대해서는 하나하나 상세히 논증하였다. 경문(經文)에 대해서는 경전으로써 논증하였으며, 역대 유자들의 주소(注疏)에 대해서는 서로 상충되는 것을 취하여 논증하였으며, 당(唐)・송(宋) 이래의 유명한 학자들이 밝혀 놓은 사의(私義)에 대해서는 백가(百家)의 설을 취해 분석하고 있다. 역대 왕조들이 거행한 예제의 변천과 논의를 연구하는 데 중요한 자료이다.

『오위역지』(五緯曆指)

1634년에 선교사 재크 로우(羅雅谷 : 1593～1638)와 이천경(李天經)이 간행한 서양역법의 역산(曆算)에 대한 지남서(指南書)이다. 프톨레마이오스와 티코 브라헤(Tycho Brahe : 1546～1601)의 우주체계론을 기술한 천문서로, 『숭정역서』 5차와 『신법역서』에도 포함되었다.

『오위표』(五緯表)

재크 로우(羅雅谷 : 1593～1638), 롱고바르드 니콜라스(龍華民), 아담 샬(湯若望) 등이 함께 지은 서양역법서로, 전 12장으로 구성되어 있다. 서광계(徐光啓), 이천경(李天經)이 감수를 맡았다.

『오자』(吳子)

전국시대 오기(吳起 : BC 440～381)가 지은 2권의 병법서(兵法書)이다. 한초(漢初)까지 48편이 있었다고 전해지지만, '현재'는 6편 11조 3천여 자만 남아 있다. 그 가운데 도국(圖國)은 전쟁론을 기초로 해서 국정(國政)을 논한 것이고, 과고(科故)는 적정(敵情) 조사와 그 대비책을, 치병(治兵)은 군대의 정비를, 논장(論將)은 장군(將軍)에 대해서, 응변(應變)은 전쟁 상황의 변화에 따른 대응방법을, 여사(勵士)는 사기(士氣)의 고무에 대해서 다루고 있다.

『오잡조』(五雜俎)

16권의 필기(筆記)로서 명의 사조제(謝肇淛)가 지었다. 집시(集市), 신안(新安)·민중(閩中)·산서(山西)의 부실(富室)·거고(巨賈), 경사(京師)의 부랑아 등에 대한 내용으로 경제사 연구에 유용하다.

『오학편』(吾學編)

69권의 기전체 역사서이다. 명의 정효(鄭曉 : 1499~1566)가 편찬하였다. 정사(正史) 체례(體例)에 따라 홍무(洪武)에서 가정(嘉靖)까지 각 왕조의 사적(事蹟)을 기(記)·전(傳)·표(表)·술(述)·고(考) 등 14편으로 나누어 간단히 기록하였다.

『옥천자시집』(玉川子詩集)

본서 2권과 외집(外集) 1권으로 이루어져 있으며, 당(唐) 노동(盧仝 : 775~835)이 지었다. 노동의 호는 옥천자(玉川子)이고, 하북성 탁현(涿縣) 사람이다. 은거하면서 조정의 부름에도 나아가지 않았다. 본서에는 시 90여 수가 실려 있으며, 외집(外集)에는 15수가 실려 있다.

『옥추경』(玉樞經)

중국 도교의 천신(天神)인 구천응원뇌성보화천존(九天應元雷聲普化天尊)이 이야기했다고 하는 중국계 도교 경전으로, 조선 사신이 중국으로부터 원본을 도입하여, 영조 13년(1736) 조선에서 간행하였다. 표지서명은 '화옥추경'(畵玉樞經)이다. 첫머리에 중국 도교의 44신장(神將)의 본판(木板) 화상(畵象)이 실려 있는데, 화상의 한 귀퉁이에 '화상비구설청'(畵像比丘雪淸)이라 하여 화가 이름을 밝혀 놓았다. 화상에 이어 여러 장으로 연결된 선경(仙景)이 묘사되어 있는데, 그 도입부에 '황제만세만만세'(皇帝萬歲萬萬歲)라는 대자(大字)의 기문(記文)이 있어 본서가 중국에서 도입된 판본을 그대로 다시 찍어낸 것임을 알 수 있다. 『옥추경』 같은 전형적인 도가서가 절에서, 그것도 승려들의 찬조 아래 간인되었다는 사실은 조선시대 불교계의 삼교회통(三敎會通)적인 성향을 잘 보여준다. 『옥추경』은 불교 외에 조선의 무속신앙과도 결탁하여 굿거리에서 가장 영험있는 경문으로 애송되었다.

『옥편』(玉篇)

30권의 자서(字書)로서 양(梁)의 고야왕(顧野王 : 519~581)이 지었다. 『설문』(說文)의 뒤를 이은 중요한 자서로서, 모두 1만 6,917자를 실었는데, 체례가 『설문』과 기본적으로 같고 542부(部)로 나누었다. 배열 순서는 『설문』과 거의 같지만 글자 아래에 먼저 반절(反切)을 밝히고 다시 여러 책에서 훈고(訓詁)를 인용하였는데, 매우 상세히 해설하고 예를 들어 증명했다. 자형(字形)에 대해 전례체(篆隷體)의 변천을 거듭 밝혔다. 자형 연구에 훈고(訓詁)를 사용한 이외에 주에 반절

(反切)이 있어 음운서(音韻書)로 사용할 수 있었는데, 특별히 이 책은 『절운』(切韻)보다 14년이 빨라 중고독서음(中古讀書音) 형성 연구에 중요하다.

『옥해』(玉海)

200권의 유서(類書)로 남송의 왕응린(王應麟)이 편찬하였다. 고금의 시사문수(詩詞文粹)·역사고사(歷史故事)·거전홍장(巨典鴻章)·제자백가(諸子百家)·성어전고(成語典故)를 모아 전고(典故)·어휘(語彙) 등을 찾는 데 편하도록 만들었다. 손자인 왕후중(王厚重)이 편차를 정리하여 교보(校補)하였다. 천문·율력·지리·제계(帝系)·성문(聖文)·예문(藝文)·조령(詔令)·예의(禮儀)·거복(車服)·기용(器用)·교사(郊祀)·음악·학교·선거·관제·병제·조공·궁실·식화(食貨)·병첩(兵捷) 상서(祥瑞) 등 21부로 되어 있고, 부하(部下)에는 또 250여 자목(子目)으로 나뉘어져 있으며, 인문(引文)은 반드시 주서(注書)되어 있다.

『왜환고원』(倭患考源)

2권으로 명의 황우경(黃俁卿)이 지었다. 황우경은 복건성 사람이다. 가정(嘉靖)·융경(隆慶) 연간에 복건성 지역이 자주 왜구의 침입을 받았는데, 그 원인을 연구하기 위해 저술하였다. 명대 왜구의 중국 동남 연해 침입과 중일관계사의 연구를 위한 참고자료로서 유용하다.

『요사』(遼史)

160권의 기전체 사서로 원조(元朝) 관찬(官撰)이다. 본기 30권, 지(志) 32권, 표(表) 8권, 열전 45권으로 이루어졌고, 별도로 『국어해』(國語解) 1권이 덧붙여졌다. 거란족이 세운 요조(遼朝)의 흥망사를 기록한 것으로 요사(遼史) 연구를 위한 기본사료로 이용되고 있다. 본기 기사는 비교적 충실하며 성종(聖宗)·흥종(興宗)·도종(道宗) 3조(朝)에 대해서는 매우 상세하다. 영위(營衛)·병(兵)·지리(地理)·백관(百官)·예(禮)·식화(食貨) 등의 지(志)는 거란 부족과 국가의 특색을 잘 반영하고 있다. 부족과 속국 2표(表)는 비교적 훌륭하고, 소수민족과 이웃 나라에 관한 자료가 약간 있다. 열전은 비교적 간략하고, 정부(正附) 각 전(傳)에 수록된 309명 속에는 야율씨(耶律氏)와 소씨(蕭氏)가 대부분을 차지하여 다른 성은 73명에 불과하다. 고려와 서하(西夏)의 일은 열전의 '외기'(外記) 한 항목으로 만들었지만, 송인(宋人)의 관련 저작을 광범위하게 참고하지 않았다.

『요산당외기』(堯山堂外紀)

중국 고대부터 명대까지의 인물들에 대한 일문(逸文)과 쇄사(鎖事)들을 채집하여 수록한 책이다. 각 권마다 역대 황제들을 포함한 인명(人名)을 소제목으로 한 후 이들의 속아(俗雅)와 진위(眞僞)를 수록하였다. 다만 요(遼)·금(金)의 인물들은 송(宋)에 포함시켰다. 『사고전서총목제요』

(四庫全書總目提要)는 『요산당외기』에 대하여 간략함이 부족하고 역대 황제들을 일반인과 같이 배치한 것은 의례에 벗어나는 것이라고 평가하였다.

『요재지이』(聊齋志異)

청의 포송령(蒲松齡)이 지은 문언소설집(文言小說集)이다. 전서(全書)는 500편의 작품에 가까우며 화요(花妖), 구미호, 귀신, 신선을 많이 묘사하여 기이하고 특이한 예술 분야를 구성했으며 낭만주의 색채가 농후하다. 구상이 정교하고 상상이 풍부하며 언어가 생동적이고 줄거리가 변화무쌍하며 독자를 황홀한 경지로 이끌어 중국 문언소설의 정상에 도달했다. 작자는 귀신과 여우의 세계로 현실사회를 풍자하여 정치의 문제점과 과거제도의 폐단을 통렬하게 제시했고, 청춘남녀의 진실한 사랑을 묘사하여 감동을 주고 있다.

『요지』(遼志)

남송(南宋) 섭융례(葉隆禮)가 지은 민족사(民族史)로서, 그가 쓴 『거란국지』(契丹國志)의 발췌본이다. 원서에서 권수 초흥본말(初興本末), 제22권 족성원시(族姓原始)·국토풍속(國土風俗)·병합부락(倂合部落)·병마제도(兵馬制度)·의복제도(衣服制度)·어렵시후(漁獵時候)·시사제도(試士制度) 및 제27권 세시잡기(歲時雜記)를 채록하였다.

『용감수경』(龍龕手鏡)

요(遼)나라 행균(行均)이 997년에 편찬한 자전(字典)이다. 용감은 불전(佛典)이란 뜻이다. 찬자가 승려였으므로 불전에 나오는 글자에 특히 유의하여 편찬했다. 수록한 글자는 본 자가 2만 6,430여 자, 주가 16만 3,170자에 달한다. 그리고 정자 외에도 이체속자(異體俗字)까지 망라하여 해설을 붙였다. 중국 자전의 배열방식은 부수(部首)별과 음운(音韻)별의 두 방식이 있는데, 이 책은 부수별로 먼저 배열하고, 부수 안에서는 음운별로 배열하는 방식을 사용했다. 요대의 음운을 연구하는 데 유일한 자료이며 서지학에도 귀중한 자료이다.

『용대집』(容臺集)

명대 동기창(董其昌 : 1556~1637)의 시문집이다. 본 집은 동기창의 나이 75세 때 출간된 것으로 그의 친구인 진계유(陳繼儒)가 서(序)를 쓰고 그의 손자인 정(庭)이 편집하였다. 본 집에는 진계유의 서(序)에 이어 『명사』에 수록된 「동종백본전」(董宗伯本傳)을 실어 그의 생평과 성품을 소개하였다. 그러나 본 집이 동기창 생전에 출간된 것이고, 본전(本傳) 부분의 글자체가 다른 부분들과 비교하여 차이가 있는데다 인쇄 상태 또한 다른 것으로 미루어 그의 사후에 추가되어 덧붙여진 것으로 보인다. 본 집은 『용대집』(容臺集)이라는 제목 하에 총 18책으로 이루어져 있으나 실은 동기창의 『용대문집』(容臺文集) 10책, 『용대시집』(容臺詩集) 4책, 『용대별집』(容臺別集) 4책을 한데 묶은 것이다. 따라서 각 집별로 권수가 따로 매겨져 있으며 각 집의 앞부분에는 해당 목차가 실려 있다. 책의 편제는 1책 1권 체제로 이루어져 있으며 『문집』은 제1책에서 제10책, 『시집』은 제11책에서 제14책, 『별집』은 제15책에서 제18책에 해당한다.

『**용재수필**』(容齋隨筆)

5집 47권의 수필이며 송의 홍매(洪邁 : 1123~1202)가 지었다. 수필(隨筆) 16권, 독필(讀筆) 16권, 삼필(三筆) 16권, 사필(四筆) 16권, 오필(五筆) 10권으로 되어 있으며 40년에 걸쳐 완성되었다. 송 이전의 역사·정치·경제·사장(詞章)·전고(典故) 등에 대해 정밀하게 고증했고, 송대의 전장제도(典章制度)는 더욱 상세히 기술했다. 그 가운데 3·4·5필(筆)에는 자서(自序)가 있고, 관련된 역사 인물과 사건에 대한 논평이 있다.

『**용천문집**』(龍川文集)

송(宋)의 진량(陳亮 : 1143~1193)이 지은 30권의 문집이다. 본 문집에 수록된 건도(乾道) 5년(1169)에 지은 '중흥정론'(中興正論)' 즉 중흥론(中興論)은 개성지도(開誠之道)와 집요지도(執要之道)·여신지도(勵臣之道)·정체지도(正體之道) 등을 논하여 조정에 혁신적인 정치전략 및 시책을 제출하였다 정론(政論)은 두루 이치를 꿰뚫었고 사(詞)는 교활하고 괴이하지 않았으며, 말은 명쾌하면서도 풍부하고 단아해서 북송 이래의 순정(純正)한 문풍(文風)을 대표한다.

『**우초신지**』(虞初新志)

청(淸) 장조(張潮 : 1650~1709)의 전기소설선집(傳奇小說選集)이다. 장조는 자가 산래(山來)이고 호는 심재(心齋), 삼재도인(三在道人)이며, 강남(江南) 신안[新案 : 현재의 안휘성(安徽省)] 흡현(歙縣) 사람이다. 본적은 강소(江蘇) 강도(江都)이고 청 초의 문학가로서 1676년 전후에 태어났다. 공자를 익히고 난이 일어나자 강도로 옮겨 살았다. 강희 초 세공[歲貢 : 국자감에 추천 입학한 생원(生員)의 일종]이었으며, 재물을 기부하여 한림원(翰林院) 공목(孔目)에 임명되었다. 책의 앞부분에는 강희 계해(癸亥 : 1743)에 장조가 쓴 「원서」(原序)가 실려 있다.

그 뒤에는 우초신지목록(虞初新志目錄)이 있고, 권별로 수록된 책을 소개하고 그 아래에는 출처와 작자를 병기하였다. 장조는 서문에서 "이 『우초』(虞初)라는 책은 탕현조(湯顯祖)가 소설의 진주선(珍珠船)이라 여기고 교정하여 세상에 전한 후에 진실로 가까이서 얻어 볼 수 있게 되었다. 다만 원래 찬술한 것이 모두 당인(唐人)의 일사(逸事)를 뽑아놓은 것이어서, 당 이후에 대해서는 알 수 없었으니, 탕현조가 그에 이어 모아 12권을 만들었다. 그 사이에 조소(嘲笑), 골계(滑稽), 기이한 것 등을 넣어 사람들의 주목을 끌지 않은 것이 없었으나, 결국 분량이 많지 않아 수록한 것이 넓지 않으니, 나는 이를 개탄하여 『우초후지』를 엮으리라 마음먹고, 몇 달을 소비하고

서 비로소 책을 이루어 우선 『우초신지』를 장인(匠人)에게 주어 출판하게 하였다."고 출판 경위를 설명하였다.

『운급칠첨』(雲級七籤)

122권의 도교서목(道敎書目)으로, 송의 장군방(張君房)이 천희(天禧) 3년(1019)에 완성한 『대송천궁보장』(大宋天宮寶藏)의 정요(精要)를 간추려 본서를 집성했다. 1권부터 28권까지는 총론으로 도가 가르침의 종지(宗旨)와 신선진인(神仙眞人)의 명부를 담고 있다. 29권부터 86권까지는 재계(齋戒)·복식(服食)·연기(煉氣)·내외단(內外丹)·방술(方術) 등을 기술했다. 87권부터 122권까지는 도가와 관련된 시가(詩歌)와 전기(傳記)를 실었다. 송 이전 도장(道藏)의 주요 내용을 집대성한 것으로, 도교 연구의 중요 참고서이다.

『운록만초』(雲麓漫抄)

15권의 필기(筆記)로서 남송의 조언위(趙彦衛)가 편찬하였다. 이 책은 고금의 천문(天文)·지리(地理)·제도(制度)·고사(故事) 등을 기록했는데, 대체로 편찬자 자신의 고증과 견해를 덧붙였다. 편찬자의 견문이 매우 넓으며, 문학을 매우 비중있게 서술하고 있어 문학연구에 유용하다.

『운보』(韻補)

5권으로 송의 오역(吳棫)이 편찬하였다. 이 책의 분류는 잘못된 것이 많은데 증거를 끌어와서 더욱 산만해지게 되었다. 그러나 운서(韻書)는 애초에 제(齊)와 양(梁)나라에서 시작하였고, 고운(古韻)은 송나라에서 시작하여 기존의 전서(專書)가 없었으므로 오역이 편찬한 이 책이 그 시초가 되었다. 후대 사람들의 고운(古韻) 연구는 이 책으로부터 시작된다.

『운부군옥』(韻府群玉)

고전에 등장하는 문구들을 운자(韻字)를 기준으로 분류·편집한 사전(辭典)이다. 송대의 음유우(陰幼遇 : 1250~?)는 아버지가 처음 시도한 편찬작업을 계승하여 마침내 완성하였다. 자가 시부(時夫)이며, 송 이종(理宗) 보우(寶祐) 4년(1256) 7세의 나이로 구경동과(九經童科)에 급제하였다. 이후 송이 망하고 원(元)이 들어서자 출사하지 않고 은거하여 교육과 저술에 몰두하였다. 음유달(陰幼達 : 생몰년 미상)은 음유우의 형으로 자가 중부(中夫)이며, 역시 1256년에 구경동과에 급제하였으나 그 밖의 이력은 알려져 있지 않다.

『운회거요』(韻會擧要) ☞ **『고금운회거요』**(古今韻會擧要)

『원경설』(遠鏡說)

1권의 광학서(光學書)이다. 명대에 아담 샬(湯若望 : 1591~1666)·이조백(李祖白)이 지었다. 독일인인 아담 샬은 예수회 선교사로 1622년 중국에 왔다. 본서는 갈릴레이 망원경의 구조와 원리 및 사용방법 등을 소개했다. 아울러 갈릴레이의 관측 결과를 소개했는데, 『천문략』(天問略)에 비해 더욱 상세하다. 서방의 광학지식을 중국에 소개한 첫 번째 책이다.

『원사』(元史)

총 210권으로 본기(本紀) 47권, 지(志) 58권, 표(表) 8권, 열전(列傳) 97권으로 구성되었다. 기전체 사서로 명대(明代) 30명이 편찬에 참여했다. 테무친이 칭기즈칸을 칭한 시점부터 원 순제의 북원까지 160년(1260~1368) 동안 몽골제국과 원조 역사를 기술했다. 본기는 『한서』를 모방했는데, 대체로 상세해서 조령(詔令)과 주소(奏疏)를 많이 기재했으며, 세조(世祖)와 순제(順帝) 2기(二紀)가 대략 본기의 반을 차지하여 자료를 더욱 풍부히 취했다. 지(志)는 『송사』에 근거하여 식화(食貨)·직관(職官)·병(兵)·형(刑) 모두 매우 충실하며, 천문·역(曆)·지리(地理)·하거(河渠) 4지(志)의 재료는 더욱 진귀하다. 열전의 자료는 풍부해서, 본기와 서로 참조할 만하다. 체례는 제사(諸史)에서 변용하여, 대체로 원의 민족등급에 따라 나누었다. 앞의 32권은 몽골·색목인(色目人)을 기술하고, 33권 이하는 한인(漢人)·남인(南人)을 기술하였다. 또 원 종교의 특징에 맞추어 각 전(傳) 앞에 석로전(釋老傳)을 특별히 두었는데, 비교적 실제에 부합된다. 다만 원 건국 이전 몽골의 네 명의 칸(Khan)에 대한 기술이 소략하고, 몽골의 원류·서정사적(西征史蹟)에 대해서는 상세하지 않다.

『원시선』(元詩選)

권수(卷首) 1권, 초집(初集) 68권, 2집 26권, 3집 16권으로 청의 고사립(顧嗣立)이 엮었다. 각 집(集)의 100가(家)가 각각 십간(十干)을 기(紀)로 삼았다. 계집(癸集)에는 모두 기록만 있고 책은 없는데, 대개 그 전집(專集)이 없는 것을 계집에 포함시켰다. 체례는 오지진(吳之振)의 『송시초』(宋詩鈔)와 같으나 고증을 취한 것이 많아서 오지진의 『송시초』와 비교해 보면 더욱 상세하다.

『월리표』(月離表)

서양역법의 태음(太陰) 운행만을 기록한 목활자본이다. 감수자는 서광계이고, 예수회 선교사 재크 로우(羅雅谷 : 1593~1638)와 아담 샬(湯若望 : 1591~1666)이 공편하였다. 『일전표』(日躔表)와 합본되어야 하나, 현재는 별본(別本)으로 되어 있다. 주자(鑄字)와 각자(刻字)의 차이가 있으나 책의 체제는 『일전표』와 같다. 본문 첫머리에 월리표(月離表) 용법이 있는데, 이는 여러 표(表)를 써서 월리궁도분(月離宮度分)을 구하는 방법이다.

『위략』(魏略)

위(魏)의 위명제(魏明帝) 때 어환(魚豢)이 사적으로 위명제 때까지의 역사를 저술하였다. 후에 이 책은 많은 부분이 산일(散逸)되었는데, 여기에 인용된 글들은 당시 사실을 고증하는 데 귀중한 사료가 된다. 어환의 『위략』은 특히 귀중한 사료가 많이 있다. 후에 다른 일문(逸文)을 추가하여, 청나라 때 장붕일(張鵬一)이 『위략집본』(魏略輯本) 25권을 편찬하였다.

『위서』(魏書)

130권의 기전체 사서로 정사의 하나이다. 북위(北魏)·동위(東魏)·북제(北齊)의 위수(魏收 : 506~572)가 지었다. 본기 4권, 열전 96권, 지(志) 20권으로 구성되어 있다. 북위 도무제(道武帝)의 건국으로부터 동위(東魏) 효정제(孝靜帝)의 즉위까지(386~550) 모두 14제(帝) 165년의 역사를 담고 있다. 본기 제1편 기서(紀序)에는 부족사회시대로부터 시작되는 북위의 선세(先世)를 기록했는데, 본기로는 이례적인 것이며 나중에 『금사』(金史)도 여기에 따랐다. 본기 가운데, 도무제 탁발규(拓跋珪), 태무제(太武帝) 탁발도(拓跋燾), 효문제(孝文帝) 탁발굉(拓跋宏)의 세 편이 가장 상세하다. 본기 끝에는 동위(東魏) 황제인 효정제(孝靜帝)를 배치하여, 동위와 북제를 정통으로 하는 입장을 보여준다.

열전 가운데 앞의 86권은 북위와 동위의 인물들을 기록했고, 뒤의 10권은 동진(東晉)과 남조의 송(宋)·제(齊)·양(梁) 및 16국(國)과 기타 소수민족을 다루었다. 본기와 열전에는 조령(詔令)·주의(奏議)·시문(詩文)을 매우 많이 인용하여 자료가 풍부한데, 『전위문』(全魏文)은 주로 본서에서 채록한 것이다. 10지(志)는 천상(天象)·지형(地形)·율력(律曆)·예(禮)·악(樂)·식화(食貨)·형벌(刑罰)·영징(靈徵)·관씨(官氏)·석로(釋老) 등으로 이루어져 있다. 관씨지 전반부는 관제(官制)·관품(官品)을, 후반부는 선비씨족(鮮卑氏族)의 명칭과 한성(漢姓)으로 바꾼 사실에 대해 서술했다. 석로지는 불(佛)·도(道) 두 종교와 사원경제에 대하여 기록하여 당시 사회의 특징을 많이 반영하였다. 식화지는 북위의 재정 및 경제 조치들에 대한 것이다. 영징지(靈徵志)에는 위의 건국 이래 150년 동안의 지진에 관한 자료가 있고, 천상지에는 농민기의(農民起義)와 관련된 기사가 있어, 비교적 참고 가치가 높다.

『위소주집』(魏蘇州集)

10권으로서 당(唐)의 위응물(韋應物 : 737~791)이 지었다. 송대 왕흠신(王欽臣)이 이 책을 편하여 부(賦)·잡의(雜擬)·연집(燕集)·기증(寄贈)·송별(送別)·수답(酬答)·회사(懷思)·등조(登眺)·잡흥(雜興)·가행(歌行)의 10종류로 나누었다.

『유계외전』(留溪外傳)

18권의 유서(類書)로 청의 진정(陳鼎)이 지었다. 충의(忠義)·효우(孝友)·이학(理學)·은일(隱

逸)・겸능(兼能)・의협(義俠)・유예(遊藝)・고절(苦節)・절열(節烈)・정효(貞孝)・곤덕(閫德)・신선(神仙)의 13부(部)로 나누어 명말청초의 여러 상황을 기록하였다. 자료를 광범위하게 수집하여 이 시대의 사회상과 풍속・인정을 해명하는 데 도움이 된다.

『유림』(喩林)

명의 서원태(徐元太)가 편찬한 120권의 유서(類書)이다. 조화(造化)・인사(人事)・군도(君道)・군술(君述)・덕행(德行)・문장(文章)・학업(學業)・정치(政治)・성리(性理)・물의(物宜)의 10문(門)으로 나누고, 문을 다시 약간의 자목(子目)으로 나누었으며, 모두 580여 류에 이른다. 글을 인용할 때는 바로 원서(原書)를 기록하고, 서명(書名)・편명(篇名)・권수(卷數)를 주석했다.

『유몽영』(幽夢影)

청나라 초기의 소품가 장조(張潮)가 쓴 수필 형태의 책이다. 이 책에 이어 청나라 말에 주석수(朱錫綬)는 『유몽속영』(幽夢續影)을 펴냈다. 이 책은 제목에서 암시하다시피 꿈꾸듯 흘러가는 인생의 강물 속에서 언뜻언뜻 그림자처럼 스치고 지나가는 상념들을 짤막한 잠언(箴言) 형태로 기록한 것이다. 『유몽영』은 219개 항목으로 이루어져 있어 분량은 많지 않지만, 철리(哲理)의 본질에서부터 일상의 자질구레한 일들에 이르기까지 다양한 내용을 다루고 있다.

『유산집』(遺山集)

40권이며 금(金)의 원호문(元好問 : 1190~1257)이 지었다. 시(詩) 14권, 문(文) 26권이고 그 밖에 부록 1권이 있는데, 명의 저관(儲巏)이 편찬하였다.

『유수주집』(劉隨州集)

당(唐) 유장경(劉長卿 : 714?~790?)의 시문집이다. 책의 표지서명은 '유수주집'(劉隨州集)이나, 목록은 '유수주시집목록'(劉隨州詩集目錄)으로 되어 있으며, 각 권 앞부분에는 '유수주문집'(劉隨州文集)이라 표기되어 있다. 참고로 11권 뒷부분에 실린 '유수주외집'(劉隨州外集)은 순서가 뒤바뀌어 있어서 편차상의 문제를 보인다. 이 책은 명대에 함께 간행된 이사수(李士脩)의 판본에 실린 서문도 모두 싣고 있다. 총 11권 2책으로 이루어져 있으며 제1책의 앞부분에는 홍치(弘治) 경신(庚申, 1500년)에 종이(宗彛)가 쓴 「유수주시서」(劉隨州詩序)가 실려 있다. 이어 목록이 실려 있으며 권1의 봉설숙부용산주인(逢雪宿芙蓉山主人)을 시작으로 권10까지 다양한 시가 수록되어 있다. 권11은 문장 편으로 빙부(冰賦) 1편과 서(序) 2편, 기(記) 1편, 제문(祭文) 6편, 묘지명(墓誌銘) 1편이 수록되어 있고, 11권 뒷부분에는 유수주외집(劉隨州外集)이 덧붙여져 있는데 시 10수가 실려 있다. 제2책 말미에는 홍치 무오(戊午, 1498) 봄 2월 보름에 한명(韓明)이 쓴 발문과 홍치 경신(1500) 겨울에 문보(文甫)가 쓴 발문이 수록되어 있다.

『유양잡조』(酉陽雜俎)

30권의 필기(筆記)로 당(唐)의 단성식(段成式 : 약 803~863)이 편찬하였다. 전집(前集) 20권 30편, 속집(續集) 10권 6편, 1,288조로 되어 있다. 장화(張華)의 『박물지』(博物志) 체례를 참고하여, 수집한 비부전적(秘府典籍)・잡저(雜著)・전문(傳聞) 등을 문(門)에 따라 찬록(纂錄)했다. 기괴(奇怪)・전기(傳奇)・잡록(雜錄)・쇄문(瑣聞)・명물(名物)・고증(考證) 등을 모두 한 편에 모았으며, 장고(掌故) 연구에 도움이 된다.

『유청일찰』(留靑日札)

40권(현존 39권)의 필기(筆記)로 명의 전예형(田藝衡)이 지었다. 명대의 사회풍속・예림장고(藝林掌故)를 잡기(雜記)하고, 천문역법・정치경제・관복음식, 그리고 농촌생활에 이르기까지 모두 기재하였다.

『유학집』(有學集)

50권으로 청 초의 전겸익(錢謙益 : 1582~1664)이 지었다. 이 책은 저자가 청(淸)에 벼슬한 뒤 지은 것으로 시 13권, 문 37집으로 되어 있다.

『유향별록』(劉向別錄)

20권으로 된 중국에서 가장 오래된 서적목록으로 전한의 유향(劉向 : 약 BC 79?~8?)이 편찬하였다. 성제(成帝)는 하평(河平) 3년(BC 26)에 광록대부(光祿大夫) 유향에게 명하여 경전・제자(諸子)・시부(詩賦)의 서(書)를 교감케 하였다. 저자 사후에 그의 아들인 유흠(劉歆)이 사업을 계승하고 전체를 집략(輯略)・육례략(六藝略)・제자략(諸子略)・시부략(詩賦略)・병서략(兵書略)・술수략(術數略)・방기략(方技略)의 일곱 가지로 분류한 서적목록을 완성하였다. 이것이 『칠략』(七略) 7권이고, 『칠략별록』(七略別錄) 20권이다. 『칠략별록』은 유향에 의한 해제를 주로 모은 것이다.

『육도』(六韜)

서주(西周) 여망(呂望)이 편찬한 6권의 병서(兵書)이다. 육도란 문(文), 무(武), 용(龍), 호(虎), 표(豹), 견(犬)으로 각 한 권씩이다. 내용은 선진(先秦) 군대의 편제, 관리, 훈련, 행군, 포진 등 군사이론에 대한 것이므로 포괄하지 않은 바가 없다. 송대에 다른 병서와 함께 칠서(七書)로 불렸으나 위작이라는 설이 많다.

『**육방옹시집**』(陸放翁詩集)

남송(南宋) 육유(陸游 : 1125~1210)의 시선집(詩選集)이다. 육유의 자는 무관(務觀)이고 호는 방옹(放翁)이며, 월주(越州) 산음[山陰 : 지금의 절강성 소흥시(紹興市)] 사람이다. 음보(蔭補)로 관직에 처음 나아갔으며, 효종(孝宗)이 즉위하고 난 후 특별히 진사를 하사받아 진강통판(鎭江通判)에 임명되었다. 1170년 송 건도(乾道) 6년, 46세 때 촉(蜀)지역으로 들어가 기주통판(夔州通判), 사천선무사간판공사겸검법관(四川宣撫使幹辦公事兼檢法官), 가주(嘉州)와 영주(榮州)의 섭지(攝知) 등을 역임하였다. 송 순희(淳熙) 5년(1178) 촉을 떠나 잠시 고향에서 한거하였으며, 순희 13년(1186)에 엄주지부(嚴州知府)에 임명되었고, 이후 군기소감(軍器少監), 예부랑중(禮部郎中) 등의 관직을 차례로 역임하였다. 1190년에 '음풍농월'(吟風弄月)한다는 죄명으로 관직에서 물러났으며, 이후 1210년 송 가정(嘉定) 3년에 세상을 떠날 때까지 줄곧 고향에서 지냈다.

이 책은 그의 시집인『검남시고』(劍南詩稿)에서 일부를 선집한 것으로서, 송대 나의(羅椅)와 유진옹(劉辰翁)이 선집한 것을 함께 묶은 것이다. 따라서 앞부분에『명공묘선육방옹시집』(名公妙選陸放翁詩集)으로 이름이 나와 있다. 체제는 전집(前集) 10권과 후집(後集) 8권, 별집(別集)으로 이루어져 있다. 전집 권1과 2에는 5, 7언 고시가 실려 있으며, 권3에서 8까지는 7언 율시가, 권9에는 7언 절구가, 마지막 권10에는 5언 절구가 실려 있다. 후집 권1에서 5까지는 5, 7언 고시가 실려 있으며, 권6에는 7언 율시가, 권7과 마지막 권8에는 7언 절구가 실려 있다.

『**육서고**』(六書故)

남송의 대동(戴侗)이 지은 30권의 자서(字書)이다. 육서(六書)의 학설을 이용해 글자의 의미를 해석하였다. 특정 글자의 본의(本義)와 가차의(假借義)에 대한 해석은 매우 정밀하고 적절하지만, 금문(金文)에 대한 연구가 불충분하고 인용한 경전에 대한 이해가 결여되어 있어 잘못된 점이 적지 않다.

『**육선공전집**』(陸宣公全集)

당(唐)의 권덕여(權德輿)가 당나라 정치가 육지(陸贄 : 754~805)의 주의・주초를 편찬한 책이다.『육선공전집』은 제고집(制告集) 10권, 주초(奏草) 7권, 중서(中書) 7권, 별집(別集) 15권으로 구성되어 있었는데 별집은 산일하여 전하지 않는다 하였고,『신당서』(新唐書) 예문지(藝文志)에는『육지의론표소집』(陸贄議論表疏集) 12권,『한원집』(翰苑集) 10권이 보여 이를 합하면『사고전서총목제요』(四庫全書總目提要) 권150, 집부(集部) 별집류(別集類) 3에 수록된『한원집』22권과 일치한다. 그러나 이는 원명을 말하는 것은 아닌 듯하다. 그래서 청의 장지하(張之河)는 이를『육선공주의』(陸宣公奏議)라고 하였다. 이 책 외에 12권본(本)의『육선공주의』(陸宣公奏議)가 있다. 이는 송(宋) 조공무(晁公武)의『독서지』(讀書志)에 보이는 것으로, 주초(奏草)와 주의(奏議)만 수록하였다. 후일 같은『육선공주의』라는 제목을 가진 책은 주초와 주의만 수록한 것과 여기에 제고(制誥)를 합한 것의 두 종류가 있다.

『육선공주의(陸宣公奏議) ☞ **『육선공전집**(陸宣公全集)

『율력연원』(律曆淵源)

청 강희제(康熙帝 : 재위 1662~1723)의 명으로 아들 장친왕(莊親王) 윤록(允祿) 등 청왕실의 후원을 받아 하국종(何國宗), 매각성(梅瑴成), 양문언(楊文言) 등 중국 학자와 서양인 선교사들이 공동으로 편찬한 율(律)·역(曆)·산법(算法)에 관한 총 1백 권의 총서이다. 책은 3부로 이루어져 있는데, 1부 역상고성(曆象考成)은 상편 규천찰기[揆天察紀 : 본체(本體)의 상(象)을 논하여 이(理)를 밝히는 편]와, 하편 명시정도[明時正度 : 천문의 치용술(致用術)을 드러낸 편]로 이루어져 있다. 2부 율려정의(律呂正義)는 상편 정률심음[正律審音 : 정척(定尺)으로 율(律)의 근본을 구하는 편]과 하편 화성정락[和聲定樂 : 율(律)로써 악기를 만들고 팔음(八音)을 살피는 편]으로 되어 있다. 또 속편 협균도곡(協均度曲) 편은 오성(五聲)·이변(二變)이 화응(和應)하는 근원을 살피고 있다. 3부 수리정온(數理精蘊)은 입강명체[立綱明體 : 하도(河圖)·낙서(洛書)의 뜻을 드러낸 편]와 하편 분조치용(分條致用) 편으로 되어 있다. 이 책에는 서구 여러 국가에서 입수한 지식들이 모두 수렴되어 있다.

『음운천미』(音韻闡微)

이광지(李光地 : 1642~1718)·왕난생(王蘭生 : 1680~1737)·서원몽(徐元夢 : 1655~1741)·방포(方苞)·유홍도(兪鴻圖)·주학건(周學健)·이청식(李淸植)·당계조(唐繼祖)·대임(戴臨)·삼보(三保)·아이대(雅爾岱)·이지망(李之網) 등이 강희제(1654~1722)의 명을 받아 강희(康熙) 54년(1715)에 시작하여 옹정 4년(1726)에 완성하였다. 이광지가 승수(承修)하였고 왕난생이 편찬하였으며, 서원몽이 교간(校看)하였다. 책의 체계는 성모(聲母)를 36자모(字母)에 의거하고, 운부(韻部)는 시운(詩韻)인 평수운(平水韻)에 따랐다. 즉, 운서(韻書)가 대표하는 음계(音系)는 당시 관화음(官話音)을 충실하게 기록하고 있다. 그러나 이광지의 편찬방법에 다소나마 이의를 갖고 있던 왕난생이 그의 사후에 운서 편찬의 총체적인 책임을 맡게 되면서 현실음(現實音)과 멀어지게 되고 말았다.

『음학오서』(音學五書)

청대 고음학(古音學)의 창시자로 불리는 고염무(顧炎武)의 고음(古音)에 관한 저서로 『음론』(音論) 3권, 『시본음』(詩本音) 10권, 『역음』(易音) 3권, 『당운정』(唐韻正) 20권, 『고음표』(古音表) 2권 등 총 38권으로 구성되었다. 이 책에서는 먼저 광운(廣韻)의 반절(反切)과 고음(古音)을 표기한 후, 수당(隋唐) 이전의 운문(韻文)·음독(音讀)·성훈(聲訓)·해성(諧聲) 등의 자료를 통해 고음을 고증하고 그 음이 변화한 시대를 추정하였다. 『고음표』는 상·하 2권으로, 당운(唐韻) 206운(韻)을 벗어나 고운(古韻)을 새롭게 10부(部)로 나누고 이를 표로 나타낸 것이다. 이 책에서 제시한 고운 10부는 종전의 틀에서 완전히 탈피하였을 뿐 아니라 음성운(陰聲韻)과 입성운(入聲韻)을 배합시켜 양성운(陽聲韻)과 입성운을 배합한 당운(唐韻)과는 완전히 다른 면모를 보여주고 있다.

『의례』(儀禮)

17권의 경서(經書)로 일명 『사례』(士禮)이다. 의례는 주대(周代)의 예의 실제를 명기(明記)한 전적으로, 당시의 실제 예에 대해 쓰여진 책으로는 이를 대신할 것이 없다. 한(漢) 초에 이르러 노(魯)의 고당생(高堂生)이 예(禮) 17편을 전하였다. 그 후 경제(景帝) 때 노(魯)의 공왕(恭王)이 공자의 구택을 수리하면서 망의례(亡儀禮) 56편을 얻었다고 하는데, 그 서체가 모두 고문자로 되어 있으므로 이를 고문의례(古文儀禮)라고 하고 고당생이 전한 것을 금문의례(今文儀禮)라고 하였다. 편목은 사관례(士冠禮)·사혼례(士婚禮)·사상견례(士相見禮)·향음주례(鄕飮酒禮)·향사례(鄕射禮)·연례(燕禮)·대사례(大射禮)·빙례(聘禮)·공식대부례(公食大夫禮)·근례(覲禮)·상복(喪服)·사상례(士喪禮)·기석례(旣夕禮)·사우례(士虞禮)·특생궤식례(特牲饋食禮)·소뢰궤식례(少牢饋食禮)·유사철(有司徹)이다.

『의례경전통해』(儀禮經典通解)

37권으로 송의 주희(朱熹 : 1130∼1200)가 지었다. 속편 29권은 송의 황간(黃幹)이 지었다. 『의례』(儀禮)를 경(經)으로 삼고, 『예기』(禮記) 및 제서(諸書)에 실려 있는 의례를 뽑아 종류별로 『의례』에 덧붙여 전(傳)으로 삼는 방식으로 편찬하였다.

『의례집설』(儀禮集說)

의례(儀禮)에 관한 설을 모은 것으로 원(元)의 오계공(敖繼公)이 저술하였다. 총 17권이다. 정현(鄭玄)의 주(注)를 취사선택하여 그에 대하여 심도 있게 해석하고 있는 점이 특징적이다.

『의방론』(醫方論)

청대의 의가(醫家) 비백웅(費伯雄 : 연대 미상)이 편찬한 제약(製藥) 관련 의서이다. 내제지에 "광서(光緖) 14 무자년(戊子年 : 1888) 전(鐫)·의방론(醫方論)·상양(上洋) 귀엽산방(歸葉山房) 장판(藏板)"이라는 기문이 있고, 권1의 권두에는 "무진(武進) 비백웅(費伯雄) 진경보(晉卿甫) 저(著), 남응란(男應蘭) 편차(編次)·손(孫) 영조(榮祖)·승조(承祖)·소조(紹祖) 교자(校字)"라는 기문이 있다. 첫머리에 동치(同治) 4년(1865)에 저자 비백웅이 쓴 서문이 있고 이어 발범(發凡)이 있다. 발범의 첫째 조항에서는 “이 책은 오로지 초학(初學)을 위한 것으로 『의방집해』(醫方集解) 중에서 선발한 의방(醫方)을 취하여 평론을 단 것”이라고 하였다.

목차는 권1 육미지황환(六味地黃丸)・부계팔미환(附桂八味丸)・지백팔미환(知柏八味丸)・환소단(還少丹)・흑지황환(黑地黃丸)・호잠환(虎潛丸)・대조환(大造丸)・보천환(補天丸) 등, 권2 소시호탕(小柴胡湯)・황련탕(黃連湯)・황금탕(黃芩湯)・작약감초탕(芍藥甘草湯) 등, 권3 이중탕(理中湯)・사역탕(四逆湯)・당귀사역탕(當歸四逆湯)・사역산(四逆散) 등, 권4 황련해독탕(黃連解毒湯)・부자사심탕(附子瀉心湯)・반하사심탕(半夏瀉心湯)・백호탕(白虎湯) 순으로 되어 있다.

『의학입문』(醫學入門)

의학을 공부하는 데 필요한 입문서이다. 1575년 남풍(南豊) 이천(李梴)이 편찬했다. 19책의 목판본으로 주로 장중경(張仲景)의 상한론(傷寒論), 류하간(劉河澗)의 병원식(病原式), 이동원(李東垣)의 내상론(內傷論), 주단계(朱丹溪)의 잡병편(雜病篇) 등을 모아놓았다. 1권에 범례이십일조(凡例二十一條), 선천도(先天圖), 천지인물기후도(天地人物氣候圖), 명당앙복도(明堂仰伏圖), 장부도(臟腑圖), 용약검방망목(用藥檢方網目), 석방(釋方), 자음(字音) 등을, 2권에는 역대의학성씨(歷代醫學姓氏), 원도통(原道統), 음극(陰隙), 보양(保養), 천진절해(天眞節解), 여담론음대론(茹談論陰大論), 보양설(保養說), 도인법(導引法), 운기론(運氣論) 등을 실었다. 3권에는 경락(經絡), 장부(臟腑), 관형찰색(觀形察色), 청성심음(聽聲審音) 등을, 4권에는 문증(問證), 진맥(診脈) 등을, 5권에는 침구(鍼灸)를, 6권에는 본초총론(本草總論), 본초총론치풍문(本草總論治風門), 치열문(治熱門) 등을, 7권에는 치습문(治濕門), 치조문(治燥門), 치한문(治寒門) 등을, 8권에는 치창문(治瘡門) 등을, 9권에는 식치문(食治門), 식치방(食治方) 등을, 10권에는 상한증(傷寒證)을, 11권에는 상한용약부(傷寒用藥賦), 내상제방(內傷諸方)을, 12권에는 잡병제강(雜病諸綱), 잡병분류풍한서류(雜病分類風寒暑類)을, 13권에는 습조화류(濕燥火類), 내상(內傷) 기혈질허류(氣血疾虛類) 등을, 14권에는 부인문(婦人門)을, 15권에는 소아문(小兒門), 외과(外科)를, 16권에는 잡병용약부상(雜病用藥賦上)을, 17권에는 잡병용약부하(雜病用藥賦下)를, 18권에는 부인(婦人), 소아(小兒), 외과(外科), 용약부(用藥賦)를 그리고 마지막 19권에는 잡병(雜病), 부인(婦人), 소아외과(小兒外科), 총방(總方), 구급제방(救急諸方), 수화분치(水火分治), 표본론(標本論), 구본론(求本論), 잡치부(雜治賦), 습의규격(習醫規格) 등에 관한 내용을 실었다.

『이견지』(夷堅志)

현존 206권(원 420권)의 필기(筆記)로, 남송 홍매(洪邁 : 1123～1202)가 지었다. 정지(正志)는 10집(集)에 매집(每集) 20권이며. 분지(分志)는 10집(集)에 매집 10권이고, 삼지(三志)는 10집(集)에 매집 10권이며, 사지(四志)는 갑・을 2집에 20권으로, 모두 420권이다. 내용은 대부분 신선 및 괴이한 고사(故事)와 기문잡록(奇聞雜錄)이고, 시민생활과 일화도 기재하였다. 그 가운데 일부분은 육조(六朝) 이래의 기괴소설(奇怪小說) 및 『태평광기』(太平廣記) 등의 서(書)를 기록했다.

『이낙연원록』(伊洛淵源錄)

14권의 철학서로 남송의 주희(朱熹 : 1130~1200)가 지었다. 주돈이(周敦頤)·정호(程顥)·정이(程頤)·소옹(邵雍) 네 사람 및 그 문인제자의 언행과 행적을 기재하였고, 이정사상(二程思想)에 대해 가장 상세히 기록하였다. 『송사』(宋史) 중의 도학(道學)·유림(儒林) 제전(諸傳)은 대부분 이를 원본으로 했다. 송인(宋人)이 도학종파(道學宗派)를 말하고 도학(道學)의 문호(門戶)를 나눈 것은 모두 이 책에서 시작했다.

『이문광독』(夷門廣牘)

107종 158권으로 명의 주리정(周履靖)이 집성한 총서이다. 예원(藝苑 : 문학예술계)·박아(博雅)·존생(尊生)·서법(書法)·화수(畵藪)·식품(食品)·오지(娛志)·잡고(雜古)·금수(禽獸)·초목(草木)·초은(招隱) 등 11독(牘)에 별전(別傳)을 덧붙였는데 그 가운데 우한적(寓閑適)·상영(觴詠)의 2류가 있어, 모두 13류(類)이다. 역대의 패관(稗官) 잡기(雜記)와 편집자의 저술이 포함되어 있다. 음영(吟詠)·증답(贈答) 시편(詩編)에는 고대 과학기술 자료가 매우 많이 실려 있다.

『이상은시집』(李商隱詩集)

만당(晩唐) 시인(詩人) 이상은(李商隱 : 813~858)의 시집이다. 그는 회주(懷州) 하내인(河內人)이며, 자는 의산(義山)이다. 837년에 과거에 급제하였으나, 재능에 비해 관도(官途)가 평탄하지 못하여 여러 지방관을 역임하다 병사하였다. 그의 문학은 만당의 유미주의적(唯美主義的)인 풍조를 잘 대변해 준다. 책은 권1 오언고시(五言古詩), 권2 칠언고시(七言古詩), 권3·4 오언율시(五言律詩), 권5·6 오언배율(五言排律), 권7·8 칠언율시(七言律詩), 권9 오언절구(五言絶句), 칠언절구(七言絶句), 권10 칠언절구(七言絶句), 부록(附錄), 보유(補遺)의 순서로 되어 있다.

『이소』(離騷) ☞ **『이소경』(離騷經)**

『이소경』(離騷經)

중국 초(楚)나라의 굴원(屈原)이 지은 독백 장편 서사시이다. 『초사』(楚辭)에 전해지는데, 373구의 장편시로서 6언을 기조로 하고 있다. 굴원은 양자강 중부 유역에 위치한 초나라의 왕족으로 태어났다. 그의 친척이었던 회왕(懷王)의 신임을 받아 20대에 이미 좌도(左徒 : 시종)라는 중책을 맡았으나, 법령입안(法令立案) 때 궁정의 정적인 상관대부(上官大夫)와 충돌하여 그의 중상모략으로 면직당하고 국왕 곁에서 멀어지게 되었다. 그는 초(楚)가 제(齊)와 동맹하여 강국인 진(秦)

에 대항해야 한다고 주장했으나 진의 장의(張儀)와 내통하고 있던 정적과 왕의 애첩 때문에 뜻을 이루지 못했다. 왕은 제와 단교했으나 결국 진에게 기만당하고 진의 포로가 되어 살해당하고 말았다. 회왕이 죽은 뒤 큰아들인 경양왕(頃襄王)이 즉위하고 막내인 자란(子蘭)이 영윤(令尹 : 재상)이 되었다. 굴원은 회왕을 객사시킨 자란을 백성들과 함께 비난하다가 결국 버림을 받고 멱라수(汨羅水)에 투신하였다. 본 작품은 자살 직전에 창작한 것으로 알려져 있다.

『이십일사약편』(二十一史約編)

상고시대부터 명대까지의 중국 역사를 정사(正史) 21종(『사기』에서 『원사』까지, 『구당서』와 『구오대사』 제외)의 기록을 중심으로 간략하게 정리한 책이다. 저자인 청(淸)의 정원경(鄭元慶)은 귀안(歸安) 출신으로 이름이 경원(慶元)으로 전하기도 한다. 자는 자여(子餘) 또는 지휴(芷畦)이고 호는 소곡구(小谷口)이다. 어려서 역(易)과 예(禮)를 익히고 사서(史書)와 금석문(金石文)에 두루 통했으며 평생 벼슬에 나아가지 않고 저술에만 전념했다. 본서는 정사의 본기와 열전을 중심으로 하고 지(志)에 대해서도 요약하고 있다. 진(秦)대까지는 전편(前編)을 두어 다루고, 명(明)대의 경우는 후편(後編)으로 설정했다. 한대부터 원대까지는 여섯 부분으로 나누었는데, 전편과 후편을 더하여 총 여덟 부분이 되므로 팔음(八音), 즉 금(金), 석(石), 사(絲), 죽(竹), 포(匏), 토(土), 혁(革), 목(木)을 각 부분의 이름으로 붙였다.

본론에 해당하는 이 여덟 부분 앞에는 서론이라 할 수 있는 권수(卷首)를 두었는데, 상고고략[上古考略 : 반고(盤古)로부터 신농씨(神農氏)에 이르기까지 상고시대 제왕들의 계통에 관한 내용], 역대도가[歷代圖歌 : 역대 왕조의 국호를 도표와 칠언시로 정리], 도당이래역수[陶唐以來歷數 : 요순(堯舜)부터 명대까지 정통 왕조의 존속 연수를 기록], 도통계[道統系 : 복희(伏羲)부터 주자에 이르는 도통을 정리], 상위도[象緯圖 : 천문에 관한 전반적 내용], 여지도[輿地圖 : 지리에 관한 전반적 내용], 역조방역[歷朝方域 : 역대 왕조의 지방행정제도에 관한 내용, 특히 명대에 관한 내용이 상세], 예악(禮樂), 율려(律呂), 경적[經籍 : 십삼경(十三經)을 위주로 하여 자(子), 집(集)은 수록하지 않는다 했으나, 육도(六韜)와 삼략(三略)을 비롯한 무경칠서(武經七書)는 수록], 식화(食貨), 관제(官制), 병제[兵制 : 형제(刑制)도 아울러 수록], 석로(釋老) 등 제도 위주의 전문적인 주제에 관한 짤막한 글을 통시대적인 입장에서 서술했다.

『이아』(爾雅)

3권 20편(현존본 19편)으로 구성된, 경전의 훈고(訓詁)를 위한 사전이다. 사조(詞條)와 의류(義類)를 살펴서 편을 나누었다. 모두 석고(釋詁)·석언(釋言)·석훈(釋訓)·석친(釋親)·석궁(釋宮)·석기(釋器)·석악(釋樂)·석천(釋天)·석지(釋地)·석구(釋丘)·석산(釋山)·석수(釋水)·석초(釋草)·석목(釋木)·석충(釋蟲)·석어(釋魚)·석조(釋鳥)·석수(釋獸)·석축(釋畜)의 19편(篇)이다. 오경(五經) 및 『초사』(楚辭)·『장자』(莊子)·『열자』(列子)·『목천자전』(穆天子傳)·『관자』

(管子) · 『여씨춘추』(呂氏春秋) · 『산해경』(山海經) · 『시자』(尸子) · 『국어』(國語) 등 여러 책의 글들에 대해 훈석(訓釋)을 행했다. 앞 3편에선 일반적인 사어(詞語)를 해석하여, 같은 뜻의 글자를 한 조(條)로 배열하였다. 후 16편은 각종 명사를 해석하였다. 중국 최초의 사전(詞典)으로서 후세에 매우 큰 영향을 미쳤다. 또한 『이아』 자체에 대한 연구 및 이를 모방한 훈고서가 잇달아 나와 '아학'(雅學)을 이루기도 하였다. 당송(唐宋)에 이르러 십삼경(十三經)의 하나가 되었다.

『**이전술**』(異典述)

왕세정(王世貞 : 1526~1590) 사후에 그의 문인인 동복표(董復表)가 편찬하였다. 왕세정이 저술한 문집 중 설부(說部)의 조정 정사(政事)에 관한 것과, 기피되어 사장(私藏)된 전록(傳錄) 및 기타 비록(秘錄) 등을 수집하여 편찬한 사료인 『엄주사료』(弇州史料) 중 권47부터 권56까지로 구성되어 있다.

『**이정전서**』(二程全書)

송의 정호(程顥 : 1032~1085) · 정이(程頤 : 1033~1107) 형제가 지은 저작을 합집하여 65권으로 엮은 철학서이다. 리(理)를 우주만물의 본체로 보는 우주관을 제시하였다. 견문지지(見聞之知)에 반대하고 감성 지식을 경시한 반면, 내심(內心)의 봉건도덕의 수양을 중시하고 신비주의적인 성(誠) · 경(敬)을 고취했다. 인성론에서 성선(性善)을 주장하고, 성(性)은 곧 리라고 보았다.

『**이태백전집**』(李太白全集)

36권으로 당(唐)의 이백(李白 : 701~762)이 지었고, 청의 왕기(王琦)가 집주(集注)했다. 시를 30권으로 정리하고 서지(序志), 비(碑), 전(傳), 증답(贈答), 제영(題詠), 시문(詩文), 평어(評語), 연보(年譜), 외기(外記)를 부록 6권으로 묶었다. 시 1050여 수, 문장 106편과 부록으로 시문 등 500여 수를 실었다. 왕기의 주는 이백의 시에 대한 가장 좋은 주석본으로 평가받는다.

『**이태백집**』(李太白集)

30권으로 당(唐)의 이백(李白 : 701~762)의 문집이다. 처음 이양빙(李陽氷)이 편찬할 때는 이백이 지은 『초당집』(草堂集) 10권, 『송락사』(宋樂史)를 이어 증보한 것이 20권, 이백의 잡저(雜著) 10권이 있었다고 하나 지금은 전해지지 않는다. 이 책들은 송민구(宋敏求)가 왕보(王溥) 당위호(唐魏顥)를 근본으로 삼고, 산실된 작품을 수집하여 한 편으로 만든 것이다. 근무(近繆)는 기(芑)가 송나라 판본을 얻어 본래대로 똑같이 다시 새겨서 만든 것이라고 하였다. 그 순차는 제가(諸家)의 서문(序文) 1권, 2권부터 24권까지는 시로 구성되어 있으며, 25권부터 30권까지는 잡저(雜著)로 구성되어 있다.

『**이한림집**』(李翰林集)

당(唐) 이백(李白 : 701~762)의 시집이다. 이백의 본적은 농서(隴西) 서성기(西成紀)이나 안서도호부(安西都護府) 소속의 쇄엽(碎葉)에서 태어났으며, 자는 태백(太白), 호는 청련거사(靑蓮居士)이다. 부유한 상인 집안 출신으로 백가의 서적을 두루 읽고 검술을 좋아하여 지기(志氣)가 호방했다. 스무 살 무렵에 사천(四川)을 주유(周遊)하고, 스물다섯부터 정치적 포부를 안고 안륙(安陸)에 거처를 둔 채 동정호(洞庭湖)에서 오(吳)·월(越), 강하(江夏), 태원(太原), 제(齊)·노(魯) 등지를 여행하며 많은 명인(名人)들과 교류했다. 그의 시는 원래 이양빙(李陽冰)에 의해 『초당집』(草堂集) 10권으로 나왔다가, 송 함평(咸平) 연간(998~1003)에 악사(樂史)가 10권 분량의 시를 얻어 『이한림집』(李翰林集) 20권을 간행하면서 따로 잡저(雜著)들을 모아 『별집』(別集) 10권을 만들었다고 한다.

『**익주명화록**』(益州名畫錄)

일명 『성도명화록』(成都名畫錄)으로 3권이며 송(宋)의 황휴복(黃休復)이 지었다. 당 건부(乾符) 초기부터 북송 건덕(乾德) 연간(약 875~968)에 걸친 성도(成都)지역의 회화 활동을 전문적으로 기록했다. 화가 58명을 기록하여 일(逸)·신(神)·묘(妙)·능(能) 4품(品)으로 나누었다. 각 인물의 소전(小傳)을 두고 독화사적(續畵事蹟)을 기술했다.

『**인화록**』(因話錄)

6권(혹은 3권)의 필기(筆記)이며 당의 조린(趙璘)이 지었다. 궁(宮)·상(商)·각(角)·치(徵)·우(羽)의 5부(部)로 나누어 제왕(帝王)·백관(百官)·불사자(不仕者)·전고(典故)·잡사(雜事) 등을 서술했다. 당 초부터 대중(大中) 9년까지, 모두 132조(條) 약 3만 자로 되어 있다. 어사대(御史臺)의 역사 사실과 고종(高宗)·무후기(武后期) 3성(三省)의 변화, 현종(玄宗)에서 선종(宣宗) 연간의 인물에 대한 기술은 사전(史傳)과 서로 참고해 볼 만하다.

『**일전역지**』(日躔曆指)

명 말의 예수회 선교사이자 천문학자인 재크 로우(羅雅谷 : 1593~1638), 아담 샬(湯若望 : 1591~1666)이 태양 및 항성의 운행과 관련한 여러 계측법(計測法)들을 정리한 천문서로, 시헌역법서(時憲曆法書)인 『신법서양역서』(新法西洋曆書) 가운데 일부이다. 제1책은 제1 정남북선(定南北線), 제2 정북극출지도분(定北極出地度分), 제3 논청몽기지차(論淸蒙氣之差), 제4 구황도여적도지거도세세부등(求黃道與赤道之距度世世不等), 제5 춘추량분시태양지본도(春秋兩分時太陽之本度), 제6 태양평행급실행(太陽平行及實行), 제7 구태양최고지처급양심상거지차(求太陽最高之處及兩心相距之差), 제8 추태양지시차급(推太陽之視差及) 일지거리원근가감지산(日地去離遠

近加減之算), 제9 논일차(論日差), 제2책은 제1 항성본행(恒星本行), 제2 세차(歲差), 제3 항성변역도(恒星變易度). 제3책은 제1 이항성지황도경위도구기적도경위도(以恒星之黃道經緯度求其赤道經緯度), 제2 이도수도성상(以度數圖星象)으로 구성되어 있다.

『**일전표**』(日躔表)

서양역법의 태양운행표이다. 서광계의 감수로 예수회 선교사 재크 로우(羅雅谷 : 1593~1638)와 아담 샬(湯若望 : 1591~1666)이 함께 편찬하였으며, 숭정(崇禎) 연간(1628~1644)에 발간된 듯하다. '신법역서'(新法曆書)라는 제명(題名)이 있고 그 뒤쪽에 또 '서양신법역서(西洋新法曆書) 법수부(法數部) 일전표(日躔表)'라고 쓴 아래 '서광계(徐光啓) 독수(督修), 재크 로우(羅雅谷)·아담 샬(湯若望) 찬정(撰訂)'과 문생(門生) 6명의 이름이 적혀 있다.

『**일지록**』(日知錄)

32권의 필기(筆記)로 명말청초의 고염무(顧炎武 : 1613~1682)가 지었다. 고염무의 대표작인 이 책은 저자가 30여 년간 축적하고 정리한 것을 저술한 것이다. 대체로 경의(經義)·정사(政事)·재부(財賦)·사회 풍조·예치(禮治)·과거(科擧)·역사와 지리·병사(兵事)·예문(藝文)으로 분류하여 조목별로 열거했다.

『**임천집**』(臨川集)

송 왕안석(王安石 : 1021~1086)의 시문합집(詩文合集)이다. 저자의 자는 개보(介甫)이고 만호(晚號)는 반산노인(半山老人)이며, 무주(撫州) 임천(臨川) 사람이다. 일찍이 형국공(荊國公)에 봉해졌기 때문에 세칭 왕형공(王荊公)이라고도 하며, 시호가 문(文)이어서 왕문공(王文公)이라고도 한다. 전체 100권 중 시(詩)가 총 38권이고, 문(文)이 62권이다. 권1~13은 고시(古詩), 권14~34는 율시(律詩), 권35는 만사(挽辭), 권36은 집구(集句), 권37은 집구(集句)·가곡(歌曲), 권38은 사언시(四言詩)·고부(古賦)·악장(樂章)·상량문(上梁文)·명(銘)·찬(讚)이다. 권39는 서소(書疏), 권40은 주장(奏狀), 권41~44는 찰자(札子), 권45~48은 내제(內制), 권49~55는 외제(外制), 권56~61은 표(表), 권62~70은 논의(論議), 권71은 잡저(雜著), 권72~78은 서(書), 권79~81은 계(啓), 권82~83은 기(記), 권84는 서(序), 권85~86은 제문(祭文), 애사(哀辭), 권87~89는 신도비(神道碑), 권90은 행장(行狀)·묘표(墓表), 권91~100은 묘지(墓誌)이다.

『**자경편**』(自警編)

자기 자신을 경계하는 데 도움이 되는 책으로, 송대 제공(諸公)의 언행을 모아 기록한 책이다. 송 영종(寧宗) 가정(嘉定) 17년(1224)에 조선료(趙善療)가 편찬하였으며, 전 5권 5책이다. 8종으로 제1책 : 학문류(學問類)－학문(學問), 견식(見識), 기량(器量) 등, 조수류(操修類)－정심(正心), 검신(檢身), 성실(誠實), 조수(操守), 정력(定力), 청렴(淸廉), 검약(儉約), 무기호(無嗜好), 근언행(謹言行), 도회(韜晦), 섭양(攝養), 호생(好生) 등. 제2책 : 제수류(齊家類)－효우(孝友), 교자손(敎子孫), 진친족(賑親族), 거처(居處) 등, 접물류(接物類)－교제(交際), 군자(君子), 소인(小人), 악선(樂善), 교육(敎育), 후덕(厚德), 보덕(報德), 불보(不報), 혼장(婚葬) 등, 출처류(出處類)－출처(出處), 의명(義命), 염퇴(恬退), 환난(患難), 휴치(休致) 등. 제3책 : 사군류상(事君類上)－충의(忠義), 공정(公正), 덕망(德望), 득체(得體), 강독(講讀), 간쟁(諫諍) 등. 제4책 : 사군류하(事君類下)－우국(憂國), 천거(薦擧), 용인(用人), 선처사(善處事), 사명(使命) 등. 제5책 : 정사류(政事類)－정사(政事), 진정신(鎭靜信), 통하정(通下情), 제인(濟人), 구황(救荒), 구폐(救弊), 변무옥송(辨誣獄訟), 재부(財賦), 병(兵), 제승(制勝) 등, 습유(拾遺)－의론(議論), 보응(報應) 등.

『자치통감』(資治通鑑, **『통감』으로 약칭**)

294권으로 송의 사마광(司馬光 : 1019～1086)이 편찬한 편년체 사서이다. 주(周) 위열왕(威烈王) 23년(BC 403)부터 오대 후주(後周) 현덕(顯德) 6년(959)까지 1362년간의 역사를 다루었다. 처음에 사마광은 『통지』(通志) 8권을 편찬하여 이를 치평(治平) 원년(1064)에 영종(英宗)에게 바쳤다. 이를 본 영종이 기뻐하며 '역대명민사적'(歷代名民事迹)을 개칭하여 속수(續修)하도록 명하고, 치평 2년 숭문원(崇文院)에 사국(史局)을 설치하여 그 편찬이 시작되었다. 편찬방법은 우선 관련 사료를 연월순으로 정리하여 장편[長編 : 초고]을 작성하고 이것을 줄여 광본(廣本)으로 하였으며, 다시 사마광이 전권에 걸쳐 필삭(筆削)을 가하고 "신광왈"(臣光曰)이라는 평론을 넣어 완성하였다.

내용은 주기(周紀) 5권, 진기(秦紀) 3권, 한기(漢紀) 60권, 위기(魏紀) 10권, 진기(晉紀) 40권, 송기(宋紀) 16권, 제기(齊紀) 10권, 양기(梁紀) 22권, 진기(陳紀) 10권, 수기(隋紀) 8권, 당기(唐紀) 81권, 후량기(後梁紀) 6권, 후당기(後唐紀) 8권, 후진기(後晉紀) 6권, 후한기(後漢紀) 4권, 후주기(後周紀) 5권으로 이루어졌다. 또한 별도로 방대한 본서를 간편하게 보게 하기 위한 『자치통감목록』(資治通鑑目錄) 30권, 사실 고증의 경위를 기록한 『자치통감고이』(資治通鑑考異) 30권을 동시에 편찬하였다. 당・오대에 관한 것은 사료적 가치가 높고 특히 당 후반, 오대 부분은 원사료가 채용되어 근본 사료로서의 가치를 지닌다.

『자치통감강목』(資治通鑑網目, **『자치강목』으로 간칭**)

59권으로 된 남송의 주희(朱熹 : 1130～1200)가 지은 편년체 사서이다. 사마광의 『자치통감』에 기초하였고 다룬 시기도 같다. 주희 스스로 서술한 것을 강(鋼)으로 하고 문인 조사(趙師)가 분주(分注)한 세목은 목(目)으로 해서 편년체 사서로 편수하였다. 주자학파의 역사관과 유교도덕을 분명히 드러내고 있으며, 중국뿐 아니라 조선 및 일본의 유교 문화에도 커다란 영향을 주었다.

『자휘』(字彙)

14권의 자서(字書)로 명의 매응조(梅膺祚)가 지었다. 『설문해자』(說文解字)의 540부수(部首)를 214부수로 줄이고, 자(字)를 부수에 따라 배열하였으며 같은 부수 내에서는 필획수에 따라 배열하였다. 『설문해자』 해석에 의거하여 자(字)의 본의(本義)를 설명하였으며, 본서 앞에는 총목(總目)·검자(檢字), 뒤에는 필순(筆順)·판사(辨似) 등이 있어 매우 실용적이다. 본서의 최대 특징은 많은 체례를 찾아볼 수 있다는 점으로, 고대의 자서(字書)를 진정한 의미에서 근대의 자전(字典)으로 만들었으며, 『강희자전』(康熙字典)의 저본이 되었다.

『잠부론』(潛夫論)

10권 36편으로 후한의 왕부(王符 : 85~163)가 지었다. 관계(官界)의 부패를 한탄하고 사회의 악폐를 비판하여 정치의 득실을 논한 30여 편을 저술하였는데, 세상에 이름을 드러내기 꺼려하여 잠부론(潛夫論)이라고 이름붙였다고 한다. 충실(忠實)·부치(浮侈)·실공(實貢)·술사(述赦)·애목(愛日) 등의 편들은 유가의 입장에서 일신의 명리만을 추구하는 관리를 배격하고 학문을 존중하는 유덕자(有德者)를 관리로 채용하여 덕으로 백성을 안정시키는 것이 정치의 근본임을 주장하였다. 복렬(卜列)·무열(巫列)·상렬(相列)·몽렬(夢列) 등의 편에서는 당시 성행한 신선적(神仙的) 미신술(迷信術)을 부정하였다. 자연관은 원기(元氣)를 우주의 본체로 파악하여 도(道)는 기(氣)의 변화에 의한 것이라 하였고 인식론에서는 학습의 중요성을 강조하여 사람의 주관적인 능동성을 긍정하였다.

『장경집』(長慶集) ☞ **『백씨장경집』**(白氏長慶集)

『장서』(藏書)

별칭 『이씨장서』(李氏藏書)로 명의 이지(李贄 : 1527~1602)가 편찬한 68권의 사평(史評)이다. 본서는 전국시대부터 원 말까지 800명에 대해 기전체로 서술하였다. 구성은 세기(世紀), 대신(大臣), 명신(名臣) 등으로 나누고, 그것을 더욱 세분하여 각각 서두에 논(論)을 덧붙여 해설하였다. 곳곳에 매우 혁신적인 견해가 나타나 있어 한때 금서(禁書)로 지정되기도 하였다.

『장자』(莊子)

10권 33편으로 전국시대의 장주(莊周 : BC 369~286)가 지었다. 『노자』와 아울러 도가사상의 중요한 고전이다. 『한서』(漢書) 예문지(藝文志)에는 장주 52편으로 기재되어 있지만 지금은 33편만 남아 있다. 내편 7편, 외편 15편, 잡편 11편으로 구성되어 있다. 노자의 도가 유심론적(唯心論的) 입장에서 출발하여 신비주의적인 색채를 띠고 있는 데 비해, 장자는 도(道)의 자연무위(自然

無爲)를 강조하고 개인의 절대적 자유정신을 추구하고 있는 것이 특징이다. 또 인식론의 측면에서는 사물의 상대성을 제시하고 사람의 주관적 인식 능력을 강조하고 있다.

『전가역설』(傳家易說)

주역 주석서로 곽옹(郭雍 : 1091~1187)이 편찬하였다. 이 책의 권1에서 권3까지는 상경(上經), 권4에서 권6까지는 하경(下經)을 해석하였으며, 권7·8은 계사전(繫辭傳), 권9는 설괘전(說卦傳), 권10은 서괘전(序卦傳), 권11은 잡괘전(雜卦傳)을 해석하였다. 곽옹의 역학이론은 대개 의리를 분석하는 데 중점을 두고 있고, 내용은 정이(程頤)의 『역전』(易傳)과 비슷하다.

『전고』(滇考)

2권의 지방사서(地方史書)로 청의 풍소(馮甦 : 1627~1692)가 편찬하였다. 이 책은 풍소가 영창부[永昌府 : 운남성 보산(保山)]의 추관(推官)으로 있을 때 여러 사서(史書)와 지방지(地方志), 수필, 소설 등의 문헌에서 수집한 운남(雲南)의 역사자료를 토대로 하여, 전국시대 장교[莊蹻 : 초(楚)의 유명한 도적]가 전국(滇國)의 왕이 된 것에서부터 청초(淸初) 삼번(三藩)의 평정까지 제목을 나누어 46편으로 모아 편집한 것이다.

『전국책』(戰國策)

33권 497편으로 전국시대 유세가(遊說家)의 변설이나 제왕(諸王)과의 대화, 각 국의 고사(故事) 등을 국가별로 모은 것이다. 전한 말 유향(劉向)이 기원전 26~27년 사이에 33편으로 정리하여 편집하였는데, 자서(自序)에 따르면 『국책』(國策)·『국사』(國事)·『단장』(短長)·『사어』(事語)·『수서』(修書) 등의 제서(諸書)와 비교·교정하여 작성하였다고 한다. 춘추 말부터 진(秦)까지 240여 년간의 사실을 대략 시대순으로 서술하였는데, 당시 각국의 정치·군사·외교, 특히 사인(士人) 계층의 활동에 대해 많은 서술을 하였다.

『전당시』(全唐詩)

900권으로 청의 팽정구(彭定求) 등이 강희제(康熙帝) 때 칙명에 의해 당시(唐詩) 및 오대(五代)의 시를 망라하고 집성하여 편찬한 것이다. 『당음총첨』(唐音叢籤), 『당시』(唐詩) 두 권을 저본으로 하고 내부(內府) 소장의 시집(詩集)이나 잔비(殘碑)·단갈(斷碣)·패사(稗史)·잡서(雜書)에 실린 것도 수집하여 교정 및 보충을 하였다. 체제는 대체로 계진의(季振宜)의 것에 따라 시대순으로 배열한 것 외에 제제(諸帝)·후비(后妃) 이하·종실제왕(宗室諸王)·오대제군주비(五代諸君主妃)·교묘(郊廟)·악장(樂章)·악부(樂府)·제신(諸臣)의 순서로 배열하고, 말미에 참어(讖語)·기(記)·언미(諺迷)·요(謠) 등을 수록하였으며, 작자마다 소전(小傳)을 부가하였다.

『전등신화』(剪燈新話)

4권 20편과 부록 1권으로 되어 있으나 원본은 40권이다. 1378년에 쓴 자서(自序)가 있다. 당나라 때의 소설을 본떠 고금의 괴담기문(怪談奇聞)을 엮어서 쓴 전기소설로서 명대의 유일한 문어체 소설집이다. 그 속찬(續撰)과 의작(擬作)은 그 후 동양 3국에서 크게 유행하였는데, 이정(李禎)의 『전등여화』(剪燈餘話), 소경첨(邵景詹)의 『남등인화』(覽燈因話) 등이 그것이다.

『전주두시』(錢注杜詩)

20권으로 청의 전겸익(錢謙益 : 1582~1664)이 두시(杜詩)에 대한 주석서이다. 구주(舊注)의 잘못된 해석과 편견을 바로잡았다. 가장 큰 특색은 역사로써 시(詩)를 증거한 것인데, 두보가 처한 시대적 배경에서 출발하여 시의 내용을 발굴하고 시의 인명(人名)·지명(地名)·전장(典章)·문물(文物)에 대한 고증과 해석도 매우 독창적인 경지에 이르렀다.

『전한서』(前漢書) ☞ **『한서』**(漢書)

『절강서목』(折江書目) ☞ **『절강채집유서총록』**(浙江采集遺書總錄)

『절강채집유서총록』(浙江採集遺書總錄)

11집 12권의 해제서(解題書)로 청의 심초(沈初) 등이 편찬했다. 총 4,523종, 5만 6,955권과 권으로 나뉘지 않은 92책을 수록하였는데 경사자집(經史子集) 4부(部) 46류(類)와 약간의 자목(子目)으로 나누었다. 천간(天干)에 따라 10집으로 나누었는데 계집(癸集)이 상·하의 두 권으로 나뉜 것 이외에는 모두 한 권으로 구성되었다. 이들 외에 별도로 1권이 더 있어 총 11집 12권이다.

『정관공사화사』(貞觀公私畵史)

1권으로 『정관화록』(貞觀畵錄), 『정관공사화록』(貞觀公私畵錄), 『공사화록』(公私畵錄)이라고도 한다. 회화사서(繪畵史書)로서 당의 배효원(裵孝源)이 편찬하였다.

『정관정요』(貞觀政要)

10권의 잡사(雜史)로 당의 오긍(吳兢)이 지었다. 정관(貞觀) 연간(627~649) 당 태종(太宗)과 위징(魏徵)·방현령(房玄齡)·두여회(杜如晦) 등 신료 45명과의 문답, 대신의 간쟁(諫爭)·주소(奏疏)·정책(政策) 등을 분류 편집하였다. 찬자는 태종의 정치를 모범으로 여겨 후세에 감계(鑑戒)할 의도로 이 책을 편찬하여 현종(玄宗) 개원(開元) 8년(720)에 완성하였다. 그 구성은 1권 군도(君道)·정체(政體)에서 10권 신종(愼終)에 이르기까지 10권 40편으로 이루어져 있고 군신(君臣)의 심득

(心得)을 설명하였다. 이후 위정자의 정치교과서로서 중국・조선・일본에 널리 유포되었다.

『정단간공전집』(鄭端簡公全集)

21종 127권의 총서(叢書)로 명의 정효(鄭曉)가 지었다. 정효의 『오학편』(吾學編) 14종 69권을 수록한 외에 『주의』(奏議) 14권, 『문집』(文集) 12권, 『고언』(古言) 2권, 『금언』(今言) 4권, 『징오록』(徵吾錄) 2권, 『형문집』(衡門集) 15권, 『연보』(年譜) 9권, 모두 7종 58권을 수록하였다.

『정림유서』(亭林遺書)

23종 65권의 총서로 일명 『곤산고씨전집』(崑山顧氏全集)이며 청의 고염무(顧炎武)가 지었다. 사학(史學) 관계로는 남명(南明) 복왕정권(福王政權)의 처음과 끝을 기록한 『성안기사』(聖安記事) 2권과 명 말의 알려지지 않은 사건을 모은 『명계실록』(明季實錄) 1권이 있다. 수록된 『정림문집』(亭林文集) 6권 가운데에는 당시의 정치・사회에 대해 논한 내용이 많다.

『정사』(情史)

24권의 필기소설집(筆記小說集)으로 명의 풍몽룡(馮夢龍)이 엮었다. 『정사유략』(情史類略) 혹은 『정천보감』(情天寶鑑)으로도 불린다. 본서의 원제는 『첨첨외사편』(詹詹外史編)인데, 역대 필기소설 가운데 정(情)에 관한 고사를 선별하고 정리하여 편집하였으며 편자가 전해들은 것도 있다. 모두 870여 편으로 구성되었고, 산일된 적지않은 작품들이 이 책에 의해 보존되었다.

『정사』(程史)

15권으로 남송의 악가(鄂珂 : 1183～1234)가 지은 것으로, 북송・남송의 조야(朝野)에 걸친 고사(故事)・유문(遺聞)・질사(軼事)를 기록하였다. 송・금 사이의 화전(和戰)・교섭, 그 밖에 제사(諸事) 140여 조는 정사(正史)에 비해 상세하여, 기년(紀年)・인명(人名)・지명(地名) 등에 약간의 잘못은 있지만 방증에 도움이 된다.

『정자통』(正字通)

12권의 자서(字書)이며 요문영(廖文英)이 지었다. 체제는 『자휘』(字彙)와 같고, 수록된 자수도 그와 비슷하여 3만 3천여 자에 이른다. 널리 고증을 하였지만 견강부회한 부분이 많고, 그 영향력도 『자휘』에는 훨씬 미치지 못한다.

『정절선생집』(靖節先生集)

10권으로 진(晉) 도잠(陶潛)이 편찬하였다. 일명 『도연명집』(陶淵明集)이다. 본서는 북제(北齊)

양휴지(陽休之)가 세 가지 판본을 모아 만든 것이다. 권수에 예언(例言), 제요(提要), 제본(諸本)의 서록(序錄) 등을 두고 권10과 권말에 정절선생집연보고이(靖節先生集年譜考異) 상・하를 덧붙였다. 본서의 주석은 비교적 상세하다.

『정지』(鄭志)

11권으로 후한 정현(鄭玄 : 127～200)의 문인이 서술하고 정현의 손자인 정소동(鄭小同)이 편찬하였다. 원서는 이미 산일되고 『고경해휘함』(古經解彙函)에 편집본 3권 및 보유(補遺) 1권이 있다. 정현 사후 문인들이 그 문답을 기록하여 11권으로 완성하였는데, 내용은 주로 경전의 의문점에 대한 상세한 설명이다.

『제동야어』(齊東野語)

20권의 필기(筆記)로 남송의 주밀(周密 : 1232～1298)이 지었다. 주밀의 자는 공근(公謹)이고 호는 초창(草窓)이며 본관은 제남(濟南)으로, 호주(湖州) 사람이다. 본서의 서명은 『맹자』의 '제동야인지어'(齊東野人之語)에서 땄으며, 원 세조(世祖) 지원(至元) 28년(1291)에 완성되었다. 남송대의 사실(事實), 전고(典故), 문예(文藝), 질사(軼事) 등 277조를 수록하였는데, 사료가 한정되어 있는 남송사(南宋史) 연구에 중요한 사료로서 사전(史傳)에 없는 부분을 보충해 주어 가치가 있다.

『제민요술』(齊民要術)

원서(原序) 잡설[雜說 : 권두잡설(卷頭雜說)]의 10권 92편으로 중국 최고(最高)의 종합적 농서이다. 북위(北魏) 가사협(賈思勰 : 530～550)이 편찬한 것으로 가사협은 북위 고양군(高陽郡) 태수(太守)로 알려져 있지만 제군(齊郡) 즉, 산동성 사람으로 여겨진다. 『주례』(周禮), 『예기』(禮記), 『범승지서』(氾勝之書), 『사민월령』(四民月令) 등 선주(先奏)에서 위진(魏晉)에 이르는 고서(古書) 100여 종과 농언(農諺) 20여 조를 인용하여 문헌학적으로도 귀중한 가치가 있다.

『제신주의』(諸臣奏議) ☞ **『송제신주의』**(宋諸臣奏議)

『제왕세기』(帝王世紀)

10권의 별사류(別史類)로 서진(西晉) 황보밀(皇甫謐 : 215～282)에 의해 편찬되었다. 황보밀은 안정(安定) 조나[朝那 : 감숙성 평량(平凉) 서북지방] 사람으로 자는 사안(士安)이고 스스로 현안(玄晏) 선생이라 하였다. 본서는 『고문상서』(古文尙書), 『육경도참』(六經圖讖) 및 경사잡서(經史雜書)에 의거하여, 전설상의 삼황(三皇)시대로부터 진(秦), 한(漢) 및 조위(曹魏)에 이르기까지 제왕의 사적(事蹟) 및 간전(墾田) 호구 등을 기술했다.

『제자직』(弟子職)

『관자』(管子)의 편명으로 관중(管仲 : BC ?~645)이 제자가 선생을 섬기는 예를 기술한 것이다. 예전에는 숙사(塾師)가 제자를 가르치는 법을 전한 것이라 하였지만, 최근에는 전국시대 직하학관(稷下學館)의 학칙(學則)으로 이해되고 있다.

『조선국기』(朝鮮國紀)

주(周) 위열왕(威烈王) 23년(BC 403)부터 오대 후주(後周) 세종(世宗 : 954~959)까지의 역대 사실(史實)의 적요(摘要)를 간명하게 정리한 강목체(綱目體)의 사찬(私撰) 통사(通史)로서, 황홍헌(黃洪憲 : 1541~1600)이 편찬하였다. 원서는 명대에 완성되었을 것으로 짐작되나, 규장각 소장본에는 서문(序文)이 없어 원서의 성립 경위나 출판 사항 등이 모두 불분명하다. 자세한 것은 알 수 없으나 『자치통감강목』의 보완서나 참고자료로 활용하기 위해 저술된 것으로 보이며, 강목체 사서의 한 종류로서 다른 서(書)들과 함께 상호 보완적으로 참조할 수 있을 것이다.

『조선부』(朝鮮賦)

중국 명나라 사신 동월(董越)이 조선의 풍토를 부(賦)로 읊은 내용을 엮은 책이다. 조선 명종 때 중국에서 간행되었으며, 조선에서는 숙종 23년(1697)에 간행되었다. 청나라 때 간행된 『사고전서』에도 포함되어 있다. 동월은 성종 19년(1488) 조선에 사신으로 왔다가 본국으로 돌아가 이 책을 지었으며, 직접 주(註)를 달았다. 조선의 위치와 팔도의 설명, 농사법 · 혼인 · 조상숭배 등 조선의 풍속, 의순(義順)에서 순안(順安)까지의 노정(路程), 평양의 역사 · 지리 · 경관 · 문물 · 유적, 대동강에서 서울까지의 노정 및 사신 접대 모습, 도성의 모습과 위치와 팔도(八道)의 설명, 농사법 · 혼인 · 조상숭배 등 조선의 풍속, 의순(義順)에서 순안(順安)까지의 연희(演戲), 성균관(成均館) · 한강 · 도성의 유람, 백성과 여성들의 생활상과 복식, 조선의 각종 산물 등을 기록하고 있다.

『좌씨전』(左氏傳) ☞ **『좌전』**(左傳)

『좌전』(左傳)

30권의 편년체 사서로 춘추 말에 좌구명(左丘明)에 의해 편찬되었다고 전한다. 한대의 유학자들은 본서가 『춘추』(春秋)를 해석한 전문(傳文)이라 하여 『춘추좌씨전』(春秋左氏傳), 『춘추좌전』(春秋左傳), 『좌씨전』(左氏傳) 등으로 불렀으며, 『춘추』 3전(三傳) 중의 하나로 여겼다. 춘추말 노(魯)나라의 태사(太史) 좌구명이 지었다고 하지만 확실하지 않으며, 본서의 성립시기 역시 경학자(經學者)의 고증에 따르면 대략 기원전 375~351년 사이로 추측되지만 그 밖에도 여러 설이 있다. 내용은 노군(魯君) 은(隱) · 환(桓) · 장(莊) · 민(閔) · 희(僖) · 문(文) · 선(宣) · 성(成) · 양

(襄)・소(昭)・정(定)・애(哀) 12공(公)의 기사를 기재하였으며, 서술 연대는 노(魯) 은공(隱公) 원년 주(周) 선왕(宣王 23)부터 도공(悼公) 4년 주(周) 정정왕(貞正王 16)까지이다. 문장이 간결하고 인물이나 사건의 기재에 생동감이 넘쳐 중국 고대 사학과 문학의 명저로 평가된다.

『좌전집해』(左傳集解)

『춘추좌전』(春秋左傳)을 주석한 책으로 두예(杜預)가 편찬하였다. 두예는 『좌전』을 깊이 연구하여 조리와 체계를 세움으로써 『좌전』에 관한 가장 표준적인 주석으로 평가받고 있다.

『주관』(周官) ☞ **『주례』**(周禮)

『주례』(周禮)

원명은 『주관』(周官) 혹은 『주관경』(周官經)으로 3례(三禮)의 하나이자 5경(五經)의 하나이다. 서주(西周) 봉건제도를 이상화하여 지은 관제(官制)의 경전이며, 유가의 정치이념이 내포되어 있다. 내용은 천관총재(天官冢宰), 지관사도(地官司徒), 춘관종백(春官宗伯), 하관사마(夏官司馬), 추관사구(秋官司寇), 동관고공기(冬官考工記)의 6관(官) 6편(篇)으로 나누고 약 360관직의 직제(職制) 직무(職務) 관리서도(官吏胥徒)의 원수(員數)를 기록하였다. 『주례』는 선주(先奏)의 정치, 사회, 경제, 문화 등과 예법(禮法)에 관한 많은 사료를 포함하고 있다.

『주례전경석원』(周禮全經釋原)

『주례』에 관한 옛 주(注)를 모으고 주석을 덧붙인 책으로 명의 가상천(柯尙遷)이 지었다. 이 책은 『주례』의 육관(六官)을 12권으로 나누고, 『주례통론』(周禮通論)과 『주례통금속론』(周禮通今續論) 각 1권씩을 덧붙였다.

『주비산경』(周髀算經)

1권(7천 자)의 천문 역산서(曆算書)이다. 본서의 성립시기는 확실치 않으나, 일반적으로 기원전 1~2세기경으로 추측하고 있다. 내용은 수학 방면에서 분수의 곱셈, 뺄셈, 등차수열(等差數列), 원주 측정법 및 분수를 사용하여 소수점 이하를 표시하는 방법 등을 다루었다. 또한 천문 방면에서 개천설(蓋天說)과 사분역법(四分曆法) 등을 밝혔다. 비록 오류가 많고 소략하다는 단점이 있지만 2천 년의 천문계산에 관한 서적으로서 귀중한 사료이다.

『주서』(周書)

일명 『북주서』(北周書) 혹은 『후주서』(後周書)로 불리며 50권으로 구성된 정사(正史)의 하나이다. 당의 영호덕분(令狐德棻 : 583～666)이 편찬하였다. 영호덕분은 의주(宜州) 화원[華原 : 섬서성 휘현(徽縣)] 사람으로 관농(關隴) 귀족이며, 예부시랑(禮部侍郎), 국자감제주(國子監祭酒), 홍문관(弘文館) 숭현관학사(崇賢館學士)를 지냈다. 본서는 정관(貞觀) 연간(627～649)에 태종의 명에 따라 방현령(房玄齡)을 총감(總監)으로 한 제(齊)·주(周)·양(梁)·진(陳)·수(隋) 오조사(五朝史) 편찬사업의 일환으로 집필된 것으로, 저자 외에 여러 명이 참가하였으며 사론(史論) 부분은 잠문본(岑文本)이 지었다고 한다. 정관 10년(636)에 완성되었으며, 본기 8권, 열전 42권으로 이루어진 기전체 사서로서 지(志)와 표(表)는 없다. 서술 범위는 북위 효무제(孝武帝) 대통(大統) 원년(535)에서 북주 정제(靜帝) 대정(大定) 원년(581)까지 서위(西魏) 22년과 북주 25년의 역사이다.

『주역』(周易)

일명 『역경』(易經) 또는 『역』(易)으로 불리며 10권으로 5경(五經) 중의 하나이다. 위(魏)의 왕필(王弼), 진(晉)의 한강백(韓康伯)이 주(注)했으며, 경(經) 상·하 2편, 십익(十翼) 10편으로 이루어졌다. 『역』은 본래 점복(占卜) 예언서이지만 유가에 의해 철학적·도덕적 해석이 가해지고 경서로서 중시되었다. 이 역경은 64괘(卦)의 도상(圖象 : 기호)과 그 설명인 괘사(卦辭) 및 효사(爻辭)로 이루어진다. 십익(十翼)은 본래 '대전'(大全)이라 칭하였으며, 단전(彖傳) 2편, 상전(象傳) 2편, 문언전(文言傳) 1편, 계사전(繫辭傳) 2편, 설괘전(說卦傳) 1편, 서괘전(序卦傳) 1편, 잡괘전(雜卦傳) 1편으로 이루어졌다. 이 십익은 원래 경문(經文)과 별도로 존재하였지만, 현재 단(彖)·상(象)·문언(文言)·계사(繫辭)의 제전(諸傳)이 각각의 괘판(卦辦) 효전(爻辭) 뒤에 붙어 있다. 십익은 공자 혹은 공자의 문인, 또는 후학의 작(作)으로 전해진다.

『주역본의』(周易本義)

12권으로 『역』(易)에 대한 주소(注疏)로 남송의 주희(朱熹 : 1130～1200)가 편찬하였다. 주희의 자는 원회(元晦)이고 호는 회암(晦庵)이며, 휘주(徽州) 사람이다. 본서는 권수에 유세당(劉世讜)이 집록한 고증을 빼고 대신 괘가(卦歌) 역도(易圖)를 두었다. 또한 여조겸(呂祖謙)이 고증한 고본에 따라 경(經) 2편, 전(傳) 10편으로 분류하였으며, 음훈(音訓) 역시 여조겸의 것을 따랐다. 역학의 발전 과정에서 볼 때, 주희의 역학은 사실상 유가의 역학과 도가의 역설이 혼합된 산물이라고 할 수 있다.

『주역집해』(周易集解)

17권으로 당의 이정조(李鼎祚)가 편찬하였다. 원래 18권으로 약례(略例) 색은(索隱)을 부기(符記)하였는데, 약례 색은은 이미 소실되었고 후세인이 17권으로 완성하였다. 본서는 당(唐) 이전의 한대 역학(易學)을 집대성하였기 때문에 한대 역학 연구에 많은 도움이 된다.

『주자가례』(朱子家禮) ☞ **『가례』**(家禮)

『주자대전』(朱子大全)

중국 송대의 성리학자 주희(朱熹)의 글을 모아 편찬한 문집으로 121권(원집 100권, 속집 11권, 별집 10권)으로 구성되어 있다. 원제목은 『회암선생주문공문집』(晦庵先生朱文公文集)이다. 『주자문집』(朱子文集), 『주자문집대전』(朱子文集大全)이라고 부르기도 한다. 원집은 주희의 아들 재(在)가 편찬하고, 별집은 여사로(余師魯)가 편찬하였으며 속집은 편자 미상이다. 『근사록』(近思錄)·『가례』(家禮) 등 단일 저술을 제외하고는 주자의 저술이 대부분 망라되어 있어 주자학 연구에 귀중한 자료이다.

『주자어록』(朱子語錄) ☞ **『주자어류』**(朱子語類)

『주자어류』(朱子語類)

일명 『주자어록』(朱子語錄)으로 140권으로 구성되어 있다. 남송의 여정덕(黎靖德)이 편찬하였고, 내용은 남송의 사상가 주희(朱熹)가 문인들과 나눈 대화를 기록한 것이다. 편자는 이전에 만들어진 주희의 각종 어록으로 가정(嘉靖) 8년의 지록(池錄), 가희(嘉熙) 2년의 요록(饒錄), 순우(淳祐) 9년의 요후록(饒後錄), 초년의 건록(建錄) 등에서 중복되거나 잘못된 것은 모두 제거하고 위순(威淳) 6년(1270)에 본서를 완성하였다. 주희 자신이 언급한 말을 문인들이 그대로 필기한 것이기 때문에 당시의 구어(口語)가 많이 사용되어 난해하지만, 오히려 주희의 인물 사상을 생생하게 전해주고 있고 언어학 자료로도 귀중하다.

『주자전서』(朱子全書)

66권으로 청의 이광지(李光地 : 1642~1718) 등이 만든 봉칙집(奉勅輯)이다. 이광지의 자는 진경(晉卿)이고 호는 후암(厚庵)으로, 복건성 안계(安溪) 사람이다. 강희(康熙) 시기에 진사가 되어 문연각대학사(文淵閣大學士)에 이르렀다. 본서는 강희 52년(1713)에 완성되었다.

『주제군징』(主制群徵)

독일인 아담 샬(湯若望 : 1591~1666)이 1622년 중국에 도착하여 천주교리를 전도하면서 저술한 저서이다. 교리서의 일종으로 아리스토텔레스 철학을 주로 소개하고, 아울러 당시까지도 유럽에서 인정되던 갈레노스(Claudios Galenos : 129~199)의 인체생리설을 소개하였다.

『주후방』(肘後方) ☞ **『주후비급방』**(肘後備急方)

『주후비급방』(肘後備急方)

일명『주후방』(肘後方) 또는『백일방』(百一方)으로 불리는 8권으로 구성된 의학서이다. 진(晉)의 갈홍(葛洪 : 281~341)이 편찬하였다. 갈홍은 오랫동안 연단술(煉丹術)과 의학 연구에 종사하여 전염병, 기생충학 및 화학의 발전에 상당한 공헌을 하였다. 본서는 갈홍이 그의『옥함방』(玉涵方)에서 응급처방이나 실용적인 단방(單方), 험방(驗方), 적법(炙法)을 뽑아서 편집한 것이다. 내용을 보면, 각종 급성전염병과 병의 원인 및 증세, 그 치료에 대해 기술하고 있다. 처방과 약(藥)은 간편하고 값이 싸며 효험이 있다는 특징을 가지고 있다. 특히 천연두 등 전염병에 대한 인식은 상당한 수준으로 평가받고 있다.

『죽보』(竹譜)

1권으로 된 보록서(譜錄書)이다. 청의 진정(陳鼎)이 편찬하였다. 진정의 자는 정구(定九)로 강소성 강음(江陰) 사람이다. 본서는 중국 서남지역의 기이한 대나무 종류에 대해 자세히 기록하고 있는데, 모두 60조이다.

『죽서』(竹書) ☞ **『죽서기년』**(竹書紀年)

『죽서기년』(竹書紀年)

일명『급총기년』(汲冢紀年) 또는『고문기년』(古文紀年)으로 불리며 75편으로 된 편년체 사서이다. 전국시대 위(魏)의 사관(史官)에 의해 쓰여진 듯하다. 내용은『목천자전』(穆天子傳) 5편,『기년』(紀年) 12편,『국어』(國語) 3편 등 모두 75편으로 이루어져 있으며 이를 총괄하여『급총서』(汲冢書)라고 한다.『기년』은 하(夏)[혹은 황제(黃帝)]에서 위(魏) 양왕(襄王)에 이르는 연대기로『고본죽서기년』(古本竹書紀年)이라고 한다. 당(唐) 이후에 산일되었다. 원·명대에 심약(沈約 : 441~513)의 주본(注本)이라는『죽서기년』(竹書紀年)이 나왔는데, 이는『사기』,『노사』(路史) 등에서 채집하여 편집한 범흠(范欽)의 위서(僞書)인『금본죽서기년』(今本竹書紀年)이라는 사실이 밝혀졌지만,『사부소간』(四部蕭刊)에도 수록되고 청대 고증학자들에 의해 많은 주석서(注釋書)가 편찬되었다.

『중론』(中論)

2권의 정론서(政論書)로 후한의 서간(徐幹 : 171~218)이 편찬하였다. 서간의 자는 위장(偉長)으로 북해[北海 : 산동성 창락(昌樂)] 사람이며 건안칠자(建安七子) 가운데 하나이다. 본서는 후한 말에 성립된 것으로 추정된다.『수서』(隋書) 경적지(經籍志)에는『서씨중론』(徐氏中論) 6권이라고 나와 있지만, 송 이후 2권으로 정리된 것으로 보인다. 현재 전하는 것은 2권 20편으로 권상의 치학(治學) 법상(法象) 수본(修本) 등 10편, 권하의 고위(考僞) 견교(譴交) 역수(歷數) 등 10편으로 구성되어 있다. 주로 유가적 입장에서 의리를 존중하는 논지로 서술하였다. 경(經)의 장구(章句)에 대한 세세한 훈고(訓詁)보다는 경(經)의 대의(大義)를 중시하는 자세를 취하였으며, 이러한 이념을 정치에 적용시켜 후한 말의 혼란한 시대에 대처할 것을 주장하였다. 이러한 점에서 본서는 후한 말의 사상 및 정치상을 살피는 데 유용한 사료이다.

『중설』(中說)

일명 『문중자』(文中子)로 불리는 10권으로 구성된 철학서로, 수(隋)의 왕통(王通 : 584~618)이 편찬하였다. 왕통의 자는 중엄(仲淹)으로, 강주(絳州) 용문[龍門 : 지금의 산서성 하진(河津)] 사람이다. 본서는 중당(中唐) 이후 점차 중시되었으며, 구성은 왕도(王道), 천지(天地), 사명(事名), 주공(周公), 문역(問易), 예악(禮樂), 술사(述史), 위상(魏相), 입명(立命), 관랑(關朗) 등 10편으로 이루어졌다.

『중용』(中庸)

1권으로 구성된 유가경전으로 사서(四書)의 하나이며, 본래는 『예기』(禮記)의 한 편이다. 『한서』 예문지에는 중용설(中庸說) 2권 산일이라고 기록되어 있지만, 본서와의 관계는 명확하지 않다. 주희 등은 본서를 전국시대 자사(子思)의 저작이라고 하였지만, 청의 최술(崔述)은 그 사상이 『맹자』(孟子)에 가깝다고 하면서 자사 후학의 작품이라고 보았다. 특히 중용의 도(道)를 역설하고 그것을 군자(君子)의 최고 도덕규범으로 규정하였다. 본서는 송대에 특히 중시되어 주희(朱熹)가 『대학』(大學), 『논어』(論語), 『맹자』와 함께 사서(四書)의 하나로 삼았으며, 『중용장구』(中庸章句) 1권[사서집주(四書集注)의 일부]을 저술하고 전체를 33장(章)으로 나누어 해설을 붙였다. 이후 유가경전으로서 유가이론의 주요 근거가 되었다.

『중정지리인자수지』(重訂地理人子須知)

명의 서선계(徐善繼)·서선술(徐善述) 형제가 지은 지리서로, 8권이다. 이들 형제는 16세기 명 가정(嘉靖) 연간에 강서성(江西省) 지역에서 활동한 인물들로, 일찍 부모를 잃고 장사(葬事)를 잘못 치른 것을 후회하여 남에게 의존하지 않고 스스로의 힘으로 부모의 시신을 모셔드리는 것을 효도라고 생각하여 본격적으로 풍수지리를 공부하고 여러 곳을 돌아다녔다고 한다. 이렇게 30여 년간을 공부하고 나서 저술한 것이 바로 이 책이다. 저자는 이 책을 명리(名利)를 구하기 위해서가 아니라 자식된 도리로서 효성을 다하기 위해 저술한 것임을 강조하였다. 책의 제목 『인자수지』(人子須知)도 자신들의 아픈 경험을 반복하지 않도록 "사람의 자식이라면 마땅히 알아야 할 것"이라는 뜻으로 지었다. 서선술의 서문에는 『인자수지』의 기본 입장이 밝혀져 있다. 즉 지리의 이론에는 형세를 가지고 말하는 설과 방위를 가지고 따지는 설이 분분하게 대립되어 있는데, 자신은 형세와 방위를 종합하여 지양하고자 한다는 것이다. 이에 따라 책의 체제와 내용에서 지리를 형상과 이기(理氣)로 나누어 설명하고 있다.

내용은 용(龍), 혈(穴), 사(砂), 수(水), 명당(明堂)으로 세분해서 도표와 그림 800여 개를 곁들여 설명하였다. 특히 실례로서 게재한 많은 지도는 실재하는 위치와 대상을 구체적으로 밝히고 있어 정확하고도 현장감 있게 공부할 수 있도록 구성되어 있다. 이들 형제가 참고한 책이 250여 종에 달하였다는 데서도 알 수 있듯이 『인자수지』는 명대 풍수지리학의 집대성이라고도 할 수 있다. 이 책은 『청오경』(青烏經)과 함께 우리나라에서 가장 많이 읽힌 지리서 중 하나로 널리 유행하였으며 번역서까지 출간되는 등 커다란 영향을 미쳤다.

『중주집』(中州集)

10권으로 금(金)의 원호문(元好問 : 1190~1257)이 편찬하였다. 이 책은 금(金) 일대의 시를 수록하고 작자 249명에 대하여 소전(小傳)을 붙인 총집(總集)이다. 작자들이 중주(中州) 일대에 집중되었기 때문에 중주집(中州集)이라 하였다고 한다. 원호문은 금 말의 학자이자 시인으로 자는 유지(裕之)이고, 호는 유산(遺山)이며 산서성 태원(太原) 사람이다. 금 말기인 천흥(天興) 2년(1233)에 편집에 착수하여 16년 뒤인 몽골 정종(定宗) 4년(1249) 장덕휘(張德輝)에 의해 진정(眞定)에서 간행되었다. 시(詩)를 빌려 사(史)를 남기고자 하였으므로, 시집(詩集)이라기보다 전기(傳記)로서의 성격이 강하다.

『중화집』(中和集) ☞ **『청암선생중화집』**(清庵先生中和集)

『증정국조관과경세굉사』(增定國朝館課經世宏辭)

별칭 『경세굉사』(經世宏辭)로 명대 심일관(沈一貫)이 과시(科試)를 준비하는 선비를 위해 관리들의 글을 모아 편찬한 책에 왕석작(王錫爵)의 증정(贈定)을 더한 책이다. 심일관의 자는 견오(肩吾)이고 호(號)는 문문(蚊門), 용강(龍江)이며, 1568년에 진사가 되고 중급전대학사(中給殿大學士)에 이르렀다. 일찍이 이부시랑(吏部侍郎)에 태자빈객(太子賓客)을 겸하면서 선비들을 교습하며 『열조관과저작』(列朝館課諸作)을 검열하고, 조소(詔疏)에서 시부(詩賦)에 이르기까지 다양한 문체를 분류 선록하여 『증정관과』(增定館課)를 편찬하였다. 관과는 천자의 서적을 보관하는 비관(秘館)에서 선비에게 교습시키는 일과(日課)를 일컫는 것으로, 이 책이 과거를 위한 교본임을 제목에서 드러내고 있다. 이를 다시 대학사 왕석작에게 취정하여 『경세굉사』를 완성하였다.

『지리인자수지』(地理人子須知) ☞ **『중정지리인자수지』**(重訂地理人子須知)

『지부족재총서』(知不足齋叢書)

30집 207종 781권으로 청의 포정박(鮑廷博 : ?～1813)이 엮었다. 포정박의 자는 이문(以文)이고 호는 녹음(淥飮)이다. 안휘성 흡현(歙縣) 사람으로 뒤에 절강성으로 옮겨갔다. 건륭(乾隆) 연간에 27집까지 간행하였으나 마치지 못하고 죽자 그의 아들 포사공(鮑士恭)이 건륭 41년(1776)부터 도광(道光) 3년(1823)까지 속간하여 30집에 이르렀다. 수록한 저작의 시대는 당에서 청에 이르는데, 송대의 서(書)가 가장 많다. 참고가치가 큰 대형총서 가운데 하나이다.

『**지북우기**』(池北偶記)

청의 왕사정(王士禎 : 1634～1711)이 편찬하였다. 찬자는 책 수천 권을 집 서쪽에 있는 못 북쪽에 두었기 때문에 백거이(白居易)의 '지북서고'(池北書庫)를 취하여 서고명으로 삼고, 이를 본서의 이름으로 하였다. 기록한 내용은 청순안임명(淸巡按任命), 팔기개과(八旗開科), 대만개과(臺灣開科), 만주향시(滿洲鄕試), 팔기순장(八旗殉葬) 등의 전실(典實)과 사가법(史可法), 부산부자(傅山父子), 숭정오십상제사(崇禎五十相諸事)로서 대부분 역사를 고증하는 데 참고가 된다.

『**지북우담**』(池北偶談) ☞ 『**지북우기**』(池北偶記)

『**지장경**』(地藏經)

지옥의 참혹한 형상을 낱낱이 열거하고 추천(追薦)의 공덕을 말한 불경이다. 석가불이 도리천궁(忉利天宮)에서 어머니 마야 부인을 위해 지장보살(地藏菩薩)의 본원(本願)을 설한 내용으로 전체 13품으로 이루어져 있다. 일반적으로 불서(佛書)가 간인(刊印)될 때 그 변상도(變相圖)가 실리는 경우가 많은데 이는 불법(佛法)의 보호를 자처한 그의 가호를 바랬기 때문이다. 변상도에 이어 지장보살에게 귀의하는 내용의 간단한 발원문인 '지심귀명례'(志心歸命禮), 경(經)을 여는 게송[偈頌 : 개경게(開經偈)], 개법장진언(開法藏眞言) 등이 포함되어 있다.

『**직금회문시**』(織錦回文詩)

별칭 『소씨직금회문록』(蘇氏織錦回文錄)이라 하며 동진(東晋)의 직금회문시(織錦回文詩)로 유명한 소혜(蘇惠)의 전기를 소설화한 글이다. 동진 시절에 소약란은 두연파와 결혼하여 금슬이 두터웠다. 그런데 두연파가 진주자사로 내려가 기녀 조양대에게 미혹되면서부터 두 부부의 금슬에 금이 가기 시작한다. 몇 년 후 병부상서대사마가 되어 경사로 올라오면서 조양대를 후거에 데려와 후원에 숨겨두고 총애한다. 우연히 달맞이 하러 후원에 갔다가 이 사실을 목도하게 된 소약란은 조양대를 잡아와 중치하면서 그 분을 푼다. 그러나 두연파는 끝내 그녀를 고향으로 돌려보내려 하지 않고 오히려 소약란을 참소하는 조양대의 말만 믿는다. 이에 소약란과 두연파의 갈등의 골은 깊어진다. 그러던 중 두연파는 도적을 평정하기 위해 떠나게 되는데, 소약란은 남편에 대한 불만으로 따라가지 않고 조양대만 가게 된다. 소약란은 남편과 수년간 떨어져 있는 사이 자신을 돌아보는 시간을 갖게 되고 아들까지 낳게 되자 자신의 잘못을 뉘우치고 비단을 짜서 자신의 잘못을 사죄하는 회문시(回文詩)를 적어 두연파에게 보낸다.

한편 조양대는 관비 녹운의 아들을 자신의 아들인 양 꾸몄다가 사실이 들통나 내쳐지고, 직금회문시를 받고 감동한 두연파는 소약란과 아들 두명을 오게 하여 부부, 부자가 상봉한다. 두연파가 다시 삭방의 절도사가 되어 이별을 하게 되자 소약란은 직금회문시를 짜서 천자에게 바친다. 여기에 감동한 천자는 두연파를 경직(京職)으로 불러들여 가족을 재회하게 한다. 이 글의 필사시기는 대략 헌종 12년(1846)일 것으로 추정된다.

『직방외기』(職方外紀)

이 책은 예수회 선교사 알레니(艾儒略 : 1582～1649)가 선교를 목적으로 하여 1623년 8월에 북경에서 증역(增譯)한 세계인문지리서이다. 『직방외기』라는 책 이름은 중국의 직방사(職方司)가 주관하는 조공국(朝貢國) 외에 중국과 아직 왕래가 없는 나라에 대한 기록이라는 뜻이다. 총 5권으로 되어 있으며, 1권에서 4권까지는 세계 대륙을 아세아, 구라파, 아프리카, 아메리카, 오세아니아 등 다섯으로 나누어 각 주의 경도(經度)와 총설을 제시한 다음 중요한 지역으로 나누어 자연지리는 물론 역사, 정치, 풍속, 사회, 종교, 특산물 등에 대해 상세히 설명하였다. 5권에서는 사해총설(四海總說)과 7개 항목에 걸쳐 해양지리적 논술을 전개하였다. 알레니가 『직방외기』를 증역했다고 한 것은, 이전에 여러 선교사들이 쓴 것을 바탕으로 삼고 세계지리에 대한 당시의 최신 정보나 견문기 등을 더해서 번역 출판했다는 의미이다.

『진기』(晉紀)

일명 『진원명기』(晉元明紀)로 불리며 11권으로 구성되었다. 동진(東晉)의 등찬(鄧粲 : ?～384)이 편찬했다. 등찬은 장사(長沙 : 호남성) 사람이다. 본서는 동진 원제(元帝)·명제(明帝)의 사적을 기록하였다. 원본은 산일(散逸)되었다.

『진서』(晉書)

원명은 『신진서』(新晉書)로 130권의 정사(正史)이다. 당의 방현령(房玄齡 : 579～648) 등이 조서를 받아 편찬한 것으로 서진(西晉), 동진(東晉) 및 오호십육국(五胡十六國)에 대한 기록이다. 진조(晉朝)의 역사서로는 소위 십팔가(十八家) 『진서』(晉書) 등 20여 종이 있지만 어느 것이나 모두 불충분하다고 하여, 당 태종의 칙명으로 방현령을 필두로 저수량(褚遂良), 허경종(許敬宗) 등 3명이 감수를 하고 당시의 저명한 문인들이 분담 집필하여 장영서(臧榮緖)의 『진서』(晉書) 110권을 중심으로 제서(諸書)를 혼합하여 편찬하였다고 한다. 집필자는 18명이라고 하는데, 이 같은 분담 집필은 이제까지 개인에 의한 정사(正史) 편찬방식과는 다른 것으로서, 이후 분업적 정사

(正史) 편찬방식의 단서가 되었다. 본서는 정관(貞觀) 22년(646)에 완성되었다. 구성은 본기(本紀) 10권, 지(志) 20권, 열전(列傳) 70권, 재기(載記) 30권으로 되어 있으며 이 가운데 오호십육국에 대한 기록인 재기(載記)는 다른 정사에서 찾아보기 어려운 것이다. 본서가 나온 뒤 제가(諸家)의 진서(晉書)는 점차 산일되어, 진(晉) 역사에 관해서는 본서가 가장 완비된 기록이 되었다.

『진서』(陳書)

36권으로 정사의 하나이다. 당의 요사렴(姚思廉 : 557~637)이 조서를 받아 편찬하였다. 진(陳) 무제(武帝) 영정(永定) 원년(557)부터 후주(後周) 정명(禎明) 3년(589)까지 33년간의 역사를 다루었다. 당(唐) 정관(貞觀) 연간(627~649)에 제(齊)·주(周)·양(梁)·진(陳)·수(隋) 5조사(朝史) 편찬사업에 착수하였는데, 양(梁)·진(陳)을 담당한 사람이 요사렴이었다. 이에 앞서 그의 부친 요찰(姚察)은 이미 양(梁)·진(陳) 2조(朝)의 역사 편찬에 착수하였으며 아들인 요사렴은 그 사업을 계승하여 본서를 저술하였다. 본서는 『양서』(梁書)에 비해 요사렴의 서술 부분이 많고, 여러 진서(陳書)에서 사료를 모아 저술하였다고 한다. 당 정관(貞觀) 10년(636)에 완성되었다. 본서는 본기 6권, 열전 30권으로 이루어졌고, 지(志)는 없다. 본기는 진(陳)의 창업주인 진패선(陳覇先)과 후대의 네 황제를 기록하였다. 본서는 다른 육조시대의 정사와 마찬가지로 북송(北宋) 때까지 전해진 것이 적고, 북송 때 교정할 때에도 왕조의 비부(秘府) 소장본조차 탈오(脫誤)가 많았기 때문에 민간에서 제본(諸本)을 수집하여 교정작업을 행하였다고 한다. 그 결과 제본의 이동(異同)에 대한 교기(校記)가 송본(宋本)의 권말에 있고 이후 각 판(版)에 계승되었다.

『진천문집』(震川文集)

30권과 별집 10권으로 명의 귀유광(歸有光 : 1507~1571)의 문집이다. 귀유광은 자가 희보(熙甫)로 곤산(昆山 : 지금의 강소성) 사람이다.

『집람』(集覽)

『자치통감강목』(資治通鑑綱目)의 난해하고 모호한 구절과 사항, 사실(史實) 등을 편년에 따라 정리하고 해설한 용어 및 사항 참고서로, 『자치통감강목집람』(資治通鑑綱目集覽)이라고도 한다. 왕유학(王幼學)이 편찬하였다. 본서는 『자치통감강목』의 보완서이긴 하나, 사실(史實)의 적요(摘要)를 정리하거나 각종 주제나 문제 사항 등을 재편한 일반 사서(史書)가 아니라 『자치통감강목』에서 의미가 불분명하거나 제가(諸家)의 해석이 분분한 구절과 사항, 지명, 인명 등을 뽑아 편년에 따라 풀이하고 해설하되 번쇄한 인용과 고증을 대폭 생략하고 요점만 기술했기 때문에 『자치통감강목』의 난해한 구절을 이해하고 열람하는 데 매우 간편하다.

『참동계고이』(參同契考異)

도교 경전 가운데 하나인 『주역참동계』(周易參同契)에 관한 주희(朱熹 : 1130~1200)의 저작이다. 그는 본서에서 『참동계』(參同契)의 말이 『주역』의 이치와 상통한다고 하며, 이에 관하여 고증하였다.

『창려고이』(昌黎考異)

한유(韓愈 : 768~824)의 문집인 『창려선생집』에 대한 주희(朱熹 : 1130~1200)의 고증서(考證書)이다. 경원(慶元) 연간(1195~1200)에 주희가 방숭경(方崧卿)의 『한집거정』(韓集擧正)을 기초로 하여 『한문고이』(韓文考異) 10권을 만들었는데, 방숭경본(方崧卿本) 가운데 정확한 것은 그대로 수록하고 잘못된 것에 대해서는 변증을 하고, 방숭경이 교감하지 못한 것은 보충하였다. 『한문고이』는 또한 방숭경이 외집 1권과 유문(遺文)의 일부만을 대상으로 삼았던 데 반해, 외집 10권과 유문 1권 모두를 교감하였으며, 방숭경이 필각본을 지나치게 따른 데 반해 각 판본들에 대해 객관적인 태도를 취하고 있다.

『창려선생집』(昌黎先生集)

총 40권으로, 당의 한유(韓愈)의 문집이다. 한유의 자는 퇴지(退之)이고 하남성 하양(河陽) 사람으로 고문운동(古文運動)을 주도하였다. 본서에 수록된 산문은 모두 탁월한 작품으로 평가되며, 묘사, 서정, 비유 등에서 예술적인 특색도 잘 나타나 있다. 시 역시 사실적인 표현으로 백성의 고통을 반영한 것도 있고, 풍부한 감정으로 자연을 노래한 것도 있는데, 생동감이 넘친다. 그의 시는 송대에 상당히 커다란 영향을 끼쳤다. 외집(外集) 10권, 유문(遺文) 및 교감(校勘) 4권으로 구성되어 있다.

『창려집』(昌黎集) ☞ **『창려선생집』(昌黎先生集)**

『창명집』(滄溟集)

30권과 부록 1권으로 구성되며, 명의 이반룡(李攀龍 : 1514~1570)의 문집이다. 이반룡은 자가 우린(于鱗)이고 호는 창명(滄溟)으로, 산동성 역성(歷城) 사람이다. 시(詩) 14권, 문(文) 16권, 부록지(附錄志) 표뢰(表誄)의 문(文) 1권이다.

『채중랑집』(蔡中郎集)

10권으로 후한의 채옹(蔡邕 : 132~192)의 문집이다. 채옹의 자는 백개(伯喈)이고, 진류어[陳留圉 : 하남성 기현(杞縣)] 사람이다. 뛰어난 문학가이자 서예가이나, 조정의 실정을 상소하였다가 유배되었다. 뒤에 동탁(董卓)의 강요로 중랑장(中郎將)이 되었다가 동탁이 처형될 때 함께 체포

되어 옥중에서 사망하였다. 본서는 그가 지은 시(詩), 원(願), 논(論), 찬(贊) 등의 산문(散文) 100여 편을 수록하고 있다. 산문은 음률이 뛰어나고 문체가 깔끔하며 대구(對句)를 많이 사용하여 한말(漢末)에 높은 평가를 받았다. 내용 중에는 통치계층의 부패와 사치, 백성들의 고통을 담은 것이 많다.

『책부원귀』(冊府元龜)

1000권의 목록(目錄), 음의(音義) 각 10권으로 구성되었으며 북송의 왕흠약(王欽若 : 962 ~ 1025) 등이 조서를 받아 편찬하였다. 왕흠약의 자는 정국(定國)이며, 임강(臨江) 군신유[軍新喩 : 강서성 산여(山余)] 사람이다. 위평(威平) 연간에 진사가 되었고 추밀사(樞密使) 동평장사(同平章事)를 역임하였다. 본서는 북송 태종대에 편찬된 『태평광기』(太平廣記), 『태평어람』(太平御覽), 『문원영화』(文苑英華)와 함께 송조(宋朝) 4대유서(四大類書) 중의 하나이며, 그 가운데서도 분량이 가장 많은 유서이다. 본서의 편찬에는 3대 황제인 진종(眞宗)이 깊이 관여하였다. 진종의 직접 지휘 하에 재상 왕흠약이 감수를 맡고, 실질적으로는 양억(楊億)을 중심으로 총 20명의 문재(文才)가 뛰어난 관료가 동원되어 8년 후인 대중(大中) 신부(神符) 6년(1013)에 완성되었다. 편찬중에는 '역대군신사적'(歷代君臣事跡)으로 불렸지만, 완성된 후 진종(眞宗)이 '책부원귀'라는 서명을 사여하였다.

책부(冊府)란 서고(書庫), 원귀(元龜)란 귀감(龜鑑)이라는 의미로서, 군신이 정치의 감계(鑑戒)로 삼을 수 있는 전적(典籍)의 보고(寶庫)임을 의미한다. 내용은 군신의 선적(善跡)과 간사(奸邪)한 행동, 예악(禮樂)의 연혁, 관사(官師)의 논의, 학토(學土)의 훌륭한 행동, 법령의 완급 등 다루지 않은 것이 없을 정도이다. 당과 오대에 대해서는 전해지고 있던 역대 왕조의 실록이나 후진(後晉) 고위(賈緯)의 『당년보록』(唐年補錄, 후에 산일) 등도 이용되고 『구당서』(舊唐書)나 복원이 불완전한 『구오대사』(舊五代史)에는 보이지 않는 사료가 사용되었으며 두 사서와 중복된 것이라 하더라도 보다 상세한 기사가 많다. 또 근거한 사료들이 거의 같은 『당회요』(唐會要)와 『오대회요』(五代會要)의 결함을 보충해 주는 경우도 적지 않다. 따라서 본서는 당사(唐史)와 오대사(五代史) 연구의 근본 사료인 것은 물론이고, 수대(隋代) 이전에 관해서도 사용된 정사(正史)가 북송 이전의 고본(古本)이기 때문에 후세에 전해지는 과정에 발생한 정사(正史)의 오탈(誤脫)을 보정하는 데 극히 유용하다. 다만 본서를 당·오대에 관한 사료로 활용할 경우 본서에만 의존하는 것은 위험하며, 『통전』(通典)과 『구당서』, 『당회요』, 『용대조령집』(庸大詔令集) 등의 기사와 내용을 대조·점검할 필요가 있다.

『척언(摭言)

일명 『당척언』(唐摭言)으로 불리며 필기의 15권으로 구성되어 있다. 당말오대의 왕정보(王定保 : 870~941)가 편찬하였다. 오대 후량(後梁) 정명(貞明) 2~3년(916~917) 사이에 완성된 것으로 추측된다. 103문(門)으로 나누어 당대(唐代)의 과거제도, 사인(士人)의 풍습, 시인묵객의 유문일사(遺聞逸事)를 기록하고, 문집 등에 빠진 여러 시인의 영장단구(零章斷句)를 수록하였다. 특히 과거제와 관련하여 다른 사서(史書)에는 실려 있지 않은 귀중한 기사가 많아 당대(唐代)의 과거제도 연구에 아주 중요한 문헌이다.

『천경당서목』(千頃堂書目)

32권으로 명말청초의 황우계(黃虞稽 : 1629~1691)가 편찬하였다. 황우계의 자는 유태(俞邰)이고 호는 저원(楮園)으로 복건성 사람이다. 명(明) 일대의 저술목록을 작성할 생각으로 본서를 편찬하였다. 모두 1300여 종으로 경(經), 사(史), 자(子), 집(集)의 4부로 분류되어 있다. 경부 12문(門), 사부 18문, 자부 12문, 집부 8문으로 모두 49류이고, 각 책의 주석마다 책명, 저자, 권수, 저자의 경력을 밝혔는데 명대인(明代人)의 저작이 더욱 상세하다.

『천문략』(天問略)

1권의 천문서로 명대에 디아즈(陽瑪諾 : 1574~1659) 등이 편찬하였다. 본서는 문답 형식으로 프톨레마이오스 체계의 12중천설(十二重天說), 태양의 황도운동(黃道運動), 절기와 밤낮의 장단 문제에 대해 소개하고 있으며, 달의 차고 이지러짐, 월식의 정도에 대한 원인을 해석하였다. 그 가운데 비교적 새로운 지식은 갈릴레이가 망원경을 사용하여 관측한 목성의 4개 위성, 은하는 많은 별로 구분할 수 있다는 것, 금성도 차고 이지러지는 현상이 있다는 것 등이다.

『천보진원』(天步眞源)

청 초인 1646년 목니각(穆尼閣), 설봉조(薛鳳祚), 방중통(方中通)에 의해 편찬된 산학서적이다.

『천자문』(千字文)

아동도서로서 양(梁)의 주흥사(周興嗣)가 편찬하였다. 본서의 서명은 왕희지(王羲之 : 307~365)의 유서(遺書)에서 1천 개의 다른 글자를 집록(輯錄)한 데서 유래한다. 체제는 사언운어(四言韻語) 형식의 250구(句)로 이루어져 있으며, 내용은 자연·사회·역사·윤리·교육 등의 방면에 대한 지식을 서술하였다. 어구(語句)가 일상어이고 문구(文句)에 가락을 붙여 읊조릴 수 있는 특징을 가지고 있어 암송에 편리하였기 때문에 예로부터 초학자를 위한 서적으로 사용되었다.

『천주실의』(天主實義)

마테오 리치(利瑪竇 : 1552~1610)가 저술한 한역서학서(漢譯西學書)이다. 상·하 2권, 모두 8편으로 나누어 174항목에 걸쳐 서사(西士 : 서양학자)와 중사(中士 : 중국학자)가 대화를 통하여 토론하는 형식으로 꾸민 가톨릭 교리서이며 호교서(護教書)이다. 이 책은 전자의 입을 빌려 전통 유학의 사상과 불교·도교를 논하게 하고, 후자가 스콜라 철학과 선진공맹(先秦孔孟)의 고전을 들어 천주교의 교리를 펴고, 그 사상을 이론적으로 옹위(擁衛)하는 형식을 취하고 있다. 대화형식을 빌려 진술된 문장은 사서육경과 그 밖의 경전을 적절하게 인용하여 유교적 교양을 바탕으로 천주교의 입장을 이해하도록 유도하고 있다. 책이 편술된 시기는 1593～1596년으로 보이나, 정식으로 간행된 것은 저자가 북경에 거주하게 된 후인 1603년의 일이다. 동북아시아 유교전통사회에 가톨릭 신앙을 심어준 책이며, 중국 고대사상과 서구 윤리사상의 습합논리(習合論理)를 보여주는 첫 작품이다. 동양문화권에 기독교 가치체계를 첨가하는 시발을 이루었다는 점에서 사상사·문화사적으로 중요한 의미를 갖는다.

『천학초함』(天學初函)

명 말인 1629년 예부상서(禮部尚書) 서광계(徐光啓), 이천경(李天經), 이지조(李之藻) 등이 예수회 선교사 마테오 리치(利瑪竇 : 1552～1610) 등과 공동으로 편찬한 54권 32책으로, 1629년에 완성하였다. 중국에 전래된 가톨릭교의 초기 예수회에 의해 한문으로 저술된 서학서(西學書)를 모아 간행하였다. 천주교학부(天主教學部)인 리편(理篇)과 서양과학부인 기편(器篇)으로 나누어져 있다.

『철경록』(輟耕錄)

일명 『남촌철경록』(南村輟耕錄)으로 불리며 30권의 수필집이다. 명의 도종의(陶宗儀)가 편찬하였다. 도종의는 원말명초(元末明初)의 문인으로서 자는 구성(九成)이고 호는 남촌(南村)이며, 대주(臺州) 황암(黃巖) 사람이다. 원 말에 병란을 피해 송강(松江)에 은거하였는데, 경작하는 틈틈이 책을 저술하여 지정(至正) 26년(1366)에 본서를 완성하였다. 선인(先人)의 기록이나 자신의 견문에 기초하였으며, 「대원종실세계」(大元宗室世系)라는 계도(系圖)를 비롯하여 548사(事)를 수록하였다. 내용은 천문역산(天文曆算), 지리기상(地理氣象), 역사문물(歷史文物), 종교미신(宗教迷信), 사회풍속(社會風俗), 소설희극(小說喜劇), 시사가요(詩詞歌謠), 서법속화(書法續畫) 등 원대 사회의 다양한 실정을 전하고 있고, 원말의 병란에 대한 기사도 포함되어 있다. 사서(史書)에 수록되지 않은 민간 풍속이나 가요는 사회사·문화사에 관한 귀중한 사료를 제공해 준다.

『청문감』(清文鑑)

항목별로 분류한 만주어 사전으로 여러 종류가 있다. ①『어제청문감』(御製清文鑑) 20권, 총강(總綱) [색인(索引)] 4권. 강희(康熙) 47년(1708)에 간행된 최초의 『청문감』으로서 만주어휘를 만주어로 설명한 것이다. ②『만몽합벽청문감』(滿蒙合璧清文鑑) 총강 8권. 강희 56년(1717)에 간행되었다. 『어제청문감』에 실린 만주어의 오른쪽에 몽골어를 병렬하였다. 건륭(乾隆) 8년(1743)에 다시 몽골어의 오른쪽에 그 발음을 만주문자로 표시하여 새로 간행하였다. ③『증정청문감』(增訂清文鑑) 32권, 총강 8권, 보편(補編) 4권, 총강 20권. 건륭 38년(1773)에 간행되었다. 만한대조사전(滿漢對照辭典)으로 설명문을 만주어로 기록하였다.『청문감』 중에서 기본적인 것이다. ④『만주몽골한자삼합절음청문감』(滿洲蒙古漢字三合切音清文鑑) 32권. 건륭 57년(1792)에 간행되었다. 만(滿)·몽(蒙)·한(漢) 3개 언어의 대조사전이다. ⑤『사체청문감』(四體清文鑑) 36권. 간행연대는 미상이다. 만(滿)·장(藏)·몽(蒙)·한(漢)의 4개 언어의 대조사전이다. ⑥『오체청문감』(五體清文鑑) 36권. 건륭 말(1787~1794) 무렵에 완성되었으나 간행되지는 않았다. 만주어·티베트어·몽골어·위구르어·한어(漢語) 5개 언어의 대조사전이다.

『청상잡기』(青箱雜記)

10권으로 구성되어 있으며 북송의 오처후(吳處厚)가 편찬하였다. 오처후는 소무(邵武 : 복건성) 사람이며, 황우(皇祐) 5년(1053)에 진사가 되었다. 오대 송(宋) 조야의 잡사(雜事), 시화(詩話), 장고(掌故) 등을 기록하였다. 사실과 다른 것도 있지만 본서에 인용된 왕우칭(王禹偁), 진요좌(陳堯佐), 하극(夏竦), 한기(韓琦) 등의 시사(詩詞)는 다른 서(書)에 채록되지 않은 것이고, 과학기술사상의 귀중한 사료도 포함되어 있다.

『청시별재』(淸詩別裁)

원명은『국조시별재집』(國朝詩別裁集)이며 32권(원본 36권)으로 구성된 시가총집(詩歌總集)이다. 청의 심덕잠(沈德潛)이 편찬하였다. 심덕잠에게는『심귀우전집』(沈歸愚全集)이라는 저서가 있다. 본서는 청 초에서 건륭 시기까지의 시인 275명, 시 3천여 수를 수록하였다. 시를 선별할 때, "성정(性情)을 순화하고, 인륜을 두텁게 하며, 정치를 올바르게 하고, 신명(神明)을 감동시킨다"는 것을 주된 취지로 삼아 유가시(儒家詩)에 대한 교육을 강조했다. 청대 청가[詩歌]의 발전 및 그 유파를 연구하는 데 참고할 만하다.

『청암선생중화집』(淸庵先生中和集)

원(元) 이도순(李道純)의 시문집(詩文集)이다. 이도순의 자는 원소(元素)이고 호는 영섬자(瑩蟾子), 청암(淸菴)이며 도량(都梁) 사람이다. 장생관(長生觀)에 거주하면서 기인의 가르침을 받고 득도하여 하늘로 날아올랐다고 전한다. 자세한 생몰연대는 알 수 없으나, 원 세조 때의 인물로 추정된다. 저서로는 이 책 외에『도덕경주』(道德經注),『태상대통경주』(太上大通經註) 등이 있다. 이 책의 본집(本集) 3권은 도학의 원리나 비결, 교리문답 등의 내용으로 이루어진 이론서이며, 후집(後集) 3권은 논(論), 설(說), 시(詩), 사(詞) 등이 실린 시문집이다.

『청야록』(淸夜錄)

송대의 유문표(兪文豹)가 지은 책으로, 청대에 편찬된 송대의 문언(文言) 필기집(筆記集)인 『송백가소설』(宋百家小說)에 수록되어 있다. 규장각 소장본은 표지 제목이 '송백가소설'로 되어 있으나, 목록 앞의 제목에는 '송인백가소설'(宋人百家小說)로 되어 있고 목록의 판심(版心)에는 '송인소설'(宋人小說)로 되어 있다.

『청이록』(淸異錄)

2권(또는 4권)으로 북송의 도곡(陶穀)이 편찬하였다. 도곡은 오대 후진(後晉), 후한(後漢), 후주(後周), 그리고 북송에서 관료를 지냈고 개보(開寶) 3년(970) 68세로 사망하였다. 본서는 당(唐) 오대(五代)에 새로 나온 어구(語句) 648구를 천문(天文)에서 요(妖)에 이르는 37문(門)으로 분류하고, 각 어구에 그 유래에 얽힌 내용을 언급한 것이다. 사물의 이명(異名)에 관한 것이 많아 후인들이 시문을 지을 때 많이 인용하였으며, 명(明)의 이기지(李琪枝)는 본서를 모방하여 『청이속록』(淸異續錄) 3권을 지었다.

『청일통지』(淸一統志) ☞ **『대청일통지』**(大淸一統志)

『청회전』(淸會典)

원명 『흠정대청회전』(欽定大淸會典)이라고도 하는데, 일반적으로 『광서회전』(光緖會典)이라고 부른다. 전제문헌(典制文獻) 100권으로 구성되어 있으며, 관찬(官撰)으로 강희(康熙) 32년(1693)에 편찬이 시작되어 옹정(雍正)·건륭(乾隆)·가경(嘉慶)·광서(光緖) 등 여러 조(朝)의 증찬(增撰)을 거치면서 전후로 『옹정회전』(雍正會典), 『건륭회전』(乾隆會典), 『가경회전』(嘉慶會典), 『광서회전』(光緖會典)이 편찬되었다. 체례는 『명회전』(明會典)을 모방했는데, 『건륭회전』 이하에서는 모두 『칙례』(則例)를 별도의 책으로 만들었다. 일반적으로 통용되는 것은 『광서회전』으로, 곤강(昆岡) 등에 의해 광서 25년(1899)에 완성되었다. 직관(職官)을 강(綱)으로 하여 실록(實錄), 국사(國史) 및 내정(內廷) 관련 자료에 근거하였다. 광서 22년(1896) 이전의 종실부(宗室府) 내각(內閣), 군기처(軍機處), 육부(六部), 이심원(理藩院), 도찰원(都察院), 각사감(各寺監), 팔기도총(八旗都總), 내무부(內務府), 신기영(神機營), 총리각국사무아문제부문(總理各國事務衙門諸部門), 수렴청정(垂簾聽政), 친정예제(親政禮制) 등의 일을 나누어 서술하였다. 각 기구는 모두 연대순으로 배열하였다. 청의 행정조직, 정치법규 및 전장제도(典章制度) 연구에 중요한 자료이다.

『초씨필승』(焦氏筆乘)

6권과 속집(續集) 8권으로 구성된 필기(筆記)로, 명의 초횡(焦竑 : 1541~1602)이 편찬하였다. 본서는 저자의 독서와 강학(講學) 필기로 후세 학자들에게 중시되어 널리 인용되었다. 내용은 고사(古史) 기재의 정오(正誤), 명물제도(名物制度)의 고증, 문장사부시가(文章詞賦詩歌)의 품평, 고금 인물의 평가, 사우(師友)의 언론(言論)・사적(事蹟), 시사(時事)의 기술(記述), 유가경전의 해석, 노장・불경의 교의(敎義) 해명, 고금문자의 음의고증(音義考證), 목록 판본의 연구 등으로 이루어졌고, 기타 고대 의법(醫法)의 촬록(撮錄), 남경(南京)의 인물, 지방문헌의 집증(輯證) 등에까지 미치고 있다. 만력 8년(1580)에 최초의 간본이 나왔지만 당시는 겨우 몇 권에 불과하였다. 만력 34년 문인인 사여동(謝與棟)이 정(正)・속(續) 총 14권을 간각(刊刻)하였다.

『초학기』(初學記)

30권으로 구성된 유서(類書)로 당의 서견(徐堅 : 659~729) 등이 조서를 받아 편찬하였다. 서견의 자는 원고(元固)이며, 호주(湖州) 장성[長城 : 현재 절강성 장흥(長興)] 사람이다. 진사에 급제한 뒤, 측천(則天)에서 현종(玄宗) 조까지 우산기상사(右散騎常寺) 집현원학사(集賢院學士)를 역임하고 동해군공(東海郡公)에 봉해졌다. 그 체재는 권1~2 천(天), 권3~4 세시(歲時), 권5~7 지(地), 권8 주군(州郡), 권9 제왕(帝王), 권10 중궁(中宮)・저궁(儲宮)・제척(帝戚), 권11~12 직궁(職官), 권13~14 예(禮), 권15~16 악(樂), 권17~19 인(人), 권20 정리(政理), 권21 문(文), 권22 무(武), 권23 도석(道釋), 권24 거처(居處), 권25 기용(器用), 권26 복식(服食), 권27 보기(寶器), 권28 과목(果木), 권29 수(獸), 권30 조(鳥)로 모두 23부(部) 313자목(子目)으로 구성되어 있다. 각 항목마다 맨 처음에 사실의 서술로서 제서(諸書) 가운데 관련 기사를 배열하고, 다음에 사실에 대한 대조로서 대구(對句)의 예문(例文)을 들어 출전을 주기(注記)하였으며, 그 뒤에 시문(詩文)을 나열하였다. 체제가 정밀한 것으로 평가받고 있다.

『초학집』(初學集)

110권의 시문집(詩文集)으로 청의 전겸익(錢謙益 : 1582~1664)이 편찬하였다. 전겸익은 명말 청초의 문인관료로, 자는 수지(受之)이고 호는 목재(牧齋), 몽수(蒙叟)이며, 강소성 상숙(常熟) 사람이다. 본서는 명 말인 숭정(崇禎) 16년(1643)에 이름난 저자의 저작을 간각(刊刻)한 것으로 시(詩) 20권 외에 잡문(雜文)・서(序)・기(記)・묘지명(墓地銘)으로 구성되어 있다. 수록된 내용 가운데에 사료적 가치가 높은 것도 많다.

『초한춘추』(楚漢春秋)

1권으로 구성된 사서(史書)로 전한의 육가(陸賈)가 편찬하였다. 육가는 초나라 사람으로 고조 유방(劉邦)의 공신이며, 『신어』(新語)라는 다른 저서도 있다. 전한 문제(文帝) 무렵에 완성되었다. 진말(秦末) 이후 항우(項羽)와 유방(劉邦)의 봉기 및 항쟁을 중심으로 한대 초기까지의 역사를 편년체로 서술한 것으로, 이 시대의 1급 사료이다. 원본은 혜제(惠帝), 원제(元帝) 시대까지 상세하게 기술되었지만 당(唐) 이후 산일(散逸)되었다. 『한서』(漢書) 예문지(藝文志)에는 9편으로 저록되어 있다.

『**총화**』(叢話) ☞ 『**사륙총화**』(四六叢話)

『**춘명몽여록**』(春明夢餘錄)

70권의 잡기(雜記)이다. 청 초에 손승택(孫承澤 : 1592～1676)에 의해 편찬되었다. 명대(明代)의 북경에만 한정하여 건치(建置)·형승(形勝)·성지(城池)·기전(畿甸)·성방(城坊)·궁궐(宮闕)·단묘(壇廟)·관서(官署)·명적(名蹟)·수묘(壽廟)·석각(石刻)·엄록(嚴麓)·천거(川渠)·능원(陵園)의 14문(門)으로 나누어 기술하였다. 그 가운데 관서(官署) 1문이 40권으로, 전체의 반 이상을 차지한다. 실록(實錄)·저보(邸報)·조칙(詔勅)·장소(章疏) 및 고대 문헌자료가 매우 풍부하여 명(明) 전장제도(典章制度)의 원류와 변천, 중앙기구의 직장(職掌), 북경의 인문지리 연구에 그 사료적 가치가 높다. 다만 찬자 자신의 기호에 따라 취사선택을 했다는 결점이 있다.

『**춘추**』(春秋)

편년체 사서 형식의 노(魯) 공실사관(公室史官)의 기록으로 5경(五經) 중 하나이다. 은공(隱公) 원년으로부터 애공(哀公) 14년(BC 722～481)까지의 12공[은(隱)·환(桓)·장(莊)·민(閔)·희(僖)·문(文)·선(宣)·성(成)·양(襄)·소(昭)·정(定)·애(哀)] 242년간의 역사를 기록하였다. 기사 내용은 노국(魯國)의 공(公)과 공족(公族)·귀족(貴族)의 주요한 언행이나 국사(國事), 노(魯)와 제후(諸侯) 사이의 외교, 전쟁, 국제적 사건과 기타 재이(災異), 역법(歷法) 등을 간단하게 서술하였다. 해석에는 통상 『공양전』(公羊傳)·『곡량전』(穀梁傳)·『좌씨전』(左氏傳)의 3전(三傳)이 이용된다.

『**춘추공양전**』(春秋公羊傳) ☞ 『**공양전**』(公羊傳)

『**춘추번로**』(春秋繁露)

『춘추』 및 『춘추공양전』의 해설서이다. 전한의 공양학자(公羊學者) 동중서(董仲舒 : BC 179～104)가 편찬하였다. 전한 경제(景帝) 무렵에 완성되었으며, 내용은 유가의 종법사상(宗法思想)을 중심으로 하고 음양오행설(陰陽五行說)을 수용하여 '춘추대일통'(春秋大一統)의 취지를 천명하였다. 정치적 색채를 강하게 띠고 있지만, 오행상승(五行相勝)·오행상생(五行相生)·음양종시(陰陽終始) 등의 편은 음양오행설의 해설서라고 할 수 있으며, 『황제소문』(黃帝素問) 등의 편에서는 한방의학(漢方醫學)과 관련한 생리관(生理觀)을 서술하고 있다. 따라서 본서는 유학사상과 음양사상의 융합을 보여주는 것이라 할 수 있다.

『**춘추삼전**』(春秋三傳)

명의 만의(萬衣)가 『좌전』(左傳)과 『공양전』(公羊傳), 『곡량전』(穀梁傳)을 중심으로 『춘추』에 대한 해설 및 주석서들을 모아 편집한 책으로, 16권으로 되어 있다. 만의는 강서성(江西省) 사람으로 자는 장포(章甫)이고 호는 천원(淺原)이다. 1541년 진사가 되어, 형부주사(刑部主事)를 제수받았으며 하남포정사(河南布政使)에 이르렀다. 저서로는 『초우자집』(草禺子集) 8권이 있다. 본서 앞에는 「춘추삼전서」가 있는데, 이는 진(晉) 두예(杜預)의 『춘추경전집해』(春秋經傳集解)의 서문과 한(漢) 하휴(何休)의 『춘추공양전해고』(春秋公羊傳解詁)의 서문 및 진(晉) 범녕(范寧)의 『춘추곡량전집해』(春秋穀梁傳集解)의 서문을 모아둔 것이다. 책의 체제는 『춘추』의 경문을 앞에 두고, 이어 『좌전』의 글을 두고, 다음에 『공양전』과 『곡량전』을 두었으며, 그 뒤에 여러 설들과 『어안』(御案)을 절충하는 형식을 취했다.

『**춘추좌씨전**』(春秋左氏傳) ☞ 『**좌전**』(左傳)

『**춘추통의**』(春秋通義)

편찬자의 이름은 알지 못한다. 『송사예문지』(宋史藝文志)를 상고하고 있으며, 건준품(蹇遵品), 왕석(王晳), 가안국(家安國), 구규(邱葵)가 모두 『춘추통의』를 포함하고 있어 누구의 책인지 알 수 없다. 책은 완성되지 못하였고 오직 특필(特筆) 1권만이 존재한다. 이 글에는 남송(南宋) 특유의 각박하고 가혹함이 없어서 건준품과 왕석의 산실된 책이 아닌가 여겨지고 있다.

『**춘추호씨전**』(春秋胡氏傳)

송의 호안국(胡安國 : 1074~1138)이 엮은 책으로 송의 남천(南遷)이라는 시대적 문제의식에 근거하여 20여 년간을 연구하여 소흥(紹興) 4년(1134)에 펴낸 『춘추』의 주석서이다. 기존의 『좌씨전』(左氏傳), 『공양전』(公羊傳), 『곡량전』(穀梁傳)과 함께 춘추사전(春秋四傳)으로 불린다. 호안국은 『춘추』를 경세(經世)의 대전(大典)으로 간주하였는데, 이러한 생각은 전국시대의 『맹자』에 근본하여 한대의 공양가(公羊家)를 계승한 것이고, 가까이는 송대 손복(孫復 : 992~1057)의 『춘추존왕발미』(春秋尊王發微)와 정이(程頤 : 1033~1107)의 『춘추전』(春秋傳) 사상을 계승한 것이라 하겠다.

『**춘추후어**』(春秋後語)

일명 『춘추후국어』(春秋後國語)라 하며 전국사서(戰國史書)로서 동진(東晉)의 공연(孔衍 : 268~320)이 편찬하였다. 공연은 『전국책』(戰國策)에 기록된 전국(戰國) 사실(史實)이 완전하지 않다고 여겨 『사기』를 참고하고 그 이동(異同)을 고찰하여 본서를 완성하였다. 진(秦) 효공(孝公)

에서 초한(楚漢) 쟁패(爭覇)까지 전국 7국을 구별하여 기재하였지만 이미 산일되었다. 청(淸) 황석(黃奭)의 집본 1권이 있는데, 주로 『태평어람』(太平御覽)에서 채록하고 그 밖에 『문선주』(文選注) · 『초학기』(初學記) 등의 여러 책을 참고하여 완성하였다.

『측량법의』(測量法義)

측량이동(測量異同) 1권과 구고의(句股義) 1권으로, 명의 서광계(徐光啓)가 짓고 마테오 리치의 풀이를 바탕으로 해설을 더하였다. 측량이동(測量異同)은 모두 고법(古法) 9장의 구고(句股) 측량법과 신법을 서로 견주어 보고 구고의 한 실마리를 측량한 것이어서 구고지의(句股之義)라고 하며 별도로 한 권이 된다.

『치력연기』(治曆緣起)

명 말의 관인학자 서광계(徐光啓), 이천경(李天經), 이지조(李之藻) 등과 예수회 선교사인 재크 로우(羅雅谷), 아담 샬(湯若望) 등에 의해 편찬된 시헌역법서(時憲曆法書)인 『서양신법역서』(西洋新法曆書)의 편찬 과정을 정리한 책이다. 내용은 1629년부터 1644년에 이르기까지 『서양신법역서』의 편찬 과정을 잘 보여주는 칙유(勅諭), 게첩(揭帖), 주소(奏疏), 제소(題疏) 등을 집대성하였다.

『칠경소전』(七經小傳)

원래 이름은 『공시선생칠경소전』(公是先生七經小傳)으로 경서의 해석서이다. 북송의 유창(劉敞 : 1019~1068)이 편찬한 것으로, 『상서』(尙書), 『모시』(毛詩), 『주례』(周禮), 『의례』(儀禮), 『공양전』(公羊傳), 『국어』(國語), 『논어』(論語) 등 7경의 경의(經義)를 논술하였다. 한당(漢唐) 경학가(經學家)의 해석에 구애받지 않고 자신의 의리론(義理論)을 전개한 이 책은, 송유(宋儒)가 의(義)로써 경(經)을 설명한 저술로는 비교적 초기의 것으로서, 송인(宋人)이 자의로 경전을 해석하는 풍조를 열었다.

『태극도설』(太極圖說)

1권의 책으로 북송의 주돈이(周敦頤 : 1017~1073)가 편찬하였다. 태극도(太極圖)를 유학으로 해석한 우주론이 그 내용이다. 250자 정도의 짧은 문장이지만, 우주의 생성에서부터 인간의 지위와 도덕의 근원까지 논하여, 유학의 새로운 길을 개척하고 송학(宋學)의 기초를 닦았다. 남송의 주희가 『태극도해』(太極圖解) · 『태극도설해』(太極圖說解)를 저술하여 유명해졌다.

『태상감응편도설』(太上感應篇圖說)

청의 허찬증(許纘曾)이 청 세조(世祖)의 명을 받고 편집해서 반포한 『태상감응편』(太上感應篇)의 주석서로, 본래는 8책인데 현재 7책만 남아 있다. 허찬증은 강남(江南) 화정(華亭) 사람으로 자는 효수(孝修)이고 호는 학사(鶴沙)이다. 1649년에 진사가 되었고 운남(雲南) 안찰사(按察使)를 지냈다. 본서는 『태상감응편』이라는 도교 경전의 내용에 그림을 추가하여 만든 것이다. 『태상감응편』은 줄여서 『감응편』이라고도 하는데, 작자에 대해서는 정론이 없다. 근래의 연구에 의하면 대개 북송 말에서 남송 초에 쓰여진 것으로 추측된다.

전통사회에서 상당히 널리 유행한 이 책의 본문 체제는 맨 앞에 『태상감응편』 본문을 싣고, 그 다음 권수(卷首)에는 『태상감응편』을 간행하여 공덕을 받은 실례들을 그림과 함께 기록하였다. 그리고는 『태상감응편』의 본문을 한 구절씩 나누어, 그 각각의 구절마다 전주(箋注)라는 항목을 달아 주석을 붙이고, 그 다음에 인경(引經)이라는 항목을 두고 유가 경전과 선현들의 말을 인용하여 이 구절의 내용을 입증하였다. 이어서 『태상감응편』의 해당 구절의 내용을 지켜서 영험을 본 이야기들을 그림과 함께 병기하였다. 이런 방식으로 『태상감응편』 본문을 나누어 각기 제1책에서부터 제8책에 이르기까지 유가의 여덟 가지 덕목인 효(孝)·제(悌)·충(忠)·신(信)·예(禮)·의(義)·염(廉)·치(恥)를 주제로 삼아 주석을 달고 유가경전을 인용하고 영험을 본 이야기들을 그림으로 그려서 편집하였다.

『태서수법』(泰西水法)

6권으로 명나라 때 서양인인 판토하(熊三拔 : 1575～1618)가 편찬하였다. 서양의 취수(取水) 방법과 그 기물에 대한 제조법을 밝혀서 빠르고 교묘한 장점을 드러내었으며 도설(圖說 : 그림을 그려 설명한 책)도 역시 매우 상세하다. 유럽인이 지은 것으로서 산법을 다룬 다른 책들보다 실용적인 면에서 한 걸음 더 나아간 것이다.

『태악집』(太岳集)

명(明) 만력제(萬曆帝) 즉위 초기에 장거정(張居正 : 1525～1582)이 어린 만력제에게 진강(進講)하기 위해 쓴 것이다.

『태평광기』(太平廣記)

500권으로 이루어졌으며, 북송의 이방(李昉) 등이 조서를 받아 편찬하였다. 북송 초에 관찬된 송조(宋朝) 4대부서(四大部書)의 하나로, 태평흥국(太平興國) 3년(978)에 완성되었다. 한(漢)에서 송 초까지의 야사(野史)·전기(傳記)·소설(小說)에서 기사를 수집하고, 그것을 내용별로 분류한 책으로, 도교·불교 관계의 설화, 괴담, 이문(異聞), 기사(奇事) 등으로 이루어져 있다. 사회의 풍속과 관습을 구체적으로 기록한 것도 적지 않아, 정사(正史) 등과 병용한다면 사회경제사의 자료로서 매우 유용하며 당(唐)·오대사(五代史)의 연구에 참고가치가 높다.

『태평어람』(太平御覽)

1000권으로 이루어졌으며, 북송의 이방(李昉) 등이 조서를 받아 편찬하였다. 태평흥국(太平興國) 2~8년(977~983)에 편찬되었으며, 원래 이름은 『태평총류』(太平總類)인데 송 태종(太宗)이 하룻밤에 3권씩 열독했기 때문에 이런 이름을 갖게 되었다고 한다. 천부(天部)에서 백훼부(百卉部)까지 55부로 구성되었는데, 이 숫자는 『주역』(周易) 계사(繫辭)의 설(說)에 기초한 것으로 천지의 모든 사상(事象)을 포괄한다는 의미를 갖고 있다. 2천 수백 종의 인용서를 기록하고 있는데 현재 그 대부분이 이미 유실되어 전하지 않기 때문에 일문(逸文)의 잔존 의의가 크다.

『태평청화』(太平淸話)

명말 진계유(陳繼儒 : 1558~1639)의 저술로 『보안당비급』 속에 수록되어 있다. 자서(自序)에서 "여기 실린 것은 모두 고금 문헌과 한묵(翰默)을 현상(玄賞)하던 일이다."라고 하였다.

『태현경』(太玄徑)

10권으로, 한(漢) 양웅(揚雄 : BC 53~AD 18)이 편찬하고 진(晋)의 범망(范望)이 주해(注解)하였다. 양웅은 『법언』(法言)을 지어 『논어』를 본뜨고 또 이 책을 지어 『주역』을 본떴다. 송충(宋衷), 육속(陸續)이 주해를 맡았는데, 범망이 이 두 사람의 주해를 수정하고 자신의 주해와 찬문(贊文)을 아울러 기록하고 바로잡았다. 현수(玄首) 1편은 81명으로 나누어 위에 놓고, 현측(玄測) 1편은 729찬(贊)으로 나누어 연계하여 아래에 붙였다. 비직(費直)이 십익(十翼)을 나누어 주역에 덧붙인 것과 같으니, 이 역시 범망에게서 처음 시작된 것이다.

『통감』(通鑑) ☞ **『자치통감』(資治通鑑)**

『통감강목』(通鑑綱目) ☞ **『자치통감강목』(資治通鑑綱目)**

『통감장편』(通監長篇) ☞ **『속자치통감장편』(續資治通監長篇)**

『통감전편』(通監前編)

18권으로 된 편년체 사서로서 송말원초에 김이상(金履詳 : 1232~1303)이 편찬하였다. 김이상은 덕우(德祐) 초(1275)에 사관편교(史館編校)가 되었으나 부임하지도 못하고 송이 멸망하자 은거하여 저술에 몰두하였다. 원(元) 경정(景定) 5년(1264)에 본서를 완성하였다. 유서(劉恕)의 『통감외기』(通鑑外紀)가 경전에 근거하지 않고 제자백가의 설을 믿었기 때문에, 소옹(邵雍)의 『황극경세』(皇極經世), 호굉(胡宏)의 『황왕대기』(皇王大紀)에 따라 절충을 가하여 경(經)과 전(傳)에 의거하고 구사(舊史)와 제자(諸子)의 문장을 아울러 채용하였으며, 연도순으로 배열하고 다시 훈석(訓釋)을 가하였다. 위로 당요(唐堯)에서 시작하여 아래로 『통감』에 접속시켰기 때문에 전편(前編)이라고 부르게 되었다.

『통감절요』(通鑑節要)

목판본으로 50권 15책이다. 강지(江贄)의 호를 덧붙여 일명 『소미통감』(少微通鑑)이라고도 한다. 송나라 강지가 편찬한 것을 1237년에 강연(江淵)이 간행하였다. 『자치통감』(資治通鑑)은 294권 100책에 이르는 거질(巨帙)로, 주(周) 위열왕(威烈王) 23년(BC 403)부터 후주(後周) 현덕(顯德) 6년(959)까지 1362년간의 중국역사를 편년체로 엮은 통사(通史)인데, 권수가 너무 방대하여 열람에 난점이 있었다. 이에 중요한 것을 선정하여 만든 것이 이 『통감절요』이다. 강지는 주기(周紀) 5권을 2권으로, 진기(秦紀) 40권을 5권으로, 송기(宋紀) 16권과 제기(齊紀) 10권을 1권으로, 양기(梁紀) 22권을 1권으로, 진기(陳紀) 10권을 1권으로, 수기(隋紀) 8권을 1권으로, 당기(唐紀) 81권을 14권으로, 후량기(後梁紀) 8권과 후한기(後漢紀) 4권을 1권으로, 후주기(後周紀) 5권을 1권으로 줄여 전체 50권 분량으로 만들었다. 이 책은 강묵(江默)이 주자에게 질정한 후 널리 알려졌으며, 주자의 정통론에 영향을 받아 촉한(蜀漢)을 정통으로 보고 위(魏)를 비정통으로 보았다. 이런 이유로 주자학을 신봉하던 조선시대에 많이 읽혔으며, 초학자들의 한문학습 교재로 널리 이용되었다.

『통감집람』(通鑑輯覽)

원래 이름은 『어비역대통감집람』(御批歷代通鑑輯覽) 또는 『어비통감집람』(御批通鑑輯覽)으로 116권으로 된 편년체 사서이다. 청 고종[건륭제(乾隆帝)]이 내부(內府)에 소장된 명(明) 정덕(正德) 연간에 찬수된 『역대통감찬요』(歷代通鑑纂要, 92권)를 즐겨 읽다가 그 포폄(褒貶)이 부적절하다고 여겨 중수를 명하여 건륭 32년(1767)에 완성되었다. 역대 사적(事蹟)을 수집하였는데 황제(黃帝)로부터 시작하여 명 말에까지 이르렀다. 편수 과정 중에 1권을 완성할 때마다 고종에게 헌상하여 황제가 직접 심사하여 확정하고 아울러 상세히 그 위에 비주(批注)를 하였으므로 책 이름을 『어비역대통감집람』(御批歷代通鑑輯覽)이라고 하였다.

『통서』(通書)

원래 이름은 『역통』(易通)이고 일명 『염계통서』(濂溪通書) 또는 『주자통서』(周子通書)라고 하며 1권으로 된 철학서(哲學書)이다. 송의 주돈이(周敦頤 : 1017～1073)가 편찬하였으며 주희(朱熹)가 주(注)를 달았다. 『태극도설』(太極圖說)과 함께 나온 책이다. 『중용』의 사상체계를 계승하여, 만물을 생산하는 '건원'(乾元)을 선양하고 이것을 성(誠)의 본원으로 삼았다. 입성(立誠)·주정(主靜)·무욕설(無欲說)은 송원(宋元) 이학(理學) 사상의 특징이 되었다.

『통아』(通雅)

52권으로 된 유서(類書)이다. 명의 방이지(方以智 : 1611～1671)가 편찬하였다. 내용은 문학(文學)·예술(藝術)·문자학(文字學)·명물(名物)·전장제도(典章制度)로부터 천문·지리·의학 등 자연과학 분야에까지 미치고 있다. 인용이 광범위하고 고증이 매우 정확하여 명대의 소형 백과전서였으며 그 때문에 명 말의 사실(史實)을 고증하기에 충분하다.

『통전』(通典)

당(唐)의 두우(杜佑 : 735～812)가 편찬한 것으로, 황제(黃帝)·당우(唐虞)로부터 당(唐) 천보(天寶) 연간(742～756)에 이르기까지의 중국 역대 전장제도서(典章制度書)이다. 대종(代宗) 대력(大曆) 초(766) 편찬에 착수하여 36년 만인 덕종(德宗) 정원(貞元) 17년(801)에 완성하였다. 당 개원(開元 : 713～741) 말 유지기(劉知幾)의 아들 유질(劉秩)이 『주례』(周禮) 육관(六官)의 형식을 모방하여 『정전』(政典) 35권을 저술하였는데, 두우는 이 책을 기초로 하여 다시 범위를 확대하여 개원례(開元禮)와 악지(樂志)를 첨가하여 『통전』(通典) 200권을 만들었다. 체제는 사류(事類)에 따라 9문(門)으로 나누고, 다시 자목(子目)으로 세분하여, 식화(食貨) 12권, 선거(選擧) 6권, 직관(職官) 22권, 예(禮) 100권[역대 연혁례(沿革禮) 65권, 개원례(開元禮) 35권], 악(樂) 7권, 병(兵) 15권, 형(刑) 8권, 주나(州那) 14권, 변방(邊防) 16권으로 구성하였다. 당대(唐代)에 관한 기술이 가장 상세하여 동시대의 사료로서 당대의 정치제도사와 사회경제사의 근본 사료가 된다.

『통지』(通志)

200권의 기전체 사서로, 남송의 정초(鄭樵 : 1104～1162)가 편찬하였다. 고종 소흥(紹興) 31년(1161)에 완성되었다. 본기(本紀) 18권, 연보(年譜) 4권, 약(略) 52권, 세가(世家) 3권, 열전(列傳) 115권, 재기(載記) 8권으로 구성되었다. 체제는 『사기』에 의거하였는데, 표(表)를 보(譜)로, 서(書)를 약(略)으로 바꾸었다. 또한 별도로 『진서』(晉書)에 근거하여 재기(載記)를 두었다. 삼황(三皇)에서부터 시작하여 기전(紀傳)은 계(階)까지, 약(略)은 당송(唐宋)까지 기술하였다.

『통지략』(通志略)

남송 정초(鄭樵 : 1103～1162)가 저술한 백과전서식 기전체 통사인 『통지』(通志)의 일부이다. 정초는 사학자로서 복건로(福建路) 홍화군(興化郡) 출신이다. 자는 어중(漁仲)이며, 호는 협제산인(夾漈山人), 서계일민(西溪逸民)이다. 일찍이 효렴(孝廉)으로 세 번, 유일(遺逸)로 두 번 천거되었으나 모두 출사하지 않았다. 약 80여 편에 이르는 저술이 있었다고 하나 현존하는 것은 『협제유고』(夾漈遺稿), 『이아주』(爾雅注), 『시변망』(詩辨妄), 『육경오론』(六經五論) 정도이다. 정초는 1138년부터 저술을 시작하여 1160년에 걸쳐 『사기』를 모방하여 제기(帝紀) 18권, 후비전(后妃

傳) 2권, 이십략(二十略) 52권, 연보(年譜) 4권, 세가(世家) 3권, 종실전(宗室傳) 8권, 열전(列傳) 130권, 재기(載記) 8권, 사이전(四夷傳) 7권 등으로 구성된 기전체 사서 『통지』 200권을 완성했다.

『판교잡기』(板橋雜記)

명말청초에 여회(余懷)가 편찬한 책으로 명 말의 남경 장판교(長板橋) 유리(遊里)의 일을 중심으로 기술하였다. 상권 『아유』(雅遊)는 기가(妓家)·등선(燈船)·교방리원(敎坊梨園)·곡중시사(曲中市肆)·음곡(音曲) 등에 관해 서술하고, 중권 『여품』(麗品)에는 구원(舊院)의 명기전(名妓傳)이 있으며, 말미에 주시명기(珠市名妓)를 부가했다. 하권 『일사』(軼事)에는 유리(遊里) 풍류사인(風流士人)의 일화를 서술했다. 명말 남경의 일면을 보여주는 좋은 사료이다.

『팔기통지』(八旗通志)

일명 『팔기통지초집』(八旗通志初集)이라고도 하며, 청의 악이태(鄂爾泰 : 1677~1745) 등이 조서를 받아 편찬하였다. 건륭 4년(1739)에 완성되었다. 동북의 만주·몽골 등 소수민족의 선세(先世) 전설에서부터 책을 만들던 당시에 이르기까지 관환가세(官宦家世)·군공(軍功)·정적(政績)·문학(文學)을 포괄하고 있어서, 포함되지 않는 것이 거의 없다. 본서는 팔기제(八旗制)를 경(經)으로 하고 팔기법령(八旗法令)·직관(職官)·인물(人物)을 위(緯)로 하여 지(志)·표(表)·전(傳)의 세 부분으로 나뉘어져 있다. 청사(淸史) 연구에 중요한 참고서이다.

『패문운부』(佩文韻府)

444권(원작 106권)의 유서(類書)로, 청의 장옥서(張玉書 : 1642~1711)·채승원(蔡升元) 등이 조서를 받아 편찬하였다. 『운부습유』(韻府拾遺) 106권(청 왕현 등 편)이 첨부되어 있다. 원(元) 음시부(陰時夫)의 『운부군옥』(韻府群玉)과 명(明) 능치륭(凌稚隆)의 『오차운서』(五車韻瑞)를 기초로 하고 다시 유서 가운데에서 관련 자료를 회초(匯抄)·증보하여 만들었다. 여기서의 패문(佩文)은 강희제의 서재(書齋) 이름이다. 경(經)·사(史)·자(子)·집(集)의 서적에서 2자 내지 4자의 어휘를 모으고 맨 마지막 자의 운(韻)에 따라 106운으로 나누어 배열한 후, 그 어휘의 출전을 주기(注記)한 것이다. 작시(作詩)에 필요한 책이지만, 고전 어휘의 출전을 검색하는 데 가장 편리한 책이다. 다만 운(韻)에 따라 검색하지 않으면 안 되는 불편이 있다.

『패문재서화보』(佩文齋書畫譜)

서화총서(書畫叢書)로 청 강희제의 칙령을 받들어 손악반(孫岳頒), 송준업(宋駿業) 등이 편찬하였다. 명(明) 이전의 회화논저(繪畫論著), 서화가전기(書畫家傳記), 고증(考證) 등의 서적 1,844종을 총망라해서 인용하여 100권으로 만들었다. 논서법(論書法), 논회법(論繪法), 역대제왕서화

(歷代帝王書畵), 역대명인서화발(歷代名人書畵跋), 서법가전기(書法家傳記) 및 화가전기(畵家傳記), 무명씨서화(無名氏書畵) 등으로 구성되어 있다. 부문별로 나누고 인용한 것에는 모두 출처를 열거하였으므로 조사·검색에 편리하다. 역대 서화보(書畵譜)를 집대성한 것으로서 분류가 치밀하지만 다만 서화·고적에 대한 저술목록을 열거하지 않았고, 편찬 및 존일(存佚)의 정황을 설명하는 것에 진위가 뒤섞여 있는데, 그에 대한 분석이 없다.

『**패해**』(稗海)

74종 448권의 총서(叢書)로 명의 상준(商濬)이 편찬하였다. 패해는 패설(稗說)의 바다[海]라는 뜻으로, 진(晋)·당(唐)·송대(宋代) 사람들의 필기(筆記)·수필(隨筆)을 수록하고, 원대(元代) 사람의 것도 1종 있다. 편자의 감별은 지극히 상세하여 명 말의 총서 가운데 뛰어난 것으로 평가받고 있다. 전체를 10함(函)으로 나누고, 각 함당 6~10종의 책을 수록했으며 제10함만은 3종을 수록하였다. 『명사』(明史) 예문지에는 자부(子部) 소설가류(小說家類)에, 『천경당서목』(千頃堂書目)에는 자부(子部) 유서류(類書類)에 들어가 있다.

『**포박자**』(抱朴子)

내편(內篇) 20권, 외편(外篇) 50권으로 이루어진 책으로, 동진(東晉)의 갈홍(葛洪)이 편찬하였다. 갈홍은 단양(丹陽) 사람으로, 만년에 나부산(羅浮山)에 틀어박혀 신선술을 추구하였다. 동진 건무(建武) 원년(317)에 완성되었고, 서명(書名)은 찬자의 호에서 따온 것이다. 본서는 내편이 도가(道家), 외편이 유가(儒家)에 속한 내용으로 되어 있어 그 성격을 달리한다. 초기 도교 연구의 기본 사료일 뿐만 아니라 고대 과학기술에 관해서도 특별한 가치를 갖고 있다. 특히 주목되는 바는 한말(漢末)에서 진대(晉代)까지의 갈홍의 출신지인 강남지방의 실정이 반영되어 있어서 한(漢)·진(晉) 사이의 사회와 풍속뿐만 아니라 강남지방의 모습도 살필 수 있는 좋은 사료이다.

『**폭서정집**』(曝書亭集)

총 80권으로 청의 주이존(朱彝尊 : 1629~1709)이 저술하였다. 부(賦) 1권, 시(詩) 22권, 사(詞) 7권, 산문(散文) 50권으로 구성되어 있다. 비석에 대한 제발(題跋)을 모은 것이 많으며 권42에서 권55의 경우에는 많은 서적을 변정(辨定)하여 비판(碑版)을 고증하여 상당히 정밀하다.

『**풍속통**』(風俗通) ☞ 『**풍속통의**』(風俗通義)

『**풍속통의**』(風俗通義)

일명 『풍속통』(風俗通)이라고도 하며 10권으로 구성되어 있다. 후한의 응소(應劭)가 편찬하여 후한 말 헌제(獻帝) 때 완성되었다. 고문헌에 기초하여 사물이나 전례(典禮)에 대한 고찰을 기본으로 그 연혁과 의의까지 해설하고 당시 일반인이 믿고 있던 속설을 정정(訂正)하였다. 구체적으로 황패(皇覇)·정실(正失)·건례(愆禮)·산택(山澤) 등의 편을 설정하고 137조로 나누어 서술하였다. 한대의 풍속을 연구하는 데 귀중한 사료이다.

『필산』(筆算)

5권으로 된 수학서(數學書)로 청의 매문정(梅文鼎 : 1633~1721)이 편찬하였다. 매문정의 자는 정구(定九)이고 호는 물암(勿庵)으로, 안휘성 선성(宣城) 사람이다. 강희(康熙) 32년(1693)에 완성되었다.

『하객유기』(霞客遊記) ☞ **『서하객유기』(徐霞客遊記)**

『하소정』(夏小正)

1권으로 된 과학기술서로, 본래는 『대재례기』(大戴禮記) 제47편이었다. 내용은 천상(天象)과 물후(物候)에 근거하여 계절과 월(月)을 확정하고, 하력(夏曆) 12월의 순서에 따라 매월의 성상(星象)·기상(氣象)·물후(物候)와 실시해야 할 정사(政事)나 농사(農事)를 기술하였으며, 성상은 단중성(旦中星)·혼중성(昏中星) 및 항성(恒星) 현상을 나누어 기재하고, 북두칠성의 방향과 시령(時令)의 관계, 은하(銀河)의 위치 및 태양의 위치 등을 기재하였다. 현존하는 『하소정』은 누락과 착란이 있는데다 정문(正文)과 주문(注文)이 뒤섞여 있어 판별이 쉽지 않다. 그렇지만 본서는 중국 최고의 과학기술서적 가운데 하나로 천문(天文)·역법(曆法)·농학(農學) 연구에 귀중한 가치가 있다.

『학림옥로』(鶴林玉露)

남송의 나대경(羅大經)이 편찬하였다. 남송의 사회·경제·관제·문학·인물에 관한 일문(逸聞)을 기록한 것으로, 시화(詩話)와 비슷한 것도 많다. 갑(甲)·을(乙)·병(丙)의 3집으로 나누고, 그 각각에 순우(淳祐) 8년(1248), 11년(1251), 12년(1252)의 서문(序文)이 있다.

『학산대전집』(鶴山大全集)

110권으로 남송 위료옹(魏了翁 : 1178~1237)이 저술하였다. 위료옹은 공주(邛州) 포강(蒲江) 사람이다. 본서는 그의 아들 위근사(魏近思)가 편집한 것으로 원본은 100권이며, 100권 이후의 것은 후대에 첨가된 것이다. 남송대의 문집 가운데에서도 특히 내용이 풍부한 것으로 알려져 있다. 또 위료옹이 17년 동안 사천에 있으면서 그 곳에 대한 기록을 남겨, 사천지방에 관한 사료적 가치도 높다.

『학산집』(鶴山集) ☞ **『학산대전집』**(鶴山大全集)

『한기』(漢紀)

30권으로 된 편년체 사서로, 후한의 순열(荀悅 : 148~209)이 편찬하였다. 전한시대의 역사를 편년체로 서술하였으며 건안(建安) 5년(200)에 완성되었다. 반고(班固)의 『한서』가 너무 포괄적이라서 통람하기 어려웠기 때문에 헌제(獻帝)의 조(詔)에 따라 순열이 『한서』의 내용 일부를 삭제하여 1/4 규모로 축소시키고 『춘추좌씨전』(春秋左氏傳) 체제에 따라 편년체로 재구성하였다. 본서를 모방하여 쓰여진 동진(東晉) 원굉(袁宏)의 『후한기』(後漢紀) 30권과 합쳐서 『양한기』(兩漢紀)로서 합각(合刻)되고 있다.

『한비자』(韓非子)

한비(韓非 : BC 280~233)와 이후 법가들에 의해 이루어졌다. 주대(周代)의 봉건제가 붕괴된 전국시대 말기에 유가의 예적(禮的) 질서를 부정하고 소위 '형명학'(刑名學)의 입장에서 법술(法術)로써 신상필벌(信賞必罰)을 행하고 전권(全權)을 군주에 집중시켜 새로운 집권적 질서를 확립하자고 주장한 책이다. 법가사상을 가장 단적으로 표현한 것이지만 한비의 자저(自著)로 인정할 수 있는 것은 전 55편 가운데 고분(孤憤)·설난(說難)·화씨(和氏)·간겁시신(姦劫弑臣)·오두(五蠹)·현학(顯學) 6편뿐이고 나머지는 한초(漢初)에 더해진 것으로 보인다. 『사기』 등에 보이지 않는 선주(先奏)의 사건·인물·설화가 포함되어 있어 사료로서도 중시된다.

『한서』(漢書)

일명 『전한서』(前漢書), 『서한서』(西漢書), 『반사』(班史), 『반서』(班書)라고 하는 120권의 정사(正史)로, 후한의 반고(班固 : 32~92)가 편찬하였다. 반고의 부친 반표(班彪)는 『사기』의 서술이 전한 무제(武帝)까지로 끝나고 무제 이후를 서술한 유향(劉向)·유흠(劉歆)·양웅(揚雄) 등의 서(書)가 왕망(王莽)에게 아부하여 곡필(曲筆)한 데 대해 불만을 품고 스스로 『후전』(後傳) 65편을 저술하여 『사기』를 보충하였다. 반고는 부친의 유지(遺志)를 계승하고 명제(明帝)의 명(命)을 받들어 많은 기록과 서적을 참고해서 부친의 서(書)를 정비하여 본서를 편찬하였다. 한나라의 건국으로부터 왕망(王莽) 정권의 멸망에 이르기까지 약 230년간의 역사를 20년의 작업 끝에 건초(建初) 8년(82)에 완성하였는데, 고조(高祖) 원년부터 무제(武帝) 이전의 역사는 『사기』의 서술을 기본으로 하였다. 기전체 사서인 『사기』를 모방하여 기(紀) 12편, 표(表) 8편, 지(志) 10편, 전(傳) 70편으로 구성하였다.

『한시외전』(韓詩外傳)

10권의 책으로 전한의 한영(韓嬰)이 편찬하였다. 전한 문제(文帝) 때 완성되었다. 한영은 문제 때의 박사(博士)로서 본서와는 별도로 『시경』(詩經)의 주해서[注解書 : 『내전』(內傳) 4권]를 저술하였으나 산일되었다. 본서 『외전』(外傳)은 『시경』 그 자체의 주석서는 아니고 『내전』과는 별본(別本)으로서 당시 잡다하게 존재한 고사(故事)·고언(古言)을 『시경』의 장구(章句) 사이에서 설명한 것이다. 고사(故事)와 전설(傳說)의 내용은 선진(先秦)에 관한 것이 많다.

『한예자원』(漢隷字源)

6권으로 된 자서(字書)로, 송의 누기(婁機)가 편찬하였다. 저자는 예서(隷書)를 해서(楷書)의 전신으로 여기고 본서를 편찬하였다. 한비(漢碑) 309종, 위진비(魏晉碑) 31종 가운데 예자(隷字)를 옮겨쓰고 사성(四聲) 206운(韻)에 따라 배열하였다. 자(字)마다 먼저 해서(楷書)를 제시하고, 다시 다른 비각(碑刻)에서 채록한 예서(隷書)를 나열하였다. 음(音)을 주기하지 않고 뜻도 해석하지 않았으나, 간간이 자형(字形)을 고증해 놓았다. 본서는 예서 및 한자의 변천을 연구하는 데 중요한 사료이다.

『한위총서』(漢魏叢書)

명의 정영(程榮)이 엮었다. 한(漢)·위(魏)·육조(六朝) 시대의 저서 38종을 수록한 총서(叢書)로서 만력 18년(1590)경에 완성되었다. 처음에 명 가정(嘉靖) 연간(1522~1566)에 하당(何鏜)이 한·위·육조시대 제가(諸家)의 저서 100종을 수집하였는데, 그것을 기초로 하여 정영이 38종의 저서를 편집 간행한 것이다. 경(經) 11종, 사(史) 4종, 자(子) 23종의 3부(部)로 분류되어 있다.

『한정우기』(閑情偶寄)

16권으로 된 희곡잡론(戱曲雜論)이다. 명말청초에 이어(李漁 : 1611~1679)가 편찬하였다. 『입옹일가언』(笠翁一家言)에 수록되어 있으며, 강희 연간 각본(刻本)이 있다.

『항성출몰표』(恒星出沒表)

재크 로우(羅雅谷 : 1593~1638), 아담 샬(湯若望 : 1591~1666), 이천경(李天經)이 저술한 책으로 2권 2책으로 되어 있다. 중성(中星 : 야간에 남행하는 항성)의 출(出), 중(中), 입(入) 시각(時刻)을 정리한 천문서이다.

『해도산경』(海島算經)

위(魏)의 유휘(劉徽)가 편찬하였다. 유명한 『구장산술』(九章算術) 다음 가는 중국 고대의 수학서로 3세기에 성립되었다. 본서의 이름은 바다 가운데 있는 섬의 높이와 육지로부터의 거리를 2개의 측량봉(測量棒)으로 구한다고 하는 제1문(第一問)에서 유래하였다. 피타고라스 정리의 응용문제와 직각삼각형의 상사에 의한 계산문제를 취급하고 있다.

『행정록』(行程錄)

송(宋), 요(遼), 금(金), 원(元)의 별사(別史)인 『동도사략』(東都事略), 『남송서』(南宋書), 『거란국지』(契丹國志), 『대금국지』(大金國志), 『원사유편』(元史類編)을 합간한 사서(史書)에 속한다.

『향조필기』(香祖筆記)

청의 왕사진(王士禛)이 편찬하였으며, 강희 44년(1705)에 간행되었다. 청대의 유명한 시인이었던 저자가 강희 42년(1703)부터 2년에 거쳐 저작한 필기, 인물의 일화, 시문 평론, 시대의 정치·사회·풍속에 대한 견문이 서술되어 있고 사료로도 유용한 것이 많다.

『현식록』(賢識錄)

육익(陸釴)이 편찬하였다. 육익의 자는 거지(擧之), 호는 사석자(少石子)이며, 절강성(浙江省) 영파부(寧波府) 은현(鄞縣) 출신이다. 1511년 정덕(正德)의 진사로 한림원편수(翰林院編修), 호광안찰첨사(湖廣按察僉事), 산동제학부사(山東提學副使) 등을 역임하였다. 주요 저술로는 본서 외에 『병일만기』(病逸漫記), 『현식록』(賢識錄), 『사석집』(少石集) 등이 있고 『무종실록』(武宗實錄)의 편찬에 참가하였다.

『형천집』(荊川集)

명의 당순지(唐順之 : 1507~1560)가 편찬하였다. 권1에서 권16까지는 부(賦)·시(詩)·서(書)·서(序)·기(記)·설(說)·명(銘)·뇌(誄)·찬(贊)·제문(祭文)·지명(志銘)·행장(行狀)·묘표(墓表)·전(傳) 등으로 권17은 잡저(雜著) 및 수편의 논(論)이 5편, 외집은 3권으로 책결(策決)·주소(奏疏)·공이(公移) 등으로 구성되어 있다.

『형초세시기』(荊楚歲時記)

양(梁)의 종늠(宗懍)이 편찬하였다. 남북조시대 형초(荊楚) 지방(호북·호남 일대) 농민의 연중행사를 기록한 것으로, 정월 1일부터 12월 말까지 민간의 연중행사를 월별로 차례로 기록하고 설명을 붙였다. 찬자가 실제로 본 형초 지방의 독특한 행사와 습속이 기록되어 있어서 세시풍속 연구에 귀중한 사료가 된다. 수(隋) 대업(大業) 연간에 사공(社公) 첨(瞻)이 본서에 주석을 가하였는데, 형초세시기(荊楚歲時記)라는 서명은 이 때 확립되었으며 종늠의 원저는 그 때까지 형초기

(荊楚記)라고만 불린 것으로 보인다.

『호전』(胡傳) ☞ **『춘추호씨전』**(春秋胡氏傳)

『혼개통헌도설』(渾蓋通憲圖說)

1607년 마테오 리치(利瑪竇 : 1552～1610)와 이지조(李之藻 : ?～1631)가 북경에서 간행한 천문서적이다. 로마 신학원에서 사용하던 클라비우스의 천문학 교재를 한역한 것이다.

『홍무정운』(洪武正韻)

16권으로 된 운서(韻書)로, 명의 악소봉(樂韶鳳) 등이 조서를 받아 편찬하였다. 본서는 조선에 영향을 주어 『동국정운』(東國正韻), 『훈민정음』(訓民正音), 『사성통고』(四聲通考) 등의 편찬에 참고가 되었다.

『홍범』(洪範)

『서경』(書經)의 「홍범」편 및 그와 관련 있는 여러 도설들을 모아놓은 책으로, 편찬자와 편찬연대는 밝혀져 있지 않다. 본서는 도설과 본문의 두 부분으로 되어 있다. 도설에는 홍범 편과 관련 있는 여러 도설이 실려 있고, 본문에는 홍범 편의 내용이 수록되어 있는데, 먼저 홍범 편의 원문을 적은 다음 한 줄을 낮추어 채침(蔡沈 : 1176～1230)의 주석을 기록하였다. 이어 『서전대전』(書傳大全)의 세주(細註) 가운데 주자의 논설을 중심으로 하여 중요 내용을 선별하여 기록해 놓았다.

『화간집』(花間集)

오대시대 후촉(後蜀)의 조숭조(趙崇祚)가 편찬하였다. 당(唐) 오대(五代)의 사(詞) 선집(選集)으로, 온정균(溫庭筠)·황보송(皇甫松)·설소온(薛紹蘊)·구양형(歐陽炯)·손광헌(孫光憲) 등 18가의 사(詞) 500수를 수록하였다. 연회석의 오락에 대비한 소령(小令)이 주를 이루고, 77종의 곡조(曲調)를 절구(絶句)·악부(樂府)·연악(燕樂)의 세 가지로 나누었다. 당 오대의 풍속사료로서 내용이 풍부하다.

『화감』(畫鑒)

일명 『고금화감』(古今畫鑒)이라고도 하며 1권의 속화논저(續畫論著)이다. 원(元)의 탕후(湯垕)가 편찬하였다. 『고금화감』(古今畫鑒)이라는 이름으로 간행되기도 하였다.

『화계』(畫繼)

10권으로 된 속화서(續畵書)로 송의 등춘(鄧椿)이 편찬하였다. 판본으로는 『왕씨화원』(王氏畵苑), 『진체비서』(津逮秘書), 『학진토원』(學津討原) 본 등이 있다.

『화사회요』(畵史會要)

명의 주모인(朱謀垔)이 편찬하였다. 역대 화가의 약전(略傳) 및 화법(畵法)을 기술한 것으로, 숭정(崇禎) 4년(1631)에 완성되었다. 권1은 삼황(三皇)에서 오대(五代)까지, 권2는 송(宋), 권3은 금원(金元), 권4는 명(明) 화가(畵家)의 약전(略傳)이다. 원대(元代)까지는 『역대명화기』(歷代名畵記), 『도화견문지』(圖畵見聞志), 『도회보감』(圖繪寶鑑) 등의 기재에 따르고 있다. 명(明) 부분은 가치가 높다. 권5는 화법(畵法)으로, 『임천고치』(林泉高致)를 비롯하여 송・원・명대 사람의 화론을 아울러 제시하였다.

『화식전』(貨殖傳)

『화식전』에는 두 가지가 있다. 하나는 사마천이 쓴 『사기』(史記) 권109와 반고(班固)가 쓴 『한서』(漢書) 권91이 그것이다. 이 책은 한무제(漢武帝) 때 사마천이 쓴 『사기』에 들어 있던 것을 필사한 것이다. '화식전'은 바로 상인(商人)들의 이야기로, 황제 이후로 한대에 이르기까지 상술을 통하여 거부가 된 사람들의 이야기를 담고 있다.

『화천집』(華泉集)

14권으로 명의 변공(邊貢 : 1476~1532)이 저술하였다. 변공의 자는 정실(廷實)이고 호는 화천(華泉)으로 산동성 역성(曆城) 사람이다. 이 문집은 문인 유희윤(劉希尹)이 편찬한 것으로 시집(詩集) 8권, 문집(文集) 6권으로 되어 있다. 그의 시는 풍격이 뛰어나 후세 사람들로부터 크게 칭송을 받았다.

『환담신론』(桓譚新論)

일명 『환자신론』(桓子新論) 혹은 『신론』(新論)이라고도 하며 29편으로 된 정론서(政論書)이다. 전한 말 후한 초의 환담(桓譚 : BC 24~AD 56)이 편찬하였다. 본서는 주로 고사(故事) 등을 이용해서 자기 주장을 전개하는 방법을 사용했다. 내용은 정치뿐 아니라 철학, 자연과학, 사회과학, 문학, 예술 등 여러 학술 영역에까지 미치고 있다. 무신론(無神論)으로 유명했던 환담은 당시 성행한 참위(讖緯)와 미신(迷信), 신선(神仙), 불로장생술(不老長生術) 등을 유물주의적 관점에서 엄격하게 비판하고 목적론과 천(天)에 의지가 있다는 천명론(天命論)을 배척했다. 후대의 무신론 사조의 발전에 막대한 영향을 주었다.

『환우방비록』(寰宇訪碑錄)

청대(淸代) 각 성(省)에 있었던 역대 비석 및 고전와(古磚瓦)의 명목(名目)을 수록한 것으로, 손성연(孫星衍)과 형수(邢樹)가 함께 저록(著錄)하였다. 환우(寰宇)라고 하는 말은 본래 우주를 가리키는데, 우주에 있는 비(碑)를 방사(訪査)하여 기록했다는 뜻이라고 하겠다. 본서에 수록한 제목은 주(周)에서 원(元)까지 이르며 석각(石刻)이 다수를 점하지만 그 밖에 고전고와(古磚古瓦)도 기재하였는데 모두 7000여 종에 달한다. 각 석각 아래에는 각각의 서체(書體), 찬서자(撰書者)의 성명, 비각의 시기 등을 일일이 수록해 두어 당시 석각목록서(石刻目錄書) 가운데 상당히 상세한 편이어서 금석학 연구에 좋은 자료라 할 수 있다.

『황극경세서』(皇極經世書)

일명 『황극경세』(皇極經世)라고도 하는 11권으로 된 철학서이다. 송의 소옹(邵雍 : 1011~1077)이 편찬하였다. 권1 이원경회십이진도(以元經會十二辰圖), 권2 이회경운(以會經運), 권3 이운경세(以運經世), 권4~6 권물편(勸物篇), 권7 선천상수(先天象數)·후천상수(後天象數) 등, 권8 이원경회대소운수(以元經會大小運數)·성음창(聲音唱)·만물통수(萬物通數) 등, 권9 낙서안오행배규위도설(洛書按五行配圭位圖說) 등으로 구성되어 있다. 상수학(象數學)을 창조하여 우주의 발생과정을 상(象)과 수(數)의 변천으로 귀결시켰다. 자칭 상수학은 "선천학 심법야"(先天學心法也)라 하고, 선천(先天)의 심(心)을 태극(太極) 혹은 도(道)라고도 하여, 천지인물(天地人物)이 모두 도(道)에서 파생된 것이라 하였다. 역사 퇴화론을 지지하여 역사는 흥성했다 쇠약해지고 최후로는 만물이 소멸하여 천지가 종결한다고 주장하였다. 그의 선천학(先天學)은 후인에 의해 산명학(算明學)으로 발전되었다.

『황람』(皇覽)

유서(類書)로서 위(魏)의 유소(劉劭)·왕상(王象)·환범(桓範)·무습(繆襲) 등이 조서를 받아 편찬하였다. 본서는 최초의 유서로서 위 황초(黃初) 연간(220~226)에 성립되었다. 위 문제(文帝) 조비(曹丕)가 여러 유학자에게 명하여 오경군서(五經群書)의 기사를 분류 배열하였고, '황왕(皇王)의 성람(省覽)'에 적합하다는 의미에서 황람(皇覽)이라고 명명했다고 한다.

『황면재집』(黃勉齋集) ☞ **『황면재선생문집』**(黃勉齋先生文集)

『황면재선생문집』(黃勉齋先生文集)

일명 『면재선생황문숙공문집』(勉齋先生黃文肅公文集), 『면재집』(勉齋集)이라고도 하며 남송의 황간(黃幹)이 편찬하였다. 황간은 주희의 뛰어난 제자이자 사위로, 금화학파(金華學派)의 시조이다. 남송의 대표적인 유학자의 한 사람으로 관료로서도 치적이 있다. 권32~33에 수록되어 있는 판결문은 사료로서도 중요하다.

『황명통기』(皇明通紀)

명의 진건(陳建 : 1497～1567)이 편찬하였다. 원말(元末) 지정(至正) 11년(1351)부터 정덕(正德) 말년(1521)까지의 편년사서로, 가정(嘉靖) 34년(1555)에 완성되었다. 복대유(卜大有)는 본서를 이어 정덕 16년(1521)에서 융경(隆慶) 말년(1572)까지 『황명통기』 3권을 서술하였다. 만력 초년에 이 두 책을 합편하여 『황명통기종신록』[皇明通紀從信錄, 약칭 『황명종신록(皇明從信錄)] 40권으로 간행하였다. 두 책 모두 사료적 가치는 그다지 없다.

『황여표』(皇輿表)

당우삼대(唐虞三代)부터 청대까지 중국의 역대 행정구역의 변천을 시대별로 표로 작성하여 정리한 책이다. 중국 역대 제왕들은 국가의 통치를 위해 각 지방의 상황을 숙지해야 했기 때문에 『우공』(禹貢) 이래 각 지방의 상황을 다룬 지지(地志)를 편찬하여 정책에 참조하도록 했다. 이에 강희(康熙) 18년(1679) 각 성(省)의 자료를 모아 지지를 만들고, 이를 『황여표』라 칭하였다. 강희 18년본 『황여표』는 군현(郡縣)의 연혁과 특징을 상세히 기록하여 여도(輿圖)를 나열하였으나 군현을 두지 않은 지역은 수록하지 않았다. 이에 강희제는 유신들에게 명하여 이전의 『황여표』에서 다루지 않은 지역과 조공국(朝貢國)들도 수록하고 증집하여 강희 43년(1704) 16권으로 보수하도록 하였다.

『황적거도표』(黃赤距度表)

역상(曆象)의 고산(考算)에 관한 설명과 도표를 수록한 책이다. 서문, 발문 없이 어제(御製)라고만 했을 뿐 어느 왕조에 간행된 것인지는 미상이다. 모두 8권 8책으로 된 목판본이다.

『황정경』(黃庭經)

『황정내경경』(黃庭內景經), 『황정외경경』(黃庭外景經), 『황정둔갑연신경』(黃庭遁甲緣身經)을 포함한다. 도가의 양생법(養生法)을 기술한 책이다. 황정(黃庭)의 내경경(內景經)은 동화(東華)의 소비(所秘)인데 양구자(梁邱子)가 주석을 달았고, 외경경(外景經)은 노자의 소작(所作)으로 무성자(務成子)가 주석을 하였는데 원문은 모두 칠언구(七言句)에 맞추어 서술하였다. 모두 2책으로 된 필사본이다. 『황정둔갑연신경』은 저자 미상이며 내용은 오장도(五臟圖)의 설명만 있다. 이 책은 도가서 중에서도 가장 중요하게 여겨져 왔으며 그만큼 많이 읽혔다.

『황조전고기문』(皇朝典故紀聞) ☞ **『전고기문』**(典故紀聞)

『황청개국방략』(皇淸開國方略)

건륭(乾隆) 39년(1774)에 조서를 받아 편찬하기 시작하여 건륭 51년(1786)에 완성하였다. 한문본(漢文本)과 만문본(滿文本)이 있다. 청의 흥기로부터 입관(入關) 직후까지의 약사(略史)를 담았는데, 개국전설과 여진(女眞)의 동태에 관해서 간단하게 서술하였다. 본서의 편찬자료가 되었던 『만문로당』(滿文老檔)과 『실록』이 현존하고 있기 때문에 사료적 가치는 낮지만, 입관 전 청조의 동향에 대한 개요를 알아보는 데는 편리하다.

『회남자』(淮南子)

전한의 유안(劉安 : BC 179~122)이 편찬하였다. 전한 경제(景帝)·무제(武帝)경에 완성되었다. 잡가(雜家)에 속하는 것으로, 제가(諸家)의 학설을 종합적으로 집록(集錄)하였다. 유안은 다수의 빈객을 모아 그들에게 내편 21편, 외편 33편에 달하는 본서를 저술하게 하였다. 우주관에서 현실의 생활기술에 이르기까지, 또 각지의 풍속·지리의 서술에서 고금의 신화·전설에 이르기까지 언급하는 등 모든 분야를 대상으로 하였다. 선진시대(先秦時代) 이래의 여러 사상을 종합적으로 엿볼 수 있음과 동시에 그들 상호간의 비교도 가능할 뿐만 아니라 문장 안의 개개 기사는 사회경제사 분야에도 좋은 사료를 제공한다.

『회록당집』(懷麓堂集)

명의 이동양(李東陽 : 1447~1516)이 편찬하였다. 본서는 시고(詩稿)가 20권, 문고(文稿)가 30권, 시후고(詩後稿)가 10권인데, 『남행고』(南行稿), 『북상록』(北上錄), 『경연강독』(經筵講讀), 『동사록』(東祀錄), 『집구록』(集句錄), 『곡자록』(哭子錄), 『구퇴록』(求退錄)의 7종이 있다.

『회암선생주문공문집』(晦菴先生朱文公文集) ☞ **『주문공문집』**(朱文公文集)

『회해집』(淮海集)

송의 진관(秦觀)이 편찬하였다. 오도손(敖陶孫)의 시평에서는 진관의 시는 봄을 거니는 여인과 같이 연약하고 아름다운 모습의 극치를 보여준다고 하였다. 여본중(呂本中)의 『동몽훈』(童蒙訓)에서는 글이 탁월하고 엄중하게 무게가 있으니 스스로 일가를 이루었다고 평가하였다.

『효경』(孝經)

18장(章)으로 된 13경(十三經)의 하나이다. 본서는 효(孝)를 도덕의 원리로 하고, 천자에서 서인(庶人)에 이르기까지의 효도를 구별하여 설명하고 치국(治國)의 근본으로 하였다. 구성상 공자가 회자(曾子)에게 설명하는 형식을 취하고 있지만 서(書)로서 성립된 것은 전국시대 말인 듯하다. 지금 전하는 것으로는 당 현종(玄宗)이 금문효경(今文孝經)에 주를 단 『효경정의주소』(孝經正義注疏)와 고문(古文)에 의거한 주희(朱熹)의 『효경간오』(孝經刊誤) 1권이 있다.

『효경대의』(孝經大義)

송의 동정(董鼎)이 편찬하고 주자가 간행한 오본(誤本)을 사용하였다. 이른바 앞에 전하는 몇몇 장(章)들의 뜻을 해석한 것은 하나같이 그 전례를 따르고 있다. 주해(註解)가 방언(方言)을 참고로 한 것이 많고, 기록한 문체를 논하자면 대개가 초학자를 위하여 부연 설명한 것이다.

『후산시』(后山詩)

송(宋) 진사도(陳師道 : 1052～1101)의 시집으로, 같은 시대 임연(任淵)이 주를 달았으며 권두(卷頭)에는 위연(魏衍)의 후산선생집기(后山先生集記)가 실려 있다. 진사도는 북송의 시문가로서, 자는 이상(履常) 또는 무기(無己)이고 호는 후산(后山)이며 서주(徐州) 팽성(彭城) 사람이다. 북송 시단을 주름잡은 강서시파(江西詩派)의 일원으로서 북송의 대표적인 시인 중의 한 사람이다.

『후산집』(後山集)

송(宋) 진사도(陳師道 : 1053～1102)의 저술이다. 진사도의 제자 위연(魏衍)이 편집한 것으로 시(詩) 465편, 문(文) 140편으로 구성되어 있다. 뒤에 송강(松江) 조홍렬(趙鴻烈)이 중각(重刻)하여, 시(詩) 765편을 8권으로 편집하고, 문(文) 171편을 9권으로 편집하였다.

『후촌선생대전집』(後村先生大全集)

남송(南宋) 유극장(劉克莊 : 1187～1269)의 문집이다. 유극장은 시(詩)보다는 문(文)에 뛰어났다고 한다. 원본은 전집(全集)·후집(後集)·속집(續集)·신집(新集)으로 구성되어 있으며 함순(咸淳) 6년(1270)의 서(序)가 있다. 남송사(南宋史) 연구에 불가결한 사료이며 특히 권192～193은 유극장의 판결문을 모은 것으로 귀중한 내용을 담고 있다.

『후촌집』(後村集) ☞ **『후촌선생대전집』**(後村先生大全集)

『후한서』(後漢書)

120권으로 된 정사(正史)이다. 남조 송(宋) 범엽(范曄 : 308～446)이 편찬하였다. 기전체에 의한 단대사(斷代史)로서 광무제(光武帝) 건무(建武) 원년(24)에서 헌제(獻帝) 건안(建安) 25년(220)까지 196년간의 후한 역사를 서술하였다. 범엽은 『동관한기』(東觀漢紀)를 주요 자료로 하고 기타 사서(史書)와 많은 사료를 수집하여, 자신의 확고한 사관에 따라 기(紀) 10권(제기 9권·후기 1

권), 열전 80권을 저술하였다. 당(唐) 장회태자(章懷太子) 이현(李賢) 등이 본서에 주를 달고부터는 『사기』·『한서』와 함께 3사(三史)로 호칭되었다. 특히 백관지(百官志)는 후한대 관료제 연구에 귀중한 사료이다.

『휘주록』(揮麈錄)

남송(南宋)의 왕명청(王明淸 : 1127~?)이 편찬하였다. 전록(前錄) 4권, 후록(後錄) 11권, 삼록(三錄) 3권, 여화(餘話) 2권으로 이루어져 있다. 사학(史學)에 통달하여 사사구문(史事舊文)을 수집하였는데, 북송말(北宋末) 남송초(南宋初) 동란기의 정치·사회상에 대해 참고할 만한 기사가 많으며, 전장제도(典章制度)에 대해서도 타서(他書)의 빠진 부분을 보충할 수 있다.

『휘주소록』(揮麈小錄) ☞ **『휘주록』(揮麈錄)**

『흠정시경전설휘찬』(欽定詩經傳說彙纂)

강희(康熙) 60년 호부상서(戶部尙書) 왕홍서(王鴻緖) 등이 칙령을 받들어 편찬한 것이다. 옹정(擁正) 5년에 간각(刊刻 : 문서를 판목에 새기는 일)이 끝났음을 알리자 세종(世宗) 헌황제(憲皇帝)가 서문을 짓고 널리 반포하였다. 시경에 대한 주석들 중에서 이치에 맞는 것들은 비록 주자가 취하지 않은 것이라 하더라도 반드시 그 기록을 첨가하여 옛날의 의를 보존하도록 하였다. 진실로 문호를 깨뜨려 없애고 먼 옛날의 지극한 공평함을 드러내기에 충분하다는 평을 받았다.

『희발집』(晞發集)

남송의 사고(謝翶 : 1249~1295)가 편찬하였다. 사고는 자가 고우(皐羽)이고 호는 희발자(晞發子)로, 복안(福安) 사람이다. 현존하는 것은 청 강희(康熙) 연간에 평호(平湖) 육대업(陸大業)이 가장(家藏)하고 있던 초본을 간행한 것이다.

지은이 소개 가나다순

강영심 | 이화여자대학교 사학과를 졸업하고 동 대학원에서 문학박사학위를 받았다. 논저로는 『일제의 삼림침탈과 한국인의 저항』, 『신규식의 생애와 독립운동』, 『한국근현대 삼림소유권변천사』(공저), 「일제하 임야조사사업연구」, 「일제하 여성독립운동의 특징과 양상」 등이 있다. 이대 한국문화연구원 연구원을 거쳐 국민대학교 한국학연구소 연구교수로 재직하고 있다.

고연희 | 이화여자대학교 국어국문학과를 졸업하고 동 대학원에서 문학박사학위를 받았으며, 홍익대학교에서 미술사 석사를,이화여대에서 다시 미술사 박사과정을 수료하였다. 현재 시카고대 동아시아미술연구소에서 연구 중이다. 조선시대 문학과 회화문화를 함께 다루는 연구를 하며 글을 쓰고 있다. 저서로는 『조선후기산수기행예술』, 『꽃과 새, 선비의 마음』 등이 있으며, 『우리 한문학사의 새로운 조명』, 『우리 한문학사의 여성인식』, 『한문학과 미학』 등을 공동집필하였다.

남정희 | 이화여자대학교 국어국문학과를 졸업하고 동 대학원에서 문학박사학위를 받았다. 논저로는 『18세기 경화사족의 시조 창작과 향유』(2005), 「이정보 시조 연구－현실인식을 중심으로」 등이 있다. 현재는 이화여대, 명지대의 강사로 있으며, 조선후기 시가 연구에 주력하고 있다.

송희경 | 이화여자대학교 미술대학 동양화과를 졸업하고 인문과학대학원에서 문학박사학위를 받았다. 이화여자대학교 한국문화연구원에서 책임연구원을 역임하였으며 현재 이화여자대학교 박물관의 연구원으로 재직중이다. 조선시대 회화사를 연구해 왔으며, 현재 문인들의 모임 문화에 관한 글을 쓰고 있다. 주요 논저로 「조선후기 아회도 연구」, 「조선후기 아회도 연구－실내아회도를 중심으로」, 「백사회첩과 백사회도」 등이 있다.

윤대식 | 한국외국어대학교 정치외교학과를 졸업하고 동 대학원에서 정치학박사학위를 받았으며, 현재 충남대학교 아시아지역연구소에 재직 중이다. 고대 중국의 유가와 법가에 관한 연구를 해왔으며, 최근에는 근대국가 건설 과정에서 중도파의 사상 연구에 주력하고 있다. 주요 논저로는 「맹자의 왕도주의에 내재한 정치적 의무의 기제」, 「상앙의 법치주의에 내재한 정치적 의무」, 「맹자의 전쟁과 반전쟁」, 「동맹에서 부국강병으로」, 『민세 안재홍 심층연구』 등이 있다.

정선희 | 이화여자대학교 국어국문학과를 졸업하고 동 대학원에서 문학박사학위를 받았으며, 현재 이화여대 한국문화연구원에 재직 중이다. 조선후기의 한문소설과 문학담당층에 관한 연구를 해왔으며, 최근에는 삼대록계 국문장편소설의 현대역에 주력하고 있다. 주요 논저로는 『19세기 소설작가 목태림 문학 연구』, 「19세기 향촌 중간층의 <춘향전> 개작양상」, 「<오유란전>의 향유층과 창작기법의 의의」 등이 있다.

차미희 | 이화여자대학교 사회생활학과(역사교육 전공)에서 학사와 석사과정을 마친 뒤, 고려대학교에서 문학박사학위를 받았다. 한국 전근대사회의 지배층 교육과 관료 선발을 연구하고 있다. 대표적인 연구로는 『조선시대 문과제도 연구』(1999) 『조선시대 사람들은 어떻게 살았을까』(1996, 공저) 등이 있다. 이화여자대학교 사회생활학과 대우전임강사, 이대 한국문화연구원 연구원을 거쳐 현재 고려대학교 강사로 있다.

한자경 | 이화여자대학교 철학과를 거쳐 동 대학원을 졸업하였다. 독일 프라이부르크 대학에서 서양철학을 공부하고, 동국대학교에서 불교철학을 공부하였다. 현재 이화여대 철학과 교수로 재직 중이다. 저서로는 『칸트와 초월철학』, 『자아의 연구』, 『자아의 탐색』, 『유식무경』, 『동서양의 인간이해』, 『일심의 철학』, 『불교철학의 전개』가 있다.

홍선표 | 일본 규슈 대학에서 문학박사학위를 받았으며, 현재 이화여자대학교 인문대(대학원) 미술사학과 교수이며, 한국미술사학회 회장과 한국미술연구소 소장으로 있다. 주요 논저로는 『조선시대회화사론』, 「한국근대미술사와 교재」, 「에도 시대의 조선화 열기」, 「'한국회화사 재구축'의 과제－근대적 한국의 틀을 넘어」 등이 있다.